中华人民共和国地方志丛书

2017 CHANG YI YEAR BOOK

昌邑年鉴

昌邑市人民政府　主办

昌邑市史志办公室　　编

方志出版社

Publishing House of Local Records

图书在版编目（CIP）数据

昌邑年鉴 . 2017 / 昌邑市地方史志编纂委员会编. -- 北京：方志出版社，2017.12

ISBN 978-7-5144-2887-2

Ⅰ . ①昌… Ⅱ . ① 昌…Ⅲ . ①昌邑—2017—年鉴
Ⅳ . ① Z252.24

中国版本图书 CIP 数据核字（2017）第 323096 号

昌邑年鉴（2017）

编　　者：	昌邑市地方史志编纂委员会
责任编辑：	刘方圆
出 版 人：	冀祥德
出 版 者：	方志出版社
	地址 北京市朝阳区潘家园东里 9 号（国家方志馆 4 层）
	邮编 100021
	网址 http://www.fzph.org
发　　行：	方志出版社图书经销中心
	电话（010）67110500
经　　销：	各地新华书店
印　　刷：	山东星海彩印有限公司
开　　本：	889×1194　　1/16
印　　张：	28.5
字　　数：	750 千字
版　　次：	2017 年 12 月第 1 版　2017 年 12 月第 1 次印刷
印　　数：	0001 ～ 1000 册

ISBN 978-7-5144-2887-2　　定价：368 元

昌邑市地方史志编纂委员会

名誉主任：吕珊珊

主　　任：李玉祥

副 主 任：刘世海　胡筱芹　刘　煜　夏麦香

　　　　　曲　伟　李　敏　姜正峰　明兴谱

委　　员：马玉涛　王永胜　滕林波　郭富祥

　　　　　张艳丽　于希群　宋文清　孙建伟

　　　　　赵卫东　许增贤　李星亮　李志国

　　　　　王福州　刘新民

《昌邑年鉴》2017卷编审人员

主　　审：曲　伟

副 主 审：明兴谱

主　　编：于希群

副 主 编：孙　栋　刘伟刚

执行主编：张述智

编　　辑：（按姓氏笔画排序）

　　　　　于希群　刘伟刚　刘效海　孙　栋　初良邦

　　　　　张述智　宫婷婷　袁炳奎

排版设计：潍坊方志年鉴制作有限公司

昌邑名片

- 中国中小城市综合实力百强县市
- 中国最具潜力中小城市百强县市
- 中国中小城市创新创业（双创）百强县（市）
- 全国双拥模范城
- 全国科技进步先进市
- 全国文明城市提名市
- 首批国家智慧城市试点市
- 全国生态文明先进市
- 中国全面小康成长型百佳县市
- 中国美丽乡村建设典范市
- 全国粮食生产先进单位
- 中国北方林业养生名城
- 中国最佳绿色生态旅游城市
- 全国体育先进县（市）
- 全国诗词之乡
- 中国北方绿化苗木基地

数字昌邑 2016

- 土地总面积 1627.5 平方千米
- 年末常住总人口 61.82 万人
- 全年生产总值 399.5 亿元
- 第一产业增加值 36.95 亿元
- 第二产业增加值 202.55 亿元
- 第三产业增加值 160 亿元
- 三次产业比例：9.2:50.7:40.1
- 人均地区生产总值 64832 元
- 粮食总产量 50 万吨
- 固定生产投资 380.11 亿元
- 社会消费品零售总额 181.06 亿元
- 进出口总额 55.94 亿元
- 出口总额 40.58 亿元
- 进口总额 15.36 亿元
- 合同利用外资 1.86 亿元
- 城镇居民人均可支配收入 31168 元
- 农村居民人均可支配收入 16304 元
- 财政总收入 47.98 亿元
- 公共财政预算收入 29.91 亿元
- 公共财政预算支出 36.64 亿元
- 中国驰名商标 8 个
- 山东省著名商标 27 个
- 地理保护产品 3 个
- 国家级重点镇（综合实力千强镇）2 处
- 国家级生态镇 2 处
- 全国文明镇 1 处
- 全国宜居村庄示范村 1 处
- 中国传统村落 1 处
- 省级重点示范镇 1 处
- 山东省特色产业镇 3 处
- 省宜居村庄示范村 3 处
- 中等专业学校 1 所，在校生 3074 人
- 高级中学 2 所，在校生 10294 人
- 初级中学 17 所，在校生 14300 人
- 小学 51 所，在校生 33073 人
- 幼儿园 131 所，在园幼儿 12376 名
- 县（市）级公立医院 2 所（均为二等甲级），在岗职工人数 1514 人，卫生技术人员 1286 人，床位 1020 张。
- 县（市）级私营医院 2 所，在岗职工人数 66 人，卫生技术人员 63 人，床位 90 张
- 乡镇医院 10 所，在岗职工人数 1014 人，卫生技术人员 889 人，床位 788 张
- 村卫生室 456 个，执业医师 22 人，执业助理医师 54 人，注册护士 29 人，乡村医生 859 人
- 社区卫生诊所 77 个，在岗职工人数 238 人，卫生技术人员 236 人
- 国家城市湿地公园 1 处
- AAAA 级风景区 1 家，AAA 级风景区 3 家
- 山东省非物质文化遗产 6 项
- 潍坊级非物质文化遗产 19 项

• 城区风光

• 城区夜景

• 海滨风光

· 龙乡花海

• 9 月 23 日，省政府副省长赵润田到昌邑市考察绿博会

• 12 月 1 日，省政府副省长王随莲在潍坊市委书记、市人大常委会主任杜昌文，副市长王桂英等陪同下到昌邑市调研城乡环卫一体化工作

·12 月 22 日，潍坊军分区司令员万伟锋到昌邑市检查市人武部年度工作并调研军民融合工作，市委书记吕珊珊陪同活动

·12 月 24 日，市委副书记、代市长李玉祥到市广播影视中心调研工作

2016年2月27日至29日，昌邑市第十七届人民代表大会第五次会议在昌邑会议中心召开。

△ 昌邑市市委书记、人大常委会主任马跃启出席会议并讲话

△ 昌邑市市委副书记、市长吕珊珊作《政府工作报告》

△ 昌邑市人大常委会党组书记、第一副主任周娟作人大常委会工作报告

◁ 昌邑市政协主席李中福作工作报告

2016 年 2 月 26 日至 28 日，中国人民政治协商会议第十二届昌邑市委员会第五次会议在昌邑会议中心召开。

• 2016 中国（昌邑）北方绿化苗木博览会暨第二十一届中国园林花木信息交流会开幕

• 2016 中国（昌邑）北方绿化苗木博览会展厅

昌邑市地图

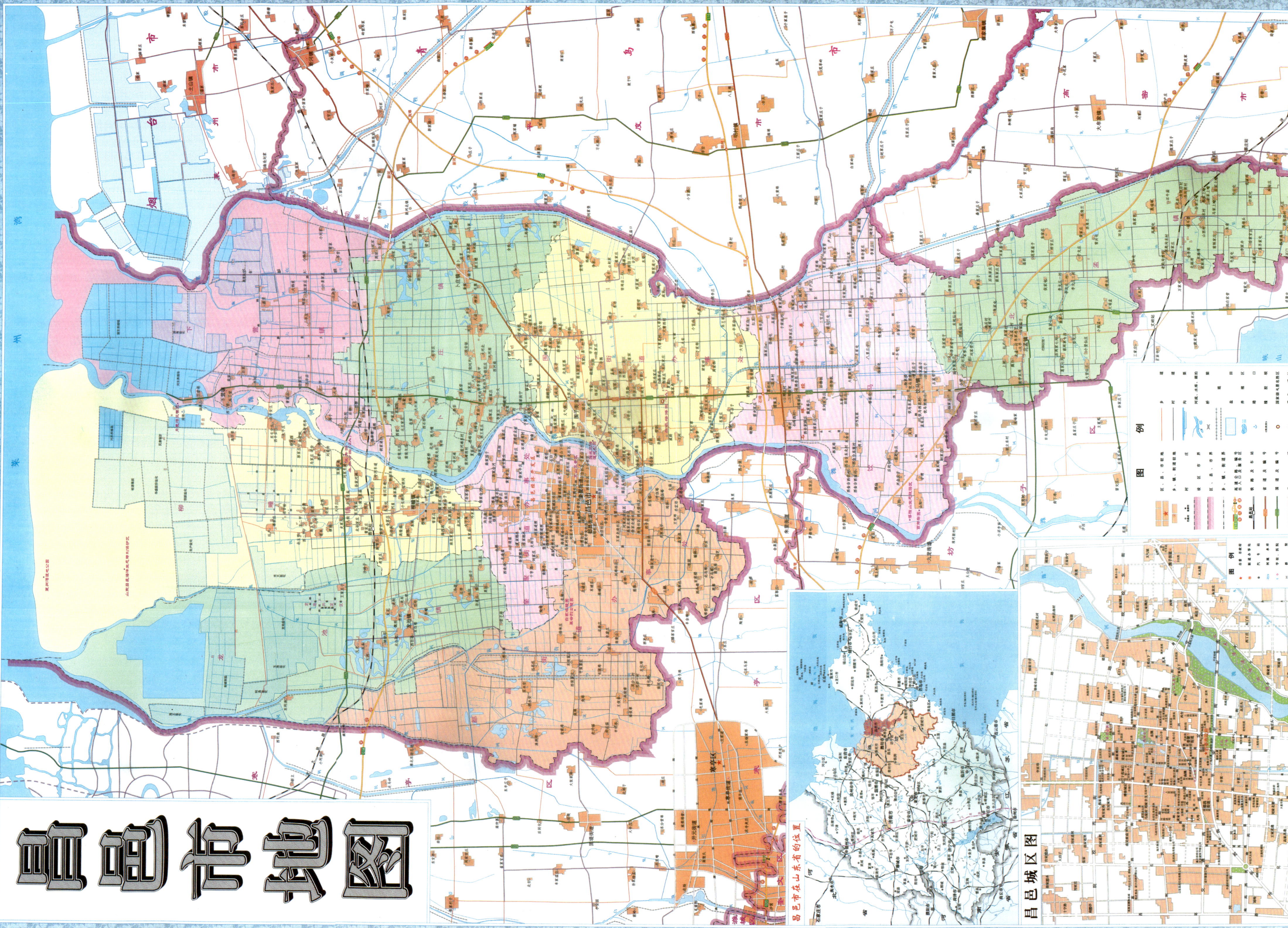

ISBN 978-7-5572-0028-2　2015年6月第1版　2015年6月第1次印刷　印数：0001-3000　定价：20.00元
鲁SG(2015)071号　版权所有　侵权必究

昌邑城区图

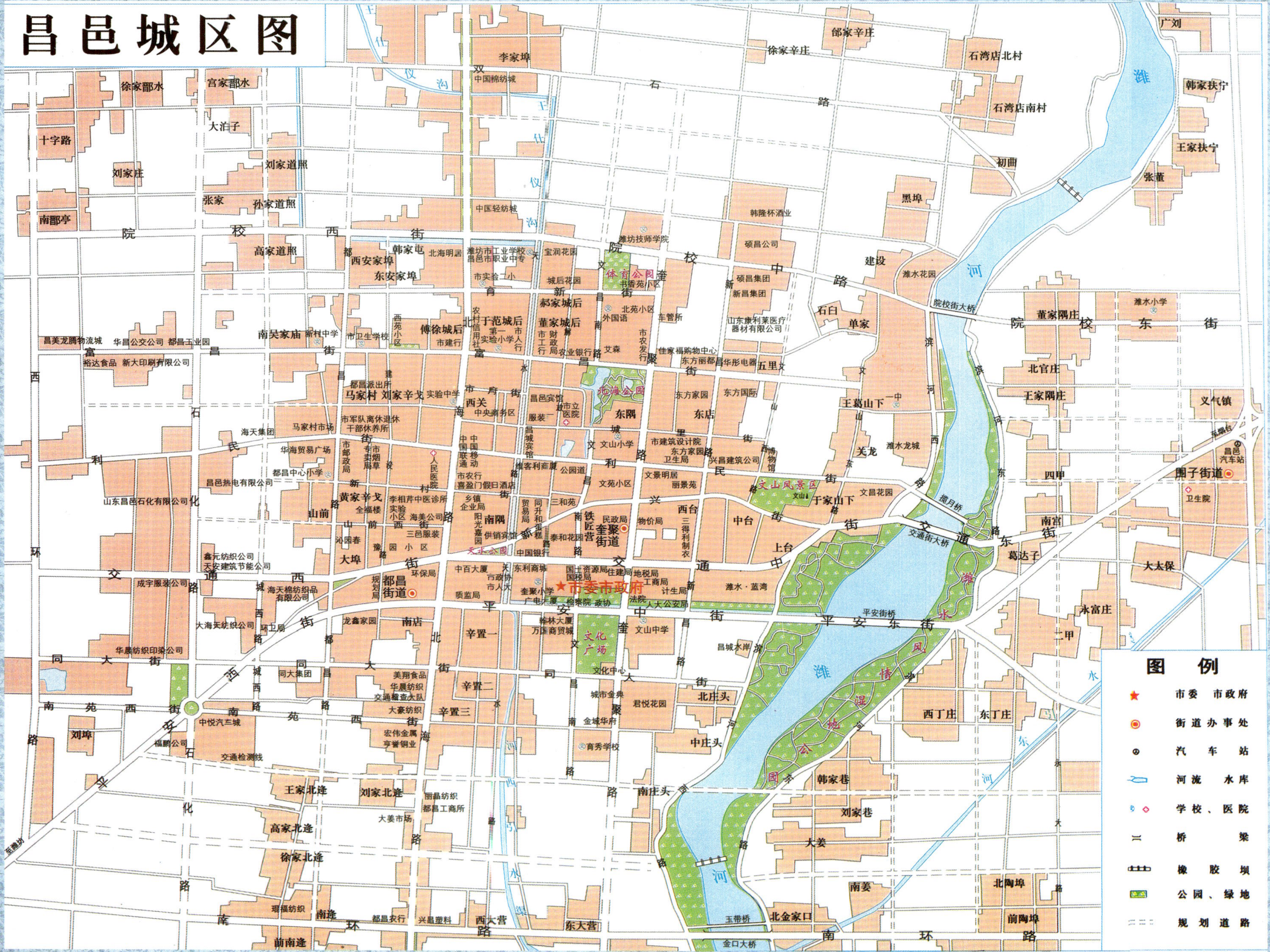
图例
市委 市政府
街道办事处
汽车站
河流 水库
学校、医院
桥梁
橡胶坝
公园、绿地
规划道路
市委市政府
都昌街道
奎聚街道
围子街道
潍河
潍水风景区
文山风景区
北海公园
体育公园
文化广场
院校街
院校街大桥
交通街大桥
平安街桥
揽月桥
玉带桥
金口大桥
文山中学
文山小学
中百大厦
中国银行
民政局
人大公安局
潍水·蓝湾
西关
东关
东隅
南隅
西台
中台
上台
王葛山下
于家山下
辛置一
辛置二
辛置三
北庄头
中庄头
南庄头
西丁庄
东丁庄
南宫
西宫
永富庄
大太保
葛达子
义气镇
广刘
韩家扶宁
王家扶宁
张董
初曲
石湾店北村
石湾店南村
郇家辛庄
徐家辛庄
李家埠
黑埠
石臼
单家
北官庄
王家隅庄
董家隅庄
韩家巷
刘家巷
大姜
南姜
北陶埠
前陶埠
北金家口
东大营
西大营
王家北逄
刘家北逄
高家北逄
徐家北逄
南逄
前南逄
刘埠
南郡亭
十字路
刘家庄
张家
孙家道照
刘家道照
高家道照
宫家郚水
徐家郚水
大泊子
韩家屯
西安家埠
东安家埠
傅徐城后
于范城后
郝家城后
董家城后
马家村
刘家辛戈
黄家辛戈
山前
大埠
院校路
石埠路
利民路
交通街
平安街
同大街
南苑西路
环路

编辑说明

一、《昌邑年鉴（2017）》的编纂坚持以马克思列宁主义、毛泽东思想、邓小平理论、“三个代表”重要思想、科学发展观、习近平新时代中国特色社会主义思想为指导，全面客观地反映昌邑市各级党委、政府的主要工作和各镇（街道）园区、各部门、各行业取得的成绩，力求做到观点正确、框架科学、资料翔实、记述准确、编写规范、特色鲜明，突出时效性，讲求实用性。

二、《昌邑年鉴（2017）》紧紧围绕市委、市政府的中心工作编纂，它作为权威的地情信息载体，旨在全面、系统、翔实、客观地记述2016年度昌邑市政治、经济、文化、社会诸方面的新成就、新面貌、新特点，为社会各界了解昌邑，建设昌邑提供最新的基本情况，为各级领导决策和管理提供可靠依据。

三、《昌邑年鉴（2017）》为首卷，主要记载年限原则上为2016年1月1日至12月31日。为反映事物的全貌，给读者以完整的印象，部分内容适当上溯或下延。

四、本卷年鉴共设28个类目，即特载、大事记、全市概况、中国共产党昌邑市委员会、昌邑市人民代表大会、昌邑市人民政府、中国人民政治协商会议昌邑市委员会、中国共产党昌邑市纪律检查委员会、工商联人民团体、人民武装、法治、经济管理与监督、农业和农村工作、工业、商务、金融、财政税务、交通邮政通信、城乡建设、资源环保、教育科技、文化旅游、卫生体育、社会民生、镇（街道）园区概况、人物、附录、索引。记述形式分类目、分目、条目3个层次，条目为主要信息载体和基本撰写形式，年鉴内容主要在条目中记载；在记述内容上注重资料的信息价值和图文并茂。

五、本卷年鉴资料内容主要由昌邑市各镇街党（工）委、政府（办事处）、市属各园区、市直各部门、单位及上划垂直管理部门和驻昌国企等单位提供，初稿经供稿单位主要负责人审核加盖公章后，由市史志办办公室编辑定稿。涉及主要数据以昌邑市统计公报为准，因个别供稿单位统计口径不同等原因，有的数据在不同的条目中不尽一致，使用时请注意出处。

六、《昌邑年鉴（2017）》的编辑出版，是在各级领导的关心、支持下，各供稿单位的大力协助下以及潍坊市史志办公室、方志出版社专家、领导的具体指导下，经过广大年鉴工作者的辛勤劳动所取得的丰硕成果。在此，谨向关心和支持年鉴编辑工作的单位和个人表示衷心感谢。

七、《昌邑年鉴（2017）》内容涉及各行各业，面广量大，受编辑经验、水平，时间等因素所限，错误与疏漏之处在所难免，敬请广大读者给予批评指正。

目 录 CONTENTS

2017 CHANGYI YEAR BOOK

特 载

大事记

全市概况

中国共产党昌邑市委员会

昌邑市人民代表大会

昌邑市人民政府

中国人民政治协商会议 昌邑市委员会

中国共产党昌邑市纪律检查委员会

工商联 人民团体

人民武装

法治

经济监督管理

农　业

工 业

商 务

金　融

财政 税务

交通 邮政 通信

城乡建设

资源 环保

教育 科技

文化 旅游

卫生计生 体育

社会民生

镇（街）园区

人物

附录

索引

特　载

Te Zai

马跃启在全市基层党建工作暨镇街区党（工）委书记抓基层党建工作述职评议会议上的讲话

（2016年1月16日）

这次会议，主要是深入贯彻落实中央关于全面从严治党的战略部署和省、潍坊市基层党建工作有关会议精神，听取和评议各镇街区党（工）委书记履行基层党建工作职责情况，研究部署当前和今后一个时期基层党建工作的任务措施，在全市进一步确立大抓基层的鲜明导向，进一步落实管党治党责任，推动全市基层党建工作再上新水平。根据市委常委会研究的意见，我就落实管党治党责任，抓好基层党建工作，强调三个方面的问题。

一、统一思想、凝聚共识，在更高起点、更高层次上认识和把握基层党建工作

党的十八大以来，以习近平为总书记的党中央对全面从严治党作出一系列重大战略部署，开辟了党的建设崭新局面，极大地凝聚了党心民心。习近平总书记对基层党建工作高度重视，多次作出重要指示，强调党的最坚实的工作力量支撑在基层，最突出的矛盾和问题也在基层，贯彻党要管党、从严治党方针，必须把抓基层、打基础作为长远之计和固本之举；强调在新的历史条件下，必须大力加强基层服务型党组织建设，使基层党组织领导方式、工作方式、活动方式更加符合服务群众的需要，使每一个基层党组织都成为坚强战斗堡垒；强调要坚持思想建党和制度治党紧密结合，强化问题导向，以改革创新的精神推动基层建设全面进步、全面过硬；强调必须全面落实基层党建工作责任制，抓责任制必须抓责任人，抓责任人必须抓第一责任人。习近平总书记这些重要论述，为加强新形势下基层党建工作提供了重要遵循。做好基层党建工作，最根本的是要深入学习领会习近平总书记系列重要讲话精神，把思想高度统一到中央、省委和潍坊市委的部署要求上来，切实以思想自觉引领行动自觉。

一要从协调推进“四个全面”战略布局的高度，深刻认识、准确把握做好新形势下基层党建工作的重要作用。“四个全面”战略布局是党中央在新形势下治国理政的基本方略，是推进党和国家各方面工作总的引领。“四个全面”的每项任务，都与基层党建工作紧密相关，都需要发挥基层党组织的战斗堡垒作用和党员的先锋模范作用，做好组织动员群众、联系服务群众的工作，团结带领广大群众一起来完成。全面建成小康社会，已

进入决胜阶段。我们要以党的十八届五中全会提出的创新、协调、绿色、开放、共享五大发展理念为引领，着力做好转方式、补短板、防风险的工作，努力开拓经济社会持续健康发展新途径，加快实现全面小康领域全覆盖、人口全覆盖、区域全覆盖。在全面建成小康社会进程中走在前列，有许多工作要靠基层来做，有许多矛盾和问题要靠基层来解决，基层党组织肩负的任务十分繁重。全面深化改革，已进入攻坚期和深水区。随着改革全面持续深入推进，必然涉及广大群众的切身利益，涉及许多复杂敏感问题，迫切需要基层党组织做好凝聚改革共识、推动改革任务落实的工作，动员广大群众积极支持改革、主动参与改革、全力推动改革，汇聚强大合力。全面依法治国，实现国家治理体系和治理能力现代化，大量的基础性工作要靠基层，工作的重点也在基层。基层党组织是基层治理体系的“龙头”，推进基层社会治理法治化，增强基层干部群众法治观念、法治素养，基层党组织肩负着重大责任。全面从严治党，抓好基层党建是题中应有之义。加强基层服务型党组织建设，把全面从严治党落实到基层，把每个基层党组织都建设成为坚强战斗堡垒，密切党同人民群众的血肉联系才能落到实处，巩固党的执政基础才有坚实保障。我们要充分认识基层党建的基础性、全局性、战略性的地位和作用，充分认识协调推进“四个全面”战略布局对加强基层党建提出的新要求，始终坚持党建工作重心在基层，大力推动工作指导、力量配备、资源保障向基层倾斜，打牢党的全部工作和战斗力的基础。

二要从解决突出问题、夯实执政根基的高度，深刻认识、准确把握做好新形势下基层党建工作的机遇挑战。当前，基层党建工作的领域越来越宽，面对的新情况新问题越来越复杂，人民群众的期盼要求越来越高。比如，面对社会变革、思想多元的新形势，如何强化基层党组织政治引领功能，教育引导群众坚定不移跟党走；立足利益多元、需求多样的新情况，如何增强基层党组织服务能力和水平，满足人民群众不断增长的服务需求；按照“三严三实”的新要求，如何持续改进党员干部作风，保持党员队伍先进性；适应社会结构的新变化，如何实现党的组织和党的工作全覆盖等等，都对基层党建工作提出了新的更高要求。从昌邑市情况看，近年来，我们认真贯彻落实中央和上级党委的新部署新要求，以开展党的群众路线教育实践活动和“三严三实”专题教育为重要契机，坚持问题导向，系统谋划推进，制定实施了一系列强基层打基础的新举措，特别是围绕补齐村级党组织建设制约短板，着力在巩固组织活动阵地、强化党员干部队伍监管、落实村干部待遇报酬、规范村务财务运行等方面大胆探索、积极作为，推动全市基层党建工作迈出了新步伐、取得了新成效。应该说，全市基层党组织总体上是坚强的、有战斗力的。同时也要清醒地看到存在的问题。比如，在村级党建方面。有的村班子凝聚力不强，党员干部队伍老化、学历层次偏低、后备人才青黄不接等问题比较突出；个别村党组织书记能力不强、处事不公，空在其位、不谋其事；少数村干部职责缺失、纪律涣散，不作为、乱作为，甚至出现违法违纪现象；部分村执行议事决策监督制度不到位，村务财务公开不及时、不规范、不全面；个别软弱涣散基层党组织整治不彻底，历史遗留问题难以解决，反映村干部作风问题的基层信访仍然较多；部分村集体收入偏低、增收渠道单一，服务村庄发展的基础还不稳固。在社区党建方面。有的农村社区党建引领作用发挥不够，工作力量下沉和公共服务事项下放不到位，实体化运行及服务质效不高；城市社区区域化党建推进较慢，社区自有资源少、驻区单位难协调、服务资源难整合等问题较为突出。在“两新”组织党建方面。党建跟进不够及时，不少小微企业未建立党组织，经费保障不足、场所阵地缺乏、工作力量薄弱等问题还比较突出，党的组织和工作覆盖存有一些空白点。在机关事业单位党建方面。部分基层党组织开展党内生活不经常，缺乏组织活力和战斗力；有的党员党性观念不强，组织意识淡薄，长年不参加组织生活，基本不发挥作用，等等。对此，我们必须强化问题导向和创新思维，研究新情况，探索新办法，解决新问题，推动基层党建在破解难题中改进提升，在适应新的变化中创新发展，不断增强基层党建工作活力和实效。

三要从压实主体责任、提升执政能力的高度，深刻认识、准确把握做好新形势下基层党建工作的使命担当。加强基层党的建设，关键是落实管党治党责任。认真对照习近平总书记关于落实管党治党责任的“三问”，现在有些党组织书记在思想认识和实际工作上还存在一些问题，有的不能从巩固党的执政地位的大局看待基层党建工作；有的不能正确处理抓党建与抓发展的关系，存在一手硬、一手软甚至“两张皮”的现象；有的角色意识不强，对基层党建工作不重视、不学习、不研究，似懂非懂、不想抓也不会抓；有的把党建工作全部交给分管同志，自己当“甩手掌柜”；有的想起来抓一阵，忙起来放一边；有的部署安排多，督查问责少，工作落实不下去等等。对这些现象和问题，一定要深入查摆，切实解决。全市各级党组织、党员领导干部尤其是党组织书记，要准确把握习近平总书记关于抓好党建是最大政绩的深刻内涵，牢固树立正确政绩观，着力强化执政意识、大局意识、阵地意识，切实担负起治党管党的重大政治责任，聚精会神、用心用力抓好基层党建工作。

二、突出重点、精准发力，全面提升全市基层党建工作水平

当前和今后一个时期，全市基层党建工作总的要求是：全面落实党的十八大和十八届三中、四中、五中全会精神，深入学习贯彻习近平总书记系列重要讲话精神，以全面从严治党为主线，以实施“基层服务型党组织建设三年行动计划”为抓手，坚持问题导向，立足群众满意，注重改革创新，着力解决影响基层党组织作用发挥的突出问题，不断提高服务改革、服务发展、服务民生、服务群众、服务党员的能力和水平，为建设富强文明和谐幸福新昌邑提供坚强组织保证。全市各级党组织要认真按照《全市基层服务型党组织建设三年行动计划》确定的目标任务和责任分工，着力抓重点、破难题、补短板，以点上突破带动面上提升，努力推动基层党建工作全面进步、全面过硬。这里，我重点强调以下五项工作：

（一）把握政治方向，着力强化基层党组织的政治引领作用。基层党组织的政治核心和战斗堡垒作用，最重要的是体现在政治引领上。一要在大力宣传党的路线方针政策上强化引领。基层党组织要承担起主动向群众宣传阐释党的路线方针政策的职责，把习近平总书记系列重要讲话精神学习好、贯彻好，把党的路线方针政策宣传好、落实好，把上级党组织的决策部署及时传达贯彻到群众中去，使党的主张和意志变成群众的自觉行动，确保党的路线方针政策和决策部署落地生根。二要在改进思想政治工作上强化引领。要以创建全国文明城市为契机，广泛开展社会主义核心价值观宣传教育，统筹推进“四德工程”和“文化惠民工程”建设，坚持文明城市、文明村镇、文明单位、文明家庭同步创建，党风、政风、家风、社风一体建设，提高基层公共文化服务能力，丰富群众精神文化生活，巩固发展好基层文化阵地。要善于运用群众喜闻乐见的方式开展思想教育，引导全市群众正确对待改革发展中的热点难点问题，理性合法地表达诉求，牢牢把握正确舆论导向，最大限度地凝聚正能量。三要在发挥基层党员干部示范作用上强化引领。每名基层党员干部都要严守党的政治纪律和政治规矩，平时看得出来、关键时刻站得出来、危险关头豁得出来，自觉维护党的形象和威信，发挥示范带头作用，真正成为群众的主心骨、领路人。四要在统一领导基层各类组织上强化引领。基层党组织要切实加强对

各类组织的政治引导，既要敢于负责、主动作为，防止各类组织游离于党的领导之外，又要讲究方式方法、加强民主协商，支持各类组织依法依规行使职权。要把充分发挥党组织政治引领功能、战斗堡垒作用和党员先锋模范作用贯穿于基层治理创新的各方面和全过程，进一步完善群众自治机制，切实保障群众的民主政治权利，确保沿着正确方向健康发展。

（二）践行党的宗旨，着力提升基层党组织服务能力和水平。要坚持围绕大局抓服务、聚焦群众需求抓服务、拓展渠道抓服务，使基层党组织在服务群众中彰显战斗堡垒作用，使党员在服务群众中发挥先锋模范作用，不断增进与群众的感情、密切党群干群关系。一要创新基层党组织设置。积极推动党组织设置由传统领域向新兴领域延伸，由单位向区域延伸，由实体向网络延伸，做到哪里有党员、有群众，哪里就有党的组织、党的活动。要加快农村新型社区建设，稳妥推进社区内行政村撤并，逐步实现一社区一“两委”组织架构。要及时进行党组织设置调整，可按照产业分工、功能布局分设党支部，也可将原行政村党支部改为自然村党支部，并将支部书记充实到社区党组织。要在加大社区服务中心建设力度的同时，完善社区党组织运行机制，不断强化对所辖基层党组织工作的协调督导。要主动适应经济社会结构的新变化，及时跟进在非公企业经济组织和社会组织中的党组织覆盖，实现应建尽建、全面覆盖。要主动适应国有企业、事业单位改革的新情况，合理调整党组织设置，理顺隶属关系，确保工作成效。二要健全农村党群服务体系。牢牢把握服务群众这个鲜明主题，通过围绕群众需求进一步拓展畅通服务渠道，不断推动基层党组织服务能力的全面提升。要加大党群服务中心建设力度，依托镇街区行政服务大厅、农村新型社区“一厅两室”建立党群服务中心，完善专项服务设施，健全市场服务网点，切实提高服务效能；依托村级组织活动场所建立党群服务站，采取干部定期集中办公、预约服务等方式，为群众提供更加便捷高效的服务。要健全农村新型社区实体化运行机制，理顺社区党组织关系，配齐配强社区骨干力量；继续推动镇街区工作人员下沉到社区，完善教育培训和管理考核机制，提升服务群众能力；梳理完善并公示即时办理、代为办理、指导办理“三个清单”，健全预约服务、上门服务、网上服务等服务方式；推动公共服务事项权限下放，逐步实现联网办理，最大限度方便群众办事；统筹服务资源，协调社区内群团组织、经济合作组织和社会组织，积极开展面向基层群众的市场化、社会化服务。三要构建城市社区区域化党建新格局。按照“三有一化”要求，积极推行街道“大工委”制、社区“大党委”制，科学划分社区网格，建立健全“街道工委—社区党委—网格党支部—楼栋党小组—党员中心户”的服务型党组织体系；加强社区专职工作者队伍建设，建立完善驻区单位资源与社区服务需求相对接的项目认领制度，构建以社区为平台、社会组织为载体、专业社会工作人才为支撑、社区志愿者为补充的“四社联动”服务机制，充分满足社区居民多元化服务需求。四要扩大“两新”组织党建工作有形和有效覆盖。积极开展“建组织扩覆盖”活动，建立由组织部门牵头协调和市场监管、民政等部门参与的信息共享机制，通过单独、联合或“兼合式”组建等方式，实现组织工作有形覆盖。要坚持属地管理与行业管理相结合，不断完善非公企业党组织以属地管理为主，社会组织党组织以行业管理为主的管理运行体制。要深入开展非公企业党组织“双强六好”创建活动，抓好社会组织党组织标准化建设，同步提升党建工作水平。五要激发机关事业单位党建工作活力。围绕提升服务效能，深入开展争创“群众满意窗口、行业服务标兵、优质服务品牌”等活动，组织每名党员每年到报到的社区志愿服务不少于2次。围绕服务中心工作、服务基层群众，以包村联户活动为抓手，坚持和完善党员干部直接联系服务群众制度，引导机关党员干部在为民服务中转变作风、树立形象。要积极实施“机关党建规范化提升工程”，从严格党内政治生活入手，抓好基本制度落实和基本组织活动开展，年内实现机关党组织书记抓党建述职评议考核全覆盖。

（三）坚持从严管理，着力抓好基层党员干部队伍建设。做好基层党建工作，关键要按照“三严三实”要求，建设一支能够扎根基层、服务发展、群众信赖的优秀基层党员干部队伍。一要选好用好管好基层党组织带头人。统筹城乡人才资源，打破地域、单位、身份、经历等限制，切实把那些政治强、有本领、善服务、作风正的优秀党员选拔进基层党组织班子，选好配强基层党组织书记。要完善后备干部储备体系，建立发现培养研判机制，挖掘和培养更多的优秀后备人才。要更高层次、更大规模抓好教育培训，通过组织外出参观、强化集中轮训、开设党组织书记大讲堂等方式，突出思想政治教育、党纪国法教育和知识技能培训，提升做好群众工作的能力。要强化动态监管，实行村（社区）党组织书记由市委组织部备案管理，制定岗位目标绩效考核办法，加大奖惩考核力度。要深入推进党员干部作风建设，把纪律和规矩挺在前面，用制度约束的硬杠杠不断提高遵规守纪、担当作为的意识。二要严格发展党员质量。按照控制总量、优化结构、提高质量、发挥作用的要求，突出政治上的先进性、素质上的全面性、标准上的严肃性，认真制定和落实发展党员计划，严把党员“入口关”，把各行各业真正符合条件的优秀分子吸收到党内，确保新发展党员质量。要重视在基层青年群众中培养入党积极分子，着力解决党员队伍年龄结构老化、青黄不接问题，不断增强党员队伍活力。三要从严加强党员干部教育管理。坚持重在平时、严在细节，严格党内组织生活，认真落实“三会一课”、组织生活会、党性分析、民主评议党员等制度。要分领域研究制定党员发挥作用的实施办法，有针对性地设计主题、搭建平台，引导党员立足本职岗位，争创一流业绩。要积极运用现代信息技术，大力推广应用“潍水先锋•昌邑党建云平台”，通过网上党校、微信等新载体强化党员教育培训，不断提高党员干部素质能力。要结合推行农村党员积分制管理，完善“双亮双评双促”机制，改进评议办法，加大奖惩力度，抓好帮教党支部实体化运行和帮教党员教育转化，稳妥慎重做好不合格党员处置工作，从严加大对违规违纪党员处理，真正畅通“出口”、纯洁队伍。要健全完善党内关爱机制，加大对老党员、生活困难党员的救助力度，让他们切实感受到组织温暖，增强荣誉感和归属感。

（四）健全体制机制，着力提升村级治理整体水平。农村党建工作分量重、内容多，是决定村级治理水平高低的关键因素，是关乎农村和谐稳定的根本所在。一要下大气力抓好村班子建设。坚持“抓两头、带中间”，按照10%的比例倒排确定软弱涣散党组织进行集中整顿，分类建立台账，落实包靠措施，限期销号管理。对班子不健全的，要通过组织调整或充实力量等方式，重点解决好无人办事或办事能力不强的问题，坚决杜绝“维持型”或“凑合型”班子；对班子不团结、工作不协调、形不成合力的，要加强思想教育，讲明政策规定，健全工作制度，规范工作程序，拒不改正的，要严肃果断进行组织调整；对工作畏难发愁、战斗力不强的，要协调搞好外部帮扶，逐步改善生产、生活条件，促其尽快打开工作局面；对村风民风不正和宗族派性严重的，要严厉打击邪恶势力和违法分子特别是领头人员，努力为村级工作开展创造良好环境。同时，要积极推行党建示范带头村培育工程，分层次打造一批村级党建示范点，以点带面提升基层党建科学化水平。二要下大气力抓好村级事务管理。深入开展

"两清理、两规范"活动，清理修订村级规章制度，全面落实"四议两公开一监督""阳光议事日"及党务村务财务公开等制度，完善群众有效行使民主权利保障机制；清理村级活动场所机构标牌、牌匾，督促科学设置并合理使用村级公开栏；规范农村集体"三资"管理，全面推行村级会计聘任制；规范村级运行，注重发挥村务监督委员会及村民代表作用，探索建立村务情况分析、村务监督工作报告等制度，突出强化村级事务全方位监管，逐步健全以村党组织为核心、村民自治和村务监督组织为基础、集体经济组织和农民合作组织为纽带、各类经济社会组织为补充的农村组织体系，促使各类组织各有其位、各司其职，充分发挥在村级治理中的积极作用。三要下大气力抓好村级财务常态化监管。经管部门是村级财务监管责任主体，要积极介入、跟上指导，在去年建立推行常态化审计基础上，每年继续对经济强村、重点难点村和随机抽取村进行财务审计，发现问题及时反馈并督促整改。各镇街区要高度重视经管人员力量配备，经管站长必须专职专干，确保有足够精力抓财务日常管理，从源头上改变并扭转部分村财务长期混乱局面；要制定镇村财会人员岗位职责和行为准则，对村级财务公开时限、内容及事项集中审核、统一把关，推进村级财务监管制度化、规范化。四要下大气力抓好矛盾纠纷排查化解。进一步健全完善矛盾纠纷调处机制，推行警民联调、公开听证等有效做法，综合运用教育、调解、协商等方法化解社会矛盾纠纷。对财务和集体资产管理混乱、账目不清的，要结合村级财务常态化审计进行彻底清查，形成翔实的审计报告并及时向村民公开；对存在违纪违法现象的，要严肃追究当事人责任；对存在土地延包、债权债务、宅基地等纠纷的，要在查明历史原因、摸清来龙去脉的基础上，依法进行调解或通过法律渠道处理，避免矛盾积累激化。要通过综合施治，降低基层组织信访发生量，为村级和谐稳定发展奠定基础。

（五）整合资源力量，着力强化基层基础保障。抓基层、强基础，必须有实实在在的保障，有效推动人往基层走、钱往基层投、政策往基层倾斜。一要充实基层党务工作力量。从昌邑市实际情况看，目前各级党建力量不足的问题仍较为突出，有的甚至出现党建工作边缘化、无人抓等现象。市里已经按照潍坊市委要求调整了党建办公室，充实了人员、配齐了力量。各镇街区要按照市里的要求，抓紧完善由党（工）委副书记兼任主任的党建办公室，配齐不少于3人的专职党务工作者队伍，组织委员要专职专干，保证有足够的力量抓党建。市直各部门各单位要配备懂党建、有经验、作风好的干部专职抓党建，集中精力抓好党员发展、教育和管理工作。要抓紧调整理顺"两新"组织党建工作机构，认真选配党建指导员，确保各项工作有人抓、有人管；同时要切实加强党建指导员队伍教育、管理和激励，为他们开展工作创造条件、提供支持，使他们工作有平台、干事有动力、待遇有保障。二要加大基层经费投入力度。各镇街区要健全完善以财政投入为主的稳定的经费保障制度，在足额及时发放基层干部补贴报酬的基础上，要按标准落实村、城市社区运转及服务经费；机关和企事业单位党组织工作经费要列入年度财务预算；非公企业党组织工作经费实行税前列支；社会组织党组织工作经费要纳入单位管理费用合理安排，确保基层党组织有经费、有能力为群众服务。市直各包村部门单位要积极与上级对接，协调资金投向基层、投向农村，切实形成工作合力。三要建好用好党组织活动阵地。对基层组织活动场地不达标、功能不完善的，要加大资金扶持力度，积极想办法新建或修缮；对已建成但使用效率不高、作用发挥不好的，要切实做好卫生清理、日常管理、维护使用等工作，发挥场所办公议事、党员活动、教育培训、便民服务等综合功能，打造宣传群众、组织群众、服务群众的主阵地。要扎实推进规模以上非公有制企业党组织活动场所规范化建设，在小微企业和社会组织集中的区域统筹建设综合性党群服务中心。

三、加强领导、强化责任，以严的精神、实的作风把基层党建工作落到实处

全面从严治党，重在责任落实。只有责任落实到位，管党才能做到真管，治党才能做到严治。全市各级党组织特别是党组织书记要牢固树立“抓好党建是最大政绩”的意识，强化责任担当，狠抓工作落实，以更严格的标准、更务实的作风抓好基层党建各项任务落实。

一要压实管党责任。各级党组织要切实强化管党治党意识，落实主体责任，真正把抓好基层党建工作作为分内职责。各镇街区党（工）委要坚持守土有责、守土负责、守土尽责，用心用力抓好基层党建工作；市直各部门各单位要结合各自职能，认真抓好本部门本单位和本系统的党建工作，形成齐抓共管的生动局面。各级党组织书记要牢记主责、抓住主线、聚焦主业，拿出主要精力抓基层党建，做到重要工作亲自部署、重大问题亲自研究、重点环节亲自协调、重大事项亲自督办，切实履行好基层党建工作的第一责任人责任。其他班子成员要认真落实“一岗双责”，把抓基层党建工作的责任和推动分管工作的责任有机结合起来，坚决防止“一手硬、一手软”。要健全完善基层党组织和党组织书记抓基层党建工作任务清单，厘清班子成员职责任务，确保干有目标、抓有措施、考有依据，加快形成完善的责任链条。

二要形成工作合力。市委党建工作领导小组要充分发挥总揽统领作用，定期研究工作、通报情况，及时发现问题、解决问题。组织部门要发挥牵头协调作用，加强具体指导，强化督促落实，抓好各项任务的组织推动。各成员单位要明确职责任务，把本部门的党建工作同市委分工的党建工作摆上同等重要位置，既要发挥职能作用，承担好市里安排的基层党建工作任务；同时，也要积极主动抓好本单位、本系统的基层党建工作，做到党建工作与业务工作一体部署、一体推进、一体落实，推动党建工作与业务工作互促共进、共同提高。纪检部门要立足党风廉政建设职能，主动把解决“四风”、改进作风融入基层党建工作之中；宣传部门要加大先进典型宣传力度，弘扬基层组织建设正能量；统战部门要及时向各民主党派、无党派人士宣传党的政策，凝聚各方共识；政法、信访部门要结合社会治理创新，抓好基层组织信访矛盾调处；市直机关工委要统筹抓好机关事业单位党建工作；工商联、市场监管部门要抓好非公企业和个体工商户、专业市场党建工作；民政部门要抓好基层政权建设、社区建设和社会组织党建工作；财政部门要落实好基层组织运转经费保障和村干部待遇报酬；审计、经管部门要搞好村级财务审计监管和村集体“三资”清理，指导村级发展壮大集体经济；工会、团委、妇联等群团组织要健全党建带群建工作机制，做到党建与群建同步规划、部署和落实，实现党建和群建工作互促共进。同时，市直有关部门单位还要加强对镇街区下属业务部门的党建工作指导，督促他们在镇街区党（工）委的统一领导下，积极发挥职能优势，抓好基层党建工作，形成上下联动、齐抓共管的良好局面。

三要强化督导考核。要建立完善基层党建工作集中督查制度，加大对基层党建重点任务的督导力度，及时发现问题，及时督促整改。要把抓基层党建工作情况作为评价领导班子和领导干部政治强不强、实绩好不好、作风正不正、工作称职不称职的重要标准，选拔干部要注重从重视党建、熟悉党建、善抓党建的干部中选拔，选配班子要注意充实熟悉基层党建工作的干部，树立选拔任用干部的正确导向。要强化党建工作问责，对履行党建责任不到位的，要严肃批评；对问题较多、长期打不开局面的，要约谈通报；对抓党建不力、出现严重后果的，要进行组织处理，违

纪的要依纪问责追究。要注意为基层减负减压，清理、整顿、规范委托基层代办事项和各类检查考核、评比达标，不能把对各部门的考核变成对基层的“一票否决”。要把握好舆论导向，多总结基层党员干部的先进事迹，多宣传基层党建工作的好经验好做法，把基层党员干部的形象树立起来，营造关心基层、重视基层、支持基层的良好社会环境。

同志们，做好新形势下的基层党建工作，任务艰巨、责任重大。我们要认真按照中央、上级党委和市委的部署要求，一心一意谋发展，聚精会神抓党建，以更加饱满的精神状态、更加严实的工作作风，奋发进取、扎实工作，努力开创基层党建工作新局面，为加快建设富强文明和谐幸福新昌邑打牢更加坚实的基础、提供更加有力的支撑。

马跃启在全市“两学一做”学习教育工作会议上的讲话

（2016年4月29日）

这次会议，主要是深入学习贯彻习近平总书记系列重要讲话和关于开展“两学一做”学习教育的重要指示精神，认真贯彻落实中央和省委、潍坊市委有关部署要求，对昌邑市“两学一做”学习教育工作进行安排部署。

党中央决定在全体党员中开展“学党章党规、学系列讲话，做合格党员”学习教育，是加强党的思想政治建设的一项重大部署，是协调推进“四个全面”战略布局特别是推动全面从严治党向基层延伸的有力抓手。中央对此高度重视，习近平总书记主持召开中央政治局常委会议，审议学习教育方案并发表重要讲话，多次作出重要指示。中央和省委、潍坊市委先后召开座谈会，对学习教育工作作出安排部署。市委召开常委会议进行了传达学习和专题研究。下面，根据市委常委会研究的意见，我讲四个方面的问题。

一、深入学习领会习近平总书记重要指示和中央、省委及潍坊市委座谈会精神，充分认识开展“两学一做”学习教育的重大意义

习近平总书记的重要指示，站在党和国家全局的战略高度，精辟阐述了“两学一做”学习教育的重大意义、目标要求、任务措施和主体责任，内涵丰富、立意深远，是对党的建设理论的丰富发展和实践创新，充分体现了对党的建设形势任务的清醒认识、对党的建设规律的科学把握，彰显了全面推进从严治党的坚定决心和政治定力，具有很强的思想性、政治性、指导性和针对性，是我们开展学习教育的行动指南和根本遵循。我们一定要认真学习领会，把握精神实质，切实把思想和行动统一到上级的部署要求上来。

第一，深刻认识开展“两学一做”学习教育是推动党的思想政治建设常态化制度化的重要举措。习近平总书记强调，我们党要搞好自身建设，真正成为世界上最强大的一个政党，首要任务是加强思想政治建设，关键是教育管理好党员、干部。思想政治建设是党的根本性建设，是我们党的重要政治优势。党的十八大以来，我们党坚持思想建党与制度治党相结合，深入开展党的群众路线教育实践活动和“三严三实”专题教育，取得许多新的重大成果，党员干部队伍的思想政治素质有了新的提高。实践表明，抓党内教育，针对一个时期的突出问题，搞一些集中教育、集中整治，

非常必要，也确有成效。但思想政治建设不可能毕其功于一役，解决日常的党内政治生活中存在的思想问题，需要绵绵用力、久久为功，在经常性教育上下功夫。这次开展“两学一做”学习教育，就是推动党内教育从“关键少数”向广大党员拓展，从集中性教育向经常性教育延伸，立足于抓常、抓细、抓长，把思想政治建设融入日常的党内政治生活，持续不断地巩固和深化思想政治建设的成果。

第二，深刻认识开展“两学一做”学习教育是推动全面从严治党向基层延伸的重要抓手。党的十八大以来，以习近平为总书记的党中央坚持党要管党、从严治党，作出一系列重大部署，打出一整套组合拳，推动全面从严治党环环相扣、步步深入，党风政风为之一新。全市各级党组织认真贯彻全面从严治党要求，以贯彻中央八项规定精神为切入点，从严正风肃纪，党员干部的党性观念和宗旨意识进一步牢固，作风和形象有了新的提升，各级党组织的创造力凝聚力战斗力明显增强。但也要看到，党性的锤炼不是一朝一夕完成的，强化纪律和规矩意识需要持续不断地下功夫，作风建设永远在路上。中央和省委、潍坊市委“两学一做”学习教育方案中，强调要着力解决的党员理想信念模糊动摇、党的意识淡化、宗旨观念淡薄、精神不振、道德行为不端等五个方面问题，列举的党员、各级党员领导干部需要重点解决的问题，在昌邑市党员干部队伍中都不同程度存在，有的还比较突出。比如，有些党员精神空虚、信仰宗教；党员荣誉感、归属感、身份认同感缺失，组织观念淡薄，不起作用、不像党员；群众观念不强、服务意识欠缺，损害群众利益；进取精神不强，甘于当群众的尾巴等。有的党员干部信仰缺乏、信念缺失、精神缺“钙”，重大问题、重要事项不请示、不汇报，甚至当面一套背后一套；对经济发展新常态认识不深刻、不到位、有误区，面对经济发展的新情况新问题不想为、不会为、不善为；党建意识淡薄，党建工作责任缺失，抓好党建是最大政绩还没有落实到行动上，等等。还要看到，有些基层党组织党的组织生活不严肃、不认真、不经常，有的单位党员干部教育管理监督失之于宽、失之于松、失之于软，有的基层党组织管党治党主体责任不落实、政治功能弱化、作用发挥不充分，等等。这说明，严肃党内政治生活、恢复发扬党的优良传统和作风的任务还很重，严明党的纪律和规矩、营造良好政治生态的任务还很重，加强党员干部教育、建设高素质干部队伍的任务还很重。我们要通过开展“两学一做”学习教育，深入解决党员干部在思想、组织、作风、纪律等方面存在的突出问题，让党的每一个细胞都健康起来、每一个组织都坚强起来，推动全市党的建设全面进步、全面过硬，进一步夯实党的执政根基。

第三，深刻认识开展“两学一做”学习教育是加快建设富强文明和谐幸福新昌邑的重要保障。推动更高层次新发展，实现“建设富强文明和谐幸福新昌邑”的总目标，我们既有许多机遇和有利条件，也面临不少困难和挑战。加快全面深化改革，破解发展体制机制障碍，需要我们攻坚克难、创新创造；主动引领经济发展新常态，推进供给侧结构性改革，需要我们树立新理念、展现新作为；补齐民生短板，打赢脱贫攻坚战，让人民群众有更多获得感，需要我们付出更多精力、拿出过硬举措。做到这些，关键是党的各级组织坚强有力、走在前列，党员干部干在实处、走在前列。实践也充分证明，哪个地方党组织领导核心作用和战斗堡垒作用发挥得好，事业发展就有保证；哪个地方党员先锋模范作用、党员领导干部骨干作用发挥得好，哪个地方的工作就充满生机活力。各级党组织要紧紧抓住开展“两学一做”学习教育的重大机遇，充分调动广大党员干部干事创业、担当进取的积极性，凝聚广大人民群众的智慧和力量，努力把党的组织资源、组织优势、组织活力转化为发展资源、发展优势、发展活力，为落实“十三五”时期各项目标任务、决胜全面建成小康社会，加快建设富强文明和谐幸福新昌邑增添动力、提供保证。

二、准确把握中央和省委、潍坊市委部署要求，推动“两学一做”学习教育扎实开展、取得实效

习近平总书记强调，“两学一做”学习教育，基础在学，关键在做；要突出问题导向，学要带着问题学，做要针对问题改，把合格的标尺立起来，把做人做事的底线划出来，把党员的先锋形象树起来，用行动体现信仰信念的力量。我们一定要深入学习领会，按照上级提出的总体要求、目标任务和方法措施，紧紧围绕学什么、怎么学、怎么做，紧密结合实际，认真组织实施，确保取得实效。

搞好“两学一做”学习教育，首要的是打牢“学”这个基础，在真学真懂真信真用上下功夫。学习是前提、是基础，是改造主观世界、提升党员行动自觉的根本途径。要切实抓好学习。一要把握一个基本要求，就是把学党章党规与学系列讲话很好地统一起来。党章是管党治党的总遵循，党规党纪是党章的延伸和具体化，尊崇党章、遵守党规是对党员的基本要求。习近平总书记系列重要讲话，深刻回答了新的历史条件下党和国家事业发展的一系列重大理论和实践问题，进一步丰富和发展了党的理论和路线方针政策，对党员干部提出了更具时代特点的新要求。我们要深刻认识党章党规和系列讲话是紧密联系、内在一致的，一定要贯通起来学习、统一起来领会，在学系列讲话中加深对党章党规的理解，在学党章党规中深刻领悟系列讲话的基本精神，做到学而信、学而用、学而行，真正明确基准底线、强化立根固本。二要进一步深化细化学习内容，区分党员、党员领导干部，列出学习清单、提出学习要求，使学习教育更加精准、更加适当。对全体党员来讲，主要是通过通读熟读党章党规，进一步明确做合格党员的标准和条件，搞清楚能做什么、不能做什么；通过学习系列讲话，牢记新形势下党员的职责使命，更加自觉地履行党员义务、发挥党员作用。对党员领导干部来讲，要紧密联系领导工作实际，学得更多更深一些，要求更严更高一些。系统学习领悟党章党规，全面把握基本内容，掌握履职规定要求；全面、系统、深入学习系列讲话，尤其要把系列讲话蕴含的党中央治国理政新理念新思想新战略作为重中之重，既领悟好重大思想理论观点，又领悟好科学的思想方法和工作方法，做到知其然更知其所以然，更好地用以指导实践、推动工作。特别要紧密联系本辖区、本行业、本系统、本单位的实际，紧密联系个人思想、工作实际，紧密联系贯彻落实中央重大决策部署的实践，学深学透、融会贯通，把握正确方向，创造性地开展工作，使学习的过程成为提升思想政治素养的过程，成为加强和改进工作的过程。三要活化学习方式方法，增强学习实效。要认真总结党的群众路线教育实践活动和“三严三实”专题教育中行之有效的做法，把成熟经验运用到经常性教育中，用好个人自学、集中学习讨论、讲好党课、在线学习交流等方式，使每名党员都能受教育、得提高。要坚持读原著、学原文、悟原理，在已有基础上不断深化学习，做到深学深悟、常学常新，确保学好基本内容、领会好精神实质、解决好思想认识问题，要注意不能以专题讲座代替原文学习。要充分利用本地组织资源，结合纪念建党 95 周年，选树、表彰、宣传一批模范作用突出、群众信得过、看得见、学得来的先进典型，用身边事教育身边人。充分利用市检察院预防职务犯罪警示教育基地和市纪委反腐倡廉教育基地等开展现场教学，用好《潍坊市党员领导干部违纪违法典型案件警示录》教育片，增强学习教育的吸引力和感染力。注重运用各类新媒体，及时推送学习内容，开展在线学习交流，扩大学习教育覆盖面。当前，市里正在建设市党史党性教育

基地，突出弘扬红色精神的价值引领，建成后，要分批次、分类别组织全市党员到党性教育基地亲身体验，通过亲身感受增强党性意识。

搞好“两学一做”学习教育，更为重要的是抓实“做”这个关键，在做合格党员、树先锋形象上见行动。就是要以学促做、知行合一，照着标准做、对着问题改，努力做“四讲四有”合格党员，树立起共产党员的先锋形象。这是这次学习教育的着眼点、落脚点。一要用合格党员的标准要求规范自己。中央着眼党和国家事业的新发展，对党员提出“讲政治、有信念，讲规矩、有纪律，讲道德、有品行，讲奉献、有作为”的新要求，这是新形势下合格党员的标准，全市每一名共产党员都要立起这个标尺，自觉践行这个要求，从政治上、纪律上、品德上、作用发挥上严格规范自己。做合格党员，首先要解决好政治合格问题，最根本的是增强政治意识、大局意识、核心意识、看齐意识。这“四个意识”，集中体现了根本的政治方向、政治立场、政治要求，是检验党员政治上是否合格的试金石。要引导广大党员切实增强“四个意识”，自觉主动地向党中央看齐，向习近平总书记看齐，向党的路线方针政策看齐，坚决维护党中央权威，维护党的领导核心，做政治上的明白人。对党员领导干部来说，不仅要做合格党员，还要按照好干部20字标准、“三严三实”“四个铁一般”、忠诚干净担当等要求规范自己。二要引导党员立足岗位作贡献当先锋。针对不同领域、不同群体党员实际情况，围绕“受教育、强党性、当先锋、促发展”实践要求，积极搭建载体平台，提出发挥作用的具体要求，引导党员在任何岗位、任何地方、任何时候、任何情况下，都要增强党员意识，铭记党员身份，积极为党工作、为群众服务，用实际行动树立共产党员先锋形象。这些年来，昌邑市围绕促进党员作用发挥，探索创新了许多务实管用的实践载体，比如开展农村党员“双亮双评双促”工程，全市党员公开承诺、设岗定责、志愿服务等，都取得了很好的效果。对这些有效做法要继续坚持，探索搭建更多平台载体，引导党员立足岗位、履职尽责，在平常时候看得出来，在关键时刻站得出来，在推进改革发展、维护社会和谐稳定中当标兵、作模范，使群众切实感受到党员的力量、党组织的力量、党的力量。

搞好“两学一做”学习教育，要自始至终突出问题导向，在解决问题、推动工作上求实效。学习教育的目的和效果，最终要体现在解决突出问题、推动工作落实、促进经济社会发展上。要强化问题意识、坚持问题导向，把查找解决问题贯穿学习教育全过程，从一开始就改起来、做起来。一要找实找准问题。对照党章党规、系列讲话要求和合格党员标准，根据不同领域党员、不同层次党员领导干部的实际，列出问题清单，细化具体表现。组织全体党员认真查找在理想信念、党的意识、宗旨观念、精神状态、道德品行等方面存在的问题；组织党员领导干部重点查找在带头坚定理想信念、带头严守政治纪律和政治规矩、带头树立和落实新发展理念、带头攻坚克难敢于担当、带头落实全面从严治党责任等方面存在的问题。党员、党员领导干部都要结合召开专题组织生活会、民主生活会，深入进行党性分析，明确整改方向和目标。二要立说立行解决问题。对领导班子和党组织的问题，要逐项梳理分析，制定整改措施，明确完成时限，认真抓好整改；对党员和党员领导干部个人的问题，要坚持即知即改、立行立改，作出整改承诺，自觉接受监督。对党员队伍中存在的一些共性问题，必要时要开展集中整顿。要继续抓好群众反映强烈突出问题的整改，抓好党的群众路线教育实践活动和“三严三实”专题教育后续问题整改，确保见到实实在在的效果。要突出抓好“为官不为”集中整治，坚持发展导向、考核导向、用人导向相统一，完善科学发展综合考核办法，研究建立尽职免责容错纠错机制，制定推进领导干部能上能下实施办法，努力营造风清气正、敢于担当、干事创业的良好氛围。三要坚持“两手抓、两促进”。紧紧围绕中心、服务大局，把学习教育放到协调推进“四个全面”战略布局中来谋划推进，与脱贫攻坚、市镇领导班子换届、落实全市基层服务型党组织建设三年行动计划，与做好改革发展稳定各项工作结合起来，把党员、干部在学习教育中激发出来的工作热情和进取精神转化为做好工作的动力，用改革发展成果检验学习教育成效。

三、坚持抓在日常、严在经常，积极探索推进党的思想政治建设常态化制度化

这次“两学一做”学习教育的基本定位，是突出经常性教育的特点，把学习教育与党的建设基础性工作有机融合起来，落实抓在日常、严在经常的要求，用好日常的教育途径、教育方式，以党支部为基本单位，以“三会一课”等党的组织生活为基本形式，以落实党员教育管理制度为基本依托，真正把全面从严治党落实到每个支部、每名党员，推动党的思想政治建设常态化制度化。

一要充分发挥党支部的作用，把党内政治生活严肃起来。把学习教育组织好，最基础的工作在党支部；把党员教育管理好，最重要的依托也在党支部。一些单位党员教育管理的任务之所以落实不好，许多是由于党支部责任履行不到位、作用发挥不到位、组织生活制度落实不到位造成的。要督促指导党支部切实履行好党章规定的职责任务，担负起从严教育管理党员的主体责任，支部建设不仅抓发展党员和班子配备，很重要的是抓支部正常组织生活。要把规范组织生活作为“两学一做”学习教育的重要任务，所有支部都要建立支部生活日，根据各自情况每月确定一天作为支部生活日，统筹安排“三会一课”，组织过好组织生活，规范支部生活记录，促进组织生活正常化、规范化。要严格支部生活请销假和补课制度，通过随机现场列席、调阅影像资料等方式，对每个支部“三会一课”情况进行检查督导，调动党员参与的积极性主动性，推动学习教育常态化制度化。要充分发挥组织生活的熔炉作用，把批评和自我批评的武器拿起来、使用好，使积极健康的思想斗争成为常态，发挥基层党组织自我净化、自我提高的主动性，增强党内生活的政治性、原则性和战斗性。

二要落实党员教育管理制度，把党员队伍管理严格起来。各级党组织要对党员教育管理的各项制度认真梳理，对执行情况认真分析，看看哪些制度落实得好、哪些落实得不到位，原因是什么，在学习教育中有针对性地加以解决。要进一步规范和落实党员组织关系转接、党费收缴管理、发展党员、党员集中培训、流动党员管理等日常教育管理制度，使党员教育管理真正严起来、实起来。要扎实做好党员组织关系集中排查工作，摸清党员底数、分布情况，掌握流动党员、失联党员、“口袋”党员的状况，理顺党员组织关系，纳入党组织日常管理，吹响党员“集结号”，让他们主动亮明身份，积极参加学习教育，切实发挥党员的先锋模范作用。要严把党员队伍入口，突出政治上的先进性、素质上的全面性、标准上的严肃性，把各行各业真正符合条件的优秀分子吸收到党内来。要结合民主评议党员，稳妥慎重做好处置不合格党员工作，对那些党性不强、素质不高、不能正常发挥作用的不合格党员，严格按照有关规定进行组织处置，畅通党员队伍出口，确保党的肌体健康。要针对党员教育管理中的薄弱环节，针对出现的新情况新问题，进一步健全相关制度规定，增强制度的刚性约束，不断提高党员教育管理制度化、规范化水平。

三要着力建设过硬支部，把基层组织活力激发起来。基层党组织是党的全部工作和战斗力的基础。建设过硬支部、发挥战斗堡垒作用，这既是学习教育的目的，也是学习教育取得实效的保证。要聚焦基层服务型党组织建设三年行动计划，

切实加强基层党建工作，努力补短板、促提升、破难题，激活基层党组织，增强基层组织活力。健全完善党群服务体系，稳妥推进党群服务中心站建设，推行“四诺”制管理、学习活动议事日、“双亮双评双促”等制度，提升农村基层治理和服务水平。深入推进第一书记抓党建促脱贫，实现对贫困村和软弱涣散村选派第一书记工作全覆盖，加大整顿工作力度，通过健全组织、配好班子、完善制度等措施，推动软弱涣散基层党组织转化提升。对问题突出的基层党组织，要以镇街区党（工）委为主体，组织力量进行整顿，先整顿到位再开展学习教育，及早跟上补课，使整顿转化和学习教育相互促进。要积极构建区域化党建工作格局，着力扩大“两新”组织领域有形覆盖和有效覆盖，引导“两新”党组织打造党建品牌，强化政治引领功能和服务功能，促使每个党支部都成为政治坚定、团结有力、担当尽责、群众信任的过硬支部。

四、加强组织领导，确保“两学一做”学习教育各项任务落实到位

各级党委（党组）要把抓好学习教育作为一项重要政治任务，切实履行主体责任，加强组织领导和统筹协调，切实把学习教育组织好，把各项任务落实好。

一要明确责任、形成合力。全市“两学一做”学习教育在市委统一领导下进行，市委组织部牵头组织实施，市纪委、市委办公室、市委宣传部、市委党校等根据各自职责，分工合作做好工作。各镇街区、市直各部门单位党组织要切实发挥“一线指挥部”的关键作用，切实担负起对本镇街区、本部门单位开展学习教育的组织领导、督查指导、推动落实、质量把关的责任，制定具体实施方案，安排专门力量负责组织学习教育工作。各级党委（党组）要对所辖党支部进行全覆盖、全过程现场指导，帮助党支部制定学习教育计划，派员参加指导。各党支部要结合实际制定具体学习教育计划，明确具体任务、时间安排、目标要求，确保组织到位、措施到位、落实到位。党委（党组）书记作为学习教育的第一责任人，要履好职、尽好责，认真谋划、精心组织、靠前指挥，自始至终把责任扛在肩上；领导班子成员要认真履行“一岗双责”，在抓好自身学习教育的同时，切实抓好分管领域、分管单位的学习教育。要建立党组织书记抓学习教育任务清单，确保各项工作有据可依、有据可查、责任落实。市镇两级都要成立“两学一做”学习教育协调小组和督导机构，加强调度指导，搞好统筹协调，及时提出建议，推动工作落实。这次学习教育由党委组织部门牵头，但决不仅仅是组织部门自己的事情，各级纪委和党委有关部门要充分发挥职能作用，主动对接、积极配合，形成工作合力。要把开展学习教育情况作为2016年党（工）委书记抓基层党建工作述职评议考核的首要内容和科学发展综合考核的重要内容，对思想上不重视、工作上不得力的，要批评教育、限期整改；对搞形式、走过场的，要责令补课、严肃问责。

二要领导带头、以上率下。群众看党员、党员看干部，“学”也好、“做”也好，只要领导干部以身作则、率先垂范，大家就会跟着学、照着做。在学习教育中，领导班子、领导干部一定要当好表率，要求别人做到的自己首先做到，要求别人不做的自己坚决不做。要从市委常委做起，自觉做到“三个必须”，即：必须按照支部安排参加学习教育，必须每个专题都在支部党员大会上作交流发言，必须到所在支部和基层单位讲党课。要坚持层层示范、层层带动，上级带下级、班长带队伍，形成上行下效、整体联动的工作格局。无论什么职级、什么岗位上的党员领导干部，都要认真落实关于学习教育的各项要求，严格执行双重组织生活等基本制度，带头参加组织生活会、民主评议，带头立足岗位作贡献，引领整个学习教育扎实有效开展。

三要严格督查、搞好指导。各级党委（党组）要抽调专门力量，采取定期调度、听取汇报、随机抽查、专项调研、参加学习讨论、列席组织生活会等方式加强督查指导，注意把督导重点覆盖到每个党支部，深入了解学习教育开展情况，总结推广基层党支部创造的新鲜经验，及时发现解决苗头性、倾向性问题。市直机关工委、市经信局、农业局、商务局等党（工）委要加强对市直部门单位、企业等领域学习教育的领导和指导。具有行业指导职能的部门单位和窗口单位、服务行业主管部门，要担负起对本系统本行业开展学习教育的指导责任，推动业务工作与学习教育有机结合。要鼓励探索创新，加强分类指导，根据单位实际和不同层面、不同领域党员队伍的情况，进一步细化有关要求和具体措施，把学习教育的任务具体化、精准化、差异化。要加强对党务工作骨干的专题培训，帮助他们掌握工作方法，明确工作要求，成为学习教育工作的明白人。上级党组织要积极为基层党支部开展学习教育创造条件，帮助解决教材、场地、经费等方面的实际困难。要以求真务实的作风开展学习教育，防止形式主义、做表面文章，不能照搬照抄，不搞一刀切，不能撇开日常工作搞学习，不能简单以开了多少会、做了多少笔记评判学习教育成效。

四要强化宣传、营造氛围。这次学习教育面向全体党员，社会关注度高，必须把抓好宣传舆论工作作为推动学习教育的重要措施，从一开始就加大宣传力度，营造浓厚氛围。要坚持正确的舆论导向，充分运用报刊、广播、电视和网络等媒体，通过开设专栏、编发言论评论等，大力宣传上级和市委关于学习教育的部署要求，宣传学习教育的进展和成效，宣传学习教育中的好经验好做法，宣传涌现出来的党组织和党员先进典型，为“两学一做”学习教育营造良好社会氛围。

同志们，开展“两学一做”学习教育，事关长远、责任重大。我们一定要按照中央和上级党委的部署要求，深化认识，统一思想，以严的精神和实的作风扎实推进学习教育，确保善始善终、善作善成，努力取得让人民满意的效果，为实现“十三五”良好开局、加快建设富强文明和谐幸福新昌邑提供强大动力。

政府工作报告

——2016年2月27日在昌邑市第十七届人民代表大会第五次会议上

昌邑市市长 吕珊珊

一、“十二五”时期经济社会发展情况回顾

“十二五”时期是昌邑市发展史上极不平凡的五年。面对复杂多变的国内外环境和艰巨繁重的改革发展稳定任务，市政府在上级党委、政府和市委的坚强领导下，在市人大、市政协的监督支持下，团结带领全市人民，全面贯彻党的十八大和十八届三中、四中、五中全会精神，主动适应经济发展新常态，加快转方式调结构，强化创新驱动，狠抓改革攻坚，实现了“十二五”圆满收官。

五年来，我们坚持科学发展，综合实力跃上新台阶。“十二五”期间，全市地区生产总值年均增长10.3%，2015年达到376.2亿元，是2010年的1.6倍。一般公共预算收入年均增长

17.1%，2015年达到27.3亿元，是2010年的2.2倍。固定资产投资年均增长18.8%，累计达1245亿元，是“十一五”的2.2倍。连续5年被评为“中国中小城市综合实力百强县市”“中国最具投资潜力中小城市百强县市”，荣获“首批国家智慧城市试点市”“全国生态文明先进市”“全国特色化品牌（产业）示范城市”“全国县级防震减灾先进单位”“省级园林城市”“省级卫生城市”“山东省投资环境最佳县市”“全省生态文明乡村建设工作先进市”“山东省国土资源节约集约模范市”“首批乡村文明行动省级示范市”“首批山东省信息消费试点市”“首批山东省生态文化示范市”“首批省级海洋生态文明示范区”等称号。

五年来，我们强化转调并举，产业体系增创新优势。三次产业比例由“十一五”末的11.7：60.5：27.8调整为9.3：54.2：36.5。新型工业化加快推进，“十二五”期间，累计完成工业投入677亿元，实际投资过亿元项目220个，分别是“十一五”的1.9倍和2.4倍。2015年，全市266家规模以上工业企业完成主营业务收入968.5亿元、利税78亿元。实缴税金过亿元企业4家。新增中国驰名商标3件、山东省著名商标9件、山东名牌产品5个，高新技术产业产值占比比2010年提高了8.5个百分点，连续四次荣获“全国科技进步先进市”称号。现代农业稳步发展，投资15亿元实施农田水利、高标准农田等基础设施建设，综合生产能力大幅提升，农业标准化基地发展到36万亩，农产品品牌达131个，被评为全国粮食生产先进单位、全国高效节水灌溉试点县、山东省首批涉水涉地资金整合试点县。新增成片造林13万亩，比“十一五”增长30%，绿博会影响和带动力持续增强。现代服务业跨越发展，累计实现社会消费品零售总额646亿元、服务业增加值532亿元，分别是“十一五”的2.1倍和2.3倍，服务业增加值占比比2010年提高了8.7个百分点。电子商务实现新突破，建成运营全球贸易通跨境电商产业园、石化电商平台、中国·昌邑生姜指数系统等，承办2015中国微商创业大赛齐鲁赛区赛事暨潍坊首届微商大会，2015年实现交易额130亿元。青山秀水旅游度假区、博陆山风景区等建成运营，潍河70公里旅游长廊初具规模，实现旅游收入、接待游客人次分别是“十一五”的5.6倍和3.8倍。

五年来，我们全力突破滨海，区域发展开创新局面。累计完成基础设施投资17.2亿元，北扩发展空间15平方公里，配套面积达到57.2平方公里；总投资46.6亿元的“一港、一坝、一闸”重大基础设施建设实现新突破，滨海发展新框架不断拉大，已成为全市发展的最大增长极。落户项目153个、总投资574.1亿元，先进装备制造等5个“园中园”及昌邑市潍坊滨海产业园初具规模，金典化工、三力本诺、富润科技等104个项目建成投产。下营工业园被评为全省首批山东半岛蓝色经济区海洋特色产业园，龙池工业园被评为潍坊市循环经济示范园区，柳疃工业园被评为潍坊市新型工业化产业示范基地。下营滨海新城完成投资11.4亿元，综合承载能力进一步提升。

五年来，我们加快新型城镇化，城乡面貌实现新变化。中心城区沿潍河发展、跨潍河发展步伐加快，文化中心、汽车新站、金口大桥等一批重点工程建成投入使用，城市基础设施惠及面积达到60平方公里。投资47亿元实施城中村、棚户区改造和迁村并点，惠及群众1万多户。投资12亿元实施城区雨污分流及道路改造、绿化工程。新增集中供暖面积352万平方米。在全省率先启动智慧城市建设，19个服务平台及应用系统建成使用，技术水平和应用效果在全省领先。在潍坊市率先建成光网城市，提前实现2020年“宽带中国”战略目标。市民“一卡通”和公共自行车系统正式运行，投放公共自行车2000辆，骑行量35万人次。累计完成小城镇建设投资145.3亿元，是“十一五”的5.8倍，柳疃镇、饮马镇通过全省“百镇建设示范行动”示范镇考核，并入选全国重点镇。文明城市创建活动成效显著，成功创建为省级文明城市，获评全国文明城市提名城市，柳疃镇被评为潍坊市唯一的第四届全国文明镇，山阳村被评为全省唯一的全国第二批宜居村。开展以“五化”为重点的村容村貌集中整治，清理“三大堆”39万多个，拆除违建建筑1.4万多处，被评为中国美丽乡村建设典范市。投资17.2亿元新建、改造道路1587.2公里，行政村通油路率100%。投资11亿元改造电力设施，供电保障能力明显提升。建成城乡社区服务中心90处。实现“一市两网”供水格局，集中供水覆盖率100%，提前两年解决农村饮水安全问题。城乡环卫一体化服务标准通过国家标准委验收，“昌邑模式”在全国推广，并开启中国环卫走向国际市场的先河。

五年来，我们深化改革开放，经济发展迸发新活力。更大力度推进经济体制改革，基本完成农村土地承包经营权确权登记颁证，在全省率先开展土地承包经营权抵押贷款业务。同大股份成功上市，4家企业在股权交易中心挂牌，新引进商业银行2家，市财政出资3亿元成立融资性担保公司。新发展个体工商户1.2万户、企业3800家。累计完成招商引资398.9亿元，引进科研院所16处，引进培养国家“千人计划”专家等高端人才68人。实际利用外资3.4亿美元，完成进出口总额34.4亿美元，其中出口总额26.6亿美元，分别是“十一五”的1.5倍、2.2倍和1.9倍。加快“走出去”步伐，设立境外企业13家，经济外向度明显提升。柳疃棉纺城公用型保税仓库已建成，结束了无海关特殊监管场所的历史。

五年来，我们严守两条底线，安全发展取得新成效。持之以恒抓好安全生产，不断夯实责任体系，完善网格化、实名制管理和专家查隐患制度，规模以上企业标准化建设达标率100%，安全生产形势持续稳定。扎实开展“三八六”环保行动，累计投资11.9亿元，实施环保项目47个，关停环保不达标企业和生产线43个(条)；完成丰产河、堤河等河道生态修复工程和城北、城西污水处理厂等人工湿地工程，城镇污水处理厂实现全覆盖，完成自备井整治任务，淘汰黄标车及老旧车辆1.6万辆，城市居民管道燃气普及率100%，推广测土配方施肥技术140万亩。万元GDP能耗比2010年下降21%，氨氮、二氧化硫排放总量分别比2010年减少17.7%和23%，空气质量等考核指标居潍坊市前列，圆满完成“十二五”节能减排各项目标任务。

五年来，我们着力保障民生，社会事业实现新跨越。“十二五”期间，累计完成民生支出107.2亿元，是“十一五”的3倍。投资12.8亿元，新建改造学校228所，潍水学校、技师学院、育秀学校等投入使用，全面完成义务教育阶段中小学标准化建设和学前教育三年行动计划，被评为全国义务教育发展基本均衡县。城乡居民基本医疗保险实现整合，在潍坊市率先实现居民医保大病保险即时结报，投资2.8亿元实施县级医院及乡镇卫生院标准化建设，城乡卫生服务体系更加健全。是潍坊市唯一连续26年荣获人口目标一等奖县市。成功承办“十艺节”部分展演节目，成立市演艺中心，为群众提供优质文化服务。承办首届海峡两岸中学生手球交流活动、中日韩青少年运动会手球比赛、全国中学生排球联赛等重要赛事，被评为全省群众体育先进单位。农村低保提高到每人每年3300元，城市低保提高到每人每月480元。实现城镇新增就业4.2万人、农村劳动力转移就业4.9万人。社会保险综合覆盖率达到93.6%。投资1.2亿元新建各类养老机构52处，提供床位1800余张。投资5700万元实施精准扶贫，完成脱贫1.2万余人。2015年，居民人均储蓄、在岗职工平均工资、农民人均纯收入，分别比2010年增长73.4%、42.7%和87.2%。成立民生热线服务中心，整合公共服务热线68条，吸纳社会服务机构260多家，构建“八位一体”受理方式，受理诉求6.4万余件，办结率100%、群众满意率98.6%。实施水资源管理保护行动，抓好节水城市建设等23项重点工作，力争水资源持续安全高效利用。深入推进“平安昌邑”建设，投资1.3亿元全面提升公安、消防等设施配套水平，投资6000多万元实施“天网工程”，一、二类监控目标实现100%覆盖，三类目标覆盖率93%，社会治安防控水平明显提高，荣获“全省优秀（县级）公安局”称号，人民群众对社会治安安全感、满意度连续3年居全省前列。加强国防和民兵预备役建设，双拥工作成效明显，连续5届被评为全省双拥模范城。统计、审计、物价、外事侨务、民族宗教、台湾事务、人防、妇女儿童、老龄、慈善、残疾人、档案、史志、气象、防震减灾等工作都取得了新进展。

五年来，我们加强政府自身建设，行政效能得到新提高。深入开展党的群众路线教育实践活动和“三严三实”专题教育，认真落实中央八项规定，扎实开展“一对一、面对面、摸实情、解难题”企业走访调研活动，形成转作风、抓落实、争一流的良好局面。自觉接受人大及其常委会法律监督、政协民主监督，累计办理人大代表建议和政协委员提案900多件。扎实推进政府职能转变，全面公开行政审批事项目录清单、权力清单、服务清单和责任清单，358项审批服务事项进驻政务服务中心集中办理，稳步推进大部门体制改革，形成了精干高效的政府组织体系。坚持依法治市，完成“六五”普法规划，依法行政水平不断提升。认真落实党风廉政建设责任制，始终保持为民务实清廉。

各位代表，过去五年我们不断创新发展思路、狠抓措施落实，积累了许多宝贵经验：一是坚持发展第一要务，紧紧围绕转变经济发展方式、加快滨海开发、建设生态文明等重点工作，找准着力点和突破口，创造性地开展工作，构筑了昌邑长远发展的战略支撑。二是坚持改革创新，用改革破解难题，靠创新激发活力，以开放增创优势，不断为经济发展注入新动力。三是坚持统筹兼顾，促进城乡一体发展、区域协同发展、人与自然和谐发展，增强了发展的全面性、协调性和可持续性。四是坚持民生优先，大幅增加民生和社会事业投入，持续增进民生福祉。五是坚持改进作风，充分调动和发挥各方面干事创业积极性，形成共克时艰的强大合力和进位争先的良好氛围。

“十二五”取得的成绩，是在宏观经济持续下行、昌邑市遭遇有水文记载以来最严重旱情、安全生态压力持续加大的情况下取得的，体现了速度与质量、规模与结构效益、生产与生活生态、抓当前与利长远的有机统一。这是上级党委、政府和市委正确领导的结果，是市人大依法监督、市政协民主监督和社会各界大力支持的结果，是全市广大干部群众勤勉工作、恪尽职守的结果。在此，我代表市政府，向全市广大干部群众，向各位人大代表和政协委员，向广大纳税人，向驻昌部队、武警官兵、公安干警，向来昌创业的投资者和劳动者，向所有关心、支持和参与昌邑现代化建设的海内外朋友，表示崇高的敬意和衷心的感谢！

在肯定成绩的同时，我们也清醒地认识到工作中的不足、发展中的差距，主要是：经济总量不够大，产业结构不够优，科技创新能力不够强等问题依然突出；滨海开发水平与我们所具备的沿海区位、土地资源、产业基础等优势不够匹配；城乡发展不够均衡，新型城镇化水平需进一步提高；土地、水、环境等约束趋紧，旱情仍在持续，水资源浪费现象还大量存在；部分政府工作人员法治意识比较淡薄，依法行政、公共服务、社会治理水平有待进一步提升，等等。对于这些问题，我们将高度重视，采取有力措施，认真加以解决。

二、“十三五”时期经济社会发展的主要目标和重点任务

从2016年到2020年，是全面建成小康社会的决胜阶段，也是昌邑市转型发展的关键时期。未来五年，我们既面临诸多风险挑战，更面临重大发展机遇。世界经济在深度调整中曲折复苏，新一轮科技革命和产业变革蓄势待发。国家经济长期发展向好的基本面没有变，新的增长动力正在孕育形成，“一带一路”“蓝黄”等战略深入实施，为我们提供了更多发展机遇。昌邑市产业转型、突破滨海、潍河开发、新型城镇化加快推进，综合实力不断提升、发展后劲持续增强，完全有条件实现经济社会发展的新跨越。我们必须全面贯彻党的十八大和十八届三中、四中、五中全会精神，以习近平总书记系列重要讲话精神为指引，坚持“四个全面”战略布局，牢固树立和贯彻落实创新、协调、绿色、开放、共享的发展理念，主动适应经济发展新常态，着力促进转型升级，着力释放有效需求，着力扩大对外开放，着力加强生态建设，着力保障改善民生，加快建设富强文明和谐幸福新昌邑。今后五年，经济社会发展的主要目标是：地区生产总值年均增长8%左右，一般公共预算收入年均增长9%，固定资产投资年均增长12%，规模以上工业主营业务收入年均增长8%，社会消费品零售总额年均增长11%，进出口总额年均增长5%，居民人均可支配收入年均增长8.5%，全面完成上级下达的节能减排降碳约束性目标。实现“十三五”规划的宏伟蓝图，必须抓好以下事关全局的关键措施。

（一）不断提高创新能力。把创新摆在发展全局的核心位置，积极培育发展新动力，拓展发展新空间，让创新在全社会蔚然成风。全面实施创新驱动发展战略，积极构建产业新体系，推进工业优化升级、农业提质增效、服务业发展壮大。到2020年，三次产业比例调整为7.8∶49.2∶43，高新技术产业产值占比超过30%。实施“互联网+”行动计划，加快“智慧昌邑”建设，推进经济社会信息化、网络化进程，打造全省以智慧引领创新发展的标杆城市。围绕破难题、增活力、创优势、促发展，加快改革攻坚步伐，形成有利于创新发展的体制机制和政策环境。

（二）加快促进协调发展。坚持区域协同、城乡一体、经济社会协调、物质文明精神文明并重，在协调发展中拓宽发展空间，在加强薄弱领域中增强发展后劲。推动区域协调发展，全力突破滨海板块、持续提升城区板块、积极培育昌南板块，深入推进潍河流域综合开发，构建陆海统筹、区域一体发展新格局。推动城乡协调发展，完善城乡规划体系，加强社区建设和管理服务，推进城乡要素平等交换、合理配置和基本公共服务均等化，巩固扩大城乡环卫一体化成效，更高水平打造美丽乡村，构建中心城区、小城镇、农村社区协调发展的新型城镇化格局。到2020年城镇化率达到58%左右。推动物质文明和精神文明协调发展，提升文化软实力，扩大文化影响力，创建全国文明城市。

（三）持续改善生态环境。牢固树立“生态优先”理念，大力倡导绿色发展方式和生活方式，加大生态治理和保护力度，建设生态美丽昌邑。深化和巩固“三八六”环保行动成果，抓好大气、水、土壤等污染防治，强化节能减排和资源综合利用，促进生态环境质量显著改善。加强水资源管理保护，建设节水型城市。抓好植树造林，林木覆盖率29%以上，争创国家森林城市。优化城镇绿化体系，争创国家园林城市。

（四）全面提升开放水平。积极融入“一带一路”战略和中韩自贸区建设，实施互利共赢开放战略，主动参与国际和区域合作发展，争创对外开放新优势。坚持质量效益导向，优化市场布局和贸易结构，推动外贸向优质优价、优进优出转变，实现外贸进出口总额50亿美元以上。坚持引资引技引智并重，强化与跨国集团、领军企业的战略合作和产业对接，大力提升“引进来”质量和效益，力争实际利用外资5亿美元以上。强化对外投资合作，引导企业转移富余产能、拓展合作空间，加快提升“走出去”层次和水平，到2020年设立境外企业数量达20家以上。

（五）切实增进人民福祉。实施教育优先发展战略，全面提升基础教育、职业教育质量水平，力争到“十三五”末，高中教育入学率达98%以上，职业院校在校生达5000人以上。深化医药卫生体制改革，全面提升医疗服务水平。改革完善计划生育服务管理，促进人口均衡发展。加快公共文化服务标准化、均等化建设，基本建成覆盖城乡、服务便捷的现代公共文化服务体系。坚持就业优先战略，鼓励以创业带动就业，创新完善创业政策体系、孵化体系、培训体系和服务体系。健全更加公平、更可持续的社会保障体系，基本实现法定人员全覆盖。加快养老服务体系建设，每千名老年人拥有养老床位40张以上。提前完成扶贫任务，巩固提高扶贫成果并建立长效机制。夯实安全生产责任，强化全领域全环节隐患排查治理，确保安全生产形势持续稳定。全面创新社会治理，加快“平安昌邑”建设，维护社会和谐稳定。

各位代表，宏伟蓝图已绘就，奋发有为正当时。站在新起点、展望新征程，我们将在市委的坚强领导下，汇聚全市干部群众思发展、谋发展、抓发展的强大正能量，坚定信心、务实进取，共同开创昌邑科学发展的新局面。

三、2016年经济社会发展工作重点

2016年是全面建成小康社会决胜阶段的开局之年，是推进结构性改革的攻坚之年，做好2016年的工作至关重要、意义重大。综合各方面因素，2016年全市经济社会发展的主要预期目标是：地区生产总值增长8%左右，一般公共预算收入增长9%，固定资产投资增长12%，规模以上工业主营业务收入增长7.5%，社会消费品零售总额增长11%，进出口总额增长7%，居民人均可支配收入增长8.5%，全面完成上级下达的年度节能减排降碳约束性目标。

（一）更加扎实有力地调结构促转型，积极构建现代产业体系。顺应供给侧结构性改革趋势，加快产业转型升级，培育新的增长点和动力源，促进经济发展质量效益同步提升。

坚定不移推进工业升级壮大。一是推动传统优势产业高端化。瞄准高端高质高效，做大做强传统支柱产业，打造昌邑经济最强支撑。石油化工业，抓好山东化工原料基地升级改造、石化油品升级、金典化工硫氢化钠、成泰化工异戊烯醇等项目，把产品往下游发展、把链条往高端延伸，打造绿色高端石化产业基地。纺织服装业，增强华晨、同大等企业带动力，瞄准技术改造、产品升级、品牌打造持续发力，引导企业强化协作配套，加快向高技术含量、高附加值、高产业集聚度的现代化产业集群转型。盐及盐化工业，抓好海天生物、灶户盐化等企业发展，加快新澳化工、永宁化工等项目建设，打造以盐和溴素深加工为主的特色产业链条，建设北方重要的海洋精细化工产业基地。机械装备业，抓好浩信、海澳电器等企业发展和项目建设，加快自主创新、品牌提升、产业链延伸。食品加工业，培强硕昌、宝迪等企业，提高精深加工产品比例，健全冷链物流与生鲜加工配送网络，提升产业市场竞争力。二是促进战略性新兴产业规模化。突出抓好新能源、节能环保、新材料、新医药、高端装备制造等产业，以攻克关键技术、提高核心竞争力、膨胀产业规模为主攻方向，培育引进重大项目和龙头企业，加快推进华电瑞其能风电场二期、光伏发电、城市矿产综合利用等项目建设，尽快发展成为先导性、支柱性产业。年内战略性新兴产业实现主营业务收入175亿元。三是培强企业市场竞争力。支持企业开展市场化重组、并购和国际合作，提升研发设计、品牌创建、营销网络拓展能力，发展壮大龙头企业，培植支撑区域创新发展和产业集群集聚的支柱力量。做好服务企业工作，帮助企业降低成本，不断提升企业经营效益和发展质量。

下大气力推动农业发展方式转变。加快产业

化、标准化、品牌化，促进农业质量效益、农民收入再上新台阶。一是提高综合生产能力。落实藏粮于地、藏粮于技战略，发挥涉水涉地资金整合试点作用，抓好新增千亿斤粮食产能规划、农田水利项目县等工程建设，大力开展高产创建，年内新建省级高产创建示范方2万亩；强化农业科技创新，大力发展节水农业，提高土地产出率、农业用水效益。二是提升产业化水平。抓好中国北方花木城、绿色物流园、绿色交易网等项目建设运营，推进苗木标准化示范基地建设，加快苗木产业转型升级，不断向高增加值、高技术领域延伸，更高水平办好绿博会。培育壮大渔业、畜牧、果品等产业，年内新增农产品品牌7个，培育新型经营主体160家以上。三是增强发展后劲。挖掘农业内部潜力，促进一二三产业融合发展，用好农村资源资产资金，拓宽农业增值、农民增收空间。搞好农村土地经营权证登记发证，推进土地经营权有序流转，发展多种形式适度规模经营。推进土地托管服务，年内达到15万亩。健全从农田到餐桌的全过程监管体系，确保农产品质量安全。

更高水平推动服务业提档发展。坚持生产性服务业与生活性服务业并重，现代服务业与传统服务业并举，促进布局优化、业态完善、产业融合。突破发展电子商务产业，抓好全球贸易通跨境电商产业园、棉纺城电商产业园、华海云商“互联网+”产业园、恒鼎电商产业园等项目建设运营，大力发展电子商务专业村、淘宝村，为实体经济插上网络“翅膀”，年内实现电子商务交易额145亿元。持续发展环卫产业，筹建山东城乡环境管理学院，积极拓展国内外市场，打造环卫全产业链，进一步打响昌邑环卫品牌。全面提升文化旅游业，抓好绿博园、文山生态文化博览园、青山秀水旅游度假区等景区建设运营，挖掘开发丝绸织造、海产品、草编、剪纸等地方特色旅游商品，加快构筑“一心一廊六组团”发展格局。化解房地产库存，扩大有效需求，大力发展绿色建筑，促进房地产业健康发展。加快培育楼宇经济、现代金融、现代物流、总部经济、健康养老、社区服务等现代服务业，逐步形成业态全、消费足、市场旺的发展态势。年内服务业比重提高1.5个百分点以上。

（二）更加扎实有力地强园区拓空间，全力提升滨海开发水平。深入实施“滨海昌邑”战略，提高园区发展的创新度、外向度、聚集度，打造支撑未来发展的最大增长极。一是增强园区承载能力。完善提升下营、柳疃、龙池三个工业园及昌邑市潍坊滨海产业园基础设施配套，抓好烟淄输油管道昌邑分输站、工业固废处理及再生利用、污泥无害化处理、联合环境水务二期污水处理、潍河入海口海岸带整治修复等工程项目，进一步强化载体支撑功能。抓好港口这一突破滨海的关键支撑，加快下营港及临港物流园区建设，建成蒲东沿海防潮堤，积极推进港口二期工程。抓好潍河（下营）防潮蓄水闸建设。高水平打造下营滨海新城，增强对科技、金融、人才等要素资源的吸引聚集能力。二是加快推进产业集聚。围绕滨海产业上档升级，抓好下营、柳疃、龙池三个工业园及昌邑市潍坊滨海产业园项目聚集，打造提升先进装备制造、精细化工、循环经济等特色“园中园”，加快天恩能源、中建橡胶、三力本诺等投资过亿元项目建设，年内25个项目建成投产，新引进投资过亿元项目13个。三是促进安全生态发展。强化安全生产意识，提升企业本质安全水平。严把项目准入关口，加强生态修复和污染防治，提升开发质量效益。严格项目退出机制，提高土地利用效率。

（三）更加扎实有力地抓统筹促均衡，加快推进新型城镇化。尊重城市发展规律，坚持好“五大统筹”，大力推进以人为核心的城镇化，让群众生活更方便、更舒心、更美好。

加快城乡一体化发展。以创造优良人居环境

为中心目标，以争创全国文明城市为抓手，以潍河开发为引领，加快新型城镇化进程，实现城乡共进、协调发展。一是增强城区辐射带动功能。统筹推进潍河两岸完善设施配套、优化产业布局，实施建设路、同大街等老旧街区、背街小巷综合改造提升工程，精细养护城市道路，有序推进片区和棚户区改造，增强城市功能品质和聚集能力。加快建设“海绵城市”，提升城市水资源承载力。二是提高镇村建设水平。加快潍河流域综合开发，推进22项重点工作，抓好堤顶路建设等重点工程，不断提升开发建设质量。坚持产城一体、错位发展，发挥好示范镇、特色镇带动作用，加快镇村产业发展和设施配套，年内完成小城镇建设投入20亿元。完成农村存量危房改造，改善群众居住条件。三是增强基础设施支撑能力。配合抓好总投资85亿元的济青高铁、潍莱高铁、青银高速改扩建、宝通街东延等昌邑段工程以及206等国省道路段整修，逐步构建衔接顺畅的现代综合交通体系。投资5亿元，新建农村路网233公里、挖补维修农村公路3.9万平方米、整治农村公路安全隐患320公里、新投放公共自行车1500辆、新增和更新纯电动公交车150辆，改善群众出行条件。抓好总投资1.3亿元的输变电工程，提升全市供电能力。强化建筑工程质量安全监管，施工现场安全达标合格率达100%。四是更加注重精细管理。深入推进城乡环卫一体化，巩固提升农村“五化”成果，突出“提质、扩面、连片”，打造美丽乡村。强化城市综合治理，提升城市公共服务和管理水平，加强社会主义核心价值观和“四德”教育，积极创建全国文明城市。

加快建设“智慧昌邑”。突出为民、实用，健全完善城市管理、公共服务、安全防范、经济转型四大体系，实现经济效益和社会效益双赢。确保通过首批国家智慧城市试点验收。发展民生服务智慧应用，提升智慧社区、智慧交通、智慧校园等项目实用效能，抓好市民卡二期、智慧管网、平安校车等项目建设，更新完善“数字昌邑”地理空间框架，运营好民生热线服务平台，提升社会治理创新和公共服务水平。探索开发城市数据资源，稳步推进市场化运营，增强“造血”功能。加大信息基础设施建设力度，推进互联网城际出口带宽扩容，打造3G/4G一体化移动宽带互联网，实现城区重点商圈、重要场所无线网络全覆盖。深入实施“互联网+”行动计划，扩大信息技术应用，大力发展智能制造，提升产业发展水平和核心竞争力。

（四）更加扎实有力地抓创新促创业，增强科学发展强大动力。激发全社会创新创业活力，持续释放新需求，创造新供给，汇聚大众创业、万众创新的强大动能。一是强化创新驱动。坚持市场化导向和产业化方向，突出科技创新核心地位，加快构建“政产学研金”协同创新体系。强化企业创新主体地位，支持企业围绕产业链部署创新链，积极培植国家备案高新技术企业，加快建设潍坊市级以上企业技术中心、工程研究中心，不断提高高新技术产业产值比重。加大品牌培育力度，积极争创驰著名商标、国家地理标志证明商标、山东名牌产品等。二是促进全民创业。实行更加有效的扶持政策，依托大学生创业园、中小企业电子商务创业孵化中心等平台，突出大学生科技创业、农民工就地创业、企业家二次创业，大力发展众创空间，激发全社会创业活力。加快发展民营经济，深化商事制度改革，降低市场主体准入门槛，年内注册个体工商业户3000户、企业750家。三是突出人才支撑。实施“潍水英才”聚集计划，吸引和培养一批创新创业团队、产业领军人才和实用技能人才，年内引进硕士博士及高级职称专业技术人才220人以上。企业家是最宝贵的人才资源之一，必须加强企业家队伍建设，实行全方位保障，营造支持企业家安心干事创业的浓厚氛围。

（五）更加扎实有力地抓改革促开放，持续

释放经济发展活力。全面深化改革。坚决落实上级改革决策部署，依法有序推进改革。深化经济体制改革，加快民营企业公司化改造，构建现代市场体系。深化财税体制改革，健全预算管理制度，提高税收征管水平，实现依法理财、收支平衡。扎实推进综合行政执法体制改革试点，规范行政执法行为。加快教育综合改革、医药卫生体制改革等社会事业改革，运用PPP模式，引导社会资本参与教育、医疗、养老、文化等公共设施建设。加快金融改革创新，扩大企业直接融资比重，强化金融生态安全，积极引进商业银行，做好企业挂牌工作。发挥融资性担保公司作用，力争为企业担保融资15亿元以上。

提升开放水平。抢抓“一带一路”战略和中韩自贸区建设机遇，综合运用国际国内两个市场、两种资源，推动更大规模走出去、更高水平引进来，力争实现外贸进出口总额9.5亿美元、实际利用外资8400万美元、境外直接投资450万美元以上。鼓励浩信、华晨、瑞其能等企业主动拓展国际市场，引导康洁、金丝达、华腾印染织造等企业设立海外公司，承包境外业务，加快培育外贸竞争新优势。发挥保税仓库作用，助力外贸企业持续健康发展。创新“三招三引”方式，围绕产业链、价值链等关键环节，实施产业招商、以商招商、代理招商，全方位引进优质资源、旗舰项目。严格投资强度、容积率、亩均税收三把标尺，提高招商引资质量效益。

（六）更加扎实有力地抓生态保安全，切实促进环境质量优化。坚持零容忍、下重拳、出狠招，始终严守安全生产、生态环保两条“底线”，推动安全形势和环境质量不断向好。

毫不放松抓好安全生产。安全生产大于天。时刻绷紧安全生产这根弦，重预防、治隐患、严追责，坚决遏制安全生产事故发生。将夯实责任作为基础和前提，严格落实企业主体责任、属地管理责任和行业主管责任，加大追究问责力度，始终保持安全生产高压态势。扎实开展安全生产专项行动，落实领导包靠、专家排查制度，全面推行网格化、实名制监管，突出消防安全、道路交通、危险化学品、人员密集场所等重点领域隐患排查治理，从源头上防范安全风险。加快镇级消防站建设，形成覆盖城乡的火灾救援体系。加大安全投入，深化安全生产标准化规范化建设，确保安全生产形势持续稳定。

矢志不移抓好生态建设。以对群众和子孙后代高度负责的态度，强化生态治理、环境保护，走绿色发展道路。实施新一轮环保行动，以工业、燃煤、扬尘、机动车四大类污染源治理为重点，开展大气污染集中整治，全面提升空气环境质量；实施河道生态修复工程，加强湿地建设与保护，巩固提升潍河、堤河、丰产河、蒲河等重点流域水环境质量，在龙池镇实施中水回用试点工程，提高水资源利用率；推进农业面源污染治理，推广测土配方施肥和绿色控害技术，加强畜禽养殖污染治理，改善农村生态环境。实施五大节能工程，强化资源综合利用，完成主要污染物减排刚性任务。严守耕地红线，强化盘活挖潜，加快建设主体功能区，集约高效利用土地。建立海域使用综合管理体系，实现岸线、海域、海岛等海洋资源保护性开发。扎实开展水资源管理保护行动这一“生命工程”，抓好中水回用、自备井整治等重点工作，促进水资源全面节约、有效保护、合理开发。积极开展植树造林，完成成片造林1.5万亩，新建完善农田林网3万亩，植树300万株以上。实行最严格的环境保护制度，严惩重罚环境违法行为，构建政府、企业、公众共治的环境保护体系。

（七）更加扎实有力地惠民生促和谐，大幅提升群众幸福感满意度。坚持以人为本，强化民生保障，体现公平正义，增进人民福祉，让群众共享发展成果。全年完成民生投入23亿元以上。坚持教育优先发展，加快推进实验中学改扩建、城东小学新建等工程，建成13处普惠性标准化幼儿园，力争提前一年解决中小学大班额问题。优化医疗服务体系，提高基层医疗保障水平，加快建设人民医院门诊病房综合楼和妇幼保健计划生育服务中心。全面落实计划生育政策，提高出生人口素质。加快公共文化服务体系建设，完善提升市图书馆、文化馆服务功能。积极开展全民健身，办好第七届全民运动会。扎实推进城乡社区建设，提升农村社区服务中心“一厅一校十室”标准化水平，稳步推进城市社区和农村新型社区建设。实施更加积极的就业政策，更大释放全社会创新创业活力。完善社会保障体系，加大社会保险扩面征缴力度，最大限度实现应保尽保。扎实做好精准扶贫工作。健全社会化养老服务体系，建成运营济贤养老中心一期，推进农村幸福院建设，新增养老床位520张以上。完善社会救助体系，发展福利慈善事业，抓好保障性安居工程。深化“平安昌邑”建设，依法防范和打击违法犯罪活动，深入开展禁毒斗争，加快推进视频监控全覆盖工程，提高应急和突发事件处置能力，切实增强群众的安全感、满意度。强化食品药品安全监管，保障群众饮食用药安全，争创省级食品安全先进县。积极开展双拥共建，加强国防教育、人民防空和民兵预备役工作。做好统计、审计、物价、档案、史志、气象、地震、邮政、民族宗教、台湾事务、外事侨务、老龄、妇女儿童、残疾人等工作，促进社会全面进步。

四、加强政府自身建设

面对新形势、完成新使命，我们一定勤勉尽责、永不懈怠，敢担当能担当，切实增强政治意识、大局意识、核心意识、看齐意识，努力建设人民满意政府。

（一）为民谋事，提升凝聚力。完善落实行政权力清单、行政审批事项目录清单、政府责任清单和市场准入负面清单，持续推进简政放权、放管结合、优化服务。积极破除阻碍创新发展的“堵点”、影响干事创业的“痛点”和市场监管的“盲点”，为创新创业清障、服务。深入基层、深入一线、深入群众，察民情、解民忧、暖民心，用干部的“辛苦指数”提升群众的“幸福指数”。

（二）依法办事，提升公信力。牢固树立宪法法律至上、法律面前人人平等、权由法定、权依法使等基本法治观念，在法治轨道上推进政府工作。自觉运用法治思维、法治方式深化改革、推动发展、化解矛盾、治理社会，营造良好法治环境。深化政务公开、企业和基层重大事项公开，让权力在阳光下运行。主动接受人大法律监督、政协民主监督、社会舆论监督和人民群众监督，不断提高人大代表建议和政协委员提案办理质量。

（三）勤勉干事，提升执行力。持续改进工作作风，开务实的会、发管用的文，接地气、查实情、出实招，切实增强工作的针对性、有效性。深化机关效能建设，坚决整治“混日子、守摊子、为官不为”等懒政现象，争做奋发有为、真抓实干的担当者，不惧艰辛、攻坚克难的开拓者，打造能干事、有作为的干部队伍。

（四）清廉做事，提升感召力。巩固党的群众路线教育实践活动成果，拓展“三严三实”专题教育实际成效。深入开展党风廉政建设和反腐败斗争，形成与新形势相适应的反腐倡廉良性机制。加强行政监察和审计监督，强化对政府采购、工程招投标等重点领域的监管，严厉查处各类违纪违法案件。厉行勤俭节约，把有限的财力更多用于改善民生、发展经济，以实际行动赢得人民群众的信赖和支持。

各位代表！时代赋予光荣使命，实干创造美好明天。让我们更加紧密地团结在以习近平为总书记的党中央周围，在市委的坚强领导下，以更加务实的作风、更加饱满的热情、更加昂扬的斗志，解放思想、励精图治，锐意创新、开拓进取，为谱写昌邑科学发展、富民强市的新篇章而努力奋斗！

大事记

Da Shi Ji

1月

6日，昌邑市组织收听收看全省安全生产电视会议。市领导吕珊珊、陶金先、李鹏、刘煜参加会议。

同日，参加中央电视台中视科华、中视节点首家县级电视台战略合作伙伴签约暨昌邑电视台农科频道开播仪式的领导参观昌邑市美丽乡村建设工作情况。市领导鞠立强、李志为陪同活动。

7日，昌邑市组织收听收看全国计划生育工作电视电话会议。市领导鞠立强、董凤杰参加会议。

同日，昌邑市组织收听收看全市森林防火工作会议。副市长刘煜参加会议。

8日，潍坊市委常委、军分区政委郝树东带领潍坊市检查组检查昌邑市2015年度落实党风廉政建设责任制工作情况。市领导马跃启、鞠立强、孙晓非、陶金先、王志强、田洪波、李志为、王伟、李鹏、陈永锁、李明杰、刘煜参加活动。

同日，市人大常委会党组召开“三严三实”专题民主生活会。市人大常委会党组书记、第一副主任周娟主持会议；党组副书记、副主任庞明庆，党组成员、副主任董凤杰、戚风乾出席会议；副主任李建军列席会议；市纪委、市委组织部有关同志到会指导。会议以践行“三严三实”为主题，联系班子和个人实际深入查摆问题，严肃认真开展批评和自我批评，有针对性地提出努力方向和整改措施。

9日，潍坊市考核组到昌邑市考核2015年度潍坊市《人口和计划生育目标管理责任书》执行情况。市领导马跃启、吕珊珊、鞠立强、陶金先参加活动。

同日，市政府党组领导班子召开专题民主生活会。市委副书记、市长吕珊珊主持会议并作总结讲话，市委组织部、市纪委有关同志到会指导。会议认真贯彻习近平总书记在中共中央政治局专题民主生活会上的重要讲话精神，学习贯彻党章和《中国共产党廉洁自律准则》，紧紧围绕“三严三实”要求，联系班子和个人实际深入查摆问题，严肃认真开展批评和自我批评，努力推动形成积极向上、干事创业、风清气正的政治生态，扎实推进改革发展稳定各项工作。

11日，市政协党组召开专题民主生活会。市政协党组书记、主席李中福主持会议；党组副书记、副主席张天辉，党组成员、副主席夏麦香、孙孝工出席会议；副主席冯义军、吴红玉列席会议；市纪委和市委组织部有关同志到会指导。会议以践行“三严三实”为主题，认真贯彻党章要求和《中国共产党廉洁自律准则》等党内规章，深入贯彻习近平总书记系列重要讲话精神特别是关于“三严三实”专题教育的重要指示，紧紧围绕“三严三实”要求，联系班子和个人实际深入查摆问题，严肃认真开展批评和自我批评，努力推动形成积极向上、干事创业、风清气正的政治生态，扎实推进市政协各项工作。

同日，昌邑市野生鸟类保护协会成立大会召开。副市长刘煜为协会揭牌。

同日，市委副书记、市长吕珊珊参加指导昌邑滨海（下营）经济开发区、下营镇领导班子专题民主生活会。市领导李明杰、张天辉参加民主生活会，市纪委、市委组织部有关人员到会指导。

同日，市委副书记、市长吕珊珊率领检查组检查下营镇2015年度落实党风廉政建设责任制度情况。市领导李明杰、张天辉参加活动。

同日，省农业厅副厅长王登启到昌邑市检查指导农业生产工作。市领导鞠立强、刘煜陪同活动。

同日，市委副书记鞠立强参加指导围子街道党工委领导班子专题民主生活会。市领导陈永锁参加会议，市纪委、市委组织部有关人员到会指导。

14日，潍坊市铸造协会第二届三次常务理事会议在昌邑市召开。潍柴控股集团党委书记、常务副总、潍坊市铸造协会会长徐宏，昌邑市领导陶金先、吕继贤出席会议。

14日至15日，市委副书记鞠立强率领检查组分别到市公安局和市交通运输局，对2015年度党风廉政建设责任制落实情况进行检查。

15日，市委书记马跃启到辛置一村老年公寓、市老年公寓进行调研。市领导刘煜陪同调研。

同日，市人大常委会党组书记、第一副主任周娟参加指导奎聚街道领导班子专题民主生活会。市纪委、市委组织部有关人员到会指导。

同日，高立峰迎春山水画作品展开展。市政协副主席孙孝工出席活动。

16日，全市基层党建工作暨镇街区党（工）委书记抓基层党建工作述职评议会议召开。市委书记马跃启作点评并讲话，市委副书记、市长吕珊珊主持会议，市领导鞠立强、李中福、周娟、孙晓非、陶金先、田洪波、李鹏、陈永锁出席会议，潍坊市委组织部有关领导到会指导。

同日，由市关心下一代工作委员会、市委老干部局、团市委、市教育局、昌邑电视台联合举办的“祖国颂家乡情”青少年诗文诵读大赛暨精品才艺展演举行。市领导田洪波、董凤杰、吴红玉出席活动。

17日，市委副书记、市长吕珊珊到龙池镇进行调研。副市长李明杰，发改局、环保局、经信局、安监局等部门负责人，部分企业负责人参加调研活动。

18日，昌邑市召开路域治理观摩会议。市领导马跃启、吕珊珊、鞠立强、李中福、周娟，各镇街区党（工）委书记，市直有关部门、单位主要负责人参加会议。

同日，潍坊市政府考核督导组到昌邑市考核“十二五”期间消防事业发展规划重点工作和2015年度消防工作责任目标完成情况并督导落实冬春火灾防控工作。副市长、市公安局局长王海岩陪同活动。

21日，市委常委、副市长陶金先带队走访慰问部分计生生活困难家庭。

22日，昌邑市组织收听收看潍坊市安全生产工作电视电话会议。市领导马跃启、鞠立强、孙晓非、陶金先、王志强、李志为、王伟、戚风乾、李明杰、刘煜、冯义军参加会议。

同日，昌邑市组织收听收看全省质量工作电视电话会议。市委副书记、市长吕珊珊参加会议。

23日，市委副书记、市长吕珊珊和奎聚街道东店社区党支部书记王元莱赴济南参加省十二届人大五次会议。

25日，潍坊金丝达新能源科技有限公司与沙特阿拉伯举行城市生活垃圾资源化利用项目签约仪式。市领导马跃启、吕珊珊出席签约仪式。

26日，潍坊市副市长刘建国到昌邑市调研冬小麦生产工作。市领导鞠立强、刘煜陪同活动。

同日，全市城乡规划编制审批管理工作会议召开。市委常委、副市长李鹏出席会议。

27日，日照市莒县考察团到昌邑市考察金融创新、政府性融资担保公司设立、企业融资风险防控等工作。副市长李明杰陪同活动。

28日，潍坊市委常委、军分区政委郝树东到昌邑市走访慰问。市领导马跃启、陈永锁陪同活动。

1月，昌邑市滨海国家湿地公园列入省重点保护湿地名录。

同月，昌邑市康洁环卫工程有限公司董事长、总经理范满国被授予山东省2015年“泰山产业领军人才”荣誉称号。

2月

3日，昌邑市召开禁毒工作会议。市领导马跃启、吕珊珊、鞠立强、王志强、戚风乾、王海岩、孙孝工出席会议。

同日，全市安全生产工作会议召开。市委书记马跃启主持会议，市委副书记、市长吕珊珊出席会议并讲话，市领导鞠立强、陶金先、李志为、王伟、李鹏、王海岩、李明杰参加会议。

5日，市领导马跃启、王伟、戚风乾先后到同大集团、柳疃镇走访慰问。

同日，市领导马跃启、鞠立强、周娟、李志为、王伟、李鹏、刘煜到“110”指挥中心、汽车站、人民医院、自来水公司第一水厂、市广播影视中心走访慰问节日期间坚守在一线的干部职工。

同日，中共昌邑市纪委十三届八次全体会议召开。市委书记马跃启出席会议并讲话，市领导吕珊珊、鞠立强、李中福、周娟等出席会议。

同日，市领导吕珊珊、李中福、陶金先、田洪波、王海岩、李明杰分别到供电公司、山东昌邑石化有限公司、石化热力公司、市公安局消防大队、武警中队、看守所走访慰问节日期间坚持生产的干部职工和坚守岗位的武警官兵。

同日，市领导王志强、庞明庆到北孟镇、自来水公司走访慰问。

6日，市委副书记、市长吕珊珊到卜庄镇走访慰问工作在一线的镇村干部。

15日，昌邑市举行仪式，欢送出席潍坊市政协十二届五次会议的政协委员赴潍坊参会。

17日至19日，参加潍坊市第十六届人民代表大会第五次会议的昌邑代表团认真审议市政府工作报告、潍坊市人大常委会、潍坊市中级人民法院、潍坊市人民检察院工作报告。昌邑市领导马跃启、吕珊珊、周娟等参加审议。潍坊市副市长、滨海经济技术开发区党工委书记王树华到昌邑市代表团听取大家对政府工作报告的意见建议。

18日，“2016全市离退休干部庆新春书画展”开展。市委常委、组织部部长田洪波出席活动并致辞。

22日，市政协召开十二届四十九次主席会议。市政协主席李中福，副主席张天辉、冯义军、夏麦香、孙孝工、吴红玉出席会议。会议传达潍坊市政协会议精神，研究市政协十二届十九次常委会议议程，十二届五次全委会议日程、议程、日程细则及有关人事事项，听取秘书处各组会议筹备情况汇报。

同日，市十七届人大常委会召开第六十九次主任会议。市人大常委会党组书记、第一副主任周娟主持。会议研究市人大常委会关于接受薛明友辞去市人民法院院长职务的决定草案，关于接受黄国磊辞去市人大常委会委员职务的决定草案，关于接受有关人员辞去市人大代表职务的决定草案，补选代表的代表资格审查报告，市十七届人大五次会议主席团、秘书长建议名单，市十七届五次会议议案审查委员会建议名单，列席市十七届人大五次人员范围的决定草案，市十七届人民代表大会各专门委员会的组成人员人选建议名单，市十七届人大五次会议的决定草案，市十七届人大五次会议建议议程，市人大常委会在市十七届人大五次会议上的工作报告以及人事任免事项等事宜。会议通过《昌邑市人民代表大会及其常务委员会宪法宣誓仪式组织实施细则》，决定从

2016年开始，凡经市人大及其常委会选举任命的人员进行宪法宣誓。会议议定市十七届人大常委会第二十六次会议于2月24日召开。

同日，昌邑市在市文化广场举行“我们的中国梦·文化进万家”全市2016年春节民间文艺展演活动。市领导李志为、李鹏、孙孝工出席活动。

23日，市政协召开十二届十九次常委会议。市政协主席李中福、副主席张天辉分别主持会议，市政协副主席冯义军、夏麦香、孙孝工、吴红玉出席会议。会议听取市政协十二届五次会议筹备情况的汇报和有关人事事项说明；审议通过关于召开市政协十二届五次会议的决定；审议通过十二届市政协常务委员会工作报告和提案工作报告，推举李中福主席代表市政协常委会向大会作工作报告，推举张天辉副主席代表市政协常委会向大会作提案工作报告；审议通过关于召开市政协十二届五次会议的有关事项和有关人事事项，审议通过《市政协2016年工作要点》和《市政协关于表彰2015年度政协工作先进集体和先进个人的决定》。

同日，昌邑市召开银企对接会议。市委常委、副市长陶金先出席会议。

24日，市十七届人大常委会举行第二十六次会议。市人大常委会党组书记、第一副主任周娟主持会议。会议首次举行任命干部向宪法宣誓仪式。市人大常委会副主任庞明庆、李建军、董凤杰、戚风乾以及市人大常委会委员出席会议。市委常委、市政府副市长陶金先等列席会议。会议听取审议陶金先宣读的吕珊珊市长关于人事任免事项的提请和市人社局负责人员关于提请任命人员的情况介绍；庞明庆宣读的主任会议关于人事免职事项的提请；市法院、市检察院负责同志关于提请任命审判人员、检察人员的提请及情况介绍。会议采取无记名投票表决的方式，依法决定人事任免事项。会议经过表决，通过关于接受薛明友辞去市人民法院院长、张杰辞去市人民检察院检察长、黄国磊辞去市人大常委会委员、王高红等7名同志辞去市十七届人民代表大会代表职务的决定。决定徐金江为市人民法院代理院长、宋教德为市人民检察院代理检察长。周娟向被任命人员颁发任命书。会议经过审议决定，昌邑市第十七届人民代表大会第五次会议于2月底召开。会议听取审议关于市十七届人大五次会议筹备工作情况的报告、补选代表的代表资格审查报告，拟定市十七届人大五次会议议程草案、主席团和秘书长名单草案、议案审查委员会名单草案，议定市人大常委会在市十七届人大五次会议上的工作报告。

25日，巴基斯坦工商联中巴贸易委员会副主席、圣山巴基斯坦中国工业园总裁王晓伟到昌邑市考察并座谈交流。市领导吕珊珊、陶金先陪同活动。

26日，潍坊市农业局局长王汉成到昌邑市调研春季农业生产情况。市领导吕珊珊、刘煜陪同活动。

26日至28日，中国人民政治协商会议第十二届昌邑市委员会第五次会议在市会议中心召开。市政协主席李中福，副主席张天辉、冯义军、夏麦香、孙孝工、吴红玉，秘书长王升文出席大会并在主席台前排就座。会议通过市政协十二届五次会议选举办法和总监票人、监票人名单；增补政协第十二届昌邑市委员会常务委员；通过政协第十二届昌邑市委员会工作报告的决议；通过政协第十二届昌邑市委员会常务委员会提案工作报告的决议；通过市政协2016年度协商工作计划；通过提案委员会关于政协第十二届昌邑市委员会第五次会议提案审查报告；表彰2015年度政协工作先进集体和先进个人；通过政协第十二届昌邑市委员会第五次会议政治决议。

27日至29日，昌邑市第十七届人民代表大会第五次会议在市会议中心召开。大会主席团常务主席马跃启、周娟、鞠立强、庞明庆、李建军、董凤杰、戚风乾在主席台前排就座。吕珊珊代表昌邑市人民政府向大会作政府工作报告。市十七届人大五次会议第四次全体会议，通过总监票人、监票人名单，并根据大会选举办法的规定，经过写票、投票、计票，补选徐金江为昌邑市人民法院院长，补选宋教德为昌邑市检察院检察长（须经潍坊市人民检察院检察长提请潍坊市人民代表大会常务委员会批准任命），补选王焕令为昌邑市第十七届人民代表大会常务委员会委员。在充分审议的基础上，市十七届人大五次会议第四次全体会议经过表决，通过市十七届人民代表大会各专门委员会组成人员的人选名单、关于政府工作报告的决议、关于昌邑市国民经济和社会发展第十三个五年规划纲要的决议、关于昌邑市2015年国民经济和社会发展计划执行情况与2016年计划的决议、关于昌邑市2015年预算执行情况和2016年预算的决议、关于昌邑市人民代表大会常务委员会工作报告的决议、关于昌邑市人民法院工作报告的决议、关于昌邑市人民检察院工作报告的决议。

28日，昌邑市组织收听收看全省安全生产电视会议。市委常委、副市长陶金先参加会议。

29日至3月1日，省文明办专职副主任王少杰率调研组到昌邑市调研乡村文明行动工作情况。市领导鞠立强、李志为陪同活动。

3月

1日，省农业厅副厅长王登启到昌邑市调研春季农业生产情况。市领导吕珊珊、刘煜陪同活动。

同日，昌邑市组织收听收看潍坊市深化“三八六”环保行动实施“十大工程”加快绿色发展大会。市领导吕珊珊、李明杰参加会议。

同日，市委副书记、市长吕珊珊，市人大常委会党组书记、第一副主任周娟，党组副书记、副主任庞明庆，副主任李建军、董凤杰、戚风乾欢送出席十二届全国人大四次会议的人大代表刘国田赴京参会。

2日，省妇联副主席玄祖香到昌邑市开展“走基层，送温暖”关爱贫困“两癌”患病妇女救助活动。潍坊市妇联领导及昌邑市领导吕珊珊、李志为陪同活动。

3日，市政协召开第十二届五十次主席会议。市政协主席李中福，副主席张天辉、冯义军、夏麦香、孙孝工、吴红玉出席会议。会议研究市政协工作会议筹备情况；研究提案答复满意度测评情况；听取盐及盐化工产业升级调研活动方案汇报；传达潍坊市政协开展“节约型社会建设”联动调研工作会议精神，研究昌邑市“节约型社会建设”调研方案；研究十三届委员组成情况；研究市政协常委会领导成员、专职常委工作分工等工作。

4日，潍坊市副市长刘建国到昌邑市调研春季农业生产情况。实地调研饮马镇部分农田，听取相关情况汇报。市领导吕珊珊、刘煜陪同活动。

同日，全市纪念“三八”国际劳动妇女节106周年暨“巾帼创业贷”项目启动仪式举行。市委常委、宣传部部长李志为出席活动。

5日，市委副书记、市长吕珊珊到石埠经济发展区进行调研。市领导陶金先、李鹏、刘煜，发改局、经信局、科技局、国土局、农业局、商务局、旅游局、公路局等部门负责人，石埠经济发展区部分企业负责人参加调研。

7日，全市重点项目集中开工奠基仪式在昌邑滨海（下营）经济开发区下营工业园潍坊中德橡胶材料项目现场举行。市领导吕珊珊、鞠立强、李中福、周娟、李明杰等出席奠基仪式并为项目奠基，市委常委、副市长陶金先主持仪式。

同日，市政府全体（扩大）会议召开。市委副书记、市长吕珊珊出席会议并讲话，市委常委、副市长陶金先主持会议，市领导李鹏、李明杰、刘煜出席会议。会议贯彻落实中央、省和潍坊市系列重要会议和昌邑市“两会”精神，安排部署全年政府工作。

9日，市人大常委会党组书记、第一副主任周娟主持召开市十七届人大常委会第七十一次主任会议。市人大常委会副主任庞明庆、李建军、董凤杰、戚风乾出席会议，市人大常委会党组成员、各专门委员会和工作机构负责同志列席会议。会议研究农田水利建设情况的调查工作方案、市法院规范司法行为工作情况汇报、表彰2015年度市级优秀人大代表、人事任免等事宜；听取关于迎接省人大常委会、潍坊市人大常委会到昌邑开展执法检查、立法调研的准备工作情况汇报，提出相关的建议意见。

同日，全市宣传文化工作会议召开。市委常委、副市长李鹏出席会议。会议传达贯彻潍坊宣传文化工作会议精神，总结工作，分析形势，安排部署2016年的宣传思想文化工作任务。

10日，潍坊市人大常委会副主任王卫东带领执法检查组到昌邑市，检查《中华人民共和国安全生产法》贯彻实施情况。市领导周娟、陶金先、戚风乾陪同活动。

同日，省人大常委会委员、城建环资委副主任委员张秋波、贾学英带领执法检查组，在潍坊市人大常委会副主任、城建环资委主任委员毛秀凤的陪同下，到昌邑市检查《中华人民共和国环境保护法》贯彻实施情况。昌邑市领导周娟、庞明庆、李明杰参加活动。

11日，市委副书记、市长吕珊珊带队实地走访调研潍河堤顶路硬化工程现场。市领导陶金先、李鹏参加活动。

同日，潍坊市水利局局长赵刚毅到昌邑市调研水资源管理及水利工程建设工作。市领导吕珊珊、刘煜陪同活动。

同日，吕珊珊、鞠立强、李中福、周娟等市级领导班子成员，市法院院长、市检察院检察长，其他在职副县级领导干部到下营镇常家庄村参加义务植树活动。

同日，全市林业工作会议召开。市领导鞠立强、刘煜出席会议。

同日，潍坊市人大常委会调研组，到昌邑市对潍坊市峡山水库饮用水源地保护、潍坊市中小学幼儿园规划建设管理、潍坊市物业管理开展立法调研。市人大常委会副主任戚风乾陪同活动。

同日，市政协召开“节水型社会建设”专题调研座谈会。市政协副主席夏麦香主持会议。

12日，市委书记马跃启为参加村级党组织书记培训班的人员讲党课。市领导鞠立强、田洪波、王伟、刘煜参加活动。

13日至15日，全市村级“两委”成员示范培训班举行。市委常委、组织部部长田洪波出席开班仪式，并作题为《找准定位、倾心干好本职，争做群众信赖满意的优秀村干部》党课辅导。

14日，全市深化“三八六”环保行动实施“十大工程”加快绿色发展大会召开。市委副书记、市长吕珊珊出席会议并讲话，市领导孙晓非、陶金先、李志为、李鹏、庞明庆、李明杰、刘煜、夏麦香出席会议。

同日，全市深化省委巡视反馈问题整改工作会议召开。市委副书记鞠立强出席会议并讲话，市委常委、市纪委书记孙晓非主持会议，市领导陶金先、田洪波出席会议。

16日，市委副书记、市长吕珊珊带领相关镇街、有关部门、单位负责人，对全市部分重点工程、重点项目建设情况进行现场调度。市领导陶金先、李鹏参加活动。

同日，市委副书记鞠立强带领相关部门调度全省春季农业生产现场会筹备工作。副市长刘煜参加活动。

17日，共青团昌邑市十九届三次全委（扩大）会议召开。市委常委、宣传部部长李志为出席会议。

同日，昌邑市组织收听收看全国全省暨潍坊市打击侵权假冒工作电视电话会议。市委常委、副市长陶金先参加会议。

同日，2016山东昌邑（北京）项目对接洽谈会举行。副市长李明杰出席洽谈会。

18日，市委副书记、市长吕珊珊调研山东硕昌农牧有限公司和潍坊金丝达新能源科技有限公司。市委常委、副市长陶金先陪同活动。

同日，全市检察工作会议召开。市领导鞠立强、戚风乾、孙孝工出席会议。

同日，全市城乡环卫一体化工作调度会议召开。市领导李鹏、刘煜出席会议。

21日，潍坊市委书记杜昌文到昌邑市督导调研"十三五"开局工作。潍坊市委常委、秘书长孙明亮及昌邑市领导吕珊珊、鞠立强、陶金先、王伟、李鹏、李建军、李明杰、刘煜陪同调研。

同日，昌邑市组织收听收看全国、省棚户区改造工作电视电话会议。市委常委、副市长李鹏参加会议。

22日，中国人民银行潍坊市中心支行行长刘福毅带领调研组到昌邑市调研。市领导吕珊珊、陶金先陪同活动。

同日，全市关心下一代工作会议召开。市委副书记鞠立强出席会议并讲话。

22日至23日，由市纪委主办，市检察院、市总工会和市广播影视中心协办的全市"新《准则》和《条例》知识竞赛"活动举行。市委常委、市纪委书记孙晓非出席活动并为获奖选手颁奖。

23日，潍坊市副市长刘建国到昌邑市调研水资源管理保护及抗旱工作。市领导吕珊珊、李鹏陪同活动。

同日，住建部村镇司副司长王旭东在省住建厅、潍坊市建设局领导陪同下到昌邑市调研农村生活垃圾治理工作。市领导吕珊珊、陶金先、李鹏陪同活动。

同日，潍坊市住房和城乡建设局局长李广东到昌邑市调研棚户区改造工作。市领导吕珊珊、李鹏陪同活动。

24日，省农业技术推广站站长高瑞杰到昌邑市调研春季农业生产。潍坊市副市长刘建国，昌邑市领导吕珊珊、鞠立强、李鹏陪同活动。

同日，市人大常委会党组书记、第一副主任周娟主持召开市十七届人大常委会第七十二次主任会议。市人大常委会党组副书记、副主任庞明庆，副主任李建军、董凤杰出席会议；市人大常委会党组成员、各专门委员会和工作机构负责同志列席会议。会议研究农田水利建设情况的调查报告、市十七届人大五次会议期间代表建议汇总整理情况、表彰2015年度优秀人大代表和先进人大工作者、开展镇街区人大"基层基础工作年"活动的实施方案、市人大各专门委员会2016年工作计划等事宜，提出相关意见建议。

同日，市委政法工作会议召开。市委常委、政法委书记王志强出席会议并讲话，副市长、市公安局局长王海岩主持会议。

25日，省农业厅厅长王金宝在潍坊市副市长刘建国等领导陪同下到昌邑市，督导检查2016年全省春季农业生产现场会议各项工作筹备情况。市领导吕珊珊、李鹏陪同活动。

同日，全市法院工作会议召开。市领导鞠立强、王志强、董凤杰、王海岩、孙孝工出席会议。

同日，山西省大同市副市长刘振国带队到昌邑市考察城乡环卫一体化管理工作。市委常委、副市长李鹏陪同活动。

26日，市委常委扩大会议召开。市委副书记、市长吕珊珊主持会议。市级领导班子全体成员，市法院院长、市检察院检察长，其他在职副县级领导干部及各镇街区党（工）委书记、镇长（主任）参加会议。吕珊珊传达潍坊市委书记杜昌文到昌邑调研座谈时的讲话要点并就贯彻落实会议精神讲意见。市委副书记鞠立强领学毛泽东《党委会工作方法》，市委常委、市纪委书记孙晓非传达《中共中央关于七起落实"两个责任"不力受到责任追究典型问题的通报》，市委常委、办公室主任王伟领学中共中央办公厅《关于在全体党员中开展“学党章党规、学系列讲话，做合格党员”学习教育方案》。

27日，省农业厅副厅长王登启在潍坊市政府党组成员陈汝孝陪同下到昌邑市，对2016年春季农业生产现场会议进行演练督导。市领导吕珊珊、李鹏陪同活动。

同日，渤海商品交易所2015唱响昌邑电视大奖赛总决赛“冠军之夜”在市广播影视中心演播大厅举行。市委常委、宣传部部长李志为出席活动。

28日，市十七届人大常委会举行第二十七次会议。市人大常委会党组书记、第一副主任周娟主持会议；市人大常委会党组副书记、副主任庞明庆，副主任李建军、董凤杰、戚风乾，以及市人大常委会委员出席会议；副市长王海岩，市法院院长，市检察院检察长等列席会议。会议听取审议市政府关于农田水利建设情况的报告；听取市法院关于规范司法行为工作情况的汇报；审议通过市人大常委会关于表彰2015年度优秀人大代表和先进人大工作者的决定，并向受表彰的30名优秀人大代表和10名先进人大工作者颁发证书；还听取审议市法院院长作的关于提请任免审判人员的报告以及情况说明，采取无记名投票表决的方式，依法决定人事任免事项。

同日，国家发改委经贸司副巡视员朱东方带领国家专项建设基金稽查组到昌邑市，督查国家专项建设基金项目实施情况。市委常委、副市长陶金先陪同活动。

同日，市妇联组织召开昌邑市巾帼创业者联谊会2016年第一季度会员企业观摩交流会。市委常委、宣传部部长李志为陪同活动。

29日，省政府副省长赵润田在潍坊市委副书记、市长刘曙光，市委副书记王献玲等领导陪同下，带领参加全省春季农业生产工作会议的与会人员到昌邑市观摩。市领导吕珊珊、鞠立强、李鹏、刘煜陪同活动。

同日，省农业厅厅长王金宝在潍坊市政府党组成员陈汝孝陪同下到昌邑市调研现代农业发展情况。市领导吕珊珊、李鹏、刘煜陪同活动。

同日，市政协主席李中福调研潍河河底整治工程。李中福一行到工程施工现场进行实地调研，听取水利部门负责人的情况介绍，认真了解工程进展情况。市政协副主席夏麦香参加活动。

31日，市总工会十届二次全委（扩大）会议召开。市委副书记鞠立强出席会议并讲话。会议总结工作，表彰先进，部署任务，动员全市广大工会干部进一步统一思想，振奋精神，开拓进取，扎实工作，推动全市工会工作再上新水平。

4月

1日，昌邑市召开重点工程调度会议，调度各项重点工程前期工作进展情况，安排下步重点工作任务。市委常委、副市长李鹏主持。

5日，昌邑市种子商会成立，这是山东省第一家县级种子商会。

7日，潍坊市教育局局长徐友礼带领督查组到昌邑市督查学校及幼儿园建设情况。市领导吕珊珊、陶金先陪同活动。

8日，昌邑市组织收听收看全省安全生产电视会议。市委常委、副市长陶金先参加会议。

同日，昌邑市第七届山阳梨花节暨第四届山阳群众文化艺术节在饮马镇山阳村博陆山风景区拉开帷幕。市领导李志为、李建军、夏麦香出席开幕式。

9日，省服务业规划处调研组到昌邑市调研生活性服务业和新消费发展情况。市委常委、副市长陶金先陪同活动。

12日，市委党校2016年春季开学典礼举行。市委常委、组织部部长田洪波出席开学典礼。

同日，北京市朝阳区委老干部局考察团到昌邑市参观考察老干部党建工作。市委常委、组织部部长田洪波陪同活动。

13日，昌邑市2016年第一期科级干部进修班在市委党校举行开班仪式。市委常委、组织部部长田洪波出席并讲话。

同日，全市国土资源工作会议召开。市委常委、副市长李鹏出席会议并就做好2016年国土资源工作讲意见。

同日，全市农村公路安全生命防护工程暨农村公路管理养护工作会议召开。市委常委、副市长李鹏出席会议。

同日，潍坊市人大常委会副主任、人大内司委主任委员王卫东带领调查组到昌邑市，调查检察系统刑罚执行监督工作情况。市人大常委会副主任戚风乾，市检察院检察长陪同活动。

14日，省水利厅副厅长马承新到昌邑市调研胶东调水及护水工作。先后到王耨泵站、地表水厂、金口大桥、潍水风情湿地公园实地查看，听取相关情况介绍。市委副书记、市长吕珊珊陪同活动。

同日，省轻工联社理事会主任、党组书记邱青森带领调研组到昌邑市调研特色产业发展情况。市领导吕珊珊、李鹏陪同活动。

15日，市政协召开十二届五十一次主席会议。市政协主席李中福，副主席冯义军、夏麦香、孙孝工、吴红玉出席会议。会议组织学习《中国共产党地方委员会工作条例（试行）》；研究讨论市政协十二届二十一次常委会议程和市政协关于全市盐及盐化工转型发展情况的调研报告，并对近期工作进行安排部署。

16日，昌邑市组织收听收看全省深化道路交通“平安行·你我他”行动工作视频会议。市委常委、副市长李鹏参加会议。

18日，市委常委、副市长李鹏带领相关部门负责人现场督导检查全市土地卫片执法检查整改工作。

19日，省人大常委会办公厅信访局局长王秀芬带领调研组到昌邑市，调研《山东省信访条例》学习贯彻情况和深化信访工作制度改革情况。市人大常委会党组书记、第一副主任周娟，副主任董凤杰参加活动。

20日，全市“巾帼脱贫行动”工作会议暨国税局办税服务厅全国巾帼文明岗揭牌仪式举行。市委常委、宣传部长李志为出席会议并讲话。

同日，市政协十二届二十一次常委会议召开。市政协主席李中福，副主席张天辉分别主持会议；市政协副主席冯义军、夏麦香、孙孝工、吴红玉出席会议。会议听取市法院和市检察院工作报告，并对两部门工作进行民主评议；协商讨论市政协《关于全市盐及盐化工业转型发展情况的调研报告》。

21日，市政协专题视察水利局水资源管理保护工作。市政协主席李中福、副主席夏麦香、部分市政协委员和有关部门负责同志参加视察活动。

同日，昌邑市组织收听收看全国外贸工作电视会议。市委常委、副市长陶金先参加会议。

22日，市委副书记、市长吕珊珊带领相关街道及部门负责人现场调度棚户区改造及潍河水源地蓄水工作。市委常委、副市长李鹏参加活动。

同日，全市人大代表建议政协委员提案交办会议召开。市委常委、常务副市长陶金先出席并讲话，市领导戚风乾、张天辉参加会议。“两会”期间，人大代表和政协委员对政府共提出建议（议案）、提案206件，其中建议104件、提案102件。2015年，市政府共承办人大代表建议、政协委员提案160件，其中建议69件，提案91件，已全部按期办理完毕。

25日，三峡集团总经理助理、海上风电办公室高级咨询柳地带领考察团到昌邑市，考察风电及光伏电源开发建设情况。市领导吕珊珊、李明杰陪同活动。

26日，省人大常委、省工商联副主席刘冠凤带领省委、省政府加快民营经济发展专项督查第七检查组到昌邑市督查。检查组先后到康迈信机械、康洁环卫集团、同大集团、潍坊金丝达实业等进行实地检查。副市长李明杰陪同活动。

同日，省人大常委会委员、农业与农村委员会主任委员战树毅带领调研组，在潍坊市人大农委有关同志的陪同下到昌邑市，调研种业改革创新与发展情况。市人大常委会党组书记、第一副主任周娟，副主任董凤杰陪同活动。

27日，昌邑市组织收听收看2016年全国、全省医改工作电视电话会议。市领导吕珊珊、陶金先参加会议。

同日，市委副书记、市长吕珊珊带领有关部门负责同志到奎聚街道调研经济社会发展情况。市委常委、副市长李鹏参加活动。

同日，昌邑市组织收听收看全省外贸工作电视电话会议。市委常委、副市长陶金先参加会议。

28日，全市纪念“五四”运动97周年暨“青春志愿，共助创城”动员会议召开。市委常委、宣传部部长李志为出席会议并讲话。

同日，全市庆五•四各界青年代表座谈会召开。市委常委、宣传部部长李志为出席会议并讲话。

同日，昌邑市召开林业有害生物防控工作会议，安排部署今后一个时期全市林业有害生物防控工作。副市长刘煜出席会议。

同日，昌邑市召开全市消防工作会议。副市长王海岩出席会议并讲话。

29日，全市“两学一做”学习教育工作会议召开。市委书记马跃启出席会议并讲话，市委副书记、市长吕珊珊主持会议；市级领导班子全体成员，市法院院长、市检察院检察长，其他在职副县级领导干部参加会议。

同日，“石化杯”创建全国文明城市书画摄影邀请展在市文化中心展厅举行开展仪式。市领导李志为、董凤杰、孙孝工出席开展仪式。

29日至30日，吉林省吉林市昌邑区委书记刘长木带领党政考察团到昌邑市考察经济社会发展情况。市领导马跃启、鞠立强、陶金先、王伟、李明杰陪同有关活动。

5月

2日，潍坊市地税局局长张辉带队到昌邑市调研“营改增”后联合办税有关工作。市领导吕珊珊、陶金先陪同活动。

4日，昌邑市组织收听收看潍坊市打击走私工作视频会议。副市长王海岩参加会议。

5日，潍坊市委副书记王献玲带领潍坊市直有关部门负责人到昌邑市调研经济社会发展情况。市领导马跃启、吕珊珊、鞠立强、陶金先、田洪波、李鹏、刘煜陪同活动。

同日，省文明办副主任、活动协调处处长王龙飞带队到昌邑市调研全国文明城市创建工作开展情况。市委常委、宣传部部长李志为陪同调研。

同日，“新嘉城”杯昌邑市第一届创业者大赛总决赛暨颁奖典礼在昌邑电视台演播大厅举行。市委常委、宣传部部长李志为出席活动。

6日，市委书记马跃启，市委副书记鞠立强，市委常委、办公室主任王伟以普通党员的身份参加市委办公室党支部“两学一做”学习教育集中学习。

9日，潍坊市委常委、常务副市长邹庆忠带领潍坊市直有关部门、单位负责人到昌邑市召开潍坊金丝达实业公司“生活垃圾资源化利用项目”有关问题专题协调会议，并考察大项目建设。市领导马跃启、吕珊珊、陶金先、李鹏陪同活动。

同日，昌邑市组织收听收看全国推进简政放权放管结合优化服务改革电视电话会议。市领导吕珊珊、陶金先、王海岩、李明杰、刘煜参加会议。

10日，市委副书记、市长吕珊珊到所在党支部讲党课，并启动市政府办公室党支部“两学一做”学习教育。市领导陶金先、李鹏、王海岩、李明杰参加活动。

同日，市委副书记、市长吕珊珊带队调研堤

顶路建设情况并到市外国语学校进行调研。市领导陶金先、李鹏参加活动。

11日，市人大常委会党组副书记、副主任庞明庆带领市人大城乡建设与环境资源保护委员会组成人员，对水污染防治工作情况进行调查。副市长李明杰陪同活动。

同日，全市老龄工作暨实施“银龄安康工程”工作会议召开。副市长刘煜出席会议。

12日，潍坊市推进中小学教师队伍管理体制改革现场会在昌邑市召开。潍坊市编办、教育局、财政局、人社局领导，昌邑市领导吕珊珊、陶金先参加会议。

同日，由潍坊市检察院、潍坊市扶贫办公室组织的扶贫领域预防职务犯罪警示教育巡回宣讲团在昌邑市会议中心宣讲报告。副市长刘煜主持报告会并讲话。

13日，昌邑市组织收听收看山东省人民政府防汛抗旱总指挥部成员（扩大）会议和潍坊市人民政府防汛抗旱指挥部成员（扩大）会议。上级会议结束后，昌邑市召开市政府防汛抗旱指挥部成员（扩大）会议。市委副书记、市长吕珊珊出席会议并讲话，市领导李鹏、刘煜参加会议。

同日，市政协机关召开“两学一做”学习教育动员会暨专题党课。市政协党组书记、主席李中福出席会议并讲话，市政协副主席张天辉、冯义军、夏麦香、吴红玉参加会议。

同日，市人大常委会机关举行“两学一做”学习教育党课，全面启动“两学一做”学习教育。市人大常委会党组书记、第一副主任周娟以讲党课的形式作辅导报告，党组副书记、副主任庞明庆主持党课，副主任董凤杰、戚风乾和机关全体党员参加党课。

同日，全市综治维稳基层基础工作暨视频监控建设应用推进现场会召开。市领导王志强、王海岩参加会议。

同日，老干部诗书画摄影创作基地揭牌仪式在青山秀水旅游度假区举行。市委常委、组织部部长田洪波出席仪式。

16日，昌邑市组织收听收看全省大气污染防治工作电视会议。市委常委、副市长李鹏参加会议。

17日，市委书记马跃启到市委办公室党支部讲党课。重点围绕为什么开展“两学一做”学习教育、怎样学党章党规和习近平总书记系列讲话、怎么带好头当表率三个问题进行交流讲解；市委副书记鞠立强，市委常委、办公室主任王伟参加活动。

同日，潍坊市委常委、市纪委书记李在武到昌邑市调研贯彻落实潍坊市纪委十一届八次全会精神，推进党风廉政建设和反腐败工作情况。市领导马跃启、孙晓非陪同活动。

18日，驻潍坊市部分全国、省市人大代表开展联组活动。潍坊市人大常委会党组书记、第一副主任、市委政法委书记苏立科，潍坊市人大常委会秘书长王秀禄参加联组活动。昌邑市委书记、市人大常委会主任马跃启，市人大常委会党组书记、第一副主任周娟，市人大常委会副主任董凤杰，副市长李明杰陪同活动。

同日，市委常委、宣传部部长李志为为宣传部机关全体党员作“两学一做”学习教育专题辅导党课，并就开展“两学一做”学习教育工作作进一步动员和部署。

19日，潍坊市召开专门会议，对潍河市区段堤顶道路建设情况进行调度，安排部署相关工作。潍坊市委副书记、市“两河”开发领导小组组长王献玲出席会议并讲话；潍坊市副市长刘建国，昌邑市领导马跃启、鞠立强、李鹏参加会议。

同日，山东俊毅农业科技发展有限公司与美菜网战略合作签约仪式举行。市委常委、常务副市长陶金先出席活动。

同日，市委常委、政法委书记王志强为政法委机关全体党员作“两学一做”主题辅导党课。

20日，市委副书记鞠立强带领市创城办公室工作人员，现场调度全国文明城市创建工作。市委常委、宣传部部长李志为参加活动。

同日，市委常委、市纪委书记孙晓非为市纪委机关全体党员作“两学一做”学习教育专题党课，并就开展“两学一做”学习教育工作作进一步动员和部署。

同日，昌邑市组织收听收看全国普通高等学校毕业生就业创业工作电视电话会议。市委常委、常务副市长陶金先参加会议。

23 日，昌邑市组织收听收看潍坊市降低企业成本“711”专项行动动员电视会议。市委常委、常务副市长陶金先参加会议。

24 日，潍坊市委常委、军分区政委郝树东到昌邑市走访困难户、调研联系企业。市领导马跃启、王伟、陈永锁陪同活动。

同日，全市创建全国文明城市推进会议召开。市委副书记鞠立强出席会议并讲话，市领导陶金先、李志为、王伟、李鹏、王海岩、李明杰、刘煜出席会议。

同日，市政协主席李中福、副主席张天辉走访调研市政协机关帮扶的都昌街道西侯富庄村。实地了解帮扶工作开展情况，帮助帮扶村确定下步发展思路。

26 日，省林业厅副巡视员王太明带领调研组到昌邑市调研苗木标准化和果材兼用型核桃种植情况。市领导鞠立强、刘煜陪同活动。

同日，市人大常委会党组书记、第一副主任周娟主持召开市十七届人大常委会第七十四次主任会议。市人大常委会党组副书记、副主任庞明庆，副主任董凤杰、戚风乾出席会议；市人大常委会党组成员、各专门委员会和工作机构负责人列席会议。会议研究关于水污染防治工作情况的调查报告、检查贯彻实施《母婴保健法》情况的报告、电子商务发展情况的专题调研报告、行政审判工作情况的调查报告以及人事任免事项等事宜，听取召开镇街区人大“基层基础工作年”活动座谈会的筹备工作情况汇报，镇街区人大（办）及市直代表小组开展小组活动安排，提出相关建议意见。

同日，昌邑市组织收听收看国家务院消防工作考核情况通报会议暨全省夏季消防检查工作动员部署电视会议。副市长王海岩参加会议。

同日，市政协副主席张天辉带领调研组专题调研全市苗木业转型升级发展情况。

5 月 27 日，国家农发行副行长姚瑞坤在省农发行行长赵富洲陪同下到昌邑市调研经济社会发展情况。潍坊市领导陈汝孝，昌邑市领导马跃启、陶金先陪同活动。

同日，全市“六一”国际儿童节庆祝大会在育秀学校召开。市委常委、宣传部部长李志为出席会议并讲话，市领导董凤杰、孙孝工等出席会议。

同日，市委常委、副市长李鹏带领相关部门负责人调研棚户区改造、老旧校区改造和农村改厕等工作。

28 日，“魅力昌邑·浓情四季”群众文化活动暨 2016“广电网络杯”唱响昌邑电视大奖赛在市文化广场启动。市委常委、宣传部部长李志为出席活动。

31 日，省人大财经委副主任委员胡岗到昌邑市调研经济社会发展情况。市领导马跃启、吕珊珊、周娟陪同活动。

同日，中国建设银行山东省分行副行长郝子建，在潍坊分行行长陈鹏及昌邑市领导马跃启、吕珊珊的陪同下，到昌邑支行进行调研，就银政合作、银企合作进行座谈交流。

同日，市政协组织开展水资源管理保护工作专题视察。市政协主席李中福、副主席冯义军、部分市政协委员和有关部门负责同志参加视察活动。

同日，市十七届人大常委会举行第二十八次会议。市人大常委会党组书记、第一副主任周娟，副主任董凤杰分别主持会议。会议听取审议市政府关于水污染防治工作情况的报告、市人大常委会执法检查组关于检查贯彻实施《中华人民共和国母婴保健法》情况的报告、市人大常委会调研组关于电子商务发展情况的专题调研报告。

同日，潍坊市全面深化改革工作督察组到昌邑市，督察《关于加强社会主义协商民主建设的实施意见》贯彻落实情况。市委常委、组织部部长、统战部部长田洪波陪同活动。督察组实地察看市统一战线教育基地——陈干纪念馆，并与民主党派、工商联、无党派人士、人大代表、政协委员等代表进行座谈。

6月

1日，省林业厅厅长刘均刚在潍坊市政府副市长刘建国陪同下到昌邑市检查指导创建国家森林城市工作。市领导马跃启、吕珊珊、王伟、刘煜陪同活动。

同日，市委副书记、市长吕珊珊带领经信局、财政局、商务局、国税局、扶贫办等相关部门主要负责人调研卜庄镇草编产业发展情况。市委常委、常务副市长陶金先参加活动。

同日，市人大常委会党组书记、第一副主任周娟调研包靠村奎聚街道郭岔村。

2日，市委副书记、市长吕珊珊带领考察团赴济南考察学习棚户区改造及房屋征迁安置工作。市委常委、副市长李鹏参加活动。

3日，昌邑市组织收听收看省委传达学习全国科技创新大会精神视频会议。市领导马跃启、吕珊珊、鞠立强、李中福、周娟等市级领导班子全体成员参加会议。

同日，市人大常委会召开全市镇街区人大“基层基础工作年”座谈会。市人大常委会党组书记、第一副主任周娟参加座谈会并讲话，市人大常委会党组副书记、副主任庞明庆主持座谈会。

同日，全市创建国家级出口食品农产品质量安全示范区动员推进会议召开。市委常委、副市长陶金先出席会议并讲话。

4日，全市党群服务体系建设现场推进会议召开。潍坊市委组织部副部长都焕德，昌邑市市委书记马跃启、市委副书记鞠立强出席会议并分别讲话；市委常委、组织部部长田洪波主持会议，副市长刘煜出席会议。

6日，潍坊市国家税务局局长王衍明到昌邑市调研税收工作。市领导吕珊珊、陶金先陪同活动。

7日，全市高技能人才工作座谈会召开。市委常委、常务副市长陶金先出席会议，并为山东昌邑石化技师工作站授牌。

同日，昌邑市组织收听收看省、潍坊市铁路沿线环境综合治理工作电视会议。市委常委、宣传部部长李志为参加会议。

11日，山东省博物馆举办中国文化遗产日主题活动。卜庄镇“姜泊村民居”被省文物局指定为重点单位，作为潍坊市代表参加“乡村记忆”工程文化遗产单位授牌仪式。

12日，市委书记马跃启到滨海（下营）经济开发区调研工业经济运行情况。副市长李明杰参加活动。

同日，市委副书记、市长吕珊珊带领发改局、国土局、建设局、文化局、环保局、安监局、旅游局等部门负责同志到龙池镇调研。副市长李明杰参加活动。

同日，市委副书记、市长吕珊珊带队调研“三夏”生产工作情况。副市长李明杰参加调研。

同日，市外经贸工会联合会正式成立。市委常委、常务副市长陶金先出席会议。

同日，昌邑市组织收听收看全省加快非煤矿山转型升级电视会议。市委常委、副市长陶金先参加会议。

14日，潍坊市中级人民法院党组书记、院长姜树政到昌邑市人民法院检查指导工作。市领导马跃启、王志强陪同检查。

同日，潍坊市联合督查组到昌邑市督查潍坊

市委政协工作会议精神贯彻落实情况。市领导鞠立强、张天辉陪同活动。

15日，潍坊军分区司令员万伟锋带领工作组到昌邑市调研民兵预备役“五部”建设工作。市委书记马跃启陪同调研。

16日，市委副书记、市长吕珊珊带队到奎聚街道调研社区建设运行情况。

同日，市委副书记、市长吕珊珊到柳疃镇调研工业经济发展情况。

18日，全市易制毒化学品专项整治工作会议召开。副市长王海岩出席会议并讲话。

21日，潍坊市政协副主席、市总工会主席吴建民带领潍坊市政协工会、共青团界别政协委员到昌邑市，调研“查身边隐患、保职工安全、促企业发展”活动和企业文化、职工文化建设工作情况。市领导马跃启、鞠立强、李中福、田洪波、孙孝工陪同调研。

同日，市慈善总会二届三次理事会暨2016年全市“慈心一日捐”活动动员会议召开。市委副书记鞠立强出席会议并讲话，市领导戚风乾、刘煜、吴红玉出席会议。

23日，市委副书记、市长吕珊珊到饮马镇调研经济社会发展情况。市领导陶金先、李鹏及发改局、经信局、财政局等相关部门负责人参加调研。

同日，市政协召开十二届五十三次主席会议。市政协主席李中福，副主席张天辉、冯义军、夏麦香、孙孝工、吴红玉出席会议。会议研究市政协十二届二十二次常委会议议程，十二届五次会议提案协商督办分工建议以及有关人事事项，研究讨论关于全市绿化苗木产业发展情况的调查报告，组织学习习近平总书记系列重要讲话，并对近期工作进行安排部署。

27日，“永远跟党走——庆祝中国共产党成立95周年文艺演出暨‘十佳诗书画之家’授牌仪式”在市演艺中心精彩上演。市领导董凤杰、孙孝工参加活动。

28日，市委常委会组织开展“两学一做”学习教育第一次专题研讨。相互交流学习成果，进一步深化认识，明确努力方向，在全市更好地发挥示范带动作用，把“两学一做”学习教育不断引向深入。市委书记马跃启主持并讲话。

同日，市委副书记、市长吕珊珊到下营镇中心社区调研并讲党课。强调要以更强的党性意识、更高的政治觉悟和更严的组织观念要求自己，认真落实“基础在学、关键在做”的要求，用发展成果检验学习教育成效。

同日，市政协主席李中福走访慰问都昌街道老党员宋寿信、生活困难党员宋述乔。

29日，市委办公室党支部组织开展“两学一做”第一次专题交流讨论。围绕坚定理想信念，强化政治意识、大局意识、核心意识、看齐意识，讲政治、有信念，开展“入党为什么、在党做什么”专题讨论。市领导马跃启、鞠立强、庞胜明以普通党员的身份参加交流讨论。

同日，全市庆祝中国共产党成立95周年大会召开。表彰全市先进基层党组织、优秀共产党员和优秀党务工作者。市委书记马跃启出席大会并讲话，市委副书记、市长吕珊珊主持大会；市级领导班子全体成员，市法院院长、市检察院检察长，其他在职副县级领导干部等参加庆祝大会。

同日，市委副书记、市长吕珊珊，市委常委、常务副市长陶金先，市委常委、副市长李鹏，副市长李明杰以普通党员的身份参加市政府办公室党支部“两学一做”学习教育集中学习。

30日，市政协十二届二十二次常委会议在会议中心召开。市政协主席、副主席、秘书长、常务委员出席会议，市政府副市长刘煜应邀到会通报全市上半年经济社会发展情况。

30日，根据昌邑市党政机关公务用车制度改革工作安排，昌邑市封存应取消车辆。各参改单位取消的公务用车，将根据《昌邑市党政机关公务用车制度改革涉及车辆处置办法》，公开招标评估和拍卖机构，通过公开拍卖等方式处置。

6月，昌邑石化被认证为2016年度“山东省技师工作站”。

7月

1日，昌邑市召开中央巡视组巡视“回头看”反馈意见整改任务落实部署会议。市委副书记鞠立强出席会议并讲话，市委常委、市纪委书记孙晓非宣读《中共昌邑市委关于中央巡视组巡视“回头看”反馈意见持续整改落实工作方案》，市领导庞胜明、田洪波出席会议。

同日，昌邑市召开迎接省级卫生城市复审工作会议。市委常委、副市长陶金先出席并安排部署迎接省级卫生城市复审工作。

同日，全市“庆祝建党95周年暨红军长征胜利80周年书画展”在市文化中心举行。市委常委、宣传部部长李志为出席开展仪式并为获奖作品颁奖。

2日，昌邑市首届乡村旅游节暨第一届龙乡文化节启动仪式在龙池镇齐西村举行。市委常委、宣传部部长李志为参加开幕式并致辞。

5日，市委副书记鞠立强到围子街道讲党课。他强调，要坚持以学促做、知行合一，强化宗旨意识，勇于担当行为，争做合格党员，树立先锋形象。

6日，潍坊市委常委、军分区政委郝树东带领潍坊市直有关部门负责同志，到昌邑市调研联系重点企业工作。市领导马跃启、庞胜明、陈永锁、李明杰陪同调研。

同日，市委书记马跃启到柳疃镇讲党课。他强调，要认真学习贯彻习近平总书记在庆祝中国共产党成立95周年大会上的讲话精神，扎实开展好“两学一做”学习教育，坚持深学笃行，认真创新实践，努力在学习集中教育中走在前列，当好表率，争做“四讲四有”合格党员。市领导庞胜明参加活动。

同日，全市民生综合保险工作暨业务培训会召开。副市长刘煜出席会议并讲话。

7日，昌邑市举行“焦裕禄先进事迹报告会”。邀请焦裕禄的二女儿、焦裕禄干部学院名誉院长焦守云作“我的父亲焦裕禄”专题辅导报告。报告会通过昌邑电视台现场直播，主会场设在市会议中心第一会议室；马跃启、鞠立强、李中福等市级领导班子成员，市法院院长、市检察院检察长，其他在职副县级领导干部等在主会场参加学习；各镇街区、市直部门单位设分会场。报告会前，市委书记马跃启会见焦守云；市领导鞠立强、李中福、庞胜明、田洪波、李志为、李鹏参加会见。

8日，昌邑市召开市级党政班子成员向市纪委全委会述廉述责，并接受市纪委委员民主评议会议。市委书记马跃启主持会议，潍坊市纪委有关领导到会指导。

同日，潍坊市市政局局长张志勇到昌邑市调研城市园林绿化养护工作。市领导吕珊珊、李鹏陪同活动。

11日至13日，昌邑市对经济社会发展情况进行观摩调度。重点观摩各镇街区2016年以来经济社会发展中的亮点，对上半年推进发展情况、工作落实情况“回头看”，总结经验做法，相互学习、共同提高。市领导马跃启、吕珊珊、鞠立强、李中福、周娟等参加观摩。

15日，市委常委、市人武部政委陈永锁到饮马镇视察征兵初检初审工作。

17日，昌邑市组织收听收看省政府防汛抗旱总指挥部防汛工作紧急视频会议。市委副书记、市长吕珊珊参加会议并讲话。

18日，市委书记马跃启到下营镇调研。市领导庞胜明、李明杰陪同活动。

同日，市领导孙晓非、陶金先、王志强、田洪波、李志为分别到饮马镇、安监局、北孟镇、卜庄镇、龙池镇讲党课。

同日，昌邑市组织收听收看全省遏制重特大

事故电视会议。市委常委、副市长陶金先参加会议。

20日，昌邑市组织收听收看国务院、省政府先后召开的全国安全生产电视电话会议和全省汛期安全生产电视会议。市领导马跃启、吕珊珊、鞠立强、庞胜明、李志为、李鹏、李明杰、刘煜参加会议。

同日，昌邑市组织收听收看全省乡村文明行动移风易俗工作现场推进电视会议。市领导吕珊珊、鞠立强、李志为、刘煜参加会议。

21日，市委副书记、市长吕珊珊带领相关部门负责同志调研卜庄镇和蒲河污染治理项目。副市长李明杰、刘煜参加调研。

22日，浙江蓝城置业有限公司总经理吴旭炯到昌邑市考察小城镇建设。市领导吕珊珊、李鹏陪同活动。

同日，昌邑市组织收听收看全省防汛工作视频会议。副市长刘煜参加会议。

25日，市委副书记、市长吕珊珊带领相关部门主要负责同志调研昌邑市棚户区改造工作。

同日，市政府办公室党支部组织开展“两学一做”第三次集体学习、专题交流讨论。市领导吕珊珊、陶金先、李鹏、王海岩、李明杰以普通党员的身份参加学习讨论。

同日，市领导鞠立强、孙晓非、李志为、陈永锁、王海岩、孙孝工看望慰问市人武部、市公安消防大队、市武警中队、市公安边防大队等地部队官兵。

同日，市人大常委会党组书记、第一副主任周娟主持召开市十七届人大常委会第七十五次主任会议。会议研究关于“六五”普法和2011—2015年依法治市情况的调查报告、在全市公民中开展第七个五年法治宣传教育的决议草案、《昌邑市2016—2020年依法治市规划》的决议草案、关于2015年市级财政决算草案的审查报告、批准2015年市级财政决算的决议草案、2016年上半年国民经济和社会发展计划及预算执行情况的调查报告以及关于对食品安全工作情况开展专题询问的工作方案等有关事宜，听取关于检查镇街区人大“基层基础工作年”规范化建设进展情况和人大档案管理工作情况的汇报，提出相关建议意见。会议议定市十七届人大常委会第二十九次会议于7月下旬召开，并提出建议议程。

同日，昌邑市组织收听收看全国、全省及潍坊市征兵工作电视电话会议。市领导陈永锁、刘煜参加会议。

26日，潍坊市委常委、市政府副市长孙起生带队到昌邑调研。市领导马跃启、吕珊珊、陶金先、庞胜明、李鹏、李明杰陪同活动。

27日，市委书记马跃启，市委副书记、市长吕珊珊带队走访慰问潍坊军分区、北部战区陆军潍北炮兵靶场部队官兵。市领导李中福、周娟、庞胜明、陈永锁、刘煜参加活动。

同日，昌邑市组织收听收看全省、潍坊市深化供销社综合改革工作电视电话会议。副市长刘煜参加会议。

28日，市区背街小巷、居民小区文体活动中心整治联席会议召开。市领导鞠立强、李志为、李鹏出席会议。

同日，市十七届人大常委会举行第二十九次会议。市人大常委会党组书记、第一副主任周娟，副主任戚风乾分别主持会议。市人大常委会党组副书记、副主任庞明庆，副主任李建军、董凤杰，市人大常委会委员出席会议。市委常委、市政府副市长陶金先，市法院院长等列席会议。会议听取审议市政府关于“六五”普法、依法治市情况和“七五”普法规划草案的报告及《昌邑市2016--2020年依法治市规划草案》说明的报告、昌邑市2015年市级财政决算草案的报告、2016年上半年预算执行情况的报告、2015年市级预算执行和其他财政收支的审计工作报告、2016年上半年国民经济和社会发展计划执行情况的报告。会议审议通过《昌邑市人大常委会关于在全市公民中开展第七个五年法治宣传教育的决议》和《昌邑市人大常委会关于〈昌邑市 2016-2020 年依法治市规划〉的决议》，决定批准昌邑市 2015 年市级财政决算。

29 日，全国双拥模范城（县）命名暨双拥模范单位和个人表彰大会在北京召开。中共中央总书记、国家主席、中央军委主席习近平亲切会见代表，中共中央政治局常委、国务院总理李克强参加会见并讲话。山东省 17 个地级市和 4 个县（县级市）受到表彰，济南市和昌邑市作为山东省荣获全国模范城市命名代表参加大会；市委副书记、市长吕珊珊代表昌邑市赴京参加会议并领奖。

同日，市人大常委会召开党组会议，专题研讨习近平总书记“七一”重要讲话。市人大常委会党组书记、第一副主任周娟主持会议；党组副书记、副主任庞明庆，党组成员、副主任董凤杰、戚风乾出席会议。

同日，市领导陶金先、陈永锁、孙孝工走访慰问市军休所、边防派出所、空军廒里靶场、海军收信中队等处军队离退休干部、部队官兵和武警战士。

同日，潍坊市老干部局机关党员干部到昌邑市调研文化养老机关。市委常委、组织部部长田洪波陪同调研。

7 月，昌邑市作协主席姚凤霄成为中国作家协会会员。

同月，昌邑市山阳大梨协会成功入选中国科协、财政部公布的 2016 年“基层科普行动计划”奖励单位。

同月，2016 中国化工企业 500 强榜单正式出炉。昌邑石化有限公司位列第 42 位，山东海天生物化工有限公司位列第 383 位。

8 月

3 日，昌邑市举行“弘扬优秀传统文化，提升干部道德素养”专题报告会。邀请中央党校中外哲学教研室副主任、博士生导师王杰作专题报告会。市委常委、组织部部长田洪波主持报告会。

5 日，市政协主席李中福带领部分政协委员，对 2016 年建设系统政协提案办理情况进行集中协商督办。

同日，黑龙江省安达市委常委、常务副市长刘宝铸带领考察团到昌邑市考察城乡环卫市场化工作情况。市领导刘煜陪同活动。

7 日，中国物流与采购联合会评审组到昌邑市，现场评审申报 AAAAA 物流企业的山东成泰物流有限公司。副市长李明杰陪同活动。

8 日，昌邑市第七届全民运动会开幕式在市演艺中心举行。市委书记马跃启宣布全运会开幕，市委副书记、市长、市第七届全民运动会组委会主任吕珊珊致辞，市领导庞胜明、董凤杰、孙孝工出席开幕式，副市长、市公安局局长、市第七届全民运动会组委会副主任王海岩主持开幕式。

同日，全市创建国家森林城市工作验收会议召开。副市长刘煜就相关工作进行安排部署。

9 日，潍坊市人大常委会调研组到昌邑市，对《潍坊市文物保护条例（草案）》开展立法调研。市人大常委会副主任董凤杰陪同活动。

10 日，昌邑市举办“王金鉴先进事迹报告会”。马跃启、吕珊珊等市级领导班子成员，市法院院长、市检察院检察长，其他在职副县级领导干部参加报告会；市委常委、组织部部长田洪波主持报告会。

12 日，市政府召开镇街区镇长（主任）座谈会。市委副书记、市长吕珊珊出席会议并讲话，市委常委、副市长陶金先主持座谈会；市委常委、副市长李鹏，副市长王海岩、李明杰、刘煜参加座谈会。

同日，国家水利部核查组到昌邑市开展南水北调受水区地下水压采工作检查评估。副市长刘煜陪同活动。

同日，市政协组织部分政协委员协商督办市环保局承办的政协提案办理情况。市政协副主席夏麦香参加活动。

同日，市政协组织部分政协常委和政协委员，协商督办公安系统提案办理情况。市领导王海岩、孙孝工参加活动。

18 日，市人大常委会党组书记、第一副主任周娟召开市十七届人大常委会第七十六次主任会议。市人大常委会党组副书记、副主任庞明庆，副主任李建军、董凤杰、戚风乾出席会议。市人大常委会党组成员、专职委员、各专门委员会和工作机构负责人列席会议。会议传达潍坊市县镇两级人大换届选举工作学习班精神，研究食品安全工作专题询问的有关事宜，听取市人大常委会机关包村工作情况汇报。

同日，潍坊市人大常委会副主任毛秀凤带领调研组到昌邑市，调研环境保护工作情况。市人大常委党组副书记、副主任庞明庆陪同活动。

22 日，市委副书记、市长吕珊珊到柳疃镇调研园区建设及重点项目推进情况，并与部分企业负责人座谈。

23 日，全市镇街区党（工）委书记和市直部门主要负责人向市纪委全委会述廉会议召开。市委书记马跃启出席会议并讲话，市委常委、市纪委书记孙晓非主持会议。

同日，国家林业局副局长彭有冬在省林业厅巡视员辛福智、潍坊市政府副市长刘建国等有关领导的陪同下到昌邑调研国家森林城市建设工作。市领导马跃启、庞胜明、刘煜陪同活动。

24 日，全市迎接省级卫生城市复审工作推进会议召开。市领导陶金先、李志为、李鹏、王海岩出席会议。

25 日，全市绿博会筹备工作会议召开。市委副书记鞠立强出席会议并讲话，市领导陶金先、王志强、庞胜明、李志为、李鹏、王海岩出席会议，副市长刘煜主持会议。

26 日，昌邑市组织收听收看省委、省政府召开的全省加强企业家队伍建设工作会议。市领导吕珊珊、陶金先参加会议。

27 日，全市认真践行群众路线提升群众满意度工作会议召开。市委副书记、市长吕珊珊出席会议并讲话，市领导孙晓非、陶金先、王志强、李志为、李鹏、李明杰出席会议。

9 月

1 日，省经信委主任钱焕涛在潍坊市相关领导陪同下，到昌邑市调研石化产业发展及化工园区建设工作。市领导吕珊珊、庞胜明、李明杰陪同活动。

2 日，昌邑市召开以“平安指数”为引领深化平安昌邑建设工作会议。市委常委、政法委书记王志强参加会议并就平安昌邑建设工作进行安排部署，市政府副市长、市公安局局长王海岩主持会议。

同日，昌邑康洁环卫集团正式签约巴基斯坦卡拉奇市南区、中区城市生活垃圾收集运输及道路清扫保洁项目。合同期 10 年，合同总额 15 亿元人民币。

3 日，台湾华夏文化经贸促进协会考察团到昌邑市考察观光农业。副市长刘煜陪同活动。

6 日，国家发改委经贸司副司长刘小南在省发改委副巡视员许竹升、潍坊市发改委主任肖培灵的陪同下到昌邑市，专题调研前三季度外贸和棉纺行业生产出口形势。市委副书记、市长吕珊珊陪同活动。

8 日，市委书记马跃启、市政协主席李中福一行先后到昌邑一中语文教研组、职教中心学前教育专业办公室和实验英语教研组走访慰问。

同日，市委、市政府隆重召开第 32 个教师节庆祝大会，表彰 2016 年全市教育工作和尊师重教先进典型。市委书记马跃启出席大会，市委副书记、市长吕珊珊出席大会并讲话；市领导鞠立强、李中福、周娟、孙晓非、王志强、田洪波、李鹏出席大会。

同日，潍坊市政府新闻办公室召开2016中国（昌邑）北方绿化苗木博览会暨第二十一届中国园林花木信息交流会新闻发布会。昌邑市副市长刘煜出席发布会。

9日，全市扶贫开发领导小组全体（扩大）会议召开。市领导鞠立强、田洪波、刘煜出席会议。

18日，绿博会筹备工作调度会议召开。市委副书记鞠立强出席会议并讲话，市领导陶金先、王志强、李志为、李鹏、王海岩出席会议，副市长刘煜主持会议。

20日，市委书记马跃启，市委副书记、市长吕珊珊带领相关部门负责人现场调度绿博会筹备工作情况。强调要对照职责分工，加强协调配合，共同做好各项筹备工作，确保绿博会顺利举办，圆满成功。市领导鞠立强、李中福、周娟、李鹏、王海岩、刘煜参加活动。

同日，2016年第二期科级干部进修班举行开学典礼。市委常委、组织部部长田洪波出席会议并讲话。

21日，2016中国（昌邑）北方绿化苗木博览会暨第二十一届中国园林花木信息交流会隆重开幕。市委副书记、市长吕珊珊主持大会；国家林业局总工程师封加平，潍坊市委常委、副市长孙起生分别致辞。全国绿化委员会副主任赵树丛，省政府办公厅党组成员、应急办主任张积军，省林业厅厅长刘均刚，中国花卉报社社长周金田，昌邑市委书记马跃启，市政协主席李中福，市人大常委会党组书记、第一副主任周娟等领导出席开幕式。

22日，省民政厅副厅长、双拥办主任张魁中到昌邑市调研双拥优抚安置信访稳定工作。潍坊市双拥办领导，昌邑市领导鞠立强、陈永锁陪同活动。

同日，市人大常委会党组书记、第一副主任周娟主持召开市十七届人大常委会第七十七次主任会议。会议研究关于全市食品安全工作情况的调研报告及专题询问相关事宜、市十七届人大五次会议以来代表建议办理工作的调查情况汇总及调查报告、关于做好全市市镇两级人民代表大会换届选举工作的意见，提出相关建议意见。会议议定市十七届人大常委会第三十次会议于9月底召开，并提出建议议程。

同日，市政协召开十二届五十六次主席会议。市政协主席李中福，副主席张天辉、冯义军、夏麦香、孙孝工、吴红玉，秘书长王升文出席会议。

同日，潍坊市人大常委会调查组到昌邑市调查会展经济发展情况。市人大常委会副主任戚风乾陪同活动。

同日，潍坊市农业局组织人员到昌邑市观摩交流现代农业发展情况。副市长刘煜陪同活动。

23日，省政府副省长赵润田在潍坊市委副书记、市长刘曙光陪同下到昌邑市考察绿博会。市领导马跃启、吕珊珊、王海岩、刘煜等陪同活动。

同日，潍坊市全面深化改革工作（北片区）座谈会在昌邑市召开。市委常委、组织部部长田洪波参加会议。

27日，市委常委会开展“两学一做”学习教育专题研讨。潍坊市委组织部、宣传部相关人员参加研讨；市委书记马跃启主持，带头发言并作总结讲话；市委副书记、市长吕珊珊，市委副书记鞠立强，市委常委孙晓非、王志强、田洪波、陈永锁参加研讨。

同日，昌邑市举行蒲东沿海防潮大坝合龙仪式。市领导马跃启、吕珊珊、鞠立强、周娟、李明杰参加仪式。

同日，市政协十二届二十二次常委会召开。会议听取市政府关于市政协十二届五次会议以来提案办理情况的通报；听取市经信局、市人社局工作情况汇报，并对两部门工作进行民主评议；协商讨论市政协《关于全市养老服务体系建设的调研报告》；听取部分政协常委述职，并就履职情况进行民主评议；市政协主席李中福作讲话。

同日，全市基层党校建设会议召开。市委常委、组织部部长田洪波出席会议并讲话。

28 日，市十七届人大常委会举行第三十次会议。市人大常委会党组书记、第一副主任周娟主持会议，副主任董凤杰主持食品安全工作专题询问。市人大常委会党组副书记、副主任庞明庆，副主任李建军、戚风乾出席会议；市检察院检察长等列席会议。会议听取审议市政府副市长王海岩代表市政府所作的关于市十七届人大五次会议代表建议、批评和意见办理工作情况的报告；听取审议王海岩代表市政府所作的关于食品工作情况的报告，并进行专题询问；审议通过市人大常委会关于批准市政府有关融资事项的决定。

同日，省发改委区域办蓝色经济区建设指导处处长韩恩泽带领调研组一行 4 人，到昌邑市调研蓝色经济发展情况。副市长李明杰陪同调研。

29 日，昌邑市组织收听收看全省简化优化公共服务流程方便基层群众办事创业工作电视会议。市委常委，副市长陶金先参加会议。

同日，昌邑市组织收听收看全省安全生产电视会议。副市长王海岩参加会议。

29 日至 30 日，市委副书记、市长吕珊珊带队调度全市重点工程项目，安排部署当前工作。

30 日，昌邑市举行烈士公祭活动。马跃启、吕珊珊等市级领导班子全体成员参加公祭活动。

9 月，首届“省长杯”工业设计大赛获奖名单公布，山东瑞其能电气有限公司的永磁直驱风力发电机组项目获得银奖，山东同大海岛新材料股份有限公司的高性能聚氨酯仿头层皮超纤革项目获得铜奖。

同月，柳疃镇、饮马镇入选住建部、发改委等 7 部委联合发布最新一批全国 3675 个重点镇名单。

同月，昌邑市获批成为国家级出口食品农产品质量安全示范区，产品品种为禽肉、蔬菜及其制品。

同月，柳疃镇入选省农村产业融合发展试点示范镇，北孟镇朱家屯村、围子街道邢家村、龙池镇齐西村、下营镇东营村、卜庄镇大陆村、石埠经济发展区石埠前村入选省农村产业融合发展试点示范村。

同月，围子街道古河村入选国家乡村旅游扶贫工程行动村庄名单。

10 月

1 日，市委副书记、市长吕珊珊带领相关部门负责同志走访慰问国庆节期间坚持生产的干部职工。市领导李鹏参加活动。

7 日，市委副书记、市长吕珊珊到下营镇二甲村看望百岁老人梁李氏。

9 日，市老年体协表彰先进暨“九九”老人节文体展演活动举行。市委常委、宣传部部长李志为出席活动并观看文艺演出。

10 日，昌邑市组织收听收看潍坊市 2017 年度居民基本医疗保险参保筹资电视会议。市委常委、副市长陶金先参加会议。

11 日，济南高新区党工委副书记、政法委书记刘业朝带领考察团到昌邑市考察城乡环卫一体化工作。市委副书记鞠立强陪同活动。

同日，《昌邑市志（1986—2005）》志稿评审会在昌邑宾馆举行，市委常委副市长陶金先参加会议。

13 日，昌邑市组织收听收看全省城市违法建设治理行动电视动员会议。市领导马跃启、吕珊珊、鞠立强、李鹏参加会议。

14 日，市人大常委会党组书记、第一副主任周娟主持召开市十七届人大常委会第七十八次主任会议。市人大常委会党组副书记、副主任庞明庆，副主任李建军、董凤杰、戚风乾出席会议。市人大常委会党组成员、各专门委员会和工作机构负责同志列席会议。

同日，全市乡村文明行动城乡环卫一体化暨移风易俗工作推进会议召开。市委常委、宣传部部长李志为主持会议；市委常委、副市长李鹏，副市长刘煜部署有关工作。

16日，全市创建国家食品安全城市工作推进会议在市会议中心召开。潍坊市政协副主席、市食品药品监督管理局局长李平，潍坊教育局、卫计委、食药局、畜牧局、农业局负责同志参加会议；昌邑市委副书记、市长吕珊珊出席会议并讲话，副市长王海岩主持会议。

17日，市委副书记、市长吕珊珊带领教育局、住建局、交通局、商务局、规划局、城管局等部门负责同志实地调研部分重点工程。市领导陶金先、李鹏参加调研。

同日，市十七届人大常委会举行第三十一次会议。市人大常委会党组书记、第一副主任周娟主持会议。市人大常委会党组副书记、副主任庞明庆，副主任李建军、董凤杰、戚风乾以及市人大常委会委员出席会议。会议审议通过昌邑市人大常委会关于设立昌邑市选举委员会的决定、关于任命昌邑市各镇选举委员会组成人员的决定、关于昌邑市各镇新一届人民代表大会代表名额的决定，关于昌邑市市镇两级人民代表大会换届选举时间的决定。

同日，市委常委、副市长陶金先带领安监、公安、消防及相关专业安全专家检查有关企业安全生产情况。

18日，市选举委员会举行第一次全体会议。市人大常委会党组书记、第一副主任、市选举委员会主任周娟出席会议并讲话，市人大常委会党组副书记、副主任、市选举委员会副主任庞明庆主持会议，市选举委员会成员出席会议。会议确定2016年12月16日为昌邑市十八届人大代表选举日，通过关于本级人民代表大会换届选举工作实施方案，设立人大换届选举工作指导组的决定及市十八届人大代表名额分配方案。

同日，昌邑市召开第三次农业普查工作会议。副市长刘煜出席会议并讲话。

20日，农业部原党组成员、中国农产品市场协会会长张玉香在省农业厅、潍坊市农业局相关领导的陪同下，调研昌邑市宏大生姜批发市场。市领导吕珊珊、刘煜陪同活动。

同日，全市市镇两级人大换届选举工作会议召开。市人大常委会党组书记、第一副主任周娟，市委常委、组织部部长、统战部部长田洪波，市委常委、宣传部部长李志为出席并讲话；市人大常委会党组副书记、副主任庞明庆主持会议。

21日，全市双拥工作表彰大会在市会议中心隆重召开。市委书记马跃启出席会议，市委副书记、市长吕珊珊出席会议并讲话；市委副书记鞠立强主持会议，李中福、周娟等市领导出席会议。

同日，昌邑市在市会议中心召开全市计划生育工作会议。市委书记马跃启出席并讲话，市委副书记、市长吕珊珊主持会议，市领导鞠立强、李中福、周娟、陶金先参加会议。

同日，全市市镇两级人大换届选举工作会议召开。市人大常委会党组书记、第一副主任周娟，市委常委、组织部部长、统战部部长田洪波，市委常委、宣传部部长李志为出席并讲话；市人大常委会党组副书记、副主任庞明庆主持会议。

24日，市委副书记、市长吕珊珊带领市场监管局、安监局、消防中队等部门主要负责同志及部分安全生产专家，调度创建国家食品安全城市工作，并对部分企业安全生产工作进行暗访。

同日，省城乡规划第三督察组组长、省政府驻日照市城乡规划督察员郭建一行到昌邑市巡察城乡规划工作。市委常委、副市长李鹏陪同活动。

25日，全市环卫工作会议暨第二十二届环卫工人节庆祝大会召开。会议表彰2016年度全市环卫工作先进集体、先进个人。市委书记马跃启出席会议，市委副书记、市长吕珊珊出席会议并讲话，市领导李中福、周娟、李鹏参加会议。

同日，国家水利部沂沭泗河水利管理局副局长阚善光率检查组到昌邑市检查潍河采砂管理工作情况。副市长刘煜陪同活动。

同日，市政协组织部分市政协常委、委员专题视察市环保局承担的水资源管理保护工作任务落实情况。市政协副主席夏麦香参加活动。

26日，省档案局党组成员、纪检组长刘永鹏在潍坊市档案局领导的陪同下到昌邑市调研档案工作。市领导吕珊珊、李志为陪同活动。

同日，“弘扬长征精神”全市离退休干部书画展开展仪式举行。市委常委、组织部部长田洪波出席仪式并致辞。

同日，昌邑康洁环卫集团与巴勒斯坦卡拉奇市又签一区环卫保洁业务合同，合同额15亿元。

27日，昌邑市组织收听收看全省第三次农业普查工作电视会议。副市长刘煜参加会议。

同日，济宁市汶上县政府副县长布方锋带领考察团到昌邑市考察苗木产业发展情况。副市长刘煜陪同活动。

28日，省委宣传部副部长、省文明办主任刘宝莅，省文明办副主任、活动协调处处长王龙飞到昌邑市调研文明创建工作。市领导马跃启、李志为陪同活动。

同日，市人大常委会召开市镇人大换届选举工作调度会。市人大常委会党组副书记、副主任，市选举委员会副主任庞明庆出席会议并讲话。各镇街区人大（办）主席（主任）、秘书，市选举委员会办公室、各督导组负责人参加会议。

30日，国家发改委《黄河三角洲高效生态经济区发展规划》实施中期专家评估组到昌邑市现场考察。市委常委、常务副市长陶金先陪同活动。

31日，市委副书记、市长吕珊珊带领发改、经信、商务、环保等部门主要负责人，调研棉纺城保税仓库和柳疃工业园企业生产经营情况。市领导陶金先、李明杰参加调研。

10月1日起，昌邑市实行企业营业执照、税务登记证、组织机构代码证、社保登记证、统计登记证“五证合一”登记注册。

10月，围子街道古河村入选国家乡村旅游扶贫工程名单。

同月，昌邑市首笔民生综合保险12万元赔付到位。

11月

1日，全市市镇两级人大换届选举工作第一次专题培训会召开。市人大常委会党组副书记、副主任，市选举委员会副主任庞明庆出席会议。各镇街区人大（办）主席（主任）、秘书，市直各系统、市人武部分管负责人和工作人员及督导组成员参加会议。

同日，省第三次全国农业普查领导小组督查组到昌邑市督查农业普查“四落实”情况。副市长刘煜陪同活动。

2日，昌邑市组织收听收看潍坊市外贸工作视频会议。市委常委、副市长陶金先出席会议并讲话。

同日，昌邑市老年大学龙池分校、龙池镇老年学校挂牌成立。市委常委、组织部部长田洪波为学校揭牌并致辞。

3日，昌邑市召开经济运行调度会议。市委副书记、市长吕珊珊出席会议并讲话，市领导陶金先、李鹏、王海岩、李明杰出席会议。

同日，聊城市人大常委会副主任王菁带领考察组，到昌邑市考察元宝枫种植项目。市人大常委会副主任戚风乾陪同活动。

7日，市委召开常委会议。传达学习中共十八届六中全会精神，安排部署学习宣传贯彻落实党的十八届六中全会精神。市委书记马跃启主持会议；市委副书记、市长吕珊珊，市委副书记鞠立强等领导出席会议同日，中小城市经济发展委员会、中小城市发展战略研究院、中国中小城市科学发展指数研究课题组等单位通过《人民日报》和《2016 中国中小城市发展报告·绿皮书》联合发布中国中小城市综合实力百强县市名单，昌邑市位列第 81 位，连续 6 年成功入围。另外，昌邑市位列中国最具投资潜力中小城市百强县市和中国中小城市创新创业（双创）百强县市第 63 位和第 72 位。柳疃镇、饮马镇入围中国建制镇综合实力 1000 强。

同日，全市新生代企业家联合会成立大会举行。市委副书记、市长吕珊珊出席会议并讲话，潍坊市工商联副主席刘杰然出席会议并讲话，市领导田洪波、李明杰参加会议。

7 日至 9 日，安邦集团董事长、首席研究员陈功一行到昌邑市考察调研经济社会发展“十三五”规划实施等相关情况。市领导吕珊珊、陶金先、李明杰参加调研。

8 日，昌邑市组织收听收看中央宣讲团党的十八届六中全会精神报告会。市领导吕珊珊、鞠立强、李中福、周娟等市级领导班子成员参加会议。

9 日，市政协组织住昌省、潍坊市政协委员视察全市经济社会发展情况。市政协主席李中福，副主席张天辉、冯义军、夏麦香、孙孝工参加活动。

同日，市人大常委会党组召开扩大会议，专题学习十八届六中全会精神，并就学习贯彻落实好全会精神进行安排部署。市人大常委会党组书记、第一副主任周娟主持会议并讲话。市人大常委会党组副书记、副主任庞明庆，副主任李建军，党组成员、副主任董凤杰、戚风乾，党组成员及机关委室主要负责同志参加会议。

9 日至 10 日，内蒙古乌兰察布市政协副主席、察右中旗委书记赵向红率考察团到昌邑市参观考察。市领导马跃启、鞠立强、王海岩、李明杰分别参加活动。

10 日，昌邑市和田旺生物科技有限公司、康洁环卫集团与内蒙古乌兰察布市察右中旗举行签约仪式。乌兰察布市政协副主席、察右中旗旗委书记赵向红，昌邑市委书记马跃启，副市长李明杰参加仪式。

同日，潍坊市委书记、市人大常委会主任杜昌文调研龙池镇“两学一做”学习教育、基层党建等情况，并看望慰问生活困难群众。市领导马跃启、吕珊珊、田洪波陪同活动。

同日，市政协召开党组会议，专题学习贯彻党的十八届六中全会精神。市政协党组书记、主席李中福主持会议并讲话；市政协党组副书记、副主席张天辉，副主席冯义军，党组成员、副主席夏麦香、孙孝工，副主席吴红玉，党组成员、秘书长王升文参加会议。

15 日，昌邑市城乡环卫一体化服务被确定为国家级服务业标准化示范项目。

17 日，2017 年度全市重点党报党刊发行暨报刊发行秩序专项整治工作会议召开。市委常委、宣传部长李志为出席会议并讲话。

同日，市政协组织提出提案的政协委员以及部分提案承办单位负责人，考察十二届五次会议提案办理情况。市政协副主席张天辉参加活动。

19 日，潍坊金丝达有限公司董事长刘国田被评为山东省 2016 年“泰山产业领军人才”。

21 日，市委召开常委会议。市委书记马跃启主持会议，市委副书记、市长吕珊珊传达中共潍坊市委十一届十次全体会议精神。会议研究《中共昌邑市委关于深入学习贯彻党的十八届六中全会精神的意见（草案）》，听取昌邑市第十四次党代会筹备工作情况的汇报和关于召开中国共产党昌邑市第十四次代表大会决议草案的说明，讨论《中共昌邑市委十三届十三次全体会议关于召开中国共产党昌邑市第十四次代表大会的决议（草案）》和《中国共产党昌邑市第十四次代表大会代表名额预分方案》。会议还研究其他事项。

同日，中共昌邑市委十三届十三次全体会议举行。全会深入学习贯彻中共十八届六中全会和省委十届十五次全会、潍坊市委十一届十次全会精神，审议通过《中共昌邑市委关于深入学习贯彻党的十八届六中全会精神的意见》和《中共昌邑市委十三届十三次全体会议关于召开中国共产党昌邑市第十四次代表大会的决议》。全会决定，中国共产党昌邑市第十四次代表大会与2016年12月召开。市委书记马跃启主持会议并讲话，市委副书记、市长吕珊珊传达中共潍坊市委十一届十次全会精神。

同日，市委书记马跃启，市委副书记、市长吕珊珊会见到昌邑市考察调研的中国化工集团公司副总经理范小森一行。市领导陶金先、庞胜明参加会见。

22日，潍坊市委副书记、市长刘曙光到滨海（下营）经济开发区调研重点工程项目。强调要用足用好区位优势和资源禀赋，坚持陆海统筹一体化发展，以突破滨海为带动，全面加快园区转型发展、绿色发展。市领导马跃启、吕珊珊、庞胜明、李明杰陪同活动。

同日，昌邑市组织收听收看全省环境保护工作电视会议。市领导吕珊珊、李明杰参加会议。

同日，昌邑市举办潍坊市委宣讲团学习贯彻党的十八届六中全会精神报告会。邀请潍坊市委宣讲团成员、潍坊市纪委研究室主任王霞作宣讲报告；市领导鞠立强、李中福、周娟等参加报告会。

同日，2016年中国科学院科技人员野外工作技能培训班在昌邑市举行。副市长李明杰出席活动。

24日，潍坊市人大常委会党组副书记、副主任刘明珂带领调研组到昌邑市调研预算审查监督工作。市人大常委会党组书记、第一副主任周娟，副主任戚风乾陪同调研。

同日，全市市镇两级人大换届选举工作第二次专题培训会召开。市人大常委会党组副书记、副主任，市选举委员会副主任庞明庆出席会议并讲话；市选举委员会办公室组成人员、各镇街区人大（办）主席（主任）、秘书，市直各系统、市人武部分管负责人和工作人员及督导组成员参加会议。

25日，市委办公室党支部开展“两学一做”学习教育学习交流。市委书记马跃启，市委副书记鞠立强，市委常委、办公室主任庞胜明参加学习。

同日，市人大常委会党组书记、第一副主任周娟，党组副书记、副主任庞明庆带领市选举委员会办公室负责同志督查奎聚街道东店社区、初曲村、昌邑一中、昌邑石化有限公司市镇两级人大换届选举选民登记工作和选民名单张榜公布情况。

26日，昌邑市组织收听收看潍坊市诚信潍坊建设动员电视会议。市委书记马跃启，市委副书记、市长吕珊珊等领导参加会议。

27日，昌邑市组织收看全国安全生产电视电话会议暨全省安全生产电视会议。市领导马跃启、吕珊珊、鞠立强、陶金先、庞胜明、李志为、李鹏、李明杰参加会议，市委常委、办公室主任庞胜明主持会议。

28日，“昌邑城乡环卫一体化服务标准化项目”入选国家标准委公布的2016—2017年度全国服务业标准化示范项目名单。

同日，昌邑市召开省美丽乡村建设督查考核迎查现场会议。市领导鞠立强、刘煜参加会议。

同日，昌邑市组织收听收看中宣部、中央文明办“推动移风易俗、树立文明乡风”电视电话会议。市委常委、宣传部部长李志为参加会议。

29日，市委书记马跃启调研市委党校和潍坊市技师学院昌邑分院。市领导庞胜明、田洪波参加调研。

30日，接省委鲁委〔2016〕712号任免通知：吕珊珊任中共昌邑市委书记。

同日，省环保厅生态保护处调研员韩京安带领督查组到昌邑市督查考核美丽乡村建设工作。市领导鞠立强、刘煜陪同活动。

12 月

1 日，省政府副省长王随莲在潍坊市委书记、潍坊市人大常委会主任杜昌文，副市长王桂英等陪同下到昌邑市调研城乡环卫一体化工作。市领导马跃启、吕珊珊、鞠立强、陶金先、庞胜明等陪同活动。

同日，潍坊市关工委调研组到昌邑市调研关工委工作。市委副书记鞠立强陪同活动。

同日，潍坊市教育局督导评估团到昌邑市督导评估 2016 年度重点教育工作。督导评估团先后到实验中学、育秀学校及石埠经济发展区、饮马镇的部分学校进行现场督导。市委常委、副市长陶金先陪同活动。

同日，全市网络管理工作培训会议召开。市委常委、宣传部部长李志为主持会议。

同日，昌邑市组织收听收看第三次全国农业普查电视会议。副市长刘煜参加会议。

2 日，昌邑市组织收听收看全省三年禁毒人民战争动员部署视频会议。市领导王志强、王海岩参加会议。

4 日，接中共潍坊市委干部任免通知（潍委〔2016〕128 号）：王龙堂任市委委员、常委、副书记；刘世海、胡筱芹任市委委员、常委；田立军任市委委员、常委、市纪委书记；刘焕成任市委委员、常委；孙晓非不再担任市委常委、委员、市纪委书记职务；陶金先、王志强、田洪波、李志为不再担任市委常委、委员职务。

同日，昌邑市举行国家宪法日“徒步宪法宣传”活动。市领导戚风乾、王海岩、孙孝工出席活动。

同日，潍坊市军分区政委郝树东宣布省委和潍坊市委关于昌邑市委、市政府主要负责人职务调整的决定。经省委研究决定：吕珊珊任中共昌邑市委书记；马跃启不再担任中共昌邑市委书记职务。经潍坊市委研究决定：马跃启不再担任中共昌邑人大常委会主任和中共昌邑党校校长职务；吕珊珊任中共昌邑党校校长。马跃启、吕珊珊、李玉祥分别讲话。

同日，接中共潍坊市委干部任免通知（潍委〔2016〕179 号）：李玉祥任中共昌邑市委委员、常委、副书记，免去鞠立强中共昌邑市委副书记、常委、委员职务。

12 日，昌邑市召开党政联席会议。市委书记吕珊珊主持会议并讲话，市委副书记李玉祥、王龙堂等出席会议。市政协主席李中福，市人大常委会党组书记、第一副主任周娟列席会议。

同日，全市市镇两级人大换届选举工作第三次专题培训会召开。市人大常委会党组副书记、副主任、市选举委员会副主任庞明庆出席会议并讲话。

13 日，市委书记吕珊珊会见上海百金集团董事长孔庆然一行。市领导李玉祥、王龙堂、庞胜明、李明杰、孔德奎参加会见。

14 日，省公安厅交管局局长徐世杰到昌邑市调研道路交通管理工作。市委书记吕珊珊，市领导李玉祥、王龙堂，庞胜明、王树国参加活动。

同日，昌邑市组织收听收看全省农村无害化卫生厕所改造电视会议。市委常委、副市长李鹏参加会议。

15 日，全市领导干部会议召开。市委书记吕珊珊出席会议并讲话，市委副书记李玉祥主持会议。会议动员全市上下凝心聚力，振奋精神，把思想统一到市委、市政府的部署要求上来，以更加坚定的态度，更加扎实的作风，更加有力的举措，推动全市各项工作再上新水平。市领导王龙堂、李中福、周娟等出席会议。

同日，市委书记吕珊珊会见中国华冶科工集团有限公司党委书记、董事长刘玉军一行。市领导李玉祥、李鹏、刘煜参加会见。

同日，市委副书记李玉祥带领相关部门负责人调研下营工业园。市领导李明杰、孔德奎参加调研。

同日，省政府督查组到昌邑市督查国家专项建设基金项目落实工作。市委副书记李玉祥，市委常委、副市长李鹏陪同活动。

同日，市委副书记王龙堂，市人大常委会党组书记、第一副主任周娟，市人大常务会党组副书记、副主任庞明庆到有关选区现场督导市镇两级人大代表换届选举工作。

同日，昌邑市组织收听收看全省文物工作电视会议。副市长赵海龙参加会议。

19日，中共昌邑市委十三届十四次全体会议召开。贯彻落实潍坊市委十一届十一次全体会议精神，听取并审议市委常委会工作报告，投票确定出席潍坊市第十二次党代会代表候选人预备人选。市委书记吕珊珊主持会议并讲话。市委委员和市委候补委员出席会议。+

同日，市委副书记李玉祥带领相关部门负责同志调研部分重点工程、重点企业。市领导李鹏、孔德奎参加调研。

20日，全市化工生产企业评级评价工作动员大会暨培训工作会议召开。市领导孔德奎参加会议。

21日，市委书记吕珊珊会见中国农业发展银行潍坊市分行行长韩玉忠一行。双方就政银合作、扩大有效投资进行洽谈交流。市领导李玉祥、孔德奎参加会见。

22日，昌邑市第十七届人民代表大会常务委员会第三十二次会议，根据市人大常委会主任会议的提议，决定任命李玉祥为市人民政府副市长、代理市长。

同日，昌邑市第十七届人民代表大会常务委员会第三十二次会议，根据陶金先、王海岩、李明杰三人的请求，决定接受其辞去市人民政府副市长职务。

同日，昌邑市第十七届人民代表大会常务委员会第三十二次会议，根据吕珊珊的请求，决定接受其辞去市人民政府市长职务。

同日，昌邑市第十七届人民代表大会常务委员会第三十二次会议，根据市人民政府吕珊珊市长的提请，决定任命：王树国为市人民政府副市长、市公安局局长；赵海龙为市人民政府副市长；孔德奎为市人民政府副市长。

同日，潍坊军分区司令员万伟锋到昌邑市检查市人武部年度工作并调研军民融合工作。市委书记吕珊珊，市委副书记、代市长李玉祥，市领导李中福、陈永锁、刘煜、孔德奎分别陪同活动。

23日，昌邑市组织收听收看全省农村留守儿童工作电视会议。副市长孔德奎参加会议。

24日，市委书记吕珊珊会见金晶集团董事长、总裁王刚一行及山东合生科技有限公司董事长郭强一行。市领导刘煜、孔德奎参加会见。

同日，市委副书记、代市长李玉祥带领相关部门单位负责同志调研2017年度重点工程。市领导李鹏、赵海龙参加调研。

25日，“爱心手拉手，成长心连心”全国公益行活动走进饮马中心学校。

27日，市委书记吕珊珊带领相关部门主要负责同志调研2017年度重点工程。市领导李鹏、刘煜、赵海龙参加调研。

同日，潍坊市委政法委常务副书记、市维稳办常务副主任刘效伟到昌邑市调研。市领导庞胜明、王树国陪同活动。

28日，团省委宣传部副部长栾丽萍到昌邑督导移风易俗工作。市委常委、宣传部部长刘世海陪同活动。

30日，市委副书记、代市长李玉祥主持召开市政府第8次常务会议。研究城西污水处理厂技术改造有关问题以及2017年新建续建重点工程、重点项目等工作。

同日，昌邑市组织收听收看潍坊市打击涉老洗脑式营销百日专项行动视频会议。副市长孔德奎参加会议。

全市概况

Quan Shi Gai Kuang

自然环境

【位置 面积】 昌邑市位于北纬36°26′21″～37°11′28″，东经119°12′34″～119°37′21″。地处潍坊市东北部，距潍坊市政府驻地30千米。东与烟台市莱州市、青岛市平度市隔胶莱河相望，东南与潍坊市高密市接壤，西南与潍坊市坊子区毗邻，西接潍坊市寒亭区，北濒莱州湾。面积1627.5平方千米。昌邑市人民政府驻市区内奎聚街道平安街1669号，电话区号0536，邮政编码261300。

【地形 地貌】 昌邑市位于山东半岛东北部，东与莱州市、平度市以胶莱河为界；南与高密市、潍坊市峡山区毗连；西与坊子区、寒亭区为邻；北临渤海莱州湾。北部沿海海岸线长53千米，浅海面积410平方千米，滩涂面积254平方千米。昌邑市地势总体特征南高北低，北临渤海。南部为埠岭区，中部平原由第四纪沉积物为冲洪积而成，北部由第四纪沉积物海陆相沉积而成的滨海浅平洼地区，丘陵平均海拔约50米，北部平原平均海拔约不足10米。

昌邑市境内河流较多，有大小河流30余条，分为潍河、胶莱河、虞河三大水系，贯穿境内的潍河是市内最大的河流，流域面积6367平方千米。域内建有小型水库3座，塘坝72处；引黄济青输水渠斜穿中北部6个乡镇，长度48千米。昌邑市的地貌，受构造、岩性、气候、河流、海洋内外营利作用的影响，地势自南而北逐渐降低。南部为低山丘陵区，中部为平原区，北部为洼地海滩。丘陵占境域的24.64%，平原占28.68%。洼地海滩占46.68%，其地貌类型主要分为剥蚀残丘区，冲、洪积平原区，滨海洼地。

【河流】 昌邑市共有河流25条，其中省级河流1条（潍河）、潍坊市级河流2条（北胶莱河、虞河）、县级河流10条（蒲河、北胶新河、吴沟河、漩河、丰产河、堤河、佐家河、中李河、南水北调续建配套工程、胶东调水工程昌邑段）、镇级河流12条（渔池河、官河、小新河、麻湾河、五里河、夹沟河、瀑沙河、泥河、清泉河、小龙河、拐子河、尹家河）。

潍河　全长246千米，流域面积6367平方千米。昌邑境内全长64千米，境内主要支流为拐子河。由饮马镇山阳村西南方向进入昌邑境内，于下营镇西流入渤海莱州湾。流经昌邑市饮马镇、石埠经济发展区、围子街道、都昌街道、奎聚街道、柳疃镇、卜庄镇、下营镇等8个镇街区。

北胶莱河　全长100千米，流域面积3891平方千米。昌邑境内全长58.3千米，由石埠经济发展区前谢家营村东南进入境内，于下营镇廒里村北入渤海。上游段为昌邑市与高密市的界河，中下游段为市与平度市、莱州市的界河，主要支流包括渔池河、小新河、漩河等，流经石埠经济发展区、围子街道、卜庄镇、下营镇4个镇街区。

虞河　全长75千米，流域面积890平方千米，昌邑境内全长29千米，流域面积301平方千米。由都昌街道肖家埠村西进入境内，流经都昌街道、龙池镇，于龙池镇利渔村北入渤海。

蒲河　位于昌邑市北部，全长23.5千米，发源于卜庄镇六甲村，流经卜庄镇、下营镇，在下营镇入漩河后流入北胶莱河汇入渤海，流域面积95平方千米。

北胶新河　1973年，昌潍地区革命委员会统一规划，组织平度、昌邑、高密3个县进行大型导治，从昌邑县流河乡库户庄向上游开挖一条新河道，流经塔尔堡、北孟、流河3个乡镇，命名北胶新河。北胶新河流经昌邑境内全长15.5千米，分南北两段，南段自北孟镇朱阳前村东至东官庄村东南，北段自石埠经济发展区肖家庄子村东南至库户庄村东。

吴沟河　位于昌邑市饮马镇北部，发源于昌邑市饮马镇吴沟村，流经饮马镇、石埠经济发展区。原吴沟河河道流经饮马镇张家屯村，随着村庄发展，吴沟河穿村而过，且被胶东调水工程截断导致失去河流作用，现状吴沟河自张家屯村南向东，与胶东调水渠道共用5.6千米，于石埠经济发展区郝家屯村东南入北胶新河。

漩河　全长35千米，原发源于昌邑市卜庄镇皂沟子村，自南而北至下营镇廒里村北入北胶莱河。1966年，打通卜庄镇柳家村至烟潍公路处延伸至密埠洼，后上游延伸至宋庄镇大章洼，发源于围子镇辛富店村以北。流经围子街道、卜庄镇、下营镇，在下营镇廒里村东北入北胶莱河，流域面积203平方千米。

丰产河　全长22.58千米，南起都昌街道昌寿路桥，北至龙池镇东利渔村以北汇入虞河，流经都昌街道、奎聚街道、龙池镇3个镇街。

堤河　全长23千米，流经奎聚街道、柳疃镇、龙池镇，堤河自奎聚街道虫埠村东南（城北污水处理厂）始，于柳疃镇灶户村西北入渤海，是潍河以西峡山灌区的主要排水干道。流域面积119平方千米。

● 市区新貌

● 潍河风光

西化埠村，终点位于都昌街道博乐埠村北入丰产河。

浞河　全长19.9千米，起点位于都昌街道南侯章村南，终点位于都昌街道渔洞埠村西北入虞河。

清泉河　全长3.7千米，起点位于围子街道东黄埠村东，终点位于围子街道辛富店村东入北胶莱河。

小龙河　全长8.2千米，起点位于柳疃镇付戈庄村，终点位于柳疃镇区后西汇入堤河。

拐子河　全长9千米，起点位于柳疃镇刘家车道村，终点位于渔尔堡村北入潍河。

尹家河　全长7.5千米，起点位于龙池镇瓦城村，终点位于龙池镇官靶路处汇入堤河。

佐家河　全长10.7千米，由饮马镇杨家庄子村东南进入境内，流经北孟、饮马2个镇，于饮马镇大谢家庄村东南入北胶新河。

中李河　全长4.3千米，由北孟镇前李家埠村北进入境内，流经北孟、饮马2个镇，于北孟镇孙营村西北入佐家河。

南水北调续建配套工程　全长8.1千米，由潍河左岸小营口放水闸起，至石渠北端止。

胶东调水工程昌邑段　境内全长52.8千米，自都昌街道西永安村进入境内，于饮马镇八里屯村出昌邑市进入高密市境内。

渔池河　全长5.4千米，起点位于北孟镇万和屯村西，终点位于北孟镇东角兰村东南入北胶新河。

官河　全长600米，起点位于北孟镇朱阳前村东南，终点位于北孟镇朱阳后村东。

小新河　全长12.5千米，起点位于北孟镇大望仙庄村西南，终点位于北孟镇宋家村东南。

麻湾河　全长6.1千米，起点位于北孟镇南麻湾村南，终点位于北孟镇田戈庄村西入渔池河。

五里河　全长8.4千米，起点位于北孟镇魏马村，终点位于北孟镇李家庄子村西北入佐家河。

夹沟河　全长11.5千米，起点位于都昌街道单家埠村南，终点位于都昌街道昌寿路桥。

瀑沙河　全长12.9千米，起点位于都昌街道

【气候】 2016年，昌邑市气温偏高，降水偏少，日照与常年接近，极端气候事件较常年偏少。

气温　2016年，全市年平均气温为13.8℃，较常年（12.8℃）偏高1.0℃；年极端最高气温为37.0℃，（7月24日、25日），较历年极值（41.3℃）偏低4.3℃；年极端最低气温为-17.0℃，（1月24日），较历年极值（-19.0℃）偏高2.0℃；全年最高气温≥35℃的天数为12天，最低气温≤-15℃的天数为1天。

降水　2016年，全市总降水量为469.4毫米，较常年（553.7毫米）偏少84.3毫米，较历年最多值（892.0毫米）偏少422.6毫米，较历年最少值（333.5毫米）偏多135.9毫米；除2月、4月、5月、10月及12月降水偏多外，其他月份降水均偏少；全市未出现暴雨天气。

风　2016年，全市年平均风速为2.6米／秒，年最多风向为南东南，大风（风速超过17米／秒）天气日数为5天，与常年值（5.2天）基本持平。

其他天气　2016年，雷暴天气日数为23天，

与常年值（22.3天）接近；大雾天气日数为30天，与常年值（26.5天）偏多，空气质量不高；降雪天气日数为4天，较常年值（14.3天）偏少，说明昌邑市冬季气温偏高，且空气较为干燥。2016年，日照总数为2322.2小时，较常年（2301.9小时）偏少20.3小时，基本与常年持平。无霜期为220天，初霜出现日期为2015年10月31日，较常年偏晚，终霜出现日期为2016年4月25日，较常年偏晚。

自然资源

【土地资源】 1995年5月，依据市域地貌类型，农作物生产特点、天然资源条件、经济发展条件及发展方向相对一致等因素，将市域划分为4个农业综合经济发展基地。

北部沿海地区位于莱州湾海湾岸线南侧，市域北部沿海地区，海拔0～3.5米，东起胶莱河，西至虞河，土地面积4.34万公顷，占全市土地总面积的23.9%。区域内有下营镇、种畜场、畜牧场、养虾场、盐场、潍北靶场、空军靶场、潍北农场等，总人口10877人，占全市总人口的1.6%。该地域地势低洼，易受旱、涝、风、碱、潮危害，不宜发展农业生产，但具有丰富的卤水、石油和广阔的潮间带等多种资源优势，开发潜力巨大，应因地制宜发展牧草地，保护现有的粮食生产和棉花生产用地。充分利用当地资源优势，逐步形成原盐生产、盐化工、海水养殖和畜牧业基地。

昌北平洼地区位于沿海滩涂地域以南，咸淡水分界线以北，海拔3.5～6.0米。区域内有东冢、柳疃、双台3乡（镇）和龙池、青乡、卜庄3个镇的大部，总人口167802人，占全市总人口的25.0%。土地面积4.85万公顷，占全市土地总面积26.8%；其中耕地面积2.7万公顷，占该地域土地总面积的55.7%；园地753.33公顷，占1.6%；林地380公顷，占0.8%；居民点及工矿用地0.46万公顷，占9.4%；交通用地0.16万公顷，占3.3%；水域1.16万公顷，占23.9%；未利用土地0.26万公顷，占5.3%。该地域主要平洼地，淡水资源贫乏，地下水矿化度较大，多不宜作农田灌溉用水，大部分区域土壤有轻度盐碱化。可开发的未利用土地面积占全市的26.4%，耕地的后备资源主要分布于该地域。可开发的未利用土地面积占

土地资源

全市26.4%，耕地的后备资源主要分布于该地域。低产田面积占该地域耕地面积的41.8%，中产田占31.3%。工副业基础好，坚持走以工扶农的路子，增加对农业的投入，提高农作物的产量。

昌中平原地区位于市域的中部，北至咸淡水分界线，南至流河乡、石埠镇，海拔6～13米。地势平坦，土层深厚，土壤肥沃。地域内有都昌、南逄、李家埠、夏店、围子、仓街、宋庄、石埠、流河9处乡（镇），342个村，总人口277828人，占全市总人口的41.4%。土地面积4.17万公顷，占全市土地总面积的23.0%；其中耕地面积2.75万公顷，占该地域土地总面积的65.9%；园地0.21万公顷，占5.0%；林地0.09万公顷，占2.1%；居民点及工矿用地0.54万公顷，占12.9%交通用地0.16万公顷，占3.7%；水域0.36万公顷，占8.7%；未利用土地0.07万公顷，占1.7%。该地域地下水丰富，灌溉设施齐全，农业机械化程度、土地集约化经营程度高。高产田面积1.81万公顷，占全市高产田面积的86.0%，占本地域耕地面积的65.6%，是本市的吨粮田，也是粮食、大姜、瓜菜、食用家禽生产发展基地和基本农田保护重点区域。

昌南丘陵地区地处市域南部，海拔13～70米，系鲁东丘陵剥蚀残丘区，为缓岗埠岭，地势西高东低。地域内含有饮马、北孟、岞山、太保庄、丈岭5处乡（镇），253个村，总人口216741人，占全市总人口的32.3%。土地面积4.76万公顷，占全市土地总面积的26.3%；其中耕地面积3.01万公顷，占该地域土地总面积的63.2%；园地0.19万公顷，占4.1%；林地0.06万公顷，占1.3%；居民点及工矿用地0.46万公顷，占9.6%；交通用地0.21万公顷，占4.3%；水域0.72万公顷，占15.1%；未利用土地0.12万公顷，占2.4%。该地域多为土层浅薄，土壤肥力低，地下水资源缺乏，地表水（峡山水库）虽然丰富，但用水费用大，东部及东南部林地面积较少。

【矿产资源】 昌邑市地处沂沭断裂带内，基岩露头极少，几乎全为厚层的第四系覆盖。辖区内矿产资源比较丰富，分布比较集中。已发现石油、天然气、铁、天然卤水、溴、石英、矿泉水、建筑石料等矿产17种，矿床（点）43处，探明储量的矿产9种，保有资源储量24227万吨，约占潍坊市的12%。2016年，有各类矿产企业39家，其中铁矿8家，石英矿2家，溴盐化工企业28家，矿泉水矿1家。从矿产结构上分析，非金属矿种类较多，储量较大，具有明显优势，其中开采的主要有卤水、铁矿石、石英岩等。卤水：主要分布于北部沿海，分三层，开采历史悠久，前景广阔，形成年产盐240万吨，溴9900余吨的能力。铁矿石：主要分布于中部地区，埋藏在地下深层0米～415米，设计年产量445万吨；石英岩：只分布于饮马镇以北的吕山至青龙山一带，矿体厚度大，品位高，结构简单，设计年产量20.5万吨。2016年，完成4个勘查项目，面积8.27平方千米，在年度年检中全部确认为合格。昌邑市史家庄地区金矿普查项目获批复，项目资金160万元，通过潍坊市局野外验收。

【水资源】 昌邑市属于极度缺水地区，人均水资源占有量不足300立方米，是全国人均占有量（2400立方米）的1/8。20世纪80年代，受持续干旱的影响，全市河道断流，地表水几近枯竭，灌溉用水完全停止供给，水资源短缺、用水安全问题非常突出。潍河、胶莱河及其他内河经常断流，地表水面临枯竭，峡山水库蓄水严重不足。2013年—2016年，昌邑市年均降水量439.7毫米，较历年降雨平均水平610.5毫米减少170.8毫米，减少28%。2016年地下水位已经由2005年的-9.39米下降至-28.15米，11年的时间下降18.86米，每年平均下降近1.56米，地下漏斗区已经扩大到429平方千米，接近全市面积的1/4，并且无水补源，海水南侵速度加快，地下水位仍在不断下降。

昌邑市有2处城乡供水水源地均在潍河沿岸，由于河道断流、地下水位严重下降，水源补给量几乎为零，直接影响了境内水源地供水安全，全市58万城乡群众的饮水安全面临严重威胁。2016年，市自来水公司所辖2个水源地的34眼机井，每天保持24小时满负荷运行，但远远不能满足用水需求，北部沿海4镇及经济开发区部分用户出现断流甚至无水现象；昌南水厂水源地，能够使用的15眼机井出水量明显减少，供水也难以保障。为保障城乡居民饮水安全和生态安全，2016年，共调引长江水、黄河水、潍河上游弃水等客水资源1100余万立方米，有效补充全市城乡集中供水水源地水源。

【滩涂开发与建设】

卤水资源管理 卤水是昌邑市特有的矿产资源之一，是支撑盐及盐化工产业的重要保障。进一步加强监管，严格执行“三不一无”（不再建盐田，不再虾池改盐田，不再新上一次提溴机组——制溴后的卤水无空排）政策，杜绝无序开发，防止资源浪费。对企业新打卤水井，实行严格审批并限制在国土资源部门批复的卤水采矿区范围内。执法过程中，一方面加强过程监管，搞好巡查和现场监督，防止出现越界、无证开采等违法行为，如发现问题，严格依法办事；另一方面更新理念，搞好“服务执法”，对企业提出的新打卤水井申请业务实行上门服务并在5个工作日内办理完毕。同时，深入各溴盐企业进行调研，了解企业存在问题和困难，帮企业之所需，助力企业发展。

卤水资源是溴盐业的基础，经过连续多年的集中开采，储量减少，品位降低。为维护溴盐产业的长远利益，根据有关溴盐联产的要求，在冬季、雨季等原盐生产淡季，根据制盐所需提溴卤水的实际情况对溴素生产企业停产限产，防止卤水空排。停产限产期间，采取多种形式，对各制溴企业停产限产情况进行不间断检查，做到令行禁止。仅此项措施，全市每年可节约卤水5000余万立方米。经过多年坚持，卤水资源情况明显优于相邻沿海区域。

基础设施管护 蒲东防潮大坝和潍东大坝全长19.5千米，是该市北部沿海经济综合开发和人民生产、生活的重要屏障。北部沿海屡次遭受特大风暴潮的侵袭，致使防潮大坝及有关设施多处严重受损。2016年，有4次超过警戒水位，每次遭遇风暴潮，昌邑市沿海经济开发综合执法局（简称

• 滩涂开发建设

沿海执法局），立即启动防风暴潮预案，干部职工全员行动，按照分工，各就各位，各司其职，领导干部和党员往往出现在最危险的地段，及时进行应急性抢修，化险为夷，确保大坝安全。平时搞好常态化巡查，对大坝石砌部分的裂缝、塌陷等隐患，及时发现，提前预防，及时排除，花小钱办大事。2016 年 3 月，市沿海执法局投资 8 万余元对大坝出现的裂缝，进行除草、抹缝、堵洞处理，增强了坝体抵御风暴潮的能力。蒲东防潮大坝东坝南段为土石坝，设计标准低。由于长期海潮侵蚀、风化，造成砌体表面多处出现裂缝塌陷，已属危坝。市沿海执法局及时与市海洋与渔业局对接，市海洋与渔业局向省海洋与渔业厅申报胶莱河入海口西岸区域综合整治修复项目，争取了资金，拟对蒲东大坝东坝进行维修加固。项目完工后，将大大提高大坝的防护能力，解除险情。

昌邑市北部滩涂属粉沙淤泥质地质特性，水土极易流失，道路养护难度非常大。市沿海执法局对北部沿海 128 千米主干道路，本着“辖区负责、定员定段、责任到人、统一标准”的原则，进一步细化责任，提升标准，及时对养护情况进行检查、验收、评比。根据道路的实际情况，对部分主干道路进行链轨车平整，节约了道路的用料，增加了道路的平整度。2015 年以后，浩信集团从浦东防潮堤坝后退 5 千米建下营港及临港物流园区建设工程。一期工程蒲东沿海防潮堤建设需运进石料 750 万立方米，给道路维护带来很大的压力，为保证工程的顺利进行，市沿海执法局干部职工靠在一线，加班加点，利用运送石料的间隙，对损坏的道路及时抢修；特别是雨后，大载重量货车对原坝体及路面是严峻考验，采取增加石料、加班随时养护，危旧小石桥加铺钢板等措施，保证道路畅通。2016 年 9 月 27 日，蒲东防潮堤坝顺利合龙。

海水供应　渤海扬水站建于 1987 年，拥有 1 座 35KV 变电站、3 台大型全调节轴流泵等设备，主要任务是为海天生物化工有限公司和有关海水养殖业户供应海水。2016 年 8 月，经检查发现由于海水侵蚀严重，且许多主要部件已超出安全使用年限，随时出现故障隐患。扬水站一旦停止运转，海天生物化工必然全面停产，广大海水养殖业户也必将遭受巨大损失。市沿海执法局与相关企业进行沟通，利用海天生物化工有限公司车间维修 1 周的间隙，克服时间紧，任务重，资金缺，技术人员不足等困难，聘请全国高水平维修队伍加班加点进行抢修，先后安装总进水闸门，维修进水闸门，达到单台机组随时检修而不影响其他机组的正常运行的目的；对三号机组进行大修，使停止运行 8 年的三号机组恢复正常运行；更换 35 千伏高压进线，对站内主要用电设备进行电气试验，消除安全隐患；更换励磁柜，更换一号机组外壳和转轮体等。2016 年，渤海扬水站安全运行 905 泵时，提水 7642 万立立方米，无重大和责任事故发生，全力服务于沿海经济的发展。

【陆生动物资源】

鸟类　昌邑市野鸟有 16 个目，44 个科，近 200 种。其代表种主要有白鹳、白鹭、草鹭、大麻鸟、黄斑苇鸟、大天鹅、白额雁、鸿雁、普通秋沙鸭、斑嘴鸭、琵嘴鸭、绿头鸭、红脚隼、黄爪隼、苍鹰、普通鵟、鹌鹑、大鸨、黄脚三趾鹑、红骨顶、白骨顶、白鹤、灰鹤、普通燕鸻、灰燕鸻、小杓鹬、斑尾塍鹬、灰鹬、草鹬、泽鹬、红脚鹬、小青脚鹬、乌脚滨鹬、大沙锥、针尾沙锥、长脚鹬、凤头麦鸡、矩翅麦鸡、金斑鸻、白领鸻、金眶鸻、普通燕鸥、红嘴鸥、黑尾鸥、山斑鸠、火斑鸠、大杜鹃、四声杜鹃、长耳鸮、短耳鸮、斑头鸺鹠、普通夜鹰、雨燕、翠鸟、戴胜、三宝鸟、大斑啄木鸟、绿啄木鸟、蚁䴕、小鹏鹛、凤头鹏鹛、云雀、凤头百灵、家燕、金腰燕、树鹨、田鹨、黄鹡鸰、白鹡鸰、小灰山椒鸟、虎纹伯劳、灰伯劳、黑枕黄鹂、黑卷尾、椋鸟、家鸦、大嘴乌鸦、花喜鹊、灰喜鹊、蓝矶鸫、红尾鸫、灰背鸫、红点颏、蓝点颏、大苇莺、芦莺、黄眉柳莺、寿带鸟、大山雀、红胁绣眼鸟、树麻雀、锡嘴雀、黑尾蜡嘴雀、金翅雀、黄雀、三道眉草鵐、燕雀等。1986 年以后，日本鹦鹉、七彩山鸡等珍稀鸟类亦有养殖。

白腰杓鹬

兽类　有草兔、家蝠、家鼠、麝鼹、大仓鼠、黄鼬、豹猫、狗獾、小家鼠、黑线姬鼠、艾虎、普通刺猬等。1986 年以后，蓝狐、江龟、变色龙等稀有动物亦有饲养。

两栖、爬行类　有壁虎、丽斑麻蜥、赤练蛇、白条锦蛇、黄脊游蛇、虎斑游蛇、黑斑蛙、金线蛙、大蟾蜍、北方狭口蛙、中华鳖（甲鱼、团鱼、王八）等。蛇系无毒蛇。

昆虫类　有野蜜蜂、螳螂、蝗虫、蟋蟀、蝉、蝈蝈、蝴蝶、蚕、土元、赤眼蜂、七星瓢虫、异色瓢虫、中华草蛉、丽草蛉、叶色草蛉、大草蛉、大灰食蚜蝇、黑带食蚜蝇、日本追寄蝇、天牛肿腿蜂、上海青蜂、陆马蜂、茶翅蝽等。

【水生动物资源】

鱼类　浅海地方性鱼类 70 多种，主要有刺虾虎鱼、梭鱼、鲻鱼、鲈鱼、鲅鱼、鲳鱼、青鳞鱼、鲚鱼、蛇鲻、鲫鱼、梅童鱼、红娘鱼、鲬鱼、条园豚、带鱼、香梭、小黄鱼、黄姑鱼、白姑鱼等。其中黄姑鱼、白姑鱼、鲈鱼、鲳鱼、毛口鱼、青鳞鱼、鲚鱼、蛇鲻、梅童鱼、红娘鱼、鲬鱼、鳎类、鲆鲽类等鱼类资源已严重衰减，1995 年以后带鱼、小黄鱼、大银鱼等已基本绝迹，在近岸浅海及河口附近偶有江豚出现。淡水鱼类共有 33 种，分属 9 个科，鲤科从种类到数量都是最多的。鲤科：鲫鱼、鲤鱼、草鱼（草鲤）、黑龙江马口鱼（马口浮鱼）、赤眼鳟（闯鱼）、逆鱼（青林子）、鲢鱼（白鲢）、鳙鱼（胖头）、麦穗鱼、沙捶棒花鱼（沙里趴）、翘嘴红鲌（翘嘴鲢子）等。鲶科：鲶鱼。鮠科：黄颡鱼（嘎雅）、餐条（浮梢）。脂鲤科：短盖巨脂鲤（淡水鲳鱼）。鲡鱼科：尼罗罗非鱼。鳅科：花鳅、泥鳅。鳗鲡科：鳗鲡。鳢科：乌鳢（黑鱼）。虾虎鱼科：吻虾虎鱼（光鱼）。养殖鱼类主要品种有鲤鱼、鲢鱼、鳙鱼、草鱼、鲶鱼、乌鳢、短盖巨脂鲤、尼罗罗非鱼及中华鳖。

虾蟹类　共有 50 多种，主要品种有对虾、背腹褐虾、脊尾白虾、山虾姑、三疣梭子蟹等。

贝类　主要有毛蚶，自 2000 年以后产量较少。牡蛎 1990 年以后极少见。

海蜇　海蜇资源年份波动较大，产量高低悬殊。

浮游类　淡水浮游动物大约有 63 种，其中挠足类 10 属 11 种，枝角类 11 属 15 种，轮虫类 20 属 29 种，原生动物类 8 属 8 种。浮游动物中以原生动物数量最多，其次是技角类。

底栖类　淡水底栖动物共有 40 种，分为腔肠动物门、软体动物门、环节动物门、节肢动物门 4 个门 9 个目 18 个科。有经济价值的种类有环棱螺、椎实螺、扁卷螺旋螺、杜氏蚌、卵形蚌、湖蚌、黄蚬、秀丽白虾、日本沼虾、锯齿溪蟹、绒螯蟹等。

【陆生植物资源】

木本植物　有51个科，90个属，167种。代表树种有梨、苹果、李、花楸、木瓜、合欢、紫荆、皂角、国槐、刺槐、棉槐、紫藤、花椒、臭椿、苦楝、香椿、黄杨、黄栌、火炬树、构骨、卫茅、复叶槭、七叶树、栾树、文冠果、枣、葡萄、木槿、青桐、沙棘、紫薇、石榴、常青藤、灯台树、柿树、毛白腊、连翘、丁香、女贞、楸叶桐、楸树、凌霄、接骨木、金银花、淡竹、银杏、冷杉、雪松、黑松、水杉、侧柏、蜀桧、毛白杨、黑杨、旱柳、枫杨、核桃、白榆、桑树、构树、无花果、白玉兰、鹅掌楸、腊梅、杜仲、悬铃木、杞柳、腊条、黄荆、枸橘、枸杞、小叶朴（黑弹树）、柽柳、柘树、山里红、酸枣、棠梨等。

草本植物　农作物有小麦、玉米、大豆、高粱、谷子、花生、地瓜、水稻、芝麻、棉花等。瓜菜主要有西瓜、甜瓜、冬瓜、南瓜、西葫芦、丝瓜、黄瓜、葫芦、白菜、菠菜、胡萝卜、水萝卜、青萝卜、茄子、辣椒、葱、蒜、茼蒿、大头菜、芹菜、香菜、韭菜、西红柿、花菜、芥菜、油菜、莴苣、土豆、大姜、小茴香、空心菜、芸豆、扁豆等。野草以碱蓬、黄须菜、苜蓿、甜地丁、蒲、苇、芦、马绊草、结缕草、马鞭草、狗尾草、牛金草、白茅、水稗、三棱、罗布麻、白蒺藜、马磨、履草、马齿苋、旋覆花、大蓟、苦菜、荠菜、麦蒿为多。另有野生绿豆、小麦、野生大豆、高粱已基本绝迹。

药用植物　昌邑引种、野生的中草药材有79个科160余种。代表种有大姜、土贝母、冬瓜子、山药、紫苏、益母草、防风、小茴香、白芍、丹皮、白茅根、玉米须、芦根、半夏、苡米、白头翁、地榆、木瓜、苦杏仁、桃仁、百合、麦冬、远志、萱草、芦荟、苍耳、百部草、银杏、茵陈、艾、白菊花、花椒、枸杞子、柏子仁、柿蒂、黑白丑、鸡冠子、霜桑叶、梧桐子、白蒺藜、白屈菜、马齿苋、苦楝子、板蓝根、莱菔子、茜草、香附、党参、大皂角、槐米、合欢花、藕节、大枣、酸枣仁、马兜铃、马蔺子、女贞子、车前子、凤眼草、猫眼草、石榴、瓦松、老鹳草、扁蓄、苦丁茶、丁香、金银花、凌霄、杜仲、柽柳、海藻等。

观赏植物　昌邑境内现有花卉61个科，180余种。代表种有半枝莲、菊花、大丽花、凤仙花、木槿、扶桑、牵牛、合欢、紫茉莉、枸杞、夜来香、紫藤、结香、美女樱、樱花、冬珊瑚、含羞草、紫荆、金莲花、中华石竹、虞美人、兰草、剑兰、芍药、牡丹、天竺葵、金橘、代代花、四季海棠、吊钟海棠、鸭跖草、百合、文竹、萱草、吊兰、一叶兰、水仙、君子兰、蝴蝶兰、美人蕉、荷花、蟹爪兰、昙花、苏铁、南天竹、罗汉松、无花果、白玉兰、紫玉兰、广玉兰、腊梅、鸡冠花、景天、月季、玫瑰、贴梗海棠、华北珍珠梅、米兰、黄杨、月季、石榴、杜鹃花、仙客来、茉莉、桂花、丁香、连翘、夹竹桃、一串红、凌霄、紫藤、金银花、马蹄莲、珠兰、散尾葵、龙舌兰、芦荟、紫薇、一品红、文冠果、山茶花、旱伞草、节蓼、棕竹、水葫芦等。

【淡水浮游植物资源】　昌邑市淡水水域的浮游植物种类比较丰富，已鉴别出来的有85种隶属7个门69个属，其中：金藻门15属30种，裸藻门4属4种，绿藻门29属29种，蓝藻门11属12种。1995年—2005年，因水质污染，天气较干旱，浮游植物数量锐减，部分种类已经绝迹，只有绿藻习见。在浮游植物中绿藻的种类、数量占绝对优势。

【滩涂生物资源】　滩涂生物资源共有各种生物140多种，大体可分为双壳类、单壳类、甲壳类、多毛类、鱼类等11类。其中双壳类20多种，多是重要的经济贝类，如文蛤、青蛤、四角蛤、毛蚶、长竹蛏、缢蛏、菲律宾蛤等，也有日本镜蛤、饼干镜蛤、蓝蛤、渤海鸭嘴蛤、寻氏肌蛤等低值贝类。单壳类10多种，主要以托氏鲳螺和肉食性螺类为主，如红螺、扁玉螺、习见织纹螺等。甲壳类约50多种，有中华绒螯蟹、宽身大眼蟹、伍氏厚蟹等可供食用的蟹类，也有经济价值不高的豆型拳蟹、隆线拳蟹等种类。多毛类约30种，比较常见的有多齿围沙蚕、短角围沙蚕、双齿围沙蚕和巢沙蚕等。鱼类主要有虾虎鱼、梭鱼、鲻鱼、颚针鱼、鳎类、鲆鲽类等20余种。

浮游植物　浮游植物种类较多，已鉴定的有85种。以近岸广盐种为主。优势种有骨条藻、大西洋尖菱形藻、日本星杆藻和布氏双尾藻等。

浮游动物　浮游动物约34种，主要物种有权刺纺锤水蚤、太平洋纺锤水蚤、中华蜇水蚤、瘦尾胸刺水蚤、汤氏长足水蚤、双刺唇角水蚤、真刺唇角水蚤、钳形歪水蚤、刺尾歪水蚤、小拟哲水蚤、近缘大眼水蚤、强壮箭虫、夜光虫、挠足类幼虫、多毛类幼虫、长尾类幼虫、短尾类幼虫、海蛇尾长腕幼虫、瓣鳃类后期幼虫等。

底栖植物　浅海底质主要是沙泥质，故而大型藻类种类较少。主要以高等种子植物眼子科的大叶藻为主。有藻类25类，其中绿藻5种，褐藻6种，红藻14种。

底栖动物　底栖动物约83种，主要是软体动物和多毛类。

政区 人口 民族

【行政区划】 2016年，昌邑市辖奎聚、都昌、围子3个街道；龙池、柳疃、卜庄、饮马、北孟、下营6个镇，下辖691个行政村（居）。

昌邑市各街道、镇所辖行政村（社区）、自然村一览表

表一1

街道、镇数量	自然村名称	自然村数量	行政村、（社区）
奎聚街道	薛家园子、徐家辛庄、郤家辛庄、石湾店、蔺家庄、黄家辛庄、杨家洼、孙家岔河、郭家岔河、高家岔河、沟北崖、沟南崖、虫埠、东逄翟、吴家辛庄、张家辛庄、吴南庄、草庵、李家埠、小逄翟、张家村、大泊子、夏家郚水、宫家郚水、孙家道照、刘家道照、徐家郚水、刘家庄、西逄泽、陶埠、南郚亭、十字路、花园、东王家庄、初曲、建设、黑埠、石臼、单家、东店、五里、南隅、于范城后、郝家城后、王葛山下、董家城后、东隅、东关、西关、铁匠营、关龙、西台、中台、上台、于家山下、南庄头、中庄头、北庄头、辛置	59	60
都昌街道	岞埠、中裴庄、南裴庄、北裴庄、家庄、徐林庄、东侯富庄、中侯富庄、西侯富庄、远东庄、博乐埠、东永安、西永安、渔洞埠、肖家埠、渔埠、北兴福、南兴福、长流埠、角埠、申明亭、南候章、高候章、王候章、双台、南双台、西化埠、东化埠、巡保、太保、前伍塔、中伍塔、后伍塔、陈家洼子、史家洼子、西辛庄、前南逄、单家埠、王家埠、乖场、榆林、白玉村、孟家洼、南马埠、中马埠、北马埠、宋家楼、张固、马芝、两埠、豹埠营、西马埠、蒋家庄、王耨、长埠、前埠、后埠、南褚庄、东褚庄、北褚庄、南吴家庙、东大营、西大营、徐家北逄、刘家北逄、高家北逄、南逄、刘埠、高家道照、亭子、王家北逄、韩家屯、西安家埠、东安家埠、大埠、南店、山前、马家村、黄家辛戈、刘家辛戈、傅徐城后	81	82

续表一1

街道、镇数量	自然村名称	自然村数量	行政村、（社区）
围子街道	东王、赵家、崔家庄、古河、东堤、郭家道口、侯家坡、密埠店、西辛、东辛、簸箕掌、唐家、韩家、陈家、李家、苏家郚、郭家郚、徐家郚、明家郚、姚家郚、北于郚、曲家郚、马家郚、李才、官道郚、西郚、杨家郚、北朱家寨、南朱家寨、刘家寨、太平、郭家店、辛立庄、陈家庄、周家、姜家庄、韩家庄、南苏、仓街、永兴庄、逄家庄、东邵、祝家、孟家、辛隅、张家庄、苑家庄、杨家庄、马家、广营、古城里、六股路、邢家庄、田家、董家、西王、密城、营斜、戚斜、后斜、孙斜、北金家口、南金家口、南姜村、大姜村、军屯、北陶埠、前陶埠、大太保、二甲、永富庄、马连岔、张家湾、西刘家巷、韩家巷、西丁庄、东丁庄、四甲、南宫、葛达子、义气镇、张董、董家隅庄、王家隅庄、凤凰庄、新立庄、谢韩庄、天成店、天保庄、围子、瓦屋、三大章、于家郚、聂家庄、西冯家庄、东冯家庄、邹家庄、刘家巷、夏家、南营、辛赵、王珂、王珂西荒、西小章、小章西荒、西黄埠、东黄埠、辛富店、东王家庄子、小官庄、大官庄、乔家、戚家、辛城、葛家、搭连营、大章、二大章、东小章、东张庄、西张庄、梁张庄、周家郚、梁家郚、羊山子、西岭、赵家庄子、宋庄	128	127
柳疃镇	太平庄、东申明亭、郭家庄、西营、马家庄、道岔、潮海、刘家井、张家车道、刘家车道、柳疃、常家庄、前梁家庄、李家庙子、南范家庄、西傅、南西高、东高家庄、东傅、北刘家庄、邓家庄、太平集、七甲、徐家圈、新宅子、后大兴、明家圈、渔尔堡、辛安庄、横地、南五甲、青阜、东二甲、西二甲、北五甲、灶户、谭家庄、老官村、青乡、大辛庄、北高、北范、史家庄、玉皇庙、门八街、北孙家庄、西赵家庄、曹家庄、老官庄、后官庄、前官庄、北西高、前阎车道、中阎车道、北阎车道、孙家河滩、院头、河崖、久丰屯、金家庄、郭家车道、姜家寨、长胡同、小长胡同、阎家庵、北徐家庄、三官庙、傅戈庄、姜家堤子、高隆盛、西陈、东陈、吴家庙	73	72
龙池镇	东利渔、瓦城、姚瓦街、西邓家庄、徐家村、沙岭子、王家庄子、魏西、龙池、北白塔、南白塔、齐西、二甲庄、龙东、郭疃、岱邱、马渠、王范庄、泊子、石桥、油坊、楼子、孙家庄、果园、营子埠	25	27
	站里、卜庄、王卢、营子、新胜、前卢家、小卢家、韩家店、东赵、姚家、东马家、白衣庙、金良、金山、新张、郑家坡、小阎家、大阎家、北窑湾、大王家、东任家、铁匠王家、孙家、南任、北任家、姜家、峰台、柳家、大陆、永合、刘庄、小高家庄、毛家寨、前王家楼、后王家楼、三教堂、肖家营、吕家庄、夏店、北王家庄、尹家庄、湾崖、李家泊、东董、东冢、集东、小窑、大窑、东辛庄、庄珂、东石桥、马疃、中石桥、岳家庄、西石桥、大李家庄、西董、姜泊、张戈庄、义气村、铁匠庄、西河南、大河南、大河北、抚安镇、张刘芦、		

续表一1

街道、镇数量	自然村名称	自然村数量	行政村、（社区）
卜庄镇	六甲、八甲、李家抚安、赵家庄、王家扶宁、于家扶宁、韩家扶宁、广刘、北张、半截道、李家扶宁、三义村、郝家庄、西河沟、东河沟、西马疃、南泊、北泊、韩家桥、东高戈庄、西高戈庄、后河滩、岔河、中河滩、前河滩、夏家庄、徐家庄、西王家庄、西峰台、东峰台、小院头、庙头	98	95
饮马镇	肖家庄子、裴家庄子、伊家庄子、宋家屯、史家屯、郝家屯、戴家屯、南孙家庄、李家庄、谢家庄、后谢家营、前谢家营、东南元家、卢元、旗杆元家、松树元家、刘家屯、初家营、贾家庄、王家埠、三宝庄、库户庄、流河、董家流河、陈家流河、于家流河、明家庄、红卫村、董家庄、沟流、吴家庄、教书庄、崇德屯、满家屯、后马兰屯、前马兰屯、杨家桥、西郭家子、小西郭家庄子、东郭家庄子、西金台、肖王、林家埠、西吴家、东金台、王家庄、田家庄、前柳杭、后柳杭、西孙家薛庄、西刘家薛庄、张家薛庄、东刘家薛庄、戴家薛庄、小戴家薛庄、董家薛庄、石埠、傅家庄、葛庄、前史家庄、埠头、晴埠、南斜、杨家庄子、初家庄、新安庄、长太屯、鳌头埠、窑湾、山阳、山阴、顾仙、兴会庄子、后赶仙庄、前赶仙庄、吴沟、孟家庄、饮马、左家营子、田家庄子、徐家庙子、曹家庄子、杨家楼、常家屯、杨家屯、大张家屯、王家屯、八里庄子、孟家庄子、张家庄子、石家庄子、丰乐屯、佟家营子、大岭、大谢家庄、小营	96	101
北孟镇	大庄、高阳、范家邱、麻姑庄、平正屯、许家屯、黑埠头、苗家上疃、马家上疃、初家上疃、郭家上疃、孙家上疃、周家庄、韩家高阳、东石门、毛家屯、李家井、岳家官庄、岳家屯、东齐家屯、前陈家庄、朱甫、山东、山西、塔耳堡、金李埠、南麻湾、北麻湾、东麻湾、薛家庄、老匙沟、方和屯、石牛庙、上河头、朱阳、凤凰屯、凰瑞埠、高家屯、田戈庄、孙家营子、西祝仙屯、东祝仙屯、池子、朱家屯、前李家庄子、后李家庄子、高家庄子、范家屋子、宋家屋子、温家屋子、胡家屋子、后朱家庄子、前朱家庄子、朱家村、杜家村、卢家村、北孟、王家村、朱家巷子、马家庙子、小望仙庄、大望仙庄、葛家七沟、后周家七沟、前周家七沟、金戈庄、曲家七沟、朱家七沟、小南孟、大南孟、曹戈庄、侯家屯、李戈庄、千戈庄、西官庄、东官庄、常兴屯、黄家庄、西角兰、东角兰、九龙屯、前李家埠、魏马、郑家庄、西李家崖子、太平村、上坡、后刘家营子、前刘家营子、中李家营子、后李家营子、前李家营子	92	92
下营镇	大韩家、廒里、北张家庄、郇家、辛庄、小韩家、小刘家、常家、军营、小姜家庄、北赵家、纪家、高家、杨家、北王家、海眼、胡家道口、张家寨、冯家、沟崖、王家庙、后柳、前柳、小院、大院、火道、滩子、北二甲、同泰庄、梁家庄、东辛店、李家圈、刘家圈、大江、裴家、吕家、下营、曹家店、三甲、孙家庄	40	35
合计		692	691

【建置沿革】 昌邑历史悠久。据北孟千戈庄村出土的黑陶片鉴定，属龙山文化。大约4000多年前就有人类聚居。据考证，秦行郡县制，都昌称县，属胶东郡。随后，其建制变化极大，境域范围无一定数。至宋建隆三年（962）定名昌邑县，历经千余年，隶属几经变易。中华人民共和国成立后，昌邑县属山东省潍坊专区，1986年属山东省潍坊市。

1994年6月10日，经国务院批准，民政部和山东省人民政府分别以民行批〔1994〕92号和鲁证字〔1994〕105号文批复撤销昌邑县，设立昌邑市（县级）。昌邑市属省直辖，由潍坊市代管。7月18日正式以昌邑市名义对外办公。

【人口】 截至2016年12月31日，全市常住人口61.64万人。户籍人口586394人，比上年增加1685人，其中，男性291865人，女性294529人，性别比为99.10。全市共有17岁以下96471人，占总人口的16.45%；18～34岁121399人，占总人口的20.70%；35～59岁227822人，占总人口的38.85%；60岁以上140702人，占总人口的23.99%。全市总户数189101户，平均每户3.10人。全市城镇人口243997人，占总人口的41.61%。

全市户籍人口共出生7123人，其中，男性3693人，女性3430人，出生婴儿性别比为107.67，出生率为12.16‰。共死亡4574人，其中，男性2481人，女性2093人，死亡性别比118.54，死亡率7.81‰。全市自然增长2549人，自然增长率4.35‰。

全市户籍人口共迁入1074人，其中，省内迁入563人，占迁入人口的52.42%；省外迁入511人，占迁入人口的47.58%。共迁出2036人，其中，迁往省内1147人，占迁出人口的56.33%；迁往省外889人，占迁出人口的43.66%。2016年度，机械变动净减额962人，机械增长率为-1.64‰。

【民族】 2016年12月，全市共有民族30个，其中有苗族、哈尼族等29个少数民族，户籍人口为668人，居住在本市超过30人的少数民族有苗族、哈尼族、蒙古族、彝族、朝鲜族和回族等6个民族。少数民族人口较为集中在城区，其中都昌、奎聚街道和柳疃镇均超过100人。

经济和社会发展

【综述】 2016年，在市委、市政府的坚强领导下，昌邑市认真贯彻中共十八大和十八届三中、四中、五中、六中全会精神，深入学习贯彻习近平总书记系列重要讲话精神，认真贯彻落实市委、市政府各项决策部署，牢固树立和贯彻新发展理念，坚持稳中求进工作总基调，积极适应引领经济发展新常态，着力推进供给侧结构性改革，全市经济总体运行平稳，转型升级步伐加快，民生保障持续加强，社会事业全面发展，生态环境继续改善，现代化幸福昌邑建设迈出坚实步伐，实现了“十三五”规划良好开局。

实力提高，产业优化 面对复杂多变的内外环境，昌邑市主动适应经济发展新常态，顺应供给侧结构性改革趋势，加快产业转型升级，综合实力得到较好较快发展。2016年，全市实现地区生产总值399.5亿元，同比增长7.9%（按可比价计算，下同）。按常住人口计算，人均地区生产总值达到64832元，增长7.5%。第一产业增加值36.95亿元，增长5.6%；第二产业增加值202.55亿元，增长7.7%；第三产业增加值160亿元，增长8.7%。三次产业构成比例达到9.2∶50.7∶40.1，第一产业比重比上年下降0.1个百分点，第二产业比重比上年下降1.9个百分点，第三产业比重比上年提高2个百分点，三产比例进一步提升，产业结构不断优化。全市公共财政预算收入占GDP比重达到7.5%，比上年提高0.2个百分点。

2016年，非公有制（民营）经济构成面进一步扩大，全市民营经济单位3.74万户，增长18.1%；从业人员达到18.51万人，增长9.5%；注册资本247.48亿元，增长29.7%；纳税额20.89亿元。其中，私营企业5718户，增长22.2%；注册资本192.21亿元，增长32.8%；纳税额7.33亿元，增长17.8%。个体工商户3.05万户，增长17.7%；注册资本34.35亿元，增长19.8%；纳税额0.88亿元。农民专业合作社1212户，增长9.6%；出资总额20.92亿元，增长20.1%。

保持农业生产稳定　全市农业保持稳定增长，完成农林牧渔业总产值79.8亿元，增长4.7%（按可比价计算，下同）。其中，农业产值39.01亿元，增长3.0%；林业产值0.69亿元，增长2.2%；牧业产值22.4亿元，增长6.0%；渔业产值11.82亿元，增长5.3%；农林牧渔服务业产值5.87亿元，增长11.5%。内部结构进一步得到优化调整。全市粮食播种面积7.97万公顷，产量50万吨。实施农田水利、高标准农田等基础设施建设，大力开展高产创建，农业标准化基地发展到2.4万公顷，拥有龙头企业124家、农产品品牌126个。不断提升农业生产机械化水平，农机总动力达93.6万千瓦，农机原值达13.58亿元。

新型工业发展　全市共有规模以上工业企业280家，实现主营业务收入1005.39亿元，增长6.3%；实现利润总额59.69亿元，增长12.7%；实现利税总额85.76亿元，增长10.7%。工业整体效益发展稳定。以石油化工、盐及盐化工、纺织印染、机械制造、食品加工为主五大传统优势产业实现主营业务收入944.54亿元，增长6.1%，占全部规模以上工业主营业务收入的93.9%。其中，石油化工业实现主营业务收入295.93亿元；盐及盐化工业实现主营业务收入208.69亿元；纺织服装业实现主营业务收入243.98亿元；机械制造业实现主营业务收入127.22亿元；食品加工业实现主营业务收入68.72亿元。新型工业化加快推进，全市以五大传统优势产业为依托，加快发展新能源、节能环保、新材料、新医药、高端装备制造五大战略性新兴产业，不断进行产业升级，逐步进行高新技术改造，全市规模以上高新技术产业总产值达248.4亿元，增长1.2%。规模以上高新技术产业产值占工业总产值的比重达25.57%。

增长投资，改善城乡面貌　全市完成固定资产投资保持稳定增长，完成380.11亿元，增长13.5%。其中，第一产业完成固定资产投资11.56亿元，增长1.6%；第二产业完成固定资产投资242.61亿元，增长14.1%；第三产业完成固定资产投资125.94亿元，增长13.6%。计划投资过亿元项目100个，完成投资216.23亿元。

加快智慧城市建设，全面推进小城镇布局改造，年内完成小城镇建设投资14.22亿元，城市基础设施惠及面积达到60平方千米。全市城镇化率达到50.36%，较2015年提高1.9个百分点。

贸易市场开放繁荣　消费市场保持活跃，全市实现社会消费品零售总额181.06亿元，增长11.6%。实现限额以上社会消费品零售额38.25亿元，增长11.2%。其中，实现住宿和餐饮业零售额2.2亿元，增长8.3%；实现批发和零售业零售额36.05亿元，增长10.2%。实现限额以上社会消费品销售额73亿元，增长9.2%。实现电子商务交易额147亿元。全市实现进出口总额55.94亿元。其中，实现进口15.36亿元；实现出口40.58亿元。全市实际到账外资18613万元；合同利用外资额12.1亿元，增长119.5%。境外实际投资额125万美元。

财税金融增长稳定，社会财富继续增加　全市财政总收入实现47.98亿元，增长4.6%。其中，一般公共预算收入29.91亿元，增长5.8%。一般公共预算支出36.64亿元。其中，一般公共服务支出2.73亿元；公共安全支出1.71亿元；教育支出8.6亿元；社会保障和就业支出4.28亿元；医疗卫生与计划生育支出3.53亿元；农林水支出

4.38 亿元。实现税收收入 40 亿元。其中，国税收入24.02亿元，增长10.7%；地税收入15.99亿元。第二产业实现税收 31.77 亿元，增长 4.7%；第三产业实现税收 8.22 亿元。第三产业税收占总税收的比重为 20.6%。全市金融机构本外币各项存款余额 404.6 亿元，比年初增加 45.5 亿元，增长 12.7%。其中，住户存款余额 288.6 亿元，比年初增加 21.6 亿元，增长 8.1%。贷款余额 216.9 亿元，比年初减少 9.3 亿元。

人民生活水平显著提高　科技创新能力不断提升，全市共有国家火炬计划重点高新技术企业 1 家，国家备案高新技术企业 13 家。知识产权工作成绩显著，全市完成专利申请 596 项，获专利授权 304 项。教育事业快速发展，累计投资 1.6 亿元，完成 9 处学校项目建设。“全面二孩”政策有序实施，年内人口自然增长率控制在 5.86‰以内。就业形势稳定，新增就业 6805 人，新增农村劳动力转移就业 7860 人，城镇登记失业率控制在 2.26%。社会保障体系逐步完善，农村低保提高到每人每年 3700 元，城市低保提高到每人每月 500 元。成立市演艺中心，承办“十艺节”部分展演节目，图书馆、文化馆通过国家一级馆验收，公共文化服务体系日益完善。承办全国中学生排球联赛等重要赛事 11 项，被评为全省群众体育先进单位。全市居民人均可支配收入 23171 元，增长8.7%。其中，城镇居民人均可支配收入31168元，增长 8.1%；农村居民人均可支配收入 16304 元，增长 8.1%。

2016 年昌邑市经济社会发展主要指标一览表

表—2

指标名称	单位	2016 年
土地面积	平方千米	1627.5
镇街区数	个	10
行政村（居委会）数	个	691
城镇化率	%	50.36
人口自然增长率	‰	5.86
地区生产总值（当年价格）	亿元	399.5
第一产业	亿元	36.95
第二产业	亿元	202.55
第三产业	亿元	160
三次产业构成		
第一产业	%	9.2
第二产业	%	50.7
第三产业	%	40.1
地区生产总值增长率	%	7.9
农林牧渔业产值（当年价）	万元	797954
粮食总产量	吨	500000

续表一2

指标名称	单位	2016年
其中：小麦总产	吨	269500
秋粮总产	吨	230500
工业总产值（当年价）	万元	10688901
规模以上工业产值	万元	9692401
规模以上工业企业单位数	个	278
规模以上工业主营业务收入	万元	10081709
规模以上工业利润总额	万元	598966
规模以上工业利税总额	万元	852777
固定资产投资（500万元以上）	万元	3801062
其中：房地产开发投资	万元	98412
社会消费品零售总额	万元	1810596
限额以上社会消费品零售总额	万元	382543
限额以上社会消费品销售总额	万元	729967
进出口总额	万元	559417
出口总额	万元	405840
进口总额	万元	153577
实际到账外资	万元	18613
财政总收入	万元	479751
一般公共预算收入	万元	299085
一般公共财算支出	万元	366415
税　　收	万元	400024
其中：国　税	万元	240159
地　税	万元	159865
第二产业税收收入	万元	317659
第三产业税收收入	万元	82205
年末金融机构本外币各项存款余额	万元	4045870
其中：住户存款本外币余额	万元	2886092
年末金融机构本外币各项贷款余额	万元	2169259
居民人均可支配收入	元	23171
城镇居民人均可支配收入	元	31168

续表—2

指标名称	单位	2016年
农村居民人均可支配收入	元	16304
公路总里程	公里	1986
全社会用电量	万千瓦时	393012
工业用电量	万千瓦时	305611

说明：地区生产总值及三次产业增加值增长幅度均按可比价格计算；
粮食产量为对地调查数据；
贸易采用2016年12月月报数据。

精神文明建设

2016年，昌邑市精神文明建设办公室紧扣人民群众对精神文明建设的新需求新期待，以培育和践行社会主义核心价值观为根本任务，以创建全国文明城市为总目标，切实抓好选树道德模范、文明宣传、志愿服务等重点工作，努力使核心价值观落细、落小、落实，内化于心，外化于行，进一步提升了市民文明素质和城市文明程度。

【强化典型选树】

做好道德典型选树推广工作，不断提升道德的感召力　为引导广大干部群众学习典型、崇尚典型、争当典型，大力挖掘宣传群众看得见、摸得着、学得到的“平民英雄”。组织开展“昌邑道德模范”及“昌邑好人”评选活动，每年评选道德模范15名，每月评选5名“昌邑好人”，并从中评选2名作为好人之星，在电视、报纸开辟专栏宣传报道。成立以道德模范、身边好人为主的道德宣讲团，深入各市直单位、村居（社区）、学校及企业开展巡讲活动、座谈会136场，参与群众3.5万余人。

做好道德典型帮扶礼遇工作，不断营造见贤思齐的影响力　为充分体现全社会对道德模范的尊敬和关爱，进一步弘扬社会正气，营造人人学习、关心、争当道德模范的良好氛围，建立了帮扶和礼遇道德模范的长效机制，动员各部门单位每年为好人之星提供免费看报纸、免费体检、免费游园等多项奖励，着力解决道德模范工作、生活、学习上的困难和精神上的需要，从而形成凡人善举汇江入海的良好氛围，使“好人有好报、好人得实惠、好人受尊重”的价值导向深入人心。

抓好善行义举四德榜建设工作，不断增强公民道德建设带动力　围绕人民群众创建幸福和谐家庭的新愿景，与“美德山东、诚信齐鲁”主题教育实践活动紧密结合，在全市范围内深入实施以“爱德、诚德、孝德、仁德”为主要内容的“四德”工程，把建好用好善行义举四德榜作为推进社会主义核心价值观和公民道德建设的重要载体，在全市村居（社区）、机关、企事业单位、学校和各级文明单位广泛建立善行义举四德榜，弘扬凡人善举，营造崇德向善的浓厚社会氛围。全市690个村居（社区）全部建成四德榜，覆盖率达100%；机关、企事业单位、学校覆盖率达80%以上，张榜公示各类模范人物10万余人。

【活化宣传形式】

加强户外阵地建设　结合创建全国文明城市工作，组织宣传队伍进农村、进社区、进学校、进企业、进机关、进家庭的“六进”活动，印制社会主义核心价值观宣传海报3.3万余份，在各村（社区）、学校、机关、企业广泛张贴，入户发放昌邑市市民公约、创建全国文明城市宣传折页36万份。在主城区、城市主干道共设置“图说我的价值观”以及“讲文明树新风”“关爱未成年人”公益广告7400余块，实现了城区建筑工地围挡、商业门头LED电子屏幕、出租车、公交车等公共区域设施公益广告100%全覆盖。结合山东省乡村文明行动工作，在广大农村绘制公益文化墙9000多处，建设社会主义核心价值观主题公园15处，利用各村居的农村文化大院，开展电影免费放映，指导组织群众自编自演文艺节目，在丰富农村群众业余生活的同时，以群众喜闻乐见的方式宣传核心价值观，惠及群众46万人次。

巩固传统媒体宣传　组织电台、电视台、报纸等新闻媒体拿出黄金时段、重要版面做好公益广告刊播，设专栏、专题、讲座、曝光台等，积极宣传社会主义核心价值观的重要意义和涌现出的文明典型，对一些不文明现象给予曝光。在节日、纪念日前后等时间节点，各类媒体设专题专栏，将传统节日、爱国主义教育纪念日与社会主义核心价值观相结合，以直观视听的效果引发群众对价值观思考及践行。

引导新型媒体发展　在2015年，建立了昌邑市精神文明建设宣传网站，加盟了中国文明网的基础上继续开设文明创建、美丽乡村、道德模范、志愿服务等主题宣传板块，实时更新精神文明建设领域工作动态新闻，深入宣传文明城市创建、志愿服务和群众文明创建等相关工作，促使“讲文明、树新风”成为全市广大群众和社会各界的自觉行为。开通并常态化运营“文明昌邑”微信公众号，联合市委宣传部官方微博，向各自用户实时推送全市精神文明建设相关工作的文字、图片和视频形式新闻以及重要政策发布、便民生活信息等，充分利用新媒体的实时性与互动性开展扎实有效的宣传工作。

【丰富活动载体】

开展文明创建活动，建设文明家园　以争创全国文明城市为总抓手和总目标，结合文明城市测评体系，开展各类文明创建活动，在环境卫生方面，配合“美丽乡村”工程，开展全市卫生大扫除活动，通过理清责任分工，加大保洁工作力度，城区环境干净整洁，农村面貌焕然一新。在商业环境方面，广泛开展文明餐桌活动，加大对证照不全、经营环境不合格“五小”店铺的整治力度，采取疏堵结合的方式治理流动摊贩和占道经营。在交通秩序方面，加大文明守法行车宣传力度，对乱停乱放、占用非机动车道行驶等不文明行为，严格依据交通法律法规进行处罚，城区交通秩序明显改善。在窗口服务方面，着力提升窗口服务质量，重点解决一些窗口部门办事效率低、服务态度差、投诉机制不健全问题，呈现出了服务好、效率高、群众满意的良好局面。

擦亮志愿服务品牌，放大道德能量　昌邑建立了文明委牵头、各有关部门单位参与的志愿服务组织领导工作机制。市委宣传部积极协调各部门单位根据各自职能，组建志愿服务队220支，累计招募志愿者4.6万人。结合“我们的节日”在重

•全市创建文明城市推进会议现场

要传统节日精心组织文化普及、医疗卫生、科普宣传、法律援助、环境保护、全民健身志愿服务，涌现出了“为烈士寻家”“阳光助残”“关爱春蕾女童”“放飞青春”助学活动等一批叫得响的品牌活动。组织30多个部门单位的志愿者，在城区主要交通路口开展文明引导志愿服务活动，纠正不文明交通行为，宣传普及交通法规常识。组建50人的网络文明传播志愿者队伍，以宣传思想文化和精神文明建设工作为重点，积极利用“潍坊文明网”官方微博及“文明潍坊”“文明昌邑”官方微信，组织网民参与了“我印象最深刻的好人”“好人微访谈”“咱们的村规民约”等10余项热点主题志愿传播活动，群众参与度高，社会口碑良好。

深化未成年人道德建设，优化育人环境　在将社会主义核心价值观编入中小学课本的基础上，着眼未成年人思想文化需求，深入开展“做一个有道德的人”主题实践活动。以重要时间节点为契机，广泛组织开展清明祭英烈、六一“学习和争做美德少年”、七一“童心向党”歌咏、十一“向国旗敬礼”等10余项主题鲜明的系列活动，深化“我的中国梦”主题教育，引导未成年人确立爱国、孝敬、节俭、诚信、友善等道德规范。根据未成年人身心特点和认知能力，以爱学习、爱劳动、爱祖国为着力点，深入开展经典诵读、优秀童谣征集与传唱、日行一善、小小志愿者等活动，全市76所中小学校5万余名学生参与，使未成年人在活动中得到启迪和教育，培养他们良好道德观念和文明行为习惯。

组织机构

【市级领导班子】

中国共产党昌邑市委员会

书　记　马跃启（11月止）
吕珊珊（女，11月起）
副书记　吕珊珊（女，11月止）
李玉祥（11月起）
鞠立强（11月止）
王龙堂（12月起）
常　委　孙晓非（12月止）
陶金先（12月止）
王志强（12月止）
田洪波（12月止）
李志为（12月止）
王　伟（6月止）
陈永锁
刘世海（12月起）
庞胜明（6月起）
胡筱芹（女，12月起）
田立军（12月起）
李　鹏
刘焕成（12月止）

昌邑市人民代表大会常务委员会

主　任　马跃启
党组书记、第一副主任　周　娟（女）
副主任　庞明庆
李建军（不驻会）
董凤杰
戚风乾

昌邑市人民政府

市　长　吕珊珊（女，12月止）
李玉祥（12月起，代市长）
副市长　陶金先（12月止）
李　鹏
王海岩（12月止）
李明杰（12月止）
张　琛（女，挂职，1月止）
刘　煜
王树国（12月起）
赵海龙（12月起）
孔德奎（12月起）

中国人民政治协商会议昌邑市委员会

主　席　李中福

副主席　张天辉

冯义军

夏麦香（女）

吕继贤（不驻会，2 月止）

孙孝工

吴红玉（女）

中国共产党昌邑市纪律检查委员会

书　记　孙晓非（12 月止）

田立军（12 月起）

昌邑市人民武装部

政　委　陈永锁

部　长　李明刚

【市委机关】

市委办公室

主　任　王　伟（6 月止）

庞胜明（6 月起，12 月止）

刘　煜（12 月起）

市委机要局

局　长　李鲁波

市委研究室

主　任　赵卫东

市委保密办

主　任　彭卫刚

市委改革办

副主任　于大龙

扶贫开发领导小组办公室

主　任　张清涛

市委、市政府督查室

主　任　马亮亮（女）

市委党史研究室

主　任　郭富祥

市档案局（馆）

局（馆）长　刘延安

【市人大机关】

市人大办公室

主　任　郝甫业

人事代表工作室

主　任　徐龙春

调查研究室

主　任　张英俊

法制工作委员会

主　任　闫述增

财政经济工作委员会

主　任　胡思明

教育科学文化卫生工作委员会

主　任　徐安祥

城乡建设与环境资源保护工作委员会

主　任　谢立业

农业与农村工作委员会

主　任　陈光军

信访工作室

主　任　张晓忠

预算工作委员会

主　任　马旭日（5 月起）

【市政府机关】

昌邑市人民政府办公室

主　任　高敬东

市政府研究室

主　任　王永胜（6 月起）

市政府法制办

主　任　毕刚清

市政府应急办

主　任　李庆成

市史志办

主　任　于希群

市长公开电话受理中心

主　任　吴万春

市政府外侨办

主　任　　李　敏（女）

市智慧昌邑建设办公室

主　任　　王　冰（6月起，12月止）

市行政服务中心管理办公室

主　任　　刘卫兵

市政务服务中心管理办公室

主　任　　王启斌

市政府油区工作办公室

主　任　　李杰彪

【市政协机关】

市政协办公室

主任、秘书长　　王升文

研究室

副主任　　刘丽丽（女）

委员活动工作室

主　任　　王术民

提案委员会

主　任　　孙亚奇（女）

文史资料委员会

主　任　　付星波

经济委员会

主　任　　曲　波

人口资源环境外事委员会

副主任　　李磊山

科教文卫体和社会法制委员会

主　任　　赵　涵

市政协机关老干部服务工作室

主　任　　张宝海

【市纪委机关】

2016年6月纪检体制改革之前

办公室

主　任　　吴旭东

监察综合室

主　任　　孙大鹏

教育研究室

主　任　　刘立国（5月止）

干部室

主　任　　张建明

执法和效能监督室

主　任　　刘继文

案件审理室

主　任　　张传强

信访室（昌邑市行政监察举报中心）

主　任　　孙中华

党风政风监督室（挂市政府纠正部门和行业不正之风办公室牌子）

主　任　　赵新登

案件监督管理室

主　任　　曹玉香（女，5月止）

第一纪检监察室

主　任　　范　留

第二纪检监察室

主　任　　朱克松

市经济环境投诉中心（市经济发展软环境建设工作领导小组办公室）

主　任　　翟雪霞（女，5月止）

派驻第一纪检组、监察室

组长（主任）　　刘敏善

派驻第二纪检组、监察室

组长（主任）　　王玉杰

派驻第三纪检组、监察室

组长（主任）　　林永春

派驻第四纪检组、监察室

组长（主任）　　马福英（女）

派驻第五纪检组、监察室

组长（主任）　　翟雪霞（女，5月止）
　　　　　　　　刘立国（5月起）

派驻第六纪检组、监察室

组长（主任） 赵新登

2016 年 6 月纪检体制改革之后

办公室

主　任 吴旭东

组织部

部　长 张建明（12 月止）

宣传部

部　长 刘继文

党风政风监督室（挂市政府纠正部门和行业不正之风办公室牌子）

主　任 赵新登

信访室（挂昌邑市国家行政机关工作人员违法违纪举报中心牌子）

主　任 孙中华

第一纪检监察室

主　任 范　留

第二纪检监察室

主　任 朱克松

第三纪检监察室

主　任 孙大鹏

案件审理室（挂案件申诉复查室牌子）

主　任 张传强

【市委部委办局】

市委组织部

部　长 田洪波（12 月止）

胡筱芹（女，12 月起）

市委老干部局

局　长 李志国

市委宣传部

部　长 李志为（12 月止）

刘世海（12 月起）

文学艺术界联合会

主　席 高江伟（5 月止）

王鲁兵（6 月起）

社会科学界联合会

主　席 张旭霞（6 月止）

夏　佳（6 月起）

市委统战部

部　长 田洪波（12 月止）

刘焕成（12 月起）

市委政法委员会

书　记 王志强（12 月止）

庞胜明（12 月起）

市机构编制委员会办公室

主　任 陆振伟

市直机关工作委员会

书　记 陆逢刚（2 月止）

翟海东（2 月起）

市委、市政府信访局

局　长 徐学利

市委、市政府接待办公室

主　任 魏　宾

市委台湾工作办公室

主　任 曲丽芬（1 月止）

张东森（5 月起）

市委农村工作领导小组办公室

主　任 刘英凯

市委党校

校　长 马跃启（11 月止）

吕珊珊（女，11 月起）

【群 团】

市工商业联合会

主　席 李明杰

市总工会

主　席 孟凡铎

市共青团昌邑市委员会

书　记 曹馨方（女）

市妇女联合会

主　任 高凌云（女）

市科学技术协会
主　席　　彭文涛
市残疾人联合会
主　席　　张润涛（2月止）
　　　　　　陆逢刚（2月起）
市侨联
主　席　　张国林

【政法部门】

昌邑市人民法院
院　长　　薛明友（2月止）
　　　　　　徐金江（2月起）
昌邑市人民检察院
检察长　　张　杰（2月止）
　　　　　　宋教德（2月起）
市公安局
局　长　　王海岩（12月止）
　　　　　　王树国（12月起）
市司法局
局　长　　郑瑞贤

【市政府工作部门】

市发展和改革局
局　长　　宋文清
市经济和信息化局
局　长　　夏文泉
市教育局
局　长　　赵赞江
市科学技术局
局　长　　李永兴
市知识产权局
局　长　　张艳丽（女）
市监察局
局　长　　郭法安
市民政局
局　长　　马学彦
市财政局
局　长　　李友田
市人力资源和社会保障局
局　长　　滕林波
市国土资源局
局　长　　潘永贵
市住房和城乡建设局
局　长　　马玉涛
市交通运输局
局　长　　刘介松
市水利局
局　长　　明兴谱
市农业局
局　长　　孙建伟
市商务局
局　长　　李星亮
市文化广电新闻出版局
局　长　　于卫东
市卫生和计划生育局
局　长　　王传法
市审计局
局　长　　王福洲
市环境保护局
局　长　　董明明
市民宗局
局　长　　高爱莲（女）
市统计局
局　长　　刘新民
市安全生产监督管理局
局　长　　张东森（5月止）
　　　　　　王升涛（5月起）
市市场监督管理局
局　长　　李子石
市金融工作办公室
主　任　　姜喜润

市海洋与渔业局

局　长　刘万秋

市物价局

局　长　翟拥军

【市政府直属事业单位】

滨海（下营）经济开发区管理委员会

书记、主任　李明杰

市绿博园生态林场管理委员会

书　记　王传法

主　任　李方明

市潍河生态林场管理委员会

书　记　孙志圣

主　任　孟凡广

市海洋生态特别保护区管理委员会

书　记　马玉涛

主　任　吴德刚

市胶莱河生态林场管理委员会

书　记　张所友

主　任　郭光武

潍坊市技师学院昌邑分院

书　记　张亦明

院　长　姜正峰

市绿博会筹委办公室

主　任　李方明（6 月止）

王圣仟（6 月起）

市规划局

局　长　齐乃源

市体育局

局　长　王建伟

市林业局

局　长　王圣仟

市旅游局

局　长　张新建

市人民防空办公室

主　任　韩晓峰

市畜牧兽医管理局

局　长　张先举

市农机局

局　长　徐秋霞（女）

市招商工作委员会办公室

主　任　薛文磊

市地震局

局　长　马振波

市供销合作社联合社

主　任　张高学

市机关事务管理局

局　长　李振杰

市文化市场综合执法局

局　长　赵锡鹏

市粮食局

局　长　李秀贞（女）

市广播影视中心

主　任　董凤章（5 月止）

张术叁（6 月起）

市农村经济管理局

局　长　王　波

市沿海经济开发综合执法局

局　长　王振江

检验检测中心

主　任　马坤堂

【上属单位】

潍坊市住房公积金管理中心昌邑分中心

主　任　魏全江

国税局

局　长　石山才

地税局

局　长　刘国强

公路局

局　长　李茂盛

气象局

局　长　　赵春生

邮政局

局　长　　高少华

供电公司

总经理　　张　扬

盐业公司（盐务局）

总经理（局长）　　李　秋

移动公司

总经理　　王春泽

联通公司

总经理　　付玉山

电信公司

总经理　　杨新亮

胶东调水昌邑管理站

主　任　　张建国

石油公司

总经理　　谭　炜（10 月止）

郭晓忠（10 月起）

烟草公司

总经理　　李更新

新华书店

经　理　　张立群

广电网络公司

总经理　　李　苇

【金融 保险】

中国人民银行昌邑支行

行　长　　郭　海

中国银监会潍坊分局昌邑办事处

主　任　　李　靖（4 月止）

李秀美（女，4 月起）

农业发展银行昌邑支行

行　长　　王家厚

昌邑农村商业银行

董事长　　岳俊强

农业银行昌邑支行

行　长　　李洪波

工商银行昌邑支行

行　长　　孙善伟

建设银行昌邑支行

行　长　　程建华

中国银行昌邑支行

行　长　　胡金宝

邮政储蓄银行昌邑支行

行　长　　孙玉成

潍坊银行昌邑支行

行　长　　原宏丽（女）

昌邑北海村镇银行

董事长　　刘戍卿

中国人寿保险公司昌邑支公司

总经理　　付宏伟

中国人民财产保险公司昌邑支公司

总经理　　孙殿梁（12 月止）

中国太平洋人寿保险公司昌邑支公司

总经理　　崔　勇（10 月止）

杨　建（10 月起）

中国太平洋财产保险公司昌邑支公司

总经理　　于明山

【镇街区】

奎聚街道

党工委书记　　孙　磊

办事处主任　　陈大生（12 月止）

梁永彦（12 月起）

都昌街道

党工委书记　　张英杰（12 月止）

孙秀卿（12 月起）

办事处主任　　孙秀卿（12 月止）

夏小伟（12 月起）

围子街道

党工委书记　　宋晓波（12 月止）

陈　诚（12月起）

办事处主任　孙效治（1月止）

史志强（1月起）

龙池镇

党委书记　许增贤（12月止）

朱永红（女，12月起）

镇　长　朱永红（女，12月止）

杨启乐（12月起）

柳疃镇

党委书记　王明胜（12月止）

肖　波（12月起）

镇　长　肖　波（12月止）

马伟莲（12月起）

下营镇

党委书记　马守玉（12月止）

孙效治（12月起）

镇　长　孙效治（12月止）

刘旭升（12月起）

卜庄镇

党委书记　刘广杰

镇　长　朱永红（女，5月止）

于子华（5月起）

石埠经济发展区管委会

党委书记　马守玉（1月止）

郝炳伟（1月起）

主　任　张丽芳（女，12月止）

范新章（12月起）

饮马镇

党委书记　曲　伟（12月止）

马守玉（12月起）

镇　长　闫胜平

北孟镇

党委书记　陈　诚（12月止）

郭兴平（12月起）

镇　长　于遵刚

中国共产党昌邑市委员会

Zhong Guo Gong Chan Dang Chang Yi Shi Wei Yuan Hui

重要会议

【全市基层党建工作暨镇街区党（工）委书记抓基层党建工作述职评议会】 1月16日，全市基层党建工作暨镇街区党（工）委书记抓基层党建工作述职评议会议召开。市委书记马跃启作点评并讲话，市委副书记、市长吕珊珊主持会议，市领导鞠立强、李中福、周娟、孙晓非、陶金先、田洪波、李鹏、陈永锁出席会议，潍坊市委组织部有关领导到会指导。

【全市庆祝中国共产党成立95周年】 2016年6月29日上午，表彰全市先进基层党组织、优秀共产党员和优秀党务工作者，激励全市各级党组织和广大共产党员以先进为榜样，大力加强和改进党的建设，发扬优良传统，奋力开拓创新，推动更高层次新发展，努力为在全面建成小康社会进程中走在前列、加快建设富强文明和谐幸福新昌邑奠定坚实基础。市委书记马跃启出席大会并讲话，市委副书记、市长吕珊珊主持大会。市级领导班子全体成员，市法院院长、市检察院检察长，其他在职副县级领导干部等参加了庆祝大会。

【中国（昌邑）北方绿化苗木博览会暨中国园林花木信息交流会】 2016年9月21日上午9:00在绿博园朝阳广场举行开幕式，由国家林业局、山东省人民政府主办，山东省林业厅、中国花卉报社、潍坊市人民政府、昌邑市人民政府、潍坊金丝达实业有限公司、中国（昌邑）北方花木城承办。会议日程：潍坊市委常委、市政府副市长孙起生致辞；国家林业局总工程师封加平致辞。全国绿化委副主任赵树丛，山东省政府办公厅党组成员、应急办主任张积军，山东省林业厅厅长刘均刚共同按动启动球为大会开幕。

【市委常委会开展“两学一做”学习教育专题研讨】 2016年9月27日，围绕尊崇党章、遵守党规，严守纪律规矩，加强道德修养这个主题开展研讨交流。潍坊市委组织部、宣传部相关人员参加研讨。市委书记马跃启主持，并带头发言和作总结讲话。市委副书记、市长吕珊珊，市委副书记鞠立强，市委常委孙晓非、王志强、田洪波、陈永锁参加研讨。

【全市领导干部会议】 2016年12月10日，宣布省委和潍坊市委关于昌邑市委、市政府主要负责同志职务调整的决定。经省委研究决定：吕珊珊任中共昌邑市委书记；马跃启不再担任中共昌邑市委书记。经潍坊市委研究决定：马跃启不再担任昌邑市人大常委会主任和中共昌邑市委党校校长职务；吕珊珊任中共昌邑市委党校校长。

潍坊市委常委、军分区政委郝树东宣布决定并讲话，马跃启、吕珊珊、李玉祥分别讲话。

【中共昌邑市委十三届十四次全体会议】 2016年12月19日，认真贯彻落实潍坊市委十一届十一次全体会议精神，听取并审议市委常委会工作报告，投票确定出席潍坊市第十二次党代会代表候选人预备人选。市委书记吕珊珊主持会议并讲话。市委委员和市委候补委员出席会议。

重大决策与活动

【市政务服务中心建设】 按照“两集中四到位”要求，稳步推进市直部门单位审批服务事项向某一科室集中、部门科室向市政务服务中心集中，实现职能、人员、授权、网上办理到位，确保与群众生产生活密切相关的行政审批、社会管理和公共服务事项，全部进入中心，方便群众就近办理。加强行政审批业务指导和咨询服务，探索建立标准化审批流程，缩短审批时限，提升审批服务水平。加大现代科技运用力度。充分运用现代信息化科技手段，大力推行网上审批、网上办事，加快电子政务建设。积极运用视频监管、自动取号、满意度测评等系统，不断提高行政审批效率和服务质量；整合各类资源要素，稳步推进市公共服务指挥中心建设，受理群众举报投诉，提供家政、中介、法律等公共服务和社会服务。建立健全长效考评机制。要建立健全自上而下的业务指导关系和长效考评机制，形成以业务指导为载体，考核评比为抓手，以评促改、以评促建的考评模式，发挥考评机制的杠杆作用，推动党群服务体系建设。

【基层党组织建设】 *镇街区党群服务中心建设* 各镇街区要依托政务服务大厅建立镇级党群服务中心，设置财政惠民、社会保障、人口计生、民政残联、规划建设、基层党建、户籍管理、法律咨询、农业服务等开放式服务窗口，承接办理行政审批、社会管理和公共服务等事项。在服务大厅显著位置，公开服务事项、办事流程、办事须知、办理时限、服务大厅工作人员守则、照片及联系方式。整合站所力量。坚持“能进必进、人进事进”，积极推行基层站所服务事项统一集中到镇街区党群服务中心窗口办理，有条件的基层站所统一集中到党群服务中心办公，工作人员佩证上岗，实现党群服务中心与站所办公一体化，提高办事效率。规范运行管理。各镇街区要按照“体制健全、制度完善、运行规范、管理高效”的基本要求，落实首接负责、一次性告知、限期办结、服务承诺、责任追究等制度，提高服务质量。有条件的镇街区可设立党群服务指挥中心，负责镇街区党群服务体系建设的运行管理，负责指导社区、村利用“潍水先锋·昌邑党建云平台”、民生热线等，受理群众需求诉求和意见建议。建立群众满意度评价机制，通过设置意见箱定期开展群众满意度测评，让群众监督评价事项办理情况，不断改进工作，提高群众满意度。

农村社区党群服务中心建设 各镇街区要依托已建成的农村社区，成立党员群众服务中心。镇街区驻地社区，可与镇街区党群服务中心合署办公，单独设立服务窗口。健全组织设置。各镇街区党（工）委要根据农村社区建设规划，及时设立社区党总支。按照服务意识强、服务作风好、服务水平高的要求，由镇街区党（工）委选派、任命社区党总支成员，一般设5～9职。社区党总支书记原则上由镇街区科级干部或优秀中层干部担任，副书记由镇街区干部或中心村党组织书记担任，成员由社区所辖村、农村合作组织、“两新”组织党组织书记担任。社区党总支书记的任用和调整，需经镇街区党（工）委集体研究，报市委组织部备案。配齐工作人员。各镇街区要结合自身实际，进一步充实社区工作力量，发展壮

"四社联动"城市社区（利民社区服务中心）

及时宣传党在农村的各项方针政策，加强对所辖村"两委"干部和党员的教育培训。组织开展"书记讲坛"、党员示范岗、党员承诺践诺、干群直联等活动，不断提升广大农村党员干部的素质能力。要建立信访听证、民情恳谈等制度，集中解决群众需求诉求，调处各类矛盾纠纷，教育、引导群众依法依规办事。改进服务方式。要合理设置服务窗口和服务事项，按照即时办理、代为办理、指导办理三种类型，理清社区为民服务事项"三个清单"。

大服务骨干队伍。原则上，社区工作人员由下列人员组成：镇街区机关干部（含原工作片干部、计生网长等）3～4人，社区所辖村党组织书记，也可公开招聘专职社区工作人员，确保每个社区不少于6人，并确定2名专职工作人员在岗服务。明确职能定位。社区党群服务中心主要承担三大职能：承接服务。立足群众需求，承接好镇街区延伸到社区的公共服务职能，推动教育、卫生、文化等公益性服务资源向社区倾斜，逐步引入金融保险、邮政通讯等中介服务组织，并为群众提供电子商务、就业保障、家政服务等"一站式"服务。积极开展扶老助残、帮困解难、应急救助等志愿服务。规范服务。统筹社区各村班子建设、工作开展及村与村之间的关系协调，指导、监督所辖村严格落实村级事务规范化管理制度，实行村级事务动态化监管。建立社村集中议事制度，每月固定时间，由社区工作人员与村干部集中议事，对村级重要事项事前讨论，对复杂问题指导在前、处置在先、全程监督，确保村级组织科学、民主、规范、高效运行。制定社区工作人员考评办法和责任追究制度，不断提升社区服务质效。引导服务。统筹社区内党建工作，引导规范社区所辖村党组织严格党内生活，定期开展党的活动，对能够在社区办理的，实行即时办理；对需要社区人员代为办理的，实行全程代办；对必须本人办理、不能代理的，落实"一次性告知"，指导群众办理。要本着精简审批和办事层级的原则，对不需社区审核的事项，可不经社区，直接到镇街区党群服务中心办理。

村级党员群众服务站建设 要坚持因地制宜、科学合理、简朴实用的原则，不搞"一刀切"，不重复投资，可依托村"两委"办公室或现有村级组织活动场所，加挂党员群众服务站牌子，具备条件的，设立开放式窗口。农村社区驻地村党群服务站可与社区党群服务中心融合，不再单独建设。落实服务人员。原则上，党群服务站工作人员由村"两委"成员组成，每个村党群服务站要确定1名代办员，一般由村会计担任；集体经济条件较好、社会事务较多的村，也可聘用社会人员作为专职代办员。镇街区包村机关干部要按照要求到村党群服务站指导所包村开展工作，帮助群众解决实际问题。落实服务事项。要保证服务时间。实行村"两委"成员集中办公、轮流坐班、预约服务，在室外显著位置公开村干部值班表和服务电话，确保群众办事能随时找到人。要明确服务内容。各镇街区要按照即时办理、代为办理、指导办理三大类别对办理事项进行分类，统一制订为民服务清单，为群众提供便捷化服务。除公共服务事项外，有条件的村级党群服务站可根据群众需求，确定社会化或市场化服务事项。

【机关基层党组织建设】

指导思想　认真贯彻中共十八大和十八届三中、四中、五中全会精神，深入落实习近平总书记系列重要讲话和考察山东重要讲话、重要批示精神，按照全面从严治党战略部署，坚持思想建党与制度治党相结合，全面落实机关党组织管党治党责任，强化薄弱环节，解决突出问题，着力提升干部队伍创造力、凝聚力和战斗力，努力建设忠诚干净担当的机关干部队伍，树立机关为民、务实、清廉的良好形象，充分发挥机关党建工作在服务经济社会发展中的重要作用。

目标任务　以“服务中心、建设队伍”为核心任务，充分发挥机关党组织的政治优势和组织优势，坚持思想教育从严、组织建设从严、作风要求从严、制度执行从严，着力抓好机关干部队伍建设，加强机关党建基础工作，深入推进学习型、服务型、创新型党组织建设，推动机关工作水平和服务效能不断提高，做到走在前列、起好带头作用，为昌邑市实现更高层次新发展提供有力保障。

科学设置机关党的基层组织　各级机关党组织要严格按照党章和条例规定设立机关党的基层组织。原则上，机关党员100人以上的，设立党的基层委员会；机关党员50人以上、100人以下的，设立党的总支部委员会；机关党员3人以上、50人以下的，成立党的支部。市级机关党的基层委员会每届任期3年，党的总支部委员会、支部委员会每届任期3年。选优配强机关党组织领导班子。针对机关党建工作实际，把党性原则强、政治素质高、熟悉党务工作的党员领导干部配备到机关党组织领导班子中。各部门（单位）机关党组织书记一般应由本部门（单位）党员负责人兼任，也可由同级党员干部专任。机关党组织书记、副书记任期内职务变动，须事先征得上级机关党组织同意。

学习型党组织建设　各部门、单位党组织要紧密结合开展“两学一做”学习教育，围绕强化立根固本，提高学习型党组织建设成效。认真组织学习党章党规，引导机关党员干部强化党的意识和党员意识，牢固树立政治意识、大局意识、核心意识、看齐意识，明确能做什么、不能做什么，做到心中有尺、行事有度，增强遵守党规党纪的自觉性。认真组织学习习近平总书记系列重要讲话精神，读原著、学原文、悟原理，深学深悟、常学常新，促进机关党员干部不断深化对讲话精神的理解和把握，切实用讲话精神统一思想和行动。要坚持领导带头领学，通过领导干部参加支部专题学习讨论、讲党课等形式带动广大党员干部的学习。建立党员学习培训学时制度，每名党员每年集中学习培训时间一般不少于32学时，党组织领导班子成员不少于56学时。完善述学、考学、督学制度，加强对所属党组织和党员干部学习情况的监督检查。认真落实“基础在学、关键在做”的要求，坚持问题导向，促进党员干部照着标准做、对着问题改，认真查找不足，明确努力方向，自觉做到忠诚履职、勇于担当，以实际行动树立共产党员先锋形象。严格执行党的组织生活制度。严肃机关党内政治生活，总结运用党的群众路线教育实践活动和“三严三实”专题教育有益经验，认真执行“三会一课”、组织生活会、民主生活会、民主评议党员等制度，统筹安排，从严要求，把好关口，提高党内政治生活的原则性和战斗性。规范支部生活，建立支部生活日，把全面从严治党要求落实到每个支部、每名党员。建立组织生活报告和通报制度，严格落实领导干部双重组织生活会制度。重视运用民主评议党员结果，更好地帮助党员整改提高。从严做好发展党员工作。认真落实《中国共产党发展党员工作细则》，按照“控制总量、优化结构、提高质量、发挥作用”的要求，严格党员条件，突出政治上的先进性、素质上的全面性、标准上的严肃性，规范发展党员推荐、票决、公示、纪实、审查备案、责任追究等制度，严把党员队伍入口关。各级机关党组织要结合实际，分类研究制定发展党员中长期规划和年度计划。加强组织员队伍建设，把发展党员工作做细、做实。完善不合格党员退出机制，促进处置不合格党员工作制度化、规范化。加强党内民主监督。认真落实《中国共产党党内监督条例（试行）》，完善监督的内容和方法，建立职责清单、权力清单，加强对党员干部遵守纪律、履行职责以及机关贯彻民主集中制、选人用人、实施考核奖惩等情况的监督。落实党员主体地位和民主权利，拓宽党员了解党务工作渠道，健全党内情况通报制度，建立党员意见建议收集、处理、反馈机制。建立健全机关党内民主制度和党员定期评议基层党组织领导班子成员制度，每年至少召开1次机关党员干部大会，由单位主要负责人通报有关情况，营造党内民主讨论、民主监督的良好氛围。强化党员干部思想教育成效。加强干部人文关怀，深入了解机关党员干部的思想状况，及时发现苗头性和倾向性问题，跟上解惑释疑、心理疏导和矛盾化解工作，积极帮助党员干部解决工作生活中的实际困难。健全完善谈心谈话制度，加强心理和感情沟通，努力把问题谈开、思想谈通，促进干部队伍和谐。实施干部职工心理健康服务工程。深入开展机关文明创建活动，创新组织形式，加强阵地建设，丰富机关文化生活，打造健康向上、团结奋进的团队精神。

机关干部作风建设　严肃机关纪律规定。各部门、单位党组织要按照把纪律挺在前面的要求，加强机关经常性纪律教育，促进党员干部严格执行党的政治纪律、组织纪律、廉洁纪律、群众纪律、工作纪律、生活纪律，自觉按制度、按规矩办事。加强对纪律执行情况的监督检查，严肃查处顶风违纪行为，确保纪律刚性约束。加大干部问责力度，认真落实《潍坊市党政领导干部问责办法》《潍坊市机关工作人员问责办法》，加强明察暗访，畅通问题线索反映渠道，及时查处典型案例，做到有责必问、问责必严。着力改进机关作风。严格落实中央八项规定和省、潍坊市及昌邑市委相关要求，把作风建设有机融入日常工作，坚持不懈纠治“四风”，紧盯新动向、解决新问题，推动机关作风建设常态化长效化。严格执行《党政机关厉行节约反对浪费条例》及相关配套制度，全面规范公务接待、会议活动等。突出抓好机关效能提升，根据行业、职业特点，积极探索服务改革、服务发展、服务群众、服务党员的方法和途径，推动党员发挥先锋模范作用。完善部门、单位绩效考核办法，明确岗位目标，完善激励机制，深入开展承诺践诺以及争创行业服务标兵、优质服务品牌等活动，促进机关干部在服务质量、办事效率、工作创新上创先争优。建立工作纪实制度，改进干部日常考核和年度考评工作，客观公正地评价干部的实绩。抓好“为官不为”专项整治，明确衡量标准和纠治措施，着力解决部分机关干部不负责任、执行不力、工作失职、效能低下等问题。深化联系和服务群众工作。加强与群众的直接联系，统筹组织机关干部到基层开展调研，深入推进走基层、连民心、纳真言活动，市直部门、单位领导班子成员每年到基层调研时间不少于2个月。完善机关包村联户制度，扩大工作覆盖，市直部门、单位全部包村联户，每名机关人员联系和帮扶1户以上困难群众。创新选派“第一书记”制度，完善规划安排，细化职责任务，更好地推动基层组织建设和产业发展、精准扶贫等工作。健全在职党员到社区报到制度，主动认领社区服务岗位和事项，每年参加社区志愿服务不少于2次。充分发挥党员义工协会作用，开展“三送三带三落实”（送温暖、送文化、送服务，带回诉求、带回意见、带回信息，落实责任、落实计划、落实承诺）党员义工活动。

6 月 29 日，市委办公室机关组织“两学一做”学习讨论活动

机关党风廉政建设　强化党风廉政建设主体和监督责任。各部门、单位党组织、机关党组织和纪检组织要进一步明确在推进党风廉政建设中的职责，细化任务，传导压力，推动“两个责任”落实到位。党组织书记要认真履行“第一责任人”的责任，班子成员要强化“一岗双责”。机关党组织要协助党组（党委）履行好党风廉政建设主体责任，推动具体工作任务落实。纪检组织要突出主责主业，强化监督执纪问责，积极协助党组（党委）抓好党风廉政建设和反腐败工作。履行党风廉政建设责任制情况，要作为部门、单位党组织书记工作述职的重要内容。加强反腐倡廉教育。创新反腐倡廉教育的内容和方法，将其作为“三会一课”和政治理论学习的重要内容，并通过案件通报、典型案例剖析等形式强化岗位廉政教育。建立警示教育常态化机制，各部门、单位党组织每年至少集中开展 1 次廉政专题学习，至少组织开展 1 次警示教育活动，让党员干部真正受警醒、明底线、守规矩。抓好廉政文化阵地建设，完善廉政文化示范点，深入开展“廉政文化进机关”活动，倡树克己奉公、廉洁从政的良好风气。建立健全岗位廉政风险防控机制。定期查找研判岗位廉政风险，制定防控措施，落实监管责任，形成抓早、抓小的工作机制。着力加强对机关重点领域、关键部位、重要环节廉政风险点的动态监控，完善制约机制，促进权力行使安全、资金使用安全、干部成长安全。对反映有苗头性、倾向性问题的党员要及时核实情况、诫勉谈话，早发现、早提醒，防止小问题酿成大问题。严肃查处机关干部腐败案件，充分发挥查办案件的惩戒作用。

机关党建工作责任制　各部门、单位党组织要强化“抓好党建是本职、不抓党建是失职、抓不好党建是不称职”意识，加强对机关党建工作的领导和指导，每半年至少研究 1 次机关党建工作，重点做好计划审定、力量选配、经费保障等工作。部门、单位党组织书记是机关党建工作第一责任人，要积极支持并带头推动机关党建工作，及时研究解决突出问题；班子其他成员要抓好分管领域党建工作任务落实。部门、单位机关党组织书记是机关党建工作的直接责任人，要认真履行职责，切实做好各项组织和服务工作。建立健全机关党建述职评议考核机制。健全机关党支部向所属党（工）委、党组、党总支述职，党（工）委、党组、党总支向市委直属党（工）委述职，市委直属党（工）委向同级党委述职的三级联述联评联考制度，并做好考评结果的运用。把部门、单位党组织抓机关党建工作情况纳入领导班子和领导干部年度考核，在部门、单位年度绩效考核中加大机关党建工作考核权重，考核结果作为评先树优和选拔任用干部的重要依据。强化机关党建工作保障。设立机关党委的部门、单位应设立机关党委办公室，不具备条件的可与内部组织人事机构或行政办公室合并设置。各级机关党组织活动经费列入行政经费预算，从本部门、单位综合公用保障经费中列支，重大活动划拨专项经费。市委每年按比例向市直机关工委拨付一定党费，积极支持机关党建工作开展。

【创建全国文明城市】

组织领导机制　强化党政统一领导、文明委组织协调、城乡联动、部门协同、市民广泛参与的领导体制和推进机制，着力完善“分级负责、条块结合，横向到边、纵向到底”的责任体系，真正做到领导有力、推进有序、成果显著。市创建全国文明城市工作领导小组要常态化抓好任务安排、工作指导和情况调度。各镇街区和市直各责任部门、单位要严格落实属地管理责任制和部门分工负责制，健全完善相应工作机制，明确年度任务目标，确立具体标准要求，切实保障各项责任落实。每年邀请人大代表、政协委员对文明城市创建工作进行视察和检查，促进工作推进常态长效。健全议事决策机制。建立定期向市委常委会报告文明城市创建工作制度。市创建全国文明城市工作领导小组每半年召开一次工作例会，研究确定工作计划和实施步骤，分析解决重大事项。建立有关部门、单位联席会议制度，对综合领域的重点任务和重大事项，坚持由市文明办、改革办、综治办、纠风办、爱卫办以及建设、交通、教育、公安、财政等部门、单位共同研究政策措施，合力推进工作落实。加强创城工作力量。要积极为创城工作提供良好办公条件，强化资金保障，调整和充实人员力量，进行集中办公。各镇街区和市直有关部门、单位要明确专门的文明创建工作联络员，加大资金投入，保障创建工作持续深入开展。

理想信念教育　围绕巩固全市人民团结奋斗的共同思想基础，组织深入学习和宣传习近平总书记系列重要讲话精神，加强“四个全面”战略布局的系统阐释，广泛开展中国特色社会主义宣传教育。以强化思想道德文化建设、强化敦风化俗、强化法治精神和人文素养培育为重点，广泛组织开展系列主题活动。把培育和践行社会主义核心价值观作为精神文明建设最根本的任务，运用各类媒体、公益广告、文学作品等持续宣传社会主义核心价值观。积极宣传党的十八大以来我国经济、政治、文化、社会、生态文明建设和党的建设的巨大成就，广泛开展党史、国史、社会主义发展史教育，加强形势政策宣传教育，汇聚同心共筑中国梦的强大力量。加强社会热点问题的舆论引导，强化社会预期，凝聚社会共识，有效抵制各种错误思潮的侵蚀和影响。培育文明道德新风尚。坚持教育引导与问题整治相结合，加强道德领域突出问题专项治理，引导人们讲道德、明是非、守底线。强化公共文明宣传和文明行为习惯养成教育，从日常行为入手，加强日常道德实践，倡树良好道德风尚，提升市民文明素质。结合学雷锋日、公民道德宣传日等活动，做到年年有重点、月月有活动。持续开展“修身律己做文明人”行动，每年向市民印发一批文明礼仪丛书，推动市民文明素养不断提升。充分发挥道德模范作用，广泛开展道德模范评选工作，继续开展“我推荐、我评议身边好人”活动，定期组织各类道德典型到基层巡讲巡演，扩大先进典型的示范带动效应。强化行业管理责任，健全各行业规章制度，深入开展文明交通、文明餐桌、文明旅游和网络文明引导活动，促进公众讲文明、树形象。着力加强未成年人思想道德建设，建立由市文明办协调，教育、公安、文化执法、妇联、共青团、关工委等部门联席会议制度，深入推动实施“亲子共成长”工程，教育引导未成年人树立正确的人生观、道德观、价值观。加强社会信用体系建设，推动建立自然人、法人和其他组织统一社会信用代码制度，完善诚信“红黑榜”发布制度，加大失信惩戒力度，推进诚信建设制度化。强化公共文化服务。加大文化投入力度，市级公共财政对文化建设投入的增长幅度不低于本级财政经常性收入增长幅度。加强优秀传统文化的挖掘阐发和传承创新，丰富其时代内涵和表达手段，传播主流价值，引领社会风尚。加强现代公共文化服务体系建设，深入实施文化惠民工程，组织开展“城市文化下乡、农村文化进城”等公益性文化活动，统筹推进镇村文化、社区文化、企业文化、校园文化和家庭文化建设。依托绿博会等重大节会和木雕、剪纸等民间文化资源，完善设计安排，组织开展群众乐于参与、便于参与的文化活动。深入开展全民阅读活动，在全市大力倡树读书学习之风。

城市环境和秩序治理机制　结合《全国文明城市测评体系》和《全国未成年人思想道德建设工作测评体系》指标要求，在原有分级分类管理的基础上，整合市直部门、单位对城市环境与秩序检查考核的指标任务，建立涵盖城市环卫保洁、园林绿化、交通秩序、经营秩序、市政设施等领域，覆盖城中村、老旧社区、背街小巷等区域，条块明晰、责任明确的综合性城市管理指标体系。按照新的指标体系要求，由城市管理各部门、单位和各街道落实相关任务、解决有关问题，并建立常态化的问题检查和整改机制。完善联动治理机制。整合市政、环保、供水等部门的投诉服务电话，健全以民生热线为主体的市民投诉和反馈网络，构建“统一受理、分工处理、全面覆盖、限时反馈”的快速联动反应体系。加强联合执法，整合公安、城管、市场监管、卫计、文化等部门、单位的执法资源，对综合性问题的执法，抽调人员组建临时执法队伍，形成紧密协作的执法机制。对城区镇街交界和校园、市场、车站周边等区域的综合环境治理问题，实行相关责任部门、单位定期会商，增强治理成效。强化属地管理责任。按照“条块结合，以块为主”的原则，建立“镇街区为主、市级监督”的管理机制，各镇街区为责任主体，全面承担辖区内创建工作任务。各镇街区要把创建工作长期规划和年度任务及时分解到村、社区和有关部门、单位，推动落实“门前三包”“门内达标”等社会化管理制度。市直各职能部门、单位要加强对创建工作的指导和服务，做到重心下移、力量下放、经费下投，完善齐抓共管的工作格局。突出重点区域和薄弱环节治理。加强公共图书馆、文化馆、博物馆、档案馆、科技馆、青少年宫、妇儿活动中心等公益性文化场所建设和管理，充分发挥其应有效益。完善城市道路、集贸市场、停车场等功能设施的规划和建设，着重解决违规占用问题，确保人行道、无障碍通道、自行车道、消防通道畅通，努力解决市区停车难问题。以城乡接合部、老旧社区、城中村、背街小巷等为重点，科学制定改造治理规划，每年有计划地实施一批综合改造工程。针对当前群众反映强烈的老旧社区脏乱差问题，坚持政府主导、社会参与、业主自治、分类推进，对条件成熟的小区，聘请物业公司实行市场化管理；对条件较差不能实行市场化管理的小区，实行服务外包与居民自治相结合，不断改善老旧小区居民生活环境。

文明城市创建活动　扩大文明单位创建工作

• 2016 年，全市乡村文明行动城乡环卫一体化暨移风易俗工作推进会议现场

覆盖面，加快向学校、社区、景区和新经济组织、新社会组织拓展。完善文明单位创建内容，突出服务质量、办事效率和工作创新，推动各单位开展更具行业特色和职业特点的文明创建活动。开展创建文明示范窗口、争当文明服务标兵竞赛活动，推动提高员工素质和行业服务水平。抓好每三年一届的全国文明单位、每年一届的省级文明单位、每两年一届的潍坊市级和昌邑市级文明单位评选工作，充分发挥文明单位在文明城市创建中的模范带头作用。加强文明村镇创建。以实施乡村文明行动和推进生态文明乡村建设为切入点，突出地域文化特色，着力加强村镇文化建设和环境治理，建设美丽乡村。完善村规民约等行为准则，创新以村党组织为核心的村级治理机制，增强农村社区的服务平台功能。充分发挥道德评议会、红白理事会等群众自治组织的作用，深化移风易俗活动。继续开展“新农村新生活”系列培训活动，不断改进农村生产生活方式，培育壮大新型职业农民队伍。推动文明诚信种植户、养殖户、合作社创建活动规范化、制度化。加强农村面源污染治理，坚持不懈抓好城乡环卫一体化，有计划地推进农村改厕和生活污水治理，保护好农村生产生活生态环境。加强文明家庭创建。推动家庭、家教、家风建设，组织开展“家风家训”征集评选和议家风、晒家训等活动，弘扬爱国守法、尊老爱幼、移风易俗、勤俭持家、邻里团结的家庭美德。广泛开展创建“星级文明户”“最美家庭”活动，选树一批以德治家、文明立家、创业富家、学习兴家、平安保家、廉洁守家的好典型，使文明创建广泛渗透于人们日常生活中，努力以家庭的文明和睦促进社会的文明进步和安定团结。

宣传推动机制　每年制定创建文明城市新闻宣传方案，明确宣传重点和方式，保持创建工作影响力。各新闻媒体要丰富和创新专栏专题设置，大力宣传创建动态和工作成果。建立创建工作网络宣传平台，各重点新闻网站、政府网站、商业网站要开设文明城市创建栏目，形成网上宣传强势。办好“昌邑文明”网，促进“文明昌邑”微信与各部门单位官方微信互动提升。完善新闻媒体“曝光台”，对不文明现象和行为及时予以曝光。加大公益广告刊播力度。围绕理想信念、法治精神、传统美德、雷锋精神、家风家训、文明礼仪、文明旅游、生态文明八大主题，完善规划和创意，系统化做好公益广告传播。各新闻媒体要严格按照测评体系要求，拿出黄金时段和重要版面加大公益广告宣传力度。城区主要交通路口电子屏，出租车、公交车车载电子屏，以及沿街门店、宾馆、酒店等公共场所设置的电子屏，都要经常滚动播出讲文明、树新风方面的公益广告和宣传标语，播放时段不少于20%。在市域内高速公路沿线及出入昌邑的主要路口，规划设立文明城市大型公益广告宣传牌匾，及时更新创城公益广告。联通、移动、电信等单位要运用手机报、短信、彩信等方式传播相关公益广告。定期举办公益广告设计大赛，鼓励媒体、企业等刊登、播放、展示优秀公益广告。发挥志愿服务宣传推动作用。大力弘扬“奉献、友爱、互

• 创建文明城市标语宣传

助、进步”的志愿精神，积极开展“关爱他人、关爱社会、关爱自然”志愿服务活动。成立全市志愿服务联合会，加强对各级志愿服务组织的工作指导。健全组织协调、注册培训、活动运行、服务记录、回馈激励等机制，常年开展宣传咨询、交通劝导、帮孤助残、便民服务等各项志愿服务。建立健全社区“四社”（社区组织、社区志愿服务站、社工队伍、社会组织）联动机制，以困难群众为重点服务对象，组织开展志愿服务进社区、进村镇、进家庭活动，增强志愿服务的示范引领效应。

目标责任制　把创建文明城市工作纳入各级各部门各单位年度工作目标考核，作为评定领导班子工作实绩的重要内容。建立完善《文明城市创建责任书》，逐级签字背书，做到责任主体明确化、岗位责任具体化、责任落实法定化。完善领导包靠制度，市级领导同志分别联系有关镇街区和市直部门、单位的创建工作，定期调度情况、督促落实、协调解决有关问题。建立追究问责制。由市创城办牵头，市委市政府督查室和纪检监察部门配合，对有关单位落实《文明城市创建责任书》情况进行经常性的监督检查。对在创建工作中不负责、不作为，未按有关标准和要求抓落实，以及对发现的问题不及时整改或整改不到位，失职渎职、群众意见较大的，按规定追究相关单位主要负责人和有关人员的责任。建立文明单位黄牌警告制度，对存在的问题经督查通报或媒体曝光后仍整改不力的文明单位，给予黄牌警告，对警告2次以上的撤销其文明单位称号。实行动态访评机制。建立健全市民巡访制度，组织市民巡访团实地查看、记录不文明现象和行为，通过《市民巡访简报》将有关问题向社会公开。强化模拟测评，市创城办每年对文明指数进行一次测评，测评成绩通过媒体公布，对发现的突出问题通报有关责任单位限期整改。

【义工志愿服务】

推进措施　整合市义工联合会、法律协会、残疾人联合会、职工服务中心等资源，结合各级党组织开展的党员示范岗、党员公开承诺践诺、无职党员设岗定责等活动，有针对性地开展志愿服务。引导好、组织好、巩固好志愿服务组织在社会公益、医疗义诊、帮扶救助、社会管理、新农村建设、科技示范、创业就业、法制宣传等领域的常态服务项目，积极开展形式多样、内容丰富的志愿服务活动，使广大义工在参与志愿服务活动中为群众办好事、做实事、解难题。拓展服务平台载体。在抓好经常性活动的基础上，做好结合文章，多途径搭建服务载体、拓展服务领域、增强服务实效。要把开展义工服务与城市社区党建相结合，围绕丰富群众业余文化生活、提供法律援助、社区居民医疗、青少年心理辅导等方面开展服务，搭建党员发挥作用的有效载体。要把开展义工服务与村级党建相结合，根据新农村建设需求，重点在涉农政策宣传、农业生产技术推广、抓党建促脱贫等方面开展服务，促进农业增产和农民增收致富。要把开展义工服务与“两新”组织党建相结合，建好用好党员示范岗、责任区等载体，提高“两新”组织党建水平。要把开展义工服务与党群共建相结合，充分整合党群资源，依托工会、共青团、妇联等组织，把开展服务活动与群团组织活动有机结合，以党建带群建，以群建促党建，有效推进党群义工志愿服务体系建设。打造特色服务品牌。民政、教育、卫计、文化、公安、司法、工会、共青团、妇联、科协等部门单位要结合职能和工作实际，强化思想引导，整合服务资源，使广大义工统一认识，凝聚合力，积极作为。要通过政策引导、重点培育、项目资助等方式，建设一批活动规范有序、作用发挥明显、社会影响力强的义工服务组织，打造好工会金纽带、青年志愿者、巾帼志愿者、潍电义工、希望工程、春蕾助学、暖冬行动、爱心黄手环、微爱

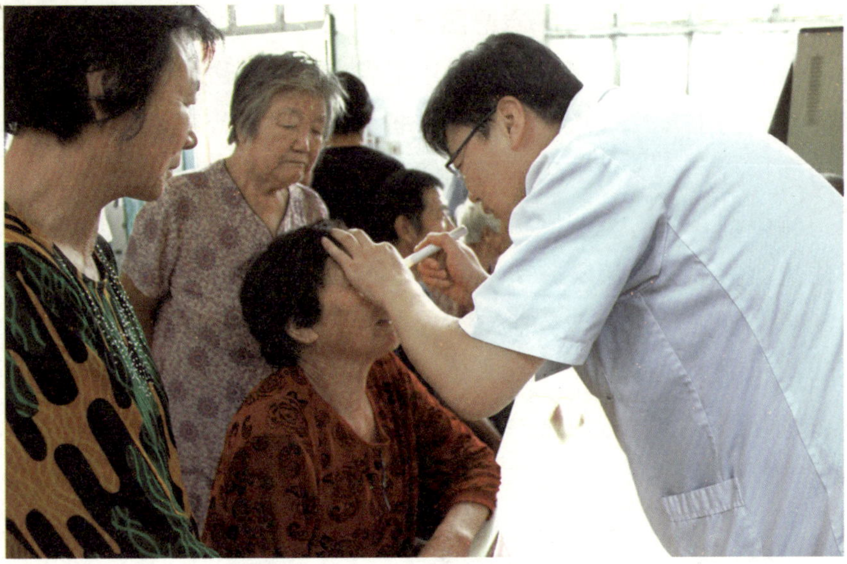

6月28日，义工医疗队到北孟镇老匙沟村义诊

计划等特色鲜明的服务项目，实现全市志愿服务的系统化、具体化、品牌化。

推进措施 健全组织体系。成立市义工联合会党委，牵头义工服务的规划、指导、管理、考核等工作。成立镇街区义工分会党支部，根据本辖区实际，制订义工行动计划，统筹协调下级义工组织建设情况，指导下级义工组织及所属义工开展活动。成立城市社区及农村社区义工服务中心，结合本区域需求，创造性地开展具有专业性、行业特点的服务活动。成立市直机关、企事业单位和村义工服务站，及时承上对接，组织所属义工积极开展公益慈善性服务工作。逐步构建以市义工联合会为主体，镇街区义工分会为基础，社区义工服务中心为纽带，机关、企事业单位、村义工服务站为支撑的“四位一体”组织体系。加强队伍建设。各级党组织要整合资源，统筹兼顾，切实做好义工队伍组建工作，引导党员群众积极加入义工联合会。一方面，要在充分尊重个人意愿的基础上，精心组织报名、登记和注册，有组织、有计划地派遣党员参加义工服务。另一方面，要拓宽双向进入的通道，敞开集体或个人加入义工服务组织的入口，科学设定招募条件，定期收集和发布义工服务需求信息，为广大党员群众加入义工组织提供便利条件。市义工联合会要根据义工的分布、专业特长和群众需求进行分类，组织成立扶贫帮困、治安维稳、爱心捐赠、文体娱乐、宣传教育、环境卫生、卫生保健、信息咨询、便民利民等不同类别的义工服务队，及时对应活动内容组织义工定向参与。完善运行机制。各级党组织要逐步健全完善志愿服务的各项制度，加强义工队伍的教育管理，促进志愿服务制度化、规范化发展。建立统一管理制度，实行统一注册登记、统一服务理念、统一服务标识、统一行为规范的“四统一”管理。建立定期培训制度，采取定期培训与集中培训相结合的方式，对各级义工组织负责人、骨干代表和注册义工有针对性地开展相关培训，提高服务能力和服务水平。建立服务响应机制，各级义工组织和个人要服从市义工联合会的统一调度，对群众的服务需求能即时解决的要即时解决，延时解决的要在一定时限内给予答复和反馈，不能解决的要耐心做好解释。科学评价激励。各志愿服务组织、公益慈善类组织、社会服务机构等，要按照有关规定建立完善义工服务评价激励机制，不断激发参与热情。建立义工服务星级认定制度，根据义工的服务时间和服务质量，给予相应的星级认定，作为评先树优的重要依据。建立义工服务嘉许制度，对在各类社会公益事业中贡献较大的组织和个人分别授予优秀义工服务团队、义工服务之星等荣誉称号。建立“双推双培”激励制度，根据义工表现情况，优先把优秀的群众义工推荐为入党积极分子、是入党积极分子的优先推荐为发展对象；及时把优秀的党员义工培养成义工骨干、把优秀的义工骨干培养成义工组织负责人。建立义工服务惠馈制度，对在各类活动中表现突出的义工，探索在就学、就业、就医等方面享受优惠或优待。

组织领导　提高认识，加强领导。各级党组织要充分认识建设党群义工志愿服务体系的重要意义，把加强义工队伍建设摆上重要议事日程，纳入党建和党群共建工作总体规划，精心组织，整体推进。要把推动志愿服务作为树立单位形象、展现良好作风的重要途径，积极配合，主动作为，形成市义工联合会为主体，各镇街区、市直机关、企事业单位、社区和村义工组织等各司其职的良好局面。各有关职能部门单位要发挥好牵头作用，切实履行好管理职责，多部门联合、多群体发力，共同推进全市义工组织规范、有序、快速发展。统筹资源，强化保障。各级各部门各单位要把支持义工事业发展作为深化“两学一做”学习教育的重要实践，在时间、人力、财物等方面积极提供支持，让义工参加活动有途径、为民服务有方向、展示风采有舞台。支持义工组织承接相关服务项目，依法大力发展义工服务基金，积极搭建爱心企业、爱心人士与各级义工组织之间的桥梁，引导社会资金参与支持义工服务组织发展。加强宣传，营造氛围。潍坊日报社昌邑分社、市电台、电视台等新闻媒体要加大宣传力度，充分发挥报刊、广播、电视、互联网、手机短信等大众传媒的作用，运用新闻报道、言论评论、公益广告等形式，普及义工服务知识。要充分利用社区服务中心、宣传文化站、职工服务中心、精神文明活动中心等阵地和载体，加大义工服务和义工文化的宣传力度，形成有利于义工事业发展的良好氛围。

【和谐劳动关系】

目标任务　用人单位与职工普遍签订劳动合同，集体合同制度普遍落实；企业工资协商共决机制、正常增长机制和支付保障机制进一步完善，职工工资与社会发展、企业效益提高同步合理增长；基本养老、基本医疗、失业、工伤和生育保险覆盖法定人群；安全生产与职业卫生条件不断改善，职工生命安全和身心健康得到切实保障；促进企业发展和职工权益保护机制不断完善；和谐劳动关系创建活动全面开展，人文关怀日益加强，劳动关系矛盾得到及时有效化解，多数企业达到劳动关系和谐企业标准。

落实劳动关系法律法规，保障职工合法权益　保障职工取得劳动报酬的权利。严格执行最低工资规定，保障低收入职工基本生活。督促企业认真落实工资集体协商和工资指导线备案制度，完善企业工资协商共决机制和正常增长机制。严格落实企业工资支付规定，健全工资支付保障制度。落实农民工权益保障3年行动计划，全面实施“一书两金一卡”（防范处置拖欠工资目标责任书、工资保证金、欠薪应急周转金、农民工工资卡）制度。落实清偿欠薪建设施工总承包企业负责制，将农民工工资保障金范围扩大到欠薪多发行业。完善劳动保障监察执法和司法衔接联动机制，健全劳动保障监察机构、司法机关间信息共享、案情通报、案件移送等制度，推动落实人民检察院立案监督和人民法院及时财产保全等制度。对恶意欠薪涉嫌犯罪的，依法移送司法机关追究刑事责任，严厉打击拒不支付劳动报酬犯罪行为。保障职工休息休假权利。全面落实国家关于职工工作时间、全国年节及纪念日假期、带薪年休假等规定，督促企业依法依规安排职工休息休假。严格特殊工时审批条件和程序，实行岗位范围和期限双重管理。强化劳动定额定员标准化管理，指导企业制定实施科学合理的劳动定额定员标准。依法制止和查处超时加班等行为，企业因生产经营需要安排职工延长工作时间的，应与工会和职工协商，并依法足额支付加班工资。保障职工获得安全生产与职业卫生保护的权利。认真落实安全生产和职业病防治法律法规，健全完善企业安全生产责任体系。加强安全生产与职业卫生执法监督，督促企业落实安全生产主体责任。企业应加大安全生产投入，强化安全生产和职业卫生教育培训，提供符合国家规定的安全生产与职业卫生条件和劳动保护用品，如实告知职工工作岗位存在的职业病危害。加大《职业健康安全管理体系要求》（GB/T28001—2011）的贯彻实施力度，提高企业职业健康安全管理水平。认真落实职工正常健康查体、职业病排查与防护制度，对从事有职业病危害作业的职工按照国家规定进行上岗前、在岗期间和离岗时的职业健康检查。深入开展“查、保、促”（查身边隐患、保职工安全、促企业发展）活动，健全职工广泛参与监督安全生产长效机制。加强女职工和未成年工特殊劳动保护。落实高温天气劳动保护规定。保障职工享受社会保险的权利。认真落实社会保险法，督促企业和引导职工依法缴纳社会保险费，实现社会保险覆盖法定人群。认真执行社会保险关系转移接续政策。鼓励有条件的企业按照有关法律法规和政策规定为职工建立企业年金和补充医疗保险。建筑施工企业对不能按用人单位参保、建筑项目使用的农民工，应按建设项目参加工伤保险。督促劳务派遣单位在用工单位所在地为派遣职工缴纳社会保险。全面落实机关事业单位未纳入正式职工管理人员参加社会保险政策。保障职工接受职业技能培训的权利。企业应按工资总额的规定比例足额提取职工教育经费，确保经费专项用于职工特别是一线职工的教育培训。组织职工围绕企业转型发展广泛开展技术比武、岗位练兵等活动，引导职工学习技能、岗位成才。积极推动一线职工继续学习深造，拓宽在职人员学习—就业—再学习渠道。探索建立在职职工取得成人教育学历、高级工以上职业资格培训财政补贴制度。

规范企业劳动用工和管理　全面实行劳动合同制度。加强对企业实行劳动合同制度的监督、指导和服务，督促企业依法订立、履行、变更、续订、解除、终止劳动合同。重点抓好建筑业、住宿和餐饮业等行业以及其他非公有制企业落实劳动合同制度工作，提高小微企业劳动合同签订率和履行质量。全面推进劳动用工备案工作，动态掌握企业劳动用工情况。依法严格规范劳务派遣经营活动，定期开展劳务派遣用工专项监督检查，确保企业在临时性、辅助性、可替代性岗位和国家规定比例之内使用劳务派遣工。依法严格规范非全日制、劳务承揽、劳务外包用工行为。规范企业裁员行为，企业因技术改造、产品升级、业态调整等裁减人员的，应依法履行告知、协商、报告程序，妥善安置职工，维护职工合法权益。推行集体协商和集体合同制度。实施落实集体合同制度攻坚计划。广泛开展集体协商“要约行动”，依法推动企业与职工就劳动报酬、工作时间、劳动安全与职业卫生、保险福利、劳动定额以及女职工特殊保护等事项开展集体协商，订立集体合同或专项集体合同。大力推进行业性、区域性工资集体协商，扩大工资集体协商覆盖面。完善企业工资指导线、企业薪酬调查和信息发布制度，及时发布人力资源市场工资指导价位和行业人工成本信息，为开展工资集体协商提供参考依据。落实企业集体合同备案审查制度。探索实行工会劳动法律监督“两书”（工会劳动法律监督意见书、工会劳动法律监督建议书）制度，强化集体合同履约监督。建立健全协商能力培训制度。加强对集体协商双方代表特别是职工代表的培训，提高协商代表政策水平和协商能力。市、镇两级配备工资集体协商专职指导员，发挥指导员在协商谈判、指导服务以及培训和宣传方面的重要作用。加强集体协商过程指导，探索建立企业工资集体协商咨询指导委员会，为企业开展工资集体协商提供咨询服务。健全企业民主管理制度。加强职工代表大会制度建设，在巩固国有、集体及其控股企业建制率的基础上，着力提高非公有制企业建制率。在中小企业集中的地方推动建立区域性、行业性职工代表大会。加强职工代表业务培训，不断提高履职能力。坚持职代会报告制度，推行

● 2月，市人社局开展“打击违法欠薪行为，维护农民工合法权益”宣传活动，劳动保障监察大队工作人员进行政策解答、发放宣传单

职代会评估和职工代表述职、评议、巡视等制度，推动职代会制度创新。开展“推行协商民主、强化社会责任”示范单位创建活动，推进协商民主广泛、多层、制度化发展。指导企业建立工会与行政沟通协商机制，制定和完善内部规章制度，健全职工参与企业民主管理和表达意愿机制，依法保障职工的知情权、参与权、表达权、监督权。深入推进厂务公开。进一步提高厂务公开制度建制率，强化国有、集体及其控股企业厂务公开，突出抓好国有企业改制重组过程中的厂务公开，积极稳妥推进非公有制企业厂务公开制度建设。推动企业围绕自身发展和涉及职工群众切身利益的实际问题开展民主协商，通过工会与行政沟通协调会议、民主议事会、劳资恳谈会、经理（厂长）接待日、总经理信箱等方式进行沟通交流，协商解决劳动关系中存在的矛盾和问题。积极落实职工董事、职工监事制度。在公司制企业建立职工董事、职工监事制度。职工董事、职工监事按法定程序推选，并报上一级工会组织备案。公司制企业工会主席、副主席应作为职工董事、职工监事候选人人选。依法规范职工董事、职工监事履职规则。职工董事、职工监事在董事会研究决定公司重大问题时应充分发表意见，反映职工合理诉求，维护职工和公司合法权益。

完善劳动关系协调处置机制　健全协调劳动关系三方机制。完善市、镇两级劳动关系三方机制，推动工业园区和有条件的镇街区、产业系统建立三方机制，扩大三方机制覆盖面。创新三方机制组织建设，建立市、镇两级政府负责人担任委员会主任，政府有关部门、工会和企业代表组织广泛参与的协调劳动关系三方委员会。完善三方机制职能，通过召开三方会议、联合调研、重大情况通报等方式，进一步健全工作制度，充分发挥政府、工会和企业代表组织共同研究解决劳动关系重大问题的作用。健全劳动保障监察执法机制。深入推进劳动保障监察执法体制改革，着重加强基层监察执法队伍建设和以智能监察为重点的监察信息化建设，全面提升劳动保障监察主动预防、动态监管、精准执法能力。扩大日常巡视检查和书面材料审查覆盖范围，积极开展网上审查工作。发挥劳动保障监察举报投诉联动处理平台作用，提高举报投诉案件快速查处能力。定期开展农民工工资支付情况专项检查。建立劳动保障监察执法全过程记录制度，完善监察执法程序，规范监察执法裁量权。建立劳动保障监察执法重大疑难案件法制审核和论证制度。健全劳动保障监察执法与其他机构执法各司其职、相互配合、齐抓共管的执法协作机制。完善涉嫌犯罪案件移送标准和程序，推动劳动保障领域犯罪案件及时进入司法程序。建立健全用人单位人力资源社会保障诚信等级评价制度，诚信等级评价结果纳入社会信用体系或政府公共信用信息服务平台，提升诚信等级评价的引导力。健全劳动争议调解仲裁机制。坚持预防为主、基层为主、调解为主的工作方针，推动各类企业普遍建立内部劳动争议协商调解机制。加强镇街区、村（社区）劳动争议调解组织建设，指导和推动行业商会（协会）依法建立行业性、区域性劳动争议调解组织。健全仲裁调解与人民调解、行政调解、司法调解联动体系。规范仲裁院建设，提升仲裁工作标准化、规范化、专业化水平。完善劳动争议仲裁办案制度，依法加大先行裁决、先予执行裁决、终局裁决力度，不断提高争议处理效能。加强裁审衔接与工作协调，统一政策性疑难问题的法律适用，提高裁审一致性。加强劳动争议仲裁信息化建设。在劳动人事争议仲裁机构建立法律援助工作机制，依法及时为符合条件的职工提供法律援助。完善群体性事件预防和应急处置机制。健全劳动关系重大矛盾预警预报预防机制，强化矛盾多发行业和区域监控，建立劳动关系状况定期分析制度，对倾向性、苗头性问题制定应对预案。建立劳动关系重大事项风险评估制度，对企业改革改制、兼并重组、搬迁转移等涉及职工劳动关系的重大事项做好风险评估，最大限度消除不稳定因素。完善集体争议处理办法，有效调处集体合同争议和集体停工等事件。完善党委领导、政府负责、有关部门和工会、企业代表组织共同参与的群体性事件应急联动处置机制。

构建和谐劳动关系的良好环境 加大构建和谐劳动关系宣传力度。充分利用报刊、电视、广播和互联网，注重借助微博、微信等新媒介，通过开设专栏、专题访谈、专家讲座、集中培训等多种形式，大力宣传构建和谐劳动关系的重大意义、宣传劳动保障法律法规、宣传构建和谐劳动关系实际成效和工作经验、宣传企业关爱职工和职工奉献企业的先进典型，形成全社会关心、支持和参与构建和谐劳动关系的良好氛围。加强对职工的教育引导。加强对广大职工的思想政治教育，引导职工正确理解改革发展的重大举措，正确处理各方面利益关系，发扬识大体、顾大局的优良传统，培养良好的职业道德，自觉履行法定义务。加强劳动保障法律法规政策宣传教育，引导职工通过合法渠道和规范程序理性表达利益诉求，维护社会和谐稳定。加强对职工的人文关怀。培育富有特色的企业文化和企业精神，增强职工的归属感和企业的凝聚力。加强工人文化宫（俱乐部）、职工文体活动中心和职工书屋建设，加大职工文体娱乐设施投入，开展丰富多彩的职工文化体育活动，陶冶职工情操，增强职工体质。关注职工心理健康，开展心理健康咨询，特别是加大对新生代职工和农民工的人文关怀和心理疏导，帮助职工解决心理和行为问题。组织实施“推动职工成长计划（EAP），促进和谐劳动关系建设”项目，为职工提供专业指导、培训和咨询，拓宽职工发展渠道和职业发展空间。引导企业经营者积极履行社会责任。推动企业自觉践行社会主义核心价值观，关心关爱职工、守法诚信经营、服务奉献社会。加强对企业经营者的劳动保障法律法规教育，引导他们把构建和谐劳动关系作为承担社会责任的重要内容，规范用工行为，保障职工合法权益。深入开展履行社会责任示范企业创建活动。着力推进企业诚信建设。大力

● 潍坊总工会领导到昌邑检查法人治理结构评估工作

开展诚信兴商宣传和“厚道鲁商”倡树行动，完善企业守信激励和失信惩戒机制，加强企业信用管理，加大典型失信案件曝光力度，引导企业模范遵守国家法律法规和行业准则，积极推进节能减排和安全生产，切实保障投资人、职工、债权人和客户等相关方的权益，维护良好的市场经济秩序，优化企业发展环境。深化行政审批制度改革，简政放权，优化服务，切实减轻企业负担，激发市场主体活力。完善政策措施，加大对企业自主创新、技术改造、节能减排、人才培养和品牌培育等的支持力度。完善联系重点企业制度，坚持精准施策，积极帮助企业解决实际困难和问题。引导中小企业建立行业商会组织，加强技术协作，争取融资授信，规范竞争行为，共同开拓市场，增强可持续发展能力。广泛开展和谐劳动关系创建活动。制定和完善劳动关系和谐企业、工业园区、镇街区等评价标准和方法，丰富创建内容，规范创建机制。搞好创建活动统筹协调，积极组织企业特别是非公有制企业和中小企业参与和谐劳动关系创建活动，推动区域性创建活动由工业园区向企业比较集中的镇街区、村（社区）拓展。开展争创劳动关系和谐镇街区工作，将具备条件的镇街区推荐列入省和谐劳动关系创建试点。把对企业和企业经营者评先评优与和谐劳动关系创建结合起来，不断推进和谐劳动关系创建工作深入开展。

加强组织领导和协同配合　加强领导，落实责任。各级党委、政府要把构建和谐劳动关系摆上重要议事日程，建立健全构建和谐劳动关系的领导协调机制。各级党委要统揽全局、把握方向，统筹党政力量、群团力量、企业力量和社会力量，发挥人大监督、政协民主监督作用，及时研究解决劳动关系的重大问题。各级政府要强化责任，制定完善科学的指标体系，把构建和谐劳动关系纳入当地经济社会发展规划和政府目标责任体系，及时制定和推动落实相关政策措施，在力量配置、经费投入上重点支持，切实担负起应有的责任。（各级党委、政府负责）加强协作，形成合力。人社部门要充分履行职责，认真做好调查研究、决策咨询、统筹协调、指导服务、检查督促和监察执法等工作，切实保护职工和用人单位的合法权益。工会组织要积极参与协调劳动关系，及时了解和反映职工的愿望和要求，组织职工推进企业民主管理，维护职工合法权益。工商联、企业联合会等企业代表组织要积极反映企业诉求，加强行业自律，教育和引导广大企业经营者主动履行社会责任。其他有关部门要在职责范围内积极做好构建和谐劳动关系工作。加强劳动关系工作队伍和协调能力建设。健全完善市、镇两级劳动关系协调工作机构。加强劳动保障监察机构建设，合理配备监察员，强化基层劳动保障监察执法力量，有效发挥镇街区劳动保障监察队伍宣传引导、信息采录、日常监测、预防预警、纠纷调处、配合执法等职能。加强劳动人事争议仲裁院规范化建设。对劳动关系协调员、劳动保障监察员和劳动争议仲裁员、调解员实行持证上岗和资格管理，定期进行业务培训。推动镇街区和有条件的农村（社区）建立人力资源社会保障基层公共服务平台，充实劳动关系协调、劳动保障监察和劳动争议调解专兼职人员。强化劳动保障监察执法、调解仲裁经费保障。加强企业党组织和基层工会、团组织、企业代表组织建设。加强各类企业党建工作，重点在非公有制企业扩大党的组织覆盖和工作覆盖。配齐配强党组织负责人，加大党建工作指导员选派力度，严肃党内政治生活，加强党员教育管理。健全企业党建带群建机制，依法推动各类企业普遍建立工会组织，进一步加强非公有制企业团建工作。指导和支持企业党群组织探索适合企业特点的工作途径和方法，充分发挥在推动企业发展、凝聚职工群众、促进和谐稳定中的作用。加强基层企业代表组织建设，支持企业代表组织参与协调劳动关系，充分发挥企业代表组织对企业经营者的团结、服务、引导、教育作用。

【协商制度】

明确协商内容　坚持广泛协商，针对当地实际和群众需求合理确定协商内容，主要包括：城乡经济社会发展中涉及社区居民切身利益的公共事务、公益事业；社区居民反应强烈、迫切要求解决的困难问题和矛盾纠纷；党和政府的方针政策、重点工作部署在城乡社区的落实；法律法规和政策明确要求协商的事项；各类协商主体提出协商需求的事项。

确定协商主体　积极引导基层社会多元主体广泛参与协商，协商主体包括：各镇街区政府（办事处、管委会）、村（社区）党组织、村（居）民委员会、村（居）务监督委员会、村（居）民小组、驻村（社区）单位、社区社会组织、业主委员会，以及农村集体经济组织、农民合作组织、物业服务企业和当地户籍居民、非户籍居民代表及其他利益相关方。

分层次建立协商制度　建立村（居）民协商制度，完善村（居）民自治制度体系。坚持先民主协商后民主决策，建立健全村（居）民协商制度，形成民主选举、民主协商、民主决策、民主管理和民主监督〞五位一体〞的村（居）民自治制度体系。凡是涉及村（居）民切身利益的事项，由村（居）党组织、村（居）民委员会组织开展协商，取得一致意见并形成协商成果后组织实施。法律法规规定由村（居）民会议讨论决定办理的事项，必须经过村（居）民会议讨论决定，通过后方可组织实施。建立社区协商制度，完善城乡社区治理机制。建立社区党组织领导、社区村（居）民委员会主导，业主委员会、物业公司、社区社会组织、驻社区单位、社区经济组织、居民代表等利益相关方参与的社区协商制度，完善多元主体参与的社区治理平台。凡是涉及社区各类主体的社区公共事务、公益事业，社区居民反应强烈、迫切要求解决的困难问题和矛盾纠纷，以及需要在城乡社区落实的党委和政府部署的重点工作任务等，由社区党组织和社区村（居）民委员会牵头组织开展多元主体参与的社区协商，形成一致意见后按程序办理。社区内重要事项单靠社区牵头无法协商时，由所属镇街区党（工）委牵头组织开展协商。协商中要注重将社区内威望较高、办事公道的老党员、老干部、群众代表以及党代表、人大代表、政协委员、群团组织负责人、社会工作者吸收到社区协商活动中来，提高协商议事的公信力和权威性。建立楼宇（小组、小区）协商制度，完善村（居）民微自治和社区微治理机制。凡是涉及楼宇（小组、小区）内公共利益以及村（居）民个人权益的事项，由楼宇（小组、小区）党组织或楼宇长、村（居）民小组长组织开展协商。协商达不成一致意见的，由村（居）、社区党组织或村（居）民委员会牵头组织开展协商。

规范协商程序　村（居）民协商的一般程序：村（居）党组织、村(居)民委员会在充分征求村(居)

• 8月5日，市政协召开提案办理协商座谈会

民意见的基础上研究提出协商议题；通过多种方式，向全体村（居）民提前通报协商内容和相关信息；组织开展协商，确保全体村（居）民充分发表意见建议，形成协商意见；组织实施协商成果，向村（居）民反馈落实情况。经协商无法解决或存在较大争议问题或事项，可以另行组织协商；仍不能达成共识的，应当提交村（居）民会议或村（居）民代表会议表决。社区协商的一般程序是：社区党组织、社区村（居）民委员会在充分征求各类主体意见的基础上研究提出协商议题，确定参与协商的主体；通过多种方式，向参与协商的各类主体提前通报协商内容和相关信息；组织开展协商，确保各类主体充分发表意见建议，形成协商意见；组织实施协商成果，向协商主体、利益相关方和居民反馈落实情况。经协商无法解决或存在较大争议的问题或事项，可以另行组织协商；仍不能达成共识的，应当召开多元主体参加的会议进行表决。楼宇（小组、小区）协商的一般程序是：楼宇（小组、小区）党组织或楼宇长、村（居）民小组长根据楼院、村（居）民小组、居民小区村（居）民意见研究提出协商议题；通过多种方式提前向楼宇（小组、小区）内居民通报协商内容和相关信息；组织开展协商，确保楼宇（小组、小区）内居民充分发表意见和建议，形成协商意见；组织实施协商成果，向楼宇（小组、小区）内居民反馈落实情况。其中，涉及村（居）民重大切身利益的事项，形成协商意见后，应当召开村（居）民小组会议进行表决后组织实施。

拓展协商形式　村（居）民协商，要坚持村（居）民会议或村（居）民代表会议制度，全面落实“阳光议事日”制度，规范村（居）民协商议事规则，积极采取村（居）民议事会、村（居）民理事会、村（居）民决策听证会、民主评议会等形式开展协商。社区协商，可采取社区协商会、社区议事会、社区联席会、社区恳谈会、社区听证会等形式开展协商。楼宇（小组、小区）协商，可采取楼宇协商会、小区协商会、业主协商会和村（居）民小组协商会等形式开展协商。

要加快社区公共信息化建设，畅通社情民意网络征集渠道，积极运用村（社区）信息平台、社区网站、QQ 群、微信群、“潍 V”公共服务平台等现代化手段开展网上协商、线上协商。

运用协商成果　建立协商成果采纳、落实和反馈机制。需村（社区）落实的事项，村（社区）党组织、村（居）民委员会应当及时组织实施，落实情况在规定期限内通过村（居）务公开栏、社区刊物、村（社区）网络论坛等渠道公开，接受群众监督。楼宇（小组、小区）协商成果要在相应范围内公开。受镇街区或有关部门委托的协商事项，协商结果要及时向镇街区或有关部门报告，镇街区和有关部门要认真研究吸纳，并以适当方式进行反馈。对协商过程中持不同意见的群众，协商组织者要及时做好解释说明工作。协商结果违反法律法规的，各镇街区应当依法予以纠正。

市委办公室工作

2016 年，市委办公室在市委的正确领导下，深入学习贯彻党的十八大和十八届三中、四中、五中、六中全会精神以及习近平总书记系列重要讲话精神，坚持围绕中心、服务大局，开拓创新、扎实工作，各项工作都取得新的更大进步。紧紧围绕市委、市政府“一三四五”（一个目标、三个迈进、四大战役、五个新城”）的思想举措，努力开创办公室各项工作新局面。市委办公室连续 2 年获全省党委政研系统优秀调研成果二等奖，荣获“潍坊市保密优质高效单位”“潍坊市保密工作先进集体”称号。在 2016 年度市直部门单位述职评议中获得优秀等次。

【调查研究】　认真贯彻习近平总书记对党委办

● 8月10日，昌邑市关工委组织“五老”义务监督员在网吧巡查

公室提出的“五个坚持”要求，把“担当、抓紧、创先争优”贯穿每项工作，坚持建制度、抓学习、提质量、强效能，不断提升“三服务”工作水平。当好“参谋部”。围绕市委中心工作，积极开展调研，搞好以文辅政。共开展工业转型发展、党委办公室运行、金融资本运作、现代旅游业发展、农村新型社区建设等调研11次，形成了调查报告供领导参阅。积极做好调研文字上报工作，及时总结、宣传推广昌邑的经验做法，在潍坊市级以上党委主办刊物发表典型文章14篇，其中2篇分别在省委《山东通讯》和《调查与研究》刊发，发表数量居潍坊各县市区第一位。当好“服务部”。认真做好文稿起草工作，做到正确传达上级精神、全面体现领导意图、有效促进工作开展。共撰写领导讲话、汇报材料、典型发言等200多篇，各类文件215个。

【信息工作】 强化信息报送，累计上报各类信息1288篇，编发《昌邑信息》10期。建立每月工作动态报送制度，创新建立每季工作亮点报送制度，做到信息报送全面及时、准确高效。建立重点改革事项常态化调度机制，开展专项调度5次。潍坊市年度改革工作北片区现场会在昌邑市召开，相关改革创新经验和做法得到上级肯定。当好“协调部”。

【政务服务】 发挥运转中枢作用，搞好综合协调，积极参与、协调做好创建全国双拥模范城、国家森林城市等重点工作和党代会、人大政协“两会”、绿博会等重要会议活动的筹备工作。协调推动招商引资任务落实，引进昌邑新星科技发展有限公司年产5565吨精细化学品项目落户下营工业园，市招商办认定到位资金2130万元，超额完成任务。当好“保障部”。完善公务接待、车辆管理、财务保障等制度，建立衔接紧密、运转顺畅的工作体系，保障市委工作正常进行。

【督查工作】 当好“督查部”。及时有效抓督查、促进度，推动市委决策部署落实到位。共印发《督查事项通知》127期、《督查专报》96期、《督查通报》21期，承办领导批件122件。

【帮扶工作】 做好柳疃镇孙家河滩村联系帮扶工作，筹集资金50万元，帮助硬化村内道路5条、建设健身广场1处。投入2万元为村集体购买办公桌椅、学习电视、书籍等，建设了高标准的党员活动室。

【自身建设】 把学习作为提升队伍素质、增强工作本领的有效途径，扎实开展“两学一做”学习教育，组织开展各类学习、研讨活动20多次。认真学习研究习近平总书记转变发展方式、深化供给侧结构性改革、推进依法治国等新理论新思想新论断，深刻领悟蕴含其中的思想精髓和核心要义，不断提升理论水平和综合素质。加强业务知识学习，准确把握上级政策，强化对产业发展、法律法规等方面的研究，不断提升解决问题、服务中心工作的能力。坚持学以致用，督促办公室党员干部把学习贯彻党的路线方针政策与落实市委重大决策部署紧密结合，努力把学习成果转化为谋划工作的思路、促进发展的能力。通过学习，牢固树立“四个意识”特别是核心意识、看齐意识，坚决维护党中央权威，在思想上政治上行动上与以习近平为核心的党中央保持高度一致。

注重加强班子廉政建设和思想作风建设，发挥班子成员表率作用，以清廉形象树立威信，以优良作风推进工作，以务实举措赢得民心。强化党风廉政建设。严格落实党风廉政建设责任制，组织机关干部认真学习贯彻中共十八届六中全会精神和“准则”“条例”，加强警示教育，做到未雨绸缪、警钟长鸣。严格执行中央八项规定，持之以恒反“四风”、转作风，引导办公室党员干部讲规矩、守纪律，令行禁止，不越“红线”。强化作风建设。结合开展“两学一做”学习教育，积极倡导严格认真、雷厉风行的工作作风，营造苦干实干、争先创优的良好氛围。深化查摆问题整改落实，严厉整治“庸懒散浮”，促进机关效能和干部服务意识、素质能力、落实力度同步提升。强化为民务实。

组织工作

2016年，中共昌邑市委组织部紧紧围绕市委、市府中心工作，上级党委及主管部门的正确领导下，在开展“两学一做”学习活动、组织管理、干部选拔任用及日常监督管理等工作，开拓新的工作局面。

【基层党组织建设】

坚持聚焦问题、精准施策　分层制定学习教育责任、问题、整改“三张清单”，压实市级党政领导班子成员、市直部门单位、镇街区党（工）委书记、“两新”组织和村级党组织书记“五类关键人”责任，对着清单抓、照着清单做，形成以上率下、整体联动的总体效应。向基层党支部选派1210名联系指导员，实行照片、职责、目标“三上墙”，全程跟踪指导支部学习，确保规定动作不走样。建立每周调阅一次档案、每月下发一次督查重点、每季开展一次成果展评“三个一”督导机制，采取不打招呼、一竿子插到底的方式抓督导、抓落实，先后调阅637个支部档案，开展现场督导186次，编发《情况通报》24期，推动了学习教育向实处发力、向纵深发展。在抓好支部生活日、“三会一课”基础上，采取“3+3”（“集中研学＋分散自学”“上门送学＋远程助学”“专家导学＋分类督学”）模式，原原本本抓好规定书目学习，累计开展集体学习2.5万多次、讨论1.2万余次。积极打造“红色课堂”“流动课堂”“空中课堂”“掌上课堂”“实践课堂”等多类别、多功能的学习教育平台，营造“全员知晓、全员参与”氛围，增强学习教育实效性。结合庆祝建党95周年活动，全市表彰“两优一先”典型220名，各级党组织选树先进典型258个，确定市级先进典型16个，组织先进典型现身说法240人次，营造了学先进、争先进、赶先进的浓厚氛围。在农村推行党员积分制管理，对参加组织生活、服务群众等情况逐项量化积分，分季度向群众公开展示。在城市社区，推行网格化管理、组团式服务，组织党员开展志愿服务、认领微心愿。在机关事业单位和“两新”组织，严格落实党员示范岗、党员责任区等制度。另外，成立义工联党委，3.8万多名义工、4300多名党员义工开展助老、助学、助困等活动2600多次，潍坊市委主要领导调研时给予充分肯定，先后有20多个县市区实地考察。

增强基层党组织的凝聚力和战斗力　以被确定为潍坊“一县一点”攻坚项目为契机，加大工作力度，探索将党员积分制管理融入“亮、评、促”工作，建立定性与定量、奖励与惩戒相结合的党员动态管理机制。2016年，2.2万名农村党员和2126名“两新”组织党员亮明身份，评选六星党员2623人次，帮教转化党员24名。潍坊市委主要领导对该做法作出专门批示，并被中组部《党建研究（内参）》《山东组织工作》、潍坊市委《参阅件》《潍坊组织工作》等刊发推介。成立“两新”组织党工委和3个专门党委，10处镇街区均成立综合党委，构建起了上下联动、条块结合的工作格局。扎实开展“两新”组织示范点创建，重点打造潍坊市级示范点8处、昌邑市级示范点80多处。落实非公企业党费返还制度，共返还党费15.52万元。推行“街道大工委—社区大党委—网格党支部—楼栋党小组”党建模式，在3个街道全部成立“大工委”，10个城市社区全部成立“大党委”，成立网格党支部68个，划分楼栋党小组336个。加大经费保障，共投入社区运转经费339.33万元，为民服务专项经费200万元。深入开展承诺践诺、争行业服务标兵、创优质服务品牌等活动，落实述职评议考核、首问负责、服务承诺、按时办结、工作纪实等制度，组织3800名机关在职党员到社区报到开展志愿服务。建立村主职干部近亲属入党从严考察机制，该做法被中组部《组工信息》推介。建立常态化轮训党员机制，共举办党组织书记和党员集中培训班212期，培训党组织书记1277人，村“两委”干部2844名，党员37531名。加大党员关爱力度，为中华人民共和国成立前入党老党员发放补贴69.5万元，组织对24名解放战争前入党老党员进行健康查体。建立困难党员大额救助机制，为45名生活困难党员发放关爱基金41.1万元，该做法被《潍坊组织工作》推介。大力实施“互联网+党建”，推广应用“潍水先锋·昌邑党建云平台”，组织党员开展网上在线学习，对村“两委”成员、大学生村官、党员发展对象以及50岁以下普通党员在线学习实行学分制管理，每季度在线学习完成率均达到99%以上。强化跟踪督查力度，实行销号管理，党代表和党员违纪违法排查清理、党费补交工作已全部完成；共排查出失联党员308名，经查找已取得联系294名，给予除名14人；未按期换届376个党组织已完成换届。

整体提升基层党建工作水平 统筹人力、物力、财力“三个下沉”，全市10个镇街区党群服务中心、84个农村社区党群服务中心、691个村级党群服务站全部建成并规范运行；推动480名机关干部下沉社区，为群众提供贴心便捷服务；全面公示村干部坐班值班安排和为民服务“三个清单”，全市村干部共为群众办理各类事项8.4万件，切实解决服务群众“最后一公里”的问题。实行村党组织书记岗位、绩效“双考评”，利用经济杠杆加强对村党组织书记队伍监管，累计334人次因履职不到位被扣发或停发岗位补贴，该做法被《潍坊组织工作》推介。参照考察考核市直部门单位标准，对村“两委”班子运行状况和村干部表现情况进行考察考核，激发村干部干事创业的积极性。投资80多万元，为620个村高标准设置全封闭式“三务”公开栏，配套制定《“三务”公开实施办法》，相关做法被《大众日报》《潍坊组织工作》推介。实行社区、村党组织书记、经管站长备案管理，全市798人的档案全部集中归档。开展以清理规章制度、清理标牌牌匾、规范“三资”管理、规范村级运行为主要内容的“两清理、两规范”工作，全面推行村级“阳光议事日”制度，全市691个村均通过核查验收。按10%的比例倒排确定69个后进及软弱涣散村党组织，坚持因村制宜、一村一策，全部完成整顿转化。深化村级财务常态化监管机制，聘请2家会计事务所对140个经济强村、重点难点村的财务状况进行审计。推行村党组织书记“四诺履职”管理，引导村党组织书记不断强化岗位意识，规范履职行为。完善村级后备干部选拔培养机制，共储备培养后备干部1564名。调整优化第一书记并进行全员培训，加大政策和资金支持力度，累计投入各类帮扶资金820多万元，硬化道路55千米，建设农田水利设施98处，发展村级增收项目18个。举办“扶贫工作重点村”实用人才培训班，精选170余名农业种植大户、家庭农场主实施精准兜底培训。完善党员干部联系服务群众机制，组织2135名党员干部常态化联系2352个贫困户，累计投入帮扶资金136万元，办实事好事794件，解决问题462个。扎实做好在岗选聘大学生村官分流工作。协调市里拿出专门编制，对34名在岗选聘大学生村官进行考核招聘，严格流程步骤，精心组织实施，率先在潍坊市一次性完成分流工作。2016年，市财政共安排村级组织运转保障经费6300万元；严格按标准落实在职村党组织书记补贴报酬和离任村干部生活补贴，全年市财政累计为1174名在职村干部发放岗位补贴1530多万元，为3036名离任村干部发放生活补贴700多万元，受益面和补助金额居潍坊市前列。

完善村级治理机制　印发《昌邑市村级党组织书记管理考评及补贴报酬发放办法（试行）》（昌办发〔2016〕3号），实施村级党组织书记岗位、绩效“双考评”，利用经济杠杆加强对村级党组织书记队伍监管，全年累计334人次因履职不到位被扣发或停发岗位补贴，充分调动了村党组织书记干事创业、服务群众的积极性和主动性。潍坊市委组织部进行了推介。深化村级财务常态化监管模式，聘请2家会计师事务所，对140个经济强村和重点难点村进行财务审计，有效解决村级财务监管不到位问题；投入80多万元，为620个村高标准设置全封闭式“三务”公开栏，配套制定《“三务”公开实施办法》，潍坊市委组织部推介昌邑市做法；把重视基层党建落实到财政投入、经费保障上，全年市财政共安排落实村级组织运转保障经费6300万元。

服务群众　全面落实村干部坐班值班制度，有效提升了服务质效；坚持把包村联户与精准扶贫紧密结合，累计投入帮扶资金820多万元，硬化道路55千米，建设农田水利设施98处，发展村级增收项目18个；2352个贫困户实现党员干部联系服务全覆盖，群众满意度水平进一步提升。

【干部工作】　从严抓好换届风气监督。严格落实“九严禁”纪律要求，抓好关键人群“一片一书”学习教育，印发换届纪律卡片2000张，组织签订换届风气承诺书260份。严格落实“四必谈”“四必看”“四必训”，广泛开展谈心谈话活动，确保换届选举工作稳定健康有序开展。联合市纪委成立3个换届风气专项巡察组，对重要节点和监督重点进行巡回督查，营造了风清气正的换届环境。

镇街领导班子换届工作。严格把好人选质量关、会议程序关、大会选举关、呈报审批关，确保镇街领导班子换届工作圆满完成。坚持分类选拔、同类比选，做好从镇事业编制人员、优秀村干部、大学生村官“三类人员”中选拔镇领导班子成员工作，共选拔6名优秀基层干部进入镇领导班子，激发了基层干部扎根基层、干事创业的积极性。同时，积极配合潍坊市做好市委、人大、政府、政协领导班子换届考察工作。从严把好1117名“两代表一委员”候选人初步人选的名额比例关、能力素质关、推荐选举关，并全面征求纪检、计生、信访、审计、公安等部门意见，确保代表候选人的先进性和纯洁性。

领导班子和干部队伍结构更加优化。本着以岗选人、因人制宜的原则，在充分利用年度考核结果、认真分析干部德才素质的基础上，积极稳妥做好干部调整交流工作，全年共调整干部6个批次，进一步树立了良好的选人用人导向，调动了各方面的工作积极性。

年轻干部培养力度进一步加大。围绕解决干部经历单一、能力不足等问题，分3个批次安排30名市直部门（单位）新提拔科级干部到镇街区实践锻炼，通过跟班学习、协助分管工作等形式，

● 10月20日，全市市镇两级人大换届选举工作会议召开

帮助丰富工作经历，提升工作能力。

干部人事制度改革有序推进。改进干部综合管理服务，加大年度考核结果使用力度，及时向单位主要负责同志和干部本人反馈2015年度考核情况，有效解决了干部自我评价与组织评价、群众评价存在偏差的问题。严格规范干部调配，制定《市直有关部门单位工作人员调配工作办法》，明确抽调人员帮助工作、补充人员的程序步骤和纪律要求，杜绝了违规借用人员问题的发生。继续做好公职人员在企业兼职和出资办企业规范清理，8名干部按程序办理退出或任职手续。做好公务员、参公人员和事业单位中层以上干部档案专项审核工作，全年完成档案审核2238本。

领导干部日常管理监督。积极贯彻《因公出国人员审批管理规定》《山东省因公出国人员审批管理办法》等中央、省委和潍坊市委的有关文件精神，对新提拔的科级干部名单及时提供给出入境管理部门，并协助出入境管理部门督促相关部门（单位）及时备案登记。认真做好科级以上干部因私出国（境）证件收缴和出国（境）审批工作，均未出现任何纰漏。加强对领导干部的经济责任审计。对离任的主要领导干部坚持应审必审，组织开展离任审计27人。做好领导干部报告个人有关事项工作，组织全市56名县级干部和75名正科级干部对个人有关事项进行填报。

【镇街领导班子换届工作】 严格把好人选质量关、会议程序关、大会选举关、呈报审批关，确保镇街领导班子换届工作圆满完成。坚持分类选拔、同类比选，做好从镇事业编制人员、优秀村干部、大学生村官“三类人员”中选拔镇领导班子成员工作，共选拔6名优秀基层干部进入镇领导班子，激发了基层干部扎根基层、干事创业的积极性。镇街领导班子结构进一步优化。换届前，镇街党政班子成员中，35左右的干部有38名，占43.2%，其中党政正职3名，30岁以下的干部有2名；女干部有23名，其中党政正职2名；党外干部2名，无少数民族干部。换届后，关于年轻干部选配。镇街党政领导班子中共配备35岁左右的干部42名，占党政班子成员总数的40.4%，其中35岁左右的党政正职4名，30岁左右的党政班子成员8名。关于女干部选配。镇街领导班子共配备女干部28人，比上届增加8人。镇街党政领导班子成员中配备女干部26名。镇街党政正职中配备女干部2名，其中书记1名，镇长1名。关于学历要求。18名镇（街道）党政正职具备全日制大学以上学历的7名，占到了总数的38.9%。关于经历要求。122名镇（街道）领导班子成员中，具有2年以上镇（街道）工作经历的115名，占到了总数的74.06%。

【干部教育工作】 多措并举，扎实开展干部培训工作。充分发挥市委党校干部培训主阵地作用，突出政治理论教育、党性党风党纪教育，年内举办主体班次、各类专题班14期，培训党员干部

2200多人次。坚持“走出去”和“请进来”相结合，先后赴中山大学、山东省社会主义学院、清华大学举办3期域外高端培训班，培训领导干部、企业家及各类人才117人；邀请焦守云、王杰等专家教授分别举办“焦裕禄先进事迹报告会”“弘扬优秀传统文化、提升干部道德素养”和企业两化融合、信息安全、电子商务方面的专题讲座4期，培训领导干部、企业家及各类人才3000多人次。利用潍坊干部网络学院，扎实开展干部在线学习工作，全市3142名干部在线学习参学率和8学分完成率均达到100%。

建章立制，不断规范干部培训工作。会同市人社局印发《关于加强全市干部教育培训工作的通知》，进一步明确培训任务分工、培训重点内容和培训方式方法，通过组织调训、自主培训、在线学习和个人自学等方式，确保实现全市县级干部每年参加教育培训时间不少于110学时、科级及以下干部每年不少于90学时的目标任务。建立机关事业单位举办培训班申报审批备案、干部教育培训登记考核和干部教育培训考核督导3项制度，加强对全市培训工作的检查督导，推动干部培训工作科学化、制度化、规范化。

改革创新，开发建设党性教育基地和基层党校。不断创新培训方式，深入挖掘全市培训资源，新打造昌邑市党史馆、龙池抗日战争纪念馆等8处红色教育基地，全面推广现场教学，突出党史党性教育培训。推进党校办学体制改革，在各镇街区和部分市直党（工）委新成立20处市委党校分校，出台《基层党校建设管理规范》，进一步规范基层党校教学管理，提升教学质量。继续开展“上门送教”活动，为镇、村和市直单位送教50余次，培训党员干部8000余人次。

【人才工作】 全年柔性引进“两院”院士、国家“千人计划”专家、泰山学者等高端人才9人，推荐入选泰山产业领军人才3人、省智库高端人才入库专家1人、鸢都产业领军人才7人，入选数量均列潍坊市第一位，实现了高端人才引进培养工作新突破。积极开展招才引智活动，年内举办各类招才引智活动96次，参加人数达9000余人次，对接高层次人才527人。扎实兑现人才激励政策，按照现行人才政策，帮助各类专家人才、企业兑现奖励资金369.94万元，在全市营造了重才、爱才、惜才、用才浓厚氛围。加大人才工作宣传力度，开通人才工作热线，印制发放《重点人才政策汇编》，利用报刊、电视、网络等大力宣传人才工作经验做法、人才典型、人才强企典型等，刊发各类人才宣传稿件237篇，其中4篇评论被《中国组织人事报》刊发。2016年，全市人才工作成绩显著，在潍坊市人才工作考核中列8县市第3位。

市镇联动，利用1个月时间，将全市290家规模以上工业企业全部调研一遍，摸清了企业人才基本情况、科技创新情况、产学研合作情况、人才技术需求情况“四张清单”，汇总各类人才需求383人，帮助对接引进各类人才149人，切实提高了人才工作针对性和实效性。

8月30日，市直机关专题党课培训班在市广播影视中心举行

打破以前仅有组织、人社部门负责人才引进的“单兵作战”局面，将人才引进工作作为各镇街区、各部门各单位的重点任务，年初定目标，年终抓考核，建立起集全市之力招才引智的新模式，形成引才合力。同时倡导“人才不求所有、但求所用”理念，引导激励乡镇、部门和企业通过项目合作、技术入股、聘请顾问等柔性方式引进人才，快速聚集高层次人才。2016年，举办各类招才引智活动96次，参加人数达9000余人次，对接高层次人才527人，其中，成功引进“两院”院士、国家“千人计划”专家、泰山学者等高端人才9人。

2016年，全市围绕服务产业转型升级和企业人才技术需求，深入实施“潍水英才”聚集计划，将泰山、鸢都产业领军人才申报工作作为全年人才工作的重中之重，纳入全市人才工作目标责任制考核和科学发展综合考核，市委组织部会同各镇街区、产业主管部门，深入企业排查摸底，安排专人负责、全程包靠，切实做好人才项目的申报指导、材料组织、协调服务等工作，刘国田等3人成功入选泰山产业领军人才工程、王敬伟等7人成功入选鸢都产业领军人才工程，入选数量均列潍坊市第一位，实现全市泰山、鸢都产业领军人才申报工作全面突破。

宣传工作

2016年，中共昌邑市委宣传部在潍坊市委宣传部的具体指导和昌邑市委的领导下，从建立健全工作规制入手，抓重点、突亮点、育品牌，推动宣传思想文化工作全面创新发展。理论工作、思想道德建设、精神文明、对外宣传、互联网管理等方面先后获得省级文明单位、全省理论教育工作先进单位、潍坊市舆情信息工作先进单位、潍坊市调研部刊工作先进单位、农村大众报先进报道集体等称号。

【舆论引导】

全面覆盖立项　创新基层宣传思想工作的有效载体，把宣传思想工作当作项目去运作，将全市宣传思想文化工作划分为六大部分共32项重点项目，所有的项目运作都有牵头领导、责任单位、配合单位，有明确的目标要求、具体措施、时间节点等，使宣传思想工作目标更加清晰、责任更加明确、操作更加规范，层次压实责任，实现“虚功实做”，覆盖全社会。

深度整合创新　在开展好常规工作的基础上，下功夫抓项目促亮点，着力在新媒体建设管理、强化意识形态管理、文明城市创建长效机制建设、志愿服务开展、群众文化活动品牌塑造、文化产业提升、农村基层理论惠民、典型选树和推广等8个方面培育、打造一系列创新项目和特色品牌活动，做到以点带面，整体推进全市宣传思想文化工作的开展。

全程跟踪推进　建立“责任明确、分工清晰、层层落实”任务分解落实机制，明确每项工作推进措施、时间安排、分管领导、具体责任人员和涉及单位部门，形成分管领导牵头，科室责任人员认领、配合单位协同抓，人人有事做、事事有人做的良好格局。强化督查督办，对项目完成情况，每季度一调度，半年进行1次汇总，年终进行总结评比。

强化意识形态工作　结合“两学一做”学习教育活动，积极组织开展中共昌邑市委中心组学习、百姓大讲堂和教育实践活动主题宣讲活动，广大干部群众对中国特色社会主义、“中国梦”、社会主义核心价值观的认同感更加强烈。积极探索加强意识形态工作的有效路径，通过采取“抓四权促四实”，真正把意识形态责任落到实处。省委宣传部的《山东宣传信息》对工作进行推介。强化领导权，把责任担“实”。通过“走出去”和把高层次专家“请进来”进行辅导培训，增强各级领导干部对意识形态工作的认识。市委宣传部制定印发《昌邑市党委（党组）意识形态工作责任制实施方案》，建立常态长效工作机制，明确分工，压实责任。中共昌邑市委将意识形态工作情况列入领导班子民主生活会、综合考核、执纪问责的重要内容，作为干部评价使用和奖惩的重要依据。对出问题的实行“一案三查”，对履责不力的单位和干部严肃问责，倒逼责任落实。规范管理权，把工作抓“实”。中共昌邑市委常委会不定期听取意识形态工作汇报，分析研究重大事件、社情民意中的倾向性苗头问题。市委宣传部承担牵头抓总、指导协调责任，建立联席会议制度，协调解决疑难复杂问题。各职能部门依法加强相关领域管理，严格报备、审批和审查制度。增强话语权，把媒体建“实”。严把市内传统主流媒体政治方向关，严格落实发稿“三审”制度，确保传统宣传阵地不失。整合市内媒体资源，建设网站、微信、微博等新媒体发布平台，主动抢占新媒体掌控权，让“好声音”占领网络舆论。联合多部门打击网上非法行为；建起600人的网管员、网评员、舆情员3支队伍，24小时舆情监控值班，构建起“横向到边、纵向到底”的网络舆论管理格局。增强主动权，把基础夯“实”。结合“两学一做”学习教育，下乡进村开展基层理论宣讲等活动，推动习近平总书记系列讲话精神在基层群众中扎根。以创建全国文明城市为总抓手，深化“四德”工程建设，通过乡村文明家园示范村创建等各类主题实践活动，在全社会形成崇德向善、见贤思齐的良好风尚。以群众文化活动为载体，以文化共享凝聚认同，使意识形态工作深入人心。

【思想道德建设】

扩大正面对外宣传　积极围绕全市中心工作，不断拓宽外宣渠道，加强正面宣传攻势。全市已在潍坊市级、特别是省级以上各类媒体发稿数量实现新突破。特别是注重网络媒体的宣传，充分利用网络媒体影响力大、传播速度快的特点，瞄准人民网、新华网等高端媒体，加大正面宣传力度。

强化舆论安全掌控　针对单一网络舆情监控软件发现舆情不及时问题，投资新上舆情秘书监控系统，与使用的“讯库监控系统”形成互补。新组建新闻发言人、网管员、网评员、通讯员4支队伍近千人，形成了自下而上、覆盖“市、镇、村”三级的网络舆情管控系统。针对一些不实言论及关系群众切身利益的问题，组织网管员和网评员在网上进行舆论引导，有效化解各类舆论安全事件。

选树道德典型　以开展“昌邑好人”及“昌邑市道德模范”等先进典型评选推荐活动、善行义举四德榜建设等重点活动为抓手，持续提升市民文明素质和城市文明内涵。在评选“昌邑市道德模范”工作中，注重与互联网新媒体相结合，利用昌邑文明网、“文明昌邑”微信公众号等网络平台，动员全社会为道德模范候选人投票，并以此为契机，将道德模范候选人的事迹广泛传播。此次网络投票共收到有效选票15.8万余张，选出道德模范15人，提升了昌邑市道德模范荣誉称号的影响力和含金量。在推荐身边好人线索工作中，充分动员全社会力量寻找并推荐身边的好人好事线索，让市民在参与中明标准、知荣辱、学先进、做好人。市文明办从各类线索中选拔昌邑好人以及好人之星35人，并积极向上级推荐。全市有5人被评为“潍坊好人”，1人被评为“山东好人”，1人入围“中国好人”候选人。

打造文明和谐的社会环境　联合团市委在全市组织30多个部门单位开展文明交通志愿服务活动，活动时间统一定为每周二、四上下班高峰时段，实现活动开展的长期化和规范化。充分利用电视、报纸、网络、新媒体“四位一体”的宣传格局，在市电视台开设《文明城市创建进行时》专栏，及时报道全市创建工作的新做法与新经验；设立曝光台，对不文明行为进行曝光；在《潍坊日报·

● 文明城市创建志愿者在行动

今日昌邑》开设“奋力争创全国文明城市”“昌邑好人”“志愿者在行动”等专栏，刊发各类文明创建稿件；利用“文明昌邑”微信公众号和市委宣传部官方微博，每天推送创建动态，开展扎实有效的宣传工作；同时，创城办印发简报26期，印发宣传材料10万余份，为文明创建营造了良好的舆论氛围。

【全国文明城市创建工作】 强化机制体制建设，形成了齐抓共促的工作合力。以争创全国文明城市为总抓手和总目标，制定下发文明城市创建工作长效机制和联席会议制度两项制度，成立了市委书记担任组长的创城工作领导小组，市级领导班子分工包靠，细化部门责任指标，实现“横向到边、纵向到底、层层有人管、事事有人抓”的工作格局。下发《关于创建全国文明城市的实施意见》《关于做好创建全国文明城市工作的通知》等一系列文件意见，列出具体责任清单，明确责任人员、标准和时限，确保落实到位。各部门单位都成立各自的创城工作领导小组，制定、细化创建文明城市工作方案，明确责任分工。抽调有关市直部门单位工作人员12名成立昌邑创建文明城市办公室（简称创城办），下设综合、文化环境、交通市容、窗口行业、社区、宣传、文秘等7个工作小组，抽调人员与原单位脱钩3年，实行独立考核，完善创城机构建设。

【公共文化服务】

文化产业新项目 实施文化产业“双十”工程，以大项目为支撑，膨胀龙头文化企业，提升文化产业整体实力。青山秀水旅游度假区、龙乡水韵·千年古村文化旅游景区、博陆山生态文化体验区等一批重点项目加快建设。市镇两级建设17个重点文化项目，1月—5月文化产业核心层投资达5.17亿元。形成一批各有特色的文化强镇。其中，饮马镇依托山阳千年梨园和博陆山打造的“农家乐”特色文化旅游名声远播，每年吸引各地游客前来体验观光；龙池镇挖掘红色文化资源优势和历史文化底蕴，坚持“以节造势、以节聚客、以客促发展”的方针，通过举办群众性文化活动扩大龙乡文化的知名度和影响力，打造了一系列精品文化旅游节会，形成了特色鲜明的“龙乡水韵·千年古村”的龙乡文化品牌。

特色文化产业基地 潍坊金丝达实业有限公司、山东新大印刷有限公司等3处潍坊市级文化产业基地顺利通过省级复查验收，华裕丝绸有限公司的“改扩建华裕茧绸文化博物馆”、山东新大印刷的“‘互联网+印刷’网络服务平台”等6个项目入选省重点文化企业项目库。“昌邑丝绸文化传习中心”入选省文化厅项目库。全市通过互联网从事民间艺术品销售的商家已达到20多家，互联网日渐成为昌邑市民间艺术品交易的重要渠道。

群众文化活动 统筹文化部门、文艺协会和民间文化团体力量，组织举办了以“唱响昌邑”“龙乡文化节”、纪念中国共产党成立95周年暨红军

长征胜利80周年等为主题的多层次、多形式系列文化活动120余场次，参与演出文艺队伍达到30余支1800余人，群众达到10万余人次，丰富了节日期间群众的精神文化生活。其中，连续8年举办的“唱响昌邑电视大奖赛”参与面广，影响力大，美誉度高，吸引了昌邑及周边县市的群众积极参与。

文化惠民工程　以昌邑图书馆为阵地，先后开展了“昌邑市读书朗诵大赛”等具有地方特色的阅读活动，打造了“阅读之城”“书香之城”文化品牌。4月，卜庄镇大陆村被省新闻出版广电局授予“书香之村”荣誉称号，柳疃镇被授予山东省首届“书乡之镇”。积极探索公益电影放映影企合作新模式，公益电影推行影企合作提高公益电影上座率的典型做法，得到了省广电新闻出版局肯定，山东电视台农业频道于4月23日做了专题报道。

文艺精品创作　积极关心联系文艺人才，加大扶持力度。年内有4件作品和3人荣获第三届风筝都文化奖。1件文艺作品获泰山文艺奖。文联下属作协、摄协、书协等9协会有4人新晋为全国会员，各协会会员在大刊大报发表作品十余篇并获国家级和省级奖项。

【互联网管理】　强化新媒体领域管理，对全市网站、微博、微信进行了摸底统计，建立了“昌邑新媒体”微信群，将全市网站、微博、微信公众号负责人纳入统一管理，积极弘扬主旋律，用正面宣传挤占负面舆论生存空间。为发挥网络社会组织在党委政府与自媒体、广大网民联系过程中的重要桥梁纽带作用，确保属地内自媒体正能量充沛、主旋律高昂，在潍坊市率先成立了互联网文化协会（简称“网协”），制定了互联网行业规范和自律公约，实现网管工作单纯由线上转变成线上线下两条腿走路的网管格局。依托自媒体贴身传播、精准到达、准确及时等显著优势，将网协会员纳入新媒体发布矩阵，实现政府“一键式发布”，在网上收到“裂变式”传播的效果，确保政府能够“第一时间”发布权威信息、回应社会关切、解决群众困难，及时遏制谣言扩散。网协会员已发展到50多家。

【自身建设】　着眼落实宣传思想文化队伍建设“四铁”要求，在部机关设计开展了学习型、服务型、规范型、创新型、和谐型、廉洁型（简称“六型”）机关建设活动，在市委宣传部内倡导和培育“开放包容、务实创新”的机关作风，不断增强全体工作人员的集体荣誉感和工作激情。同时，配套明确各科室工作职责及每位工作人员的岗位职责，形成详细可行的周、月、季、年工作计划，定期督导进度。通过开展“六型”机关建设工作，初步实现了作风建设有新突破、工作水平有新提升、服务群众有新成效的机关新形象。

统战工作

2016年，昌邑市统一战线紧紧围绕全市改革发展大局和潍坊市委统战部年初制定的工作思路，以发挥优势、服务大局为核心，全面贯彻落实中央、省委和潍坊市委统战工作和民族工作会议精神，适应新常态、融入新常态，较好地完成了全年任务目标。被潍坊市委统战部评为“2016年度全市统战宣传工作先进单位”“2016年度全市统战信息工作先进单位”，被昌邑市委、昌邑市人民政府评为“市直部门绩效考核先进单位”。

【重要工作】

凝聚思想共识　积极引导非公经济人士筑牢统一战线共同思想政治基础。联合市工商联下发了《以“守法诚信、坚定信心”为重点深入开展理想信念教育实践活动实施方案》，依托非公经济人士理想信念教育实践基地，分3批对百余名非公经济代表人士开展了以爱国敬业、守法诚信、履职尽责为重点内容的专题培训。

社会服务活动 组织昌邑市人大代表、政协委员中的部分非公经济人士积极参与“希望工程”“春蕾计划”，为120余名贫困儿童提供助学金6万余元，救助困难“三老”人员12名。组织引导新的社会阶层人士主动参与社会治理，开展各类公益活动，及时反映群众诉求。组织义工、律师、卫生、农技等行业的代表人士进社区、进村居送知识送技术20余次，1000余名群众受益。

党外代表人士队伍建设 3月—4月，分别对全市各行业各领域的统战成员进行了大规模摸底调研，并重新完善了统一战线数据库。在此基础上，市委统战部按政策制定了条件测评，各单位依据测评标准认真考察，推荐了党外代表人士充实到统一战线数据库中，为下步换届做好了党外人选的储备工作。全市纳入数据库管理的党外代表人士共215人。5月，市委组织部、统战部共同举办了为期4天的党外干部履职能力提升专题培训班，重点选调了40名有代表性的党外干部赴省社会主义学院进行培训学习，采取专题讲座、案例分析、到政德教育基地接受革命传统教育等方式，进一步提升了党外干部的综合素质。组织100余名党外人士到教育实践基地进行集中教育5次，分3批参观了新建成的市统一战线教育基地——陈干纪念馆，在引导党外人士增进爱国情怀的同时进一步提升履职能力。

落实党外人士安排使用的各项政策规定 11月，与市委组织部、市人大党组联合下发了《关于昌邑市第十八届人民代表大会选举问题的通知》，多次与市委组织部、市人大党组相关负责人就党外人选推荐提名工作进行专题会商；联合市委组织部、市人大党组共同举办了市人大代表初步候选人推荐提名工作培训会。会上，市委统战部有关负责人就党外人大代表、常委会组成人员候选人的推荐提名工作提出要求；会同市委组织部、市人大党组做好对人大代表初步候选人的考察工作，运用非公经济人士综合评价系统对代表候选人中的62名非公经济人士进行了综合评价；在做好推荐提名及考察工作基础上，形成了人大代表初步候选人的名单，党内368名，占比63.3%，党外216人，占比36.7%。11月，成立了全市政协换届领导小组，联合市委组织部共同下发了《关于做好政协换届工作的实施意见》，形成了市委统一领导、组织部、统战部密切配合、相关各方面积极参与的工作格局。11月和12月，分别召开了市政协委员推荐提名工作调度会和市政协委员考察工作培训动员会，对政协委员的提名推荐工作和考察工作做了全面安排；运用非公经济人士综合评价系统对提名人选中的68名非公经济人士进行了综合评价，联合市委组织部向纪检、卫计、公检法等20个部门就人选是否存在影响担任政协委员的问题书面征求了意见，严把委员推荐人选的政治关、素质关。在提名的240名市政协委员建议名单中，党内96名，占40%，党外144名，占60%，符合党外委员不少于60%的比例要求，保证了党外人士在政协中占较大比例的目标。

【参政议政】 向党外代表人士书面协商征求意见3次，分别是市委市政府就制定《加快推进精准扶贫精准脱贫坚决打赢脱贫攻坚战的实施意见》《昌邑市贯彻〈中国共产党统一战线工作条例〉职责分工方案》和《建立健全文明城市创建工作长效机制的意见》。

【清廉作风建设】 对照《党风廉政责任书》，深入开展党风廉政建设责任制工作，全年无一人违法违纪。认真开展“两学一做”学习教育活动。制定了《市委统战部党支部“两学一做”学习指导计划》，明确了目标任务，细化措施要求。坚持带着问题学，针对问题改，党支部、全体党员都制定了问题清单和整改清单。坚持集体学习与党员个人自学相结合，每周组织1次集中学习。全年，党员共撰写学习笔记4万余字，形成心得体会16篇。开展了“入党为什么、在党做什么”“如何做党和人民满意的好干部”“如何建设过硬支部”等专题讨论。

对台工作

2016年，昌邑市对台工作取得长足发展，在对台交流实现“一市一品牌、一县一特色”的交流平台上，昌邑、台湾两地中学生手球活动项目被列为国台办审批的对台交流项目。1月，被山东省委台湾工作办公室、山东省人民政府台湾事务办公室授予优秀对台交流项目。

【对台宣传与服务】 市台办于第22届鲁台会在潍坊召开期间，先后接待了台湾能源技术服务产业发展协会和华夏文化经贸2个考察团计60余人到昌邑参观考察，既宣传推介了昌邑，又增进了昌台友谊；印发《魅力昌邑》宣传册和宣传光盘各200份，宣传推介昌邑，扩大昌邑在台湾的知名度。另外，全年在潍坊市级以上各类媒体发表涉台宣传稿件30余篇；并组织3个团组赴台参观访问。在抓好日常宣传的同时，深入开展“进台企、话亲情、助发展，与台资企业联谊”等活动，市台办领导班子成员分头走访台资台属企业，了解企业的基本情况和存在的问题，集中解决梳理出来的问题共30余条，深受台胞好评。年内，新增台资企业2家，全市已有台资企业15家、台属企业12家，台企发展保持了良好的态势。鲁台会期间，共邀台湾（昌邑籍）知名人士18人入会；同时接待到昌邑考察台胞60余人，签约项目、协议项目各2个，总投资4200万元；市台办在潍坊市调度会上作了典型发言。1月，在对台交流实现“一市一品牌、一县一特色”的交流平台上，昌邑、台湾两地中学生手球活动项目，被山东省委台湾工作办公室、山东省人民政府台湾事务办公室授予优秀对台交流项目。随后被国台办审批为国家对台交流项目。

【自身建设】 全面推进机关法制化、制度化、规范化建设，提升新形势下对台工作的能力和水平，努力将台办打造成“学习型、服务型、创新型、和谐型”机关，使台办真正成为领导放心、台胞台属满意的服务单位。

坚持贯彻民主集中制原则，完善民主生活会制度，不搞“一言堂”。完善各项制度，先后制定了《学习制度》《“三会一课”制度》《工作制度》等党建制度。抓好党员干部队伍建设，摸清党员底子和党费收缴情况，使全办党员无一漏报，无一漏管，党费收缴任务足额上缴，支部换届任务圆满完成。

制定学习方案和计划，每周五为集体学习日，开展了集中学习、专题讨论、讲党课等活动。《支部生活日记录本》、会议记录、影像资料齐全，阵地建设到位，宣传栏、制度上墙。班子、班子成员和机关党员共查摆出26条问题，全部整改完成。认真落实党风廉政建设责任制，层层签订廉政承诺书，落实单位主要领导第一责任人和班子成员实行“一岗双责”责任制。

机构编制工作

2016年，昌邑市编办在市委、市政府和上级编办的正确领导下，在各部门（单位）大力支持配合下，紧紧围绕中心工作和重点任务，坚持深化改革，强化管理创新，坚持“务实、高效、规范、创新”理念，勇于担当，开拓进取，圆满完成了各项工作任务，在市直部门（单位）述职评议中取得较好成绩。先后获得“山东省机构编制信息宣传工作先进单位”“潍坊市机构编制信息宣传工作先进单位”“昌邑市绩效考核先进单位”“昌邑市文明单位”等称号，并连续3年在潍坊市12县市区机构编制绩效管理综合考核中被评为“优秀”等次。

【政府职能转变和行政审批制度改革】 梳理转变政府职能和降低企业成本工作任务，印发工作方案，制定改革措施，对转职能61项工作任务和降成本65项举措细化分解到责任单位，明确路线图、时间表。将政策和改革措施落实情况列入市政府督查事项，由市委市政府督查室和市编办抽调专人组成专项督查组，先后4次进行督查。组织召开调度会、座谈会6次，传达上级文件精神，通报工作进展情况，共同探讨解决困难、问题。全年在《潍坊日报·今日昌邑》连续7期刊登65项降成本举措，并在微信公众号予以转发，受众达到6万余人次；连续印发工作简报10期，交流工作情况，督促工作开展落实；拍摄并播出昌邑市降低企业成本专题片：“打出减负‘组合拳’助力企业轻装前行——昌邑市开展降低企业成本工作纪实”一文编入《潍坊市降低企业成本工作资料汇编》；昌邑市降成本成效的事迹《大众日报》《潍坊日报》进行宣传报道。

建立权责清单动态管理机制，承接20项，取消20项，新增32项，调整13项。清理规范中介服务收费项目清单，新纳入2项，取消16项，调整规范5项。编制完成《市级公共服务事项清单》和《镇级公共服务事项清单》，全市47个市直部门（单位）梳理公共服务事项695项，其中申请服务事项309项，主动服务事项376项，配套编制服务指南309项。镇级梳理公共服务事项154项，其中镇（街、区）政府（办事处、管委会）共有107项，街道办事处单独实施2项，镇（区）政府（管委会）单独实施7项，市直派驻机构实施38项，配套编制服务指南101项。加强事中事后监管，督促58个部门（单位）建立随机抽查机制，编制“一单两库一细则”（随机抽查事项清单，市场主体名录库，执法检查人员名录库，“双随机”抽查工作细则），推行“双随机一公开”（随机抽取检查对象，随机选派执法检查人员和抽查情况、查处结果及时向社会公开）制度。

【行政管理体制改革】 通过实地调研、分批次座谈等方式，摸清全市行政执法现状，汇总梳理部门意见，在与潍坊市编办多次沟通的基础上，将环境卫生、城市绿化、城乡规划等19个领域的全部或部分行政执法权纳入综合行政执法范围，制定了综合行政执法体制改革方案。在重要领域方面和关键环节，吃透上级精神，形成交通运输领域综合行政执法改革工作方案，将商务、规划、统计等系统涉及改革的单位及时规范设置。按照“精简、统一、效能”的原则，探索优化组织架构，在试点镇综合设置6个行政机构和3个事业单位。加强调查研究，积极汲取外地经验，在试点镇探索岗位设置模式，进一步明确岗位人员职责。认真梳理试点镇职能，编制权责清单，并在与试点镇和市直部门多次

● 潍坊市机构编制系统信息宣传专题培训班在昌邑举行

协调对接的基础上，下放42项权限。

【事业单位改革与监管】

推进事业单位改革　坚持问题导向，主动出击，优化设置市政府油区办、市规划局等12家事业单位，进一步推进政事分开、事企分开、管办分离。结合清理“僵尸”事业单位工作，调整规范52家事业单位主要职责和其他机构编制事项。推进公立医院管理体制改革，完成市人民医院、市妇幼保健院人员控制总量核定、备案工作。

推进事业单位法人治理结构　深入市人民医院、市育秀学校、市文化馆3家试点单位开展调研，总结经验。指导试点单位完善单位内部管理制度，出台理事会学习培训、工作报告、经常性联系沟通等3项制度，加强试点单位与理事的沟通与联系，不断规范理事会运行。指导试点单位按时召开理事会第2次、第3次会议，对阶段性工作进行总结，对重要事项进行表决，并对理事进行培训和年度考核。7月份，市育秀学校作为试点典型，参加全省事业单位法人治理结构建设试点工作座谈会并发言。

事业单位绩效考评工作　进一步总结绩效考评经验，完善考评指标，优化考评方式，规范考评方案，增加市级领导点评。继续落实考评全覆盖，将285家事业单位全部纳入考评范围。严格落实平时考评、自查自评、领导点评、实地考评等11个工作步骤，充分掌握事业单位的实际运行情况，确保考评结果公平。强化结果运用，绩效考评先进单位纳入市委市政府表彰，领导班子及主要负责人年度考核、民主测评优秀率均在90%以上的，其主要负责人直接确定优秀等次；对C级单位，领导班子成员年度考核不确定优秀等次，下年度不安排编制使用及机构编制调整计划。

事业单位监管工作　加强事业单位诚信体系建设，在259家事业单位法人开展信用等级评定；建立健全事业单位法人异常信息管理制度，探索开展异常信息管理工作。规范机关事业单位法人登记，完成64家党政群机关的统一社会信用代码赋码、发证工作，完成2015年度法人年度报告及278家事业单位法人的新证换发工作，全年新增事业单位设立登记27家，变更登记60家，注销登记20家，组织75家事业单位参加新任法定代表人培训班。

【机构编制管理创新】　贯彻落实控编减编和“财政供养人员只减不增”精神，科学安排用编进人计划。截至2016年底，财政供养人员比上年度减少74人，财政供养人员控制在编制总额内400名左右。全年共印发编委文件41份，编办文件123份，规范调整机构设置80个，盘活编制资源409名。开展县管校聘工作，重新核定中小学教职工编制4571名，比2012年中小学教职工编制总量减少257名，为镇街区中心幼儿园核增编制131名，并将核减收回的126名编制全部纳入中小学临时周转编制专户。实现与10处镇街区的纵向联网、与50个市直部门单位的横向联网，办理机构编制业务1200余次，维护更新实名制信息平台3.2万次。严格落实“编岗一致”，实现职务、编制、身份和工资关系的对应。以“机构编制云平台”试点为契机，将470余家机关事业单位“三定”基础信息及106家机关事业单位权责清单录入平台，不断探索“互联网+机构编制”新模式。

健全完善跟踪问效制度，推动机构编制事项及时有效落实。确定3月份、9月份为“机构编制工作专项督查月”，开展跟踪问效工作。全年对31个部门80个事业单位10个镇街区就148个机构编制批复事项，实施跟踪问效，发现问题31个，反馈意见30余条，且全部督促整改到位。12月份，总结跟踪问效工作成果，形成典型材料，在全省机构编制监督检查工作交流会议上作书面交流。巩固机构改革成果，认真做好政府部门评估工作。根据对市府办等8个部门单位的评估结果，理顺机构编制事项14项，为领导决策提供了重要参考依据。2016年，24个政府部门机构编制评估工作已率先实现全覆盖。加强政策法规宣传力度，预防违规违纪行为。

全面深化改革工作

2016年，中共昌邑市委改革办公室（简称市委改革办），认真贯彻落实中央、省委和潍坊市委改革决策部署，突出问题导向、精准发力、完善机制、督察落实“四个关键”，全力推进改革攻坚，各项改革举措稳步推进并取得良好成效。

【组织领导】 按照编制要求，配强了市委改革办工作力量，共召开领导小组会议7次，审议研究社会信用体系建设、公车改革等工作方案22个，出台各类改革文件60余个。紧跟上级部署，制定印发了《中共昌邑市委全面深化改革领导小组2016年工作要点》《昌邑市2016年改革任务台账》等文件。突出重点改革事项落实，印发了《关于做好承担潍坊市2016年度重点改革事项有关工作的通知》，对承担国家、省试点任务和潍坊市重点改革事项，建立专项台账，明确目标，跟踪调度，压实责任，确保了各项改革任务落实。加强调查研究，开展专题调研10余次，形成《综合行政执法体制改革的探究》等调研报告20余个。在各级电视、报刊等主流媒体刊发各类改革新闻信息366条。其中，中央电视台新闻联播以“国家大力倾斜，支持乡村教师”为题对中小学教师队伍管理体制改革做了专题报道；《大众日报》以《王校长下乡》为题刊登校长教师交流轮岗经验做法；农民日报刊登《激活现代农业转型升级内动力——山东昌邑市农业转方式实现绿色崛起探讨》农业供给侧结构性改革经验；《昌邑市深化农村党员“双亮双促双评”工作》被中组部《党建研究》《山东组织工作》潍坊市委《参阅件》等刊发推介；《昌邑法院：吹响执法办案集结号》《分子分母同时做文章——山东潍坊两级法院实现均衡结案工作纪实》被中央《人民法院报》采用；《昌邑法院构建“调裁一体、即调速裁”工作团队》《昌邑市人民法院北孟人民法庭司法为民工作纪实》在中央新闻、法院在线等省级以上媒体播出；住建部《城乡建设杂志》刊登《推进城乡环卫一体化共筑美丽中国梦——2016中国环卫清洁行业高端论坛暨设备展在青岛召开》《创新昌邑模式，打造环卫品牌：康洁环卫集团实现城乡一体化跨区域合作》《山东昌邑：启动雨中作业预案环卫机械化扮靓城区》；《昌邑市卜庄镇发展草编产业助力扶贫攻坚调查》，被省政府研究室《决策参阅》刊发。

【重点改革任务】 全市纳入公共服务事项清单范围的47个市直部门（单位）编制公共服务事项695项，其中申请服务事项309项，主动服务事项376项，配套编制服务指南309项；镇级公共服务事项154项，其中镇（街、区）政府（办事处、管委会）107项，镇（区）政府（管委会）单独实施7项，街道办事处单独实施2项，市直派驻机构实施38项，配套编制服务指南101项，均已通过市政府门户网站和市编办门户网站向社会公布。推广政府与社会资本合作项目（PPP）模式。6月6日，成立昌邑市政府与社会资本合作中心。PPP项目库已储备项目9个，总投资70.93亿元。

【精准扶贫】 开通“昌邑扶贫开发”微信公众号；开发公益性岗位安排环卫用工促扶贫被编入《潍坊市脱贫攻坚典型案例》。实施省定贫困村扶贫开发项目，投资320万元，完成10个财政专项扶贫资金项目，带动贫困人口168户、448人。发挥新型经营主体帮带作用，硕昌农牧有限公司、新希望六和养禽大学被国务院扶贫办国际扶贫开发中心确定为国际农村发展政策与实践研修交流教学案例和实地考察点。2016年，第一期南非农村发展政策与实践研修班到昌邑市考察交流。创新建立了“党支部+合作社+基地+贫困户”扶贫产业发展模式，全市共有17家新型经营主体参与脱贫攻坚，带动贫困户200多户。通过产业吸纳、城镇承载、服务支撑等多种形式，多渠道促进贫困人口就业。有1936户、3529人达到省定脱贫标准，6个省定贫困村摘帽，完成年度脱贫任务。

渠道清淤

【农村社区卫生室规范化】 印发《昌邑市加强农村社区卫生室规范化建设提升基层医疗卫生服务能力三年行动实施方案》，自2016年开始，全市25处农村社区全面完成农村社区卫生室规范化建设，其中2016年完成8处，2017年完成10处，2018年全面完成。北孟中心社区、卜庄社区、柳疃中心社区、龙池社区、田家社区、邢家社区、常屯社区、下营中心社区等8处社区卫生室全面完成规范化建设，顺利通过潍坊市卫计委考核验收，达到标准要求。

【节水协调推进机制】 制定了《关于加强水资源管理保护的实施意见》，全面执行水资源费征收新标准，调整不同用水类别水价。实行区域用水总量控制管理，严格取水许可审批，未通过水资源论证审查的不发放取水许可。全市万元工业增加值用水量控制在12立方米以内，比上年降低3.05%，万元GDP用水量控制在34立方米以内，比上年降低2.4%。加快节水型农业建设，实施小型农田水利重点县、高效节水灌溉重点县和农田水利项目县，改善灌溉面积0.17万公顷，节水灌溉总面积达3.22万公顷。高效节水灌溉项目区灌溉水利用系数提高到0.8。倡导和鼓励企业积极推广使用污水处理再生水、中水、雨水、微咸水以及海水等非常规性水资源。其中，北部沿海各镇使用再生水灌溉，年节约优质水2300万立方米，海天生物化工年海水利用量6700立方米。实施了城区新昌路、院校中街等10个路段雨污分流改造工程，实现雨水管道入河、入塘、入渠。改造雨污合流管道5600米，新铺雨水管道6322米、污水管道1388米。加快海绵城市建设，完成海绵城市建设任务0.63平方千米。制定了《加强城市节水管理保护方案（小区净水售水机的管理和整治）》，开展全市物业小区内净水售水设备管理整治。

【创新创业孵化器市场化运作机制】 组建并运行昌邑市滨海化工新材料企业孵化中心和昌邑市精细化工产业园综合服务中心，孵化面积6.26万平方米，在孵企业46家，分别设立种子资金500万元。新增孵化面积3.76万平方米，新入住企业26家。其中：滨海化工新材料企业孵化中心，总投资4500万元，孵化面积2.5万平方米，引进泰和新材料、恒和新材料、恒泰环保新材料等25家科技型初创企业入驻，聚集各类专业技术人员30名；精细化工产业园综合服务中心总投资1.7亿元，现已完成投资1.3亿元，建成园区面积 28.84 万平方米，引进灶户盐化、北澳化工、森汇新材料、东泽化工、永宁化工等 21 家科技初创型企业入驻，拥有各类专业技术人员 30 名。

【培育现代产业体系】 组建了市产业办，出台了《关于加快产业转型构建现代产业体系的意见》。加快现代产业体系培育步伐。加快品牌农业发展。培育了“林海春天牌”食用菌、“大陆梨枣”等无公害农产品品牌 22 个；制定地方农业生产标准 40 项，获得“三品一标”认证农产品 12 个；培育无公害水产品 34 个，建成省级水产原、良种场 5 个，培育“昌邑大对虾”“昌邑虾皮”等国家地理标志证明商标 9 个；苗木种植面积达到 0.75 万公顷，苗木企业达到 700 多家。建成运行国内首家绿化行业在线交易平台——中国绿色交易网。加快传统优势产业发展。以昌邑石化、成泰化工为重点，打造千亿级石油化工产业基地。依托下营精细化工产业园、龙池工业园，建设北方重要的海洋精细化工产业基地。全市年纺纱能力 154 万纱锭，年织造能力 36 亿米，印染能力 35 亿米。加快文化创意产业发展。全市出版物印刷、包装装潢印刷等文化产业年产值 2.8 亿元，增加值占 GDP 比重达到了 5% 以上。建成中国（柳疃）棉纺城、中国北方绿色物流园、山东宏大生姜市场有限公司等重点骨干商品市场。全市有银行机构 11 家，营业网点 117 处，证券公司 1 家，各类保险机构 30 余家，小额贷款公司 1 家、融资担保公司 2 家、民间资本管理公司 2 家。成功创建潍坊市级以上旅游品牌 42 个。信息消费产业。在全省率先启动智慧城市建设，19 个服务平台及应用系统建成使用。在潍坊市率先建成光网城市。创新服务贸易新业态，昌邑康洁环卫集团保洁业务托管范围已覆盖 12 个省份 80 余个市县（区），合同总额达 128 亿元，同时，与巴基斯坦卡拉奇市签约，将“昌邑模式”拓展到国外，成为国内第一家走向国际市场的环卫企业。潍坊金丝达新能源科技有限公司自主研发的生活垃圾资源化利用项目与沙特正式签约。建成城乡社区 98 个，其中城市社区 14 个、农村社区 84 个。

【土地经营权有序流转】 全面完成农村土地承包经营权确权登记颁证工作，确权面积 5.25 万公顷，确权农户 11.68 万户，办证到户 11.68 万本。率先开展农村土地承包经营权抵押贷款试点，为 110 户农民办理、发放抵押贷款 950 万元。办理 7 笔农村产权抵押登记贷款业务，贷款总额 1160 万元。全市现有耕地面积 5.91 万公顷，实行家庭承包经营耕地面积 5.74 万公顷，家庭承包土地经营权流转 2.32 万公顷，占家庭承包耕地面积的 40.34%。为农村土地流转大户发放 5 本经营权证，涉及农户 424 户，流转土地面积 150.26 公顷。

【完善金融服务功能】 齐鲁农村产权交易中心昌邑分中心于 2014 年在经管局挂牌成立，10 个镇街区产权交易中心分中心办事处均成立并投入使用。2016 年，建立市镇村三级会商工作机制，定期（每季度至少 1 次）组织三级业务交流会。引入专业银行协作机制，与昌邑市农商行建立长期合作关系。建立了农村产权交易中心微信交流群。农村集体资产资源承包和村级公益事业建设一事一议项目，投标在 1 万元以上的项目一律通过齐鲁农村产权交易中心系统进行信息发布，网上招投标。年内办理农村产权抵押登记贷款业务 2 笔，贷款总额 500 万元；农村土地产权交易 14 笔，土地面积 4.05 公顷；挂牌中的 180 笔，土地面积为 251.36 公顷。

【完善新型农业经营体系】 2016 年底，注册成立合作社达到 1230 家，新增 117 家，注册成员 1.2 万人。各类家庭农场达到 440 家，新增 58 家，其中 33.33 ～ 66.67 公顷的 5 家，66.67 公顷以上的 1 家。有农业龙头企业 124 家，其中国家级 1 家，省级3家，潍坊市级42家，新增17家，主营业务收入增加87亿元。全市建成新型农业经营主体各级示范社（场）60家，其中，农民专业合作社示范社43家（其中国家级3家，省级12家）。家庭农场示范场17家（其中省级3家）。新增潍坊市级农民合作社示范社10家、省级示范社3家，新增潍坊市级示范家庭农场5家、省级示范家庭农场2家。

【构建农业全程社会化服务体系】 实施“山东省潍坊市昌邑市土地托管服务试点项目”，新建设青乡、大章2处为农服务中心，购置各类农机服务装备83台（套）为农服务中心总投资1633万元，建筑面积1.13万平方米，8月底全部建成并投入运营，服务辐射周边村庄40多个，7000多农户。列入国家“2015年农业综合开发供销总社新型社会化服务体系试点项目”，获得上级专项扶持资金700万元。围绕“3公里土地托管服务圈”，完善“保姆式”“菜单式”服务模式，探索开展了大田作物的耕、种、管、收、储、加、销等全托管或半托管为农系列化服务，完成棉花、小麦、玉米、大姜等大田作物托管面积1万公顷（全托管0.13万公顷，半托管0.87万公顷）。

【落实山东省企业工资集体协商条例】 在招聘3名工资集体协商专职指导员的基础上，整合“大三级”“小三级”劳动关系协调员队伍网络，组建了专兼职相结合的工资集体协商工作指导队伍。先后走访企业39家；举办培训班16期，培训职工代表520人次；直接参与行业、企业谈判31家。推进行业协会会长与行业联合会主席分别代表行政方和职工方签约制度。签订工资集体协议759份，覆盖企业1657家，覆盖职工总11.90万人。其中，企业单独签订的696份，涉及职工5.98万人；行业性工资集体协议签订7份，覆盖企业154家，涉及职工2.5万人；区域性工资集体协议签订56份，覆盖企业807家，涉及职工3.4万人。现已建立平等协商制度的企业1710家，建制率达97%。

【基层综合性文化服务中心建设】 全市共有村（社区）691个，建成507个村（社区）综合性文化服务中心，达标率为73%，完成年度建设目标任务。全面完成潍坊市下达的7个基层综合性文化服务中心提升任务。10个省定贫困村全部达标建成文化活动室，提前1年完成建设任务。投入财政资金134万元，为村（社区）综合性文化服务中心配备电脑170台、图书8万册。为10个省定贫困村全部建成综合性文化活动室，配备电脑50台、阅览桌椅100套、电视10台、打印机10台、书籍5000册、书架20组。

文化产业优化升级 实施了文化产业“双十”（10个文化企业、10个文化产业项目）工程。青山秀水旅游度假区、龙乡水韵·千年古村文化旅游景区、博陆山生态文化体验区等重点项目加快建设。市镇两级开工建设17个重点文化项目，总投资达54.5亿元。文化产业核心层投资达到10.76亿元。山东新大印刷“互联网+印刷’网络服务平台”等6个项目入选省重点文化企业项目库。以青山秀水旅游度假区、潍水·阳光沙滩旅游度假区和青山民俗文化综合开发项目为依托，全力打造以休闲旅游为主题的青山秀水休闲旅游园区，实现了休闲旅游企业抱团发展，填补全市文化产业园区的空白。

【教师管理体制改革】 全市共核定各级各类学校教职工岗位5483个，其中校内竞聘岗位4974个，跨校竞聘岗位454个，农村支教岗位55个。按照“总量控制、统筹城乡、结构调整、有增有减”的原则，核定落实了教师编制、职称岗位、绩效工资总量，制定了具体分配办法，实行县域统筹、动态调整。完善岗位聘用管理制度，建立起符合教育特点的岗位聘用管理新秩序，实现学校用人由身份管理向岗位管理、由行政任用关系向聘用关系的转变。坚持将绩效考核作为激发教师工作积极性的重要举措，制定出台了《昌邑市教师绩效工资考核及管理办法》。

【贯彻落实中央关于防止干部“带病提拔”的意见】 严把“五关”（严格标准程序，严把用人导向关、调整动议关、推荐考察关、任前审核关）。每次调整干部前，采取会议投票推荐和个别谈话推荐等形式推荐干部人选。严格执行干部任前档案审核制度，坚持“凡提必审”，重点审核干部“三龄二历一身份”。严格按照“凡提必听”要求，凡提拔重用人选全部征求纪委、检察院、信访局、卫计局等部门单位意见。健全完善干部选任及日常监督制度，落实干部选拔任用工作全程纪实制度，如实记录，全程留痕，使选任过程可追逆、可倒查。认真执行干部考察预告、任前公示和试用期等制度。同时，构建“12380”电话、网络、短信、信访、人访“五位一体”的举报监督网络，建立专人24小时值守制度，畅通换届监督受理渠道。严格执行信访举报“双查”制度，完善考察工作责任追究办法，研究制定了《昌邑市干部考察员考察责任追究办法》。积极拓宽干部出口，研究制定了《昌邑市调整不适宜担任现职科级干部暂行办法》，中共十八大以后，先后调整不适宜担任现职干部9名。规范机关人员调配，制定印发了《进一步做好市委工作部门、市纪委、市人大机关、市政府办公室、市政协机关及群团组织等单位工作人员调配工作的通知》，已清理违规借用人员8名。研究制定了《科级干部选拔任用工作流程》，突出基层党组织提名责任，严格选拔任用程序。改进干部考察方式。采取日常随机考察、跟踪考察等方式，加大日常考察力度，延伸考察领域，全方位了解干部的工作和德行表现。畅通干部“下”的渠道。

【深化教育人事改革】

落实校长负责制　6月22日，在潍坊市推进依法自主办学专题培训班暨第六届“北海论坛”上作典型发言；7月12日，昌邑在山东省法人治理结构试点建设工作座谈会上作典型经验介绍；改革创新项目《昌邑市镇域推进自主办学促进学校创新发展》荣获潍坊市第十四届市政府教学成果奖。认真组织校长职级评定。为试用期满的9名校长认定了相应的职级，颁发聘书。认真组织特级校长推荐工作，有2人被评为潍坊市特级校长。扎实开展校长绩效考核。对纳入职级管理的83名校长进行了绩效考核，相应晋升职级档次，落实校长职级工资。积极开展校长后备人才培养。在全市教育后备干部中开展了“未来教育家”治校方略路演活动，评选出10个优秀路演方案；在全市校长中征集优秀治校论文和典型案例30件。深化中等职业学校教师职称制度改革试点。为154名中职学校符合条件人员办理职称过度手续。完成了中职学校正高级教师推荐评审工作。对全市教育系统专业技术

• 7月12日，育秀学校代表潍坊市在山东省法人治理结构试点建设工作座谈会上作典型经验介绍

职务岗位进行了摸底和新一轮岗位设置，落实省政府关于提高中小学中、高级岗位设置比例和潍坊市上浮农村学校教师中、高级岗位比例的文件精神，组织中级竞聘300人，全部解决了取得资格未聘人员矛盾问题。创新职称评聘制度。采取按绩效考核结果直接确定聘任岗位等级、发放岗位等级工资的做法，建立“三位一体”的管理模式，有效解决了教师职业倦怠、积极性不高的问题。

• 9月1日，破解城镇中小学大班额问题重点建设项目——实验中学新校建成并投入使用

2016年，财政拨付特殊教育学习用品补助、生活补助30多万元。30名参加康复的残疾儿童少年每人获得彩票公益金1.2万元。充分依托特殊教育学校、妇幼保健院康复中心，组织申报了潍坊市教育科学“十二五”规划2015年度特殊教育康教结合实验课题。“昌邑市教育局联合妇幼保健院康复中心实施医教结合”课题通过中期验收。全市普通学校全面开展送教上门工作，实现了特殊教育学校专业指导与普通学校分片送教相结合的送教模式，全市送教上门学生48人。全市随班就读残疾儿童7人，建设随班就读资源教室5处。

完成新一轮教育系统编制核查，全市中小学核定基本编制4571人、农村幼儿园教师编制131人、核增农村机动编制131人、周转编制172人。继续开展跨校竞聘工作，促进学校间、学科间师资均衡配置，年内新招聘教师230名。积极促进教师交流轮岗。开展强校教师到薄弱学校支教、农村紧缺学科教师走教等活动，支教教师达到了85人。改革教师考核评价办法。下发《关于做好2016年度全市教职工绩效考核工作的通知》，完成2015—2016年度教职工绩效考核，按年度绩效考核结果发放了奖励性绩效工资。做好“县管校聘”后期的管理、调度、总结工作。4月，县管校聘改革典型做法在山东省基础教育综合改革研讨会上作典型介绍；5月，承担了潍坊市推进中小学教师队伍管理体制改革现场会；典型做法先后在中央电视台新闻联播、大众日报、潍坊日报、山东教育报等推介。

积极研发符合教育实际的特色校本课程，其中，昌邑一中、文山中学、外国语学校、第二实验小学被评为潍坊市首批“课程领导力建设实验学校”；奎聚小学在潍坊市教科院举办的全市首期小学校长论坛上作了“梯次课程”改革经验介绍，在潍坊市范围内重点推介。深化考试招生制度改革。建立起高中阶段学校统一招生录取工作平台，实行初中学生网上报名、高中学校网上录取的工作模式；全面落实义务教育免试就近入学制度。完善教育评价制度。制定出台了《昌邑市中小学教育质量综合评价实施方案》，完成了对全市所有义务教育学校的年度综合评价。深入推进中小学校长评价制度改革、教师评价制度改革，建立了第三方评价工作机制，组建成立了“教育专家委员会”。完善社会力量办学体制。吸引外资2866.8万元，完成潍水学校建设；引进个人投资269万元，为围子街道大章小学新建1栋教学楼。全面落实民办学校自聘教师社会保险，为33名民办学校自聘教职工落实了企业保险待遇。促进民办学校集团化、品牌化、国际化发展，成立了“昌邑市凤鸣教育集团”，将全市6处民办学校纳入集团化发展；潍水学校加盟中国名校课改联盟，成为该联盟理事单位；昌邑一中国际部正式招生，文山中学成立了“青岛大学——文山中学”国际部。

【加快农业综合改革试点】 构建新型农业经营体系。扶持发展新型农业经营主体。全市拥有重点农业龙头企业124家、农民专业合作社1188家、家庭农场422家，土地流转面积0.27万公顷。完善农产品现代流通体系。全国生姜价格指数发布中心落户昌邑，中国昌邑生姜指数系统建成运行，建成“中国绿色交易网”，年可实现网上交易60亿元以上。转变农业发展方式。积极探索发展节水农业。水肥一体化技术应用面积0.11万公顷，建立水肥一体化示范园区4个。全市有效灌溉面积4.03万公顷，完成节水灌溉3.52万公顷，占耕地总面积的60.8%。加快生态循环与休闲观光农业发展。建设生态循环农业示范基地6处、休闲观光农业示范园区6处，其中“齐鲁最美田园”1处、首批全国休闲农业示范点1处。加快智慧农业建设。建成了“智慧服务”“智慧水利”“智慧林业”“智慧气象”“中国绿色交易网”等应用系统。“智慧服务”系统建成覆盖全市691个村（社区）、5852个样品点的土壤信息数据库，实现互联网直接查询土壤信息。创新完善农产品质量安全保障机制。全市蔬菜水果标准化生产程度达到80%以上；创建农产品品牌126个。大力推进新型城镇化。镇区污水全部实现集中处理，7处镇区建成规模日处理污水能力11.52万立方米，污水管网141.95千米。做好潍河开发各项工作。申报围子街道宋庄社区服务中心、石埠经济发展区青山新型社区及文化古街、饮马镇天福园现代农业示范园等3个重点项目。63.6千米的潍河堤顶路建设一期工程已完成92%，二期工程完成24%。实施了潍河城区段河底整治工程、潍河（下营）防潮蓄水闸工程、丰泉水库工程。

【健全社会养老服务体系】 编制完成《昌邑市“十三五”养老服务业发展规划》，新建1处医养结合体，新增护理型床位520张，新建2处城市社区日间照料中心和15处农村幸福院，改造困难老年人家庭无障碍设施15户。加快公办养老机构改革。全市1处市级老年公寓、4处乡镇敬老院，除老年公寓和柳疃镇敬老院为公办公营，其余3处均已完成改革。采取政府和社会资本合作模式，推进产业化发展。建设山东颐爱养老康复中心、昌邑济贤养老中心，其中，昌邑济贤养老中心一期工程5栋多层配套设施已完工；内设中医医院已取得设置医疗机构批准书。推进社区居家养老。在阳光大姐家政服务公司开展居家养老服务试点，为城区困难老年人提供助餐、助浴、助洁、助医等上门服务；加快社区日间照料中心建设，其中，奎聚街道东利老年公寓、辛置一村老年公寓2处社区集体养老机构，实现70岁以上的老年人免费入住。加强养老机构管理，与卫生部门联合建立了养老服务评估专家库。健全完善老年福利制度。

柳疃镇青乡社区为农服务中心

【完善公立医院法人治理结构】 成立市人民医院理事会、监事会，建立了法人治理结构。建立以公益性为导向的考核评价机制，研究制定了以公益性为导向的县级公立医院考核评价体系，每年度对医院运营情况进行评估，考核评估结果与财政补助、医保支付、绩效工资总量以及院长薪酬、任免、奖惩等挂钩。实行人员控制总量。不再核定公立医院事业编制。对公立医院原编制内人员继续实行编制实名制管理，只出不进，逐步探索公立医院人员不纳入编制管理。推进分级诊疗制度，形成基层首诊、双向转诊、急慢分治、上下联动的分级诊疗制度和模式。降低市人民医院、市妇幼保健院大型设备检查检验价格及调整部分医疗服务价格。

【深化供销社综合改革试点】 推进“渤海湾棉花全程机械化示范园区”建设，建成机采棉良种繁育基地333.33公顷；机采棉种植示范园区800公顷；机采棉滴灌高效节水试验示范园200公顷；提升改造5万立方米水库2座。全面推进棉花全程机械化服务新模式，申报实施了“机采棉种植和高效节水灌溉示范项目”，获得上级专项扶持资金140万元。积极领办参办农民专业合作社及其联合社。领办参办农丰棉花、大姜、蔬菜、苗木、农机服务、海水养殖、机采棉等各类专业合作社10家，“社村共建”村庄20个；区域性农民合作社联合社1家；县级农民合作社联合社1家。加快推进农村流通现代化。实施“农村现代流通创新工程”。改造县域综合配送中心1个，直营店5个；规范加盟店45个，各类连锁经营网点52个。实施“精准施肥工程”。购置测土配方设备2套，开展测土配方施肥面积0.67万公顷；购置智能配肥设备2套，开展智能配肥面积0.67万公顷；购置无人植保飞机3架，飞防服务面积0.33万公顷；实施“放心农资工程”。改造农资配送中心1处，发展放心农资店20家；开展职业农民培训800人；借助省供销社建立的“供销社—京东”电子商务平台，建成电商平台2处，运营网点4家。

【农民专业合作社信用互助业务试点】 选取了10家农民专业合作社作为考察重点，通过考察筛选和一对一讲解辅导，4家农民专业合作社已经取得试点资格。分别是昌邑市绿环蔬菜专业合作社、昌邑市晨光葡萄种植专业合作社、昌邑市山阳特色茌梨农民专业合作社、昌邑市绿禾果蔬种植农民专业合作社。

【领导干部述廉述责工作】 深化县级党委政府和市直部门主要负责人向市纪委全会述廉述责试点。按照潍坊市部署要求，于6月13日将述廉述责报告送潍坊市纪委党风政风监督室审核把关，7月14日市委、市政府主要负责人向潍坊市纪委全会进行述廉述责，并接受潍坊市纪委委员的现场询问和民主测评。同时，7月8日牵头组织12名市级党政班子成员向市纪委全委会述廉述责，共询问问题11个；8月23日，组织10名镇街区党（工）委书记和47名市直部门（单位）主要负责人向市纪委全委会述廉，共询问问题40个。

深化城乡环卫一体化。大力推动城乡环卫一体化“昌邑模式”产业化发展，打造环卫产业特色产业链。康洁环卫集团新托管河北昌黎县、临沂平邑县郑城镇等6个县市区、40余个镇，保洁业务扩大到12个省、80多个县市区，年营业额20多亿元。成功承接巴基斯坦卡拉奇市10年、合同额100亿元的道路保洁和垃圾清运业务，通过巴基斯坦费萨尔巴德、木尔坦等5个城市环卫保洁项目资格评审，并向委内瑞拉、柬埔寨、巴西、新加坡等国家拓展业务，成为全国唯一一家走出国门的环卫企业，开启了中国环卫行业走向国际市场的先河。

【智慧城市建设】 完善城市管理、公共服务、安全防控、转型发展四大体系，圆满完成智慧房管、智慧经管、数字档案馆、统一视频监控平台等项目终验和专家审计，城市公共基础数据库、统一视频监控平台、智慧城建、智慧交通等20个服务平台及应用系统投入使用。加快“智慧潍坊”试点项目建设。完成12处智慧幼儿园监控安装、8处智慧幼儿园视频改造，实现“潍V—掌中宝”运行；智慧景区建设顺利完成10处景点全景拍摄；智慧医院实现网上预约挂号、在线听诊等服务；智慧社区建设，2处完成居民信息采集，6处签订物业管理协议。

【实施问题线索“四色预警”管理】 研发了问题线索“四色预警”管理系统，对纪检监察职能范围内所有问题线索集中采集，数据库统一管理，全程记录每一线索每一环节的办理情况；建立督办机制，实时预警问题线索办理进度，促进规范化管理和及时处置；提供完备的线索查询和统计汇总，多纬度分析一段时期问题线索特征。被潍坊市纪委评为“十佳创新性工作项目”。

【推行农村党员积分制管理】 深化农村党员“双亮双评双促”工作机制，作为党的建设制度改革“一县一点”攻坚项目，出台《关于推行农村党员积分制管理完善“双亮双评双促”工作机制的实施意见》，将量化考评引入农村党员管理，并将亮身份、星级评定等相关做法向非公企业扩展，建立起定性与定量相结合、奖励与惩戒相结合的党员管理长效机制。全市484个村推行农村党员积分制管理，共评选产生“五星党员”1210名。

• 6月6日，全市干部监督工作会议暨换届作风监督工作培训会议召开

督查工作

2016年，市委市政府督查室紧紧围绕上级决策部署和中心工作安排，按照“抓落实、求实效、促发展”的总体要求，主动适应新常态，展现新作为，创新思路、强化措施、真抓实干，扎实有效地开展各项督查工作，较好地完成了各级领导交办的工作任务，有力地推动了领导决策的实施和落实。

【督查职能作用】 高度重视督查工作，把督促检查作为促进工作落实的重要手段，注重发挥督查队伍的重要作用。市委市政府领导在安排部署重点工作任务时，同步安排督促检查工作，注重狠抓决策的贯彻落实，形成了一手抓决策制定，一手抓督促检查落实的工作格局。市委市政府主要领导定期听取督查工作汇报，分析情况，解决困难，并进行具体的工作指导。优化督查工作环境。为更好把握全市工作重点抓督查，督查室工作人员参加常委会、政府常务会、市长办公等重要会议，重要活动随领导现场办公抓督办。建立领导督查机制，对一些重点督查事项，深入现场搞督查调研，有效地推动各级干部抓落实的主动性，增强督查工作的针对性。

【规范化建设】 健全督查网络机制。为建立上下贯通的督查网络，注重在督查队伍建设上下功夫，将镇街区、市直部门单位的督查力量进行整合，对全市督查落实工作实行集中统一领导，各单位明确了专职人员和分管领导，并通过以干代训、以会代训等多种形式，加强对督查工作人员的培训，提高了督查工作人员的业务能力和水平，构建起上下关联、左右互通、运转高效的督查网络体系。完善督查运行机制。结合实际，修订完善《昌邑市关于进一步加强督查工作的意见》等一系列文件，对全市的督促检查工作从立项到反馈都作出了明确的规定，使督查工作走向制度化、规范化、网络化的轨道。创新督查结果运用机制。整合督查、考核工作职能，将日常督查工作落实情况运用到年度考核中，将考核工作作为实现督查目标、体现督查工作权威的重要抓手，实现督查考核相互促进的工作机制，形成“抓平时、促落实”的工作导向，引导各单位提高执行力，提升工作效率。

• 12 月 22 日，全市信访联席会议在市会议中心第五会议室召开

【提高督查工作实效】 进一步加大对上级督查事项和市委、市政府决策部署落实情况的督查力度和密度，建立台账，责任到人，采取联合督查、跟踪督查等多种方式，定期组织专项督查。共迎接上级各类专项督查 43 次，上报文件 30 余份；下发督查事项通知 53 期，形成督查专报 27 期，印发督查通报 21 期。突出现场督查。加大现场督查频次，围绕市政府工作报告立项分解确定事项、重点工程、重点项目及“转调创”工作、创城工作等重点任务，先后组织现场督查 70 余次；严肃会风会纪，对市级重点会议实行现场督查，及时通报与会情况。抓好领导批件办理工作，进一步规范和完善领导批示交办件办理规程，着重解决日常群众信访工作中的重点难点问题，共承办领导批示群众信访件 122 件。做好人大代表建议和政协委员提案办理工作，办理人大代表建议 106 件、政协委员提案 107 件，切实解决了一批经济社会建设中出现的难题，提升了党委、政府形象。

信访工作

2016 年，全市信访工作围绕市委、市政府中心工作，坚持以法治思维和法治方式做好信访工作，积极预防和化解信访突出问题，不断提升信访工作效能和群众满意度，努力营造和谐稳定的社会环境。及时受理、按期办理、群众满意率各项指标均取得较好成绩，信访事项办理质量获得潍坊市“较好”的评价等次。受理来市上访 881 起 5596 人次、到潍上访 131 起 842 人次、去省上访 127 起 480 人次、群众来信 239 件、“网上信访”849 件，全部得到妥善处理。

【法治信访】 加大《山东省信访条例》的学习宣传贯彻力度，着力营造干部依法办事、群众依法信访的良好氛围。对日常群众来访，在做好思想疏导工作的基础上，进行信访法律法规知识的宣传，做到以案释法、现场讲法，引导群众正确行使信访权利，依法逐级走访，立足本级和属地反映诉求、解决问题。在引导和协调各级更加注重运用法治思维和法治方式解决信访问题的基础上，对所有来信来访案件，坚持依法、按政策办理，依照《山东省信访条例》等法律法规解决信访问题。同时，积极稳妥推进诉讼与信访分离，严格落实分类处理信访问题制度，引导信访问题在法治框架内妥善解决。

【阳光信访】 适应互联网和新媒体快速发展的新形势，进一步增强“互联网+信访”意识，全面推行开放、动态、透明、便民的“阳光信访”模式。日常工作中，按照来访必登、来信必登、应登尽登的要求，进一步健全网上受理、办理、督办一条龙运行机制，将全部信访业务纳入网上进行阳光办理，实现信访事项受理、办理和结果在网上的可跟踪、可监督、可评价、可查询，自觉接受社会和群众监督，切实提高信访工作时效和质量，提高信访工作公信力。在此基础上，将信访事项办理群众满意度作为推动全市信访工作提质升位的关键举措来抓，对被国家和省、市纳入满意度评价的信访事项，协调各有关责任单位逐一盯紧，逐一包靠，逐一调度，持续用力，不断发力，做到应评尽评，切实提高群众参评率，提高群众满意度。

【责任信访】 2016年，省信访局交办昌邑市信访局标识信访积案13件，化解12件，标识积案化解率92.3%。针对房地产领域信访问题相对较多的实际，会同维稳、住建、房管等部门组成联合小组，进行专项调研，协调有关属地属事部门切实做好重点群体的疏导稳控工作，预防和减少此类问题的发生，努力维护社会稳定。严格信访通报约谈调度等制度落实，努力达到以责任落实推动工作落实的目的。对信访积案化解工作、到市到潍去省进京越级走访和网上信访、来信等信访业务工作，在加强日常调度的基础上，加大通报力度，促进各级领导提高认识，找出差距，及时推进工作。对基层部门、单位信访工作开展滞后、越级重复信访数量较多或信访各项业务工作进展缓慢的，视情约谈各镇街区、市直部门有关负责同志。通过约谈，进一步增强了各级做好信访工作的积极性、主动性和责任感。

市直机关党的工作

2016年，市直机关工委充分发挥市直机关党组织的政治优势和组织优势，团结带领机关党员干部，在强化自身建设的同时，不断加强和改进了新常态下的机关党的基层组织建设科学化、规范化水平，机关党建工作迈上新台阶。2016年底，市委系统所属党委3个，总支10个，支部115个；共有党员2441名。

【“两学一做”学习教育】 2016年，结合机关单位实际，详细制定市直机关“两学一做”学习教育指导计划，明确时间安排、组织形式、具体措施，落实党课宣讲、专题讨论、责任清单、民主评议等重点步骤，加强工作指导和督查。围绕重点难点问题，每期选择一个热点话题展开讨论，集思广益，加大对党员干部的培训力度，强化宗旨意识和廉洁意识，努力打造服务发展的新型党员干部队伍。将“两学一做”学习教育贯穿始终。认真落实“基础在学、关键在做”的要求，坚持问题导向，自觉做到忠诚履职、勇于担当。8月，联合组织部门，先后对49个部门单位的“两学一做”学习教育及党建工作档案材料进行调阅打分，确保学习教育扎实推进。

【学习型党组织建设】 把握新形势、新要求、新任务，坚持不懈加强基层组织建设，把创新精神贯穿各项工作中。充分做好结合文章，跳出就党建抓党建的思维定式，围绕中心工作和改革发展，始终把群众关心的热点、难点问题作为基层党组织的工作着力点，真正把党建工作放到经济社会发展的大局去思考、去谋划、去落实。8月，邀请党校讲师上党课，机关系统内全体党员干部普遍受教育。建立市委党校市直机关分校，完善管理制度、教学计划，配套基础设施，聘请法院、检察院、环保、税务等10部门的专业人员作为兼职讲师，及时按计划组织培训，引导党员干部进一步增长了知识、拓展了视野。

● 4月29日，中共昌邑市委召开全市“两学一做”学习教育工作会议

【机关基层组织建设】 按照分级负责的原则，对基层党支部是否按期换届情况全面排查，摸清底数、分析原因，研究提出整改措施，明确换届时间进度，系统内党组织全部完成换届任务。强化党员日常教育管理监督，上半年完成了党员组织关系集中排查工作，党支部为单位，按照党组织隶属关系，坚持从严从实、客观公正，遵循集中核查、联系查找、组织处置、分析总结等方法步骤，核查党员身份信息，摸清流动党员底数，理顺党员组织关系，健全完善党员档案，对与党组织失去联系党员作出妥善处理。严抓党费专项收缴工作，健全专人管、足额收、及时缴、定期查工作机制，指导各部门单位逐级落实责任，认真核算交纳基数，党费收缴更加规范。完善了机关党组织书记述职评议制度，召开了2016年度党建工作述职评议会议，8个市直部门单位的党组织书记进行了现场述职，51个市直部门党组织书记进行了书面述职，全面传导和压实了各部门单位党组织书记抓党建的责任。

【党员干部队伍建设】 认真落实《中国共产党发展党员工作细则》，严格党员条件，规范党员发展程序，制定合理的党员发展年度计划，吸引机关优秀青年向党组织靠拢。合理处置不合格党员，确保党员发挥先锋模范作用。共发展20名经支部培养达到预备党员条件的“发展对象”入党；审批并办理29名2015年度预备党员的转正手续。积极探索建立科学有效的党员教育管理制度，努力实现管理规范化、党的活动经常化、党内生活制度化。坚持“三会一课”（全体党员大会、党支部委员会、党小组会、党课）制度，定期开展民主评议党员活动，做到组织活动有计划安排、有具体内容、有检查落实、有详细记录。健全完善党员关爱帮扶机制，提高党组织服务水平，通过走访慰问、谈心谈话、结对帮扶等措施，加大对生活困难党员的帮扶力度。组织开展创建机关党建示范点和选树优秀典型活动，“七一”前后表彰了一批先进基层党组织、优秀党务工作者和优秀共产党员，以身边事教育身边人，用身边人激发工作动力，汇聚干事创业力量。稳妥做好党代会、人代会前期筹备工作，严格落实推荐、考察、公示等程序，选出昌邑市党代8名、人大代表2名。

【机关作风建设】 积极开展“连心大走访”活动，组织党员干部与群众面对面交流、心贴心沟通，先后走访群众160余户，征求义务教育、基本医疗等各方面诉求320多条。搭建党员发挥作用有效平台，引导560多名市直机关党员主动认领丰富群众文化生活、提供法律援助、社区居民医疗、青少年心理辅导等志愿服务岗位，有效激发了党员的服务意识。同时，积极响应党员志愿服务号召，成立市直机关、企事业单位义工服务站，组织所属230多名义工积极参加公益慈善服务。

【反腐倡廉工作建设】 督促机关各级党组织建立健全监督考核和责任追究制度，严格落实"一岗双责"，确保党风廉政建设各项任务目标落到实处。认真落实党风廉政建设责任制，与系统内各部门单位签订了《党风廉政建设责任书》，把履行党风廉政建设责任作为单位党组织书记工作述职的重要内容抓好落实，协助市纪委搞好系统内违纪党员的处理工作。将反腐倡廉教育作为"三会一课"和政治理论学习的重要内容，组织系统内党员观看了《潍水镜鉴》等警示教育片，并通过案件通报、典型案例剖析等形式强化岗位廉政教育，让党员干部真正受警醒、明底线、守规矩。

档案工作

2016年，昌邑市档案工作在市委、市政府和上级业务部门的正确领导下，紧紧围绕全市中心工作，坚持依法治档，科学管档，扎实推进"三个体系"建设，较好发挥了档案记录历史，传承文明，服务社会，造福人民的作用。2016年昌邑市档案局获"山东省档案宣传先进集体"称号，并有1人获"山东省档案宣传先进个人"称号。

• 山东省档案局领导到昌邑市督察档案工作

【档案资源管理】 充分发挥档案服务人民、服务社会作用，立足社会搞好档案服务，努力提供一站式档案查询服务。修订完善档案馆服务承诺制度。改进查阅方法，简化利用手续，开展预约查询、信函查询、网上查询、委托代查等方式，全面实施档案资料免费查询服务，免费打印、复印服务，方便社会各界对档案信息的需求，全年接待来馆查询290多人次；依法开展档案鉴定工作。加大馆藏档案审查和鉴定力度，对馆藏档案进行鉴定，依法向社会开放；做好现行文件收集和整理工作。通过下发通知、上门收集等方式收集整理全市各部门、各单位的现行文件，方便市民了解各项政策法规。

【档案开发利用】 围绕服务中心工作开展档案开发利用，不断强化档案服务意识、改进档案服务手段、创新档案服务形式。编写上报2015年档案年鉴材料及档案年报；完成2016年《昌邑大事记》的编写。开发馆藏档案资料，在报刊上刊登文章宣传昌邑人文风貌。利用馆藏档案资料制作展板，布置展室，开展爱国主义教育，接待参观展览236人次。

【档案收集与管理】 认真贯彻落实档案法律法规，搞好档案进馆，并注重撤销、合并单位的档案进馆工作，拓宽档案资料收集范畴，征集《山东省志·广播电视志（1991—2005）》、赵宗邦编著的《晓春前夜》、刘光道编著的《王豫民事略》等档案资料，丰富了馆藏；围绕市委、市政府中心工作，搞好服务，对重要会议、重大活动、重大事件跟踪拍摄，参与全市重大活动、重大会议50余次，拍摄照片1300余张。在强化业务监督指导和全面完成文件材料归档整理工作的基础上，贯彻落实《山东省档案工作科学化管理规范》，继续开展档案工作科学化管理测评活动。市国土局率先在全省通过档案工作科学化管理“示范单位”测评验收；10月，市公安局以101.5分的潍坊市最高成绩，通过省档案局组织的档案工作科学化管理“示范单位”测评验收。积极创新农业、农村档案工作，依托村级事务“五代理”中心，将村级档案全部集中管理，保证了档案的安全，方便了群众查档用档。

【档案数字化管理】 对档案库房进行改造，新上光纤交换机、终端管理机、机柜等局域网、内网、外网设备；安装自动防盗防火报警、温湿度控制、消毒灭菌自动控制等硬件设施；安装了库房视频监控、库房防火报警中央控制系统；配备了其他相关设施设备，实现了库房智能化、馆藏档案资料数字化管理。调阅档案更加方便、快捷、准确，最大限度保证了档案原件安全，极大方便了人民群众查档用档需求。

【档案执法能力提高】 成立档案行政执法工作领导小组。进一步修订完善执法责任制，执法公示承诺制，执法违法责任制和执法考核评议制。档案行政执法检查1次。配备执法设备。利用数字化档案馆建设有利时机，申请配备了笔记本电脑、数码照相机、录像机等设施设备，为开展档案行政执法工作提供了物质保障。认真办理档案依法行政事项。按照昌邑市推进政府职能转变领导小组办公室的要求，修订责任清单、服务清单，公布档案行政审批事项等。在组织做好档案依法行政随机抽查工作的同时，完善档案行政审批手续，编制档案工作服务指南，为开展档案依法行政工作奠定了坚实基础。

【档案馆建设】 根据9月26日全省、潍坊市国家档案行政执法检查整改落实工作暨县级档案馆建设推进会议精神和省委办公厅省政府办公厅《关于加快推进县级国家综合档案馆建设的意见》（鲁办发〔2016〕52号）要求，启动档案馆新馆建设。12月，十三届市委常委会第117次会议第二议题听取了档案馆建设有关情况汇报，确定本着既要适度超前，又要注意节俭、防止浪费的原则规划建设档案馆，并且列入2017年经济发展和城市建设总体规划，优先保障档案馆建设用地；会议确定成立档案工作整改落实协调领导小组，将档案馆建设写进政府工作报告。

党史工作

2016年，中共昌邑市委党史研究室认真贯彻执行党史工作方针、政策，积极做好制定工作规划，研究、编辑、出版昌邑地方党史；在完成上级党史部门交办的党史资料研究、征集工作等方面均取得了较大研究成果。

【党史宣传教育工作】 结合党的纪念活动，组织工作人员积极撰写稿件，在重要刊物上对昌邑市党史文化进行宣传。汲生昌、王帝撰写的《浅谈老区革命遗址的保护与开发——从昌邑市革命遗址保存现状展开分析》一文入选“第三届全国党史文化论坛”，并收录于《第三届全国党史文化论坛文集》一书。与市关工委联合筹办全市青少年党史国史知识竞赛活动，为竞赛编写提纲并担任评委工作；同时与市关工委联合举办“永远的旗帜 光辉的历程”大型图片展览活动并走进社区、广场和校园进行宣传，在社会上营造了颂党恩、跟党走的浓厚氛围，为党史知识的普及和宣传工作打下良好基础。根据潍坊市委党史研究室《关于认真贯彻落实省委党史研究室鲁党研通字〔2016〕19号文件的通知》要求，积极与档案部门对接，在档案馆库建设中综合考虑党史陈列展览功能，努力扩大党史宣传工作场所，为党史宣传教育工作提供有力支撑。

【党史工作新成果】 以党性教育基地建设为依托，开展党史宣传工作。与市委组织部、奎聚、龙池、卜庄等部门和镇街密切配合开展党性教育基地建设工作，为基地提供了大量党史资料和图片，并对基地布展工作提供专业性指导意见。基地在党员干部党性教育中发挥了重要作用。

党校工作

2016年，中共昌邑市委党校在上级党委政府的领导下，把认真学习、宣传中共十八届六中全会精神，积极开展“两学一做”学习教育活动，始终贯穿于自身建设、学风建设和日常教学、培训工作之中，各项工作均取得突出进展。

【干部培训】 2016年，举办9期培训班次，其中：科级干部进修班春秋各1期，机关事业单位干部培训班1期，全市基层妇女干部培训班1期，全市村级党组织书记培训班1期，全市村级“两委”成员示范培训班1期，发展党员对象培训班2期，全市事业单位法定代表人培训班1期，共培训干部2200余人。另外，派出精干教师到市直部门、镇街区进行“两学一做”（学习近平系列讲话、学习党章，做合格党员）学习教育和学习党的十八届六中全会精神宣讲，培训各类干部近8000人。

【教研工作】 2016年，在国家级学术期刊发表文章1篇，省市级学术期刊发表文章3篇；积极申报潍坊党校系统科研项目5项，全部获得立项；组织5名教师参与《改革开放实录（昌邑卷）》课题撰写；组织教师扎实开展调研活动和读书活动，形成调研报告28篇，并及时组织了调研报告交流2次。

【学风建设】 严格按照《党校工作条例》要求，坚持党校姓党的根本原则，坚持从严施教、从严管理、从严治校，坚决做到学术研究无禁区、课堂讲授有纪律、公开言论守规矩。严格规章制度落实，切实增强纪律规矩意识，不论课堂上课堂下，还是工作之中或者工作之余，时刻绷紧规矩这根弦，严格按程序办事，照规矩行事。对学员学习纪律实施百分考核，严格培训出勤管理，对学习、纪律情况实行“一天一通报”制度，严格的组织管理保证了培训学习成效。

• 2016年，市机关事业单位干部培训班开课

【教育培训】 按照中央、省委、潍坊市委党校工作会议精神的要求，健全党校教育培训体系，推进党校职能延伸，全面加强基层党校建设。在全市镇（街、区）和市直有关党（工）委等22个系统部门

设立了市委党校分校，实现了党校教育培训覆盖机制，能够统筹运用党校系统的教育资源和师资力量，对全市各级各领域、各行业党员干部进行全员轮训、正规培训。

【工作创新】 为做好培训工作，增强培训的针对性和实效性，科学设置教学内容，增强针对性。围绕中共昌邑市委市政府工作大局和学员需求设置教学内容，使教学内容贴近市委要求，贴近社会实际，贴近学员需求；改进教学方法，注重实效性。在坚持和完善研究式、体验式、模拟式、学员论坛、社会调查等有效教学方法的基础上，重点搞好现场教学和请市级领导、部门领导授课，使学员深入了解昌邑经济社会发展的大势、战略目标和近期工作重点，激发学员加快昌邑现代化建设的责任感和紧迫感；不断提高教师素质。组织教师开展读书活动、新课试讲、教学竞赛等活动，安排教师挂职锻炼、在职进修、外出培训，以教师素质的提高带动干部培训质量的提升。

【自身建设】 扎实深入开展“两学一做”学习教育，严格按照中央和上级党委统一部署，积极动员，扎实推进，结合党校姓党的根本要求，按照“两进、两融、一做、四有”的工作思路，全力推进“两学一做”学习教育抓紧抓好、抓出实效。通过开展专题学习、深入研讨交流、认真对照检查、全面做好整改，教育引导党校党员干部在本职岗位上建功立业、无私奉献，自觉维护党的威信，自觉维护党校形象。

老干部工作

2016年，全市共有离退休干部5239人，其中，离休干部243人，退休干部4986人。老干部工作紧紧围绕“文化引领、组织凝聚、作用发挥”12字方针，制定“四+”工作法（支部+社团、组织+特长、党性+活动、作用发挥+成果），突显地方特色，大力推进文化养老，强化党建引领，积极引导老干部发挥正能量。

【服务管理】 市离退休干部党工委对全市离退休干部党建工作进行专项统计，完善老干部信息台账和离退休干部党支部台账，安排应换届离退休干部党组织进行集中换届。探索“四就近”服务管理模式，根据离退休干部党员居住、活动现状，将党支部归纳为“单位归属型”“社团功能型”“社区互动型”“单位联合型”等类型，合理建立兼合式党支部。集中新打造了奎聚街道潍水社区、都昌街道利民社区2处社区老干部党建工作精品示范点。

采取培训班、报告会、报刊专栏征文、专访等形式，引导广大老干部“离岗不离党、退休不褪色”。定期举办支部班子成员培训班，通过邀请教师授课、典型发言、政策解读、外出学习等方式，不断提高班子成员整体素质。6月7日，举办了昌邑市离退休干部党建工作培训班。春节前，召开离退休干部座谈会，组织观摩社会经济发展现场，听取离退休干部意见建议，引导离退休干部为党和人民的事业增添正能量。各离退休干部党支部按时开展组织生活，对行动不便的党员，定期派人走访，向他们传达重要会议和活动情况，听取意见和要求。各级党（工）委明确专人负责离退休干部党建工作，建立老干部党建工作联络员制度，联系离退休干部党支部，指导、协助支部工作开展，形成一级抓一级、层层抓落实的工作格局。

在组织学习宣传“意见”精神的基础上，召开老干部座谈会，广泛征求意见。向全市广大离退休干部发出倡议，积极争做“十者”，即争做：社会主义核心价值观的践行者、中华民族传统美德的倡导者、忠诚于党和人民事业的坚守者、优秀传统文化的弘扬者、优良家风的培育和传承者、青少年健康成长的引导者、社会矛盾纠纷的化解者、中国好声音的传播者、中国好故事的讲述者、向上向善精神力量的传递者，得到了广大老干部的积极响应。“七一”前夕，柳疃镇离退休干部党总支书记姜丽芳被潍坊市委授予“潍坊市优秀共产党员”，司法局退休干部王文浩被昌邑市委授予“昌邑市优秀共产党员”。

大力推进离退休干部社团与离退休干部党支部相融合，开展文化活动与离退休干部党建相结合，丰富社团离退休党建工作内涵。10个镇（街、区）都实行了离退休干部党支部、文山诗书社分社、关工委三位一体的格局，一大批有文化功底、熟悉基层情况、善于团结同志的离退休干部党员被选拔进各支部班子。

【文化养老】 在全市老干部中开展“我看从严治党新气象”“建言十九大”专题调研，对离退休干部进行“畅谈十八大以来变化，展望十九大胜利召开”专题访谈。组织老干部参加“两学一做”学习教育，开展“深挖口述史料，讲好革命故事”“我的入党故事”征文等活动，有效地把老干部的正能量凝聚起来。凸显地方特色，引导老干部积极参与党史记忆抢救工程，面对面聆听中华人民共和国成立前老党员、老战士、老模范回忆党的光荣历史，记录奋斗足迹，编印《听老革命讲那过去的事情》，连同《潍水之子——峻青》一书，作为党员干部党性教育教材和中小学生乡土教材，向党员干部和中小学校赠阅。峻青文学馆建成后，由峻青党支部的老干部担当义务讲解员，社会各界参观逾万人次。组织老干部编写《新编离退休干部三字经》。在石埠经济发展区青山秀水旅游度假区设立老干部诗书画摄影创作基地。

为庆祝中国共产党成立95周年，回顾党的光辉历程，讴歌党的丰功伟绩，引导离退休干部为党和人民的事业增添正能量，市委老干部局、市老年大学分别与市委组织部、广播影视中心、文山诗书社、龙池镇等部门联合举办“永远跟党走——庆祝中国共产党成立95周年文艺演出暨‘十佳诗书画之家’颁奖仪式”“光辉的历程——庆祝中国共产党成立95周年集报展”和“鄑邑山水·古韵龙池——昌邑市首届乡村旅游节暨第一届龙乡文化节庆祝中国共产党成立95周年文艺演出”系列活动，丰富离退休干部的晚年精神文化生活。开展了“抄录党章党规、习近平总书记系列重要讲话”书法大赛等活动。收集作品100余幅，部分优秀作品在奎聚街道潍水社区展示。文山诗书社党支部获评全省离退休干部党组织“优秀活动日”，峻青文学馆“讲好中国故事”项目获评山东省最佳老干部志愿服务项目，老干部王文浩获评山东省最美老干部志愿者。

【老年大学工作】 2016年，积极推进市老年大学规范化、制度化建设，教室面积达2500平方米，开设合唱、声乐、京剧、吕剧、舞蹈、模特、太极拳、诗书画、摄影等16个专业学习班，学员达500余人。打造“诗书画、太极拳、合唱团、模特走秀、舞蹈队”等5个品牌队伍，聘请了专业教师，建立班委会，确立了有条不紊的教学活动秩序。创办“昌邑老年大学”微信公众号，粉丝达1600余人，成为学员们学习交流的“空中课堂”和展示学员风采的“空中舞台”。通过微信号组织通过图文并茂的形式发布老干部喜闻乐见的主题和内容，利用培训班、召开会议的机会和举办手机摄影比赛、诗词评选、“十佳诗书画之家”评选、“醉美阳台”摄影比赛等活动，吸引老干部主动学习微信使用方法，爱好浏览微信发布内容。认真贯彻落实国务院办公厅《老年教育发展规划（2016—2020）》，结合昌邑实际，提升基层老年教育水平，先后挂牌成立了昌邑市老年大学龙池分校和饮马山阳分校。

• 12月30日，中共昌邑市委老干部局、市老年大学、文山诗书社组织部分老干部开展了为齐西古村送春联活动，助力齐西古村文化建设

【文山诗书社】 昌邑市文山诗书社成立于1992年11月10日，有9处镇街分社和16个城区学习活动小组，累计社员数量1700多人，全社共有56个学习小组。对外联系200多家诗词单位，联系在外的昌邑籍老领导100多人和全国各地诗词、书画爱好者达上万人，实现了千名社员万名诗友和镇镇村村有社员的目标。2016年7月升格为党总支，下设11个党支部，党员292名，被确定为潍坊市"两新"示范党组织。文山诗书社组织社员开展诗词创作、培训和诗词进校园活动，出版《文山诗词》刊物（先期每年一期，后改为每年两期，已出版68期），挖掘整理出版《昌邑古县志集》《昌邑古今诗词》《昌邑古今书画》《昌邑织造》《清代名医黄元御》等一大批历史文化资料，承办两届中华诗词全国大奖赛。

2016年5月，文山诗书社峻青党支部协助昌邑市委老干部局建成峻青文学馆，作为全市红色教育基地对外免费开放，支部成员中多人与峻青先生联系密切，为峻青文学馆捐赠珍贵字画、照片、图书等资料100余份，并提供义务服务。该党支部的老干部还整理编印《潍水之子——峻青》一书，作为该市党员干部党性教育教材和中小学生乡土教材，向党员干部和中小学校赠阅，让更多的人走近峻青，了解峻青，学习峻青。峻青文学馆自6月开馆以来，已接纳6000多人次的参观者，甚至不少外地人也慕名前来参观学习。

关心下一代工作

2016年，在中共昌邑市委、市政府的正确领导下，各级关心下一代工作委员会（简称关工委）认真学习贯彻习近平总书记重要指示精神，坚持服务青少年的正确方向，围绕中心，服务大局，突出重点，主动作为，全市关心下一代工作取得新成就、呈现新气象。市关工委先后2次在潍坊会议上做典型发言，5处"四点半学校"被评为"潍坊市五好'四点半'学校"，市关工委被中国关工委授予"全国关工委宣传工作先进集体"。

【开展社会主义核心价值观教育活动】 注重发挥老干部、老战士、老专家、老教师、老模范（简称"五老"）作用，以培育和践行社会主义核心价值观为主线，积极开展思想道德教育活动。坚持做好"五老"宣讲活动。根据需要，在县、乡组建起11个"五老"志愿者宣讲团，定期到学校、机关、企业等开展各类教育宣讲活动。市（县）乡各级宣讲团成员结合清明节、青年节、儿童节等入校集中宣讲近60场次，受教育人数达1.2万人次。重视挖掘地方红色资源开展教育活动。与老干部局一起组织诗书社"五老"志愿者在潍水社区筹建起了"峻青文学馆"，搜集大量珍贵的图文资料、"红色经典"作品，向青少年展示昌邑人民曾经的战斗和生活，传播红色文化，弘扬革命精神。5月，文学馆开放，组织"五老"志愿者参观480余人次，各中小学生参观1.1万余人次。

【围绕主题开展系列教育活动】 2016年，是中国共产党建党95周年、红军长征胜利80周年，市关工委将该年度确定为“党史国史教育年”。在全市开展“两史教育”大型巡展活动。以建党95周年、长征胜利80周年为主题，把中国共产党的重大事件及昌邑历史事件用图文并茂、浅显易懂的形式制作40幅精美展板，总长度达40米。6月开始，轮流到学校、企业、机关、社区等展出，每周1～2个单位，并由熟悉党史知识的“五老”现场讲解，很受欢迎。特别国庆节期间在市民广场的巡展，每天从早到晚都有很多市民驻足观看，收到良好的社会反响。组织“五老”宣讲团深入到学校、社区、企业等，先后为中小学生、青年职工作报告达120多场次；利用家长会、家长信、家庭会，开展“两史教育”进家庭活动，开展了“好家长、好家风、好家庭”评选活动。另外，在潍水党性教育基地、龙池抗战纪念馆、卜庄镇新建3处关心下一代教育基地，号召青少年利用节假日与家长一起“看基地、学历史”，在全社会营造出了浓厚的宣传氛围。

为提升教育效果，联合党史研究室、教育局等六部门开展全市青少年党史国史知识竞赛，选印“十、百、千”知识竞赛提纲，即10处昌邑教育基地概况，100个革命历史故事，1000道赛题，内容涵盖党史、国史、地方史、文明史、发展史、时事新闻、中国之最、名人名著等，在全市掀起学习“两史教育”的新高潮。12月上旬知识竞赛正式启动，电视台全程跟踪录播，共组织204名选手、68组代表队参加；进行22场分组赛，12场半决赛；1.3万多名观众参与，历经了18天的角逐，使竞赛的过程成为全社会参与的过程。在全市举办32场党史国史选拔赛，并于春节前举办青少年党史国史现场总决赛，取得较好的教育效果。潍坊市关工委领导，中共昌邑市委、市人大、市政府、市政协领导到场观看比赛并为获奖选手颁奖。

【关爱青少年工作】 利用“四点半学校”等校外场所大力开展教育关爱活动，全市400多名“五老”志愿者和社会志愿者通过20多处“四点半学校”、希望乐园，在坚持青少年学业辅导、情感交流的同时，还开展了书画、才艺、剪纸、草编等特长培养活动，2200多名学生受益，“四点半学校”逐渐受到家长和学校的欢迎。市关工委与民政局、团市委等一起开展“牵手关爱志愿活动”，借助各种社会资源，共集中开展各类关爱活动80多次，服务少年儿童450余名，捐款捐物合计10万余元。全市160多名“五老”义务监督员坚持开展义务巡查活动，帮助21名孩子摆脱网瘾，多名孩子摆脱溺水事故，《大众日报》记者对此曾走访报道。

• 8月25日，昌邑市关工委组织“五老”参观昌邑党史馆

昌邑市人民代表大会

Chang Yi Shi Ren Min Dai Biao Da Hui

重要会议

【市人民代表大会会议】

昌邑市十七届人大五次会议 2016年2月27日至29日举行。本届市人民代表大会共有代表名额242名，实有代表242名，实到226名。会议听取审议了昌邑市人民政府市长吕珊珊代表昌邑市人民政府向大会作的政府工作报告，市人大常委会党组书记、第一副主任周娟作的昌邑市人民代表大会常务委员会工作报告，市法院代理院长徐金江作的昌邑市人民法院工作报告，市检察院代理检察长宋教德作的昌邑市人民检察院工作报告；书面印发了昌邑市国民经济和社会发展第十三个五年规划纲要草案及有关说明、昌邑市2015年国民经济和社会发展计划执行情况与2016年计划草案的报告、昌邑市2015年预算执行情况和2016年预算草案的报告。会议表决通过关于上述规划纲要、报告的决议；通过了大会选举办法；补选徐金江为昌邑市人民法院院长，宋教德为昌邑市人民检察院检察长，王焕令为昌邑市第十七届人民代表大会常务委员会委员，表决通过了市十七届人民代表大会各专门委员会组成人员的人选名单。

【市人大常委会会议】

市十七届人大常委会第二十六次会议 2016年2月24日召开。会上，市人大常委会党组副书记、副主任庞明庆受主任会议委托提请了人事免职名单；市委常委、市政府常务副市长陶金先受市长吕珊珊委托提请了人事任免名单，市人力资源和社会保障局局长滕林波介绍了被提请任命干部的有关情况；市法院党组副书记、副院长翟文武受院长薛明友委托提请了人事任免名单并介绍了被提请任命干部的有关情况；市检察院党组副书记张阔润受张杰检察长委托提请了人事任命名单并介绍了被提请任命干部的有关情况；市人大常委会党组副书记、副主任庞明庆作了关于市十七届人大五次会议筹备工作情况的报告、关于补选代表的代表资格审查报告。表决通过了市人大常委会代表资格审查委员会关于补选代表的代表资格审查报告，拟提请市十七届人大五次会议预备会议通过的大会议程草案、大会主席团和秘书长名单草案、议案审查委员会名单草案；议定了市人大常委会在市十七届人大五次会议上的工作报告；通过了关于接受薛明友辞去市人民法院院长、张杰辞去市人民检察院检察长、黄国磊辞去市人大常委会委员、王高红等7人辞去市十七届人民代表大会代表职务的决定和有关人事任免名单，决定徐金江为市人民法院代理院长、宋教德为市人民检察院代理检察长。市人大常委会党组书记、第一副主任周娟向被任命干部颁发了任命书。被任命干部公开向宪法进行了宣誓。

市十七届人大常委会第二十七次会议 2016年3月28日召开。会上，市水利局局长明兴谱作了关于农田水利建设情况的报告；市法院院长徐金江作了关于规范司法行为工作情况的汇报；市法院院长徐金江提请了人事任免名单并介绍了被提请任命干部的有关情况。会议表决通过了市人大常委会关于表彰2015年度优秀人大代表和先进人大工作者的决定；通过了有关人事任免名单。市人大常委会党组书记、第一副主任周娟向被任命干部颁发了任命书，并向受表彰的优秀人大代表和先进人大工作者颁发了证书。

市十七届人大常委会第二十八次会议 2016年5月31日召开。会上，市环境保护局局长董明明作了关于水污染防治工作情况的报告；市人大教育科学文化卫生委员会副主任委员徐安祥作了关于检查贯彻实施《中华人民共和国母婴保健法》情况的报告；市人大常委会财政经济委员会副主任委员胡思明作了关于电子商务发展情况的专题调研报告；市法院院长徐金江作了关于行政审判工作情况的报告；市政府副市长刘煜受市长吕珊珊委托提请了人事任免名单，市人力资源和社会保障局局长滕林波介绍了被提请任命干部的有关情况；市检察院检察长宋教德提请了人事免职名单。会议通过了有关人事任免名单。市人大常委会党组书记、第一副主任周娟向被任命干部颁发了任命书。被任命干部公开向宪法进行了宣誓。

市十七届人大常委会举行第二十九次会议 2016年7月28日召开。会上，市司法局局长郑瑞贤作了关于“六五”普法、依法治市情况和“七五”普法规划的报告及关于昌邑市2016—2020年依法治市规划（草案）的说明；市财政局局长李友田作了关于昌邑市2015年市级财政决算草案和2016年上半年预算执行情况的报告；市审计局局长王福州作了关于昌邑市2015年市级预算执行和其他财政收支的审计工作报告；市发展和改革局局长宋文清作了关于昌邑市2016年上半年国民经济和社会发展计划执行情况的报告。会议表决通过了昌邑市人大常委会关于在全市公民中开展第七个五年法治宣传教育的决议、昌邑市人大常委会关于《昌邑市2016—2020年依法治市规划》的决议、昌邑市人大常委会关于批准昌邑市2015年市级财政决算的决议。

市十七届人大常委会第三十次会议 2016年9月28日召开。会上，市政府副市长王海岩作了关于市十七届人大五次会议代表建议、批评和意见办理工作情况的报告、关于食品安全工作情况的报告；市财政局局长李友田作了关于将昌邑市供水管网升级改造工程项目购买服务有关款项列入财政预算的报告；对食品安全工作进行了专题询问。会议表决通过了昌邑市人大常委会关于批准昌邑市供水管网升级改造工程项目购买服务有关款项列入财政预算的决定。

市十七届人大常委会第三十一次会议 2016年10月17日召开。会议表决通过了昌邑市人大常委会关于设立昌邑市选举委员会的决定、关于任命昌邑市各镇选举委员会组成人员的决定、关于昌邑市各镇新一届人民代表大会代表名额的决定、关于昌邑市市镇两级人民代表大会换届选举时间的决定。

市十七届人大常委会举行第三十二次会议 2016年12月22日召开。会上，市人大常委会党组副书记、副主任庞明庆受主任会议委托提请了人事任免名单，市人大常委会办公室主任科员王新强介绍了被提请任命干部的有关情况；市委常委、市政府副市长李鹏受吕珊珊委托提请了人事任免名单，市人力资源和社会保障局局长滕林波介绍了被提请任命干部的有关情况；市检察院检察长宋教德提请了人事免职名单；市人大城建环资委副主任委员谢立业作了关于检查贯彻实施《矿产资源法》情况的报告；市海洋与渔业局局长刘万秋作了关于加强海洋管理与发展现代渔业工作情况的报告。会议表决通过了关于接受陶金先等同志辞去市人民政府副市长职务的决定、关于接受吕珊珊辞去市人民政府市长职务的决定，决定李玉祥为昌邑市人民政府副市长、代理市长，决定任命王树国为昌邑市人民政府副市长、公安局长，赵海龙、孔德奎为昌邑市人民政府副市长。市人大常委会党组书记、第一副主任周娟向被任命干部颁发了任命书。被任命干部公开向宪法进行了宣誓。李玉祥作了表态发言。会议对加强海洋管理与发展现代渔业工作情况进行了评议，以无记名投票、打分的方式，对加强海洋管理与发展现代渔业工作进行了满意度测评，汇总后的结果为满意（94.2 分）。

重要工作

2016 年，市人大常委会紧紧围绕市委总体部署和全市工作大局，坚持“围绕中心谋思路、履职尽责惠民生、强化监督求实效、同心协力促发展”的目标要求，依法履行职责，扎实开展工作，在全面推进依法治市、服务经济社会发展、促进社会和谐稳定中发挥了应有的作用。

【人事任免】 2016 年 2 月 24 日，昌邑市第十七届人民代表大会常务委员会第二十六次会议，根据薛明友的请求，决定接受其辞去市人民法院院长职务；根据张杰的请求，决定接受其辞去市人民检察院检察长职务；根据黄国磊的请求，决定接受其辞去市人大常委会委员职务，以上事项报昌邑市人民代表大会备案。任命：徐金江为市人民法院审判员、审判委员会委员、副院长，决定徐金江为市人民法院代理院长；宋教德为市人民检察院检察员、检察委员会委员、副检察长，决定宋教德为市人民检察院代理检察长，报潍坊市人大常委会备案。根据市人大常委会主任会议的提议，免去：马守玉的市人大常委会石埠经济发展区工作办公室主任职务。根据市人民政府市长吕珊珊的提请，决定任命：明兴谱为市水利局局长；董明明为市环境保护局局长；李星亮为市商务局局长。决定免去：王焕令的市水利局局长职务；明兴谱的市环境保护局局长职务；门修杰的市商务局局长职务。

2016 年 3 月 28 日，昌邑市第十七届人民代表大会常务委员会第二十七次会议，根据市人民法院徐金江院长的提请，任命：王骞为昌邑市人民法院柳疃法庭庭长；杨波为昌邑市人民法院审判监督庭庭长；毕磊为昌邑市人民法院行政审判庭副庭长；毕英清为昌邑市人民法院民事审判第四庭副庭长。免去：王骞的昌邑市人民法院审判监督庭庭长职务；杨波的昌邑市人民法院柳疃法庭庭长职务；毕磊的昌邑市人民法院北孟法庭副庭长职务；毕英清的昌邑市人民法院柳疃法庭副庭长职务。

2016 年 5 月 31 日，昌邑市第十七届人民代表大会常务委员会第二十八次会议，根据市人大常委会主任会议的提议，任命：张英俊为市人大常委会调查研究室主任；马旭日为市人大常委会预算工作委员会主任；梁永彦为市人大常委会奎聚街道工作办公室主任；夏小伟为市人大常委会都昌街道工作办公室主任；王永为市人大常委会围子街道工作办公室主任；孙执凯为市人大常委会石埠经济发展区工作办公室主任；杨青为市人大常委会信访工作室副主任。免去：孙磊的市人大常委会奎聚街道工作办公室主任职务；张英杰的市人大常委会都昌街道工作办公室主任职务；宋晓波的市人大常委会围子街道工作办公室主任职务；王新强的市人大常委会人事代表工作室副主任职务；张英俊的市人大常委会调查研究室副主任职务；马旭日的市人大常委会法制工作委员会副主任职务；梁永彦的市人大常委会奎聚街道工作办公室专职副主任职务；王升涛的市人大常委会都昌街道工作办公室专职副主任职务；王永的市人大常委会围子街道工作办公室专职副主任职务。根据市人民政府吕珊珊市长的提请，决定任命：王升涛为市安全生产监督管理局局长。决定免去：张东森的市安全生产监督管理局局长职务。根据市人民检察院宋教德检察长的提请，免去：周浩的市人民检察院检察员职务；尹明光的市人民检察院检察员职务。

2016年12月22日，昌邑市第十七届人民代表大会常务委员会第三十二次会议，根据陶金先、王海岩、李明杰三名同志的请求，决定接受其辞去市人民政府副市长职务。根据市人大常委会主任会议的提议，任命：邵振宇为市人大常委会奎聚街道工作办公室主任；陆玲玲为市人大常委会都昌街道工作办公室主任；刘培学为市人大常委会围子街道工作办公室主任；郑雨送为市人大常委会石埠经济发展区工作办公室主任；管培军为市人大常委会奎聚街道工作办公室副主任；王海东为市人大常委会都昌街道工作办公室副主任；鲍国华为市人大常委会围子街道工作办公室副主任。免去：梁永彦的市人大常委会奎聚街道工作办公室主任职务；夏小伟的市人大常委会都昌街道工作办公室主任职务；王永的市人大常委会围子街道工作办公室主任职务；孙执凯的市人大常委会石埠经济发展区工作办公室主任职务。根据市人民政府吕珊珊市长的提请，决定任命：王树国为市人民政府副市长、市公安局局长；赵海龙为市人民政府副市长；孔德奎为市人民政府副市长；潘永贵为市国土资源局局长。决定免去：王海岩的市公安局局长职务；王铁楼的市国土资源局局长职务。根据市人民检察院宋教德检察长的提请，免去：梁慧升的市人民检察院检察员职务；郝英奇的市人民检察院检察员职务。根据吕珊珊的请求，决定接受其辞去市人民政府市长职务。根据市人大常委会主任会议的提议，决定任命：李玉祥为市人民政府副市长、代理市长。

【依法履职】 把推动市委重大决策部署落实作为工作重点，就“七五”普法和2016—2020年依法治市规划作出决议，营造良好法治氛围。加强对计划和预算执行、财政审计工作的监督，适时审查批准市级财政决算，并作出相应决议。就政府性融资事项作出决定，保障重点项目建设的顺利进行。坚持党管干部原则和人大依法任免相结合，依法决定人事任免事项，依法任免国家机关工作人员64名。

【关注民生】 把保障和改善民生摆在重要位置，积极发挥在倾听民声、体察民情、反映民意、化解民忧方面的作用和优势，着力推动解决人民群众最关心、最直接、最现实的利益问题。开展食品安全工作专题询问，深化对食品安全工作中一些关键问题的认识，回应人民群众的关切和期盼。开展电子商务发展情况专题调研，努力推动昌邑市电子商务快速发展。听取审议农田水利建设情况的报告，切实支撑和保障新型农业农村经济发展。听取审议水污染防治工作情况的报告，督促和支持市政府采取有力措施，切实保障饮用水安全。

【依法治市】 始终坚持法治导向，不断强化法律监督，精心组织执法检查，依法办理来信来访，维护了法律权威，营造良好的法治环境。为进一步规范母婴保健服务行为，对贯彻实施《中华人民共和国母婴保健法》情况进行了检查，推动母婴保健事业健康快速发展。听取市法院关于规范司法行为工作情况的报告，督促进一步完善规范司法行为制度，加强审判流程管理机制建设，为地方经济发展提供强有力的司法保障。积极推动人大信访工作法治化，按照“分别受理、综合分析、统一交办、限期反馈、严格督查”的办访方式，认真受理群众来信来访51件次，并及时进行了转办、督办，保障合理合法诉求依照法律规定和程序得到合理合法的结果。

【强化服务】 坚持服务导向，突出代表主体地位，加强联系服务，创新工作机制，积极支持和保障代表依法履职。强化服务保障，继续坚持常委会组成人员分工联系代表制度，扩大代表对中心工作和常委会工作的参与，组织代表参加市里的重大会议和常委会组织的视察、调查、执法检查等活动120余人次。坚持优秀人大代表评选制度，评选表彰了30名优秀人大代表，进一步激发代表的履职热情。拓宽代表履职形式，坚持每两个月集中开展一次代表小组活动，进一步深化“走基层、听民意、献良策、促发展”代表主题实践活动，保证代表活动制度化、规范化。加大代表建议办理力度，健全完善建议交办、承办、督办等各环节的工作机制，坚持选取10件建议进行重点督办，带动建议办理工作整体上水平，市十七届人大五次会议以来提出的105件代表建议，全部办理完毕并答复代表。

市直机关党建述职评议工作会议现场

【基层建设】 坚持领导班子成员分工联系镇街区人大工作、镇街区人大负责人列席常委会会议以及重要工作通报等制度，开展镇街区人大“基层基础工作年”活动，加强镇街区人大规范化建设，推动基层人大办公条件实现了“四有”标准，建立完善“四簿一册”，实现镇人大主席、街区人大办主任专职配备。

【换届选举】 在市委的领导下，市人大常委会精心组织、周密部署，对选民登记、代表候选人张榜公布等每个环节进行督导，确保选举程序的严谨性、合法性。这次换届选举，全市登记选民472733人，参加选举投票选民390997人，参选率达到82%，依法选举产生市级人大代表242名、镇级人大代表449名。

【信息宣传调研工作】 成立信息宣传调研工作推进领导小组，建立领导带头，全员参与，分解任务，量化到人的制度，加强宣传引导，营造社会氛围。2016年，完成调研课题12篇，年内在国家级刊物《中国机构改革与管理》发表领导署名文章1篇、经验类文章1篇，在省级刊物《机构与行政》发表领导署名文章1篇、经验类文章1篇，3项调研成果获潍坊市机构编制工作科研创新成果奖三等奖。撰写信息宣传稿件150余篇，被中央、省、潍坊市网站采用信息稿件共计100余篇，被《大众日报》《潍坊日报》和《潍坊日报·今日昌邑》采用40余篇。

【代表补选】 昌邑市第十七届人民代表大会代表名额为242名。市十七届人大四次会议时实有代表240名。市十七届人大四次会议后，有黄志华、陈笠、高文奎、李寿岩、薛明友、刘杰然、张杰7名代表出缺；有王高红、孙亚奇、毕军枢、修维彬、薛文磊、张丽芳、史志强7名代表向市人大常委会辞去代表职务。市十七届人大代表尚缺16名。根据《中华人民共和国选举法》和《山东省县乡两级人民代表大会选举实施细则》的规定，有关选区已补选出宋教德、姜曙光、王升涛、李明刚、潘锦、李志为、许增贤、李鹏、王焕令、徐金江、刘广杰、郝炳伟、胡思明、门修杰、曲丽芬、陈诚16名市十七届人大代表。市十七届人大常委会第二十六次会议经过审议，同意代表资格审查委员会关于补选代表的代表资格审查报告，确认补选的16名市人大代表的代表资格有效。经过补选，昌邑市第十七届人民代表大会代表242名。

【机关党建和自身建设】 加强组织领导，切实发挥集体领导作用。坚持抓好理论武装，及时学习、宣传、贯彻党的理论和路线方针政策，贯彻中央、省、潍坊市和市委、市政府的重大决策部署，确保机构编制工作始终围绕中心、服务大局。认真贯彻落实民主集中，坚持周五碰头会制度，重要事项坚持集体研究决定，领导班子的整体功能得到有效发挥。坚持履行和落实好“一岗双责”（一个岗位，两种责任）和“两个责任”（党委主体责任和纪委监督责任），切实加强党风廉政建设，认真贯彻《中国共产党廉洁自律准则》和《中国共产党纪律处分条例》，切实从制度层面固化党风廉政建设主体责任。

狠抓队伍建设，努力提升干部履职水平。扎实开展“两学一做”学习教育，制定实施方案，印发学习教育责任清单，坚持集体学习与个人自学相结合，不断提高干部政治素质。先后组织全体干部到昌邑市党史馆、卜庄镇西海军分区后方医院旧址、胶北特委纪念馆参观，赴抗战历史教育基地龙池镇抗日战争纪念馆祭奠英烈，使广大党员在学习中接受党性和革命传统再教育。配齐配强党支部班子，成立工会、妇联等群团，形成以党建带团建、以团建促党建的良好局面，获得“潍坊市巾帼文明岗”“潍坊市心理健康服务体系建设工作先进集体”等称号。积极开展岗位练兵活动，全面提升机构编制队伍的整体业务素质，在潍坊市举办的岗位练兵竞赛中获“岗位练兵团体一等奖”。开展“提升业务水平、提高办事效率、提高工作质量、遵守工作纪律、争创一流业绩”活动，编制《市编办内部责任清单》，不断改进工作作风，提高责任心。开展“金点子”征集活动，组织机关干部积极建言献策。坚持树立正确导向，加强干部教育管理、交流锻炼、培养使用，切实抓好干部队伍建设。

完善规章制度，大力推进机关规范化建设。建立动态交流机制，搭建机构编制网站宣传、机构编制动态交流、机关文化讲堂学习、文件传阅督办、机关工作交流等5个平台，促进全体干部相互学习沟通。认真做好门户网站建设，相对于其他县市区网站信息量大，更新及时。搭建微信交流工作平台和生活平台，及时督促落实工作，畅通交流信息，真正做到短、平、快，提高了工作效率，丰富了机关文化生活。完善主任办公会议、办务会议制度等17项工作制度，细化机构编制事项审核审批工作、事业单位登记管理工作规范等5项科室工作规范，建立健全人事管理、限时办结、内部督查等3项内部管理制度，召开主任办务会24次，解决问题45个。建立岗位责任制和重点工作推进机制，成立12个重点工作推进小组。建立考核考评机制，对科室及工作人员实行定期量化综合考核，评先树优，提升机关干部工作积极性，促进全市机构编制事业创新发展。

【包村工作】 真帮实扶，圆满完成两年包村任务。根据市委市政府包村帮扶工作的要求，将包村帮扶作为重点工作来抓，帮助帮扶村完成修路、改水、粉刷文化墙、安装监控、建立老年活动室、建蔬菜批发市场和市种子市场等工程，全体机关干部与贫困户、孤寡老人和部分老党员进行结对帮扶，受到全体村民和社会上的广泛赞誉。扎实做好“三招三引”（招商引资、招才引智、招院引所）工作。积极参与，奋力突破，促成东科化工与山东科技大学“阻燃剂”项目的落成，帮助润鹏种苗有限公司申报潍坊市级工程研发中心，其研究成员获“山东省科技进步二等奖”。

昌邑市人民政府

Chang Yi Shi Ren Min Zheng Fu

重要会议

【市长办公会议】 1月9日上午，在市政府第二会议室，市长吕珊珊主持召开第33次市长办公会议。共5项议题：一、听取市委农工委常务副书记、农工办主任刘英凯关于贯彻落实潍坊市“两河”开发现场经验交流会议精神有关情况的汇报；二、听取了市教育局局长赵赞江关于实验中学建设的情况汇报；三、听取市金融办主任姜喜润关于处置地方法人银行机构不良贷款实施方案的情况汇报；四、听取市委组织部副部长、市编办主任陆振伟关于推进全市综合行政执法体制改革试点事宜的情况汇报；五、听取市政府副市长、市公安局局长王海岩对省公安厅领导就甘肃省千人聚集群体性事件所作批示精神的汇报。

3月10日晚上，在市政府第二会议室，市长吕珊珊主持召开第36次市长办公会议。共4项议题：一、听取市林业局局长王圣仟关于加快特色经济林产业发展的意见、昌邑市2016年林业生态建设计划、昌邑市保护发展森林资源目标责任制实施意见、昌邑市保护发展森林资源目标责任制考核办法、关于成立保护发展森林资源目标责任制工作领导小组的通知的汇报；二、听取市委农工委常务副书记、农工办主任刘英凯关于潍坊市农村工作会议精神贯彻落实情况的汇报；三、听取市环境保护局局长董明明关于全市深化“三八六”环保行动实施“十大工程”加快绿色发展大会筹备情况的汇报；四、听取市物价局局长翟拥军关于调整昌邑市自来水公司供水价格，城区居民用水执行阶梯水价制度及落实水资源费、污水处理费征收标准的意见的汇报。

6月8日下午，在市政府第二会议室，市长吕珊珊主持召开第37次市长办公会议。市委常委、政法委书记王志强应邀参加会议。会议共5项议题：一、听取市政府各包案领导关于各自包案化解信访积案工作落实情况的汇报；二、听取市委常委、市政府常务副市长陶金先关于潍坊市经济工作调度会议精神和昌邑市存在的问题、下步打算等有关情况汇报；三、听取市委常委、市政府副市长李鹏关于赴济南考察学习棚户区改造及房屋征迁安置工作有关情况的汇报；市政府副市长刘煜关于潍坊市依法推进房屋征迁工作现场会议精神的汇报；四、听取市民政局局长马学彦关于昌邑市农村社区服务中心建设3年行动实施方案的汇报；五、听取各副市长、驻会副县级领导关于各自包靠的不达序时进度重点工程、重点项目有关情况汇报。

11月12日，在市政府第二会议室，市长吕珊珊主持召开第39次市长办公会议。共3项议题：一、传达市委常委会关于李明杰任职的决定；二、听取市政府副市长刘煜关于加快三产融合建设滨水绿色发展带的规划设想的汇报；三、研究部署当前重点工作。

12月12日下午，在市政府第二会议室，市委副书记李玉祥主持召开第40次市长办公会议。会议传达市党政联席会议精神，公布市政府领导班子成员临时分工，并就下步工作进行安排部署。会议要求，认识要迅速到位，积极工作；要加强团结，密切配合；要认真开展"回头看"；要切实维护好安全稳定大局。会议确定，各分管领导要尽快研究确定2017年工作要点和各自分管领域计划实施的重点工程、重点项目，重点工程由李鹏牵头汇总，重点项目由孔德奎牵头汇总。按照市委要求，12月25日前，将工作要点和重点工程、重点项目报市委办公室、市政府办公室，安排会上讨论研究。

【工作会议】

安全生产工作会议 2月3日在市会议中心第四会议室召开。会议研究部署全市安全生产安全工作。市委、市府领导马跃启、吕珊珊、鞠立强、陶金先、李志为、王伟、李鹏、王海岩、李明杰、刘煜及各镇街区党（工）委书记、镇长（主任）、分管负责人、安监所所长，市安委会成员单位主要负责人、分管负责人，有关企业法人代表，约260人参加会议。会议议程：副市长陶金先通报2015年度全市安全生产工作情况；各镇街区党（工）委书记、市经信局、教育局、公安局、建设局主要负责人作表态发言；市长吕珊珊讲话。

禁毒工作会议 2月3日，在市会议中心第四会议室召开，主要分析、研究、部署全市禁毒工作。市领导马跃启、吕珊珊、鞠立强、王志强、戚风乾、王海岩、孙孝工及各镇街区党（工）委书记、镇长（主任）、分管负责人、派出所长、安监所长、市场监管所长、环保所长，市禁毒委员会成员单位主要负责人、分管负责人，市委市政府督查室、市市场监管执法大队、安全生产监察大队、环境安全监察大队负责人，市禁毒办全体人员等130余人参加会议。会议议程：王海岩通报案件情况并宣读《全市易制毒化学品专项整治行动实施方案》；市长吕珊珊讲话。

市政府全体（扩大）会议 3月7日，在市会议副市长中心第四会议室召开。主要议程：各副市长安排部署各自分管领域的工作（副市长王海岩在外出发，郭光武代王海岩安排部署分管工作）；市长吕珊珊讲话；市发改局、经信局、商务局、建设局、供电公司、滨海开发区、饮马镇主要负责人分别作表态发言；市博物馆副馆长王伟波作《昌邑市历史文化资源概况》讲座。市政府领导班子全体成员，各镇街区党（工）委书记、镇长（主任），市委市政府督查室、信访局，市政府各部门、正科级以上事业单位主要负责人，全市百强企业法人代表出席会议。并邀请市委办公室、市人大常委会办公室、市政协办公室、市委组织部、宣传部、政法委、农工办、市人武部负责人参加。

深化"三八六"环保行动实施"十大工程"加快绿色发展动员大会 2016年3月14日，在市会议中心第四会议室召开。入会人员有市领导吕珊珊、孙晓非、陶金先、王志强、李志为、李鹏、庞明庆、王海岩、李明杰、刘煜、夏麦香及市法院院长、市检察院检察长；各镇街区党（工）委书记、镇长（主任）、分管负责人；市委各部委、市政府各部门、正科级以上事业单位、各人民团体、市人武部主要负责人，有关企业法人代表，市环保局中层以上干部；会议议程：副市长李明杰宣读《中共昌邑市委昌邑市人民政府关于表彰全市"三八六"环保行动先进单位和先进个人的通报》；市长吕珊珊讲话；下营镇党委书记、市建设局、环保局、山东海天生物化工有限公司主要负责人分别做表态发言。

镇街区镇长（主任）座谈会 8月12日，在市政府第二会议室召开。参加人员有市领导吕珊珊、陶金先、李鹏、王海岩、李明杰、刘煜、高敬东及各镇街区镇长、主任，市委市政府督查室、市政府研究室、市发改局、经信局、财政局、农业局、商务局、统计局主要负责人；座谈会议程：各镇街区镇长、主任发言；各副市长就分管领域安排当前工作；市长吕珊珊讲话。

迎接省级卫生城市复审工作推进会议　8月24日，在市会议中心第五会议室召开。参加人员有市领导吕珊珊、陶金先、李鹏、王海岩及奎聚、都昌、围子街道党工委书记、分管负责人，市直有关部门、单位主要负责人、分管负责人。会议议程：副市长陶金先安排迎接省级卫生城市复审有关工作；市长吕珊珊讲话。

庆祝第三十二个教师节　9月8日，在昌邑一中艺术楼报告厅，举行第三十二个教师节庆祝大会。参加人员有市委常委，市政协主席，市人大常委会党组书记、第一副主任及各镇街区党(工)委书记、分管负责人、教育管理办公室主任，市委各部委、市政府各部门、正科级以上事业单位、各有关企业、各人民团体、市人武部主要负责人，市教育局全体机关干部、全市学区小学以上学校校长、市直学校中层以上干部及部分师生代表、受表彰的先进单位和先进个人；市电视台、潍坊日报社昌邑分社派员参加。会议议程及活动安排：市委副书记鞠立强宣读《中共昌邑市委昌邑市人民政府关于表彰2015—2016学年度全市教育工作和尊师重教先进典型的决定》，主席台领导为受到表彰的先进典型代表颁奖；市长吕珊珊讲话。会议结束后，市委市府及部门领导马跃启、吕珊珊、李中福、周娟、庞胜明、张亦明、高敬东、赵赞江、张铭华分2组走访部分学校和教师。

创建国家食品安全城市工作推进会议　10月16日，在昌邑市会议中心第四会议室召开。会议深入研究如何创建国家食品安全城市工作。参加会议的有李平（潍坊市政协副主席、潍坊市食品药品监督管理局局长）；郭治平（潍坊市教育局副局长）；丁曰林(潍坊市卫计委副主任)；刘洪宝（潍坊市食品药品监督管理局副局长）；赵学新（潍坊市畜牧局副局长）；冯常波（潍坊市农业局农产品质量安全监管科科长）；吕珊珊（昌邑市政府市长）；王海岩（昌邑市政府副市长、市公安局局长）及各镇街区党（工）委书记、分管负责人，市食品安全委员会成员单位主要负责人、分管负责人、业务科室负责人和市市场监管局全体干部职工，计290人出席会议。会上，刘洪宝、郭治平、赵学新、丁曰林、冯常波、李平、吕珊珊分别讲话。

计划生育工作会议　10月21日，在市会议中心第四会议室召开，主要研究部署全市计划生育工作。参加人员有市委市府领导马跃启、吕珊珊、鞠立强、李中福、周娟、陶金先及各镇街区党（工）委书记、镇长（主任）、分管负责人、计生办专职副主任，市委各部委、市政府各部门、正科级以上事业单位、各有关企业、各人民团体、市人武部主要负责人、分管负责人，计280人；会议议程：鞠立强宣读《中共昌邑市委人口与计划生育领导小组关于2015年度人口计生责任目标执行情况的通报》；市委书记马跃启讲话。

环卫工作会议暨第二十二届环卫工人节庆祝大会　10月25日，在市会议中心第四会议室，举行环卫工作会议暨第22届环卫工人节庆祝大会。与会人员有市委、市府领导马跃启、吕珊珊、李中福、周娟、李鹏及各镇街区镇长（主任）、分管负责人，市委各部委、市政府各部门、正科级以上事业单位、各有关企业、各人民团体、市人武部主要负责人，市建设局领导班子成员，受表彰先进集体主要负责人、环卫行业先进个人代表、市环卫局及康洁环卫集团部分干部职工代表，共约290人；市电视台、潍坊日报社昌邑分社派员参加。会议议程：李鹏宣读《昌邑市人民政府关于表彰2016年度全市环卫工作先进集体和先进个人的决定》，主席台领导为先进集体及个人代表颁奖；市长吕珊珊讲话。

经济运行调度会议 11月4日，在市会议中心第五议室召开。参加人员有市政府市长、副市长，各驻会副县级干部，各镇街区镇长、主任，市直有关部门、单位主要负责人。会议议程：市委常委、市政府副市长李鹏传达十八届六中全会精神；市委常委、市政府常务副市长陶金先传达潍坊市委书记杜昌文在十一届市委第177次常委会议上关于潍坊市前三季度经济形势分析的讲话精神；市发改局、经信局、商务局、奎聚街道、龙池镇、下营镇依次发言；市长吕珊珊讲话。

昌邑市新生代企业家联合会成立大会 11月7日，在市会议中心第五会议室召开。参加人员有市领导吕珊珊、田洪波、李明杰和市直有关部门、单位负责人，昌邑市部分新生代企业家及潍坊市工商联副主席刘杰然，潍坊市新生代企业家商会副会长、潍坊瑞驰汽车系统有限公司总经理张金磊。会议第一阶段，召开昌邑市新生代企业家联合会会员选举大会。第二阶段，召开昌邑市新生代企业家联合会成立大会。昌邑市工商联党组书记魏林新当选为会长。

重要活动

【走访慰问春节期间坚持生产干部职工】 2016年2月5日（腊月二十七），市领导吕珊珊、李中福、陶金先、田洪波、陈永锁、王海岩、李明杰、高敬东等到昌邑市武警中队、看守所、石化热力公司、消防大队、山东昌邑石化有限公司和供电公司等单位走访慰问节日期间坚持生产的干部职工及武警官兵。

【全市重点项目集中开工奠基仪式】 3月7日，市领导吕珊珊、鞠立强、李中福、周娟、陶金先、李明杰，潍坊中德橡胶材料有限公司总经理陈殿文及各镇街区党（工）委书记、镇长（主任），市政府有关部门、单位主要负责人，昌邑滨海（下营）经济开发区干部职工代表40人、施工单位工作人员50人，在潍坊中德橡胶材料有限公司，对潍坊中德橡胶材料有限公司橡胶黏合剂促进剂防老剂、昌邑市实验中学改建等2016年全市21个重点项目集中进行开工奠基仪式。陈殿文总经理介绍项目情况，市领导为项目共同奠基。仪式结束后，奎聚、都昌、围子、龙池、柳疃、下营、北孟党（工）委书记、市发改局、教育局主要负责人在展板前简短汇报各自开工项目情况。

【重点工程、重点项目调研】 2016年3月16日，市领导吕珊珊、陶金先、李鹏、高敬东及市委市政府督查室、市政府研究室、市发改局、国土局、交通局、公路局等部门主要负责人，对奎聚小学、辛置小学、同大街改造、人民医院病房楼、职教中心、妇幼保健院、宝通街东延施工现场、济青高铁施工现场和中国北方绿色物流园等9处重点工程、重点项目进行调研。

【调研草编产业发展情况及走访贫困户】 6月1日，市领导吕珊珊、陶金先、高敬东及市扶贫办、市政府研究室、市经信局、商务局主要负责人到昌邑市润天草制品农民专业合作社、昌邑市小芳草编工艺品农民专业合作社、新胜村草编工艺品加工户进行调研。现场调研结束后，在卜庄镇政府二楼西会议室座谈：卜庄镇汇报草编产业发展情况；与会部门、单位围绕支持促进草编产业发展发言；市长吕珊珊总结讲话。座谈结束后，到下营镇后柳村走访慰问困难家庭。

【龙池镇调研活动】 6月12日，市领导吕珊珊、李明杰、高敬东及市政府研究室、市发改局、经信局、建设局、国土局、文化局、环保局、安监局、规划局、旅游局主要负责人，到潍坊联合环境环保科技有限公司、污泥无害化处理项目、龙池镇麦收现场、龙乡水韵，千年古村文化旅游项目龙池镇文化展览中心进行现场调研。活动结束后，在龙池镇政府二楼会议室举行座谈：龙池镇汇报有关工作情况；与会部门、单位发言；市长吕珊珊总结讲话。

【山东畜牧兽医职业学院昌邑教学区签约揭牌仪式】 7月19日，山东畜牧兽医职业学院党委书记曲国庆、山东畜牧兽医职业学院党委副书记、山东畜牧兽医职业学院办公室主任臧智强、山东畜牧兽医职业学院学生工作处处长韩百宝、山东畜牧兽医职业学院中专部主任刘会芹、山东畜牧兽医职业学院教务与科研处副处长王成森、昌邑市政府市长吕珊珊、昌邑市委常委、市政府常务副市长陶金先、昌邑市政府党组成员、办公室主任高敬东、昌邑市教育局党委委员范占颖、昌邑市职教中心校长朱平、昌邑市职教中心副校长黄官祝和市教育局职成教科有关负责同志、职教中心领导班子成员及部分中层干部；在昌邑市职教中心科技楼五楼会议室举行山东畜牧兽医职业学院昌邑教学区签约揭牌仪式。签约后，曲国庆与吕珊珊为“山东畜牧兽医职业学院昌邑教学区”揭牌。

【调度有关重点工程暨慰问一线职工】 7月26日，市领导吕珊珊、陶金先、李鹏、高敬东到康洁环卫集团、堤顶路工地、市妇幼保健院新院工地、宝通街东延工地、济青高铁工地现场查看调度工程进展情况，并对职工进行慰问。

【昌邑市第七届全民运动会】 8月8日，市领导马跃启、吕珊珊、庞胜明、王海岩、郭光武、高敬东及市人大、市政协分管领导。各镇街区镇长（主任）、分管负责人、教育办主任；市委各部委、市政府各部门、正科级以上事业单位、各人民团体、市人武部分管负责人；市第七届全运会组委会成员；各体育传统项目学校校长，各体育单项协会、俱乐部、有关企业负责人，运动员、教练员代表，祥龙建业集团职工代表，共计480余人，在昌邑市演艺中心举行昌邑市第七届全民运动会开幕式。市长吕珊珊致辞；市委书记马跃启宣布开幕。开幕式结束后，与会人员观看文体演出。

【调度迎接省级卫生城市复审工作】 8月26日，市领导吕珊珊、陶金先、李志为、李鹏、王海岩、高敬东及奎聚、都昌、围子街道党工委书记，市委市政府督查室、市建设局、卫计局、市场监管局、园林局、环卫局、房管中心、城管执法大队、疾控中心主要负责人到昌邑汽车总站查看汽车站内外及周边环境卫生状况、标语口号、健康教育宣传栏、病媒生物防治等情况；到上台村、中台村查看村容村貌、路面硬化、垃圾收集清运保洁、三大堆及乱搭乱建乱摆乱放等情况；到东苑市场查看市场内外及周边划行归市、店外经营、占道经营、活禽及水产区设置、垃圾收集清运保洁及垃圾中转站、公厕卫生等情况；到城里东街西首查看城里东街西首及粮食局旧宿舍路面整洁、占道经营、垃圾收集清运保洁等情况；到全福元查看商业区道路整洁、占道经营、店外经营、垃圾清运保洁及恒鼎·新都汇原售楼处拆除情况；到工人新村查看工人新村乱贴乱画、路面破损、杂草丛生、毁树种菜、垃圾收集保洁等情况；到利民街、华海贸易广场查看市场内外及周边划行归市、店外经营、占道经营、活禽及水产区设置、垃圾收集清运保洁等情况；到西城市场查看市场内外及周边划行归市、店外经营、占道经营、活禽及水产区设置、垃圾收集清运保洁、公厕卫生等情况；到山前村查看村容村貌、路面硬化、垃圾收集清运保洁、三大堆及乱搭乱建乱摆乱放等情况；到南苑小区查看南苑小区乱贴乱画、路面破损、杂草丛生、毁树种菜、垃圾收集保洁等情况；市交通局辛三村查看村容村貌、路面硬化、垃圾收集清运保洁、三大堆及乱搭乱建乱摆乱放等情况；东利商城查看市场内外及周边划行归市、店外经营、占道经营、活禽及水产区设置、垃圾收集清运保洁等情况；现场查看后，分别进行了调度。

【蒲东沿海防潮大堤合龙仪式】 9月27日，市领导马跃启、吕珊珊、鞠立强、周娟、李明杰、吴德刚、吕继贤及市海洋与渔业局、沿海经济开发综合执法局、港航局主要负责人和滨海（下营）经济开发区机关干部70人，山东浩信集团有限公司职工代表30人，在蒲东沿海防潮大堤合龙口，举行蒲东沿海防潮大堤合龙仪式，吕珊珊主持，吕继贤董事长首先介绍工程相关情况；马跃启宣布“昌邑市蒲东沿海防潮大堤胜利合龙”。仪式结束后，入会人员观看了合龙现场。

【烈士纪念日公祭烈士活动】 9月30日，市委常委，市人大常委会党组书记、副主任，市政府副市长，市政协主席、副主席，市法院院长，市检察院检察长，其他在职副县级领导干部；奎聚、都昌、围子、柳疃、下营、卜庄、石埠、北孟党（工）委书记、镇长（主任）；市委各部委、市政府各部门、正科级以上事业单位、各人民团体、市人武部主要负责人；市法院、检察院、市场监管局、国税局、地税局各20名机关干部，市公安局50名干警；驻昌部队50名官兵；昌邑一中、文山中学、职教中心、实验中学、外国语学校、一实小、二实小、育秀学校、新村中学各50名学生，到市烈士陵园举行公祭烈士活动。另外，龙池镇、饮马镇的机关干部、师生同时在龙池烈士祠、饮马烈士陵园自行组织公祭活动。

【城西城北污水处理厂调研】 10月10日，市领导吕珊珊、李明杰、马玉涛、董明明及联合环境公司负责人到城西污水处理厂、城北污水处理厂、城北污水处理厂污水节制闸进行调研活动。

【调度创建国家食品安全城市暨暗访安全生产工作】 10月24日，市领导吕珊珊、陶金先、王海岩、高敬东及市委市政府督查室、市政府研究室、市市场监管局、安监局、公安消防大队主要负责人和2名安全生产专家，到文山中学5号食堂、宏大市场、围子街道邢家村“双四”宣传点、康润食品有限公司检查调度创建国家食品安全城市工作，并随机抽取有关企业一并进行安全生产暗访。

【调研下营项目区活动】 12月15日，市领导李玉祥、李明杰、孔德奎、高敬东及市委市政府督查室、市政府研究室、市发改局、经信局、国土局、商务局、环保局、安监局、招商办主要负责人到海天生物、金典化工、新澳化工、下营港现场调研。活动结束后，在下营镇政府四楼会议室观看昌邑滨海（下营）经济开发区宣传片；听取昌邑滨海（下营）开发区有关情况汇报；市委副书记李玉祥讲话。

【调研2017年度重点工程活动】 12月24日，市委副书记、代市长李玉祥、市领导李鹏、赵海龙、高敬东及市财政局、国土局、建设局、交通局、规划局、林业局、园林局、公安交警大队主要负责人到天水路综合改造工程、天水辅路综合改造工程、北海路雨污分流挖补罩面工程、都昌路雨污分流挖补罩面工程石化路雨污分流挖补罩面工程、西环路北延工程、院校西街雨污分流挖补罩面工程、灶朱路大修工程、西堤顶路、育新东街新建工程宫甲路、丁庄路新建工程、奎聚路综合改造工程、南苑东街新建工程，对以上工程进行现场查看和调研。

【调研2017年度重点工程】 12月27日，中共昌邑市委书记吕珊珊、市领导李鹏、刘煜、赵海龙及市住建局、交通局、园林局主要负责人，到2017年度重点工程地点，分别对天水路综合改造、北海路雨污分流挖补罩面、都昌路雨污分流挖补罩面、石化路雨污分流挖补罩面、灶朱路大修、西堤顶路。新建、育新东街新建、宫甲路新建、丁庄路新建、滨河东路续建和奎聚路综合改造等重点工程项目进行调研。

市府办公室工作

2016年，昌邑市人民政府办公室（简称市府办公室）紧紧围绕市委、市政府中心工作，坚持忠诚、服务、勤奋、廉洁的工作理念，在不断提升政治理论水平的同时，全面加强业务建设、制度建设和能力建设，各项工作都取得新进展。

【综合工作】 市府办公室全年起草文件、领导讲话等各类材料2600余份，撰写《加快沿潍河流域现代农业生态旅游发展》等多篇调研报告，在潍坊市级、省级刊物分别发表署名文章10篇、6篇，实现省级刊物较大突破。多篇理论文章受到省政府领导批示，省长郭树清、副省长赵润田分别对《围绕“三个确保”、做到“三个坚持”——昌邑市水资源管理保护主要做法》作出重要批示；副省长赵润田对《打造绿博品牌、放大展会效应，推动经济社会实现更高层次新发展》作出重要批示，并在全省范围内予以刊发。

综合协调及会务接待工作　办理各类文电2500余份，发放公文3万余份，处理请示1300余份，完成接待300余人次，组织各类会务200余次。完成全省春季农业生产现场会、绿博会等大型会议及重要政务活动的组织协调工作。

信息工作　上报各类信息1821篇，被上级刊物采用413篇，采用信息数量和质量居潍坊前列。不断拓展政府信息主动公开的广度和深度，依托政府网站审核公开部门、单位政府信息1743条，公开各类信息180条，切实提高了政府工作透明度。

“智慧昌邑”建设及民生热线服务工作　构建城市管理、公共服务、安全防范等体系的20多个服务平台及应用系统。结合智慧城市建设，运营好“7112345”民生热线服务平台，民生热线受理群众诉求4.3万余件，办结率达100%、群众满意率达98%以上。民生热线工作在潍坊市热线综合考核中居第一位；潍坊转办工单“一次办结率”居潍坊市第一位。

法制和外事侨务工作组织参与法制、外事侨务起草、审查各类文件及重大合同20余件，办理行政复议案件26起。办理经贸洽谈团2批次、招才引智团1批次。北海社区被评为“全国社区侨务工作示范单位”。

其他各项工作做好机要网络工作，实现公文接收零差错、零延误；改版重建政府门户网站。抓好应急管理工作，发布各类预警信息47次，开展应急演练149次，建设2处应急管理教育培训基地。做好金融工作，兴业银行和北海村镇银行落户昌邑。推进公车改革，取消车辆14辆，减少司勤人员12人。组织开展“连心大走访”活动，走访群众1360户，梳理问题79条，及时做好问题反馈。

应急管理

2016年，昌邑市人民政府应急管理委员会办公室（简称应急办）认真贯彻落实省、潍坊市关于应急管理工作的一系列部署要求，进一步健全组织体系，科学修编预案，加强监测预警，严格值守应急，积极锻炼应急队伍，大力开展宣教培训活动，有效提高应对突发事件的能力，最大限度地预防和减少突发事件的发生及其造成的损失，确保全市公共安全和社会稳定。

【管理体制】 市政府应急办在履行值守应急、信息汇总、综合协调、服务监督等方面发挥应急管理枢纽作用；各镇街区及有关部门、单位相应建立健全应急管理工作领导机构和办事机构，应急管理成员单位达到54个。同时，进一步强化防汛抗旱、防震减灾等专业机构应急指挥与协调职能，职责分明、运转高效的应急管理体制进一步完善。

【预案管理】 对各级各类预案编制修订情况进行调查摸底，下发《关于进一步加强2016年应急预案编制修订工作的通知》。修订《昌邑市突发事件总体应急预案》并上报备案；新编制修订专项预案4个，专项应急预案总数达到27个；部门应急预案79个；镇街区总体应急预案10个；组织督导非煤矿山等128家企业对应急预案进行评审、备案，各级各类应急预案基本覆盖各类突发事件。加强应急预案演练工作，印发《关于做好2016年应急演练工作的通知》，下达演练计划。各级各有关部门、单位精心组织实施演练149次。有效增强应急预案的针对性、实战性和可操作性，提高应对和处置突发事件的能力。

【监测预警及信息发布】 强化监测预警能力建设，在各村（社区）、学校和易发生事故灾难的单位设立基层信息报告员，负责报告和先期处置各类突发事件。及时发布预警信息，全年共发布海上大风、暴雨、冰雹、寒潮、雷电等预警信息50余次，减少和降低了突发事件及其造成的危害。

【队伍建设】 依托市公安消防部队组建的综合应急救援大队扩充至82人，配消防车、热像仪、测温仪、破拆装备、救生装备等，承担全市各类灾害事故的应急救援任务；防暴处突队100人、沿海防台风暴潮抢险队180人、突发公共卫生事件应急救援医疗队9支共158人、防汛常备队16人、抢险队、后备队各2.65万人；应急通信、自来水抢险、天然气保障等应急救援队伍也已建立健全；组建1200人的志愿者队伍。

【资源管理】 相关部门利用城市公园、绿地等地域，建设北海公园等市级避难场所5处，并加强了中小学校应急避难场所建设。其中，市北海公园地震应急避难点占地17.5公顷，可容纳6万人避难；东店社区应急避难点占地23公顷，可疏散1.2万人；市文化公园有效使用面积20公顷，可安置10万人。重点加强抗洪抢险、消防特勤、医疗救治等应急处置装备建设，进行了必需物资储备。

【培训与宣教】 建设2处应急管理教育培训基地，面向全市干部和青少年学生开展培训工作。依托市行政干部学校，建立干部教育培训基地，分期分批进行应急法律、知识培训，共举办各类班次8次，培训各级干部600余人。依托市青少年综合培训基地，建立青少年应急管理教育培训基地。充分整合教育、人防、地震、气象等部门的应急资源，每年对全市5000余名初一新生进行应急知识普及教育，推动应急管理工作进学校、进家庭。制定《昌邑市应急宣教培训工作方案》，市广播电台、电视台增加了应急知识栏目，《潍坊日报·今日昌邑》开办应急知识专栏。继续做好《你准备好了吗—昌邑市市民应急知识手册》发放工作，人手一册发放到初中学生手中，推动应急管理进校园。相关职能部门结合“防灾减灾日”等公共主题宣教活动，开展面向公众的应急知识技能宣教培训，切实提高公众应急意识和自救互救能力。

史志工作

【推进二轮修志】 《昌邑市志（1986—2005）》属山东省第二轮修志的范畴，其编纂工作始于2005年11月。由于诸多原因，编纂工作进展较为迟缓。2016年9月，志书编辑人员根据2015年8月呈送中共昌邑市委、市人大常委会、市政府、市政协领导和供稿单位及有关人员对《昌邑市志（1986—2005）征求意见稿》进行认真修改补充后，形成了评审稿。10月11日，《昌邑市志（1986—2005)》志稿评审会在昌邑宾馆召开。山东省史志办、潍坊市史志办及潍坊市各县（市、区）史志办领导、专家30余人参加了评审。与会领导、专家在对评审稿给予高度评价的同时，提出宝贵的修改意见和建议。会后，编辑人员根据评审意见，进行全面认真的修改整理，并将征集的图片，结合志书文字内容进行插图，力求图文并茂；并补写附录部分，使志书内容和体例更加完善。随后，报送中共昌邑市委、市政府主要领导审阅后终得定稿，遂呈送潍坊市地方史志编纂委员会审核，待批准后印刷出版。

10月11日，《昌邑市志（1986—2005）》志稿评审会在昌邑宾馆召开

【供稿及资料审查、指导工作】　为纪念抗日战争胜利70周年，昌邑市史志办编辑人员根据山东省、潍坊市史志办要求，收集、整理提供相关抗战资料1万余字，并入编“山东省纪念抗战胜利70周年丛书”。按时、按要求完成《山东年鉴》《山东军事年鉴》及《潍坊年鉴》等书籍的供稿任务。对昌邑市人民武装部编写的《昌邑军事大事记》及昌邑市民政局编写的“昌邑市地名普查基础资料”和《昌邑市地名词典》《昌邑市标准地名图集》以及部分村志等资料进行审查指导；搜集、整理相关资料10余份；向社会提供资料查询服务30余次。

民生热线服务中心

【民生热线工作】　2016年，民生热线不断创新服务内容，拓展便民范围，狠抓办理质量，群众诉求得到及时有效解决，真正发挥党委政府联系群众服务群众的平台作用。全年受理群众有效反映事项4.31万件，其中，电话3.97万件、微信1575件、街头一键通811件、网站601件、微博168件、热线信箱156件、短信106件、手机APP19件。市民生热线直接答复和协调办理3.01万件，转镇街区及有关部门、单位办理1.3万件，受理事项办结率、回复率均为100%，群众满意率98%以上，在潍坊市热线综合考核中，居潍坊第1位。潍坊市政府以12345市长公开电话为基础，整合39条非紧急类服务热线，设立12345政务服务热线。热线平台升级改造后，民生热线积极组织人员赴潍坊学习，并对所有热线话务员进行系统培训，随着新系统的投入运行，服务能力和水平进一步提升。实行定期学习制度，对时政要闻、法律法规及各级文件、领导讲话等进行及时学习、快速掌握，并通过开展内部交流会、沟通技巧培训、优秀经验分享、结对帮扶等活动，帮助话务员找准短板，查漏补缺。同时，加强网络单位联络员技能培训，不断提升联络员的业务素质和处办能力。

【制度建设】　民生热线办理工作实行“统一受理，分类办理、限时办结、跟踪督办、回访反馈”

闭合运行模式，构建五大运行机制。统一受理机制。市民生热线号码为“7112345”（固定电话也可拨打“12345”），通过八位一体（电话、短信、邮件、微信、微博、网站、手机APP、街头一键通）平台接受市民求助，并对电话座席的重要通话内容实行同步录音处理。分类办理机制。对受理的群众诉求进行分析、核实，根据不同情况进行分类处理。属于政策明确规定的问题当即给予答复；属于比较复杂的问题，转交有关部门限期办理；对涉及面广、反映突出的热点、难点问题，及时报送市领导，根据市领导批示转职能部门办理。限时办结机制。市民生热线工作领导小组各成员单位对民生热线交办的事项要及时收取、接收，并在规定时间内将办理结果反馈至市民生热线服务中心。市民生热线服务中心负责对各成员单位采取电话督办、批示督办、书面督办、现场督办和会议督办等不同方式，切实加大催办、督办力度，及时跟踪提醒，掌握办理进度，确保达到实办、快办的效果。同时，通过督办催办、办理约谈、领导批示交办等方式，着重抓好重复投诉、集中投诉等疑难复杂事项的办理。市政府主要领导批示10次、现场督办65次、召集协调会31次。回访反馈机制。制定完善科学、严谨的回访反馈机制，确保群众诉求得到及时有效回复。通过日常知识掌握、信息库检索、“三方通话”、即时咨询等方式，确保第一时间答复反馈。

【网络单位管理监管】 民生热线加强对各网络单位民生热线办理工作的监督考核，督促网络单位认真履行职责，切实把民生热线服务工作做好做实，确保成效。市民生热线服务中心作为主管部门，负责对全市民生热线工作的管理、协调、指导、考核等工作。完善《民生热线工作考核办法》，将办理工作纳入对镇街区科学发展考核、部门年度绩效考核范围，加大日常考评和年度考核力度，作为年终绩效考核和评先树优的重要依据。市民生热线工作领导小组各成员单位主要负责人是民生热线工作的第一责任人，分管负责人是具体责任人，切实落实责任，确保办理效果。对市民生热线转办的事项长期拖延不办或敷衍塞责、谎报办理结果的，市政府将给予通报批评，并视情况追究单位及相关责任人的责任。强化媒体跟踪报道，有针对性地选取群众投诉的热点、难点问题进行记者采访，并把群众需要了解的政策法规和现实生产生活中遇到的问题作为重点，跟踪采访反映事项，公开报道先进典型，曝光典型案例，确保了民生热线工作实效。

【要情专报】 民生热线依托热线平台系统，加强热线大数据运用，定期收集和整理非应急政务服务事项反映的社情民意和社会动态，进行社情舆情综合分析，报送市领导和相关部门，为领导和部门决策提供信息参考和依据。印发热线简报24件、热线专报12件、舆情专报2件、呈阅件6件，领导批示8次、转部门13件。

• 9月26日，潍坊市政务服务热线中心领导到昌邑检查指导工作

【拓展服务领域】 拓展服务领域、扩大便民范围是民生热线持续发展的潜力和源泉。坚持以便

民利民为目的，建立昌邑市“7112345”便民服务平台，由过去单一的政府服务向社会服务、公共服务延伸，在潍坊市率先构建起集政府服务、公共服务、社会服务于一体的民生服务格局。立足为群众提供更专业、精准、全面的服务，对分散的市场资源进行有效整合，在摸底调查和严格资质审查的基础上，吸纳全市的家政、维修、养老、医疗、中介等市场服务机构加盟民生热线服务平台，加盟市场服务机构300余家，实现政府服务与社会服务有机结合。充分发挥话务资源优势，开展了信息咨询、民意调查、满意度回访、电话客服培训、受理技能传授等对外服务，大幅提高热线的综合利用率，取得了良好的社会效益。

5 月 17 日，昌邑民生热线中心举行“骑行昌邑看变化”活动

智慧城市建设

【机构与职能】 根据《关于设立昌邑市智慧昌邑建设办公室的通知》（昌编发〔2015〕71 号）文件要求，昌邑市于 2015 年 12 月正式设立市智慧昌邑建设办公室。主要职能是：全市信息资源管理，指导、协调与组织信息资源的开发利用资源指导协调全市电子政务建设职责；合理配置资源，会同有关部门建设和完善信息标准体系，推动公共信息资源共享，规范信息化建设运行机制；促进信息技术的推广应用职责；组织协调全市信息安全体系建设、统筹规划系统数据库灾难备份建设职责。

【智慧昌邑建设工作】 应用平台建设。全市共规划建设 4 个体系——城市管理体系、公共服务体系、安全防范体系、经济转型体系，26 个应用系统，已有 20 个系统建成运行。

【项目开发与管理】 市智慧办加强对机房及相关设备的维保及巡检工作，对机房里的现有设备进行集中式检查，特别对机房的环境空调设备及存储设备进行集中维护。与华戎公司完成机房设备运行情况的健康度评估工作。按照市委市政府统一安排部署，积极与市编办、市检察院、市城管监察大队、市人民医院等部门沟通对接，推进各部门业务系统与“智慧昌邑”平台的融合及互通工作，加强数据整合力度及服务支撑能力。继续探索运用 PPP 模式，提高社会资本的参与。积极申请银行等金融机构的服务与支持，做好市民卡二期项目建设，实现市民卡的缴费、支付、服务等功能；加强与联通、移动等专业运营商和小型网络公司的合作，通过增设基站、免费无线路由等方式，扩大公共 WiFi 覆盖范围，实现城区重点商圈、重要场所的无线网络全覆盖，为市民提供便捷的网络服务。

人事工作

【公务员管理】 2016 年昌邑市共考录 33 名公务员和 5 名参公人员，其中市直机关 15 名，镇街区机关 23 名，及时优化了干部队伍。根据上级部门公车改革要求，做好涉改司勤人员的分流安置工作，共分流安置司勤人员 222 人，其中分流安置在编司勤人员 95 人，到公车管理中心工作的编外司勤人员 40 人，单位自行分流安置编外司勤人员 87 人，确保了全市公车改革的稳定性，同时公车管理中心的成立也保障了各级单位的日常用车。加强与市纪委的联动，提前掌握违法违纪人员情况，严格审核各单位报送的公务员年度考核结果，确保备案结果无误。全市机关和参公单位共评出 410 名优秀人员，其中记三等功 57 名，嘉奖 353 名，市委市政府进行表彰。

【事业单位人事制度改革】 开展 8 次事业单位招聘考试，共招聘 355 名事业单位工作人员，其中公立医院（人民医院和妇幼保健院）招聘 15 名医生，教育系统招聘 227 名教师，综合类事业单位招聘 68 名工作人员，公安警官训练中心招聘 5 名工作人员，安置 34 名在岗大学生村官到各镇街区所属事业单位工作，安置 6 名三支一扶人员到有关镇街区事业单位工作。根据编办下发的事业单位改革方案，及时为涉改单位办理人员划转手续，确保单位各项职能工作的正常开展。完成“机关事业单位人事综合管理信息系统”和“机构编制综合管理信息系统”2 个系统人员关键数据的比对，启用人事信息系统的日常调资、人员增减等业务，确保上级部门信息化建设工作地有力推进。根据原公务员职务与职级并行办法，为符合条件的 60 余名人员晋升职级，兑现了待遇，提高了公务员干事创业的积极性。

【专业技术人才】 2016 年，组织专业技术人员继续教育报名 7329 科次。为 474 人评定初级专业技术资格，为 154 人申报了中级专业技术资格评审材料，为 138 人申报了副高级专业技术资格评审材料，为 1 人申报正高级专业技术资格评审材料。组织各类专业技术资格、执业（职业）资格考试报名资格审核 700 余人次，办理、发放各类证书 400 余人次。推荐的韩玉亭等 5 人全部入选第 13 批潍坊市专业技术拔尖人才。山东浩信集团成功申报为山东省博士后创新实践基地，引进各类高层次人才 236 人，其中国家“千人计划”1 人，泰山学者 1 人。职称考试制度改革工作。2016 年以后，职称外语和计算机应用能力考试不作为专业技术职务资格评审的必要条件；申报中级及以下职称时，对外语和计算机应用能力不作要求；申报高级职称时，对外语和计算机应用能力不作统一要求；需要评价外语和计算机能力水平的，职称外语和计算机应用能力考试等政府组织或社会认可的各类证书均可作为依据，具体要求由各高级评审委员会自主确定。

【职业技能人才】 成功申报山东昌邑石化技师工作站，为培养高技能人才搭建有力工作平台。推荐 10 人高级技师评审，组织技师考试通过 22 人，组织“金蓝领”考试通过 109 人。鉴定初级工 6312 人、中级工 88 人、高级工 1073 人。新增潍坊市首席技师 3 名，潍坊市有突出贡献技师 5 名，新增昌邑市首席技师 15 人。

【外国专家人才与军转安置】 2016 年，协助企业引进外国专家 5 人次，申报黄河三角洲地区急需人才项目 2 项，组织 2 家企业参加“全国人才招聘周”活动，为 16 家重点企业在省人社厅网站的第九届“海洽会”专栏提报海内外人才需求项目 38 项，为昌邑市金晶生物技术有限公司的陈树林教授成功申报潍坊市政府“鸢都友谊奖”，为 1 家企业申报潍坊市引进海外专家项目，为 1 家企业争取潍坊市引智资金。根据军队转业干部接收安置政策，共接收自主择业军转干部 3 名。市军转办积极发挥服务协调作用，及时为自主择业军转干部办理人事档案和党员关系转接、子女入学、落户等手续，帮助军转干部尽快适应身份转变，融入地方工作。

政务服务

【概况】 昌邑市政务服务中心管理办公室在昌邑市委、市政府的正确领导下，认真落实行政审批改革各项措施，全力推进政务服务平台与公共资源交易平台建设，优化审批服务流程，提升政务服务效能，各项工作稳步推进，取得瞩目成绩。中心政务服务工作名列2015年潍坊市科学发展综合考核潍坊市第一名，得到市委、市政府的充分肯定和社会各界的赞誉。2016年，市政务服务中心共办理各类行政审批服务事项218.30万件，比2015年减少1.63%；收缴各项规费41.54亿元，比2015年增长40.48%，按时办结率100%，群众满意率100%。“竭诚服务、真情为民”服务品牌被评为“山东省服务名牌”，先后获“山东省服务标准化示范单位”“山东工人先锋号”“潍坊市文明机关”“潍坊市行政审批服务先进单位”“潍坊工人先锋号”“潍坊市五四红旗团支部”“潍坊巾帼文明岗”等称号。

【行政审批制度改革】 政务服务中心被列为潍坊市试点单位，依托山东政务服务网和潍坊政务服务网建设，全面推进与省级政务服务平台、政府门户网站、政府信息公开系统互联互通和数据共享，为省、市、县政务平台互联互通和全市政务服务“一网通”打下坚实基础。按照上级工作安排，完成34个部门（单位）、550项事项的平台建设工作。潍坊市政务服务通用审批平台运行平稳，共有3640件业务录入系统。全市所有镇街区都成立镇级政务服务中心，办公场所、设备、人员都配备到位，并建立健全相关管理服务制度，电子政务网接入完成，所有涉及经贸投资、农村经济管理、土地管理、规划建设、民政、农业服务、劳动保障、卫生计生、法律服务、党员服务及下放镇级的审批服务事项都已进驻镇级中心办理，为市、镇审批服务平台互联互通打下坚实基础。

【公共资源交易】 昌邑市公共资源交易中心认真贯彻落实中央、省、市深化公共资源交易改革的决策部署，围绕“搭建阳光交易平台，创建一流服务中心”的工作目标，严格遵循“政府主导、管办分离，集中交易、科技支撑、规范运行、部门监管”的原则，坚持依法行政和改革创新，积极探索交易管理体制机制创新，纵深推进公共资源交易平台规范化建设和阳光化运行，实现了公共资源由行政配置到市场配置、由分散交易到集中交易的转变，为地方财政增收节支发挥积极作用。自6月运行以来，累计完成各类交易事项153宗。其中，政府采购类项目149宗，预算金额2.92亿元，成交额2.64亿元，节约财政资金2752.73万元，节支率9.43%；出让类项目4宗，出让底价1419.39万元，成交底价1886.53万元，溢价467.14万元，溢价率32.91%，取得很好的经济效益和社会效益。投资近100万元，建设建筑面积1000余平方米的公共资源交易中心。中心区域分为办公区、开标区、封闭评标区、专家休息区和档案管理区等6个功能区域，能够同时满足3个项目的进场交易。整个中心所有区域均设置了音频、视频监控系统，实现了对项目交易全过程、交易全范围的实时监控。进一步修订完善《昌邑市公共资源交易中心进场交易项目规范流程》《昌邑市公共资源交易中心政府采购项目进场交易申请登记表》《昌邑市公共资源交易中心专家抽取登记表》等18项制度，切实将防控责任和措施落实到每个岗位。11月22日，市公共资源交易中心正式启用潍坊市统一的公共资源电子交易平台，成为潍坊市率先启用全市统一公共资源交易系统的2个县市之一。该平台的顺利运行，标志着昌邑公共资源交易工作实现与潍坊市公共资源交易系统的全面互联互通该平台启用后，政府采购、建设工程招投标、土地交易及矿产资源交易、产权交易、公立医院大型医疗器械采购等 11 类公共资源交易项目的相关流程均可实现网上运行，并切实做到操作全程在线，资源协同共享，极大地加快公共资源交易工作向法制化、规范化、高效化迈进的步伐。市公共资源交易中心创办“中心大讲堂”，该讲堂是潍坊市公共资源交易系统推出的首个县级“中心大讲堂”，其以“促学习、提素质、增能力”为宗旨，以“解读时事政策、传播前沿理念、弘扬时代精神”为抓手，着力将其打造成一个提高机关干部自身素质的学习交流平台。“大讲堂”采取定单式培训，课程内容“因需而设”，主要有“理论时政、政策制度、廉政教育、法律法规、服务礼仪”等 7 大课题。授课方式“因课而异”，主要采取案例研讨、技能展示、现身说法等 5 种方式；授课人员采取“外请内定”，主要通过采取外请专家传授、内定骨干讲解 2 个渠道落实。该讲堂不限于内容、不流于形式、不拘于时间，通过博采众长、汇集百家，切实做到科程设置的科学化、授课理念的前沿化、讲授内容的多样化，推出一系列精品讲座，不断进一步强化理论学习，补齐业务短板，提高个人素养，全力推动全体员工能力的提升，让大讲堂真正成为“中心主导，员工参与、社会共建”的文化殿堂。“中心大讲堂”已先后组织了《公共资源交易发展历程及发展趋势》《山东省公共资源交易平台管理暂行办法》《公共资源交易业务流程》等 3 次为主要内容的讲课，极大地提升“中心”全体员工的学习意识、履职能力和创新能力。全面推行进场人员持证上岗，监督人员全程监督，如实记录场内交易过程中异常情况和违反规定的行为，及时报请或协助相关监管部门处理。在潍坊市公共资源交易服务系统首先推出“十个零”服务要求，即工作“零”延误、干事“零”差错、职责“零”缺位、执行“零”借口、学习“零”懈怠、沟通“零”障碍、承诺“零”失信、服务“零”距离、矛盾“零”激化、错误“零”容忍，有力地推动公共资源交易的星级化服务。

【投资创业服务体系】

推行基本建设项目“一单收费”　设立基本建设项目集中受理窗口，向社会全面公开基本建设项目的收费依据和收费标准，将办理基本建设项目过程中涉及的收费全部汇总在一张表上，由窗口专人核算缴费数额，集中统一收费。建设用地规划许可证、建设工程规划许可证、建设工程施工许可证等证件经业务窗口打印后由中心集中受理窗口统一发放，真正实现了基本建设项目“一口受理、一口收费、一口领证”，切实把好了收费发证的入口和出口，有效规范了基本建设项目审批与收费。该做法得到了上级业务主管部门的好评。

实行行政审批否定报备制度　对申请人提出的许可申请，行政机关依法作出不予受理或不予许可决定的，由该行政机关在规定时间内，以规范文书向政务服务中心管理机构进行备案。申请人对不予受理或不予许可决定存在争议的，由政务服务中心管理办公室牵头组织复核，并对复核中发现的问题及时督促行政机关予以纠正。不予受理或不予许可决定实现 100% 报备，纳入全程监督，有效杜绝了行政审批不作为、乱作为、推诿拖延等问题。2016 年实施以来，累计为 42 个事项办理了否定报备。实施“审批代办”制。研究出台了《重点投资项目审批代办制实施意见》，将总投资超过 5000 万元的重大产业项目、市政府确定的重点工程项目、总投资超过 2000 万元的高新技术项目及重点招商引资项目纳入代办范围，由中心全程无偿代办。对重点投资项目实现在注册、用地、规划、环评、施工到验收等环节一条龙代办服务。根据项目办理需要，委托单位可自主选择全程或部分委托代办。市级政务服务中心有 5 名编外专职代办员、34 名在编兼职代办员、镇级政务服务中心有 20 名代办员，负责投资项目审批代办工作，构建了代办服务网络，实现了市镇上下联动。为 17 家企业实施了无偿代办服务。

全面开展并联审批　出台了《昌邑市建设工

程项目并联审批实施办法》，由项目建设单位先提出申请，提交申报材料，中心在1个工作日内确定联审部门，会同相关部门组织并联审批，形成会议纪要，实行同步办理，2个工作日汇总窗口部门意见报市领导签批。累计办理17件基本建设项目并联审批业务。全面实行“三证合一、一照一码”登记，2016年累计发放“三证合一”执照3367件，实现了“一窗统筹、一表登记、同步启动、内部流转、限时办结”。

推行“绿色通道”制　研究出台《重大投资项目审批绿色通道暂行办法》，将市委、市政府确定的重大产业项目、重点工程项目、高新技术项目及重点招商引资项目纳入行政审批“绿色通道”办理，由中心全程无偿代办。2016年累计共为20个项目办理“绿色通道”审批。落实“模拟审批”制。研究出台《建设项目模拟审批实施办法（试行）》，对虽未取得土地使用权但主体相对明确的建设项目，在暂不具备法定审批条件的情况下，如果业户提出申请，可以提前进入审批程序。“模拟审批”项目实行“提出申请、联合评审、模拟审批、文件转换”的运作流程，最大限度提高审批效能，节约项目办理时间和资金，确保重大建设项目早落地、早开工。2016年，为1家企业提供建设项目模拟审批服务。推行“告知承诺”制。出台《非制造业建设工程告知承诺实施办法》，对立项前耗时较长的由中介组织依法依规编制的环境影响评价、水土保持方案审查、固定资产投资项目节能评审、建设工程抗震设防要求审核等评价报告，由业户提出申请，经中心批准后，可以由立项前提报延迟至施工许可前提报，大大缩短项目立项时间，进一步提高审批效率。2016年，为2家企业提供告知承诺制服务。

实行“预登记”制　研究出台《行政审批服务事项预登记管理办法》，设置了“预登记”集中受理窗口，对进厅办理事项全部实行统一叫号，由“预登记”窗口做好初始登记，将所有业务的第一步纳入中心“预登记”窗口进行基础信息录入，窗口工作人员只需要在办理到相应步骤时进行点击即可，实现一口受理、内部运行、限期办结、实时监测。2016年，办理“预登记”业务2.88余万件。该做法走在全潍坊市前列，得到上级业务主管部门的充分肯定。全面推行模块化审批。将建设工程项目审批流程整合为项目立项、用地规划、工程规划、施工许可、竣工验收5个模块，明确各模块牵头部门责任和办理时限，将审批时限压缩到32个工作日，并建立“集中受理、同步办理、三级联动、一体运行、公开透明、全程监督”的运行机制，解决审批环节多、互为前置等问题，审批效率比原承诺时限提速60%以上。为24个项目办理“模块化”审批。

【大厅服务功能】　昌邑市政务服务中心于2014年9月搬迁至市会议中心一楼，办公大厅面积9180平方米，共划分为基本建设项目服务区、不动产登记服务区、国地税综合服务区、人力资源服务区、中介超市服务区、社会便民服务区和公共资源交易服务区等7个功能区，集中服务功能显著增强。共进驻66个部门和单位，包含49个职能部门、13个中介单位、4个银行机构，工作人员206人。共进驻各类行政审批服务事项470项，其中行政许可事项263项，便民服务事项167项，中介服务事项33项，银行服务事项7项。

外事侨务

【外事联络及成果】

做好华侨接待工作，积极开展侨胞联谊活动　2016年9月4日，参加“2016山东旅印（尼）侨胞恳亲大会”的山东籍侨胞一行44人，借山东省华侨中学成立60周年之际回乡省亲，到昌邑市进行友好访问。恳亲团一行向卜庄镇侨乡小学捐赠了价值3万余元的钢琴和运动器材，并赴富润纺织科技有限公司、昌邑华裕丝绸有限公司丝绸博物馆进行参观考察。通过实地参观家乡，与海外侨胞进一步联络了感情，宣传推介昌邑市经济社会发展成果。积极搭建对外交往合作平台，提升昌邑市对外开放的广度和深度。5月，组织5家企业参加“2016海外华商博士投资创业潍坊行对接会”，与海外华商博士就生物医药、节能环保、新材料、新能源等高端项目进行了现场对接洽谈，这次活动积极搭建海外华商、科技界人士与全市经济合作交流新平台。全年办理经贸洽谈团2批，访问澳大利亚、新西兰、新加坡、巴基斯坦，就环卫、环保、机械、食品等领域项目进行洽谈推动，并学习了国外绿色化工、海绵城市方面的先进做法和经验；赴德国、荷兰开展招才引智活动，拜访大学、协会和政府机关，宣传推介昌邑市人才政策、优势产业发展和创业环境及“潍水英才”集聚计划，重点对接新能源、新材料、高端制造装备、节能环保、新一代信息技术等领域高层次人才，为吸引更多海外人才、科研机构到昌邑创业合作进行洽谈推动。市级领导带队出访，在对外推介昌邑市特色优势、提高对外开放整体水平等方面起到积极促进作用。做好充分发挥职能优势，为全市对外开放服务。积极服务外向型企业“走出去”，大力宣传推介APEC商务旅行卡业务，引导昌邑市企业积极参与亚太经合组织等16个经济体的经贸往来，已为50余人成功申办并发放APEC商务旅行卡，方便企业人员走出去开展经贸活动；服务企业邀请外国客户来昌，为10余家企业办理了邀请函备案手续，成功邀请外商共44人次到昌邑市进行商务洽谈、技术指导及工作就业。

落实侨务政策，切实依法维护侨益　争取上级相关部门支持，将企业退休归侨职工和无退休金收入的归侨生活困难补贴由现行的每人每月150元分别提高到每人每月200元和260元，为34名无退休金收入的归侨及17名早期归侨企业退休职工发放补助款14余万元，切实帮助归侨侨眷改善了生活状况。积极下沉工作重心，继续做好社区侨务工作。争取专项经费支持，进一步加强北海社区软硬件建设，增设空调、计算机等设施，方便前来社区服务大厅咨询和办理业务的归侨侨眷及社区群众，为社区开展侨胞联谊活动、放映公益电影、开展侨法宣传、举行专题讲座等提供舒适的活动场所。建立一整套社区侨务工作台账，将侨情概况进行动态管理，并记录归侨侨眷在政策咨询、业务办理、权益维护等方面的日常事务，做到底数清、情况明，切实发挥为侨服务示范带动作用。都昌街道北海社区被评为“全国社区侨务工作示范单位”。

【做好提升城市国际化水平相关工作】　贯彻落实《潍坊市人民政府关于印发提升潍坊国际化水平工作计划（2015—2018年）的通知》要求，牵头做好提升城市国际化考核工作，在全力提升开放型经济发展水平、加快城市基础设施及环境建设、不断提升国际影响力等方面与相关部门密切配合，进一步细化考核指标，逐项分解到责任部门，形成合力。推动了昌邑市双语标识示范工程实施、国际化重点项目进展及国际化医院、学校的建设，进一步提升城市国际化综合实力和水平。

机关事务管理

2016年，昌邑市机关事务管理局（简称事务管理局），紧紧围绕市委、市政府中心工作，贯彻落实《党政机关厉行节约反对浪费条例》《机关事务管理条例》和《山东省机关事务管理办法》，立足于管理服务保障职责，坚持节约型机关建设工作主线，理清工作思路，在强管理、保安全、优服务、转作风上下功夫，深入推进后勤服务社会化改革，不断推动机关事务管理工作创新发展，各项工作取得了新成效。

【公共机构节能】　加大公共节能宣传力度，建立节能目标责任制，提升公共机构节能意识，以点带面，推进节能工作开展。采取集中定期与经常性宣传相结合等方式，积极开展节能宣传进部门、进单位活动。通过悬挂横幅展板、悬挂宣传画、举办节能讲座等形式，宣传普及节能法规和知识、常识。狠抓节能措施落实，稳步推进全市公共机构节能工作。5月，完成市级机关综合服务中心A座超低温风冷模块机组改造项目；在机关办公区内完成节电改造，全部采用新型节能灯具；为节约和保护地下水，机关办公区内全部节水器具。严格执行能耗统计月统计、季报送、年底分析总结制度，及时对公共机构能耗统计数据上报情况进行催办、督办和审核，指导全市公共机构完成公共机构能源资源消耗统计上报任务。通过实施一系列节能措施，各项能耗指标明显下降，完成年初制定的下降5%的目标任务。

【公务用车改革】 根据潍坊市公务用车制度改革领导小组关于《昌邑市党政机关公务用车制度改革实施方案》的批复，推进公务用车改革。于6月30日完成全市75个涉改部门、单位（含国税局、地税局）拟取消车辆的停驶封存，取消车辆355辆；依据《昌邑市党政机关公务用车制度改革涉及车辆处置办法》于10月、11月分别对取消车辆进行公开拍卖。其中，拟报废154辆，已拍卖171辆，处置完成率91.55%，居潍坊各县市区前列。8月19日，开始组建昌邑市公务用车管理服务平台，与中移物联网有限公司合作建设车辆管理平台，建成后通过车载终端设备，实时监测并上传车辆调度管理、费用结算、行驶轨迹、油耗分析、电子栅栏、违规用车告警、统计分析等功能。建立健全公务用车管理制度，针对公务用车改革后面临的问题，相继出台《公务用车使用管理暂行办法》《驾驶员管理办法》《公务用车平台建设方案》《公务用车额度核定办法和收费标准》等相关配套制度和规定，确保公务用车的使用保障和安全运行。

【后勤服务保障】 以完善考核制度为切入点，全方位建立物业监督监管机制和管理目标奖惩制度，打造餐饮、安保服务名牌，实现物业服务由粗放型向精细化管理的转变。机关后勤服务社会化全面实施，积极推进机关后勤服务外包，采用“自管与托管相结合”的模式，外招社会服务机构，承接机关办公楼、原机关居民区秩序维护、卫生保洁、绿化美化、大型设备维保等工作，全部实行物业化管理。规范化管理食堂，推行采购、仓管、验收监管制度。对餐厅人员进行食品安全责任分解，对餐厅卫生、储存加工、清洁消毒工作流程进行优化，对原材料购置、食品加工各个环节严格地点、样品寄存，确保食品卫生监管无盲区，同时坚持优质低价的服务标准，注重品种搭配调剂，创建机关满意食堂。对机关综合服务中心3处餐厅，启用就餐卡身份识别系统，定期检查就餐环境，饭菜质量、价格、卫生，不断改善用餐秩序和就餐环境，满足干部职工就餐需求。

【公共资产管理】 市委、市政府及行政、事业单位于2014年6月办公场所调整后，事务管理局与财政局国资办对有关资产进行清点，及时调整资产账目，确保国有资产不流失、不损坏。定期不定期对办公区域内的办公用房、消防、供暖设施及中央空调系统和水电暖系统维护保养，确保办公区域内设施设备完好，运转正常。办公用房的基础维修改造工作，严格按招投标、询价等规范程序，控制预算，合规操作、科学施工、严保质量；在深入调研，统筹规划的基础上，根据机构改革和实际需要，严格按照办公用房配备使用标准，结合实际需求合理确定用途，研究制定整合调配方案，注重资源整合、资源共享、节约成本、规范管理，对市直机关办公用房进行合理调配，突出公共服务职能相近、地点相对集中、便民高效的原则，对办公用房统一进行调配管理，对清理腾退的房产统一整合使用。2016年，通过调配，全市办公用房人均建筑面积17.21平方米，人均使用面积11.39平方米，杜绝超标使用办公用房情况。

中国人民政治协商会议昌邑市委员会

Zhong Guo Ren Min Zheng Zhi Xie Shang Hui Yi Chang Yi Shi Wei Yuan Hui

中国人民政治协商会议第十二届昌邑市委员会于2012年1月换届产生。任期5年，2016有委员236人，常委会组成人员46人。市政协第十二届委员会下设办公室、研究室、委员活动室3个办事机构，提案委员会、文史资料委员会、经济委员会、人口资源环境外事委员会、科教文卫体和社会法制委员会5个专门委员会。

重要会议

【市政协全委会议】 2月25日至2月28日，市政协十二届五次会议在市会议中心举行。会议听取并审议通过第十二届市政协常委会工作报告和提案工作报告，审议并批准市政协2016年度协商工作计划和市政协十二届五次会议提案审查情况报告，表彰2015年度政协工作先进集体和先进个人；与会委员列席市人大十七届五次会议，听取并讨论市政府工作报告及相关报告；进行大会发言。会议增补李雪松、张润涛、姜正峰、魏伟坊4人为政协第十二届昌邑市委员会常务委员。大会同意吕继贤辞去政协第十二届昌邑市委员会副主席职务，于遵刚因工作变动辞去政协第十二届昌邑市委员会常委、委员职务。会议审议通过市政协十二届五次会议决议。

【市政协常委会议】

市政协十二届二十次常委（扩大）会议 2月25日，在新嘉酒店四楼会议室召开。市政协主席李中福主持会议。会议强调市政协十二届五次全体会议大会纪律并提出要求。

市政协十二届二十一次常委会议 4月20日，在市会议中心召开。市政协主席李中福、副主席张天辉分别主持会议。会议听取市法院和市检察院工作情况通报，并对两部门工作进行民主评议；协商讨论市政协《关于全市盐及盐化工业转型发展情况的调研报告》；市政协主席李中福讲话。

市政协十二届二十二次常委会议 6月30日，在会议中心召开。市政协主席李中福、副主席张天辉分别主持会议。会议听取市政府关于全市上半年经济社会发展情况的通报；听取市文化广电新闻出版局、市场监督管理局工作情况汇报，并对两部门工作进行民主评议；协商讨论市政协《关于绿化苗木产业发展情况的调研报告》；听取部分政协常委述职，并就履职情况进行评议；通过有关人事事项；市政协主席李中福讲话。

市政协十二届二十三次常委会议 9月27日，在会议中心召开。市政协主席李中福、副主席张天辉分别主持会议。会议听取市政府关于市政协十二届五次会议以来提案办理情况的通报；听取市经信局、市人社局工作情况汇报，并对两部门工作进行民主评议；协商讨论市政协《关于全市养老服务体系建设的调研报告》；听取部分政协常委述职，并就履职情况进行民主评议；市政协主席李中福讲话。

【市政协主席会议】

市政协十二届四十七次主席会议 1月8日，在政协会议室召开。市政协主席李中福主持会议。会议听取市政协十二届五次会议筹备情况汇报；研究“三严三实”专题民主生活会；传达潍坊市委政协工作会议精神；安排政协年度工作考核。

市政协十二届四十八次主席会议 1月14日，在政协会议室召开。市政协主席李中福主持会议。会议研究市政协十二届五次会议日程、议程及大会发言题目；听取市政协十九次常委会议人事调整、2015年度政协工作考核情况汇报；听取十二届四次会议提案评议、优秀提案及十二届五次会议提案提交情况汇报；研究委会工作报告和提案工作报告。

市政协十二届四十九次主席会议 2月22日，在政协会议室召开。市政协主席李中福主持会议。会议传达潍坊市政协会议精神；研究市政协十二届十九次常委会议程；研究市政协十二届五次全委会日程、议程、日程细则、表彰决定；研究有关人事事项；听取秘书处各组会议筹备情况。

市政协十二届五十次主席会议 3月3日，在政协会议室召开。市政协主席李中福主持会议。会议研究提案答复满意度测评情况；研究“盐及盐化工产业升级”调研方案；传达潍坊市“节水型社会建设”联动调研工作会议精神，研究全市“节水型社会建设”调研方案；落实《中共中央关于加强和改进人大代表、政协委员有关工作的通知》精神，研究十三届委员组成情况；研究市政协常委会领导成员、专职常委工作分工。

市政协十二届五十一次主席会议 4月15日，在政协会议室召开。市政协主席李中福主持会议。会议学习《中国共产党地方委员会工作条例》《中国共产党党组工作条例（实行）》；研究市政协十二届二十一次常委会议程；研究《关于全市盐及盐化工转型发展情况的调研报告》。

市政协十二届五十二次主席会议 5月10日，在政协会议室召开。市政协主席李中福主持会议。会议研究机关支部“两学一做”动员会议召开事宜；研究“两学一做”学习教育实施方案；研究《关于市水利局水资源管理保护的视察报告》。

市政协十二届五十三次主席会议 6月23日，在政协会议室召开。市政协主席李中福主持会议。会议研究十二届二十二次常委会议议程；研究有关人事问题；研究提案办理协商主席、副主席分工督办建议；研究《关于全市绿化苗木产业发展情况的调查报告》；学习《习近平总书记系列重要讲话读本》。

市政协十二届五十四次主席会议 7月8日，在政协会议室召开。市政协主席李中福主持会议。会议研究市政协机关车辆管理办法（试行）；听取党费收缴情况汇报；听取政协办公室党支部换届情况汇报；学习《昌邑市机关事业单位差旅费管理办法》，研究政协差旅费报销办法。

市政协十二届五十五次主席会议 8月18日，在政协会议室召开。市政协主席李中福主持会议。会议传达市委常委会议精神；传达潍坊市换届工作要求，李中福主席与市政协领导班子成员开展严肃换届纪律专题谈心谈话。

市政协十二届五十六次主席会议 9月22日，在政协会议室召开。市政协主席李中福主持会议。会议研究十二届二十三次常委会议程；研究《关于全市养老服务体系建设的调研报告》；学习《习近平总书记系列重要讲话读本》；李中福主席强调换届纪律。

市政协十二届五十七次主席会议 10月8日，在政协会议室召开。市政协主席李中福主持会议。

会议主要传达学习市委常委会议精神。

市政协十二届五十八次主席会议 10月27日，在政协会议室召开。市政协主席李中福主持会议。会议研究市政协机关公务用车使用管理办法、因公出差旅费管理办法；学习习近平总书记系列重要讲话。

市政协十二届五十九次主席会议 11月10日，在政协会议室召开。市政协主席李中福主持会议。会议传达学习中共十八届六中全会精神及省委组织部有关文件，并进行交流发言；研究换届工作意见及实施方案；传达市委常委会议精神，部署有关工作。

市政协十二届六十次主席会议 11月23日，在政协会议室召开。市政协主席李中福主持会议。会议主要研究对提案单位评议办法；研究政协工作年度考核；通报潍坊及昌邑市政协委员考核情况。

【市政协其他重要会议】

市政协党组“三严三实”专题教育民主生活会 1月11日，在政协会议室召开专题民主生活会，市政协党组书记、主席李中福主持会议。党组成员紧紧围绕“三严三实”要求，联系班子和个人实际深入查摆问题，通过开展批评与自我批评，对自身存在问题有更加清醒深刻的认识，并表示将按照“三严三实”的要求，扎实抓好问题整改。

市政协“节水型社会建设”专题调研座谈会 3月11日，市政协召开“节水型社会建设”专题调研座谈会。市政协副主席夏麦香主持会议。座谈会上，水利、建设、环保、农业等部门根据各自部门职能进行交流发言，介绍昌邑市的水资源情况，剖析问题，为加快昌邑市“节水型社会建设”提出切实可行的意见和建议。

市政协机关“两学一做”学习教育动员会暨专题党课 5月13日，在全体会议室召开“两学一做”学习教育动员会暨专题党课。市政协党组书记、主席李中福出席会议并讲话。会议传达市委“两学一做”学习教育工作会议精神，学习市政协机关“两学一做”学习教育实施方案。

市政协党组“两学一做”学习教育专题交流讨论会 6月30日，在政协会议室开展“两学一做”学习教育专题交流讨论会。党组成员围绕“坚定理想信念 明确政治方向”主题，谈认识、谈体会，谈理想信念，并结合自身实际谈如何做一个合格党员。

市政协党组专题学习贯彻中共十八届六中全会精神 11月10日，市政协召开党组会议，专题学习贯彻中共十八届六中全会精神。市政协主席李中福主持会议并讲话，与会人员集中学习全会公报、习近平总书记重要讲话和全会通过的“准则”和“条例”，及省委组织部有关文件精神。

市政协党组“两学一做”学习教育集体学习 12月29日，在政协会议室开展“两学一做”学习教育集体学习。市政协主席李中福主持会议并讲话，与会人员集体学习习近平总书记系列重要讲话读本等内容。

重要工作

3月中旬，市政协副主席冯义军带领调研组对全市盐及盐化工产业升级情况进行专题调研，全面掌握昌邑市盐及盐化工业基本情况、面临的困难及原因，并围绕产业转型升级提出针对性的意见建议。

3月29日，市政协主席李中福带领调研组调研潍河河底整治工程，到工程施工现场进行实地调研，听取水利部门负责人的情况介绍，认真了解工程进展情况。

4月1日，纪念孙中山诞辰150周年暨山东民进开明书画院走进昌邑文化活动举行，省政协常委、民进省委副主委兼秘书长郭永军，及昌邑市领导鞠立强、孙孝工参加活动。在活动现场，书画家们挥毫泼墨，创造一幅幅书画精品。书画家们还到滨海（下营）经济开发区进行实地参观。

4月13日至14日，市政协副主席孙孝工带领部分政协常委和政协委员，就法院和检察院工作开展情况进行考察。考察组先后到市法院诉讼服务中心、法警训练基地、检察院廉政教育基地等进行实地察看，听取法院和检察院负责人的工作情况介绍。

4月22日，市政协主席李中福带领部分市政协委员专题视察水利局水资源管理保护工作。视察组一行实地察看胶东调水王耨泵站、地表水厂新建工程、潍河河底整治工程、应急水源地新建工程、昌南水厂等现场，听取相关情况介绍。

4月29日，“石化杯”创建全国文明城市全市书画摄影邀请展举行，市领导李志为、董凤杰、孙孝工出席活动。书画摄影邀请展由市政协和市委宣传部主办，市政协书画联谊会和山东昌邑石化有限公司承办，市书法家协会、美术家协会、摄影家协会共同协办。展览以“践行绿色发展理念、争创全国文明城市”为主题，全面真实记录昌邑市创城工作成果。

5月24日，市政协主席李中福、副主席张天辉到市政协机关帮扶的都昌街道西侯富庄村走访调研，实地了解帮扶工作开展情况，帮助帮扶村确定下步发展思路。市政协主席李中福与驻村第一书记和村两委成员到村庄实地查看并进行座谈交流，详细了解村里的基本情况、存在的问题、下步发展思路及全年的帮扶工作开展情况。

5月26日，市政协组织开展“送法进校园”活动，市政协副主席孙孝工参加活动。活动邀请法律工作人员为新村中学的师生们讲解《中华人民共和国预防未成年人犯罪法》等有关知识，使同学们充分了解和掌握法律知识，增强法治观念，杜绝违法犯罪行为，做遵纪守法的好学生。

5月26日，市政协副主席张天辉带领调研组对全市苗木业转型升级发展情况进行专题调研。调研组先后到新嘉苗木基地、华彤苗木基地、昌邑奥孚苗木繁育有限公司等处进行实地调研，并与林业部门负责同志、部分苗木企业负责人举行座谈。

5月31日，市政协主席李中福带领部分市政协委员和有关部门负责人对工业节水工作进行专题考察。考察组一行实地察看同大海岛新材料、荣源印染、富润科技等部分企业污水处理和节水装置，听取相关节水工作情况介绍。

6月30日，市政协机关举行“慈心一日捐”活动。市政协领导与机关工作人员慷慨解囊，奉献爱心，积极参与慈善事业。

8月4日至16日，市政协分别由主席、副主席带队，对教育系统、建设系统、环保系统、卫计系统、公安系统、交通系统提案办理情况进行集中协商督办。通过面对面方式，建立有效的沟通机制，不断提高提案办理的效率和质量。

8月9日，市政协副主席张天辉带领部分政协常委和政协委员就城建系统水资源管理保护工作进行考察。考察组先后到院校中街道路排水工程、利民街排水工程等地进行实地察看，并提出意见建议。

8月12日，潍坊市政协调研组到昌邑市调研政协委员活动开展情况。市政协副主席夏麦香陪同活动。调研组到龙池镇进行实地调研，并举行座谈会，听取昌邑市政协委员活动情况介绍。

8月19日，市政协副主席孙孝工带领政协常委和政协委员对昌邑市养老服务体系建设工作进行专题调研。调研组先后到辛一社区老年公寓、东利老年公寓及济贤养老中心等地，听取市民政局情况介绍，并召开座谈会，听取情况介绍，提出意见建议。

9月26日至28日，市政协由孙孝工副主席带队，组织市直有关部门负责人，市书协、美协、摄协、作协主席及部分会员，赴清末昌邑移民后裔聚居地蒲城县开展文化交流活动，共叙桑梓之情、共商移民文化、宣传推介昌邑。

10 月 14 日，市政协副主席孙孝工带领医药卫生界政协委员和部分医疗专家组成义诊服务队，到都昌街道西侯富庄村开展义诊活动。

10 月 25 日，市政协副主席夏麦香带领部分市政协常委、委员对环保局承担的水资源管理保护工作任务落实情况进行专题考察。考察组一行实地察看都昌双台工业园、奎聚工业园、城西城北柳疃污水处理厂、堤河整治现场等地，听取污水治理排放和人工湿地建设修复情况介绍，并召开座谈会。

11 月 9 日，市政协主席李中福带领住昌邑市省、潍坊市政协委员考察全市经济社会发展情况。视察组先后到市实验中学、人民医院、潍坊市工业学校、天恩光伏电项目等处进行实地视察，并听取相关情况汇报。

11 月 17 日，市政协副主席张天辉带领提案委员以及部分提案承办单位的负责人，对十二届五次会议提案办理情况进行考察。考察组先后到广通机械有限公司、围子热源厂、堤顶路奎聚路段、柳疃棉纺城、新嘉创业园等现场进行视察，听取有关提案承办单位提案办理情况的介绍。

各专门委员会工作

【提案委员会工作】 昌邑市政协十二届五次会议期间，共收到提案 151 件，立案 107 件，分别转交 38 个部门（单位）办理。立案提案当年办复率、委员满意或基本满意率达到 100%。全委会期间，选出 10 件重点提案，呈报市委书记、市长阅批。把做好提案服务工作作为着力点，通过加强委员培训、严格立案审查、深化协调督办等方式，推动提案工作水平全面提升。鼓励人民团体、界别小组、政协专委会充分发挥人才智力优势，多提质量高的集体提案，并将集体提案、界别提案优先考虑作为重点提案进行督办。实施市政协领导分工联系提案承办单位、开展提案办理协商和督办工作制度，对承办提案较多的建设局、教育局、交通局、公安局、经信局、环保局等单位，由包靠主席带队，分系统组织委员与承办单位通过现场视察、集中座谈的方式，通报情况，分析问题，提出建议，面对面、全方位沟通协商提案办理情况。围绕城市节水开展提案专题协商视察活动，组织政协委员对“加快实施雨污分流的建议”等 10 件办理成效显著的提案落实成果进行专项视察。组织政协委员和提案承办单位就提案质量和办理质量进行双向评议，开展年度优秀提案和提案承办先进单位评选活动，进一步调动工作积极性。2016 年 8 月，在省政协召开的提案办理协商座谈会议上，昌邑市政协作为县市区代表作典型发言。

【文史资料委员会工作】 为保护好乡村文史资源，从 2013 年开始组织人员着手征集编纂，于 2016 年 12 月全面完成《昌邑乡村文史大观》，共 10 卷，每个镇街区 1 卷，计 300 余万字，2000 余幅照片，收入 1000 多位人物，古树名木 300 余株，为昌邑留下一份翔实的历史档案和珍贵的文化遗产。编纂出版《昌邑市政协志》，断限为 2006 年 3 月至 2016 年 12 月，包括昌邑政协第十届的后两年和第十一届、十二届的全部史料。采用按届分章的方式，包括概述、政协第十届昌邑市委员会、政协第十一届昌邑市委员会、政协第十二届昌邑市委员会、人物共 5 章，二、三、四章分组织机构、全体会议、工作综述、史料选登 4 节，综合运用记、述、传、图、表、录等多种形式，保证全志的表达和存史效果。深入挖掘、征集柳疃丝绸的历史资料，完成《柳疃丝绸史》初稿，约 30 万字及大量图片，全面系统地讲述柳疃丝绸发展史略，对部分史实的专论，还有丝绸柳疃纺织业发展的现状，并到栖霞市进行采访，丰富编纂内容。积极协助上级政协完成文史资料征集任务，配合潍坊市政协文史委编纂《潍坊籍志愿军官兵回忆录》，按照征编方案，与多部门协商沟通，并积极入户采访，共征集上报昌邑籍志愿军官兵回忆史料37篇。

5月31日，市政协和有关部门负责人对工业节水工作进行专题考察

【经济委员会工作】 3月份，为促进全市盐及盐化工转型发展，牵头组织对全市盐及盐化工业进行专题调研，全面掌握昌邑市盐及盐化工业基本情况、面临的困难及原因，并提出针对性的意见建议。盐及盐化工是昌邑市支柱产业之一，自2014年3月开始，原盐价格一路下滑，整个行业陷入价格低、销售难、无利润、生产不如停产的困境。盐化工产业链条短而且缺失，相互关联度低，产品附加值低，利润率不高。在经济下行压力持续和去产能的大背景下，委员们建议要做好产业发展规划、实施创新驱动，完善产业链条、加快集群发展。5月，组织部分潍坊市和昌邑市政协委员对市经信局承担的水资源管理保护任务进行专题考察，并围绕工业节水工作进行座谈交流。视察发现，昌邑市水资源总量少，工业用水持续紧张，委员们建议用水价倒逼企业节水、用调度加强用水监控、用政策引导企业节水、用中水缓解水资源紧张。开展市政协常委会议评议部门工作，组织常委、委员到对口联系的市场监管局、经信局进行会前视察，并向常委会议作考察情况说明，为常委、委员客观评议部门工作提供参考依据。同时，充分发挥职能作用，落实联系、支持服务企业发展的意见，密切关注委员企业发展，及时加强对企业的服务和引导。

【人口资源环境外事委员会工作】 为进一步加强水资源管理保护，2015年市政府制定出台《关于加强水资源管理保护的实施意见》，对23项重点工作进行任务分解，明确牵头单位、时间节点等内容。为此，市政协把水资源管理保护工作列为2016年开展视察、民主监督的重中之重。4月，人资环外委组织部分常委、委员，对市水利局承担的工作任务推进情况开展专题视察，视察采取听、看、议相结合的方式进行，听取市水利局、潍河管理局、自来水公司等部门的情况汇报，察看王耨泵站、昌邑地表水厂、潍河河底整治工程、自来水公司应急水源地工程、引黄济青放水口、昌南水厂等现场，并召开座谈会。委员们建议，要加强宣传教育，在全社会倡导节水观念，营造惜水、爱水、节水的良好氛围。要实施最严格的水资源保护管理制度，下大气力关闭城区自备井，加快中水回用，在工业、农业及生活用水中，大力推广和应用节水技术，让宝贵水资源发挥最大效益。10月，对环保局承担的水资源管理保护工作开展专题视察。视察组一行实地察看都昌双台工业园、奎聚工业园、城西城北柳疃污水处理厂、堤河整治现场等地，听取污水治理排放和人工湿地建设修复情况介绍，并召开座谈会，就做好下步工作提出意见建议。视察组指出，昌邑市水资

走基层，送春联活动

源极度匮乏，水资源短缺和污染问题并存，要进一步加大宣传和舆论监督的力度，提高各个层面对水资源管理保护的忧患意识，使水资源管理保护成为社会各界的自觉行动。多措并举，形成合力，不断强化对水资源管理保护的人力和财力保障，加大对污染源治理的投入和治理力度。

【科教文卫体和社会法制委员会工作】 组织司法系统政协委员和法律专家到都昌街道新村中学开展送法进校园活动，举办法律知识讲座，有力地促进平安校园建设。组织部分医卫界政协委员和专家到都昌街道西侯富庄村敬老院为孤寡老人义诊，医疗服务队耐心细致地为40余名老人做全面体检。探索养老服务体系建设路径，组织政协委员及有关单位负责人就昌邑市社会养老服务体系建设情况进行专题调研，现场查看奎聚街道东店社区、围子街道济贤养老服务中心，分析全市养老服务体系建设的现状，针对困扰养老事业发展亟待解决的突出矛盾和问题，提出适用对路的措施建议，进一步推动养老服务协调可持续发展新格局。积极发挥政协书画联谊会的作用，春节前组织部分政协书画联谊会成员到龙池镇利渔村开展“走基层、送春联”文化惠民活动，免费为村民书写春联200余幅。开展书画摄影展览活动，先后举办“大美昌邑地，潍河风光好”政协委员摄影展，“石化杯”创建全国文明城市书画摄影展，首届“龙乡文化”摄影展、“问道经典”魏云飞中国画作品展等个人精品展，有力地促进书画艺术的繁荣和发展。

中国共产党昌邑市纪律检查委员会

Zhong Guo Gong Chan Dang Chang Yi Shi Ji Lv Jian Cha Wei Yuan Hui

2016年，全市各级纪检组织深入贯彻中共十八大和十八届三中、四中、五中、六中全会精神，以习近平总书记系列重要讲话精神为思想武器和行动指南，在全面从严治党中坚守职责定位，严格执行党章党规党纪，强化监督执纪问责，层层传导压力，全面从严治党“两个责任”压紧砸实；驰而不息纠正“四风”，作风建设不断深化；强化执纪审查，不敢腐氛围持续浓厚；加强源头预防，拒腐防变思想防线有效筑牢；坚持从严从实，纪检监察队伍忠诚履职能力较大提升，纪检监察工作取得新进展新成效。

重要会议

【中国共产党昌邑市纪律检查委员会第十三届第八次全体会议】 2016年2月5日，中国共产党昌邑市纪律检查委员会十三届第八次全体会议召开。出席会议的市纪委委员29人，列席178人。市委书记、市人大常委会主任马跃启出席会议并讲话。市委常委、市人大常委会、市政府、市政协及市法院、市检察院领导出席会议，有关方面负责人参加会议。全会深入学习贯彻十八届中央纪委第六次全会、省纪委十届七次全会、潍坊市纪委十一届八次全会精神，总结2015年全市纪律检查工作，部署2016年任务。全会审议通过市委常委、市纪委书记孙晓非代表市纪委常委会所作的《坚持全面从严治党，强化监督执纪问责，坚定不移推进党风廉政建设和反腐败工作》的工作报告。

重要工作

【督促落实全面从严治党“两个责任”】 切实履行全面从严治党监督责任，推动主体责任落实，形成全市上下齐抓共管局面。协助市委制定下发《2016年度党风廉政建设责任书》，以责任清单的形式明确党委六大方面19项主体责任、纪委六大方面18项监督责任。组织与10处镇街区、47个市直部门（单位）进行签订，并督促各级党组织与下属单位层层签订，完善党风廉政建设目标任务体系。改进责任制考核办法，制定并严格落实《日常考核办法》，每季度组织一次考核；半年组织一次落实党风廉政建设责任制自查；年终，在市委常委、党员副市长的带领下，组织参与年度全面从严治党主体责任落实情况重点检查，对10个镇街区和10个重点派驻部门进行重点检查，发现问题59个，提出意见建议64条。责任制考核成绩纳入市委、市政府对镇街区科学发展综合考核成绩和对市直部门（单位）绩效综合考核成绩。认真落实市纪委常委联系镇街区制度，定期对镇街区落实“两个责任”和党风廉政建设工作开展情况进行调度和检查。督促落实“一岗双责”（各级干部在履行本职岗位管理职责的同时，还要对所在单位和分管工作领域的党风廉政建设负责）要求，督促市级党政领导班子制定完善并认真履行党政领导班子成员党风廉政建设岗位职责。严格责任追究，坚持“一案双查”（在查处党员干部违纪违法案件时，既要查清当事人的违纪事实和应负的责任，又要查清发案地区、部门领导班子和领导干部应承担的责任）、“一案双究”（既严肃给予当事人党纪政纪处分，又严肃追究所在单位领导干部的领导责任），对违反或未能正确履行党风廉政建设责任制的，严格追究责任。2016 年，对 3 名领导干部实施责任追究。

【驰而不息纠正“四风”】 紧盯“四风”新动向新表现，加强分析研判，改进工作措施，创新监督检查方式，着力发现隐秘“四风”问题。坚持常态化明察暗访与专项检查相结合，在“五一”、中秋、国庆、元旦、春节等重要时间节点，开展交叉暗访，发现问题线索，织密织实无处不在、无时不有的监督网。把违反中央“八项规定”精神问题列入执纪审查重点，对信访、执纪审查中发现的“四风”问题线索，深挖细查，决不放过，全市查处违反中央“八项规定”精神问题 15 个，给予党政纪处分 19 人。把整治“为官不为”列为纠正“四风”重要内容，对扶贫领域和防范处置越级上访不力的“为官不为”问题进行查处，给予党政纪处分 5 人，诫勉谈话 4 人。充分发挥典型问题的警示教育作用，点名道姓通报曝光违反中央“八项规定”精神问题 15 个 19 人，持续释放正风肃纪、执纪必严的信号，在面上形成有力震慑。

【查处不正之风】 把查处侵害群众利益的不正之风和腐败问题作为重要工作任务，坚决查处在扶贫中虚报冒领、截留私分、挥霍浪费问题，以严明的纪律为打赢脱贫攻坚战提供保障。紧紧围绕供给侧结构性改革，突出“三八六”环保行动、安全生产、行政审批监管、金融信贷服务、中介服务监管、重大项目推进、群体及突发性事件防范处置、服务保障民生等重点领域和重点环节，对党员干部懒政怠政、吃拿卡要，甚至欺压群众的违纪行为，发现一起从严从快查处一起。结合实际，对症下药，本地本系统什么问题突出就重点解决什么问题。完善考核机制，督促镇街区党（工）委、纪（工）委切实担负起全面从严治党责任，督促职能部门自上而下加强行业监管和自律，把压力传导到最基层。制定下发《关于整治和查处侵害群众利益的不正之风和腐败问题的实施意见》《昌邑市镇街区 2016 年度整治和查处侵害群众利益的不正之风和腐败问题工作考核办法》，实行两月一考核一通报，对工作落实不力的，约谈党组织和纪检组织负责人。全市共查处问题 160 个，给予党政纪处分 77 人；分 11 批通报典型问题 45 起。

【执纪审查】 坚持无禁区、全覆盖、零容忍，始终保持惩治腐败高压态势。构建完善信、访、电话、互联网、微信“五位一体”信访举报受理平台，落实信访举报“双向承诺”，实施信访稳定责任倒查追究制度，促进信访举报及时妥善处理，矛盾纠纷及时有效化解，共受理信访举报 440 件次。加大执纪审查力度，在严肃查处违反“六项纪律”行为的同时，把中共十八大后不收敛、不收手，问题严重、群众反映强烈，现在重要岗位可能还要提拔使用这三类情况同时具备的党员领导干部作为重中之重，持续保持高压态势，2016 年，审查违纪案件 225 起，给予党政纪处分 233 人。综合运用监督执纪“四种形态”，从信访受理、线索处置、谈话函询，到执纪审查、调查谈话、审理报告，都要坚持纪在法前，改进纪律审查考核办法，把“四种形态”运用情况作为检验工作的标准，在潍坊市率先出台《践行监督执纪“四种形态”工作规范》，对问题线索分类管理、定期排查、精准处置，运用“四种形态”其他处理513人。夯实基层基础，建立“四三三”工作机制（四个规范：规范纪检组织设置、纪检干部配备、职责分工、硬件保障；三个注重：注重能力提升、制度规范、业务指导；三项制度：完善问题线索管理制度、纪律审查协作制度、调度考核制度），有效提升镇街区纪（工）委执纪审查能力，被潍坊市纪委评为2016年度“十大创新性项目”。

• 1月8日，纪检小组监察工作

【党内监督】 加强对党政“一把手”的监督，与10个镇街区和14个市直部门（单位）的党政主要负责人进行廉政谈话，监督关口有效前移。加强对同级党委及其成员的监督，组织12名市级党政班子成员、10名镇街区党（工）委书记和47名市直部门主要负责人向市纪委全委会述廉。开展换届风气专项巡察，加强换届风气监督，确保乡镇换届风清气正。严把党风廉政意见回复关，有效防止干部“带病提名”“带病提拔”。

【廉政宣教】 深化党风廉政教育，深入学习贯彻中共十八届六中全会精神，严明党的政治纪律和政治规矩；认真抓好党内政治生活准则和党内监督条例的贯彻实施，党员干部遵规守纪的思想自觉和行动自觉不断增强。邀请潍坊市纪委宣传部的领导作学党规党纪辅导报告，市纪委主要领导以解读新的《中国共产党纪律处分条例》为主要内容，为全市690名农村支部书记作廉洁履职辅导报告，各常委、纪检组长也分别到所联系镇街及市直部门进行专题辅导20余次。组织3521名党员干部参加德廉和党风党纪知识学习测试，合格率91%。树立“互联网+”理念，构建门户网站、电视广播、手机短信、公众微信“四位一体”的廉政教育新格局，共向党员干部发送廉政短信2万余条次，发布廉政教育内容200多条。加强网上舆论引导，被潍坊市纪委评为“2016年度全市纪检监察系统网络舆情和评论工作先进单位”。加强廉政宣传教育，举办党章党规党纪辅导报告、演讲比赛、家训家规家风故事征集评选等活动，营造浓厚的廉政文化氛围。深化警示教育，组织观看《国企党员干部违纪违法案件警示录》《镜鉴》《潍水镜鉴》等警示教育片，参观预防职务犯罪警示教育基地，组织全市中层以上人员和重点领域、关键岗位的党员干部到法院参加旁听等方式，切实提高党员干部守纪律、讲规矩意识和拒腐防变能力。

【体制改革】 为贯彻落实全面从严治党要求，进一步明确职责定位，优化机构设置，聚焦中心任务，推进组织制度创新，更好地履行监督执纪问责职责，根据上级纪委统一部署，6月份进行纪检监察体制改革，调整市纪委机关、监察局内设机构和职责设置。市纪委机关、监察局内设机

● 网上德廉知识测试现场

构由11个调整为9个，将办公室、监察综合室整合为办公室；撤销干部室，设立组织部；撤销教育研究室，设立宣传部；将党风政风监督室、执法和效能监督室整合为党风政风监督室（挂市政府纠正行业不正之风办公室牌子）；撤销案件监督管理室；设立第三纪检监察室。调整后，市纪委、市监察局机关设办公室、组织部、宣传部、党风政风监督室（挂市政府纠正行业不正之风办公室）、信访室（挂昌邑市国家行政机关工作人员违法违纪举报中心牌子）、第一至第三纪检监察室、案件审理室（挂案件申诉复查室牌子）9个职能部室，所属事业单位更名为“昌邑市廉政教育中心”。改革后，市纪委监察局机关共有行政编制34名，实有30人；事业编制4名，实有4人，调整后的机构职能突出主责主业，监督执纪和纪律审查编制占比分别为68%和35%。

【自身建设】 市纪委常委认真参加“两学一做”学习教育，带头参加“三会一课”。深化纪检体制改革，将市纪委监察局机关内设机构调整为9个室部，纪检监察室和执纪监督人员所占比例全部达到上级要求。加强干部队伍建设，严格落实“三个提名考察办法”，市纪委提名考察20名纪委书记、副书记，顺利完成镇街区纪（工）委换届工作。新考选、选调10名工作人员，纪检监察干部队伍进一步充实。严肃党内政治生活，落实民主集中制，积极开展批评和自我批评，班子凝聚力和战斗力进一步增强。加大纪检监察干部培训力度，不断提高监督执纪问责能力和水平。认真履行自身建设主体责任，加强廉政风险防控，有效防止“灯下黑”。

工商联 人民团体

Gong Shang Lian Ren Min Tuan Ti

昌邑市工商联合会

2016年，昌邑市工商联合会认真学习宣传中共十八大，十八届三、四、五中全会和习近平总书记系列重要讲话的精神，组织开展“抓党建、促发展”的活动，组织会员企业到灶户盐化有限公司，昌邑市义工联合会参观学习党建工作，积极引导非公有经济人士参入扶贫开发、光彩事业等活动，取得良好效果。

【协调服务】 昌邑市工商联合会对昌邑市山东昌宁集团有限公司、潍坊富锦食品有限公司、昌邑市恒信达化工有限公司、潍坊市华彤电气有限公司、山东柳疃棉纺城股份有限公司、山东昌邑灶户盐化有限公司等9家民营企业经营情况进行调研并对各企业提出建议。组织市农商行、兴业银行潍坊昌邑支行到北孟镇锦泰纺织、富彬家具、元宏纺织企业实地考察，进行交流对接，推荐4家企业与昌邑农商行、兴业银行潍坊昌邑支行实现合作，达成贷款意向5000万元，对企业解决融资难的问题发挥积极作用。参加潍坊市工商联与北京大学国家发展研究院联合开展的经济新常态，工业4.0大数据中国制造2025·未来经济挑战融资与上市、互联网+企业转型等论坛活动。

【参政议政】 组织工商联、侨联、台联、少数民族组22名政协委员参加政协第十二届昌邑市委员会第五次会议。会后到石埠经济发展区开展帮扶活动，深入帮扶村进行对接，沟流村党支部书记范绍忠介绍该村的基本情况，共同商讨下步脱贫致富工作思路和帮扶措施。组织工商联界别政协委员就新生代创业者队伍建设，部分贫困户扶贫进行调研。制定实施意见，逐步推动落实。昌邑市工商业联合会被山东省工商联合会授予山东省工商联系统2016年度“五好商会”称号。

【新生代企业家联合会成立】 3月25日，在市工商联合会会议室召开昌邑市1975年后的年轻企业家座谈会。就新生代企业家引导和培养，民营经济发展，投资环境，成立新生代商会等问题进行座谈。组织非公企业家学习经济形势发展的新知识，更新思维，向灶户盐化有限公司学习现代化企业管理和企业文化，增强企业的竞争力。昌邑市新生代企业家联合会于11月7日成立。潍坊市工商联副主席刘杰然、昌邑市领导吕珊珊、田洪波、李明杰出席成立大会。首批会员70名。大会选举产生会长、副会长、监事长、秘书长等。同时，举行银企对接仪式，新生代企业家联合会分别与昌邑农商行、兴业银行潍坊昌邑支行签订战略合作协议。

昌邑市总工会

2016年，在市委和潍坊市总工会的正确领导下，全面贯彻中共十八大和十八届三中、四中、五中、六中全会精神和习近平总书记系列重要讲话精神，主动服务发展大局，努力维护职工合法权益，各项工作取得新的进展和成效。荣获中国职工保险互助会“开展职工互助保障工作考核成绩‘优秀’等次”；“山东省职工维权法律服务示范单位”“潍坊市工会工作先进单位”等；连年保持“省级文明单位”称号。有1人获得富民兴鲁劳动奖章，1个单位班组获得山东省工人先锋号，14人获得潍坊市劳动模范称号。

【“查保促”活动】 市总工会成立“查保促”工作领导小组，确定一把手负总责，有关部室具体抓，全员共同参与的工作机制。镇街区总工会、委局工会和有关企业工会也相应成立工作机构，实现上下协调，全面推进。构建覆盖网络。市总工会领导班子成员全部包靠镇街区、重点企业；镇街区总工会、委局工会、社区工会干部也确定自己的联系企业，全市构建市总工会、镇街区总工会（委局工会）、社区工会、企业工会、车间、班组工会小组组成的条块结合全覆盖网络。建立台账，强化培训宣传。在危化品企业，建立完善“查保促”活动台账，举办培训班36期，3000余人参加培训。印发《安全知识明白纸》5万份、安全知识宣传扇1万把。并且通过报纸、电视台等媒体，进行宣传，营造氛围。发挥“三员队伍”（宣传教育员、信息上报员、整改监督员）作用，促进企业和谐健康发展起到积极的作用。制定工作推进机制、考核激励机制、督查机制等，为工作顺利开展提供保障。

【规范工会组织建设】 印发《关于进一步理顺和规范全市机关事业单位工会组织建设的通知》，对机关事业单位工会组织规范，提出“八有”标准。理顺机关事业单位工会根据职工人数相应配备专（兼）职工会主席，工会主席原则上由同级副职兼任。工会主席、副主席和委员实行任期制，任期三年，可以连选连任。组织开展学习教育培训，对干部职工进行中国特色社会主义理论体系教育，培育和践行社会主义核心价值观，提高机关事业单位干部职工政治理论、思想道德、科学文化和业务素质水平。积极维护干部职工合法权益，协助党政机关解决涉及干部职工切身利益的问题，做好困难职工帮扶救助工作，组织举办受职工欢迎的文体活动。加强调查研究，反映单位干部职工意见和建议，参与单位内部事务民主管理、民主监督，促进事务公开，保障干部职工的知情权、参与权、表达权、监督权落实，推进机关廉政建设。抓工会组织建设，夯实工作基础。产业工会组织建设取得新成绩，成立潍坊市首家外经贸产业工会——昌邑市外经

• 2016年6月12日，昌邑市外经贸工会联合会成立

贸工会联合会。扎实做好六类重点行业建会和农民工入会工作，新建工会组织40家，发展农民工会员近万人。新建、理顺市直机关事业单位工会组织22家。工会主席公推直选工作面上推开，采用直选方式的基层工会15家。扎实推进“党建带工建、党工共建”示范点创建工作，精心开展实地实体型工会组织普查。

【产业工会组建】 2016年，昌邑市外经贸工会联合会成立，标志着昌邑市产业工会组织建设迈出新的步伐。外经贸工会联合会组建按照“企业建—协会建—行业建”三级建会模式进行，形成“树”型工会组织网络。做到有公章、有牌子、有办公场所、有人员、有制度、有活动阵地。外经贸工会联合会主席由市商务局工会主席选举担任，副主席、经审会主任、女工委主任则分别由镇街区总工会主席（或副主席）、有关企业工会主席选举产生。办公地点设在山东昌邑浩信集团有限公司，使得地方工会与行业工会、上级工会与下级工会有机结合。完善工作制度，健全完善主席、副主席包靠基层企业制度、挂图作业制度、项目督办制度、基层反馈制度等。建好实体、虚拟两个阵地，为广大职工在思想学习、技能提升、文体活动等方面，提供更大的空间。强化行业性工资集体协商，以“行业谈标准，企业谈细节”为要求，采取一次协商两次覆盖，即先签订行业工资集体协议，以此为基准，再由所覆盖企业结合自身情况签订自己的工资集体协议。

【完善职工服务体系】 在市职工服务中心建设并运营的基础上，突出加强镇街区、社区、企业职工服务站建设。10处镇街区总工会会站家一体化建设已全部完成，并投入使用。社区、企业职工服务站正在加快建设中，初步构建市、镇街区、社区、企业四级职工服务体系，为职工提供一站式、全方位服务。以职工服务中心（站）为依托，积极开展“四季服务”，在“送温暖”活动中，市总工会发放帮扶资金26.4万元，受益职工382人；以工友创业活动为带动，为下岗失业职工、进城农民工送技能、送信息、送岗位；各级工会组织在“夏送清凉”活动中，尽量做到全覆盖；在“金秋助学”活动，市总工会资助困难职工学生71人，资助金额14.1万元。

【“三大文化品牌”建设】 昌邑市工会与电视台、报社联姻，开展“中国梦 劳动美”主题展播，宣传各行各业先模集体、人物50个，打造“媒体文化品牌”。在节庆节点上举办“规定动作”的文体活动，主要包括庆新春职工乒乓球比赛、象棋比赛、合唱比赛、羽毛球比赛等活动，打造“固定文化品牌”。开动职工书屋“大篷车”，服务地处偏远的滨海建设工地职工。职工书屋“大篷车”由市总工会统一装备，定期到职工集中的工地、工棚进行服务。开动职工书屋“大篷车”6次，借阅图书1000余人次，赠阅图书杂志1000余册，打造“流动文化品牌”。

【维护职工合法权益】 推动建立市政府与市总工会联席会议制度。深化“查保促”活动，组建“查保促”“三员”队伍（宣传教育员、信息上报员、整改监督员），人数达到1000余人；市、镇街区两级工会组织举办“查保促”培训班36期，培训人员3000人次。提升厂务公开民主管理水平，深入推进“推行协商民主 强化社会责任”建设，选取山东浩信集团有限公司、山东昌邑灶户盐化有限公司等企业为工作示范点，取得较好的成绩。规模以上企业职代会建制水平和规范程度不断提高。深化工资集体协商，开展工资集体协商“创新推进年”活动，积极发挥工资集体协商专兼职指导员作用，规模以上企业工资集体协商建制率、履约率达到100%。

共青团昌邑市委员会

2016年，昌邑团市委坚持以改革创新为动力，以服务党政中心为工作重点，扎实开展“五项行动”，突出抓好“团的建设”，在创建全国文明城市、青年志愿服务、青少年思想引导等方面作出贡献，深化“结对+接力”活动，注重发挥青年文明号、青少年维权岗、社会自组织等力量，组织志愿者开展关爱帮扶。加大对“希望乐园”“四点半学校”“社区志愿者工作站”等阵地的建设力度，通过阵地建设扩大关爱行动的覆盖面和知名度。全市依托服务阵地共计开展关爱行动累计1100小时，服务贫困青少年、留守儿童330名，为广大青少年提供专业服务和实在帮助，共青团工作保持蓬勃发展的局面。

【思想道德建设】 在全市中小学部署开展“小手拉大手”“核心价值观记心中”“红领巾相约中国梦”“与人生对话”等主题实践教育活动，加强青少年思想道德建设，增强青少年责任感和使命感。定期组织团员青年到市烈士陵园、龙池镇烈士祠接受爱国主义教育，培养少年儿童爱党爱国情怀。积极开展“国学达人挑战赛”活动，推荐选手参加潍坊赛区选拔赛，取得小学组第二名的优异成绩。

典型引领工作　大力开展“青春榜样”“优秀青年”“美德少年”评选活动，积极宣传各领域优秀青年典型，弘扬青春正能量，为全市青少年选树拼搏进取、立志奉献、干事创业的学习榜样。全年，累计选树各类青年典型380名，发挥典型榜样的示范带动作用，营造争当先进、追赶先进的浓厚氛围。

宣传强化引导　积极做好引导青年工作，壮大共青团“网军”力量。2016年，团市委全面加强团属新媒体的选题策划、内容设计，采取青年人喜闻乐见的形式，发出“好声音”，通过微博、微信等新媒体引导青年。2016年，官方微博粉丝过1万人，微信粉丝数上升到1.3万人，推送微信267条，通过新媒体覆盖团员青年2.2万人次，为青少年思想引导搭建良好平台。在传统媒体方面，累计在新华网、人民网、中国青年网及其他主要门户网站发表稿件13篇，在《大众日报》《潍坊日报》等媒体发表稿件5篇，在省级以上共青团网站发表稿件16篇。

【服务党政中心工作】

实施青年人才工程　实施青年人才招引突破、青年企业家赶超跨越等青春建功行动，深化青年岗位能手、青工技能比武、青年安全示范岗、青年文明号创建活动，引领青年创新创效。组建昌邑市青年企业家联合会，积极开展交流学访活动，积极宣传昌邑产业优势、资源优势、区位优势，努力争当经济发展排头兵。

引领青年创业　以实施“青春创业行动”为抓手，大力推动“大众创业　万众创新”，为青年创业提供有力支撑。鼓励发展“农村电商”，开展“青年电商培训班”3期，培训农村青年300余人，扶持农村青年开办网店。扎实建好“东方创业谷”青年创业园、“柳疃棉纺城”青年电商孵化基地等多家创业服务实体平台。开展青年文明号结对帮扶活动，组织青年文明号进社区、进农村、进农户，一对一结对青年，2016年，组织40家青年文明号单位完成结对，结对贫困学生186名。

青年创业大赛　5月4日，昌邑团市委联合市电视台等有关单位，举办昌邑市第一届创业者大赛。大赛启动以后，历经海选、复赛、复活赛、知识竞赛等赛程，选拔出50名优秀创业青年，在全市营造“大众创业、万众创新”的良好氛围。

金融信贷服务　与市农商行联合，推出扶持青年贷款“鲁青基准贷”项目，对创业青年分为初始型和成长型两种类别，分别给予10万～50万元不等的信贷扶持，切实帮助青年解决创业过程中资金缺乏的实际困难。2016年，昌邑农村商业银行共办理“鲁青贷”项目5户，共计330万元，解决青年创业融资难问题。

“美丽昌邑”建设　深化“青年碳汇林”“青少年节水宣传”“保护母亲河”等系列活动，累计开展环保志愿活动30余次，发放宣传材料1万份。植树节期间，组织近千名学生团员、志愿者开展义务植树活动，累计植树造林3万余棵；与海洋与渔业局联合，连续4年开展“百万鱼苗放流”活动，到下营港放流鱼苗230万尾。组织开展“昌邑市青年环保骑行”活动，组织200余名社区义工、环保志愿者上街骑行，宣传低碳生活的文明理念。

“青春建功美丽乡村”行动　围绕乡村文明建设，组织引导志愿服务由城市延伸到农村社区，按照农村群众需求和意愿，积极开展文明风尚引领、“送温暖　献爱心”、环境卫生治理等志愿服务项目。全年发放文明标语3000余份，开展志愿服务活动26次，为新农村建设作出新的贡献。

【关爱青少年工作】

“希望工程·圆梦校园”行动　深入开展“希望工程·圆梦大学”“心愿直通车”“阳光助残”关爱农民工子女等活动20余场，通过号召社会力量，共同参与扶贫助学活动，累计发放助学金10余万元，帮助136名贫困青少年解决实际困难。其中，“希望工程·圆梦大学”活动资助贫困大学生22名，发放助学金6.4万元。“六一”期间，到围子小学和龙池小学开展“心愿直通车”关爱活动，为50名贫困少年儿童发放图书、文具、玩具等价值2万元的心愿物资。

“牵手关爱活动”　争取慈善总会专项资金5万元，开展以“牵手关爱”为主题的精准扶贫行动。主要采取招募志愿者1对1结对帮扶特殊青少年的形式，通过开展亲情陪伴、心理疏导、心愿达成、感受城市等活动，加强对特殊青少年群体的关爱。全年累计开展牵手关爱活动10期，到全市10处乡镇、街道、区办，10处农村小学，结对帮扶困难青少年200名。

“小手拉大手”系列活动　以“小手拉大手·共筑碧水蓝天”为主题，稳步推进垃圾分类减量、禁燃烟花爆竹、绿色出行、低碳生活、植绿护水、抵制秸秆焚烧等活动，并通过环保知识竞赛、书画征文大赛、环保个人和集体评选等形式，选树一批优秀作品和先进个人，全市70多所中小学做到全覆盖，有效调动少先队员和家庭主动参与活动的积极性。围绕创建全国文明城市，组织青少年参与“小手拉大手·共守文明交通”活动，制作交通文明小报，发放倡议书，走向街头、社区、家庭开展宣传，实现“小手拉大手”的辐射宣传效果。

【基层建设】　按照“青年在哪里，团的组织就覆盖到哪里”的要求，完善团的组织架构网络，推动镇街区、市直部门等传统领域与楼宇、非公企业、新媒体等新兴领域团组织建设。全市各类团组织已达到300余个，基本实现共青团组织全

昌邑团市委组织开展“牵手关爱”活动，走进农村小学送温暖

覆盖。按照“党建带团建”要求，严肃团的组织生活，严格落实“三会两制一课”制度，不断提升规范化团组织建设。

干部队伍建设　配齐配强各级团组织班子，加强团干部理想信念教育，增强团干部政治性和先进性。注重团干部思想和业务培训，增强干事创业能力。加强团干部作风建设，提出发扬“三必须两不怕”精神，努力锻造听党指挥、作风过硬、敢于担当、勇于争先的青年干部队伍。

团员队伍建设　创新实施“一三十”工作法，坚持政治引领“一条主线”，把好入口关、数量关、督导关“三个关口”，做好团员发展流程“十条规范”，现在，初中毕业生团学比下降，增强团员先进性和责任感。

【志愿服务活动】　围绕创建全国文明城市，组建全市青年志愿者服务队，招募青年志愿者在全市40多个重点路口设置“共青团交通文明岗”，以“青春志愿·共助创城”为主题，广泛开展文明引导志愿服务活动，营造良好创城氛围，唱响青年志愿者之歌。围绕志愿服务，组织志愿者开展卫生清扫、健康义诊、敬老孝亲、关爱帮扶等志愿服务活动2000人次，开展活动300余次。打造“社区志愿服务站”，组织青年参与志愿服务活动，营造青年公益文化氛围，提供志愿服务有形化阵地。围绕“共青团＋社会组织”，注重发挥社会组织力量，支持“昌邑义工”社会组织健康成长，联合昌邑义工完成各类帮扶活动100余次，“微爱行动”“黄丝带行动”等已经成为昌邑志愿服务品牌。2016年，推荐“为烈士寻家”项目荣获“山东省青年志愿服务项目大赛银奖”、全国志愿服务项目铜奖。

昌邑市妇女联合会

2016年，昌邑市妇女联合会在市委市政府领导和省、市妇联的指导下，改革创新，锐意进取，围绕中心，取得较好成绩。

【促进就业创业助力精准脱贫】　昌邑市妇联与市人社局联合举办“春风送岗位——女性专场招聘会暨妇女创业项目展示会”，现场提供就业岗位536个；展示推介手工布艺、草编制品、民间剪纸、有机果蔬等特色妇女创业项目6个，开展妇女创业咨询指导40余人次。持续开展各类培训3万余人次，帮助妇女新增就业3108人，占新增就业人数的47%。协助174名妇女办理小额担保贷款共计3500万元。组织巾帼创业者联谊会活动，争取省级巾帼创业贴息资金3.4万元。在潍坊市第二届巾帼家政技能大赛中，昌邑市阳光大姐家政服务中心在21支参赛队伍中获得团体比赛三等奖，阳光大姐家政服务中心的魏云红在个人赛中喜获一等奖，于爱玲、杨娜娜获得优秀奖，受到大赛的表彰。推荐的永安葡萄和鸿鑫制鞋厂入选山东省巾帼创业项目电子展馆和齐鲁巾帼创业项目推介书——《创梦》。

【纪念“三八”国际劳动妇女节】　3月4日上午，昌邑市纪念“三八”国际劳动妇女节106周年大会暨“巾帼创业贷”项目启动仪式在市会议中心举行。大会对昌邑市巾帼文明岗、巾帼建功明星、最美家庭、敬老好儿女、市三八红旗手、三八红旗集体、优秀村妇代会主任、巾帼创业明星等各类先进典型进行表彰，并命名10处巾帼就业创业示范基地。昌邑市妇幼保健院成功通过省级考核，被山东省妇联授予“全省巾帼文明岗”荣誉称号。市妇联和潍坊银行昌邑支行联合启动“巾帼创业贷”项目，并达成长期合作的战略意向，推动“巾帼脱贫行动”和“创业创新巾帼行动”向纵深发展。召开全市“巾帼脱贫行动”大会，下发巾帼脱贫行动意见，组织引导等各类先进团体和个人积极助贫，截至2016年年底，募集善款14万余元，救助贫困母亲、春蕾女童327人。走访慰问贫困妇女家庭100余户，开展“冬衣送暖”活动为200余名孩子筹集新衣。北孟镇新河家庭农场、饮马镇山阳生态家园、潍坊鸿鑫制鞋有限公司昌邑分公司、龙池镇齐西村龙乡人家一号饭店被认定山东省巾帼居家创业就业脱贫行动“大姐工坊”。

● 昌邑市纪念“三八”国际劳动妇女节106周年大会暨“巾帼创业贷”项目启动仪式现场

【家庭文明建设】 昌邑市妇联下发家庭文明建设方案，在电视、广播、报纸、新媒体等各个渠道广泛宣传各类文明家庭、优秀家庭角色的感人事迹，三八节期间为各类先进家庭发放证书、标牌，进行大规模表彰，组织“最美家庭讲家风”“家风家教大家谈”等各类巡讲活动，利用节假日引导妇女儿童、中小学生探讨“我心中的好爸好妈好孩子”，营造文明家庭光荣的社会氛围。2016年，全市共选出各类文明家庭127个，优秀家庭角色3000余个，其中，王玲等两户家庭成为省级“五好文明家庭”，褚素荣家庭成为全省“最美孝德家庭”，朱凤阁家庭成为全省“最美书香家庭”。

【组织活动】 利用“三八”、清明、端午、“六一”、“七一”、母亲节、重阳节、龙乡文化节、绿博会等重要节点，组织开展各类表彰、庆祝、清扫、义卖、走访、结对、相亲、敬老、宣传等志愿者活动，既传播尊老爱幼、爱国爱家爱社会的中华民族传统文化和美德，又锻炼巾帼志愿者队伍，活跃全市文化氛围。全市巾帼志愿者在册在编人数已达3000余人，开展的“反家庭暴力宣传”“绿博会志愿服务”“走访慰问贫困母亲”等活动已成为志愿者品牌活动。

【基层建设】 定期举办党校主体班次培训班；利用各类新媒体，探索建立基层妇联干部沟通机制；组织妇联干部通过网络、微信公众平台、“新农村新生活”培训等方式积极学习，提高思想境界，提升工作品质。借助妇联微信公众号，定期刊发妇联业务知识、家庭教育知识等内容，适时宣传各类先进典型，传递正能量，弘扬新风尚。举行基层妇女干部培训班，带领她们学习妇联业务工作、家庭教育知识、心理健康知识等理论知识，参观爱国教育基地，增强爱国意识，提高基层妇联组织的战斗力、凝聚力和创新力；扩大妇女组织覆盖面，根据党建带妇建要求，在条件具备的两新组织中建立妇女组织。2016年，在市义工联合会新建妇女组织；推动妇女参政议政，换届后“两代表一委员”女性比例比上届分别提高10.9%、5%和0.4%；建成市妇女儿童活动中心，配套设施并定期举办各类文化娱乐活动。

【保障妇女儿童权益】 编制昌邑市妇女儿童发展“十三五”规划，推动男女平等基本国策入选党校主体课程；形成为妇女儿童办实事长效机制，出台2016年为妇女儿童办实事通知；超额完成年度农村妇女“两癌”筛查任务目标，为8名“两癌”患病贫困妇女争取上级救助基金；与教育局联合开展儿童书画摄影大赛，评出获奖作品

168份；联合司法局成立家庭暴力伤情鉴定中心，联合民政局成立反家庭暴力庇护所，与公安局联合出台《反家庭暴力告诫制度》，推动反家暴法落地；继续推行“四合一”（解难、普法、教育、心理疏导四合一）多效接访工作模式，年内共处结来电来访88件，提供法律咨询76次，共计为来访人员挽回损失15.6万元。

昌邑市科学技术协会

2016年，举办科技周和以“创新放飞梦想，科技引领未来”为主题的全国科普日等科普活动，制作精美的宣传版面在湿地公园、市民广场等人群聚集的地方布展。围绕低碳生活、节能减排等热点问题，开展科普游园、图片展览、科普征文活动。大力开展“科普进社区”“送科技下乡”活动。全年共悬挂张贴科普宣传图画、标语、横幅500余条（幅），发放各种宣传资料2.6万余份，深受群众欢迎。

【全民科学素质工作】 市科协遵循“政府推动、全民参与、提升素质、促进和谐”的指导方针，着重抓好未成年人、农民、城镇劳动者、领导干部和公务员、社区居民这“五大重点人群”科学素质的提升工作。在学校，将科技教育列入素质教育的重要内容并在各学校普遍开展，定期组织开展青少年科技创新大赛、科技传播等系列科普活动，以创建“科普示范学校”和开展“中小学生科学素养提升工程”为契机，加强在校中小学生的科技创新和校内外科普实践活动。2016年，重点建设昌邑市实验小学青少年科普教育示范基地，组织800多名师生代表开展科学调查体验活动，通过展出声光电、生命科学、信息科学、机械原理等方面的科普模型激发青少年的爱好兴趣，带动优秀教师的科普热情，取得良好的效果。在农村，开展科普培训，科技下乡、科技引进、科技咨询等服务活动。针对昌邑市不同的种、养殖结构，制定详细的培训计划，同时引进高新技术产品进行示范推广，累计举办各类培训班30期，培训农村干部和农民群众1.5万多人，举办科技讲座15期，开展科技咨询活动5000人次，直接受益群众达2.2万人次。“走进农家科普大讲堂”成为昌邑市提升农民素质的活动。在城镇，依托技工学校和其他职业教育培训机构，开展多种形式的技能培训，突出创业创新方面的培训引导。培训各类人员1100余人，其中就业技能培训600余人，创业创新培训400余人。通过党校培训、举办讲座等形式，提高领导干部和公务员对现代科学技术知识的学习。精心组织“科技进社区”活动，共举办科普活动15场、讲座30多期（场），分发科普资料1.5万余份，提供直接咨询服务3千人次。依托阳光大姐家政服务平台，开展培训服务、法律援助和心理咨询。

• 7月，召开全市提升全民科学素质行动工作调度会议

【学会工作】 积极参与和支持各类学会开展学术交流活动，发挥学会的组织、人才、智力优势，广泛集成资源，搭建不同形式和层次的学术交流平台，启迪科学思维，激发创新活力，增强自主创新能力。鼓励学会面向基

层、一线科技工作者广泛开展层次不同、形式多样的学术交流活动。2016年，全市共举办各类学术活动4次，宣讲学术交流论文60多篇。加强学会的规范管理，完善学会管理的各项制度，以规范化、制度化促进学会的组织建设和自我管理。召开学会工作座谈会，及时了解科技工作者的需求，共征集意见和建议15条。

9月20日，举办“生态科普、绿色昌邑”科普日活动

【科技培训活动】 开展“走进农家科普大讲堂活动”，聘请专家、教授进行农业科技培训，传授测土配方施肥新技术和新理念。利用大姜、土豆的种植高峰时期，邀请专家到农业生产一线，现场为农民群众提供技术指导。全年累计举办各类培训班20期，培训农村干部和农民群众1万多人次，举办科技讲座15期，开展科技咨询活动3000人次，直接受益群众2万人次。

【科普基地建设】 根据各乡镇、社区产业特点，坚持一村一品，一镇一产业，培育与发展相结合，新建农村专业技术协会2个，科普示范基地3个。培养北孟大姜、山阳大梨、西永安葡萄、鼎立核桃等昌邑绿色产业，取得良好的社会效果，助推全市农业经济发展。2016年，昌邑市山阳大梨协会被中国科协、财政部授予“全国基层科普惠农工作先进单位”，并获得扶持资金20万元。

【科普基础设施建设】 城区、乡镇人员聚集的公共场所共安装50台数字科普电视终端，滚动播出群众喜闻乐见的科普栏目，实现科普工作方式的新突破。继续实施“科普村村通”行动。对现存的427处科普宣传栏定期进行维护，每季度制作1批卫生、环保、食品、地震等方面的科普宣传挂图，免费发放张贴，有力地宣传党和国家关于“三农”工作的方针政策、法律法规等，在提高农民科学素质、促进农业增效、农民增收和农村经济社会发展等方面发挥重要作用，产生巨大的经济和社会效益。建设社区科普大学教学点。2016年，新建立社区科普大学教学点5处。大力实施社区科普益民计划，建设社区科普活动室、科普宣传栏等公共设施，覆盖率达85%以上。

昌邑市文学艺术界联合会

2016年，昌邑市文联全面贯彻落实习近平总书记在文艺座谈会上的重要讲话和中央、省、市委决策部署及各级宣传工作会议精神，牢牢把握“高举旗帜、围绕大局、服务人民、改革创新”的总要求，坚持用科学的发展观统领文艺工作，为促进全市经济社会又好又快发展提供思想保证和精神动力。

【精品工程】 市文联积极动员各协会开展文艺精品创作，创作一批反映昌邑市实际的文艺精品。如作协会员在《人民文学》《山东文学》《时代文学》《散文百家》《前卫文学》《红豆》等诸

• 5月25日，舞蹈协会文艺志愿服务活动新闻报道

多大刊大报发表作品十几篇。音协会员创作歌曲《情系三农心激昂》，作协出版一期《潍河文艺》，东方农民书画院出版一期《潍缤文苑刊物》。

文联积极组织协会会员参加上级组织的各类文艺评奖活动。协会会员3件作品荣获潍坊“风筝都文化奖”优秀文化作品奖，1人荣获潍坊“风筝都文化奖”优秀文化人才奖；1人荣获潍坊市第二批“民间艺术大师”荣誉称号；摄协冯树岭的作品《年画千版儿时梦》荣获泰山文艺奖三等奖；作协会员姚凤霄作品《梦随王尽美 思想长风烟》荣获辽宁省纪念建党95周年全国征文大赛二等奖，散文《云在》获《人民文学》第四届“观音山杯·美丽中国”全国游记征文佳作奖，第四届全国国土资源系统读书征文大赛中，张世奇的作品获三等奖；闫红军《雪夜访戴图》、郝文强《正月里》在“喜迎国庆献爱心，不忘初心颂辉煌”——庆祝中华人民共和国成立67周年暨红军长征胜利80周年书画摄影展获奖；民协8人参加山东省第八届工艺美术博览会，获8金4银2铜奖项。

【文化活动】 真正把文化送到老百姓家门口，共享文化发展成果，全年举办文化活动120余场次。文联各协会根据职能自行举办一系列文化活动，如美协组织开展或参与昌邑国画院第五届作品展、庆祝建党95周年暨长征胜利80周年书画展等12项活动，摄协举行“大美昌邑地，潍河风光好”摄影展、“石化杯”全市书画摄影邀请展等展览，音协举办“爱在潍水”新春公益晚会、乡音乡韵文艺晚会、“庆十一”文艺晚会等文艺演出，舞协举办文艺志愿服务祝小康文艺晚会、消夏晚会等活动，星光艺术剧团积极参与庆祝建党95周年暨红军长征胜利80周年文艺晚会。

组织举办以“魅力昌邑·浓情四季”“我们的中国梦——文化进社区”“唱响昌邑电视大奖赛”“龙乡文化节”“梨花节”“第四届著名作家走进昌邑 二月兰笔会”“山东省文艺志愿服务行——艺术点亮希望精准助学工程文艺精准扶贫活动”以及纪念中国共产党成立95周年暨红军长征胜利80周年等为主题的系列文化活动。

【文联万家】 市文联深入实施“文联万家”文艺志愿服务活动，组织动员引导各文艺家协会和文艺志愿者，深入农村、社区、学校、企业等开展文艺志愿服务活动。省文联在育秀学校组织举办山东志愿服务行——艺术点亮希望精准助学工程文艺精准扶贫活动。美协在春节前开展送书画下乡活动，音协到北孟围子进行十场送文化下乡活动，书协到部分镇街区与书法爱好者进行书法交流，舞协举办文艺助小康文艺演出，民协多次开展文艺志愿服务走进企业（东正红木、“尚客优”酒店）、农村（邓家庄、郑家坡）服务活动。

昌邑市社会科学界联合会

2016年，昌邑市社科联坚持围绕中心、服务大局，自觉找准桥梁纽带、组织协调、资政育人、服务社会的功能定位，组织和团结全市社会科学工作者，围绕组织服务党政科学决策、普及社会科学知识、提高公众人文素养，有力地促进昌邑市社会科学事业的繁荣发展。

【拓展社科阵地】 紧密结合昌邑实际，整合市委党校、市科协、司法、公安、卫计、农业、环保等部门单位的社科宣传职能，把法律知识、崇尚科学、反对邪教、防震减灾、交通安全、辩伪识假、安全用药、卫生保健等作为重点普及内容，定期不定期开展基层社科普及教育活动，推进社会科学进农村、进机关、进社区、进企业、进学校。2016 年，昌邑市绿博园、博物馆、龙池镇抗日战争纪念馆 3 处场馆分别被授予“潍坊市社科普及教育基地”名牌。

【搭建社科普及平台】 深入开展“社科理论面对面、专家服务进万家”社科普及主题活动，把面向基层、服务群众作为社科普及活动的立足点，着眼基层广大群众的实际需要，精心设计活动载体，推进社科普及重心下移，着力打通社科普及工作联系服务群众的“最后一公里”。2016 年，共组织开展潍坊市宣讲专家库专家进理论宣教基地开展集中宣讲活动 8 场次，学习贯彻中共十八届六中全会精神集中宣讲 80 余场次，有力地推动全市社科理论普及，受益干部群众超过 5000 人次。

【推动成果展现】 围绕昌邑市经济社会发展热点难点问题，正确引导和积极鼓励全市广大社会科学工作者，深入开展社科研究，推出一批有价值有深度的研究成果，2016 年，昌邑市社科研究工作实现新突破，取得可喜成绩。共有 5 项课题成果获得潍坊市第二十四次社会科学优秀成果奖，其中：市潍水学校于海港《走进绿色生态教育 》荣获潍坊市第二十四次社会科学优秀成果二等奖，市园林局徐国梁等《我省部分城市观赏草资源评价及其在园林应用中的研究》、市人社局郇传真《超法定退休年龄劳动者工伤认定问题探析》、市检察院于鹏《刑法文本中“其他”的语言学解释 》以及市博物馆王伟波《李煦与曹雪芹祖母李氏兄妹关系新探 》4 项成果荣获潍坊市第二十四次社会科学优秀成果三等奖。

【强化基地建设】 积极推进社会科学理论研究基地建设，进一步规范哲学社会科学报告会、研讨会、讲座、论坛、培训等活动的管理，为全市社会科学研究从业人员研究提供载体和平台。2016 年，昌邑市博物馆王伟波被评为“潍坊市第三届中青年社会科学研究拔尖人才”。

昌邑市残疾人联合会

2016 年，昌邑市残联认真贯彻落实中共十八大、十八届三中、四中、五中、六中全会和第五次全国残疾人事业工作会议精神，坚持以“残疾人奔康工程”为主线，全面推进残疾人民生保障、康复救助、教育就业、宣传文体、组联维权等工作，突出工作重点，完善精准救助，强化服务效能，推动残疾人事业的全面、健康、快速发展。

【民生保障】 昌邑市残联积极落实残疾人民生保障政策。协调民政部门对 1845 名低保重度残疾人生活补贴材料进行审核，对 3214 重度残疾人护理补贴材料进行审核，“两项补贴”标准由年初的每人每月 80 元提高到 85 元，为 187 名残疾学生和贫困残疾人子女发放助学补贴 20.17 万元，为全市 64 名下肢残疾人发放燃油补贴 16640 元，为 240 名贫困残疾人实施托养服务，为 241 户困难残疾人家庭实施无障碍改造，为 134 名贫困精神残疾人实施康复救助。

• 昌邑市残联组织参加"我们的梦"2016潍坊市残疾人文艺演出

【康复救助】 与昌邑市妇幼保健院签订管理运营协议，投资180万元对康复中心进行布局改造、设施配备、制度建设，重点开展残疾儿童康复训练，全市0～9岁有康复需求和意愿的37名脑瘫、智力、孤独症儿童全部接受免费康复治疗、训练，并给予每人每年2000元生活补贴，组织5名听障儿童进行人工耳蜗术前筛查，康复中心运营能力不断提升。按照贫困、重症优先的原则，为27名贫困重症精神残疾人提供免费住院治疗，为107名贫困精神残疾人提供免费服药救助。全市共实施免费白内障复明手术114例，达到植入率100%，脱残率100%。根据贫困残疾人辅具器具需求状况，主动采购轮椅200辆、拐杖、助听器、助行器、座便椅等辅具400余件，及时配发残疾人。完成残疾人假肢需求调查29人、29例，对10名上肢残疾人和19名下肢残疾人实施假肢装配。整合社会资源，广泛开展康复服务。在昌邑市人民医院眼科中心、康复医学科挂牌成立"昌邑市低视力康复基地"和"昌邑市肢体康复训练基地"；鼓励、引导、支持民营机构进入康复领域，扶持民营康复机构"昌邑市国医康复中心"，为其营造良好的发展环境。以康复服务和康复训练为重点内容，加大对社区康复协调员的培训力度，邀请有关专家先后举办白内障手术治疗筛查培训班、精防工作培训班、盲人定向行走培训班，提高基层康复人员的工作能力。

【教育就业】 昌邑市在校残疾学生115名，残疾人子女72名，共发放助学补助金20.17万元。实施百千万残疾人就业创业扶贫工程。经省残联和潍坊市残联评定，昌邑市表彰省级优秀残疾人就业扶贫基地1个，潍坊市优秀残疾人就业扶贫基地1个，潍坊市残疾人自主创业扶持项目4人。举办残疾人电子商务实用技术培训班2期，培训残疾人56名。在充分调查研究的基础上，从3月份开始，投入人力物力，联合乡镇、街办、卫生、民政等部门，在龙池镇建成残疾人就业培训基地，集中开展残疾人就业指导、技能培训，全年培训残疾人80名；在就业培训基地附近建成占地二百亩的残疾人就业实验基地，开展农业种植、养殖、加工等技能实践训练；在城区及两处乡镇医院建立残疾人康复训练基地，为30多名中风后遗症患者实施免费康复治疗，效果良好。与残保金征收相结合，促进残疾人按比例就业。有541家用人单位进行残保金年审和信息核对，共征缴残保金302万元。

【宣传活动】 精心组织第26次"全国助残日"活动。通过市电视台、电台、报社等新闻媒体，对各级各部门开展的扶残助残活动及先进个人事迹进行集中宣传报道。积极参加潍坊市残疾人文化艺术作品展及残疾人艺术作品义拍。报送38件作品，荣获三等奖4件、优秀奖7件，所有获奖作品和7件爱心人士捐赠作品参加拍卖，并组织5家爱心企业参加义拍。认真组织参加2016年潍坊市残疾人文艺会演。由昌邑市选送的男声独唱《卓玛》、京剧《红灯记》片段参加演出，赢得好评。开展“残疾人文化周”“残疾人健身周”活动。积极推进残疾人文化进社区，广泛开展残疾人健身活动。认真进行残疾人文化艺术和体育特长人才的调查摸底统计工作。摸清底子，建立健全档案，为残疾人文体工作的开展奠定基础。

【残疾人组联维权】 2016年，开展矛盾纠纷大排查工作，建立社区（村）、镇街区、市残联三级信访网络组织，畅通残疾人诉求表达机制，共接到残疾人来信来电17件，主要咨询办理残疾人证、两项补贴事宜，处结率100%，无集体上访事件发生。与昌邑市义工联合会合作，成立专门的助残服务队，每月至少组织一次志愿助残活动，主要开展“微爱计划”“爱心助学”“暖冬行动”“爱心义购”“爱心户外活动”等，开展助残200多人次。

昌邑市红十字会

【应急救援培训】 开展初级卫生救护培训，普及卫生救护和防病知识，组织群众参加现场救护；开展造血干细胞（骨髓）、遗体、器官捐献的动员、宣传工作；组织红十字医疗机构开展义诊、救护等活动；组织会员志愿工作者开展社会服务活动和其他人道主义服务工作。

【人道救助】 2016年，昌邑市红十字会帮助3名白血病儿童办理“小天使基金资助申请”工作；对部分困难家庭进行走访慰问，帮助解决实际问题。

【无偿献血】 昌邑市红十字会于2016年8月18日和11月3日组织昌邑市62家省市级文明单位参加无偿献血，有350人参加无偿献血，计献血70000余毫升。

【世界急救日活动】 2016年9月，昌邑市红十字会组织各预防接种门诊、中小学校，以“儿童学急救，急救为儿童”为主题，针对儿童及家长开展急救，传播救护知识与理念，普及救护知识与技能，增强群众自救互救意识，提高应急救护知识的普及率。

人民武装

Ren Min Wu Zhuang

中国人民解放军
昌邑市人民武装部

2016年，市人武部在军分区党委、昌邑市委、市政府的领导下，紧紧围绕强军目标，着眼有效履行使命，强化思想政治建设，狠抓法规制度刚性落实安全工作，认真落实“五部”建设要求，坚决拥护党中央、中央军委的决定，学习贯彻中共十八届六中全会精神，开展“两学一做”学习教育，完成各项工作任务。

【政治思想教育】 昌邑市人民武装部始终把建设学习型党委作为重要任务，认真坚持党委议学、主官抓学、群众评学制度，努力营造浓厚学习氛围、保证学习效果、提升能力素质。系统学习军委国防动员部党委扩大会议精神、北部战区党委扩大会议精神、省军区党委七届十六次全会、军分区党委七届十二次全会精神、习主席系列重要讲话精神、法规文件。深入开展“服从改革大局、担当强军使命”主题教育和“两学一做”学习教育活动，在严格对照落实分区教育计划的基础上，制定人武部机关教育活动计划，采取与分区首长机关同步、压茬安排和自主进行等多种方式进行学习教育，确保教育实效。

【战备训练】 2016年，结合贯彻落实分区党委全会精神，部党委先后召开党委议训会和军事训练任务部署会，认真分析训练形势，确立“以首长机关训练为中心，以应急分队实案化训练演练为重点，严格施训，突破弱项，在提高训练质量上下功夫”的基本思路，科学计划安排人武部机关的年度军事训练工作。部机关从3月初开始采取岗位自训、集中训练、考核竞赛的方法，组织部机关军事技能强化训练，从严整改训风考风，着力提高组训水平，训练成绩张榜公示并录入训练档案，提高现役干部和战士的军政素质。5月中旬，组织专武干部和基干民兵集训，通过理论辅导、技能体能、实弹射击等科目训练，提高专武干部适应本职工作的业务能力，达到应急分队平时战备值勤的需求，遂行多样化军事任务的能力不断增强。5月24日，迎接潍坊军分区对昌邑市民兵组织整顿工作检查调研，以维稳处突为背景，对市民兵应急连进行拉动考核，组织拉动程序正规、人员到点率高。9月，昌邑市人武部组织130名民兵预备役人员，担负2016中国（昌邑）北方绿化苗木博览会暨第二十一届中国园林花木信息交流会安保任务。10月—11月，抽调成立109人的应急救援分队，征用各类车辆9台，完成天宫二号与神舟十一号载人飞行发射和回收阶段应急搜救任务的执勤工作。

【落实法规制度】 抓重大安全事故防范和信息安全保密工作，对保密室、文印室、财务室进行安全升级改造，完善硬件设施建设。抓好营区宣传文化建设，在部机关办公楼设计安装宣传画12副，通过氛围渲染激励大家务军兴武热情。与公安、信访等单位建立信息共享和定期联络机制，在“两会”、清明等重要时间节点，加强对舆情的掌握和管控。按照上级部署要求，持续开展7个专项清理整治，围绕人、车、财、密重点进行安全排查，使部机关正规化建设水平不断加强。

【征兵工作】 昌邑市按照“一季征兵，全年准备”总体要求，紧紧围绕提高新兵质量这个核心，牢牢抓住征集应届高校毕业生这个重点，积极适应征兵改革新政策、新变化，注重调整工作思路，研究出台政策措施，着力解决重难点问题。圆满完成征集新兵工作。

【党管武装工作】 2016年，昌邑市委、市政府出台《关于进一步加强党对武装工作领导的决定》，明确各级党委抓武装工作的职责，健全各项制度，落实市委书记兼任市人民武装部党委第一书记制度，提出工作目标和要求，保证民兵、预备役工作的健康发展。较好地落实党委议军会、党政主要领导到市人民武装部办公、地方领导分管武装，武委会、国防教育委员会、市人民武装部领导向地方领导述职、报告，预备役工作联系点等制度；每年“八一”建军节期间，组织市五大班子领导、民兵教导员、武委会成员到昌邑驻军慰问、学习，过“军事日”。为加强民兵武器、装备仓库安全管理，协调公安局解决与“110”联动问题。现役干部随军家属就业、子女上学、转业干部安置等问题，昌邑市委、市政府和有关部门都做大量工作。

【民兵预备役工作】 认真抓战备工作标准化建设，完善“一个计划、六个方案”，即战备计划，兵员动员方案、通用物资征用方案、守护重要目标方案、协助地方维护社会稳定方案、抢险救灾方案和军、警、民联防方案。进一步调整有关企（事）业单位民兵组织结构，落实组织编制，并在部分企业设立武装部，配备专武干部，加强企业民兵工作的规范化建设；突出抓市民兵应急连建设，为昌邑绿博会的安全、保卫工作做出重要贡献。

【民兵组织建设】 在搞好民兵组织建设上，市人民武装部以党中央、国务院、中央军委和上级军政机关关于民兵建设的一系列方针、政策、指示为依据，求真务实，深化改革，努力提高民兵组织建设质量，不断增强作战和保障能力，逐步实现类型区分统一、撤建程序合理、编组方法科学、专业名称规范、职责分工明确的目标，并着重解决民兵编组、选配民兵干部、制度落实等方面的问题。

【军事训练】 民兵军事训练主要根据总参谋部颁布的《民兵军事训练大纲》进行。2016年，市人民武装部在组织民兵军事训练时，服从国家经济建设大局，适应国防现代化的需要，坚持贯彻

• 7月25日，昌邑市征兵领导小组成员收听收看山东省征兵工作电视电话会议

人民战争思想，立足现有武器、装备和训练条件，着眼未来发展，本着突出重点、改进方法、注重实效的原则，大力加强制度改革，严格落实上级赋予的年度训练任务，克服训练内容层次低、训练形式单一等薄弱环节，以“科技参战、科技支前、科技保障”为目标，以未来民兵任务为牵引，本着“仗怎么打，兵就怎么练”的原则，紧跟国际新军事变革的步伐，不断强化训练内容，提高训练质量，增强民兵作战能力，并为战时储备具有一定军事素质的后备兵员。

【国防教育】 按照《中华人民共和国国防教育法》《山东省国防教育条例》之规定，深入扎实地搞好辖区内广大民兵、预备役人员的国防教育工作。活动中，以《山东省国防教育系列教材》为基本教材，组织民兵、预备役官兵学习《民兵预备役人员读本》第五章、第七章、第八章，认真搞好民兵职能、任务教育，使民兵牢记民兵的性质、任务，发扬光荣传统，忠实履行职责，进一步增强国防观念，为加强民兵、预备役部队建设做出贡献。为便于开展工作，加强对国防教育工作的领导，昌邑每年投入国防教育经费3万余元，并配吉普车1部，保证国防教育工作的顺利开展。

• 6月23日，昌邑市对报考军校国防生的学生进行政治审核把关

【科技练兵】 积极推进民兵应急分队建设。在加强民兵应急分队建设方面，根据军分区指示精神，市人民武装部完成应急分队的科技组装任务，统一购置服装和盾牌、警棍、头盔、对讲机等装备、器材，市人民武装部自备小型指挥车1部，都昌、奎聚、围子3个重点镇的应急分队也落实组装任务。全年在市民兵、预备役训练基地实施成建制的集中训练，按新的训练大纲要求，分2个周期，每周期为2年：第一周期基础训练，主要进行共同科目和分业训练。第二周期为升级训练，主要进行应用训练和综合演练。大力加强对口专业分队建设。本着编组合理、结构合理、管理严格、科学技术强的原则，分别在城市执法大队和交通局等企（事）业单位编制对口专业技术分队，全年由军事科制定切实可行的训练计划，市人民武装部主要领导和各相关单位负责人进行动员，分管机关干部驻企（事）业单位，借助地方的科技优势，充分利用高科技器材，组训15天，并适当进行专业技术演练，做到有组织、有纪律、有制度。充分利用信息平台，大力开展网络化训练。组织网上远程教学，构建集教学、管理、训练、监控等多位一体的远程教学网，通过文电、视频、音频和图像等多媒体信息传输，广泛开展网上教学。利用网络实施战术训练。市人民武装部结合当地民兵反空袭、反恐怖和海岸防御等任务，按照训练课题和战斗编组，组织民兵高炮、应急分队等指挥骨干进行网上训练，以提高组织、指挥、决策和控制能力。

【国防动员】 注重在动员力量建设上融合，军地“双应”能力不断增强。市人民武装部贯彻大国防思想，会同市国防动员委员会，将国防动员和应急力量统一规划，统一建设，最大限度地发挥军地资源在国防动员中的潜力；按照“急用先建，重点优先”的要求，采取成建制编组、对口选编、跨域抽组、人装一体化编组、特需选聘等方法，全面统筹民兵、预备役人员和国防动员各种专业力量的编建，并不定期组织实施军地跨系统、跨部门、跨行业的专业技能训练和协调演练，使各级、各类人员熟悉职责、任务，方案、计划，程序、方法，“双应”能力进一步提升。同时，突出应对自然灾害、反恐维稳、综合保障等应用科目，重点加强民兵应急分队的实战化训练，提高快速反应和成建制遂行应急任务的能力。

双拥工作

2016 年，昌邑市人民武装部和驻地武警部队主动融入、主动支持，积极组织广大官兵和民兵、预备役人员参加地方经济、政治、文化和社会建设，完成扶贫帮困、新农村建设、社会主义精神文明创建以及各项急、难、险、重任务，成为建设“美丽昌邑”“幸福昌邑”中一支生力军。2016 年，先后荣获“全国双拥模范城（县）”称号；昌邑市民政局党委书记、局长马学彦荣获省双拥工作先进个人记三等功；昌邑市民政局荣获潍坊市“爱国拥军模范单位”称号。

【拥政爱民】 昌邑市人民武装部和驻军部队，与驻地人民相互支持，进一步巩固和发展同呼吸、共命运、心连心的新型军政、军民关系，发挥自身优势，积极支建参建。派出一名副科级干部作为包村“第一书记”，开展包村联户活动。与村两委班子召开座谈会，研究制定村发展建设规划，了解群众急需解决的问题，为下步帮扶工作提供依据。积极开展“住基层、摸实情、解难题、送温暖”活动，两次组织干部职工 30 余人次，到帮扶村开展义务劳动，“双节”和“七一”期间走访生活困难群众、中华人民共和国成立前老党员、离退休职工家庭，积极解决群众反映的现实问题。

【双拥模范城创建】 2016 年 5 月省双拥工作领导小组根据综合考评的情况，决定推荐昌邑市参加全国双拥模范城（县）的命名（全省共有 21 个名额，其中 17 个地级市和章丘、长岛、昌邑、蒙阴 4 个县级市）；通过全国双拥领导小组公示、审核后，昌邑市顺利通过审议，被授予“全国双拥模范城”称号。按照全国双拥领导小组部署，全国双拥模范城命名暨双拥模范单位和个人表彰大会定于 7 月 29 日在北京召开，济南市和昌邑市作为山东省荣获全国模范城命名的代表参加全国双拥模范城命名表彰大会。市长吕珊珊、潍北靶场主任李殿军作为昌邑市地方和部队代表出席表彰大会，受到习近平、李克强等党和国家领导人的亲切会见。昌邑市被授予“全国双拥模范城（县）”称号，是潍坊市唯一入选的县级市，也是昌邑市连续 6 次被山东省委、省政府、省军区授予“全省双拥模范城”称号后又结出的硕果。

【拥军优属】 2016 年，春节、“八一”建军节和国庆节期间，市委、市政府组成慰问团，由

“双拥模范城”奖牌

市级领导班子成员带队，深入驻昌部队以及重点优抚对象家中进行走访慰问，送去折合人民币 40 多万元的慰问品和慰问金。通过召开座谈会的形式向驻昌部队官兵介绍全市经济社会发展情况，听取他们的意见和建议，了解并帮助他们解决实际困难。开展媒体宣传。通过电视台、报社、电台和公众号等主流媒体，以“声、屏、报、网”的形式，大力宣传拥军优属、拥政爱民的先进事迹和先进典型；建立昌邑双拥网站，重点宣传全市双拥政策和双拥工作动态；在市区主要路口设立大型永久性双拥宣传标志牌，主要道路和出租车电子屏定期滚动播放军警民共建活动内容，营造良好的双拥氛围。开展集中宣传活动。“八一”期间，开展双拥宣传月活动，组织双拥工作成员单位在城区繁华地段和各镇街驻地、社区中心村，采取组装宣传车、印发通告和宣传材料，播放专题片等形式，广泛开展双拥宣传。依托市烈士陵园、龙池烈士祠、饮马烈士陵园等爱国主义教育基地，组织党员群众，特别是青少年参观瞻仰，缅怀革命先烈的丰功伟绩。

【军地和谐共建】 驻昌邑部队与公安部门、驻地村庄、企事业单位协作，实行联合治安执勤，共铸安全防范网络。驻昌部队积极参与维护社会治安、勇于承担急难险重任务，为维护全市社会安全稳定发挥重要作用。驻昌部队还主动与驻地村庄共建，结对帮扶贫困户，定期组织小分队走访慰问，为驻地敬老院和困难群众捐款捐物、义务诊疗等。军民联手广泛开展各类活动。驻昌部队组织文艺队伍深入基层演出，与周边社区、村庄开展“军民携手共树文明新风”“八一军民联谊”“书法比赛”等活动。驻军部队还与中小学校、村庄、企事业等 40 多个单位建立军民共建关系，与共建单位联手举办军民联欢晚会、组织篮球友谊赛等，极大地促进军民团结。

武　警

【中心任务】 根据担负任务特点，坚持从难从严、从执勤处突的实际需要出发，强化军事训练，筑牢能力基础，坚持科技强勤，确保以执勤“处突”为中心的各项任务圆满完成。始终把执勤战备工作摆在中心位置。加强执勤理论的学习教育，牢固树立“依法执勤、文明执勤”和“哨位就是战场，执勤就是战斗”的意识。以信息化为牵引，坚持科技强勤，严格落实“整体建设、全面推进、勤训结合、确保安全”的十六字方针，积极探索现代条件下完成执勤任务的方法手段，确保看守目标的绝对安全。

【思想政治】 认真学习贯彻上级党组织的决议，确保部队建设的正确方向。扎实开展“两学一做”学习教育活动。抓党的创新理论武装，切实增进官兵的道路自信、理论自信、制度自信和文化自信，不断打牢官兵永远做党和人民忠诚卫士和“有灵魂、有本事、有血性、有品德”新一代革命军人的思想政治基础，确保官兵始终做到绝对忠诚、绝对纯洁、绝对可靠。听党指挥、履行使命的思想政治基础。

人民防空

2016 年，是“十三五”时期人防建设的开局之年，全市人防工作紧紧围绕市委、市政府发展战略，以提升人防核心能力和综合防护能力为目标，以狠抓党的建设为核心，重点抓好工程建设管理、指挥通信保障建设和依法行政等方面工作，努力提升履行战时防空、平时服务、应急支援使命任务能力。潍坊市级“文明单位”顺利通过复评。

【信息保障】 根据潍坊市人防训练与考核工作

实施意见，积极派员参加按纲施训培训工作；《昌邑市防空袭方案》通过评审；继续推进人防信息化工作。加强网络安全建设与管理，推进涉密网络的分级保护工作；推进政务网站及信息网络的等级保护工作；继续完善人防指挥系统，根据潍坊市人防办统一部署，推进北斗卫星导航系统建设等项目；加强对警报报知设施的检查和维修，圆满完成6.15警报试鸣工作。

【人防工程建设】 坚持“以建为主，应建尽建”原则，加强结合民用建筑修建防空地下室工作，全年新批准立项“结建”防空地下室8处，面积6.16万平方米；在建“结建”防空地下室10处，面积5.29万平方米；验收并投入使用“结建”防空地下室2处，面积1.08万平方米，人防工程建设实现增量提质。积极协调昌邑市康宏房地产有限公司，做好利民街人防地下商城股权清理转让及融资工作，督促其加快建设进度。

【依法行政】 严格按照标准和要求做好行政审批和政务服务工作，有序推进业务办理、网上审批、重点投资项目服务、窗口规范管理等方面的标准化建设；及时调整权利清单和行政审批目录并向社会公布，进一步提高行政审批效率，人防办行政审批窗口被评为“红旗窗口”。规范行政执法工作，健全行政执法工作机制，完善行政执法监督体系。6月，执行省定易地建设费收费标准，对潍价费发〔2010〕17号文件确定的收费标准进行规范调整，并按照新收费文件要求，严格执行收费标准，进一步加大人防易地建设费追缴力度，全年征收易地建设费1471万元。主动加强与市住建、规划部门的沟通联系，做好人防建设规划和城市建设规划的结合融合工作；进一步规范人防工程质量监督工作；建立人防工程月巡查制度，发现问题，及时督促整改。

【“准军事化”建设】 加强党的建设，履行党风廉政建设主体责任，坚持把党风廉政建设和人防业务建设密切联系在一起，积极加强军事知识学习，增强人防干部职工的军事知识和技能。积极开展“两学一做”学习教育，通过抓班子带队伍、建立健全规章制度、操作规程，使每个工作人员都能熟练掌握人防工作基本程序和处置突发事件的程序，并能熟练操作各种程序。使人防干部的工作能力和业务素质有进一步提高。

法　治

Fa Zhi

综　述

2016年，全市政法综治维稳战线全面贯彻中共十八大和十八届三中、四中、五中、六中全会精神，以习近平总书记系列讲话精神为思想武器和行动指南，按照中央和省、潍坊市关于政法综治维稳工作的一系列决策部署，紧紧围绕市委工作中心，深入推进平安昌邑、法治昌邑和过硬队伍建设，做大量卓有成效的工作，为“十三五”时期经济社会发展良好开局营造安全稳定的社会环境、公平正义的法治环境、优质高效的服务环境。市综治办被省综治委授予全“省社会治安综合治理工作先进单位”，市检察院被授予“全国检察宣传先进单位”“潍坊市优秀检察院”称号，市公安局被省厅评为“全省优秀（县级）公安局”。

【维护社会稳定】　全市上下牢固树立“发展是第一要务，稳定是第一责任”的意识，完善市级领导分工包靠制度，强化情报信息预警，加大矛盾纠纷排查化解力度，突出利益群体教育稳控，稳步推进信访积案化解，强化反恐应急处突能力建设，妥善处置各类敏感案（事）件。严厉打击“法轮功”“全能神”等邪教非法活动，抓获法轮功违法犯罪人员41名，收缴反宣品3000余份（件），确保全国“两会”、国庆节、绿博会、十八届六中全会期间等重要节点、重大活动期间的社会稳定和政治稳定。

【服务经济发展】　整顿和规范市场经济秩序，妥善审理事关经济发展的保险、公司、买卖等各类经济纠纷2010件，累计执结案件1349件，执结标的额达4.33亿元。查办职务犯罪力度，查办职务犯罪案件17件19人。出台《关于充分发挥审判职能为村级治理提供司法保障和服务的意见》《充分发挥检察职能，依法保障和促进非公有制经济健康发展》等举措，校准服务坐标。积极开展“大走访”活动，共征集群众意见建议15084条，落实整改14958条，办结率为99.2%。深入开展普法依法治理工作，扎实开展国家宪法日宣传活动，举办法治讲座和比赛33场，推动“一村一律师”活动和“法律援助、公证、司法鉴定便民服务示范窗口”创建活动，积极构建基层法律服务平台，推进社会公平正义。

【化解社会矛盾】　扎实推进社会矛盾化解，印发《关于进一步深化“4+2”依法化解社会矛盾机制建设的意见》，充分发挥人民调解、行政调解、司法调解“三调联动”整体效能，以人民调解为依托，建立健全“4+2”依法化解社会矛盾工作模式。推广北孟镇“互联网＋综治”化解矛盾新模式，切实提高社会矛盾化解的质量和实效。大力推进行业性专业性调解组织建设，创新人民调解工作制度，全市共化解各类矛盾纠纷 2323 件，化解率达到 98.6%。全面落实领导包靠重点信访积案制度，完善定期通报、约谈和黄牌警告制度，进京非正常上访人次明显下降。

• 9 月 2 日上午，以“平安指数”为引领，深化平安昌邑建设工作会议召开

【平安昌邑建设】 深入推进平安昌邑建设，坚持常态化打击和专项整治相结合，破获刑事案件 1358 起，抓获犯罪嫌疑人 727 名。深化打黑除恶专项斗争，打掉涉恶团伙 21 个，抓获团伙成员 99 人。严厉打击涉毒违法犯罪，共破获涉毒案件 29 起，抓获违法犯罪嫌疑人 145 名，主要指标完成率位居潍坊市第 1 名。不断完善社会治安防控体系，推进视频监控全覆盖工程，一、二、三类目标覆盖率全部达到 100%。扎实开展综治主题创建活动，无命案镇街、无刑事案件村居（社区）覆盖率分别达到 70%、67%，广大群众对社会治安的安全感和满意度进一步提升。

【法治昌邑建设】 全市政法机关充分发挥法治保障作用，依法调节各类经济关系，积极参与重大矛盾纠纷化解，深入推进执法规范化建设，加强社会治安综合治理，广大群众的安全感和满意度不断提升。切实加强政法队伍建设，以“两学一做”学习教育为契机，加强思想政治建设，广大政法干警增强政治敏锐性和政治鉴别力进一步提升。加强队伍专业化建设，广大政法干警思想政治素质不断提高。坚持抓业务培训，组织政法干警依次参加轮训，增强干警依法履职的能力。组织开展“走基层、连民心、纳真言”活动，征求意见建议 2.38 万条，政法队伍作风进一步改进。

【法学会建设】 切实推进法学会建设，发展新会员 85 人。同时，积极向市编办协调机构、编制、人员等情况，积极探索建立县级法学会。工作中，积极发挥广大法学工作者的作用，参与省检察院“检务公开问题研究”的课题立项，在各类专业刊物上发表论文十余篇。其中，《索债型非法拘禁罪浅析》等文章获得广泛好评。

法治政府建设

【规范性文件管理工作】 定期开展规范性文件清理。开展规范性文件清理工作，坚持定期清理与日常清理、专项清理相结合，无间断管理规范性文件。按照“三统一”的要求登记的规范性文件，根据有效期的显示，督促相关部门对即将到期的规范性文件进行评估清理，公布继续有效、废止和失效的规范性文件目录，确保规范性文件的约束力不间断、制度规范统一，在市政府门户网站上公布清理的结果。

规范性文件监督管理。根据《山东省规章和规范性文件备案规定》及《山东省行政程序规定》，编制年度规范性文件制订计划，对关系改革发展的重大事项，提前介入，优先研究制定出台。落实规范性文件管理制度，对全市各级各部门的规范性文件实行统一登记、统一编号、统一公布。

• 9月18日，全市新办行政执法证件人员公共法律知识培训

凡未落实“三统一”制度的规范性文件一律无效，并且不得作为行政管理的依据，规范性文件公布后及时向本级人大及上级政府备案。2016年，经市政府法制办合法性审查并统一登记编号公布的规范性文件有3件，其中市政府规范性文件1件、市政府办公室规范性文件2件，在政府网站公布后报送市政府法制办备案。

【政府法律顾问工作】 把建立法律顾问制度作为推进依法行政、建设法治政府的重要举措来抓，出台《关于建立政府法律顾问制度的意见》，2016年年底，全市10个镇街区、46个市直部门单位已全面建立法律顾问制度。制定实施《昌邑市人民政府法律顾问工作规则》，对政府法律顾问的工作职责、聘任及解聘条件、服务流程及经费支付等做出明确规定；实行法律顾问工作台账制度，由法律顾问及时填报《政府法律顾问登记表》，详细记载提供服务的时间、内容、方法和结果，留档备查。法律顾问开展工作以来，参与重大决策论证、信访案件处理、行政复议案件研究、政府合同审查等40多人次，发挥很好的作用，受到市政府及潍坊市政府法制办领导的充分肯定。

【行政执法监督工作】 2016年，全市执法主体严格按照时间节点要求实施，完成行政执法资格的考取，进一步推动全市行政执法人员的系统化管理。同时对全市执法主体和执法人员进行清理，清理结果已及时通报并在政府网站公开。组织对全市680多名执法人员进行公共法律知识培训，对执法人员资格进行严格审查，从严把关执法证件申办人员资格，并统一组织参加潍坊市公共法律知识考试。年底举行案卷评查，按照《昌邑市行政处罚案卷行政许可案卷评查标准》，对全市21个单位的行政执法案卷逐项检查，对案卷中存在的执法程序、事实证据认定、自由裁量幅度确定、案卷规范归档等问题进行认真审查，对执法案卷逐卷点评、反馈，对规范化程度较高的案卷进行重点推荐。行政执法网上运行平台将全市34个执法部门单位的执法事项、自由裁量情况及执法环节和流程统一纳入平台运行，法制办通过平台管理，对各部门单位录入的执法案件进行适时监控，涉企检查网上报备系统是对行政执法部门开展的涉企检查活动进行事先网上审查，避免随意执法和多头执法情况。两个平台运行以来，法制办对429起录入案件、44件执法检查报备申请进行审查。昌邑市每年都将依法行政工作列入科学发展综合考核，并将考核结果作为评价各级领导班子和领导干部工作成效的重要依据。设立市政府行政审批制度改革办公室，组建市政府行政审批制度改革咨询委员会；权力清单、服务清单通过市政府门户网站对外公布，接受群众监督；建立权力事项动态管理机制，按照法律、法规修订要求，对权力事项进行及时调整，凡未纳入清单的权力事项，一律不得实施，消除权力设租寻租空间。

【行政复议应诉工作】 2016年，已收到行政复议申请27件，受理25件，审结24件，其中4件驳回复议申请，6件予以维持，13件撤回申请，

1 件责令履行法定职责。2016 年，昌邑市应诉案件中，审结 20 起，判决驳回原告诉讼请求 11 起，判决撤销 1 起，裁定驳回起诉 1 起，裁定不予立案 4 起，裁定不予受理 1 起，裁定撤诉 2 起。

公安工作

2016 年，市公安局被评为“全省优秀（县级）公安局”“全省执法示范单位”。在上半年潍坊市公安局综合考核中，考核名次位列全市第 4 名。在潍坊市公安局举行的“大练兵、大比武”总决赛中，荣获团体第 3 名。

【维稳处突】 加强集访处置。建立完善日通报制度，强化情报预警和现场处置，成功处置集访事件 147 起，通过预警及时制止集访 62 起，没有发生大的涉稳问题。加大非访打击力度。依法训诫 18 人，行政拘留 14 人，对非访行为形成有效震慑。强化重点人员稳控。列控涉稳重点人员 406 人，通过情报平台预警、处理、反馈重点人员上访轨迹 1106 条。各级“两会”、二十国集团民间社会（C20）会议、G20 峰会、十八届六中全会等重要节点期间，通过及时汇总重点人员活动情况，实现对全部重点人的动态掌控，没有造成不良影响。强化矛盾排查化解，发现各类涉访涉诉信息，对可能引发群体性事件和集访的苗头性问题，积极配合相关部门开展化解，切实把矛盾纠纷化解在源头，把人员稳控在当地。排查化解矛盾纠纷 263 起，有效防止民转刑案（事）件的发生。严厉打击邪教活动。对邪教人员情况进行深入摸排和打击，收缴光盘、书籍、磁带、宣传册等各类反宣品 3000 余份（件），有效遏制邪教活动的势头。深挖全能神人员及相关案件线索，对摸排出的 15 名“全能神”邪教人员录入系统进行管理。强化网络维稳。认真开展网络巡查工作，密切关注本地网上舆情以及全国发生的重大涉警、涉稳敏感案（事）件，共发现处置本地舆情 346 条，妥善处置饮马山阴村征地、偷孩子谣言、文山中学舆情等敏感舆情事件。

【打击违法犯罪】 共破获刑事案件 1358 起，抓获犯罪嫌疑人 727 名，社会治安大局持续稳定。强化大要案件侦破。2016 年，发生的 4 起现行命案全部在短时间内侦破，实现命案现案侦破率 100% 的目标。严厉打击侵财类违法犯罪。深入组织开展打击侵财类违法犯罪活动，全年共抓获侵财类犯罪嫌疑人 114 名，破获侵财类刑事案件 80 起，先后破获系列盗窃电动车、系列盗窃门头房、盗窃移动营业厅、入户抢劫等影响广泛的案件，治安环境进一步净化。扎实开展打黑除恶。加大对涉黑涉恶案件的查处力度，始终保持高压严打态势，打掉涉恶团伙 21 个，抓获团伙成员 99 人。严厉打击民生领域犯罪。严厉打击传销、非法集资、制假售假、食药环等违法犯罪行为，破获案件 60 起，抓获犯罪嫌疑人 88 人，有力的保障辖区人民群众的生命健康安全。严厉打击涉毒违法犯罪。共破获涉毒案件 29 起，抓获违法犯罪嫌疑人 145 名，强制戒毒 25 人，打掉吸贩毒团伙 3 个，缴获冰毒 260 克，打击涉毒犯罪主要指标完

• 10 月 9 日下午，市公安局防范电信网络诈骗宣传活动校园行走进文山中学

成率位居潍坊市第 1 名。

【治安防范】 深入开展合成化巡防。安排警力向案件高发区域倾斜，天天组织警力，对城区重点部位、街道、小区 24 小时不间断巡逻，增强巡防实战应用。通过巡防抓获违法犯罪嫌疑人 57 人，破获案件 45 起。深入推进视频监控建设。在前期 962 个视频监控探头建设基础上，增加 71 个监控探头，由市政府投资建设的视频监控探头增加到 1033 个，已有 980 余个视频监控探头连入全市统一的视频监控平台并正常运行。围绕提升视频监控管理和运行质量，加大补点扩建和升级改造力度，建成国省道及重点县乡道路电子警察和监控系统，不断扩大视频监控覆盖范围，全市社会面监控探头总数达 2.47 万个，一、二类监控目标实现 100% 全覆盖，三类监控目标覆盖率达到 90%。深化“平安指数”建设。对全市警情数据进行撒点标注及维护，共维护警情数据 9032 条，实现警情数据的可视化展示，有效提升公安机关打击防范针对性。制定《昌邑市公安局关于“平安指数”推进工作实施方案》，印发《昌邑市“平安指数”运行机制（试行）》，将“平安指数”纳入综治考核，从党委政府的层面推动工作开展。定期发布村居、小区及重点单位“平安指数”。根据昌邑市实际情况制定村居、小区及重点单位“平安指数”测算模型，每月评定平安状况，并推送政法委，由政法委牵头开展集中整治。

【安全生产监管】 交通安全管理。以深化“平安行·你我他”行动为主线，全方位加强交通安全管理。全年查处交通违法行为 36 万余起，整改交通安全隐患 252 处，整改率达到 100%，对全市 100 辆校车分别进行集中“体检”，全市城乡道路交通秩序普遍有序、安全、畅通。“平安行·你我他”行动 1 月—11 月份考核位列潍坊市第 1 名。消防安全管理。突出开展人员密集场所、劳动密集型企业、易燃易爆场所等重点场所、单位开展专项消防安全检查。全年共检查单位 1115 家，督促整改火灾隐患、违法行为 400 余处，对 37 家存在消防违法行为或火灾隐患的单位进行处罚。对潍坊市安委会挂牌督办的重大安全隐患单位紧盯不放，敢于较真碰硬，督促昌邑市宏大农副产品批发市场投入整改资金 249 万余元，对电气线路进行统一整改维护，拆除更换彩钢夹芯板 9183 平方米。全市 6 处乡镇街均配备至少 1 辆消防车，饮马、下营、柳疃、北孟已经完成消防队站建设，龙池镇正在加快施工，确保尽快投入执勤。强化危爆物品管理。对昌邑市 40 家剧毒危险化学物品从业单位进行拉网式检查 14 次，发现并整改安全隐患 56 处；检查民爆从业单位 10 家，发现安全隐患 5 处，均全部当场整改。

【服务经济发展】 开展“大走访”活动。将全市划分为 14 个责任区，各责任区成立解决问题领导小组。领导小组每周定期在公共关系中心召开会议，研究问题解决。全年，共拨打移动手机号码 73.29 万个，成功访问 22.69 万个，群众对社会治安安全感为 96%，通过回访共征集群众意见建议 15747 条，并全部推送到相关责任区落实整改，共报送办结 1.51 万条，通过复查目前推送意见建议实际办结率为 91%。做好各类咨询、投诉类信息的受理、反馈工作。充分发挥民生警务平台作为警务工作风向标的作用，注重平台各类咨询、投诉信息对警务工作的指引作用。安排专人专职做好“12345”热线、民生警务平台等咨询、投诉类信息的受理、对接、反馈工作，全面整合各类民生诉求信息资源，及时研判、快速回访，带动公安队伍整体素质和战斗力的全面提升。全年共受理群众咨询、投诉类信息 2.79 万件，咨询类信息全部及时答复，投诉类信息办结率达到 99%。深化窗口服务。完善一窗式受理、一站式办证系列制度，多层面打造温馨贴心、规范高效的管理服务环境，最大限度为群众提供便利，实现窗口服务管理的提速、增效，户籍、出入境、车驾管等窗口服务水平走在昌邑市各部门前列。

【队伍建设】 开展素质强警。鼓励民警积极参加国家司法考试，组织2名民警参加省厅司法考试培训，6名民警参加市局组织的司法考试培训。自8月起，先后分7批次对全局200名民警进行枪械使用和实弹射击训练，民警们进一步熟知武器警械使用的法律依据和政策规定，熟练掌握武器警械使用操作技能和安全保管要求。开展从优待警。组织7批民警赴苏州学习培训，提高干警的政治素养业务素质。积极争取市政府支持，民警警衔补贴全部落实到位。组织开展庆“七一”文艺演出等一系列文体活动，民警业余生活进一步丰富。开展执法规范化建设。积极发挥案管中心的辐射带动和引领作用，推动受立案制度改革及案管工作在全局全面铺开，在各派出所和警种部门建成使用15个案管室、设立29名专兼职案管员，案管队伍不断壮大，实现全局性、立体化监管的工作要求。全局推广应用案管信息系统与闭环系统，强化警情分流、受立案等6个重点环节，实现一体化案件管控。全局警情分流率达99%，及时受立案率均在95%以上，发送预警提醒2691条，接待亲临报警群众550余人次，分派指派案件126起，有效的保障执法安全。开展党风廉政建设。深入开展“两学一做”活动，定期组织广大党员民警学习党章党规、系列讲话精神，紧跟党中央步伐，提高政治理论素养。

【消防组织】 昌邑市公安消防大队辖石化路、饮马和下营3个执勤中队，2016年，有人员84名，其中现役官兵21人（干部7人，现役士兵14人），政府专职消防员63人（队员47人，文员16人）。被公安部授予“全国清剿火患先进消防大队”、被省公安厅荣记集体三等功、被潍坊市委、市政府授予“爱民为民先进集体”荣誉称号。

消防设施　消防大队共配备消防车9辆（其中水罐、泡沫车5辆、抢险救援车1辆、高喷车2辆、51米登高平台消防车1辆），总载水量72吨，载泡沫量10吨，配有各种防护、破拆、救生、侦检、照明、堵漏等抢险救援器材共计11类150种2023件/套。全市现有企业专职消防队6支，消防车16辆，人员72名，纳入消防统一接警调度指挥。

消防成果　消防大队在市委、市政府、潍坊市公安消防支队和昌邑市公安局的正确领导下，以预防和遏制群死群伤火灾事故为目标，以健全消防安全责任体系为抓手，以加强火灾防控能力建设为核心，严格落实消防安全责任，狠抓火灾隐患排查整治，全市消防工作整体态势持续良好，无较大及以上火灾事故发生，实现火灾形势和部队管理“两个稳定”。

提请市政府召开全市消防工作会议，传达贯彻潍坊市会议精神，与各镇街区、有关部门签订《2016年度消防安全工作目标责任书》，部署消防工作任务。提请市政府安委会在全市部署开展冬春火灾防控、夏季消防检查等专项行动，协调安监、住建、教育、民政、卫计、文化等行业主管部门，切实抓好行业系统内单位消防安全管理。

● 4月28日上午，昌邑市召开2016年全市消防工作会议

开展对人员密集场所、劳动密集型企业、易燃易爆场所等重点场所、单位开展专项消防安全检查。共检查单位985家，督促整改火灾隐患、违法行为300余处，对34家存在消防违法行为或火灾隐患的单位进行处罚。对潍坊市安委会挂牌督办的重大安全隐患单位紧盯不放，敢于较真碰硬，督促投入整改资金249万余元，对电气线路进行统一整改维护，拆除更换彩钢夹芯板9183平方米。

基础基层建设 对照部队正规化管理要求，投入资金35万元，翻新修补大队营区路面，更换办公楼、车库防水材料，粉刷翻新办公楼内外墙面及车库门，修整营区绿化带、草坪2100平方米。为3个中队统一购置配发新床单，专门定制脸盆架，统一购置脸盆、毛巾、碗筷等，确保部队内务规范统一，极大提高队伍凝聚力、向心力和战斗力。

全市6个镇都已经配备至少1辆消防车，饮马、下营已经完成消防队站建设，其余4个镇正在加快消防站施工，确保年底前投入执勤。全市现有6处企业专职消防队，配备各类消防车16辆，人员80余名，与现役消防队联勤联战，有力壮大灭火救援力量。在消防安全重点单位、社区开展微型消防站建设，发动重点单位开展区域联防，有力的夯实社会基层火灾防范基础。

深入开展消防宣传“七进”活动，发放消防安全知识彩页、宣传手册5000余份，悬挂张贴条幅、标语100余处，举办消防安全培训班和演练活动30余场，开展“消防曲艺公益演出”和中小学生消防安全主题征文活动，实现对各镇街区及重点行业系统的全覆盖，有力提升全民消防安全意识。在潍坊市组织的消防公益文艺作品评选中，昌邑市有8件作品获奖。

检察工作

2016年，昌邑市人民检察院在市委和上级检察机关的正确领导下，认真学习贯彻中共十八大、十八届三中、四中、五中、六中全会和习近平总书记系列重要讲话精神，围绕“综合考评进一步进位争先、群众满意度继续保持全省前列、争创更高层次先进检察院”工作目标，全面履行法律监督职责。被授予“全国检察宣传先进单位”“潍坊市优秀检察院”称号。

【反贪、渎工作】 立案侦查贪污贿赂犯罪案件13件14人。其中大要案13件14人，涉及副县级干部2人，副科级干部2人。立查昌乐县人大常委会副主任刘某（副处级）特大受贿案，潍坊市体育学校校长王某受贿、挪用公款案等一批职务犯罪案件。注重案件的深挖细查，立查窝案串案及领域案件11件12人。所办案件的经济效果、政治效果和社会效果得到有机的统一，赢得上级检察院及市委、市人大等领导和人民群众、社会各界的一致好评。

查办玩忽职守、受贿案等渎职侵权案件4件5人，其中涉及副科级干部3人，涉及环保、供销、财政局、危房改造四个领域。

【预防职务犯罪】 坚持办案与预防同步，开展订单式预防，在市委党校科级干部培训班、全市村级“两委”成员示范培训班等11个培训班和8个系统单位进行预防警示教育，受教育干部群众5800余人。扎实开展检察官联系大项目工作，对投资650亿元的昌邑石化升级改造工程等九个重点建设项目开展联系预防。与11个部门联合制定下发《关于在工程建设、物资采购及招标投标活动中全面开展行贿犯罪档案查询的意见》，提供行贿犯罪档案查询1696次，对有行贿犯罪记录的2个单位建议招标部门作出禁止参与投标的处理。综合运用预防调查、检察建议，年度报告等措施，进一步提升预防效果。年度报告被评为全省检察机关第二届惩治和预防职务犯罪优秀年度报告，市委、市人大、市纪委主要领导作出批示。

【强化诉讼监督】 依法批准逮捕113件126人，提起公诉319件514人，办理的杨某涉嫌强奸案被省人民检察院侦查监督处评为“我最满意案件”。办理的刘某寻衅滋事案，针对犯罪嫌疑人零口供，积极引导公安机关补充完善证据，依法作出批捕决定，社区群众送来锦旗表示感谢。正确适用宽严相济刑事政策，办理当事人和解案件43件52人。

● 12月28日上午，市政府副市长、公安局党委书记、局长王树国主持召开分管部门工作会议

监督公安机关立案6件，监督撤案6件。依法不捕不诉51人，追捕追诉26人，刑事抗诉2件。办理行政执法监督案件5件，督促起诉案件4件，执行监督案件7件，督促国土部门追缴土地出让金1787万元。在全市率先开展财产刑执行监督，监督法院执行罚金刑案件5件。驻看守所检察室连续3年保持“一级规范化检察室”称号。

【服务工作】 研究制定《充分发挥检察职能，依法保障和促进非公有制经济健康发展》的具体措施；严厉打击各类涉商、涉农、涉众型犯罪，办理此类案件32件55人；坚决打击危害民生民利犯罪，办理“食品、药品、环境”案件4件10人；依法严惩侵犯企业权益、破坏经济发展案件，办理涉企职务侵占、侵犯知识产权、合同诈骗等犯罪案件10件18人，保障企业生产经营秩序和合法权益。

【化解矛盾】 探索涉检信访新思路，推行“谁办案，谁接访”的涉检信访工作新机制。受理群众来信来访85件，检察长接访34件，均依法妥善处理，全年无告急访、群体访，继续保持赴省进京零上访，阳光接待大厅通过“全国文明接待室”检查验收。积极开展司法救助，为6名刑事案件被害人发放救助金2万元。

【保障民生】 认真组织开展“送法律、送救助、送温暖”走访帮扶活动，深入企业32家、农户2300余户走访调研，提供法律服务274次，解决困难问题35个。在2016年全省检察机关群众满意度测评中，群众满意率97.31%，再次名列全省第一。

【完善机制】 制定完善司法岗位标准、司法语言规范和动作标准并组织干警学习使用，做到岗位分工明确化、接待语言规范化和礼仪动作标准化。完善司法裁量标准，制订案例指导制度，推行量刑建议和羁押必要性审查制度，确保检察权的规范行使。积极推进行政司法与刑事司法相衔接，与相关行政司法部门联合会签《昌邑市人民检察院与行政司法部门信息通报、案件移交制度》。订购高检院《检察机关司法工作基本规范》，并发至部门科室。

【信息化应用】 完成涉密屏蔽机房改建、检察专线网线路升级改造和涉密信息系统分级保护建设，为促进司法规范化提供强有力的技术支撑。完成同步录音录像中心建设，自侦案件严格落实讯问全程同步录音录像制度，实现同步录音录像的全覆盖、全天候、全联通和全存储。购置5个司法记录仪、1台手机取证仪等信息化设备，实现案件声像信息的记录、传送和存储。完成侦查情报信息查询室建设，与智慧昌邑平台进行连接，对昌邑市多个交通道路卡口进行动态监控；与公安看守所刑事执行监督平台进行连接，实现对全部监室、讯问室和公共区域的动态实时监督，实现办案方式从传统型到信息化的转变。

【督察工作】 严格执行有责信访事项责任倒查制度并不断加大对司法一线、重点办案环节的监督检查。全年共对办案一线集中监督检查7次，对自侦部门办理的重点案件监督检查3次，进一步提升司法规范化建设成效。

【队伍建设】 强化领导班子建设，落实党组中心组学习、民主集中制等长效机制，不断提高领导班子和检委会决策的科学化、民主化水平。党组被表彰为潍坊市学习型党组织建设示范点，党总支被授予“昌邑市先进基层党组织”称号。强化思想政治建设，扎实开展“两学一做”学习教育活动，切实增强党性观念和政治意识，更加自觉地严守党的政治纪律和政治规矩。被表彰为潍坊市理论大众化示范点。加强素能建设，围绕队伍专业化、职业化建设，开展大规模教育培训，干警素能不断提升；与烟台大学法学院开展检校共建，聘请9名专家学者，成立专家咨询委员会。22人次获省、市级以上表彰奖励，6名干警入选省院检察业务人才库，1名干警被选拔参加全市检察机关先进事迹宣讲。强化纪律作风建设，严格落实党风廉政建设“两个责任”，深入学习贯彻廉洁自律准则和纪律处分条例，与市纪委联合举办学习贯彻新“准则”和“条例”知识竞赛，把纪律规矩挺在前面，确保队伍不出问题。强化检察机关公共关系建设，成立新媒体工作室，充分发挥微信、微博、客户端作用，打造“昌邑检察”新媒体品牌。微信公众号先后14次位居全省基层检察院排行榜第一名，两次同时位居全省检察院总榜和基层院分榜第一名，成为全省基层院首个微信排行榜“双冠王”。

法院工作

2016年，市法院在市委、市人大、市政府、市政协和上级法院的领导、监督、支持下，深入学习贯彻中共十八大和十八届历次全会以及习近平总书记系列重要讲话精神，牢牢把握司法为民、公正司法主线，依法履行审判职责，切实加强自身建设，各项工作取得新的发展进步。共处结各类案件6336件，完成审判、执行工作任务，为保障全市经济社会又好又快发展做出积极贡献。

【审判执行工作】

严厉打击刑事犯罪　认真贯彻“宽严相济”刑事政策，依法严惩危害公共安全和“两抢一盗”等多发性犯罪，共处结各类刑事案件439件。加大对破坏经济秩序犯罪的打击力度，维护良好的市场经济秩序。依法严厉打击“醉驾”，增强人民群众的安全感。对侵害人民群众生命健康的犯罪行为加大打击力度，依法审理危害食品药品安全的犯罪案件，净化市场环境，保障消费者的合法权益。依法严惩贪污贿赂、渎职犯罪，促进反腐败斗争的深入开展。强化“铁案”意识，严格适用法律，认真负责地审理好每一起案件，确保刑事案件质量，杜绝“冤假错”案件发生。

加强民商事审判工作　共审结各类民商事案件3895件，疏导化解矛盾，弘扬善良风俗。其中，处结破产、借款、保险、股票、公司、买卖等各类商事案件1568件，为公民、法人挽回经济损失1.78亿元。依法审结婚姻、抚养赡养、继承等家事纠纷案2327件，切实维护妇女、儿童、老年人合法权益，促进家庭邻里和睦。依法审理道路交通事故案件，追回经济赔偿1.17亿元，使受害者及时得到救治和抚慰。妥善审理医疗损害赔偿案件，平等保护医患双方权益，促进医患关系和谐。依法审理劳动争议、农民工追索劳动报酬等案件，依法解决拖欠农民工工资问题，化解劳资纠纷，努力实现劳动者和用人单位“双赢”。依法审理民间借贷纠纷案件，标的额1.26亿元，依法保护合法有序的民间借贷关系。依法审理商品房买卖、房屋租赁等案件，保障人民群众居住、生活基本需求。

依法审理行政案件　认真开展行政审判工作，支持行政机关依法行政，维护行政相对人的合法权益。共审结征地拆迁、工商管理、治安处罚等行政诉讼案件95件，审查执行非诉行政案件218件。加强行政诉讼协调工作，努力促成行政争议的实质性解决，经协调结案的占93%。深化依法行政与公正司法的良性互动，推进行政机关负责人依法出庭应诉，与市政府联合出台“裁执分离”实施办法，为规范行政执法，提高依法行政水平提供司法支持和保障。

推动解决“执行难”　坚持以最大限度实现当事人胜诉权益为目标，充分运用法律赋予的各项措施，积极争取各方面的支持，大力加强执行工作，共执结各类案件1579件，兑现合法债权2.2亿元。加大涉民生案件执行力度，执结人身损害赔偿、追索劳动报酬等案件352件。深化执行查控机制建设，加强与公安、工商、银行等部门的协作，共集中查询存款、车辆、房地产等各类财产信息12246件次。加大对失信行为惩戒力度，通过网站、微博微信曝光失信被执行人978人，限制出境6人，拘留412人，拍卖、变卖财产3.8亿元，促使108名被执行人主动还款725万元。在突出执行强制性的同时，对一些敏感性、群体性案件，依法慎用查封、扣押、冻结等强制措施，充分考量职工安置、企业发展和社会稳定，争取最佳司法效果。

【服务经济社会发展】　紧紧围绕市委、市政府工作部署，研究制定促进经济发展方式转变、保障滨海加快发展、防范化解金融风险、处置“僵尸企业”等6项实施意见，努力增强司法服务针对性。密切关注司法领域所反映的经济社会问题，对借款、担保合同中出现的法律问题，及时向金融管理部门提出司法建议35条，为防范金融风险，推进金融改革发展提供良好法律服务。加大服务民营经济、外经外贸企业力度，对涉及盐及盐化工、纺织印染、机械加工等企业纠纷案件建立“绿色通道”，优先立案、快速审判、及时执行，努力为经济发展保驾护航。

【司法便民利民工作】　改造升级诉讼服务中心，搭建集诉讼服务、诉调对接、立案登记、案件速裁、信访接待等多项功能于一身的综合性诉讼服务平台。制定完善首问责任、服务承诺、责任倒查制度，规范诉讼服务行为。扎实推进立案登记制改革，切实兑现“有案必立，有诉必理”的郑重承诺，案件当场立案率达到98%。推广算“诉讼风险五笔账”的做法，引导群众算亲情账、信誉账、时间账、经济账、风险账，把矛盾纠纷化解在诉前。强化诉调对接平台建设，在院机关设

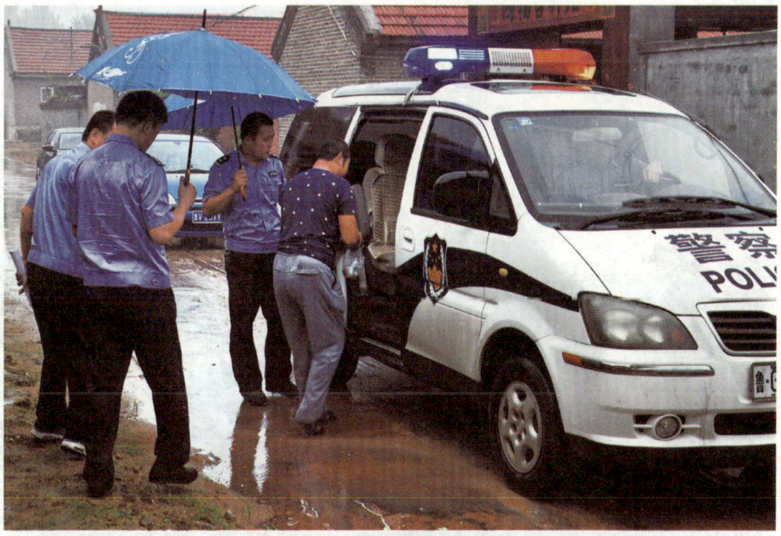

• 8月1日，市法院开展“百日执行攻坚战 黎明突击专项行动”，破解执行难

立诉调对接中心，3处人民法庭设立诉调对接工作站，组建“调裁一体、即调即裁”工作团队，为群众化解纠纷提供更多便利。2016年诉前化解案件432件，速裁393件，占一审民商事结案数量的25.8%，平均结案周期为8天。

【推进社会矛盾化解】 加大审判监督力度，坚持有错必究原则，积极办理院长发现、当事人申诉和检察院抗诉案件，维护法律权威。积极推进诉访分离制度改革，畅通信访救济渠道，实行院领导包案督导、带案下访等措施，接待来访群众180人次，回访案件当事人694人次，当事人满意率达97%，涉诉信访呈逐年下降趋势。深入开展法官进社区、进村居、进机关、进校园、进企业“五进”活动，举办法律咨询23场次，发放资料1万余份，解答群众咨询1300余人次，增强全民法治观念，提高群众风险防范意识。制定为村级治理提供司法服务和保障的7项具体措施，认真组织落实，取得良好效果，市领导作出批示予以肯定。积极落实特困刑事被害人、申请执行人和涉诉信访人司法救助工作，共救助生活困难的当事人18人次，发放救助金、缓减免诉讼费用12.9万元，充分彰显司法文明。

1月16日，市法院组织干警在法院办公楼前设点宣传《信访条例》

【司法规范化建设】 扎实开展党的群众路线教育、“三严三实”专题教育、“两学一做”学习教育和社会主义核心价值观教育，引导干警坚定理想信念，坚守政治纪律和政治规矩。坚持以党建带动队伍建设、以队伍建设促进审判工作，严格落实“一岗双责”，努力打造能力型、廉洁型、创业型班子。加强正面引导，在全院上下大力倡导务实之风、和谐之风、争先之风，凝聚正能量。全面完成法官入额遴选工作，首批入额法官46名，初步建立起以法官为中心、法官助理和书记员为辅助的新型审判团队。围绕提升法官驾驭庭审、撰写裁判文书、信息化应用等能力，狠抓全员培训、岗位练兵、素质提升，激励法官多办案、快办案、办好案，2016年全院一线法官人均结案103件。

围绕联系服务群众、加强机关效能建设、改进工作作风、从严管理干警等方面，完善26项规范化管理制度，实现以制度管人、管事、管案。组织开展“庸懒散”专项治理，对重点工作部署实行项目化管理，每月一调度、每季一总结，提高工作效能。加强审判管理，降低裁判文书签发层级，减少审委会讨论案件数量，强化裁判法官责任，实现“由审理者裁判、让裁判者负责”。贯彻证据裁判规则，尊重和保障律师依法履职，有效发挥庭审功能，服判息诉率达96.8%，上诉率、上诉改判率、申诉率、申请再审率持续下降。完善案件繁简分流机制，坚持简案简审、难案精审，案件简易程序适用率达到81%。全面加强人民法庭建设和管理，优化人民法庭职能配置，3处人民法庭共审结各类民商事案件2148件，占全院民商事案件总数的45%，充分发挥前沿阵地作用。

加大作风建设力度，组织开展“六难三案”专项整治活动，认真践行“四心工作法”，引导法官将心比心、换位思考。聚焦“四风”问题，出台改进工作作风的具体措施。认真执行《中国共产党廉洁自律准则》和《中国共产党纪律处分条例》，严格落实党风廉政建设党组主体责任和纪检组监督责任。建立违纪案例警示、廉政谈话、廉政形势分析研判、内部查纠四项制度，深入开展司法廉洁、法官职业道德教育活动，制作警示教育片，用身边人、身边事教育干警，自觉守住廉洁底线。完善廉政风险防控机制，着重加强重点岗位、重点人员的业内、业外监督，严格落实任职回避、防止内部人员干扰办案和审务督察制度，规范法官与律师的关系，确保廉洁司法。

【司法公开】 坚持以公开促公正，加强审判流程、裁判文书、执行信息三大公开平台建设，依法全面及时公开司法信息。推行庭审同步录音录像，同步制作光盘存档，方便当事人随时查阅。推进裁判文书公开，对依法应当公开的1.5万余份生效裁判文书全部上网公布。在裁判文书上增加终身识别的“二维码”，当事人扫描“二维码”，即可获取案件的相关信息。加强特约监督员工作，通过邀请旁听庭审、设立法院开放日、召开座谈会等形式，广泛征求意见建议，主动接受社会各界监督。发扬司法民主，加强人民陪审工作，案件陪审率达95.7%。持续推进信息化基础设施建设，建成信息管理中心和执行指挥中心，提升法院协同运作能力，实现执行案件的快速响应和远程指挥。大力推进“互联网+诉讼服务”，开通“12368”诉讼服务热线和律师服务平台，建设诉讼服务网，有效拓展司法为民的空间。

司法行政

2016年，昌邑市司法局以中共十八大和十八届四中、五中、六中全会以及习近平总书记重要指示精神为指引，以“走在前列”为目标，以群众需求为导向，法治氛围更加浓厚。2016年是“七五”普法开局之年，出台“七五”普法规划，开展领导干部法治考试，到市委党校开设“法治讲堂”，选聘79名“法治校长”，利用微博、微信、电视普法栏目《说法》深入开展“法律六进”活动，在全社会营造浓厚的法治氛围。推进调解组织规范化建设，开展敏感时期和季节性矛盾纠纷专项排查调解，因人预防、因地预防、因事预防、因时预防，深入推进律师参与涉法涉诉矛盾纠纷化解工作，引导群众依法实现利益诉求。全年调解矛盾纠纷2323件，调解成功率98%以上。编撰社区矫正工作流程图，配备13台执法记录仪，推广社区服务基地建设经验，配齐心理咨询师，行为矫正与心理矫正软硬兼施，提升工作效果。全年接收社区矫正人员321人，在册596人，无脱管漏管现象发生。安置帮教工作稳步推进，安置率和帮教率均为100%。推进公共法律服务体系建设，筹建昌邑市公共法律服务中心，30%农村社区建设司法行政工作室，“12348”法律服务热线专线专用、“互联网+”公证办理平台搭建完成，打通司法行政为民服务“最后一公里”。

【法治昌邑建设】 昌邑市人大常委会于2016年7月审议通过《昌邑市2016—2020年依法治市规划》。将法治昌邑建设融入经济社会发展方方面面。围绕热点、难点问题搞宣传。把普法与一个时期、一个阶段群众普遍关心的问题结合起来，抓好宣传教育活动。像城中村改造时前置普法、开学季上好一堂法治课、村两委换届时“普法促民主”等，越是面对重点难点问题，越要引导群众遇事找法、办事靠法，减少矛盾冲突，维护社会稳定。运用多种形式，与市电视台设立《说法》《国土天地》《交警时空》等栏目，在市、镇街区两级普遍建立普法一条街，村村设有普法专栏，建立“昌邑普法”公众号等，使普法宣传报刊中有文章、电视上有图像、广播里有声音、网络上有平台，实现法律进万家，推动“法治昌邑”“和谐昌邑”建设向纵深发展。“六五”普法以来，全市共出动宣传车464辆次，为机关、农村（社区）、企事业单位和各类学校送去法治课1500多场次，在新闻媒体举办专栏、专刊46期，形成普法教育的浓厚氛围和浩大声势。为使法治宣传落地有声、抓铁有痕，由“软指标”变为“硬实力”，昌邑市充分发挥执法单位优势，执法者化身普法者，执法过程变为普法过程，执法案例便是普法案例，边执法边普法，将执法与普法拧成一股绳，让群众不仅知道“是什么”，更懂得“为什么”，不仅学懂法，更要用好法，法治宣传由“耳听为虚”变成“眼见为实”。认真开展各类主题宣传活动。通过“普法仲夏夜”“法治校园行”“法治大集”等法治宣传主题活动，大力宣传《中华人民共和国宪法》等国家基本法律，宣传与经济社会发展、维护社会和谐稳定、服务和保障民生相关的法律法规，宣传社会主义法治理念，在全社会营造浓厚的法治文化氛围。

【法律服务工作】 加强法律服务市场管理。4月，潍坊市委市政府下发《关于加快推进公共法律服务体系建设的实施意见》，市司法局结合昌邑实际，起草相关实施意见和实施方案，向昌邑市委市政府汇报。8月，昌邑市司法局下发《关于进一步加强律师行业文化建设规范律师事务所管理的意见》，开始构建具有昌邑特色的律师文化。9月—11月，先后举办昌邑市律师、法律服务工作者、法律援助工作者培训班，提升行风建设和队伍管理。全力推动“一村一法律顾问”活动，构建基层法律服务平台，为基层提供便捷法律服务。5月，启动“法律援助、公证、司法鉴定便民服务示范窗口”创建活动。9月，昌邑市公证处搭建“互联网+”公证平台，让群众足不出户享受到公证便利，得到群众好评。12月，山东文宇律师事务所、山东商君律师事务所、山东恒昶律师事务所成立昌邑市司法局律师联合党支部，昌邑市实现律师行业党支部全覆盖。

提升法律援助工作的档次和水平。以规范化建设为重点，健全法律援助网络体系。建立健全10个镇街区法律援助工作站，按“规范、务实、便民、高效”的标准要求，争取落实办公场所、人员、经费、公示栏、制度、工作台账等保障，逐步打造一小时法律援助工作圈。以群众利益为着力点，提升法律援助服务质量。重点抓质量监控体系，加大对办案人员的指导管理力度。加强对案件质量的考核评估，强化办案质量管理，提高服务质量，确保为当事人提供符合标准的法律援助。办案质量均达到规定的标准，受援人的满意程度反映良好。以宣传工作为抓手，促进法律援助知晓度。创新宣传机制，将法律援助宣传同普法宣传相结合，加大法律援助公共法律教育的宣传力度，扩大法律援助的社会知晓度。

● 12月4日，市直机关工作人员、法律服务所人员和部分在校学生参加“国家宪法日”启动仪式

【矛盾纠纷化解】 矛盾纠纷化解工作以立体化防控体系建设为契机，进一步完善调解网络，强化网格管理，构建起五级调解网络纵向支撑，行业性专业性调解组织横向延伸，特色调解组织补

● 昌邑市法治文化主题公园全景

充完善的立体式调解网络。全市共有市级调解组织1处、行业性专业性调解组织5处，镇级10处、村级691处、企事业单位调解组织81处，共有调解员3180人，真正做到哪里有人群，哪里就有人民调解组织；哪里有纠纷，人民调解员就出现在哪里。10月，举办昌邑市基层人民调解员培训班，推进基层调解规范化水平，极大提升基层人民调解水平。共调解矛盾纠纷2445件，调解成功率达到98%以上。

【特殊人群管理】 特殊人群管理工作严格按照《社区矫正实施办法》和省厅“四个规范”的要求，细化矫正流程，编撰社区矫正各环节的工作标准，配备执法记录仪，规范矫正执法，开展社区服刑人员脱管、漏管、虚管专项检查活动，全面准确查清当前社区服刑人员的底数以及刑罚执行的基本情况，核查纠正社区服刑人员脱管、漏管和虚管等问题。2016年新接收社区矫正人员302人，在册601人，无一例脱管漏管现象发生。积极推广社区矫正社区服务基地建设经验，利用好都昌、北孟社区矫正服务基地，实现学习、劳动规范化、基地化。充分发挥两处安置帮教基地作用做好刑满释放人员管理，实现安置率和帮教率“双百”目标。

【普法工作】 2016年，制定昌邑市“七五”普法规划，市司法局多次深入全市各级各部门深入调查研究普法工作，广泛听取多方意见和建议，在调研的基础上草拟《关于在全市公民中开展法治宣传教育第七个五年规划》（简称“七五”普法规划）。昌邑市“七五”普法规划分6个部分，约7千多字。第一部分是指导思想、主要目标和工作原则；第二部分是主要任务；第三部分是对象和要求；第四部分是阶段步骤；第五部分是工作措施；第六个部分是组织保障。10月，昌邑市委市政府转发《市委宣传部、市司法局关于在全市公民中开展法治宣传教育的第七个五年规划（2016—2020年）》，昌邑市“七五”普法工作进入实施阶段。

全市的普法工作在总结“六五”普法工作的基础上，以筹备“七五”普法工作为重点，突出重点对象，不断创新形式，及早制定《2016年普法工作意见》，在全市范围内全面推进法律“六进”活动。通过深入机关、乡村、社区、学校、企业、单位等开展法治讲座、法律咨询等活动，切实加强领导干部、公务员、青少年、企业经营管理人员和农民学法用法工作，推进重点对象法治宣传教育深入开展。在全市深入开展普法法治宣传教育活动100多场次，普法教育面达到95%。其中领导干部、行政执法和司法人员、青少年、企业经营管理人员等重点对象的教育普及率分别达到100%、95%、100%、95%和85%，广大干部群众的法治观念进一步增强，法律素质明显提高。“谁主管谁普法 谁执法谁普法”工作常态化已形成，广泛深入地开展“法律六进”活动。全市各部门、各单位各司其职，结合自身工作实际，利用“三八”妇女节、“3·15”消费者权益保障日、“科技宣传周”、“世界环保日”、“安全生产月”、“12·4”国家宪法日等法治宣传日等活动，整合资源，组织人员，采取各种形式，大力宣传部门法，重点宣传宪法、治安管理处罚法、刑法、土地管理法、测绘法、统计法、婚姻法、义务教育法、未成年人保护法、劳动法、矿产资源法、森林法、水利法等近30部法律法规，共开展各类宣传64场次，散发各类宣传资料3万多份，解答各类法律咨询130余人，受教育面达90%以上。

【法律服务中心】 对照潍坊市委市政府《关于加快推进公共法律服务体系建设的实施意见》（潍办发〔2016〕10号），结合实际调研情况，起草相关实施意见和工作方案，并且积极向市委市政府汇报，在上层设计方面规划好。积极筹划建设昌邑市公共法律服务中心，搭建公共法律服务实体平台。

【党建工作】 2016年，将党建工作作为队伍建设的重中之重，建立律师联合党支部，强化党对律师行业的教育管理。深入开展“两学一做”学习教育专题活动，将每周五定为支部生活日，开设“五堂课”，学党章、讲党课、忆党史，开展专题讨论4次，整改问题8条，提升每名党员干部的党性修养，司法行政系统各评选出潍坊市优秀共产党员和昌邑市优秀共产党员各1名，为全系统党员干部树立起党性标杆。主动承担起局党组在党风廉政建设工作的主体责任，对党风廉政工作加快部署、调度、检查。各科室和基层单位对照岗位职责和特点，建立廉政风险点，定期排查，防患于未然。对系统内发现的问题不姑息、不纵容、不隐瞒，保持系统内廉政建设的高压态势。按照市“四德工程”建设要求，建立四德榜，为干部职工树立道德榜样，见贤思齐，将传统道德文化作为集体学习重要内容，开展道德讲堂8次，形成谦卑礼让的良好道德氛围。制定基层调研计划，班子成员带题下基层调研，勤往基层跑、勤往百姓堆里钻，汲取群众的智慧，改善工作方式方法。为制订出符合群众需求的普法规划，下基层调研10次，规划草案吸收社会各阶层的意见建议13条，规划出台后，得到社会各阶层的广泛认可。通过培训强素质，提升素质办实事。开展基层人民调解员、律师、法律服务工作者等人员的业务培训班，聘请专业教授学者授课，提高干部职工的业务水平和能力，进而更好地为民办事。10月，昌邑市组织开展的以家庭矛盾纠纷调解为主题的基层人民调解员培训班，极大的提升调解员调解家庭矛盾纠纷的技巧和能力，昌邑市家庭矛盾纠纷调解成功率保持在99%以上。群众满不满意是评价工作的最终标准，将群众反馈作为衡量工作的一个重要标尺，设立群众意见箱，对待群众投诉事项专人负责，及时答复，进行事后电话回访，将群众反映问题彻底解决，不留“病根”。司法行政系统群众反映事项均合理解决，未发生一起信访事件。

经济监督管理

Jing Ji Jian Du Guan Li

发展改革

2016年，昌邑市发改局树立和贯彻新发展理念，坚持稳中求进工作总基调，积极适应引领经济发展新常态，着力推进供给侧结构性改革，全市经济总体运行平稳，实现“十三五”规划良好开局。昌邑市发展和改革局获得2016年度“先进基层党组织”、2016年度“潍坊市级文明单位”等称号。

【宏观调控】 群策群力编制规划，牵头编制完成《昌邑市国民经济和社会发展第十三个五年规划纲要》，经市第十七届人代会第五次会议审议批准实施，成为引领昌邑未来五年发展的纲领性文件；编制完成《昌邑市高标准农田建设规划（2015—2020年）实施方案》，会同国土、农业、水利、农开综合开发等部门组织实施。准确把握经济发展态势，科学预判宏观经济走势，加强对经济运行中苗头性、倾向性问题的分析研究，提出对策建设，每季度形成分析报告，为市委、市政府科学决策提供参考。合理确定年度任务目标，编写《关于昌邑市2015年国民经济和社会发展计划执行情况与2016年国民经济和社会发展计划草案的报告》《昌邑市2016年国民经济和社会发展计划主要指标》并积极组织实施，圆满完成各项任务目标；牵头编制2017年经济社会发展计划草案，提出发展思路、目标任务和工作重点。全力推进化解过剩产能，严格执行上级政策，调度石化产业产能利用情况，2016年昌邑石化加工量537.61万吨，产能利用率达到89.6%，超额完成年初下达的85.2%任务目标。按照国家产业政策严把投资审批关，提高建设项目环保、土地、节能门槛，严禁新上污染重、能耗高的项目。2016年，全市审批、核准、备案或转报项目239个，均符合国家产业政策。

【固定资产投资】 固定资产投资保持稳定增长，全市实现固定资产投资380.11亿元，同比增长13.5%，增幅高于潍坊市平均水平0.3个百分点，排名列第3位（8县市对比，下同）。实现基础设施投资51.65亿元，同比增长37.4%，增幅高于潍坊市平均水平19个百分点，排名列第5位；实现文化产业投资13.41亿元，同比下降13.9%，高于潍坊市平均水平27.2个百分点，排名列第2位；实现物流投资35.48亿元，同比增长132.8%，增幅高于潍坊市平均水平134.6个百分点，排名列第1位；实现房地产投资9.84亿元，同比下降12.3%。商品房销售面积35.86万平方米，同比增长31.8%，增幅高于潍坊市平均水平13.2个百分点，排名列第2位。为北部水网、保障性安居工程、2016年千亿斤粮食、沿海防护林4个项目争取中央、省扶持资金 7710 万元；争取棉花配额 1.06 万吨；争取省重点建设项目用地 10.4 公顷、竞争性用地指标 10.47 公顷。企业债券融资服务水平逐步提升，根据国家发改委新发布的债券发行指引，主动与企业沟通对接，指导有融资意向的企业包装储备好健康养老、战略性新兴产业等方面的债券融资项目，做好企业债券发行工作，帮助山东浩信机械有限公司、山东瑞其能电气有限公司 2 家企业上报拟发债企业基本情况表，拟发债 4.5 亿元。

【重点项目建设】 华海贸易广场“互联网 +”项目被省政府列入 2016 年省重点建设项目，山东天恩综合能源有限公司昌邑滨海 50 兆瓦渔光互补光伏电、潍河（下营）防潮蓄水闸、山东宝迪农业科技有限公司血浆深加工及熟食制品等 9 个项目列入 2016 年潍坊市重点项目。中化工山东化工原料基地升级改造工程、三峡新能源海陆风电等重大项目前期工作进展顺利；2013 年、2014 年千亿斤粮食项目通过潍坊验收。项目管理科学化水平显著提升，将抓项目作为重中之重，大力推进重点项目建设。对全市过亿元项目按属地管理原则实行科学调度动态管理，确保每个项目都有专人负责。实行市级领导包靠制，项目由市分管领导亲自牵头，责任单位主要负责人具体靠上，每月一次到包靠项目单位现场指导工作、解决问题，及时将项目情况提报市领导及有关部门，确保项目按时按质按序完成。9 个潍坊市重点建设项目（含 1 个省重点项目）完成投资 30.1 亿元，天恩能源渔光互补光伏发电等 2 个项目竣工；40 个市级领导包靠重点项目年度投资 50.9 亿元，华电风力发电二期等 19 个项目竣工；21 个集中开工项目年度投资 29.1 亿元，实验中学改建等 5 个项目竣工；66 个全市过亿元项目完成投资 100 亿元，城矿废胎热解等 24 个项目竣工。铁路建设进展顺利，济青高铁昌邑段征地拆迁、路基和桥梁建设等工作在全省名列前茅；潍莱高铁昌邑段现场勘测定界、附着物清点等工作全面展开，昌邑南站及站前广场设计方案正在进一步优化完善；大莱龙铁路扩能改造项目土地预审、环评公参调查等工作已完成，正在编制可行性研究报告。

• 渤海湾光伏发电

【服务业】 2016年，实现服务业增加值160亿元，同比增长8.7%，服务业增加值占GDP比重达到40.1%，比2015年提高2个百分点；实现社会消费品零售总额181.06亿元，增长11.6%；完成服务业投资125.94亿元，增长13.6%。“三大载体”龙头带动作用不断提高，5个服务业重点镇街区实现服务业税收3.2亿元；昌邑农村商业银行等18家服务业重点企业实现主营业务收入54.1亿元；昌邑市宏大农产品批发市场、中国（柳疃）棉纺城、中国（昌邑）北方绿化苗木博览园等3个服务业重点园区实现销售收入120.9亿元。人才支撑作用不断增强，潍坊金丝达环境工程有限公司董事长刘国田荣获2016年山东省泰山产业现代服务业及社会民生产业创新类领军人才称号；山东柳疃棉纺城股份有限公司总经理韩良忠和山东宏大市场有限公司董事长高洪侦荣获2016年鸢都产业现代服务业类领军人才（团队）称号。发展水平和档次不断提升，潍坊青山秀水文化生态旅游、中国（昌邑）北方花木城2个项目列入山东省服务业载体项目，中国北方绿色物流园等48个服务业项目列入潍坊市产业发展重点项目；青山秀水旅游度假区、博陆山风景区、柳疃棉纺织品物流中心等一批服务业重点项目相继竣工投产并发挥效益；山东宏大生姜市场物流园、中国北方绿色物流园、龙乡水韵•千年古村文化旅游区等重点服务业项目建设进展顺利。产业结构不断优化，金融、电子商业、现代物流、服务外包、文化旅游等现代服务业发展迅速，规模不断壮大。

• 博陆湖

【县域经济和区域合作】 根据《山东省县域经济发展提升行动计划》要求，努力推动县域经济科学化、专业化、特色化发展。全市实现地区生产总值399.5亿元，同比增长7.9%。第一产业增加值36.95亿元，增长5.6%；第二产业增加值202.55亿元，增长7.7%；第三产业增加值160亿元，增长8.7%；三次产业构成比例达到9.2∶50.7∶40.1。先行先试工作成绩突出，柳疃镇获批“全国农村产业融合发展试点示范镇”，全市有6个村获批“全国农村产业融合发展试点示范村”。潍河开发工作扎实推进，列入潍坊市两河流域综合开发重点项目的饮马现代农业示范园区、青山秀水旅游度假区、博陆山风景区、济贤养老中心4个产业项目建设全部完成年度投资计划。青潍合作继续深化，通过经贸恳谈活动、部门对接洽谈等多种方式积极对接青岛，主动加强合作，承接青岛辐射和产业转移，成功引进软晶生态养生床垫项目、1.5万吨/年CK增粘剂项目、年产2万吨高碳醛醇项目和天福园农业示范园等多个项目落户昌邑。主动融入“一带一路”战略，全方位推进与“一带一路”沿线城市、地区和国家的合作，争取更多项目列入国家“一带一路”建设重大项目储备库。经过争取，康洁环卫集团巴基斯坦卡拉奇市环卫托管和巴基斯坦信德可再生能源公司100MW风电场2个项目纳入山东省参与“一带一路”建设优先推进项目清单；昌邑德明进出口有限公司在乌干达设立园区，厂房、办公楼及附属配套设施已基本建成，完成基础设施建设投资1200万美元，入园企业协议投资完成2383万美元。

【改革创新】 全面深化改革涉及的12项县市区改革任务、5项全市改革工作要点任务进展顺利。公车改革工作有序推进，按照政策规定，严格审核，保留各类公务用车326辆，取消车辆355辆；拟取消车辆全部停驶封存，对保留的公务用车实行统一标识，建立“昌邑市公务用车管理服务平台”。社会诚信体系建设初见成效，印发《昌邑市信用体系建设工作方案》，建立昌邑市社会信用建设联席会议办公室，转发《潍坊市社会信用体系建设规划（2016—2020年）》；全面梳理并编制全市行政许可目录312项、行政处罚事项目录4497项；归集全市2015年以后的行政许可类信息3.08万条、行政处罚类信息1582条；加强信用宣传，组织300余家企业签订诚信承诺书；全市首批信用“红黑名单”（红名单308家，黑名单中企业35家、自然人87名）在“中国昌邑”政府网站及有关新闻媒体上发布。企业创新平台快速发展，山东昌邑廒里盐化有限公司承担的潍坊市氟伏沙明中间体工程实验室、昌邑富润纺织科技有限公司承担的潍坊市生物质纤维仿羊绒生态家纺面料工程实验室、潍坊鑫冠化工有限公司承担的潍坊鑫冠分散染料中间体工程实验室等3家工程实验室被认定潍坊市级工程实验室。

市场监管

2016年，昌邑市市场监督管理局围绕市委、市政府中心工作，继续深化登记注册便利化改革，发展各类市场主体5119家。争创中国驰名商标1件、省著名商标2件、国家级服务业标准化示范项目1个、山东省农业综合标准化示范区1个、省长质量奖提名奖1个。推荐争创40家“守合同重信用”企业。强化食品安全监管，参与潍坊市争创国家级食品安全示范城市。深化无照经营查处、公平交易执法、市场和合同监管、网络市场、药械和化妆品市场监管、质量标准和特种设备安全监管，营造良好市场秩序。发挥“12315”“12365”“12331”作用，处理消费投诉900余件。积极开展“两学一做”学习教育，强化业务知识大培训、大提升，深化党风廉政建设，实行干部轮岗，加强行风督查，促进队伍建设，为市场监管工作提供有力保证。

【商事制度改革】 积极推动市场主体总量发展。在注册制度便利化和“三证合一、一照一码”政策基础上，继续严格落实各项政策措施，包括实行注册资本登记制度改革、名称、住所（经营场所）登记改革，严格落实国家工商总局前置审批事项目录，保留37项工商登记前置审批，34项工商变更登记、注销登记前置审批，目录以外的事项全都改为后置，通过登记流程便利化改革、优化工作人员职责分工等措施，市场主体数量得以迅猛发展。2016年，全市共发展各类市场主体5119家，其中企业1012家，个体工商户4107家。指导推进年报信息公示。采取“三个结合”，即单一年报公示与批量年报公示相结合、网上申报与纸质申报相结合、现场指导与电话答复相结合，对能自行年报的催促其自行年报，对会计人员、报税人员、代理人员等代理多家企业的由其代为统一填报，对个体工商户能网上申报的自行网上申报，不能网上申报的填写纸质年报由监管所进行内网公示，对电话能够答复清楚的尽量电话答复，答复不清的进行现场指导，确保所有业户积极参加年报。企业公示率94.54%，个体工商户公示率99.78%，农民专业合作社公示率99.1%。完善事中事后监管。在结合落实前置审批审查的同时，按照有关规定“双告知”，对每户涉及后置审批的业户，均给予发放需办理后置审批告知书，发放此类告知书约300份。配合有关部门共同完善信息公示，每周定期向市发改局等有关单位报送有关企业登记信息，通过“信用山东”“信用潍坊”等网站公示信息。

【品牌创建】 大力开展质量品牌创建，强化商标品牌创建，推荐“昌邑市城乡环卫一体化服务”项目、确定为2016—2017年度国家级服务业标准化示范项目。昌邑宇林家庭农场争创为山东省农业综合标准化示范项目、康洁环卫工程有限公司获山东省省长质量奖提名奖。推荐山东浩信机械有限公司“浩信及图”商标争创为中国驰名商标，昌邑市隆达种业有限公司“隆达”商标和山东柳疃棉纺城股份有限公司“图形”商标争创为山东省著名商标。通过质量和商标品牌创建，进一步提升全市企业和产品知名度，对产业转型升级发挥推动作用。

【执法监管】

扎实推进“无传销城市”创建 强化组织领导。积极建议成立由市领导为主，市场监管、公安、文明办、综治办等21个部门单位负责人任成员的全市打击传销和“无传销城市”创建领导小组，明确各自职责要求，实行部门联席会议制度。向市政法部门汇报“无传销城市”创建工作，使“无传销城市”创建纳入全市维稳综治重要内容。建议各镇街区建立健全由分管领导挂帅的组织领导体系，形成一级抓一级、层层抓落实的格局，使“无传销城市”创建实现“党政同抓、社会共管”。强化群防群治。发挥打击传销和“无传销城市”创建牵头作用，建立部门单位和社会共同参与的打击传销和“无传销城市”创建群防群治工作机制。在群防方面，要求各出租房屋业户与租赁居住人员签订不从事传销行为协议书。动员旅馆、酒店等重点经营单位不得向传销人员出租会场。建议各镇街区动员各村居加强对外来人员、闲置房屋的有效监控，并聘请200余名打击传销义务信息员，随时举报非法传销动态性苗头问题，严防传销蔓延。在群治方面，市场监管和公安机关落实网格化监管措施，把打击和防范传销纳入基层巡查监管重点，实现对重点人员、重点场所、重要集会、重要活动的有效监控，并在情报信息共享、案件移送、日常监管、执法行动等方面开展广泛合作。组成由市场监管、公安、社区工作人员共同参与的“打传快速反应机动队”，对传销活动快速打击。强化科技支撑。对全市重点出租房屋、重点商务酒店、重点礼堂会所等易发生传销活动的场所分门别类建立电子台账，建立起集线索收集和指挥协调于一体的“打击传销综合信息平台”，实现对传销行为的动态监管。尤其是全市10处市场监管所均实现与市场监管局的专线、专人、专机网络连接，提升工作效能；借助全市“智慧社区”建设，充分利用社区电子监控设施作用和社区安保人员职业优势，对各居民小区、街道、社区外来进出

• 10月11日，潍坊市工业学校为学生授课，宣讲传销的表现形式、特征和危害

人员进行监控，实现人员来往清楚、行为可控，为精确识别群体性外来人员从事传销行为提供有效支撑。强化宣传教育。将教育、发动群众作为遏制非法传销的有效途径和治本措施。全年不间断开展打传防传知识“进社区、进村庄、进机关、进学校、进市场、进企业”“六进”活动。先后组织各类形式的宣讲会 38 场次、街头宣传咨询 8 场次，发放宣传材料 1.1 万份，悬挂各类宣传标语 236 条，张贴宣传画 721 张。同时，在电视、报纸开设“打传防传专栏”，分期播刊打传防传知识和国家相关政策规定。配合教育部门加强对大中专学生的专题辅导，教育他们树立健康学习生活理念，自觉远离传销组织和行为。

强化商标广告执法 举办 2 期培训班，组织相关企业学习广告法律法规知识，指出加强广告监管的重点问题、重点部位和媒体单位。开展保护地理标志证明商标专用权专项行动，进一步强化昌邑市地理标志和商标保护工作，严厉打击侵犯地理标志和商标专用权行为，切实维护商标权利人和消费者的合法权益。在全市开展虚假违法广告专项整治，主要整治以新闻形式、户外广告等形式发布虚假、低俗等违法广告行为，努力营造干净健康、秩序良好的广告市场环境，促进精神文明建设。

全面整治无证无照经营 部署开展无证无照经营专项整治行动，共引导办理个体工商户执照 2800 户、企业执照 120 户，市场主体持证持照、亮照率均有提高，城区、专业市场和镇街区驻地持证持照率 90% 以上、亮照率 92% 以上，镇街区驻地集贸市场和农村村庄持证持照率 85% 以上、亮照率 90% 以上，农资、食品经营户持证持照率及亮照率 90% 以上。

强化企业诚信经营监管 指导“守合同重信用”企业加强自我管理，进一步完善落实相关制度要求，严格以“守重”企业标准开展生产经营，自觉履行社会责任。检查企业合同管理制度实施、合同签订履行等有关情况，有失信行为的，撤销其称号，确保“守合同重信用”企业的质量。深入 50 家企业开展监督检查 420 多人次，帮助企业纠正合同不规范行为 3 项。制定红盾护农实施方案，开展春季、秋季农资质量抽检，对 50 户生资经营单位经营的复合肥、冲施肥、有机肥抽样监测 100 个批次。积极组织网络监管专职人员参加培训学习，提高执法人员网络监管能力。举办专题培训班 3 期，培训干部 20 人次。对经营主体数据库企业研判建档 230 户，对涉嫌使用极限广告用语、虚假宣传“守合同重信用企业”的 5 户企业和网店，全部转涉嫌违法。组织成品油质量监测，全年抽样监测社会加油站 28 家，随机抽取车用汽油、车用柴油、普通柴油 55 个批次，对 7 户经销不合格成品油用户立案处罚。对品牌汽车经销业户进行监管，检查格式合同条款 12 余份。培育省级文明诚信市场 1 家，申报潍坊市级文明诚信市场 1 家。

加强特种设备安全监管 针对特种设备安全监察人员不足的实际情况，加大培训取证，增加特种设备监察力量配备，开展长期、多角度、全覆盖的业务培训指导，带领相关工作人员进行现场检查，讲授工作要点和经验，增强大家对各类特种设备外观、结构、特性的直观认识，熟悉特种设备安全监察执法程序和要求。以镇街区为单位，组织召开“安全生产暨特种设备安全管理人员专题培训会议”，围绕“加强特种设备管理、落实企业主体责任”这一主题进行专题培训，增强作业人员安全意识、法律意识，有效防止和减少特种设备安全事故。共对各镇街区 700 余名企业负责人和特种设备安全管理人员进行集中培训，发放特种设备知识宣传资料 1000 余份。

【质量安全监管】

开展“三八六”环保行动 重点开展成品油生产企业监管及机动车检测机构监督检查。对全市机动车检测机构监督检查。检查在用加油机

240台（件），进行计量检定、调试。加强资质认定实验室监督检查。要求12家获证实验室提交2015年年度报告。开展产品质量合格率前期调查摸底。加强医疗机构专项计量监督检查，检查10家医疗机构，已全部进行自查，并提交自查报告。做好中国国家地理标志产品保护网的日常维护和宣传，对有关信息进行及时补充。对农资生产企业进行监督检查。主要以磷肥、钾肥、复混（合）肥为重点产品，对生产企业的进货把关、生产过程控制、出厂检验等环节进行监督检查，同时结合历年农资生产企业检查中发现的问题，对易出现问题环节进行重点核查，对出现过违法行为的重点企业组织“回头看”。严厉查处制售以次充好、以假充真、掺杂掺假、以不合格产品冒充合格产品和虚假标识标注等违法行为。对塑胶跑道进行监督检查，防止问题产品流入塑胶跑道生产领域。启动家具等产品质量承诺。对新闻出版、广播电视领域使用的法定计量单位情况进行监督检查。要求市广播电视台对使用的法定计量单位情况进行自查。开展寄递物流行业专项整治。寄递物流行业共使用62台计量器具，已经检定。帮助6家企业实现工业产品生产许可证新办、获证或扩项。加强定量包装后处理。对7家企业下达限期责令整改通知书。全市6家食品相关产品生产企业全部完成自我声明。开展工业产品生产许可证获证企业年度自查报告公示。全市38家获证企业已经提报年度自查报告。开展认证认可获证企业监督检查。对昌邑市3家食品农产品认证、4家管理体系认证获证企业进行监督检查。参与标准制修订。山东同大海岛新材料股份有限公司参与制定2个行业标准，昌邑市康洁环卫工程有限公司参与制定4个行业标准。

全面落实量传工作措施　重点抓好强检计量器具检定，抓好安全防护用强检计量器具检定。抓好消费热点计量检定，重点打击坑害消费者的违法行为，保护广大消费者的合法权益。加强加油站在用计量器具检定。加油站在用强检计量器具受检率100%。做好医疗卫生计量器具强制检定，确保医疗卫生用计量器具的准确可靠。检定／校准各类计量器具2.5万余台／件，其中强制检定的计量器具2.25万余台／件。继续抓好商品量的监督检验工作。抓好与人民生活息息相关的定量包装商品。抓好农资类产品计量监督检验。中秋节前民生商品计量监督检验。共完成定量包装商品监督检验160余批次。提高计量检测能力。完成二等铂电阻温度计标准装置、非自动衡器检定装置、水表检定装置、钟罩式气体流量标准装置、酸度计检定装置、紫外可见分光光度计检定装置等社会公用计量标准的复查换证。完成热能表检定装置的建立。做好潍坊市局组织的比对工作。开展“一机二器四表”计量专项检查，重点检查使用单位是否建立强检计量器具管理制度，是否使用未经检定、超过检定周期或检定不合格的计量器具，是否存在破坏计量器具准确度的违法行为，维护广大消费者合法权益。

【争创国家食品安全示范城市】　以市食安办名义与各成员单位签订《2016年食品安全责任书》。开展“食品安全周”和“食品科技宣传周”活动。开展“双四”宣教。统一制作发放各类公示牌3500个，发放进货查验记录、索证索票记录、消毒记录等各类记录本3000多套。发放宣传磁带1382盒、食品安全书籍560本、便民卡1.1万张，制作张贴宣传标语2000余条、宣传画1200张、公示栏305个，建设食品安全文化大院69个。

建立食安办、农安办、公安局“三安”联动监管工作机制，推进监管、执法、检测、信息等资源共享与合作，实现无缝衔接，提高食品安全保障水平。与农业、海渔业、林业、畜牧部门强化收、贮、运行为全方位监管对接，探索建立食用农产品全程追溯体系，推进产地准出和市场准入机制的建立。强化监管执法联动。成立食品安全联合执法小组，建立健全违法违规案件线索发现和通报、案件协查、联合办案等机制。将食品安全监管纳入镇街区政府绩效考核范围，督促落实食用农产品质量安全属地管理责任。

完善监管。聘请食品（农产品）安全协管员691名，统一进行集中培训，明确工作责任，制订考核奖惩办法，落实工作补贴。聘请食品安全社会监督员64名，定期召开会议，征求意见和建议，不断改进工作思路、措施。将全市划分为26个食品监管责任网格，每个网格配备2名监管人员，同时实行领导包靠责任制，691名协管员全部到点，构建领导干部到网、工作人员进格、协管员到点的三级监管监督机制，初步实现监管区域无盲点、监管环节无断层、监管品种无遗漏。起草印发《全市农村集体聚餐食品安全管理办法》，修订完善《昌邑市重大食品安全突发事件应急预案》，各相关部门、单位制定相应的部门应急预案和工作流程，层层组织应急演练，建立起完善的食品安全应急管理体系。进一步优化“12331、12315、12365”三号受理流程，畅通食品安全投诉举报渠道，提高办事效率。

加大监管力度，积极开展专项整治。开展集体食堂、农村餐饮、建筑工地食堂、水产品专项整治以及肉及肉制品、食用油、火锅店食品、儿童食品、保健食品、桶装饮用水、兽农药残留、非法添加和滥用食品添加剂、食品广告虚假宣传等专项整治活动。加大快检抽验。完成自主抽检920批次，合格率98.15%，对检出的17批次的不合格产品，依法按规定进行处理，并全部向社会公示，处置率100%。建立完善联合办案机制，加大稽查办案力度。市场监管局、农业局等单位依法查办32起食品违法案件，移送公安机关4起。公安局查办食品案件7起，抓获犯罪嫌疑人7人。

【食品药品业监管】 建立健全食品生产质量安全风险管理体系，组织全市66家食品生产企业负责人或食品安全管理员、各市场监管所、相关科室业务骨干参加培训会议，成立三个实地检查小组，对全市71家正常生产的食品生产企业生产过程控制水平进行实地评价，全部完成评级工作，其中A级企业20家、B级企业51家。开展食用农产品批发市场（农贸市场）专项检查。检查市场7处，发放责任清单600余份，下达责令整改3份。抽检食用农产品240批次。将2家食用农产品批发市场、食品快检室纳入托管范围。开展农产品批发市场专项整治，春节食品市场专项整治，肉制品、桶（瓶）装饮用水、“一非两超”、进口食品整治等14个专项整治活动。强化肉制品食品生产环节无证生产加工和生产环境不规范专项整治。强化靶向性监督抽检。抽取样品533批次，10批次不合格，抽检合格率98.1%。做好“食安山东”创建。指导山东硕昌农牧有限公司申报“食安山东”示范生产企业，对2014、2015年度22家已获“食安山东”流通示范单位（店）进行复审，协助潍坊绿元生物有限公司、山东硕昌农牧有限公司企业参加北京市食品谷展览周活

5月20日，科技活动周现场宣传食药安全

动，指导 1 家企业办理食品安全责任保险，保险标的额 200 万元。组织 31 家流通企业食品安全管理员进行监督抽查考核，合格率 100%。

推进餐饮服务食品安全监督量化分级管理，继续开展寻找笑脸就餐行动，全市持证餐饮单位量化分级 597 个，量化分级率达到 100%（其中，A 级 76 个，B 级 264 个，C 级 257 个）。推进“明厨亮灶”。昌邑市已有“明厨亮灶”151 家。开展餐饮服务环节食品安全监管抽样和快速检测。配合完成省级抽检 8 批次，潍坊市级监管抽检任务 85 批次，县级抽检 161 批次，做好重大活动餐饮服务食品安全保障监管工作，实现“零事故、零投诉”。会同市教委检查学校、托幼机构食堂 45 家。会同民政局检查养老机构食堂 19 家。

把药品日常监管与 GSP 跟踪检查相结合，将含麻黄碱类复方制剂、特殊管理药品、终止妊娠药品、疫苗、对储存温度有特殊要求的品种列为检查品种，围绕药品购进、验收、储存和养护等环节，严防假劣药品流入，规范经营使用行为。医疗器械日常监管工作中，将二、三类医疗器械生产企业、三类医疗器械经营企业及一级以上医疗机构和社区服务中心作为重点监管对象。对 218 家药品经营企业、10 家一级以上医疗机构、11 家社区卫生服务中心等进行全覆盖监管，下发责令整改 227 份。开展药械和疫苗专项检查。检查涉苗单位 22 家，检查乙肝、甲肝、狂犬病及水痘疫苗等 25 个品种、63 个批次，累计 16000 余支。开展中药饮片专项整治。检查经营使用单位 168 家、监督抽验 8 批次、责令整改 67 家。开展麻醉药品和精神药品监督检查，检查 29 家药品零售企业，未发现有经营麻醉药品和精神药品的行为。对 1 家药品批发企业、2 家连锁总部、36 个连锁门店和 7 家单体药店进行 GSP 跟踪检查。开展药品经营使用环节专项检查。开展与胎儿性别鉴定和人工终止妊娠相关的药品和医疗器械专项监督检查、装饰性彩色平光隐形眼镜专项整治。开展定制式义齿专项整治、医疗器械经营企业冷链管理专项监督检查、医疗器械流通领域违法经营行为集中整治和基本药物配送企业监管。推进信用等级评定和风险因素等级评定。

加强保健食品和化妆品市场监管。发放保健食品经营许可证 101 个，全市符合许可条件的保健食品经营企业全部完成许可。建立完善大中型商场超市、专卖店等保健食品和化妆品经营企业监管信用档案。完成 3 家大中型商场超市、5 家化妆品专卖店的建档工作。规范保健食品化妆品经营使用行为。对保健食品化妆品批发企业、大型商场超市等重点单位进行监管，并建立监管档案。认真完成国抽不合格化妆品专项检查、保健食品化妆品非法添加专项检查、保健食品会议营销专项检查、保健食品、配制酒、玛咖制品专项整治、春节和“五一”等传统节日保健食品专项检查、全市化妆品安全专项整治、“三八”化妆品专项检查等 7 次专项检查，规范保健食品化妆品经营秩序。开展保健食品化妆品风险监测。完成保健食品监督抽检 10 批次、化妆品监督抽检 25 批次。

【推动行业自治】 2016 年，突出以安全生产、食品药品、质量监管为重点，推动行业自治工作深入开展。特种设备安全方面。督促电梯、压力容器使用等单位落实企业主体责任，做到组织机构、安全管理力量、安全生产制度“四落实”，安全责任、安全投入、安全培训、安全管理、应急救援“五到位”，全面提升特种设备安全水平。食品行业方面。督促生产企业落实风险等级分级分类、餐饮业户量化分级等措施，开展餐饮单位“明厨亮灶”，全面加强食品行业自我管理、自我提升。质量监管方面。督促生产企业落实产品质量承诺、工业产品生产许可证企业年度自查等自我管理制度，提升企业质量水平。

【实施部门合治】 2016 年，重点加强打击传销和食品安全监管两项工作。与公安、法制办、综治办等21个部门单位组成打击传销和“无传销城市”专项领导小组，建立部门联席合作制度。确保打击传销工作深入开展。昌邑市被潍坊市工商局、公安局、文明办、综治办四部门联合认定为“无传销城市”。在食品安全监管工作方面，重点建立食安办、农安办、公安局“三安”联动监管工作机制，并以食安办名义，组织30个市食安委成员落实食品安全责任，强化对食品安全的综合治理。2016年，实施部门联合行动40余次，有效打击食品生产流通行业违法违规行为。

检验检测

2016年，昌邑市检验检测中心按照市委、市政府加强食品安全监管的总体部署，紧紧围绕抓牢食品安全一条主线，突出加大投入力度、提高人员素质、提升检验能力、强化质控管理、规范内部运转五个重点，努力实现“设备一流、人才一流、技术一流、质量一流”的工作目标，认真履行职责，充分发挥技术平台优势，积极参加食品安全城市创建活动，各项工作取得较大进步，2016年，具有食品类检测方法103个，176种产品的3345项参数；非食品类40种产品，5个检测方法，117种产品的1388项参数的计量认证。为全市食品农产品质量安全提供保证。

【省级“双认证”】 2016年4月，检验检测中心成立以后第二次扩项认证，重点拓展食品、农产品中的农药残留、兽药残留以及生活饮用水检验等项目。7月，顺利通过山东省农业厅农产品质量检验机构能力考核。获得山东省质监局实验室资质认定和食品检验机构资质认定，取得农产品质量检验资质证书，实现食品和农产品质量检验资质“双认证”。具备全国范围内出具食品、农产品的检验检测报告资质。

【检测结果准确】 2016年，参加2次能力验证，结果均为满意。实验室内部组织6次质量控制活动，组织1次实验室间比对，结果均在误差范围内。通过能力验证及比对，增强检测人员的工作责任心和积极性，确保检测结果的准确可靠。

【提升业务能力】 采取“走出去请进来”的形式，强化对专业技术人员的业务培训，中心先后派出55人次，培训气相色谱仪、液相色谱仪、原子吸收仪等一系列的应用技术，同时，专门聘请仪器厂家的技术人员上门开展现场技术培训18次。通过多种形式的培训辅导，开拓专业技术人员的视野，提高整体素质和综合技能。2016年9月19日，在潍坊市总工会和潍坊市食药局组织的全市食品检验检测技能竞赛中，中心获团体二等奖，1人被授予“潍坊市食品检验检测技术能手”称号。

【提升服务水平】 2016年，中心对业务受理大厅实施“一站式”服务管理，实现检测项目从委托、登记、接样、交费到领取报告的一条龙方式，既方便客户，又提高效率。同时，及时收集客户建议和意见投诉，及时查处反馈，提高客户满意度。共承接市场监管局、畜牧局、林业局、海洋渔业局、公安局等执法监管部门委托检验1534批次，社会委托检验618批次，其中：蔬菜661批次，食品1315批次，工业品218批次，包括煤炭70批次，纺织品49批次。均做到数据准确、结果公正，为群众监督市场提供有力支撑。对保证昌邑市农产品质量，提高市场占有率和竞争力起到重要的推动作用。在保障好“舌尖上的安全”的基础上，顺应经济发展新趋势，进一步拓宽检验检测服务范围，积极为产业迈向中高端把好品质关，努力做强食品农产品检验检测、做优行业检测，以检验检测工作助力经济发展提档升级。昌邑市检验检测中心化验室被市妇联授予“巾帼文明岗”称号。

物价管理

2016年，市物价局认真贯彻中共十八大和十八届五中全会精神，努力保持价格总水平基本稳定，逐步完善主要由市场决定价格的定价机制，积极促进供给侧结构性改革，强化价格执法检查，提升价格公共服务水平，为全市经济社会和谐稳定营造良好的价费环境。

【价格管理】 昌邑市物价局不断强化市场价格监测，认真贯彻落实山东省价格监测预警管理办法，坚持日常监测与应急监测相结合，常规品种监测与特色品种监测相结合；作为省物价局的监测直报点，2016年新增5处监测点，全市共达到26处，并对生猪、生产资料等100多个品种进行实时监测，上报监测数据6000余条。对大蒜、食盐启动每日上报数据的应急监测，对小麦、玉米等9个品种的农产品进行180余户次的调查。做好价格监测信息发布，联合大型超市和批发市场，通过电视、报纸多种形式发布市场价格信息。强化价格政策宣传。结合创建全国文明城市及3.15消费者权益日，在市区繁华地段设立咨询台，发放宣传材料15000余份，接受群众咨询，对消费者举报的价费问题，当场给予解答处理。

【价费管理】 创新水价机制，彻底解决物业小区水损公摊的难题，对供水企业不能抄表到户的小区实行趸售水价，供水企业按每立方0.15元让利给物业公司。建立城区居民供水阶梯价格制度、非居民和特种用水超定额累进加价制度，为居民节约用水、企业节能减耗提供价格指导，推进昌邑市节水型城市的建设。对昌邑市公立医院医疗服务价格进行改革，降低CT、核磁共振等60余项大型检查检验设备的收费标准，降幅在30%以上；取消挂号费，放开167项医疗项目价格，制定并落实事中、事后监管办法；对乡镇公立医院收费进行规范，其收费标准在县级医院基础上降低10%，有效减轻患者负担。全面推进清费降价减负。对全市行政事业性收费项目和标准进行全面清理，开展收费年度审报工作，对昌邑市214个行政事业和部分经营性收费单位2015年度的收费标准执行情况和收支情况进行审核监管和收费统计。为规范涉企收费行为，提高涉企经营服务性收费透明度，加强社会监督，结合实际制定《昌邑市县级实行政府定价和政府指导价管理的涉企经营服务性收费目录清单》，对昌邑市实行政府定价和政府指导价管理的涉企经营服务性收费项目进行明确。

认真贯彻落实山东省《定价目录》《价格听证目录》《成本监审目录》要求，推进价格简政放权。编制出台《昌邑市市直部门（单位）行政审批中介服务收费项目清单》，对全市中介服务收费项

● 物价检查工作人员开展明码标价宣传活动

目的设立依据、实施机构、收费依据和标准、办理时限进行规范。建立全年两次考核和与群众平日监督相结合的动态管理机制，对服务质量不到位的物业企业实行告诫、约谈和降级的渐进式惩戒管理办法，避免物业公司应付考核等短期行为，有效地提高为业主服务的积极性、主动性和服务质量。

【价格监督检查】 2016年，共对26家涉企收费单位、18家教育收费单位和11家医疗收费单位的收费情况进行检查，对12家商场、超市及20家楼盘的明码标价执行情况进行检查，对发现的问题及时督促整改。开展节假日市场价格检查，重要节日期间，通过市场价格巡查、发放提醒函、价格约谈等措施，提醒、告诫经营者严格遵守价格法律法规政策，有效预防、震慑串通涨价、哄抬价格等价格违法行为，切实保障消费者的合法权益。2016年7月机动车安全技术检验服务费和机动车排气污染检验服务费放开后一个月机机动车检测市场出现集体涨价现象，组织开展机动车检测单位收费检查，对昌邑市九维、平安、迅捷、亿通机动车检测有限公司及昌邑市交运汽车检测中心5家机动车检测单位进行严格的专项检查，迅速掌握第一手资料，向上级主管部门进行汇报，确保价格放开后行业市场价格平稳运行。共受理民生热线转办件、人民群众来信来访及“12358”电话举报咨询108件，其中，涉及物业管理61件，交通施救13件，停车收费6件，水电价格21件，其他7件。对每件举报均严格按照规定程序及时调查处理，回复率达100%，得到人民群众的好评。

【成本监管】 认真落实国家粮食最低收购价政策。严格落实潍坊市粮食安全责任考核办法要求，认真做好小麦、玉米等重要农产品成本及收益调查，确保粮食最低收购价政策得到落实，农民收益得到保障。成本监审逐渐步入正轨。遵循程序化、专业化、规范化要求，先后对市自来水公司供水价格、昌邑鹏昊自来水价格进行成本监审，为价格调整提供可靠依据。

【价格认证】 2016年，共受理价格认定业务144件，认定额6554.2万元。其中受理公安案件104件，认定额74.24万元；政府重点工程33件，认定额6372.69万元；涉纪案件2件，认定额15.8万元；法院案件3件，认定额5万元；职务犯罪案件1件，认定额85.77万元，价格争议1件，认定额0.7万元。自7月1日《价格认定文书格式规范》实施以来，共受理价格认定案件72件，认定额5696.93万元。价格争议调解机制逐步完善。联合市司法局出台《关于建立价格调解联动机制的实施意见》，对价格争议调解的目标、范围、程序等做详细规定，并且与乡镇司法所进行对接。将价格争议调解工作融入价格认定工作中，与价格认定的市重点工程中，提前介入，对在征迁过程中出现的一些对政策、标准把握不准的问题，根据相关政策文件进行解答。多次对争议事项进行调处，使矛盾化解在萌芽阶段，避免矛盾的发生。与司法局援助中心对一起因透水造成的姜井损失进行援助，赢得良好的社会反响。

统计工作

2016年，市统计局全面贯彻落实上级决策部署，紧紧围绕市委、市政府中心工作，牢固树立创新、协调、绿色、开放、共享的“五大发展理念”，主动适应经济发展新常态，以加快建成覆盖全面、调查准确、核算科学、运作高效的现代统计体系为目标，以全面、准确、及时的统计数据和优质高效的统计服务，为实现“十三五”时期经济社会发展良好开局提供强有力的统计保障。连续11年获“潍坊市文明单位”称号；连续8年获“省统计系统文明单位”称号；连续17年获“全省统计宣传工作先进单位”称号；获2016年度昌邑市人民政府市直工作“考核先进单位”。

【农业普查】 2016年是第三次农业普查年，为全面摸实摸准全市农业家底，组建机构、层层落实，开展一系列得力措施。成立由刘煜副市长任组长，19个部门为成员单位的农业普查工作领导小组，明确各成员单位职责分工、工作安排等，对各项工作有序开展提供组织保障。市、镇两级均落实普查机构、工作人员、办公场所、普查经费，为普查提供物质保障。通过电视台、报刊、微信、网络等多渠道进行宣传报道，营造良好普查氛围。组织各镇街区农业普查工作骨干100多人，在奎聚街道张家辛庄村开展综合试点。通过试点，检验前期工作开展情况，梳理工作流程，积累正反两方面经验，摸索出一些实际问题的解决办法，达到试点预期效果，为普查顺利开展奠定基础。根据吃苦耐劳、作风过硬的原则，全市共选聘出2350名普查员和普查指导员，并通过现场面授形式，进行普查方案、PDA使用和数据处理程序等方面的培训，还针对普查中容易出错的问题，进行解答。普查员和普查指导员的培训工作已圆满完成。

【1%人口抽样调查】 严格按照国家和省调查方案，通过成立抽样调查工作协调小组，充分调动市委、市政府和各有关部门的力量，精心选聘调查员、认真组织培训强化复训、严格做好样本框的编制和核实、广泛宣传动员。在此基础上，扎实开展调查摸底，入户登记时各级领导小组办公室人员均到现场巡查指导，把握各调查环节及重要指标，发现问题，果断施策，及时解决，把问题和差错消灭在源头，确保调查数据真实可靠。

【常规统计】 精心组织实施农业、畜牧业、工业、能源、投资、房地产、建筑业、贸易、服务业、社会、科技、人口、工资、旅游、文化产业、健康服务业、企业电子商务交易等领域各项常规统计任务；圆满完成地区生产总值、民营经济增加值、文化产业增加值等核算工作；做好开发区统计、部门审批统计及县乡卡联网直报工作；完成“蓝黄”经济和妇女儿童“两纲”监测；做好企业景气、企业用工、劳动力、住户调查、海洋经济、统计信息系统基本建设情况、企业创新、工业生产者价格等调查工作。严格执行联网直报各项规定，坚持即报即审即验，全市502家“四上”企业（具体包括规模以上工业企业、房地产企业和资质等级以上建筑业企业、限额以上批发零售业、住宿和餐饮业企业、规模以上服务业企业）、192家投资法人单位联网直报实现按时报送率、审核率“两个100%”，主要指标与历史数据及相关指标的逻辑性、关联性不断提高。严格执行《统计数据质量管理办法》，实现源头报送、评估评审等数据生产过程的全面管控，确保基础数据客观合理、宏观数据衔接匹配，与客观发展实际情况相符。

【统计改革】 全力推进重点领域统计改革。不断完善GDP核算制度，强化和规范基础数据的支撑作用，从严审核评估各季度GDP核算的基础数据，确保实现与潍坊市核算数据的全面衔接。积极推进固定资产投资统计改革，投资统计改革实行财务支出法和形象进度法两套制度并行，严格执行新投资统计制度，切实做好非金融资产投资情况报表和5000万元及以上投资项目联网直报工作，实行法人单位和投资项目双入库审核管理。加强对两种方法投资数据分析和比对，查找数据差异的原因，及时采取有力措施保证投资数据真实反映昌邑实际。加强对服务业新兴业态统计方法的研究和实践，通过抽样调查、典型调查、重点调查、与部门合作等形式，客观全面地反映服务业发展状况。统筹做好能源统计改革，完成对全市278家工业企业、21家建筑企业主要物质资源消费量及能源消费量的统计调查，并对数据进行分类汇总，完成资源产出率指标的初步测算，为创建国家循环经济示范市城市提供数据支撑。重点解决自备电厂发电和用电全面进入统计核算问题，实现网上直报与电力部门数据口径协调一致，推进能源统计核算由消费端向供应端平稳过渡。

【统计服务】 提高统计服务决策水平，强化经济运行监测，统计信息发布及时、全面，咨询服务工作取得很大进展。积极开展新常态下的经济分析研究。紧扣适应和引领经济发展新常态，深度挖掘统计资料，科学研判经济形势，及时开展预测预警，为市委、市政府定向调控、精准施策提供量化依据和重要参考。加大信息报送力度，完善统计分析、信息报送考核办法，努力为社会各界提供更好的统计信息服务。加大统计监测力度。紧扣“十三五”时期发展脉络，聚焦供给侧结构性改革的新形势、新需求，加强对产能过剩、企业质效、房地产等重点领域的统计监测；积极关注新产业、新业态和新商业模式发展。做好统计产品的生产和提供工作。及时、准确、实事求是地搜集、整理、编制各种统计产品，每月编发一期《昌邑统计月报》、一期《统计快报》，每年编发一册《统计公报》、一册《昌邑统计手册》、一册《昌邑统计年鉴》，年底制作一版“统计卡片”。对中华人民共和国成立以来全市主要社会经济指标进行整理，对部分历史数据进行修正，分别在《昌邑统计手册》和《昌邑统计年鉴》中专载。统计数据、信息每月在政府信息网公布。按照《中华人民共和国统计法》及相关法律法规，做好统计数据的咨询、提供等服务工作，为进行国民经济宏观调控提供决策依据。完善统计评价职能。围绕全市科学发展综合考核，提供统计技术支持和保障，做好相关指标数据的收集测算报送工作。继续发挥社情民意调查的沟通桥梁作用，及时完成市委、市府交办的群众满意度电话访问工作。

【统计法治】 防范和遏制弄虚作假为目的，切实提高统计法治水平。贯彻落实中央领导重要批示精神，从讲政治的高度，强化在提高数据质量、反对统计造假上的主体责任，增强担当意识、风险意识、底线意识，坚持抓源头、强法治、严规程、建机制，坚决防范数据造假、弄虚作假，推动统计数据质量不断提高。将统计法律知识培训贯彻农业普查全过程，利用统计开放日、宪法宣传日等节点开展普法宣传活动。组织市、乡镇统计人员参加上级统计部门组织的统计法律、法规培训，有 15 名同志参加统计执法考试并考取执法证。

【统计基层基础建设】 以保障源头数据质量为根本，规范基层基础建设。全面落实上级统计部门对统计基层基础的工作意见，健全完善统计基层组织和统计基础工作，抓好基本单位名录库和企业星级管理等工作，推动统计基层基础工作发展，源头数据质量不断提高。围绕基层统计基础实际解决存在问题。对全市基层统计工作情况进行摸底调查发现，昌邑市统计机构从业人员配备和设备配置上基本符合要求。昌邑市 10 个镇街区都设立统计机构，工作人员 42 人，平均 4.2 人，在遇到类似农业普查这种大型任务时，镇街会集中选调（抽调）调查员共同参与完成，统计基层基础网络体系基本健全，设备配置情况能满足工作需要。

【帮扶救助】 扎实开展驻村扶贫工作，推进东辛村的经济和社会发展。认真制定扶贫规划，筹措资金 3 万元，改善村庄道路和村委会设施，修建村庄道路 352 米，协调建立村级卫生室。扎实开展“联村组、包农户、进民家、解难题”扶贫帮困活动，全局干部职工 35 人，共结对帮扶困难户 15 户。两次进行深入贫困户家中进行走访，送去食油、面粉、大米等生活用品；组织衣物募捐，为贫困户捐献衣物 100 件；对全村 35 名在读小学生送去书包、文具和工具书。

审计监督

2016年，昌邑市审计局认真贯彻落实中共十八大和十八届三中、四中、五中、六中全会精神，主动适应新常态、践行新理念，坚持把审计工作自觉融于经济社会发展大局，依法审计、尽职尽责，各项工作都取得新成效。按照实现审计监督“全覆盖”的要求，共完成审计项目83个，查出主要问题金额16.04亿元，提出审计建议79条，促进增收节支8024万元。获得“全国审计宣传工作先进单位”称号。

【政策落实跟踪审计】 加大对上级重大政策措施落实情况的跟踪审计力度，完成精准扶贫政策措施落实情况审计调查，重点审计昌邑市扶贫工作办公室、昌邑市财政局、昌邑市慈善总会等部门。开展保障性安居工程、城市公立医院综合改革、金融支持实体经济推进供给侧结构性改革、落实企业投资自主权鼓励社会投资、精准扶贫、解决城镇普通中小学大班额问题、税收纳税疑点等跟踪审计调查。通过审计，发现有令不行、有禁不止行为，发现经济社会运行中突出矛盾和风险隐患，深入分析问题成因，提出具体可行性整改意见，推动政策措施落实到位。

【财政预算执行审计】 以推动新预算法贯彻落实、严格规范财政管理为目标，以关注资金使用绩效为重点，加强财政预算执行情况审计，在深化审计内容、拓宽审计领域、改进审计方法、提高审计质量等方面不断创新，使财政预算执行审计工作步入经常化、制度化。对2015年度市级预算执行和其他财政收支情况、2015年度税收征管情况进行审计，延伸审计6个部门，于7月28日向市人大常委会作报告；完成对部门预算执行审计发现问题的整改工作。通过审计，强化部门支出责任，加强预算绩效管理，推动公共资金安全高效使用和部门履职尽责，推动中央八项规定和国务院“约法三章”落到实处。

【政府投资审计】 政府投资审计，是审计机关以促进政府投资体制改革和提高资金使用效益为目标，不断加强政府投资项目的审计工作。2016年，共完成政府投资造价审计项目46个，审计项目建设资金50660.89万元，审减金额4968.01万元，审减率9.81%。在此基础上，根据市政府安排开展涉水涉地、市实验中学、潍河清淤和堤顶路建设、市妇幼保健计划生育服务中心项目的跟踪审计工作。组织完成政府投资工程竣工综合验收35项，提出质量整改意见72条；参与政府投资工程拨款意见复核150项。

【经济责任审计】 经济责任审计，是审计机关受干部管理部门委托，对领导干部在任职期间履行经济责任情况进行的检查、监督和评价，是领导干部监督管理制度的重要组成部分，具有中国特色的审计监督制度。2016年，以加强权力运行的制约和监督为重点，开展经济责任审计。先后对围子街办、龙池等17个部门单位的18名主要领导干部进行任期经济责任审计，审计资金总额51692.3万元，发现管理不规范资金总额9387.97万元，占审计资金总额的18%，向被审计单位提出审计建议23条。通过审计，客观评价领导干部任职期间的职责履行情况，揭示领导干部在权力行使和经济责任履行过程中存在的主要问题，促进领导干部守法、守纪、守规、尽责。

【党建工作取得实效】 不断加强机关党组织建设。把创建“学习型”党组织和“学习型”机关作为审计机关工作的重中之重，开展评选优秀审计组长、审计能手等活动，形成争当先进、争学先进的浓厚氛围，2016年被授予“昌邑市先进基层党组织”荣誉称号。“两学一做”学习教育取得明显成效。实现学习教育与审计业务工作两促进、两提升。严格落实党风廉政建设责任制。将党风廉政建设与审计业务工作同部署、同落实、同安排、同检查。采取审计组进点前进行廉政教育，在被审计单位工作中严格执行“八不准”“五公开”等方法，做到一手抓业务，一手抓廉政。认真落实意识形态工作责任制。扎实抓好以党组为龙头的干部理论学习，认真践行社会主义核心价值观。

安全生产监督管理

2016年，昌邑市安全生产工作坚持“安全第一，预防为主、综合治理”的方针和“以人为本、科技兴安”战略，紧紧围绕全市经济和社会发展大局，抓好安全生产主体责任落实，开展安全生产隐患排查治理、专项整治和执法监察、开展安全生产教育培训、切实加强应急演练，全面提升应急救援能力，防止和减少生产安全事故的发生，全市的安全生产管理水平逐步提高。昌邑市安全生产监督局被授予“全省安全生产工作先进单位”。

【行政审批】 危险化学品生产许可、危险化学品经营许可、烟花爆竹经营（零售）许可、第三类易制毒经营备案等行政许可事项，全部纳入市安全生产监督管理局驻政务服务中心窗口，集中受理，统一办理。2016年，办理危险化学品生产许可证52个，危险化学品经营许可证核发62个，烟花爆竹经营（零售）许可证核发289个，第三类易制毒经营备案43个。市安监局驻政务服务中心窗口连续12个月被评为“优秀服务红旗窗口”，12人次被评为“优秀服务先进个人”。

【重点领域监管】 先后组织开展严查、严整、严打，大排查、大培训、大宣传，涉氨制冷、道路交通运输、安全生产隐患大排查、快整治、严执法集中行动，企业落实安全生产主体责任专项执法检查等一系列安全治理行动，排查整改一批事故隐患。申请安全生产专项资金60万元，首次通过政府购买服务方式，聘请社会第三方中介机构，对危险化学品、涉氨制冷、加油站等行业开展诊断式安全检查，提升企业的安全生产管理水平。狠抓矿山安全生产集中整治，不间断地认真抓好矿山的安全生产工作，积极排查整治隐患，排查矿山企业安全隐患420余处，关停7家非煤矿山开采加工企业，确保矿山企业安全生产。强化危险化学品监管。对全市216家危化品从业单位开展多次专项检查，排查隐患1150余处。加大“打非治违”力度，依法取缔非法加油站（点）7家，有效防范危化品企业生产安全事故的发生。广泛开展烟花爆竹“打非”工作。对烟花爆竹经营业户，实行年检淘汰制度。对全市烟花爆竹经营业户进行全面排查，排查隐患650余处，全部进行现场整改，对存在安全隐患和非法经营的16家业户取消经营资格，确保烟花爆竹安全规范经营。全面开展道路交通、建筑施工、人员

省政府安全生产督查组对昌邑市安全生产工作进行督查

密集场所、有限空间、用电安全、消防安全等专项整治，排查各类安全隐患 1.8 万余处。

【基层建设】 设立镇街区安全生产监督管理办公室，为镇街区党政工作机构，主任由镇街区分管领导兼任，另配备 1 名副科级副主任。全面推行安全生产“网格化、实名制”监管模式。在全市构建“横向到边、纵向到底”的安全生产监管网格，做到责任清晰、任务明确、人员到位、管理规范。有 4534 家企业、163 家事业单位、22027 家个体工商户，共计 26724 家单位纳入全市的“网格化实名制”监管。积极引导企业开展安全生产标准化创建工作。截至 12 月底，有 228 家规模以上企业完成标准化创建工作。指导全市 1300 余家生产经营单位制定本单位生产安全事故应急救援预案，并定期组织演练，保障公司员工生命安全。积极开展职业健康安全监管。对全市规模以上企业负责人和管理人员组织进行安全培训，要求企业对职业场所危害进行网上在线申报工作，有 257 家企业完成网上在线申报工作。组织有关专家开展职业场所危害检测工作，检查企业 520 多家，监测职业危害作业场所 900 余处。组织企业开展全员培训，提高员工安全素质。以人员、时间、内容、效果四落实为要求，共培训各类人员 1.58 万余人，其中，主要负责人 4000 余人、安全管理人员 3600 人、特种操作人员 2000 人、其他人员 6200 余人，使生产经营单位的安全生产水平不断提高。6 月，组织开展“安全生产月”主题活动，提高全社会的安全生产意识。共制作宣传匾幅 920 余条（块），发放宣传材料 5 万余份，接受咨询 1.33 万余人次，组织企业负责人、安全专家进社区、进厂矿上安全知识公开课 1600 余次。在做好常规媒体宣传的同时，适应形势需要，建立昌邑安监微信群，入群人员达到 1900 余人。同时，从全市人大代表、政协委员中选聘 30 名安全生产义务监督员，对安全生产工作进行全程监督，让安全生产工作公开透明、阳光运行。强化督查确保效果。坚持月检查、季通报、半年督查、年终考核制度，积极开展督查检查活动，督促工作落实。市政府安委会 11 个专门督查组，深入镇街、部门、企业，重点就省安全工作会议精神贯彻落实、安全生产大检查等工作开展情况进行专门督查，确保安全生产各项工作顺利开展。

【执法监察】 全面推行“四不两直”（不发通知、不打招呼、不听汇报、不用陪同和接待、直插基层、直奔现场）检查方式，以执法监察队伍为主体，执法、监管、专家三位一体，配套联动，加强一线执法，加大执法监察频次和密度。对非法生产、存在重大隐患又不整改或整改不到位的生产经营单位，坚决依法严肃处理。2016 年，共对安全生产违法行为立案 17 起，罚款 93.2 万元。严肃事故查处，严肃追究相关责任人员的责任，以事故教训推动工作。积极稳妥做好群众举报和信访工作，共处理各类信访、举报 42 件，反馈率 100%。

【安全生产责任制】 2016 年，昌邑市安监局层层签订安全生产责任书（承诺书），将安全生产责任落实到镇街（区）、部门、生产经营单位及车间班组和岗位。签订责任书 1.12 万余份。同时在矿山、危险化学品、烟花爆竹、交通运输、建筑施工、民爆器材、涉氨等高危企业实行安全生产承诺制，由企业向当地政府及安监部门、行业主管部门呈报安全生产承诺书 560 余份。全面未发生较大以上生产安全事故。

国有资产管理

【清产核资】 对 2015 年制定的《昌邑市行政事业单位管理资产管理暂行办法》实施情况进行检查，下发“关于加强国有企业管理的通知”。资产购置、拍卖、转让、产权登记等规章在实践中不断完善。把开展行政事业单位资产清查工作，作为行政事业单位资产管理的首要任务来抓，不断强化行政事业资产统计工作。巩固清产核资成果，成立领导小组、召开专门会议、抽调得力人员，利用一个多月的时间对全市行政事业单位资产进行清查。组织开展单位自查、主管部门检查、重点抽查的检查验收工作，保证资产清查结果的质量。统一组织进行资产盘点、清查，圆满完成全市的行政事业资产清查任务。

【国资监管新机制】 树立“大国资”的理念，把行政事业资产纳入监管范围，企业、行政、事业资产监管功能强化。履行好出资人职责，按时完成国有企业财务报告工作，及时分析国有企业财务情况。进一步做好国有企业年检和产权登记工作。行政事业资产管理科学化，全市120户行政事业单位已建起数据库，实现管理手段的新突破。严把资产“出口”，规定国企、行政事业单位的资产报废必须报经国资部门批准，维护国资管理的权威性。

【国企监管】 认真总结康洁环卫集团增资扩股的成功经验，2016年，指导市园林局制定市绿美园林绿化工程有限公司改制方案，明确国有参股的方式，公司制改造的路径。为市政府决策服务上发挥作用。年底聘请中介机构对市蓝盾保安服务、昌盛人力资源、平安机动车检测、绿美园林绿化工程、屹立建设工程检测有限公司，市交运汽车检测中心、地方粮食储备库7家国企2016年的经营情况审计，制定出《昌邑市国有企业薪酬管理试行办法（意见稿）》。为昌邑市社会稳定扎牢防线。针对原国企负资产过大，改制后多次出现上访的实际，先对商业、粮食系统企业调整，下文40余份；始终把原国企职工上访反映问题落实到位，与经信、人社部门协调解决原国企职教、幼教人员待遇落实工作；解决原天然气公司职工待遇不落实问题。

【资产处置】 资产处置是资产管理的重要一环。克服资产处置的盲目性、随意性，在主要固定资产处置上迈出可喜的一步。对全市行政事业单位需处置的车辆进行统一收缴，先委托有资质的评估机构进行评估，后经潍坊市拍卖行进行公开拍卖，做到公开、公平、公正，经济效益和社会效益双赢。配合车改对收缴228辆公车进行核销。对行政事业单位资产的核销，按程序步入正规化轨道。对市园林局、环卫局等部门因重组等原因报废的资产进行核减，及时下文批复20余次，避免暗箱操作。

农村经济管理

2016年，在昌邑市经管局农村财务管理工作中，立足提升审计监管效能，强化农村财务审计、农村会计培训、财务制度化建设三项举措，促进农村财务规范化建设，夯实农村稳定发展的基石。

【农村财务审计】 2016年3月，为进一步规范农村财务收支行为，提升村集体经济组织财务审计质量，根据市委、市政府意见，由市政府采购中心公开招标，聘请2家有资质的会计师事务所对昌邑市140个村的农村集体经济财务状况进行审计。针对农村财务管理工作的特点，此次审计确定抓住“三个重点”、把牢“四个环节”的审计策略。“三个重点”：财务收支项目，采用审查书面资料的方法进行顺查与逆查；货币资金和有形资产，采用直接盘点现金与实物的方法；债权债务，包括承包合同结算兑现，采用核对、复核、查询的方法。“四个环节”：把牢各项收入账的清查，是否有漏收或收入不入账；把牢各项费用，是否有虚假开支；把牢货币资金盘点核对，银行账户、库存现金是否账实相符；是否有白条抵库及挪用公款等违法违纪问题；把牢债权债务账户核对，是否与账户相一致。

农村会计培训

【农村会计培训】 根据农村财务人员现状和实际需要，组织分管负责人和业务骨干不定期到镇街区进行现场教学，共培训300余人次。详细讲解农村财务知识及国家、省、市有关财务制度，指导镇街区制定、完善农村财务管理规章制度。为方便信息共享、情况交流、政策咨询，全市经管系统建立微信平台，适时发布工作动态。

【财务制度化】 针对当前农村财务管理实际，为进一步规范行为。管好用好集体资金资产，切实维护群众利益，坚持制度先行，会同都昌街道制定村级财务管理办法，涉及收入支出管理、资产资源管理、合同管理、民主理财等六项内容。坚持先试点后推广，以点带面，对实际操作中的程序和出现的短板问题，适时作出调整补充，并进一步完善。

【土地确权登记】 2016年12月，昌邑市共计611个村完成农村土地承包经营权确权登记颁证工作，确权面积5.25万公顷，颁证到户11.68万本。实行家庭承包经营耕地面积5.74万公顷，家庭承包土地经营权流转总面积2.32万公顷，占家庭承包耕地面积的40.35%。为有需求的经营主体和土地流转大户办理5本农村土地流转经营权证，总面积为150.26公顷。

昌邑市齐鲁农村产权交易平台主要是农村土地承包经营权流转和农村土地承包经营权抵押贷款。全市通过平台共办理2笔抵押登记贷款业务，贷款总额为500万元；农村土地产权交易成功的共计16笔，土地面积为4.05公顷；挂牌中的共计238笔，土地面积为262.46公顷。

【新型农业经营主体】 截至2016年12月，昌邑市经工商注册的农民合作社达到1230家，注册成员11998人，合作社涵盖种植业746家，畜牧业196家，渔业30家，林业114家，农机111家，休闲旅游及其他服务类33家，注册资本达到190388万元。各类家庭农场440家，其中6.67公顷以下327家，13.33公顷以下62家，13.33～33.33公顷45家，33.33～66.67公顷5家，66.67公顷以上1家，流转土地面积0.27多万公顷。

采取国家、省、市、县四级联创，梯次推进的方式，积极开展新型农业经营主体示范社创建活动。全市有农民合作社国家级示范社3家，省级示范社12家，潍坊市级示范社43家；示范家庭农场省级3家，潍坊市级23家。争取上级财政补贴300余万元。为实现精准扶贫，市经管局指导贫困村组建各类新型农业经营主体，引导贫困户以土地入股和务工的形式加入到经营主体中，在政策和项目资金安排上优先给予支持。昌邑市10个省定贫困村建立的各类新型农业经营主体，带动贫困户30户，带动贫困人口70余人。

农　业

Nong Ye

综　述

2016年，市委农村工作办公室贯彻习近平总书记系列重要讲话和考察山东重要讲话、重要批示精神，全面贯彻落实中央、上级党委和市委重大决策部署，践行新发展理念，抓各项强农惠农富农政策落实，农业农村发展保持稳中有进的良好态势。农业综合生产能力进一步提升，粮食总产量连续3年突破5亿公斤。全市拥有各类农业品牌共有111个。大力提升农产品质量安全水平，获批国家级出口食品农产品质量安全示范区。连续成功举办14届绿博会和11届中国园林花木信息交流会。农民人均可支配收入达到16304元，同比增长8.1%。现代农业综合改革试点取得成果，基本完成农村土地承包经营权确权登记颁证。供销社综合改革稳步推进。新型农业经营服务主体快速发展，全市农业龙头企业、家庭农场、农民专业合作社发展到1800多家。农村“七改”工作扎实推进，美丽乡村标准化全面实施，代表潍坊市迎接全省美丽乡村建设覆盖率考核，获得优秀等次。潍河开发战略深入实施，潍河堤顶路一期工程全面竣工。持续加大资金支持，全市脱贫3529人，6个省定贫困村摘帽，完成年度脱贫任务。

【构建新型农业经营体系】

扶持发展新型农业经营主体　鼓励社会资本创办发展农业龙头企业。全市拥有重点农业龙头企业124家，其中，国家级1家，省级3家，潍坊市级42家，昌邑市级78家。积极发展农民专业合作社和家庭农场。全市发展农民专业合作社1180多家，注册资金18亿多元，注册成员1万多人，发展家庭农场422家，土地流转面积0.27多万公顷。实施新型农民科技培训、农村科技致富能手培训、新型农民创业培训“三大工程”，年均培训各类农村实用人才6500人次以上。

培育农业社会化服务组织，推进供销合作社综合改革　加快农作物病虫害专业化统防统治组织建设。实施2014年山东省农业病虫害专业化统防统治能力建设示范项目，扶持鸿阳农作物种植专业合作社、惠农蔬菜专业合作社、圣达农机专业合作社，争取补助资金100万元，日作业能力达到133.33公顷。建成0.13万公顷亩粮食专业化防控示范区及66.67公顷园艺专业化防控示范区，粮食专业化防控示范区减少农药用量15%，经济作物专业化防控示范区减少农药用量17%，防治成本降低10%，全市专业化统防统治面积1.67万公顷。大力开展机采棉种植技术推广。实施2015年国家农业综合开发供销合作总社新型合作示范项目滚动计划，建成机采棉良种繁育基地333.33公顷、机采棉种植示范园区0.08万公顷、机采棉滴灌高效节水试验示范园200公顷、提升改造5万立方米水库2座。积极推进大田作物托管服务。以市供销联社控股成立的潍坊丰瑞农业科技有限公司为投资主体，投资1633万元，建设大章、青乡2处为农服务中心，建筑面积1.2万平方米，10月建成运行。申报国家“农业综合开发供销总社新型社会化服务体系试点项目”暨“山东省潍坊市昌邑市土地托管服务试点项目”，已经全国供销合作总社正式批复，获得上级专项资金700万元。推行以大田作物托管服务为主要内容的为农社会化服务新模式，现已开展大姜、机采棉、小麦、玉米等大田作物托管服务面积1万公顷，其中全托管服务面积0.13万公顷，半托管服务面积0.87万公顷;测土配方施肥0.67万公顷，智能配肥0.67万公顷，为农民增收3000多万元。加快发展农村流通现代化。以市供销联社控股成立的兴合供销超市有限公司为主体，依托基层社，改造提升直营店3个，发展加盟店23个；建成烟花爆竹、农资等县域综合配送中心2处。

完善农产品现代流通体系　抓好专业市场和流通平台建设，建成宏大农副产品、琨福大姜蔬菜、石埠西郭土豆等多个大型专业批发交易市场。结合“智慧昌邑”建设，发展电子商务，打造电子交易平台和信息服务平台。全国生姜价格指数发布中心落户昌邑，中国昌邑生姜指数系统建成运行，年可实现网上交易60亿元。建成“中国绿色交易网”，与“国家级苗木交易市场”“中国绿色物流配送园”虚实结合，打造苗木产业宣传、交易、展示平台，形成国内较大规模的苗木信息交流中心、价格形成中心和交易集散中心。

【转变农业发展方式】

积极探索发展节水农业　在巩固常规节水措施的基础上，积极推广应用水肥一体化等先进节水农业新技术，坚持农业节水模式多元化发展。昌邑市水肥一体化技术应用面积已达到0.11万公顷，建立水肥一体化示范园区4个。全市有效灌溉面积已达4.03万公顷，完成节水灌溉面积3.52万公顷，占耕地总面积的60.8%。针对近年来季节性旱情不断发生，严重影响粮食生产等情况，积极开展农田土壤墒情监测，密切关注土壤水分变化趋势，及时发布土壤墒情信息，推广测墒节灌技术，提高灌溉水效率。

加快生态循环与休闲观光农业发展　以秸秆综合利用为重点，建设生态循环农业示范基地6处，其中潍坊市级4处。结合潍河流域综合开发，进一步拓展农业的休闲观光、农耕体验等功能，建设休闲观光农业示范园区6处，其中潍坊市级3处、“齐鲁最美田园”1处、首批全国休闲农业示范点1处。都昌街道晨光葡萄种植专业合作社发展葡萄种植秸秆生物反应堆技术133.33公顷。围子街道宇林生态园建立“猪—沼—暖—菜”四位一体生态循环农业发展新模式，建成沼气池1000立方米，年出栏肥猪3000余头，年产沼气5万立方米，年产无公害、绿色蔬菜6万公斤。

加快智慧农业建设　与中科院合作建立县域农业信息化研究中心和院士工作站，聘请国家农业信息化首席专家、“国土资源及农业信息”工程研究与应用学科带头人、中科院地理所孙九林院士为研究中心主任，为农业信息化提供智力支持。“智慧农业”建成“智慧服务”“智慧水利”“智慧林业”“智慧气象”“中国绿色交易网”等应用系统。其中，“智慧服务”系统建成覆盖全市690个村（社区）、5852个样品点的土壤信息数据库，实现互联网直接查询土壤信息，获取专家施肥方案。开展“互联网+”现代农业行动。结合“智慧农业”建设，启动“农技宝”综合信息服务云平台，建设村级农技服务站点50处，培育680名科技示范户，解决农技推广“最后一公里”问题。

【农产品质量安全保障机制】　加强执法监管队伍建设。在镇街区成立农产品质量安全监督管理办公室；在691个村聘请农产品质量安全监管员，每年都进行集中轮训。按照潍坊市政府整建制创建农产品质量安全市的工作要求，深入开展“守护舌尖安全”整治行动，共出动执法人员500多人次，对辖区内550多家农资经营店、生产企业进行全面拉网式排查，调解、处理纠纷32起，立案查处8起。针对大姜、土豆等举办专题培训班16期，培训农民6000多人次。

抓好标准化技术推广。印发《昌邑市大姜标准化生产技术规程》《昌邑市马铃薯标准化生产技术规程》和《昌邑市大宗农产品生产技术规程》等50多种农作物标准化生产技术规程，全市蔬菜水果标准化生产程度达到80%以上。积极开展“三品一标认证”，共创建农产品品牌126个，其中无公害农产品品牌75个、绿色食品品牌20个、有机食品品牌1个、农产品地理标志14个、地理标志证明商标16个。建立健全投入品管理使用制度、生产记录档案制度等8项基地管理制度。

积极推进农产品质量安全监测，排查大姜种植户1.5万多户、面积0.4万公顷，抽查样品500多个。从石埠、围子、饮马等10个镇街区共抽取各类蔬菜水果样品264个，对15种农残进行定量检测，合格率97.35%。

• 大姜交易市场

【农村改革】

深化农村产权制度改革 农村土地承包经营权确权登记颁证工作　自2012年9月开展农村土地承包经营权确权登记颁证工作。全市690个行政村，应确权村612个，已确权村612个，占应确权村数的100%；证书已全部发放到户。

农村集体资产改制工作　全市有682个村完成村集体经济组织产权制度改革，占总村数的98.8%，改制资产总额9.9亿元，量化资产总额3.2亿元，具有资格的成员数47.3万人，股权总数47.3万股，发放股权证13.9万本。

农村产权交易市场建设　昌邑市齐鲁农村产权交易中心平台建成并运营，设在市经管局。依托镇街区经管站设立10处齐鲁农村产权交易中心镇（街区）办事处，2014年9月30日全部挂牌并上线运行。建立齐鲁农村产权交易中心信息提报情况月通报机制，每月如实反映各镇街区、市直有关部门单位工作情况，极大地提高工作效率和工作积极性。

创新农业投融资机制　昌邑市坚持商业性金融、政策性金融、合作性金融结合，鼓励金融机构拓展“三农”业务，发挥好农村商业银行支持“三农”的主力军作用。昌邑市成立一家小额贷款公司，涉农贷款余额9509万元，两家融资性担保公司，涉农贷款余额14965万元，两家民间资本管理公司，涉农投资余额275万元，对昌邑市农村经济社会发展发挥积极的作用。加快农村地区ATM机、POS机、农村金融自助服务终端等金融基础设施建设，实现行政村金融基础设施100%全覆盖。

加强金融创新，不断完善金融服务　昌邑市各金融机构创新开发各具特色的金融产品，昌邑农村商业银行创新推出土地承包经营权抵押贷款业务。共办理农村土地承包经营权抵押贷款累计110宗，面积84.4公顷，贷款总额1050万元；8月1日，市金融办会同市财政局、市国土局、昌邑农商行联合印发《关于印发土地使用权抵押贷款创新业务实施方案的通知》（昌金发〔2016〕3号），土地使用权抵押贷款创新业务由昌邑农村商业银行与市金融办、市财政局、市国土局、担保机构（或担保企业）合作，向先期已履行完土地招、拍、挂手续，但因资金问题未办理土地使用权的企业发放的“过渡性”办证资金支持的信贷业务，简称“准地贷”。开展3笔业务，共办理贷款1866万元。

发展农村金融，开展农民专业合作社信用互助业务试点　抓住昌邑市成为农民专业合作社信用互助业务试点县的有利时机，积极开展农民专业合作社信用互助业务。昌邑市绿环蔬菜专业合作社、昌邑市晨光葡萄种植专业合作社、昌邑市茂胜种猪养殖专业合作社这三家合作社办理相关手续。

完善农业保险制度，提高农业生产者抵御风险能力　积极引导辖域内的保险公司扩大农业保险覆盖面，增加保险品种，开发适应新型农业经营主体需求的保险产品。昌邑市太平洋财险公司开展的农产品（玉米、小麦）保险赔付金额约90万元，人民财产保险公司开展的农产品保险，其中小麦赔付金额1455万元，玉米正在理赔中约700万元，提高农业生产者抵御风险的能力。

全面推行村务管理“三五五一”工作法　实施“三监督”，把好决策关。把村级事务分“日常事务、重要事务、重大事务”三大类，分三级对村级事务决策进行监督管理。把过去由村干部拍板子做决定，变成现在由村干部提建议，村民、社区、镇街共同把好村里的决策关，使村级事务决策更加科学规范、公正公平。搞好“五代理”，实现规范化。“五代理”是指镇街对村级资金、账务、资产、档案、公章进行代理。10个镇街区都建立村级事务管理服务中心，配备齐全办公设施设备，正式对外运行，村级资金、账务、资产、公章、档案委托代理率达到100%。实行“五公开”，提高透明度。“五公开”是指村级党务、政务、事务、财务和服务公开。将每月的8日作为集中统一的村务公开日，各行政村于当日公开上月党务、政务、事务、财务、服务等有关情况，公开的内容保留10日以上。各村均在交通要道或群众集中居住的地方设立固定公开栏，按时进行张榜公开的村达到100%，并对村务公开资料进行整理归档，委托镇街村级事务管理服务中心保存管理。坚持“一指导”，确保不走样。“一指导”是指市级层面对村级事务“三监督五代理五公开”管理工作进行检查指导和统筹安排。市里成立由市委书记任组长，市委副书记、市政府分管副市长任副组长，有关部门、单位负责同志为成员的村级事务“三监督五代理五公开一指导”工作领导小组。领导小组每季度对“三监督五代理五公开”工作进行一次检查，并将检查结果纳入镇街年终科学发展综合考核，确保工作扎实、有序、深入开展。

【美丽乡村建设】　在全市实施以净化、硬化、绿化、美化、亮化为重点的村容村貌集中整治，组织农村“三大堆”集中清理、违建建筑集中拆除两个“百日会战”，农村人居环境进一步提升。为贯彻落实中央和省、潍坊市关于美丽乡村建设的安排部署，市委、市政府成立昌邑市美丽乡村建设工作领导小组，下设3个指挥部，分别是城乡环卫一体化工作指挥部、乡村文明行动指挥部、生态文明建设指挥部，办公室设在市委农村工作办公室。这标志着昌邑市全面进入美丽乡村建设的关键时期。净化方面，全市691个行政村的“三大堆”清理基本完成，共清理“三大堆”40万多个，拆除违建建筑1.4万多处，扩大环卫托管面积1050万平方米。硬化方面，全市共完成农村公路建设投资11.2亿元，新建改造农村

● 美丽乡村

公路1517.2千米，全市村庄村内道路硬化率达到100%。绿化方面，成片造林0.88万公顷，新建农田林网0.79万公顷，新增村镇植树235万株，新增省市级绿化示范村245个，全市有林地面积2.66万公顷，农田林网化面积6万公顷，全市林木蓄积108.1万立方米，村镇树木覆盖率达22.62%、绿化示范村435个，全市林木覆盖率为26.84%。美化、亮化方面，全市建立善行义举四德榜840处，建成道德讲堂、文明村民学校、乡村学校少年宫等200多处、县级以上“乡村文明家园”示范村200个；共建成农村文化广场330多处，公益广告文化墙9000多处，宣传文化长廊110多处；新增村内路灯3000多盏，总数达到1.3万多盏，实现亮化的村庄655个，占全部村庄的95%。

【推进新型城镇化】

加快农村社区建设 按照省、潍坊市《关于做好全市农村社区布局规划修订工作的通知》，划分14个城市社区和92个农村社区。随着社区建设的持续发展，根据省委、省政府《关于深入推进农村社区建设的实施意见》（鲁办发〔2015〕44号）和中共潍坊市委办公室、潍坊市人民政府办公室〈关于印发《农村社区服务中心建设“一五五”三年行动方案》的通知〉（潍办字〔2016〕15号）文件要求，坚持以人为本、遵循有利生产、方便生活的原则，优选原撤并镇驻地村、大村和强村设置社区服务中心，对原有城乡社区布局规划进行合理调整，规划到2018年建成14个城市社区和84个农村社区，为下步实现以社区为单位换届，逐步实现〞一村一社区〞打下基础。2016年，完成38个农村社区服务中心建设任务。

突出抓好农村基础设施建设 镇区污水全部实现集中处理。7处镇区总设计设计日处理污水能力18.52万立方，建成规模日处理污水能力11.52万立方，建成污水管网141.95千米，出水水质均为一级A。2016年，围子东冯社区投资400万，完成5.2千米管网铺设，连接东冯到宋庄的管道；邢家社区污水管网接入市级管道。龙池的白塔社区投资20多万元，完成污水管网540米。昌邑市出台《昌邑市推进农村改厕工作实施方案》，计划利用三年时间完成全市6个镇、1个经济发展区3.94万农户无害化卫生厕所改造任务，其中2016年改厕2.23万户（含2015年试点882户），2017年改厕2008户，2018年改厕1.5万户。截至10月底，全市已改造完成1.62万户，完成年度计划的72.4%。

大力抓好精准扶贫工作　2016年，昌邑市贫困户共有2352户、4298人，计划退出1760户、3200人。截至10月底，全市有1826户、3326人基本达到省定脱贫标准，占年度计划的103.9%。针对省定贫困村的实际情况，将整村推进作为解决贫困问题、增加贫困群众经济收入的最有效途径，有针对性地确定扶贫开发项目。2015年，10个省定贫困村每个村实施1个财政专项扶贫资金项目，于6月份建成。2016年，省和潍坊市下达昌邑市财政专项扶贫资金193万元，昌邑市配套107万元，财政专项扶贫资金共300万元，每个省定贫困村30万元，用于发展产业扶贫项目。10个项目正在组织建设，于11月底建成。注重行业扶贫和社会扶贫，营造大扶贫格局。市扶贫开发领导小组成员单位分别制定脱贫攻坚专项实施方案，形成“1+N”脱贫攻坚政策体系。交通扶贫投入资金41.6万元，新建改造重点村道路4.7千米。水利扶贫投入12.8万元，解决2个贫困村饮水安全问题。科技扶贫实现10个重点村科技指导员全覆盖。农业扶贫组织实施全国新增千亿斤粮食产能规划田间工程项目，在北孟镇新建机井71口，铺设管道7万多米，新建大口井139座，新开工扬水站14座。健康扶贫对全市25处农村社区卫生室进行规范化建设，确定212名家庭医生与贫困人口签订服务协议。民政救助特困家庭59户，发放救助资金11.8万元。探索“合作社+贫困户”、光伏扶贫、开发公益岗位促进贫困人口就业等扶贫模式，让贫困户长期稳定脱贫。围子街道辛城村通过发展合作组织形式带动整村脱贫，卜庄镇发展草编产业带动贫困户脱贫。

【潍河开发工作】　配合潍坊市做好潍河市区段堤顶道路建设专题调度会议的筹备、现场、座谈等工作。积极做好潍河开发重点项目的申报和督导工作，申报围子街道宋庄社区服务中心建设项目、石埠经济发展区青山新型社区及文化古街建设项目、饮马镇天福园现代农业示范园建设项目共3个重点项目。向潍坊市“两河”办报送各类信息10余篇，在《潍坊农村工作》杂志上发表题为《高起点规划、高质量建设、高效率推进，切实加快潍河堤顶路建设》的署名文章。加快堤顶路建设。潍河左侧26.6千米、右侧37千米共63.6千米（大堤全长83千米，市政府方案论证会确定西堤渔尔堡以北及东堤新海路以北暂不实施）的堤顶路建设一期工程已完成92%，二期工程完成24%。强化水利保障。总投资1300万元的潍河城区段河底整治工程已全部完工。总投资2.1亿元的丰泉水库工程已完成施工招标，进行民事迁占工作。2016年，昌邑市列入潍坊市“两河”开发重点项目的饮马镇山阳社区、石埠经济发展区青山社区、围子街道宋庄社区、柳疃镇青乡社区、下营镇望海社区共5个新型农村社区建设工作正在加快推进。积极涵养生态。已完成植树110万株，成片造林0.1万公顷，新建农田林网0.13万公顷。农业标准化基地发展到2.4万公顷，农产品品牌达126个，农业龙头企业、农民专业合作社分别发展到124家、1180多个。

种植业

昌邑市农业局按照“政府引导、市场运作”原则，认真落实政策性农业保险政策，创建省级粮食高产示范方7个。全省春季农业生产现场会议对昌邑市粮食高产创建0.67万公顷示范方进行观

• 农业特色种植基地——奶莓园

摩，推广粮食绿色增产技术，提高粮食生产水平。认真落实强农惠农政策，落实耕地地力保护补贴面积 4.12 万公顷，发放补贴资金 7727.8 万元。推动了昌邑市粮食生产和经济社会发展。

【粮食生产】 2016 年，全市粮食总播种面积 8.29 万公顷，总产量达到 54.79 万吨，其中小麦种植面积 4.09 万公顷，平均单产 439.4 公斤 / 亩，总产量 26.94 万吨；玉米播种面积 4.2 万公顷，平均单产 442 公斤 / 亩，总产 27.85 万吨。

扎实推进粮食高产创建工作。实施农业部粮食高产创建示范片 53 个，省政府粮食高产创建示范方 7 个。全省春季农业生产现场会议对昌邑市粮食高产创建 0.67 万公顷示范方进行观摩，推广粮食绿色增产技术，提高粮食生产水平。与青岛农业大学合作建立粮食绿色生产技术试验示范基地，集成试验示范绿色生产技术，实现“一控两减三提高”目标。认真落实强农惠农政策，落实耕地地力保护补贴面积 4.12 万公顷，发放补贴资金 7727.8 万元。统计核定小麦收获面积 3.33 公顷以上种粮大户（家庭农场）453 户，每亩按照 60 元标准进行补贴，每户最高补贴 1.2 万元。坚持按照“政府引导、市场运作”原则，认真落实政策性农业保险政策，有效减少自然灾害对农业生产的影响，政策性小麦保险投保面积 3.08 万公顷，政策性玉米保险投保面积 2.71 万公顷。

【经济作物提质增效】 积极实施山东省首批农产品产地初加工项目，提升产业化水平。重点支持合作社、家庭农场建设果品蔬菜冷藏库等贮藏保鲜设施。通过 7 个合作社和 7 个农户，补助新增冷藏容量 3400 吨，补助资金 255.5 万元。4 月 28 日，全省种植业结构调整现场观摩会议对昌邑市农业结构调整现场进行观摩。12 月 8 日，《农民日报》头版刊登《激活现代农业转型升级内动力——山东昌邑市农业转方式实现绿色崛起探访》，对昌邑市围绕推进农业供给侧结构性改革，坚持绿色发展，积极转变农业发展方式，实现绿色崛起工作进行宣传报道。

全市棉花种植 0.37 万公顷，产量 0.47 万吨；花生种植 0.2 万公顷，产量 0.79 万吨；蔬菜种植 0.87 万公顷，产量 49.3 万吨，其中大姜种植 0.41 万公顷，产量 27.9 万吨。

【农产品质量安全监管】

集中整治农资市场，把好农产品投入关 2016 年，对进入昌邑市农资市场的各类经营主体和产品严格进行资质审查，共登记备案农资生产企业 76 家、种子品种 82 个、化肥产品 126 个、农药产品 1458 个、农资经营单位 507 家。积极开展春秋季农资打假、农药集中整治等行动，采取拉网式大排查、突击检查等形式，集中力量对农资生产、销售相对集中的区域及批发市场、专业市场和集散地进行重点检查，对具有多次违法行为记录的经营户及乡村流动商贩进行重点监控，不留死角、不设盲区，共出动执法车辆220多车次、执法人员660多人次，共检查规范农资门店2200多个次。在“三夏”“三秋”生产和大姜、土豆种植储存等农忙时节，实行定期定点例行检测和动态检测相结合的原则，增加质量抽检密度，对群众反映强烈和问题突出的区域、产品、企业进行重点检测，依法及时公开检测结果，共抽检农药产品22个、肥料产品60个。充分发挥举报热线、市长公开电话的作用，做到“有报必接、有接必查、查必到底”，加强信访举报线索的核查处理。认真梳理线索，加大市场检查频次和案件查处力度，切实维护农民群众的合法权益，共调解处理纠纷90多起、立案查处15起、罚款10.65万元，有力地震慑生产经营违法行为。采取召开农资监管工作会议、举办农资经营人员培训班等形式，安排全年农资监管工作任务，宣传培训农业相关法律法规，讲解农资经营具体事项，确保农资经营人员懂法、守法，共培训农资经营人员580多人次。引导成立昌邑市种子商会，充分发挥信息交流、技术培训、信用建设、市场营销、监督约束等作用，规范种子市场秩序，有效解决种子质量纠纷，会员单位46家。充分利用电视、报纸、网络等媒体进行宣传，依法推介一批质量可靠、信誉度好的农资企业和产品，组织11家诚信单位开展“放心农资下乡进村活动”，共出动宣传车60多车次，接受群众咨询达300多人次，悬挂标语横幅60多条，印发《昌邑市农产品用药规范》《大姜病虫害防治技术》等宣传材料5万余份。

建立健全农产品生产监管常态化责任体系 市级成立农产品质量安全管理办公室，镇级成立集农业技术推广、农产品质量安全监管、农产品快速检测“三位一体”的农产品质量安全工作机构，村级设立农产品质量安全管理员。按照“属地管理、分工负责”原则，全面推进质量安全管理工作。加强市农产品质量安全执法监管力量，将市农业执法监察大队调整为人员编制35名的市农业综合执法大队，内设综合科、农业执法中队、畜牧执法中队和农机执法中队。扩大执法队伍，提高执法能力。将农产品质量安全工作的各项任务、目标和措施进行量化分解，规范各级在农产品生产中的责任。制定考核奖惩办法，将农产品质量安全工作列入科学发展观考核内容，根据完成情况纳入对镇街区的年度工作考核。特别对农业标准化生产基地建设与管理、“三品一标”品牌认证、快速检测体系运转、农资经营店监管以及镇村监管队伍建设等重要指标情况，定期调度、定期督查、定期考核，随时掌握工作动态。对发现的问题，及时督促整改，确保农产品质量安全工作真正取得实效。

建立健全农业化学投入品源头化监管体系 实行农业化学投入品登记备案准入制度。凡是产品在昌邑市农资市场销售的生产企业，必须进行资质审查。具有合法资质，其产品方可进入昌邑市农资市场。对进入昌邑市的农业化学投入品，进行严格的审查登记备案，从生产许可证、质量标准证、产品登记证等方面，进行严格资质审查，产品必须符合国家规定并且适合昌邑市农业生产方可进入昌邑市场，不合格的坚决不予备案。对所有农资经营单位进行严格的资质审查，对辖区内所有农药生产经营单位按照“六有”标准进行全面整顿，掌握生产经营状况，100%纳入监管范围，符合经营农业投入品规定条件，方可经营农资。全年登记备案企业76家，登记备案种子品种40个、化肥产品80个、农药产品1080个，登记备案农资经营单位507家。

实行农业化学投入品可追溯制度。建立健全“两账一卡”，即进货台账、销货台账、信誉卡。所有经营单位都必须详细记录进货来源、批号、进货时间、销售去向、销售时间、购货单位（或购货人），要如实开具进货发票、销货发票，做到有据可查，产品可追溯。

实行农业化学投入品动态管理制度。全面整理辖区内农资经营店清单。在搞好登记备案准入的前提下，加大市场监管力度，首先是对市场进行拉网式检查，不留死角；加大产品抽检力度，对检查出的合格产品进行推广，存在小问题的限期整改，假冒伪劣产品依法予以严厉处罚，并对相关责任人予以处理；加强联合执法，与市场监管、公安等部门进行联合执法，加大执法力度，广造声势，对农业化学投入品管理始终保持高压态势。对配送企业实行信誉等级评价制度。对守法经营、诚信经营的给予表彰，对违规违法经营的，给予通报批评、警告、挂黄牌、取消经营资格等处理。

在执法中，加大市场检查力度。积极开展春秋季农资打假、农药集中整治等行动，采取拉网式大排查、突击检查等形式，集中力量对农资生产、销售相对集中的区域及批发市场、专业市场和集散地进行重点检查，对具有多次违法行为记录的经营户及乡村流动商贩进行重点监控，不留死角、不设盲区，出动执法车辆220多车次、执法人员660多人次，共检查规范农资门店2200多个次。增加质量抽检密度。在“三夏”“三秋”生产和大姜、土豆种植储存等农忙时节，实行定期定点例行检测和动态检测相结合的原则，对群众反映强烈和问题突出的区域、产品、企业进行重点检测，依法公开检测结果，共抽检农药产品20多个、肥料产品60多个。加大案件查处力度。充分发挥举报热线、市长公开电话的作用，做到“有报必接、有接必查、查必到底”，加强信访举报线索的核查处理。针对制售假冒伪劣农资的重点产品、重点单位、重点区域和重点环节，认真梳理线索，加大市场检查频次，切实维护农民群众的合法权益，共调解处理纠纷70多起、立案查处14起，有力地震慑生产经营违法行为。同时，大力开展宣传培训，举办580多人次的农资经营人员培训班。引导40多家种子经销企业成立昌邑市种子商会，组织11家诚信单位开展“放心农资下乡进村活动”，共出动宣传车60多车次，接受群众咨询达300多人次，悬挂标语横幅60多条，印发《昌邑市农产品用药规范》《大姜病虫害防治技术》等宣传材料5万余份。

建立健全农产品生产基地规范化管理体系

• 全省春季农业生产现场会在昌邑召开

对农产品生产基地登记备案，填写果蔬基地备案信息表，明确基地经营主体、生产面积、年产量、产品销售等内容。加强基地管理，每个基地产品最低达到无公害农产品标准，基地实行“五统一”（统一供应生产物资、统一制定质量标准、统一组织生产管理、统一进行技术指导、统一检测收购销售）管理模式，建立田间管理、农业投入品、产品检测和产品销售记录档案，建立系统的基地监管查询系统。

对符合标准的农产品发放产地准出证明，建立产品信息档案，详细记载种植品种、农业投入品使用及产品收获上市时间、农药使用安全间隔期等相关信息，使入市农产品有源可溯。

实行产品质量追溯制，重点突出果蔬产地安全、生产记录、包装标识和市场准入的全程可追溯管理，将产地、用药情况、户主姓名和生产日期等记录在案，让产品信息有据可查。

全市共有农业标准化生产基地12处，农产品标准化生产程度达到80%以上。

建立健全农业科技推广特色化服务体系 按照《潍坊市农业标准规范汇编》《昌邑市大姜标准化生产技术规程》《昌邑市马铃薯标准化生产技术规程》等，逐步提高农业标准化生产程度。坚持分类指导，培育一批示范园区和农产品品牌。认证无公害农产品、绿色食品、有机食品和地理标志产品。累计认证农产品“三品一标”品牌31个，农产品品牌认证率提高到60%以上。积极与农业企业、科研院校等单位建立产学研合作关系，试验示范推广农产品质量安全新技术，推广绿色病虫害防控技术、测土配方施肥技术、生物秸秆反应堆技术，解决农民在标准化生产中遇到的技术难题。

建立健全农产品网络化检测体系 建立由市检验检测中心、镇街区快速检测室、基地（市场）检测室三级组成的布局合理、职能明确、运行高效的农产品质量安全检测工作机制。昌邑市级每月抽检一次，每次抽检样品不少于100个，检测重点为蔬菜、果品生产基地、批发市场。镇街区快检室开展农残速测工作，对农业标准化基地农他品在上市前进行100%样品抽检；利用集日对其他上市农产品进行抽检，平均每月抽检样品200个以上。同时，对抽检合格的出具合格证明和产地准出证明，实行二维码追溯，并进行公开公示和检测资料留存。

建立健全农业企业质量安全诚信体系 通过开展道德、法律教育和诚信管理知识培训，进一步提高农业企业诚信意识、自律意识、社会责任意识。建立农业企业产品质量诚信档案和“红黑名单”制度，定期评价、发布农业企业质量安全诚信信息，对诚信农业企业予以表彰，对因失信造成农产品质量安全产生重大影响的企业，要依法进行处理。加大宣传力度，强化政府监管、行业自律和社会监督，逐步建立起农业企业质量安全诚信体系。

2016年，昌邑市被国家质检总局公布为国家级出口食品农产品质量安全示范区。

【提升农业持续生产能力】 减少农业面源污染。全面加强农业面源污染防控，科学合理使用农业投入品，提高使用效率，减少农业内源性污染。推广高效、低毒、低残留农药、生物农药和先进施药机械，推进病虫害统防统治和绿色防控，建立农作物病虫绿色防控示范基地，大力推进专业化统防统治与绿色防控融合，到2020年农作物病虫害统防统治覆盖率达到40%以上，努力实现农药施用量零增长。

2016年，大力推广测土配方施肥、水肥一体化等技术，依靠科技进步，减少化肥使用量，优化肥料投入结构，加快转变施肥方式，深入推进科学施肥，实现水肥同步管理和高效利用，进一步提高农产品质量安全水平和农业可持续发展能力。结合昌邑农业生产实际，在充分调配的基础上制定《昌邑市2016—2020年化肥减量使用行动方案》《昌邑市关于加快发展节水农业工作的指导意见》《昌邑市加快水肥一体化技术提质增效转型升级实施方案（2016—2020年）》等文件，加强测土配方施肥、水肥一体化等技术的推广、应用和指导。全年累计推广测土配方施肥技术面积9.37万公顷，农作物测土配方施肥技术覆盖率达到91%；水肥一体化技术应用面积达到0.11万公顷，耕地质量稳步提升，农业面源污染明显减少，农村生态环境显著改善。

畜牧业

【概况】 2016年，昌邑市畜牧兽医管理局坚持数量、质量和效益并重，全面推进标准化养殖场创建和畜牧业面源污染治理，建设病死动物无害化处理长效机制，抓重大动物疫病防控和畜产品质量安全监管，全年无重大动物疫病和畜产品质量安全事件发生。通过转方式调结构，畜牧业生产实现稳中提质、稳中增效，保障畜产品有效供给。全市生猪存栏41.9万头，其中能繁母猪存栏4.5万头，生猪出栏63万头；家禽存栏620万只，其中蛋鸡存栏79万只，家禽出栏4199万只；牛存栏4864头，其中奶牛存栏2645头，肉牛出栏1045头；羊存栏4.4万只，出栏4.1万只；肉类总产量11.4万吨，禽蛋产量0.9万吨，奶类产量0.6万吨，与上年同期相比，稳中有增。昌邑市益嘉家禽养殖合作社与新希望六和股份有限公司合作投资1600万元，建设12万只蛋鸡示范基地。昌邑市利鑫养殖有限公司与上海伟国肉鸭产销有限公司合作投资2800万元，建设20万只肉鸭养殖示范基地。共有35家企业通过无公害畜产品认证，其中新增3家，完成“三八六”环保行动无公害畜产品认证年度任务。

【畜产品质量安全】 加强动物卫生监督执法，全市建成14处检疫申报点，检疫电子出证规范运行；充分发挥691名村级畜产品质量安全协管员作用，初步建立市、镇、村三级动物产地检疫工作体系。从产地检疫、产品检疫、奶站监管、“瘦肉精”检测等方面加大监管力度。2016年共出具动物检疫猪37.72万头，家禽8399.03万只，鸡产品14.36万吨，鸭产品6.1万吨，猪产品1.34万吨；落实养殖场监管责任，严格畜牧投入品监管，建立健全规模养殖场监管档案；加强畜禽屠宰行业规范管理，督促屠宰企业履行产品质量安全主体责任，2016年全市5家定点屠宰企业检出病害猪（产品）260头，采取焚烧等无害化处理措施；建立健全动物检疫监管的长效机制，打击生猪宰前使用“瘦肉精”行为，养殖环节瘦肉精检测9968份，屠宰环节瘦肉精监督检测5920份，全部检测均未阴性。严厉查处各类违法违规行为，全年组织开展动物卫生监督执法案件专项督查行动，出动执法车辆94次，出动执法人员282次，发放宣传材料及责任书161份，培训人员两场200人次，督查养殖场86个，屠宰场63个，诊疗场所3个，立案查处单位4家，违法处罚金额1.11万元。开展打击私屠滥宰和加工制售病死畜禽违法犯罪行为专项整治行动，查处1起私屠滥宰案件。

【畜牧污染综合治理】 根据昌邑市人民政府制定的《关于划定昌邑市畜禽养殖禁养区、限养区、适养区的意见》，科学划分畜禽养殖区域，合理划定禁养区、控制养殖区、养殖场区，新建、改扩建的养殖场严格进行环境影响评价，做到治污设施与主体工程同时设计、施工和使用。推进农牧结合与粮改饲项目建设。全市新增食草动物3000头只，构建粮饲兼顾、农牧结合、循环发展的新型种养结构，提高秸秆饲料化利用率达46%以上。全市以潍坊丰瑞农业科技有限公司为代表，种植优质苜蓿300公顷；以北方联牛潍坊分公司为代表，全株玉米青贮总量达3万吨以上。推行生态养殖模式，减少畜牧业面源污染。结合基层农技推广补助项目，确定1个基地和15个示范户，主推畜禽粪污无害化处理技术和生态养殖模式。大力推广发酵床和生物菌技术，积极实施“农作物秸秆—青贮饲料—养畜—种植”“畜—沼—粮”等循环养殖模式，全市利用发酵床等自然生态养殖模式的养殖场260家，发酵床总面积8万平方米，全市利用生物技术的养殖场达900家，粪污排放量减少20%。推广“干湿分离、粪污制肥；节水养殖、废水回用；沼气净化、沼液施肥；种养结合、设施配套”的循环养殖技术，全市新建粪污处理设施示范工程3处，新建、改建标准化规模饲养场3个，畜禽粪污综合利用率达86%。昌邑市委托峡山区病死畜禽无害化处理中心（潍坊市鑫中鑫生物科技有限公司）承担全市病死畜禽无害化处理工作。2016年，与全市养殖户签订病死畜禽无害化处理承诺书4000份，发放宣传图1500张，共无害化处理病死猪29.4万头、家禽1.41万公斤，牛9头，羊4712头，2016年无害化处理省级补贴资金拨付166.88万元。

【培育新型经营主体】 紧紧围绕生态养殖、兽药饲料、屠宰深加工等产业，坚持“扶优培强”原则，着力培育壮大一批大企业，不断壮大主导产业，支持企业加快转变发展方式提质增效。全市建成畜牧龙头企业21家，其中省级1家、潍坊市级20家；出口注册企业1家，产品出口达20多个国家和地区；12家企业获得北京、上海等大城市畜产品市场准入资格；大型畜牧机械制造企业3家；畜产品加工企业56家，年生产能力40万吨。新希望六和饲料股份有限公司与昌邑市益嘉合作社合作投建总规模20万只现代化蛋鸡场，建筑面积6460平方米，年可生产优质鸡蛋4032吨，年可实现销售收入3024万元，费后利润329万元。通过益嘉合作社辐射带动发展养殖场100多个，肉鸡、肉鸭存栏达到200万只，受益农户80多户。全市建立各类畜牧合作组织150多家，2500多户养殖场（户）加入合作组织。

【兽药饲料企业监管】 全市拥有兽药GMP生产企业2家，饲料生产企业39家，GSP兽药经营企业52家，其中2016年新增14家，兽用生物制品1家。兽药经营企业全部实施兽药追溯系统监管和兽药经营告知制度，全市共经营告知品种728个，从兽药的生产、销售、使用实现全程可追溯。重点加强对饲料、兽药经营市场和饲料、兽药生产环节的管理。全年出动执法人员2080人（次），监管检查兽药生产、经营企业、饲料生产企业。发现不合格产品，依法从严查处。2016年，组织开展兽药、饲料、饲料添加剂等专项整治行动14次，对存在的生产记录不完善、消毒设施不健全、抽检不合格的2家饲料生产企业和2家饲料经营企业下达限期整改通知书，查扣抽检不合格的饲料生产经营案件

• 9月13日，秋季重大动物疫病防控暨畜牧面源污染治理工作现场调度会

4 起，按程序移交农业综合执法大队处理。

【重大动物疫病防控工作】 制订《昌邑市2016 年动物疫病强制免疫计划实施方案》，强化基层防疫队伍建设，完善村级动物防疫员管理办法，举办村级动物防疫员培训班，共计培训各类人员 1400 余人次，与 691 名村级动物防疫员签订责任状；制定《2016 年昌邑市动物疫病监测与流行病学调查计划》，组织做好全市动物疫病监测与流行病学调查，抓好免疫和监测，实施规模饲养场程序化免疫和散养畜禽集中免疫相结合的免疫方式，严格落实月月补免制度，做到饲养畜禽应免尽免、不留空当。组织全市开展高致病性禽流感、口蹄疫、猪瘟等 4 种重大动物疫病春、秋集中强制免疫，全市共免疫注射猪口蹄疫疫苗 120 万毫升、禽流感疫苗 1216.8 万毫升，鸡新城疫—禽流感二联活疫苗 1000 万羽份，全面完成昌邑市的强制免疫任务。动物免疫标识佩带率达 100%。2016 年，检测各类畜禽血清样品及病原学样品 119 批次 3878 份，其中禽血清样品 1400 份，猪血清样品 870 份，牛血清 300 份，羊血清 250 份；根据潍坊市下达的抽检计划，中心共配合省局、市局采集共送检样品畜禽血清样品 627 份，咽喉/泄殖腔棉拭子 102 份，气管、肺、肝各 210 份，野鸟粪便 20 份。结果反馈抗体水平均达到要求。全年未发生大规模疫病和重大动物疫病，在昌邑市范围内未发现动物 H7N9 流感发病病例。

水　利

昌邑市水利局认真学习中共十八届三中、四中、五中全会精神，按照省水利厅、潍坊水利局的部署，结合昌邑的实际开展保城乡居民生活用水、保经济社会运行安全、整修河流、加强水资源保护工作，在 2016 年度承担的潍坊科学发展综合考核招标位列潍坊市第 4 名。

【抗旱防汛】 争取潍坊市抗旱资金 65 万元，昌邑市累计投入抗旱资金 545.28 万元，人力 3.5 万人次，新打机井 308 眼，维修机井 38 眼，启用各类机井 1.6 万眼、泵站 4 处、机动抗旱设备 1.2 万台（套），安排抗旱用电 32.48 万度，抗旱用油 664.6 吨，为抗旱工作的顺利开展提供有力保障。同时，扎实稳妥做好防汛工作。市政府于 5 月 13 日召开全市防汛抗旱指挥部成员（扩大）会议，对防汛工作任务及要求进行全面部署。市政府与各镇街区及有关部门单位签订《防汛责任书》，市防汛抗旱指挥部制定下发全市防汛工作意见，市城区防汛指挥部下发关于城区防汛的意见。市防汛抗旱指挥部办公室派出 4 个防汛检查督导组，对全市 10 个镇（街区）的防汛责任制落实、水毁工程修复、河道清淤除障及防汛抢险料物储备、队伍配备等情况进行督导检查。进一步健全完善防汛信息指挥系统。市防指和水利部门与潍坊市防指和省防指 24 小时实时连接防汛视频会商系统，全天候监控全市主要河道及防汛重点设施度汛情况。加强防汛值班执纪。进入汛期以来，防办昼夜 24 小时值班，坚持领导带班和工作人员值班双岗双责，严肃防汛纪律，及时上情下达，时刻关注雨情、水情、工情、灾情，为度汛安全发挥重要作用。

【市级重点工作】 水资源管理保护行动。按照市政府制定下发的《昌邑市人民政府关于加强水资源管理保护的实施意见》《昌邑市人民政府办公室关于切实做好水资源管理保护重点工作的通知》部署安排，水利局将实施水资源管理保护行动作为首要任务，列入工作的议事日程，成立专门行动领导小组，配齐工作班子和人员队伍，对市政府确定水利局牵头的 10 项工作任务，按照目标要求和责任分工，逐项抓好落实，取得明显成效。强力封闭自备井。水利、住建、公安、城管等有关部门、单位及镇街区成立联合执法队伍对主城区范围内的自备井，特别是城中村自备井、居民小区内隐藏的自备井及城外村生活自备井进行全面排查整治。对取水许可证到期、自来水供水能力又能满足企业要求的，强制使用自来水，对其现有自备井下达限期封闭通知书进行封闭。查出需整改的自备井58眼，已整改结束。需封闭的自备井16眼，已于4月20日封闭结束。强化水资源管理。严格水资源论证和取水许可审批制度，严厉查处拒缴、欠缴水资源费和阻挠水资源管理保护行动的各类水事违法案件，营造良好的水事秩序。加大水资源费征收力度。根据潍坊市发改委、财政局、水利局《关于调整水资源费征收标准的通知》精神，从2015年10月1日起执行新的水资源费收费政策，切实做到应收尽收。加快洗姜厂节水改造项目建设。琨福洗姜场，将整体搬迁到206国道以南1000米处，现已报经市政府批准，征地手续基本办妥，已开工建设，计划12月底完工。宏大洗姜厂将搬迁到宏大市场以南，节水改造工程已完成部分循环水工程。加大宣传力度。为增强广大群众的水危机意识和水生态保护观念，加快建设节水型社会，3月22日至28日“世界水日”“中国水周”期间，水利局会同有关部门充分利用电视、广播、报刊等新闻舆论媒体和等活动，广泛深入地开展市情、水情宣传教育，强化水资源管理保护舆论监督和教育引导，在全市上下形成珍惜水资源、保护水生态和节约用水的良好风尚。

2016年度农田水利项目县。总投资1947.52万元，发展高效节水灌溉面积0.12万公顷，涉及围子、饮马两个项目区，共新打机井159眼，维修机井56眼，铺设低压管道115千米，安装喷灌带35千米，新建蓄水池1座，新建扬水站1座，新安变压器8台套。年节水227.2万立方米，年新增粮食生产能力达161.7万公斤，年增效益249万元。项目于2016年1月开工建设，2016年7月全面竣工投入运行，顺利通过省级验收。

承担的潍坊科学发展综合考核指标。2016年度昌邑市全年用水总量为1.1675亿立方米，完成年度用水总量控制目标；工业用水重复利用率67.76%，农田灌溉用水有效利用系数为0.6667，高效节水灌溉项目区灌溉水利用系数提高到0.8，完成年度用水效率控制目标；潍河潍坊饮用水源保护区、潍河农业用水保护区等5处水功能区水质达标率为40%，比上年度明显改善，达到年度水功能区水质达标率控制目标，较好完成各项控制目标任务。

【重点水利工程建设】 潍河城区段河底整治工程。总投资1300万元，完成全长8.12千米（潍河金口大桥上游50米处向北至城北橡胶坝）的河底整治工程，对河槽进行清淤扩挖、土方整理、院校中街桥段右岸2000米滩地防护，金口闸下游右岸110米险工和城东橡胶坝上游400米险工进行护砌。工程于3月1日开工建设，4月22日竣工。

2015年—2016年冬春农田水利基本建设任务。完成总投资17642.52万元，扩大和改善灌溉面积

昌南水厂参加省级规范化先进单位评审验收

0.64万公顷，发展各类节水灌溉面积0.64万公顷，疏浚河道18.1千米，清淤灌排沟172.4千米，新打机井1047眼，配套维修424眼，新建大口井146眼，新建配套灌排泵站18座，新建配套建筑物363座。工程于2015年9月开工建设，2016年4月竣工。

2016年度大中型水库移民后期扶持结余资金项目。完成投资225万元，水泥硬化村内道路8475.2平方米，清淤湾塘1座，改造自来水各类管道19.7千米，新建水表井77座，建设高效节水灌溉工程1处。2016年11月开工建设。项目完成后，解决7个移民村的农村饮水安全、交通道路、农田灌溉问题，显著改善移民安置村的基础设施状况和生产生活条件。

蒲河生态修复工程。经市政府批准，水利局委托昌邑市政府采购中心对该工程设计进行公开招标，4月20日开标，工程设计单位由潍坊市水利建筑设计研究院中标，11月，工程勘察设计工作完成，预算总投资4279.5万元，11月11日通过潍坊市水利专家评审。

【胶东调水】

引水送水工作　2016年，青岛、威海、潍坊、烟台四市旱情持续发展，汛期水利工程未能有效进水，蓄水量严重不足，可饮用水源难以保障，水资源供需矛盾突出。面对严峻的抗旱形势，昌邑管理站严格按照省胶东调水局、潍坊分局统一调度，做好为青岛、威海、潍坊、烟台4市引水送水工作，全年连续不间断引水送水，是工程投入运行以来运行时间最长、引水流量最大、引水量最多的一年，全年昌邑段过水量8.88亿立方米（相当于峡山水库兴利库容的1.5倍）。通过胶东调水工程实施应急抗旱调水，实现烟台威海两地引入长江、黄河客水的历史性突破，缓解胶东地区旱情，基本保障胶东四市用水安全。

分水工作　按照调水供水任务，积极协调，配合水利局为昌邑市争取分水量200万立方米，潍河上游水量下泄800多万立方米，为昌邑城区补给地下水，缓解城市生活用水矛盾，基本保障昌邑用水安全，也保障地方经济发展和社会的和谐稳定。

【自来水公司】

水厂建设　为缓解水源严重不足的现状，应对供水高峰季节北部沿海镇、开发区工业生产和居民生活供水服务压力不足的问题，经实地考察论证，报市政府批准，在潍河东岸拱桥以北800米处，投资579万元新建应急水源地一处。增加日供水量19200立方米，大大缓解北部沿海供水紧张的局面。

● 胶东调水机组检修

● 自来水公司应急水源地工程

管网改造建设 投资661万元完成管网改造铺设。铺设改造管网10388米，主要包括城里街、利民街（无名路至文昌路）、南金水源地、辛安庄大桥、新昌路（富昌街至院校街）、鹏昊大道、都昌供水站、滨海开发区六干渠等，安装消防栓36个。

潍河河底整治施工现场

水费收取 调整供水价格，出台城区居民用水阶梯水价制度。结合昌邑市实际，本着充分体现保护居民基本生活、促进节约用水的原则，经市物价局成本监审、听证会通过，并报市政府同意。自2016年4月1日起，调整供水价格，制定出台城区居民用水阶梯水价制度。

水质监测 加强水质检测人员的培训力度，提高业务技能和人员素质。进一步完善水质保障措施和质量管理体系，初步建立起快速的水质突发事件应急预警监测处置能力。对2个水厂出厂水、水源水安装在线检测设备，纳入智慧昌邑管理平台，实行24小时动态检测。加大水质信息公开力度，及时通过公开栏、户外显示屏、住建局网站向社会公布水质检测数据，让人民群众喝上放心水、洁净水。顺利通过省住建厅水质检测C级实验室的认证。

【潍河管理】 2016年，建立完善河道巡查工作责任制相应规章制度。认真贯彻落实《河道管理条例》和上级指示精神，不断加大管理力度，采取日常巡查、接警执法、联合执法的做法，对破坏河道上的水利工程和防汛工程以及各种违法行为进行严厉打击和彻底查处，2016年共查处违法案件50余起。

砂资源管理 抓好长效管理。建立健全砂资源管理机制，明确分工，健全队伍，落实责任。始终坚持一线执法，采取日常巡查、迂回执法、110接警和集中联合执法等方式加大执法力度。无论昼夜还是节假日，在市公安局护砂大队积极配合下随时赶赴现场执法。2016年夜间接警执法达124次，查扣违法车辆24辆，查处非法采砂案件36起，有力打击非法采砂行为。积极配合潍坊市水利局潍河管理处开展联合执法行动。在潍坊市组织的统一行动中，行动迅速，积极协助，完成执法任务。受到潍坊市水利局领导的高度赞扬。连续6年被潍坊市水利局评为河道管理先进单位。

专项维护工作 为确保潍河大堤堤防安全，保证汛期安全行洪，建立汛期值班巡查制度，落实工作责任制。在汛期前，对昌邑市所辖潍河大堤进行全面细致排查，特别是对险工险段实行重点检查，对排查中发现的险情隐患，急需维修加固堤段及时向市防汛指挥部汇报，进行维修，进入汛期局领导班子成员带头实行全员24小时值班制度，夜间值班人员统一在单位值班室上岗，特殊天气重点调度，确保潍河安全度汛。

包村联户工作 根据市委包村联户工作部署，昌邑市潍河管理局派出第一书记帮扶省级贫困村北孟镇李家井村，帮助新打机井6眼、帮扶抗旱资金3万元，硬化道路资金4万元，帮扶资金12万元，走访贫困户18户次，加快该村脱贫致富步伐。

海洋与渔业

昌邑市濒临渤海莱州湾南岸，海岸线长59.57千米，海域总面积681.68平方千米。2016年，全市海淡水增养殖面积2.82万公顷。拥有各类渔船263艘，计2.8万马力。全市水产品总产量达到20.26万吨，渔业总产值达26.56亿元。养殖业注重发展工厂化养殖、海水池塘养殖、浅海扇贝养殖及新品种的引进与推广。养殖产量18.233万吨，产值18亿元。大力实施近海渔业资源修复行动计划，2016年，中央、省、市财政投资1158万元，增殖放流虾、蟹、贝类苗种3.5亿尾（粒）。

昌邑市海洋与渔业局获山东省海洋与渔业系统先进集体、山东省伏季休渔工作先进集体、海洋环境应急监测先进单位（国家海洋局烟台管区）等称号。2016年11月顺利通过省级文明单位复评。

【现代渔业建设与发展】 昌邑市海水养殖总面积2.8万公顷，主要包括海水池塘养殖面积0.17万公顷，滩涂贝类增养殖面积1.33万公顷，浅海筏式扇贝养殖面积1.2万公顷，工厂化养殖面积45万平方米，海水育苗4.2万立方水体，主要分布在昌邑市北部沿海海域及下营、柳疃和龙池3个沿海乡镇，主要养殖品种包括海参、大菱鲆、半滑舌鳎、对虾、梭子蟹、扇贝和青蛤等。

海水育苗 全市有水产苗种生产企业13家，育苗水体达到4.2万立方米，梭子蟹、对虾和海肠等品种的苗种繁育技术位居全省前列。2016年，培育优质梭子蟹苗2100万只、对虾苗2.7亿尾、海蜇苗5650只，大菱鲆、半滑舌鳎等苗种300万尾。2016年，浩源省级单环刺螠原种场通过评审，全市现有省级（原）水产良种场5个。

种业提升 中国对虾良种基地提升建设项目，计划总投资为203万元。其中，省财政补助资金100万元，自筹资金103万元，主要用于物联网、展示厅建设，亲本更新及车间设备、实验室仪器设备提升。改善育苗车间的养殖环境，优化中国对虾工厂化养殖车间的养殖结构，扩大优质产品生产面积；通过建立物联网、监控室，实现厂区视频监控的全覆盖；通过进行安装渔业通远程监控系统，通过在线监测和智能控制，实现与省“一张图”的无缝对接。

海参池塘养殖 0.17万公顷海水养殖池塘主要分布在2771项目区虾场、潍东虾场、蒲东虾场，以养殖海参、南美白对虾、日本车虾、三疣梭子蟹为主。2016年，全市海参池塘养殖总面积达0.13万公顷，年产量2000吨。

工厂化养殖 全市有工厂化养殖大棚490余个（主要分布在潍河两岸），养殖品种包括大菱鲆、半滑舌鳎、对虾、牙鲆等，年产商品鱼0.49万吨左右。

浅海扇贝养殖 全市扇贝养殖面积达到1.2万公顷左右，养殖年产量2.7万吨。

品牌渔业 稳步推进“三品一标”（无公害、绿色、有机农产品。地理标识）认证工作，全市“三品一标”覆盖率达到80%以上。全市已建成无公害水产品基地15家，认证无公害水产品34个，国家地理标志类产品12个，省著名商标1个。

园区建设 大力开展水产品质量安全示范园区创建工作，已建成国家级健康养殖示范场6家，省级现代渔业园区7家，潍坊市级水产品质量安全绿色示范园区9家。

【渔业资源修复】 2016年，全市增殖放流投入资金1158万元，进行海洋增殖放流12次，完成“海上粮仓”建设发展资金增值放流项目，放流品种包括海蜇、三疣梭子蟹、中国对虾、半滑舌鳎、牙鲆5个品种，放流数量达3.5亿单位，圆满完成放流任务，改善昌邑市近岸水域生态群落结构，有效增加渔业资源群体数量。

【渔业科技】 2016年，以海参、大菱鲆、半滑舌鳎和南美白对虾为主导品种，刺参池塘安全度夏及健康养殖技术、鲆鲽鱼工厂化及循环水养殖技术、池塘水质综合调控及节能减排技术、南美白对虾池塘养殖病害生物防控技术为主推技术，全力做好渔业技术示范与推广工作，聘用指导员30名，遴选示范户300户，科技指导服务2000余人次，发放技术宣传资料6000余份，编印工作简报8期向指导员、示范户发放，主导品种和主推技术入户率和到位率达95%以上。组织16名技术指导员分别赴烟台大学、中国海洋大学等省级培训基地培训。组织举办新型渔民培训等各类培训班3期，培训270余人，发放养殖技术手册、惠渔政策文件等材料1000余份。为水产养殖企业安装“渔业通”平台2套。截至2016年12月，全市已建成水产养殖试验基地、示范基地、教学科研基地等各级各类基地11个。

【水产品质量安全】 积极开展水产品质量安全监督检查。积极配合上级部门对昌邑市无公害产地、健康养殖示范场、水产品质量安全生产示范园区、获证苗种生产企业、增殖放流点以及水产品销售市场进行药残抽检。全年共抽检水产品及投入品样品516批次，已检报告抽检合格率100%。其中，配合农业部、省级、市级对昌邑市水产品质量安全监督抽检、海水贝类产品卫生监测和渔用投入品风险监测419个批次，已检报告未发现药物残留。昌邑市完成南美白对虾、大菱鲆等主要养殖品种97批次的抽检，检测合格率100%。

【海洋管理】

规划编制　结合昌邑市海域使用现状，稳步推进昌邑市海域使用规划和海洋生态文明示范区建设规划编制工作，《昌邑市海域使用规划》2016年7月经市政府公布实施。

海洋宣传　组织开展6.8世界海洋日系列活动，发放宣传材料800份，向社会免费开放海洋图书室、海洋标本室、海洋环境监测站实验室、渔政海监船舶等涉海公共场所，组织中小学生和市民参观海洋图书室、海洋标本室、无人机、海洋环境监测站实验室等。

海域使用审批　全面贯彻落实《中华人民共和国海域法》，转变管海用海方式，优化海域资源配置，严把海域使用审批闸门，坚持“六个不批”，全年共有确权海域100宗，全年征收海域使用金685万多元，足额上交国库。

岸线修复整治　针对昌邑市岸线设施破损情况，积极争取上级资金，实施岸线修复整治。2016年6月，潍河入海口东侧海岸带整治修复项目开工，总投资3109.9万元，争取上级资金2300万元。7月，总投资1980万元，省级海域使用金投入1700万元的胶莱河西岸区域综合整治修复（一期）项目获省财政厅、海洋与渔业厅批复，预计2017年6月正式开工。

海洋环境监测预报和海域动态监管　市海洋环境监测站于2016年3月通过省计量认证，初步形成覆盖全市的海洋环境监测预报网络。投资304万元，建成海域动态监视监测管理系统，基本实现海域监管全覆盖。11月，省海洋与渔业厅配备的价值136万元的海域动态监管车到位。全年出海监测4次，采集样品380个，出具监测数据260个，并根据检测数据和标准规范完成水质评价报告，圆满完成年度任务。

【渔政管理】

宣传教育　通过有线电视、广播、出动宣传车、张贴标语、发放明白纸、致公开信及召开座谈会等多种形式在渔港码头、重点渔村等场所进行有关渔业法律、法规宣传。2016年，出动宣传车50多次，张贴标语300多份，发放明白纸800多份。

伏休管理　利用电视、电台播放等形式，宣传国家渔业法律法规和伏季休渔制度，发放伏休

中国科学院科技人员到昌邑市举办野外工作技能培训班

宣传材料800多份，张贴宣传标语、横幅40多张（幅）；召开由各涉渔镇、村、各合作社渔民代表参加的伏休管理工作会议，安排部署本年度昌邑市伏季休渔工作，与渔船船主签订《伏休责任书》；加强伏休执法，规范伏休秩序。整个伏休期间，陆上派出检查车辆74车次，出动执法人员350人次，行程1968千米，检查渔船490艘次；海上派出大小执法船艇40航次，执法人员260人次，航程5000多海里，检查渔船260艘。

安全管理　组织开展渔业生产安全大检查3次，检查渔业捕捞渔船300艘次、养殖渔船409艘次。对渔港码头、加油站、修船厂、电器修理部等行业进行拉网式检查和不定期抽查，确保渔业码头的安全运行。认真落实防台风、防风暴潮应急预案和24小时安全值班与领导带班制度，严格实施大风、恶劣天气渔船回港避风的规定。在收到大风、大浪等恶劣天气及军事演习通知后，及时发送信息，要求渔船按时返港，并出动执法船值守，全年发送信息通知及预警信息85000余条，执法船值班30多航次，保障全年无渔业安全生产事件发生。

船员培训　利用伏休举办职务船员及普通船员培训班8次，培训260人次，全市船员培训率达到98%以上。

抢险救生　研究制定全市海洋渔业抢险救助应急预案，成立市海洋渔业抢险救助应急工作领导小组，设立安全值班电话，安排人员24小时值班，接到求救信号，及时出动进行救援。为切实加大海上抢险救生能力建设，新建1艘100吨级渔政船，配备660马力和500马力渔政海监船2艘，150马力摩托艇1艘，并组建由4艘渔船组成的海上抢险救生船队。2016年共组织海上抢险救生2次，救助遇险渔民5人，挽回经济损失50余万元。

【海洋捕捞】　2016年，全市拥有各类渔船263艘、2.8万余马力，其中450马力以上大马力渔船6艘，全年完成捕捞产量2.03万吨。木质渔船和大部分中型钢质渔船主要在渤海内各渔场生产，捕捞方式以流刺网为主，主要捕捞品种有梭子蟹、虾蛄、光鱼、梭鱼、海蜇、鲅鱼、鲈鱼等，少数中型钢质渔船在黄海北部各渔场从事拖网生产。450马力以上的大马力钢质渔船常年在黄海、东海各渔场从事拖网生产，拖网渔船主要捕捞品种有鳀鱼、鲅鱼、鲐鲅、鱿鱼等。

【项目申报实施】

项目申报　组织申报昌邑市胶莱河入海口西岸区域综合整治修复项目和昌邑海洋生态特别保护区生态修复项目（二期），并于3月19日通过省海洋与渔业厅、省财政厅组织的专家评审。7月，潍坊市财政局、潍坊市海洋与渔业局以潍财综指〔2016〕27号文件对两个项目进行立项批复并下达海洋生态补偿费1900万元。成功申报昌邑市海丰水产养殖有限责任公司省海上粮仓遗传育种中心种业提升工程 1 处，争取上级资金 100 万元；申报 2016 年基层渔技推广体系改革与建设补助项目，申请项目资金 50 万元。

项目实施　严格按照实施方案要求，做好昌邑市潍河入海口东侧海岸带整治修复项目、昌邑海洋生态特别保护区生态修复项目、山东省渤海海洋生态修复及能力建设项目和海洋经济创新项目等重点项目实施工作。昌邑市潍河入海口东侧海岸带整治修复项目已完成总工程量的 72%；昌邑海洋生态特别保护区生态修复项目已完成县级自验；山东省渤海海洋生态修复及能力建设和昌邑滨海湿地修复项目按照实施方案要求按时竣工，于 10 月份通过省海洋与渔业厅组织的专家验收；海洋经济创新项目已完成总工程量的 75%。

林　业

2016 年，全市完成成片造林 0.1 万公顷，有林地面积达到 2.53 万公顷，森林覆盖率达 24.53%。进一步促进苗木产业转型升级，推进高端化、产品标准化、经营集团化、会展专业化、“苗文旅”一体化，全市苗木企业 300 多家，苗木规模达到 0.75 万公顷，存圃量达 1.7 亿株，年产值超过 16 亿元。加强监测预警、检疫御灾，做好林业有害生物防控工作。严厉打击破坏森林资源违法犯罪活动，权力清单和服务清单共 8 项。

【国家森林城市创建】　召开全市创建国家森林城市动员会议，制定下发《潍坊市创建国家森林城市昌邑市实施方案》《关于创建国家森林城市加快生态昌邑建设的意见》《关于分解落实创建国家森林城市工作任务的通知》《昌邑市创建国家森林城市宣传工作方案》等文件。创建森林城市，完成造林 0.61 万公顷，森林覆盖率达 24.53%，城市建成区绿化覆盖 40%。实施国土绿化工程，大幅提升县域绿量，突出抓好滨海林场、防护林带、工业园区绿化等重点工程，新增造林 0.17 万公顷，抓好绿色通道建设，组织实施青银、潍莱、荣乌高速公路沿线绿化林带改造提升工程，抓好下小路、309 国道、206 国道两侧苗木长廊和苗木基地建设，新建改造提升绿色通道 120 千米，完善农田林网，新建完善农田林网 0.93 万公顷，全市初步构建起潍河、绿博园、柽柳林、胶莱河、下营、滨海六大生态林场和“十横十六纵”骨干林带造林绿化大格局。全力实施城乡绿化工程。在城镇，突出抓好道路、新建小区、公园、单位、庭院绿化，进一步健全城镇森林生态系统。在乡村，结合开展农村“五化”（绿化、净化、硬化、美化、亮化）工程，加快“村村绿”进程，全市新建绿化示范村 435 个，绿化出村路及镇街道路 180 万米。饮马镇山阳村被评为“全国宜居村庄示范村”。实施水系绿化工程，打造森林旅游品牌，围绕河流的治理与开发，做好“水绿”结合文章，加快推进潍河、虞河、南水北调输水渠等 11 条水系林带建设，全市完成

● 植树节免费向市民赠送树苗活动

水系绿化275.42千米，重要水源地森林覆盖率达到70%以上。投资3.2亿元的潍水风情湿地公园，种植树木140余万株，150多个品种，被国家住建部评为“国家城市湿地公园”。加强对北部沿海天然柽柳林的生态保护，规划建设昌邑滨海湿地公园，被国家林业局评为“国家湿地公园”。加大创森宣传力度，连续举办“让我们一起来植树”等为主题的生态文化宣传活动，在昌邑电视台、今日昌邑开辟创森宣传专栏，制作6部“中国梦绿色情”为主题的创建森林城市宣传片全市制作宣传牌13块，刷固定标语1800余条，发放相关宣传单2万份。全市举行大型义务植树活动3次，开展“义工林、巾帼林”等4项主题植树活动，完成义务植树100多万株。先后有山东电视台、潍坊电视台和中国绿色时报、中国花卉报、潍坊日报、潍坊晚报等媒体对昌邑市林业发展成绩和“创森”工作亮点进行宣传报道。昌邑市作为潍坊市代表县市顺利通过国家林业局验收，城乡绿化面貌和生态环境得到大幅提升。

【造林绿化】 以“建设生态美丽昌邑，争创国家森林城市”为目标，倾力打造“生态昌邑、绿色昌邑”品牌，扎实推进林业生态体系建设。全年完成成片造林0.1万公顷，其中新增造林0.03万公顷，更新造林0.07万公顷。全市新增绿化达标村7个，绿化出村路和村镇路街50万米，村镇植树100万株。新建林网0.13万公顷，林带长度6万米，完善林网0.27万公顷，林带长度4万米。新建苗木基地200公顷。扎实开展沿海防护林建设。2016年，昌邑市海洋经济新区组团式绿化造林153.33公顷，投资690万元；积极推进生态防护隔离带建设。包括下营、柳疃两个工业园，新增造林面积35.33公顷；加大北部滩涂柽柳造林。完成造林面积53.33公顷；农田林网建设工程。全市完成新建林网0.13万公顷，长度6万米，完善林网0.27万公顷，长度4万米。做好水系绿化工程。着重加强潍河流域林业生态建设，重点抓好潍河生态林场、绿博园生态林场、胶莱河生态林场的断档补植和改造提升工程，继续抓好胶莱河、虞河及引黄干渠绿化，漩河、蒲河、泥河、瀑沙河、南人工河、丰产河、夹沟河等小型河流林带按照每侧不低于30米标准建设。村庄绿化有序开展。按照《昌邑市2014—2016年村庄绿化建设实施方案》，2016年高标准绿化村庄完成221个，出村路及村镇路街绿化长度50万米，植树100万株。加强道路绿化工程。全力抓好高速公路、国省道、县乡道路绿化建设，积极打造多树种、多色彩、多层次、多功能的生态景观长廊，全市新建完善提升绿色通道29千米。

【林业产业】 3月20日，潍坊市委书记杜昌

• 沿河绿化

文到昌邑奥孚标准化苗木生产基地进行专题调研，并对昌邑市苗木产业供给侧改革给予充分肯定。积极促进苗木产业转型，大力推进苗木“五化”经营，以园区（示范基地）建设为抓手，以优质供给创造更多需求，实现产业规模稳步扩张、品牌效应不断放大、经济效益大幅攀升为目标，提升区域生态产业发展水平，扩建奥孚苗木标准化示范基地46.67公顷，全市新建苗木基地200公顷。

6月，山东省林业厅厅长刘均刚专程到昌邑市调研指导经济林产业化发展，对昌邑市经济林发展给予高度评价。昌邑市出台《关于加快特色经济林产业发展的意见》指导全市特色经济林发展，形成以潍河流域金丝达元宝枫、下营鼎立核桃为主的特色经济林产业。金丝达元宝枫榨油项目投产运行，鼎立薄壳核桃成功与省农科院、山东农业大学合作，生产基地成功获得“山东农业大学教学科研实践育人基地”称号和“现代农业生产发展资金核桃县”称号。全市发展优质桃66.67公顷、葡萄100公顷、核桃66.67公顷、元宝枫33.33公顷、油用牡丹20公顷，其他经济林100公顷。

【森林资源保护】 不断加强监测预警、检疫御灾、防治减灾等能力建设。规划维护完善测报点8处，实现全市林业有害生物监测全覆盖。制定下发《昌邑市林业有害生物防控方案》及其他病虫害防控方案，全市应施监测覆盖率达100%。实施飞机防治作业面积2万公顷。积极做好森林抚育工作，总投资36万，完成作业面积240公顷。高质量高标准全面完成全省林业有害生物普查工作，调查标准地数量83个，采集各类标本52套（制作标本46种），拍摄林业有害生物虫态及危害症状照片2000多张，踏查线路17条，涵盖0.88万公顷。积极开展爱鸟周宣传活动，在人流密集区域悬挂宣传标语30条（幅），在部分集镇市场和北部沿海开展执法活动。协调森林公安会同各镇街区派出所及相关单位开展联合执法行动，对盗伐、滥伐林木案件，做到第一时间发现，第一现场控制，对违法犯罪活动的打击始终保持高压态势，严厉打击破坏森林资源违法犯罪活动。针对昌邑北部沿海冬季候鸟过境的情况，成立鸟类保护巡逻检查小队，在北部沿海柽柳林内展开24小时不间断排查工作。严格落实防火责任，与各镇街区签订森林防火责任状，层层落实，成立森林消防专业队和预备队。进一步简化办事流程，方便广大林农苗农，18项审批类业务全部入住政务服务中心，共办理林木采伐许可证843份、植物调运检疫证书144份、产地检疫证书11份林木种子生产经营许可证16份、占用征用林地审核7份，临时占用林地审批2份。

【林业科技】 牢固树立“科学技术是第一生产力”理念和“科技兴林”意识，强化与中国林科院、北京林业大学、山东农业大学、山东省农科院等科研院所的沟通合作，加大林木新品种研发和推广力度。国家林业局发布公告（2016年第18号、2016年第21号），授予昌邑市自主研发培育的“昌辉”“蕊沁”“丽辉”“昌红”“香云”和“凯文”6个海棠新品种，为昌邑市第一批具有自主知识产权的苗木新品种，实现昌邑市苗木新品种权保护零突破，对丰富昌邑市海棠品种资源，增强科技创新活力，提升昌邑苗木品牌地位，具有重要的推动作用。

农业机械

【概况】 2016年，昌邑市农业机械总动力为935965千瓦，农业机械总值135804万元。农用拖拉机保有量24067台，其中大中型拖拉机8076台；联合收割机保有量2093台，其中小麦联合收割机1026台、玉米联合收割机1067台；其他收获机械2521台，其中马铃薯收获机689台、花生收获机562台、青饲料收获机7台；拖拉机配套农具 15993 部，其中大中型 5622 部、小型 10371 部。2016 年完成机耕 45617 公顷（其中机械深耕 19652 公顷、机械深松 20066 公顷）、机播 94937 公顷（其中精少量播种 18842 公顷）、机收 94122 公顷；小麦、玉米生产已经实现全过程机械化；马铃薯耕作、播种、收获全部实现机械化；花生耕作、播种实现机械化，收获机械化水平达到 97.5%；大姜耕作、开沟实现机械化；棉花实现机械化播种、覆膜，机械化采摘实现破题；全市主要农作物生产综合机械化水平达到 98% 以上。全市农机化总投入 6059 万元，其中农业机械购置投入 5693 万元；实现农机服务与经营总收入 33080 万元，利润 15735 万元。

【农机购置补贴政策】 2016 年，昌邑市农机局按照《2015—2017 年昌邑市农业机械购置补贴实施方案》《关于做好 2016 年昌邑市农业机械购置补贴工作的通知》要求，对 11 个大类 30 个小类 63 个品目的农业机械进行补贴。按照加快推进粮棉油及饲草料等主要农作物全程机械化的要求，以绿色生态为导向，充分发挥农机化对农业可持续发展的支撑作用，确定对深松机、粮食烘干机、免耕播种机、棉花收获机、花生联合收割机及青饲料收获机实行应补尽补，敞开补贴。把与深松机配套购买的 100 马力以上的大型拖拉机作为补贴重点，优先满足农民需求。昌邑市被确定为农机报废更新补贴试点县，农机报废更新补贴与农机购置补贴同步实施。共落实农机补贴资金 1752.89 万元，补贴各类农机具 786 台套，受益农户 712 户（其中落实报废更新补贴资金 430.86 万元，更新农机具 121 台）。

【农机合作社建设】 2016 年，全市正常运转的农机专业合作社有 41 个，固定资产总额 5929 万元，拥有各类农机具 792 台（套），入社社员 965 户，2016 年农机专业合作社农机服务总收入达 1758 万元。农机专业合作社的发展呈现主体多元化、形式多样化的特点，主要有 4 种类型：农机大户联合型，即由具有丰富农机作业、市场经营、技术维修经验的农机大户强强联合，形成规模优势，或由农机大户发起，联合种粮大户、农机手等自愿带机、带资按股份制原则入社；村干部带动型，即由村干部牵头，组织本村农机户带机入社，进行本地农机作业服务和跨区作业服务；乡村集体作业组织改制型，即以原农机作业队机械为主，吸收村民、农机大户、农机经营者以资金、机械的形式入股，组成利益共享、风险共担的合作社；龙头企业领办型，即农机经销企业利用营销、技术、市场、资金等优势，与农机户、农民联合创办农机合作社，企业作为成员单位发挥其经营管理优势，形成农机产品销售、售后服务、维修、农机作业服务一体化的产业链条。

● 玉米联合收获、免耕播种联合作业

【农机服务工作】 2016 年，昌邑市农机局将全市农机维修网点和各农机生产厂家、经销商的三包维修服务力量进行规范整合，形成联动机制，以最快的反应速度、最好的维修质量为农机手提供服务。在春耕备播、三夏三秋农机生产关键节点，组织农机维修服务力量成立服务小分队，深入田间地头、作业现场，开展巡回服务。2016年，开展农机“4S”店创建活动，昌邑市圣达、至诚两家农机公司获得“潍坊农机4S店”命名。

开通“农机直通车”服务平台，将农机具推广、跨区作业、农机产品质量、农机惠农政策等内容进行统一的信息发布反馈，使各项工作政策信息更加及时快捷的传达到基层农机从业人员。现已有270余名农机手和农机合作社加入到服务平台。

在县乡两级推广机构的基础上，将农机大户、粮食种植大户等纳入这一体系之中，将其作为基层农机推广服务的重要组成部分。聘任10名特邀农机推广员，逐步扩大基层农机推广服务网络。

【农机品牌建设】 “华苑”牌系列拖拉机由山东华山拖拉机制造有限公司生产。该公司位于昌邑市双台工业园区，注册资金2000万元，土地面积54870平方米，是集科研、生产和销售于一体的综合型民营企业。该公司生产的华苑300、350、454、554、200A、204A、250B、254B、304、354系列拖拉机取得部级鉴定证书，并进入国家补贴目录。“可调式轮式拖拉机机架”获“北京第九届中国专利技术博览会”金奖；2015年被全国企业征信评为立信单位。2016年销售整机2000余台，实现销售收入6000余万元。

“潍河”牌系列农机产品由山东昌宁集团有限公司生产。该公司主要生产农业机械系列产品、畜牧养殖机械系列产品等，主导产品为：手扶拖拉机、水稻插秧机、大中型四轮拖拉机、装载机、畜牧养殖机械、树脂混凝土排水槽等，产品通过产品通过ISO 9001：2015质量管理体系认证。2016年1月被认定为“潍坊市工程实验室”、2016年7月设立“山东理工大学大学生社会实践基地”等研发平台。现拥有国家专利33项，潍河商标被认定为“山东省著名商标”，潍河牌农机系列产品通过省部级鉴定，进入国家农机补贴目录，畜牧养殖机械产品获得国家技术创新基金及山东省技术创新基金奖励，6月，经国家工业和信息化部认定取得《铸造行业准入条件》证书。

【农机化公共服务】 农业机械新技术新机具的推广。采取“专家＋农机技术员＋科技示范户＋辐射带动户”的服务模式，通过召开现场会、观摩会、举办培训班等形式，大力推广玉米联合机收、机械化深松、保护性耕作、机械化植保、粮食烘干等农机新技术新机具，使昌邑市的农业机械化生产由耕播收生产环节向产中植保环节、产后处理环节延伸，实现主要农作物机械化生产环节全覆盖。2016年承担山东省财政支持的小麦玉米机械化保护性耕作技术推广项目，在柳疃镇姜家寨、青阜片区建立两个核心示范区，涉及14个村，实施面积0.07万公顷，辐射带动0.07万公顷。3月29日，作为协办单位全程参与全省春季农业生产现场会昌邑分会场的组织保障工作。现场会上全面展示机械化深松深耕、免耕播种、机械化植保、微喷微灌、水肥一体化、飞机喷防、联合收获、秸秆综合利用、园林绿化机械等农机农艺新技术新装备，其中大中型喷药施肥机械、微喷微灌、水肥一体化、飞机喷防进行现场作业演示，现场会取得很好效果，对昌邑市农机化发展起到极大的促进作用。组织召开小麦秸秆综合利用现场会，引进、推广小麦秸秆打捆机等综合利用机械5台套，为解决秸秆有效利用、禁止秸秆焚烧和有效保护环境，探索出一条新路子。

农业机械行政审批服务。昌邑市农机局进一步简化办事程序，实行一站式服务，共核发拖拉机、联合收割机牌照700副，审验拖拉机、联合收割机1029台，核发拖拉机、联合收割机驾驶证466个。

农业综合开发

农业综合开发是政府支持和保护农业发展的一种有效手段，是发展农业，繁荣农村，富裕农民的一项重大措施，是提高农业综合生产力，促进农业现代化的一个重要途径，是新农村建设的一支重要推动力量。2016年，在市委、市政府的正确领导下，在上级农发部门的支持下，在项目区广大干部群众的积极参与下，农业综合开发事业取得显著成效，全年共投入各级农发财政资金1558万元，实施土地治理、育苗暖棚等项目。为昌邑市农业增效、农民增收、农村稳定做出积极的贡献。

【土地治理项目】 2016年，国家农业综合开发实施土地治理项目3个，总投资1268万元，全部为上级财政资金，其中中央财政资金905万元，省财政资金326万元，潍坊市财政资金37万，建设高标准农田620公顷，其中龙池镇266.67公顷、北孟镇66.67公顷、柳疃镇青阜村286.67公顷。项目疏浚灌排渠道35.36千米，衬砌渠道6.7千米，新建排灌站1座，新建增压泵站7座，新建渠系建筑物79座，修复7座，新安装200千伏安变压器1台，配套380v输电线6千米；新打机电井9眼，铺设Φ160PVC管道17千米，配套阀门井4座；铺设Φ90PVC管道4.2千米，配套分水口42个，出水口86个，阀门井6个；建设喷灌灌溉173.33公顷；农田防护林网建设植树1万株，新修5米宽砂石路0.67千米，新修5米宽水泥硬化路0.9千米，复修5米宽砂石路5.3千米，复修4米宽砂石路26千米。

土地治理项目按计划完工后计新增灌溉面积66.67公顷，改善灌溉面积553.33公顷，新增节水灌溉面积620公顷，年节约水量45.2万立方米，改善除涝面积553.33公顷，项目区排涝标准达10年一遇，建筑物防洪标准达20年一遇；通过安装变压器，埋设地下电缆，引入清洁能源，实现“油改电”，不仅提高灌溉效率，减低灌溉成本，而且减少柴油燃烧带来的环境污染；通过营造农田防护林网，提高林木覆盖率，新增农田林网防护面积286.67公顷，改善田间小气候，涵养水源，防止水土流失；通过修建田间生产路，项目区道路标准全面提升，实现“晴雨通车”，方便机械化作业和农产品销售。

• 省农业综合开发办公室领导视察昌邑农业综合开发项目

【产业化发展项目】 2016年，共实施产业化发展项目4个，分别为昌邑市1000公斤杂交萝卜原种繁育基地扩建项目，总投资290万元，其中财政资金140万元，自筹150万元，新建现代化春秋育苗暖棚1386平方米、现代化原种扩繁网棚16254平方米，晾晒场1508平方米；昌邑市5万株速生白蜡种植基地新建项目，总投资145万元，其中财政资金70万元，自筹75万元，新修生产路5400米，埋设电缆1350米；铺设供水管道3180米；

新建泵站1处；新建仓库1处；购买引进速生白蜡接穗12万个，购买农用旋耕机2台，喷药机2套；昌邑市6万株绿化苗木种植基地新建项目，总投资150万元，其中财政资金70万元，自筹80万元，新建仓库管理房一座，新修生产道路1100米，新建80千伏安变压器一台套，敷设地下低压电缆600米，新打30米深机井3眼，并配套5.5kW水泵以及铺设dn160PVC灌溉管道900米；山东和田旺生物科技有限公司年产20万吨地衣芽孢杆菌有机肥贷款贴息项目，项目自筹2000万元，使用银行流动资金贷款13笔共计6550万元，申报贷款贴息72万元。

产业化项目建成后，直接带动农户996户，增加农户收入1259万元，直接解决110人劳动就业问题，带动昌邑市及周边县市的蔬菜种业、苗木和有机肥的发展。

扶贫开发

2016年，市扶贫办全面落实工作责任，市、镇、村层层签订脱贫攻坚责任书，进一步明确市、镇、村精准扶贫的主体责任和驻村帮扶工作队及帮扶干部的帮扶责任，形成“三级联动、一体作战、合力攻坚”的责任体系。建立工作推进机制。扶贫开发领导小组定期召开扶贫开发工作调度推进会，及时研究解决存在的困难和问题，谋划下步工作计划，促进全市精准扶贫脱贫工作的顺利开展。实行扶贫开发工作月报制度，定期调度汇总扶贫项目推进、帮扶措施落实等信息数据，确保及时准确掌握扶贫工作进展情况。

【精准扶贫】 2016年初按照《潍坊市省定贫困村、建档立卡贫困人口精准再识别工作方案》要求，严把“宣传到户到人、入户调查、评议公示、核实汇总”四个环节，于2月份完成精准再识别工作，全市2016年贫困户共2352户、4298人。按照潍坊市扶贫办统一部署，建立完善贫困人口脱贫攻坚台账，及时掌握脱贫进度。根据《山东省贫困退出实施方案》等有关文件精神，制定《昌邑市2016年扶贫对象动态调整和建档立卡信息采集录入工作实施方案》《昌邑市2016年扶贫工作重点村退出实施方案》，严格贫困人口和贫困村退出标准和程序，2016年全市有1936户、3529人达到省定脱贫标准，6个省定贫困村摘帽。

【实施扶贫项目】 2015年，昌邑市10个省定贫困村每个村实施1个财政专项扶贫资金项目，2016年6月，建成。2016年10个财政专项扶贫资金项目总投资320万元，12月建成，带动贫困人口168户、448人。

【帮扶关爱】 组织市直部门、单位1320名中层以上党员干部和1032名镇街区机关干部，“一对一、面对面”联系包靠贫困户，结成帮扶对子，成立帮扶（关爱）小组，“一户一策一干部一小组”，帮扶（关爱）小组与贫困户签订《帮扶（关爱）小组联系贫困户双向承诺书》，做到贫困户不脱贫，党员干部、帮扶小组不脱钩，实现建档立卡贫困群众帮扶全覆盖。

【贫困人口就业】 充分发挥转移就业对贫困人口脱贫的重要作用，通过产业吸纳、城镇承载、服务支撑等多种形式，积极促进贫困人口转移就业，实现稳定脱贫。组织村企结对，积极发展手工工艺、来料加工等产业，实现就地就近转移就业。卜庄镇充分发挥玉米小麦等农作物秸秆资源丰富的优势，大力发展草编产业，解决一大批贫困人口就业问题，带动贫困人口实现“造血”式脱贫。充分利用农村环卫保洁、环境保护等岗位吸纳农村贫困人口就业，实现“一人就业、全家脱贫”。

工　业

Gong Ye

综　述

2016年，规模以上工业增加值增长8.36%，实现主营业务收入1005.4亿元、利税85.8亿元、利润56.7亿元，同比分别增长6.3%、10.7%、12.7%；主营业务收入过亿元的企业达到183家，其中过10亿元的企业14家，过20亿元的3家。

工业技改投资　全市累计开工项目224个，完成工业投资242.6亿元，同比增长14.1%，其中技改投资182.4亿元，同比增长23.4%。

政策扶持　为晶腾新材料工业蓝宝石项目和11家开展清洁生产的企业争取专项资金62万元。在医院、学校、养老院实施太阳能集热工程，昌邑人民医院、昌邑济贤养老中心、昌邑外国语学校等6个太阳能集热应用项目列入省财政支持计划。

现代产业体系　制定《昌邑市化工生产企业评级评价工作方案》和企业、村庄搬迁方案，建立化工企业台账，依法规范监管。下营化工园、龙池化工园、石化工业园列入潍坊市化工园区，为昌邑市发展化工项目奠定良好基础。2016年全市2家规模以上石油化工企业实现主营业务收入、利税、利润分别为295.9亿元、25.9亿元、14.7亿元。78家规模以上盐及盐化工企业实现主营业务收入、利税、利润分别为208.7亿元、24.5亿元、16亿元。106家规模以上纺织印染企业实现主营业务收入、利税、利润分别为244亿元、15.4亿元、12.2亿元。38家规模以上机械装备企业实现主营业务收入、利税、利润分别为126亿元、9.17亿元、7.65亿元。26家规模以上食品加工企业实现主营业务收入、利税、利润分别为68.7亿元、4.85亿元、3.84亿元。

技术创新　新增2处省级企业技术中心，4处潍坊市级企业技术和1处工业设计中心。29个项目列入省技术创新项目计划。同大海岛王乐智被评为2016年泰山产业领军人才、龙港无机硅王敬伟、成泰化工李延辉和瑞其能张其智被评为2016年鸢都产业领军人才。瑞其能、同大海岛分别获山东省首届“省长杯”工业设计大奖赛银奖和铜奖；金丝达获潍坊市首届“市长杯”工业设计大赛金奖。

制造服务化　以开元电气、瑞其能电器、科艺广告装潢等企业为示范，培育推广以“用户体验满意度”为中心的产品制造模式；以潍坊金丝达实业有限公司、中云机器、凯德塑料机械等企业为示范，推广新型设备成套，为客户提供从产品设计、设备成套、运营管理、持续技术支持等全过程服务，依托先进制造加大服务化比重；以华达纺织电商公司、灶户盐化、同大集团的线上设计为示范，重点推广企业互联网平台建设，加大企业网络宣传和网络营销，为企业制造服务化拓展更宽泛的路径和需求；以华达纺织的棉纺城、成泰化工石化产品物流园等为示范，发展仓储物流业；以华达纺织的联合水务（污水处理）、永富弹簧的检测服务为示范，根据企业的生产特点和优势，发展特色生产性服务，拓宽企业盈利渠道。

循环经济　提报潍坊金丝达实业有限公司、潍坊东元连海苦卤回收再利用、山东城矿循环经济发展、昌邑龙池循环经济示范园、昌邑润德生态纤维有限公司植物秸秆提取优质纤维5个循环经济模式。加快龙池循环经济示范园区创建工作，培植形成“资源—产品—再生资源利用”的生态产业链，实现资源的循环有效利用。金丝达建成省级循环经济教育示范基地。

信息化

昌邑石化凭借在全省两化融合方面的突出成绩成功入选“山东省2016年度两化融合优秀企业”。海天生物和康洁环卫两家企业入选省级两化融合贯标试点企业。2家企业申报潍坊市工艺美术大师奖励资金。不断加大投入完善全市基础设施网络建设，昌邑联通中心机房EWSD程控交换机正式下电退网，标志着昌邑市率先在潍坊市各县市中建成“光网城市”。所有接入用户全部具备光纤接入能力，城市和农村家庭接入能力均达到100Mbps，提前实现2020年“宽带中国”战略目标。同时加大骨干网升级改造力度，提高互联互通水平和宽带网络接入速率。以宽带无线移动通信为重点，推进第四代移动通信技术、无线网络等通信体系建设，共完成投资2亿元，建成200个4G基站，基本实现城区、乡镇、高速、高铁、主要干线的4G覆盖。昌邑联通公司2016年建成从潍坊到各乡镇营业部的联通IPTV电视专网。截至12月底，昌邑市通信光缆线路长度8690千米，固定宽带家庭用户数12.7万，移动电话用户68万户。

产业发展

【山东昌邑石化有限公司】　山东昌邑石化有限公司2016年有职工1324人，占地面积333.33余公顷，各类先进生产装置22套，以加工原油和燃料油为主，综合加工能力600万吨/年，加氢能力370万吨/年，装置配套设施齐全。山东昌邑石化有限公司已成为中国化工集团的龙头企业和重要的油品、化工原料基地，生产的柴油、汽油都达到国Ⅴ标准。2016年实现主营业务收入283亿元，利税25.6亿元，实缴税金12.01亿元。位列中国化工企业500强第23位、潍坊市“工业百强企业”第3位，是山东省纳税百强、潍坊市纳税百强前3名，成功入选国家第二批两化融合体系贯标试点单位。

技术创新　山东昌邑石化积极开展低温热综合利用项目，充分利用运行四部循环水余热，循环水流量4000标准立方米每小时，回水温度32℃，通过凉水塔冷却后温度为25℃。本项目设计以电做驱动力，通过离心式热泵机组提取循环水中7℃余热，产生55℃～65℃高温水，满足昌邑市区供热需求。经测算，通过新增2台低温热泵可以回收的热量约为32564千瓦，在供暖面积不变的情况下可以为生产增加1.0Mpa蒸汽约25t/h，减少二氧化碳排放量约1.8万吨。

昌邑石化积极开展污水深度处理及中水回用改造项目，项目全部完成建成投运后能完全满足污染物排放COD≤50毫克每升，氨氮≤5毫克每升的最新环保排放标准要求，通过实施污水深度处理及回用改造项目，将污水回收并达到循环水补水要求，提高昌邑石化水资源利用率。

企业积极运用G5软件进行原料筛选和效益测算，优化原油调和、生产排产、产品调和、产品销售，实现效益最大化；成立九个节能攻关小组，优化和降低能耗介质使用；主要生产装置DCS自

● 昌邑石化地磅无人值守项目正式投入运行

控率达到94.07%，工艺平稳率实现95.5%，产品出厂合格率达到100%；实施《降低FCC装置液化气中C5含量》等8个精益六西格玛项目，累计降本增效800余万元；开展设备预防性维护，大机组同步运行率100%，主要设备完好率实现100%；全部装置实现满负荷安全稳定运行。

转型升级 2016年，随着昌邑石化银企直联的实现及自助销售一体机系统和地磅无人值守等系统先后上线运行，昌邑石化完全实现电商平台、ERP、实时数据库存、OA、装车系统、地磅无人值守、RFID系统、车辆调度系统、财务开票系统和银行系统等系统之间的数据信息互联互通，在带给客户体验提升的同时，有效地提升公司科学化、智能化管理水平，进一步提高企业的核心竞争力。

【山东同大集团】 山东同大集团是多元化经营的大型企业集团，有五家独资子公司和一家控股上市公司，集团资产10亿元，占地面积90公顷，主要产品有海岛超细纤维人工皮革、印花镍网、新型锂电池、纺织机械、高档服装面料布等，主导产品海岛超纤皮革年生产能力7500吨，印花镍网年生产能力55万支。与中国较大的军需轻工生产企业际华集团合作，生产的功能性超纤革等材料用于军靴、腰带、服装、帽檐等军用装备的制作。2016年实现主营业务收入6.6亿元，实现利税15382万元，实交税金8861万元，增长104.1%。

【山东浩信】 山东浩信集团有限公司主要从事商用车、乘用车、工程机械、农业机械底盘类和发动机零部件的研发与制造，是国内最大的商用车轮端产品研发生产制造基地，是国内外知名的发动机缸体、缸盖的生产供应商。占地总面积52万平方米，资产总额34.4亿元，拥有山东浩信机械有限公司、潍坊浩泰机械有限责任公司、莱州鲁源汽车配件有限公司、大连鸿源机械有限公司、潍坊浩信康迈机械制件有限公司、山东康迈信机械有限公司等九大子公司的企业集团。先后荣获“山东省高新技术企业”“中国驰名商标”“中国专利山东明星企业”“省级文明单位”等荣誉称号，是全国铸造行业综合百强企业、潍坊市工业企业50强。2016年，实现销售收入36亿元，实缴税金10041万元，其中昌邑板块实缴税金8399万元。

中小企业

2016年，全市非公有（民营）经济单位数量发展到3.54万户、从业人员18.07万人，同比分别增长21.5%、13.2%。其中，规模以上中小企业发展到272家，完成工业增加值12.51亿元，实现主营业务收入437.27亿元、利税33.83亿元、利润25.23亿元，分别增长11.09%、7.37%和7.07%。2016年认定省级小企业创业辅导基地1个，潍坊市级小企业创业辅导基地3个，省级创客空间2个。

培育认定市级“专精特新”中小企业4家。把开展中小企业“一企一策”专家会诊精准服务与推进建立现代企业制度相结合。组织“公益大讲堂”5期，组织6名优秀民营企业家分别在厦大、上海交大举办“综合能力提升研修班”高端培训班；举办中小微企业管理人才培训班及巡回大讲堂等培训活动，共计培训600人次。积极组织中小微企业参加第十六届山东创业创富项目博览会、第十三届中国国际中小企业博览会、2016中国（山东）网络产品博览会暨中小企业跨境电商展洽会，帮助中小微企业开拓市场。依托“11315企业征信平台”，为全市460多家企业提供信用档案完善服务。

节能降耗

【重大项目管理】 严格按节能先进标准管理重大项目，制定重大项目节能专家论证制度和节能评审专项资金使用办法，严格按照能评报告的深度格式要求、专家意见开展审查和验收工作，对达不到要求的项目，不予立项或备案。

【工业绿动力计划和爱心阳光工程】 制定印发《昌邑市煤炭消费减量替代方案》，实行能耗强度和能耗总量“双控审批”，新上燃煤项目实行煤炭消费等量或减量替代，到2016年底，实际煤炭消费量101.82，比2012年减少2.88万吨，占计划消减量的52.2%。昌邑石化有限公司1-4号锅炉节能环保改造、海天生物化工超低排放节能改造等节能环保项目按期完成。

【重点企业节能管理】 围绕高耗能、高耗水行业开展清洁生产、节能监察。确定11处企业开展清洁生产，并全部验收通过。建筑节能方面，新建建筑从设计、图审、审批、施工、监理，直到工程竣工验收备案，各有关部门、单位严格把关，认真落实建筑节能有关标准、规范，所有工程均达到“住宅工程节能65%，公共建筑节能50%”的节能标准，新建建筑工程全部按建筑节能标准设计及施工，新型墙材推广应用比例达到100%。新建房地产住宅项目均实施供热计量安装，安装供热分户计量装置比例达到100%。积极发展绿色建筑，组织创建目标为二星级的绿色生态城区示范工程2个，创建面积11.25万平方米。对具备太阳能光热利用条件的新建居住建筑和集中供应热水的公共建筑，实行太阳能与建筑一体化设计、施工、验收，共完成太阳能光热利用建筑面积36.46万平方米。交通节能方面，继续进行新能源公交车的更新和购置，昌邑市清洁能源公交车占公交车总数的比例为72%。公共机构节能方面，制定公共机构节能规划，出台能耗统计、监测审计、考核评价等制度，节约型公共机构建设不断推进。山东昌邑石化有限公司、山东浩信集团有限公司获“潍坊市节能先进企业”称号。

电　力

【概况】 2016年，国网山东省电力公司昌邑市供电公司在市委市政府的领导下，始终坚持“四个服务”（服务党和国家工作大局、电力客户、发电企业、经济社会发展）企业宗旨，加快电网和公司发展方式转变，为全市经济社会发展提供可靠的电能保障。2016年，公司完成售电量34.56亿千瓦时，位居全省98个县公司第5位，潍坊9个市县公司第2位。截至2016年底，昌邑电网拥有220千伏变电站3座，110千伏公用变电站14座，35千伏公用变电站14座，10千伏至110千伏线路2611.48千米。网供最高负荷达57.1万千瓦，日最高电量1111万千瓦时。

【电力安全生产】 国网昌邑市供电公司全面落实企业安全主体责任，积极倡树系统安全思想和大安全理念，不断健全完善高效协同的安全保证体系和规范标准的安全监督体系，强化电网运行和状态监测，扎实开展“安全管理提升”活动、春季安全大检查、防外破专项治理，昌邑电网保持安全平稳运行。认真落实《昌邑市用电安全专项整治方案》，联合市安委会开展企业、农灌台区用电安全专项整治，共排查企业589家，查处隐患1192起，下发限期整改通知书442份。坚持以“三铁”反“三违”，各级管理人员到位监督1546人次，排查整改问题94项，查禁各类违章324起，有效保障人身、电网和设备安全。开展“线路防护集中宣传月”及通道治理行动，在地方电视台播出节目2期、有线电视开机画面宣传15期，发放宣传材料8000余份，清理树障1.1万余棵。深化应急保障能力建设，开展昌邑市处置电网大面积停电政企联合实战演练，承接并配合市公司完成大震应急演练工作。围绕全市重要会议、重大活动，出动应急发电车36台次，圆满完成市“两会”、绿博会等60余次保电任务。超前部署春节保供电工作，精心编制保电工作方案和相关应急预案，连续四年实现“台区零停电、服务零投诉、设备零事故”目标。

【电网建设发展】 2016年，国网昌邑市供电公司始终以全市经济发展需求为导向，大力推进坚强智能电网建设，积极向上级公司争取各类电网建设资金2.76亿元。在主电网建设方面，精准投资1.32亿元，投产110千伏角兰输变电工程等4项工程，开工110千伏南逄输变电工程，进一步优化昌邑电网网架布局，有效满足全市经济发展电能需求。110千伏角兰输变电工程荣获山东省电力公司优秀土建工程和第一批安全质量管理流动红旗，无尘安装自动化控制成果先后被中央电视台、大众日报等媒体报道。在农网建设方面，始终将农网工程作为民心工程、德政工程，促成潍坊供电公司与市政府签订共同推进小城镇电网改造升级和“机井通电”工程合作协议，投资1.44亿元，完成419个台区电网改造升级和1546眼机井通电任务，有效缓解部分地区灌溉难问题，全面消除农村长期性“低电压”“卡脖子”问题，户均容量提升至1.99千伏安。主动服务全市工作大局，完成济青高铁施工、宝通街新建等5项市政工程线路迁移改造。利用20天时间完成10千伏联合水务环保Ⅰ、Ⅱ线建设，创造同类工程施工新速度。

• 昌邑市供电公司增容施工现场

【电力营销服务】 国网昌邑市供电公司始终秉承“真诚服务，共谋发展”理念，以保供电、促服务为核心，进一步深化“彩虹工程”服务品牌。开展供电服务专项整治提升工程，实行包保联系制度，主动对接潍坊联合环境环保科技有限公司等全市重点项目，及时响应用电需求。开展潍电义工进企业、进社区、进农户、进学校“四进”公益宣讲活动，对客户义务上门开展安全用电宣讲、用电隐患排查和电工培训，结合行业特点履行社会责任，彰显国网形象。精简优化业扩报装流程和资料，高压业扩平均接电时间缩短 4.81%，新装增容 16.46 万千伏安。积极推广“电 e 宝”等新型交费业务，电子化服务渠道覆盖客户 23 万户。全面推行客户导向型“网格化”服务，建成 1 个省级星级抢修站点，客户报修工单数量减少 37.5%。积极服务新能源发展，为电能替代和新能源项目并网提供从报装到送电全过程“一站式”服务，光伏并网 7973.73 千瓦。实行抢修工单日通报，平均处理时长缩短 55.8 分钟。完成公司及 10 处供电所的计量表库房改造，实现全市 11 处供电营业厅高清音视频在线监控全覆盖。大力支持绿色能源发展，建立大客户经理“一对一”服务制度，为电能替代和新能源项目并网提供从报装到送电全过程“一站式”服务。

【党的建设与精神文明建设】 2016 年，认真开展“两学一做”学习教育活动，顺利完成公司党委和基层党支部换届选举，公司被授予“潍坊市理论大众化示范点”“潍坊市建设学习型党组织示范点”，公司员工刘宇鹏被评选为山东省优秀共产党员，奎聚供电所党支部荣获昌邑市“先进基层党组织”。深化班组建设，组织各类班组大讲堂 92 期 /6160 人次。建成柳疃供电所实训基地，举办农网配电营业工职业技能竞赛。举办新春联欢会、篮球比赛等各类文体活动 25 次，丰富职工文化生活。帮扶 45 名困难员工就医和子女上学，发放慰问金 6.6 万元。推进“善小 • 潍电义工”道德品牌建设，开展“壹元爱心汇”、“一公斤之爱”、捐建“爱心图书室”、“善小 • 圆梦”结对助学等公益活动，公司团委荣获昌邑市“五四红旗团委”。深入推进电网扶贫，定期走访慰问贫困户、排查用电隐患，对贫困乡村优先投资 50 万元，建设改造中低压线路 13.3 千米。

商　务

Shang Wu

商贸服务业

【综述】　2016年，昌邑市商务局围绕市委、市政府的中心工作，对外拓市场引资金扩开放，对内调结构抓转型促消费，实现全市商务经济稳步发展。完成进出口总额559417万元，其中出口405840万元、进口153577万元。全市合同利用外资121030万元，同比增长119.5%，实际到账外资18163万元。实现电子商务交易额147亿元。社会消费品零售总额达到181.06亿元，同比增长11.6%。被山东省对外经济贸易工会委员会表彰为“工会工作优良单位”，山东省对外经济贸易工会委员会表彰为“组建县（市、区）外经贸企业工会联合会工作先进单位”，山东省商务厅表彰为“全省市场运行监测工作先进集体”，潍坊市商务局、潍坊市总工会、潍坊市人力资源和社会保障局颁发“潍坊市商务系统第七届职工职业技能大赛优秀组织奖”，昌邑市人民政府被国家质量监督检验检疫总局评为“国家级出口食品农产品质量安全示范区”。

深化对外开放，对外贸易和境外投资稳步发展。加强政策落实。开展政策宣讲“百日行”活动，走访外贸企业100余家，帮助解决出口中遇到的困难；为120家企业申请扶持资金1600余万元，多渠道增加订单。为67家企业申办进出口权，组织40余家企业参加国内外展会。动员企业利用跨境电商平台寻找国外订单，有30家“零”业绩企业实现突破。搭建服务桥梁。引进“海盈跨境通”外贸综合服务平台，建设1万平方米公用型保税仓库，为企业提供海外营销、人才培训、报关、商检、物流、保税、仓储、配送等全方位的服务。创建国家级出口食品农产品质量安全示范区，推动昌邑市食品农产品品牌建设，促进外销。成立昌邑市外经贸企业工会联合会，促进外经贸企业集群发展。引导企业境外投资。在巴基斯坦卡拉奇市设立商务联络处，康洁集团（巴基斯坦）有限公司已中标卡拉奇市两个环卫项目并签署协议。非洲（乌干达）山东工业园已入园企业14家。

全力招大引强，引进世界500强项目实现突破。充分利用专题招商活动对接世界500强企业，不断打造投资软环境，实现以商招商，引进世界500强项目落户2个。世界500强企业中信环境技术有限公司在昌邑市投资污水处理项目顺利投产，投资成立“潍坊联合环境环保科技有限公司”主要从事污泥处理与处置，项目总投资3400万美元；与硕昌合作建设肉牛屠宰项目，总投资5亿元，年屠宰肉牛20万头。

强化创业创新，电子商务快速发展。发展以石化电商平台、宏大生姜电子商务交易平台为代表的电商平台，实现线上、线下协同运营。为促进产业结构升级和区域经济发展，建立棉纺城电子商务产业园、全球贸易通跨境电商产业园、东方创业谷等，共入驻孵化企业290余家。农村电商初步发展。掌上农资电商平台、昌邑邮政“买卖惠”城乡一体化电商平台、金正大农商1号电商平台，依托农产品市场形成“互联网＋农业＋配送＋技术＋服务”为一体的运营模式，为农民提供服务。

着力保障民生，商贸物流、市场体系创新发展。做好市场运行监测，采取促销、会展消费、网购消费等多项举措促进消费品市场稳步增长。加强“12343”家政服务中心建设、抓好农贸市场升级改造，对酒类流通、再生资源回收经营、单用途商业预付卡发卡企业加强监管，迎接全市创建国家食品安全城市检查工作。山东宏大生姜市场物流园区改扩建项目、昌美龙腾物流园、琨福大姜蔬菜批发市场新建等项目积极推进。

【服务业】 全市社会消费品零售总额181.06亿元，增长11.6%。其中，限额以上社会消费品零售额38.25亿元，增长11.2%。

【电子商务】 昌邑市把发展电子商务作为建设“智慧昌邑”、率先全面建成小康社会的重要抓手，重点围绕“规划＋平台＋园区＋人才”的“点线面”模式持续发力，推动电子商务跨越发展。2016年，全市实现电商交易额147亿元。本着“规划先行”的方针，昌邑市商务局与中商商业发展规划院签订协议，《昌邑市电子商务发展规划(2017—2030年)》编制工作于2016年12月下旬正式启动。企业利用自建平台和第三方平台建立营销网络渠道，实现线上线下协同发展。昌邑市积极推动农产品、苗木、石化等优势传统产业与“互联网＋”联合，昌邑邮政“买卖惠”城乡一体化电商服务平台、石化电商平台、山东宏大生姜电子商务交易平台、金正大农商1号电商平台、掌上农资电商平台等加速发展。作为全国著名的北方绿化苗木基地，昌邑市建立中国绿色交易网，运用第三方电子支付平台和智能物流配送系统。昌邑市政府与潍坊海盈互联电子商务有限公司合作搭建“海盈跨境通”外贸综合服务平台。“海盈跨境通”涵盖新型跨境电商分销、海外仓储展示、跨境园区运营以及跨境人才培训于一体的一站式跨境综合服务平台。园区“嫁接”电商，实现面状集聚。形成以东方·创业谷、智炎电子商务合作基地、机械零部件产业园、棉纺城电商产业园、华海云商电子商务交易平台为代表的多向发展格局。被列入省“两化”深度融合重点项目的中国棉纺城电商平台全力推进，其中，大学生创业孵化基地、中小企业电子商务创业孵化中心和纺织产业电商创业园已建设完成，电商产业园、展示中心、培训中心、1万平方米的保税仓库已投入使用。

• 市府与潍坊海盈互联电子商务有限公司签署“海盈跨境通”外贸综合服务平台合作协议

【市场体系建设】 制定《昌邑市商业网点规划（2017—2030）》。根据商业网点发展新趋势、城市建设新要求，在新的发展环境下更好的服务生产、丰富生活、促进流通，满足多元化消费需求。落实经济新常态下国家关于“五大发展理念、‘互联网+’、消费结构升级、内贸流通体制改革、供给侧改革”等经济发展要求。抓好农贸市场转型升级工作，其中，2个农产品批发市场进行转型升级，1个农贸市场被商务部确定为全国农产品冷链流通标准化示范企业创建单位。以“12343”家政服务网络中心为主体，设立便民服务平台，打造“cyms111”“昌邑民生”微信公众号平台，设立手机微官网，方便手机用户可以通过手机直接查询所有服务，并通过微信公众号直接下订单订制服务需求。成立“12343”社区家政服务窗口，加大力度开展社区居家养老、家庭医疗服务建设，在原有基础上，加快居家养老及家庭健康医疗的建设进度。积极推进食品农产品生产、加工企业转型升级，促进外贸出口，昌邑市国家级出口食品农产品质量安全示范区创建工作通过国家考核组考核验收，国家级出口食品农产品质量安全示范区的创建对于打响昌邑市产业品牌，推动产业发展，促进外销，带动内贸都具有极其巨大的推动作用，有利于促进昌邑市生产、加工产业快速发展，带动农民致富。健全市场调度监测和统计分析体系，加强市场和重点流通企业的监测，市场运行监测工作考核排名居潍坊市各县市区首位。做好直销企业服务网点设立情况核查工作。加强对典当、再生资源回收监管。

对外经济贸易

2016年，全市完成货物进出口55.94亿元；服务进出口971万美元；全市合同利用外资121030万元，实际到账外资18163万元；新增境外实际投资274万美元。

【外贸进出口】 昌邑市政府出台降低企业成本促进实体经济健康发展的若干政策措施，认真落实潍坊市加快开放发展政策，为外贸稳定增长提供政策和制度保障；启动外贸企业“大走访、大宣讲、大服务”活动，帮助企业解决遇到的困难和问题。组织企业充分利用广交会等国内展会平台和国际展会，特别是潍坊市确定的国外50家重点展会平台抢抓订单；建设“海盈跨境通”外贸综合服务平台为外贸企业提供海外营销推广、外贸人才培训、报关、商检、物流等服务。引导帮助外贸企业利用跨境电商平台寻找新订单，开拓新市场，推动小微企业和“零”业绩外贸企业出口。建设柳疃棉纺城公用型保税仓库，为外贸纺织企业提供进口服务。认真落实各级政府为鼓励外经贸发展出台的各项扶持政策，特别是国外参展、出口退税、出口信用保险、中小企业国外市场开拓等方面的补贴政策，推动外贸进出口稳定增长。全年完成货物进出口总额55.94亿元。其中，出口40.58亿元，进口15.36亿元。市场结构进一步优化。与昌邑有贸易关系的国家和地区达到30多个，有进出口业绩的企业达到194家。年进出口额过亿元的企业10家。推动38家有资质、无业绩的企业实现零的突破，新增进出口额2.7亿元。对新兴市场出口稳步增长，抵御市场冲击的能力持续增强。产品结构进一步优化。利用各级外经贸发展基金，支持高附加值产品出口，特别是机电产品、高新技术产品出口。贸易结构进一步优化，进口占进出口总额的比重达到27.5%，比上年提高0.7%，进口和出口“失衡”的问题有所改善。

【对外经济合作】 积极跟进国家“一带一路”等重大开放战略，以国际产能合作、海外承包环卫项目为重点，支持企业“走出去”发展，对外经济合作取得新突破，全年实际完成境外投资额274万美元，增幅高于潍坊市平均水平20.5%。完成投资建设的10家境外投资企业发展状况良好。

对“一带一路”中巴经济走廊国家合作布局力度加大，昌邑德明进出口有限公司投资建设的乌干达（潍坊）工业园，一期开发土地10公顷，建设厂房、办公楼、仓库4万平方米，已入驻上下游企业10家；昌邑市康洁环卫工程有限公司投资建设的康洁环卫（巴基斯坦）有限公司当年完成投资148万美元，是中国第一家也是唯一一家走向国际市场的大型环卫服务企业，开创中国环卫企业“走出去”的先例。

【利用外资情况】 2016年，全市合同利用外资121030万元，同比增长119.5%，实际到账外资18163万元。引进世界500强项目落户2个：中信环境技术有限公司投资成立的潍坊联合环境环保科技有限公司主要从事污泥处理与处置，总投资3400万美元，注册资本1200万美元，外资全部到位；山东雅拉食品有限公司总投资2218万美元，注册资本887万美元，外资全部到位。

先后走访硕昌农牧、浩信康迈、瑞其能电气、中信环境水务、安利兴等有增资意向的外资企业，及时了解外方发展意向和需求，引导持续投资发展。支持外商以利润再投资、股东借款、股权质押贷款等方式增资。推广企业并购方式，推动全市浩信等大型企业进行外资并购。8月份开展“外企减负年”活动。走访外资企业32家，发放《推动落实各级政策组织开展“外企减负年”活动文件汇编》，就降低制度性交易成本、外企税费负担、外企融资、电力、物流、用地成本等相关政策做解释和落实。及时了解、解决项目洽谈和落地过程中遇到的难点和问题，积极与上级部门沟通协调，推动在谈项目尽快落地。积极筹备参加香港山东周、中日韩产业博览会活动，开展招商提高会展质量和效果，打造品牌会展平台。增强主动为企业服务意识，建立机关干部联系包靠重点外资企业和重大外资项目制度，推进落实“服务大使”“专家顾问小组”等制度，全面加快项目签约落地、出资到账、开工建设进程。帮助外资企业解决在融资、参展、通关等方面存在的问题，促其做大做强。积极为企业争取省、市各类政策扶持资金，帮助企业用足用好国家和省市各项优惠政策，为外资企业提供一个良好的发展环境。

现代物流

【综述】 2016年，深入贯彻落实国务院和省、市关于物流业发展的决策部署，牢固树立“创新、协调、绿色、开放、共享”的发展理念，坚持按照“市场启动、工业拉动、贸易带动、产业推动、平台驱动”的发展思路，适应信息技术发展的新趋势，以提升物流业整体服务质量和效率为主线，以基础设施建设和技术装备应用为支撑，推动物流业与农业、工业和商贸流通业等产业融合发展，积极营造有利于现代物流业发展的政策环境，着力建立和完善现代物流服务体系，加快提升物流业发展水平，为全面建成小康社会提供物流服务保障。物流规模和效率逐步提升。全市物流投资总额达35.48亿元，较2015年增长132.8%。

【物流主体建设】 随着经济总量的稳步上升，物流企业群体不断成长，企业逐步注重提升服务功能，拓展服务范围。昌邑市现有注册登记物流企业50多家，涉及运输、仓储、配送、配载等方面，昌邑成泰物流有限公司成功申报AAAAA级物流企业。涌现出棉纺城物流中心、成泰物流以及宏大生姜市场、琨福大姜批发市场等服务生产和流通的大型物流网点和邮政、顺丰、中通、申通、圆通、百世汇通、韵达等快递服务网点及快递柜、便利店代收代寄等网点，物流市场主体建设加快。

【完善基础设施】 2016年，昌邑市公路里程达1788.2千米，有荣乌高速、荣潍高速、青银高速3条高速公路过境，潍坊城东联络线和潍坊城南联络线的新海路、环渤海高等级公路、寿济路、疏港路、宝通街等道路都在快速建设。昌邑境内大莱龙铁路设海天站和昌邑北站两个货运站，大莱龙铁路正在扩能改造，结合潍坊港东港区（下营港）建设，拟建疏港铁路（线路从大莱龙铁路海天站到下营港），铁路运输能力增强。原有港口停运，规划新建潍坊港东港区（下营港），设计年货物吞吐量2000万吨，建设5000吨级通用泊位，港口是昌邑市现代物流中远期主要的发力点和引领区。

【政策支持】 昌邑市物流和产业结合度相对较高，辐射范围广。石油化工物流、纺织物流、农产品物流等专业物流发展较快，产品销往全国并出口国外，推动昌邑市优势产业发展壮大，特色产品在全国的知名度越来越高。专业物流的发展，带动一批相关人员就业，增强经济发展韧性，对税收的贡献不断扩大，基础性地位得到巩固。充分认识物流业的社会基础设施功能，加大土地、财政、税收等政策支持。坚持依法依规用地和节约集约用地的原则，在符合相关规划的前提下，对规划新建、改建和扩建的重点现代物流项目在建设用地、规划选址、开发建设等方面予以优先保障。统筹设立物流业发展专项资金，加大对现代物流业发展的支持力度。专项资金重点支持港口物流的建设、现代物流企业的引进和培育、物流公共信息平台的建设和物流人才的培养与引进等。认真落实物流业相关税收优惠政策。研究完善支持物流企业做强做大的扶持政策。研究配送车辆进入城区作业的相关政策，完善城市配送车辆通行管控措施。

招商引资

2016年，昌邑投资促进局围绕市委、市府的中心工作，对重点地区、重点产业开展重点招商项目。重点做好招商引资项目的包装、推介、发布、洽谈、跟踪工作。制定并解释招商引资的优惠政策，搞好以商招商、以企招商。对外洽谈项目24个，实际到位资金94.6亿元。

【建立招商责任体系】 昌邑市投资促进局围绕加快现代产业体系培育，结合全市实际制定出台《修订全市招商引资考核办法》《2016年全市招商引资指导性计划》《废止及修订招商引资有关优惠政策》等文件，完善目标责任机制。确定10个镇街区和10个市直相关部门为重点招商引资单位，要求每个重点招商引资单位，每年落户北部沿海一个过2亿元项目。按照考核办法对20个重点招商引资单位跟踪考核、定期通报、持续问责、兑现奖惩，确保超额完成全市招商引资任务。

【专业队伍建设】 全市成立30支专门招商队伍，实行小分队式、有针对性的对接洽谈活动，对接有明确投资意向的客商80多名，重点项目市领导直接参入对接洽谈，提高招商效率，扩大对外影响，推进项目落地。

【招商活动】 2016年，组织参加潍坊市举办的33届风筝会、22届鲁台会、2016海外人才创新创业项目对接会、潍坊（上海）先进制造业合作对接会、中日韩博览会、潍坊市汽车装备产业合作对接会、京鲁经济合作论坛、对接洽谈世界500强和境外行业领军企业等活动，对外宣传昌邑市的投资环境。组织各镇街区和市直有关部门单位到北京、上海、深圳等重点区域开展精准招商20余次，积极推动项目落户。全市共针对京津、长三角、珠三角地区开展小分队招商20多次，对接洽谈项目56个。3月19日，在北京世纪金源大酒店成功举办“2016山东昌邑（北京）项目对接洽谈会”，邀请中国化工油气开发中心、中国华电集团、中国华能集团、三峡集团等世界500

强和央企 40 余家企业参加洽谈会，对接洽谈合作项目 24 个；积极做好北京市通州区产业转移对接工作，与北京开宝投资管理有限公司签订战略合作协议，组织有产业转移意向的通州区企业、行业协会客商到昌邑市参观考察，有 6 家企业到昌邑市进行考察洽谈。

【推介投资环境】 围绕突破滨海开发、提升市区、开发“潍河”战略和“1669”现代产业体系培育，根据昌邑市产业规划和园区特点，对招商宣传手册和投资指南进行重新编印 3000 册；加强网络招商，开拓招商空间，新建昌邑市招商网，滨海（下营）经济开发区招商网，利用网站宣传昌邑市的投资环境、招商动态和项目信息；对招商项目库和招商客户资源库时时更新、定期推介，不断借助“大数据”，提升招商工作的规范化、信息化水平，对全市可利用储备地和可用于招商的闲置土地、厂房、商务楼宇等资源进行统计汇总，建立招商项目承接资源信息库，实行动态监管，突出资源优势，展示本地特色；实施项目退出机制，通过腾笼换鸟推动企业并购重组，相继促成华利达收购博恒化工，永宁化工收购晨旺化学、深圳东江环保兼并潍坊蓝海环保，上市公司江西富祥股份兼并奥通药业；围绕“滨海开发”从新拍摄制作滨海开发区宣传片。多渠道推介昌邑市发展环境和重点项目。

【对接洽谈项目】 积极对接各类企业、机构、商会等，洽谈项目 12 个，有 4 个项目落地、签约或达成合作意向。分别是：100 万千瓦海上风电、12 万千瓦陆上风电等新能源项目。该项目由三峡集团总投资 180 亿元兴建，同昌邑市人民政府签署《战略合作协议》，争取尽快列入山东省风电开发建设方案。污泥无害化处理项目。该项目由中信环境技术有限公司投资 2.2 亿元兴建。橡胶黏合剂、促进剂、防老剂项目。该项目由青岛中建化工有限公司投资 4.02 亿元兴建。办公楼、车间、仓库正在进行主体施工，争取 2017 年建成投产。为积极对接北京通州区产业转移工作，昌邑市与北京开宝投资管理有限公司签订战略合作协议。将对通州园区产业转移企业进行梳理开展对接服务，组织有产业转移意向的通州区企业、行业协会客商。有 6 家企业到昌邑市进行考察洽谈。

【严格考核奖惩】 强化考核激励，坚持发展导向、考核导向相统一，完善考核奖惩办法，加大招商引资工作在经济社会科学发展综合考核中的权重，建立奖惩结合、以奖为主的工作激励机制。按照考核办法对 20 个重点招商引资单位跟踪考核、定期通报、持续问责、兑现奖惩，确保超额完成全市招商引资任务。了解招商引资项目进展情况，为领导当好参谋，顺利完成全市招商引资

• 2016 山东昌邑（北京）项目对接洽谈会

任务，全市实际到位市外资金 94.6 亿元，其中（潍坊市认定）实际到位市外资金过 5000 万元的项目 24 个，认定到位资金 51.55 亿元。

【项目准入把关】 提高门槛，突出重点。根据国家关于清理规范招商引资优惠政策的要求，及时调整招商引资政策，突出土地集约利用、预期税收指标、环境友好、科技含量高等要素，对招商的重点领域做出筹划部署，由单纯追求数量扩张转向注重质量提升，引进落户项目要严把环评、安评、能评“三道关口”，强化规划水平、投资强度和建设周期“三项标准”，提高项目准入门槛，严防“两高一资”（高耗能、高污染和资源性）项目落户，为可持续发展提供有力保障。在产业发展驱动力上，从以物质资源支撑为主向综合引进资金、智力和技术转型，努力提高产品的科技含量、资本含量和附加价值。在园区产业转型升级上，以盐及盐化工、石油化工为基础，逐步转移到符合国家产业政策的“四一三”项目（“四个基地、一个体系、三个基础支撑”的战略重点，即倾力打造现代制造业基地、现代物流基地、现代农业示范基地、文化创意旅游基地，建设新型城镇化体系，进一步强化水生态文明、交通和能源基础支撑），延伸产业链条，培育产业集群。

注：“1669”即围绕品牌农业（种植业、畜禽良种、渔业良种、苗木花卉）、6 个战略性新兴产业（电子信息、生物医药、节能环保、智能装备、新能源及电动汽车、海洋产业）、6 个传统优势产业（机械装备、汽车制造、石化盐化、纺织服装、食品加工、造纸包装）和 9 个重点服务业（总部经济、创意设计、现代物流、金融服务、健康养老、旅游业、信息消费、服务外包、社区服务），加快培育现代产业体系，力争用 3 ～ 5 年的时间，形成产业结构高级化、产业布局合理化、产业发展集聚化、产业竞争力高端化的现代产业体系。

【会展经济】 2016 年，昌邑市充分发挥绿博会在人流、物流、信息流、资金流等方面的聚集作用，大力发展会展经济，为经济社会发展注入新的活力。整合昌邑优势资源，通过绿博会会展平台集中展示，大力宣传推介昌邑的比较优势、特色产业和良好的投资环境，有效提升招商引资成效。绿博会期间达成苗木购销合同 1000 多笔，交易额 4 亿元。为高水平、高标准办好绿博会，先后投资 2 亿多元，修缮、美化绿博园内道路，完善景观设施及相关配套设施，把绿博园打造成集休闲观光、娱乐健身于一体的生态旅游景点，为绿博会的成功举办奠定坚实基础。绿博园被认定为“全国农业生态旅游示范点”“国家 AAAA 级旅游景区”“全国休闲农业与乡村旅游示范点”。抓住旅游业加快发展的有利时机，大力整合绿博园、潍水国家城市湿地公园和北部沿海万亩柽柳林等绿色资源，加快潍河生态旅游度假区、青山秀水省级旅游度假区、博陆山生态旅游区等重点旅游项目建设，做大做强旅游产业。

• 绿博园

【总部经济】 2016年，昌邑市共获得认定总部（分支机构）53家，其中企业类46家、事业和中介机构类4家、社会组织类3家。鼓励、引导符合条件的企业积极申报总部企业认定，形成总部集聚效应，辐射带动地方经济发展。全市认定山东同大集团有限公司、山东昌邑灶户盐化有限公司、山东浩信集团有限公司、华晨集团、潍坊金丝达实业有限公司、城矿集团等45家企业具备企业总部（分支机构）资格。把招商引资作为加快总部经济发展的第一动力，通过抓招商、增投入、上项目，加快推动总部经济发展。积极吸引大企业、大集团到昌邑市设立区域总部和研发、营销等职能型总部。既注重对跨国公司总部的引进，也注重对国家级产业基地及国家组织、地区级总部的引进，促进总部经济尽快做大做强。昌邑市把园区建设作为发展总部经济的服务平台和重要载体，强化措施，狠抓落实，不断提高总部经济发展能力和竞争实力。以昌邑滨海（下营）经济开发区为发展总部经济的主战场，依托占地200公顷的滨海机械装备制造创业园、占地333.33公顷的滨海石油天然气低碳工业园、占地66.67公顷的滨海城市静脉产业园、占地133.33公顷的现代国际物流园，延伸产业链条，膨胀下游企业规模，为发展总部经济夯实基础。

• 盐田作业

供 销

2016年，昌邑市供销合作社联合社（简称市联社）紧紧围绕市委、市政府思路举措工作安排，按照“改造自我、服务农民”的总体要求，以密切与农民利益联结为核心，不断深化供销社综合改革，着力推进实体性合作经济组织建设、农业社会化服务、农村流通现代化，推动供销社从流通服务向全程农业社会化服务延伸，构建供销社为农社会化服务新体系、新模式，搭建适应现代农业发展要求的为农服务综合平台，为现代农业发展注入新的动能和活力。市联社工会工作委员会被昌邑市总工会评为2016年度“工会工作先进单位”。

【实体性合作经济组织建设】 按照“四位一体”工作机制，积极领办、参办农民专业合作社及其联合社。通过“党建带社建、社村共建”，大力发展为农服务新生力量，进一步壮大为农服务实力。领办、参办农丰棉花、大姜、蔬菜、苗木、农机服务、海水养殖、机采棉等各类专业合作社10家，“社村共建”村庄20个；区域性农民合作社联合社1家；县级农民合作社联合社1家。实体性合作经济组织不断发展壮大。各专业合作社建立以来，带动农民扩大标准化、规模化生产经营，为调整农业种植结构、促进农民增收做出突出贡献。其中，领办的市绿环蔬菜专业合作社建设的大姜分拣包装交易中心，日清洗分拣包装大姜200多吨，实现为农增收1200多万元。

【农业社会化服务】 以建设为农服务中心为切入点，积极开展和推进大田作物托管服务。以控

• 植保无人机、自走式打药机、田间管理机

股成立的潍坊丰瑞农业科技有限公司为投资运营主体，实施“山东省潍坊市昌邑市土地托管服务试点项目”，建成大章、青乡2处为农服务中心，购置各类农机服务装备83台（套）。项目总占地面积4.33公顷，投资1633万元，建筑面积1.13万平方米。为农服务中心设农资经营、智能测土配肥、职业农民培训、农业机械服务、粮食烘干储存等经营服务内容。该项目被列入国家“2015年农业综合开发供销总社新型社会化服务体系试点项目”，获得上级专项扶持资金700万元。以为农服务中心为依托，建设“3千米土地托管服务圈”，积极开展以大田作物的耕、种、管、收、加、贮、销为主要内容的全托管或半托管系列化、规模化服务，开展机采棉、大姜、小麦、玉米等作物托管服务面积1万公顷，其中，全托管服务面积0.13万公顷，半托管服务面积0.87万公顷，实现为农增收1680多万元。

【农村流通现代化】 改造提升传统流通业态，加快推进农村流通现代化。实施“农村现代流通创新工程”，改造县域综合配送中心1个，直营店5个；规范加盟店45个，各类连锁经营网点52个。实施“精准施肥工程”，购置测土配方设备2套，开展测土配方施肥面积0.67万公顷；购置智能配肥设备2套，开展智能配肥面积0.67万公顷。实施“放心农资工程”，改造农资配送中心1处，发展放心农资店20家。购置无人植保飞机3架，飞防服务面积0.33万公顷。开展职业农民培训800人。借助省供销社建立的“供销社—京东”电子商务平台，建成电商平台2处，发展运营网点4家。

【推广机采棉】 2016年，以建设机采棉良种基地和示范园区为突破口，大力开展机采棉种植推广。针对棉花生产机械化程度低、用工多、生产成本逐年增加的实际情况，以提高机械化水平为突破口，以降低生产成本、增加植棉效益为根本目的，在柳疃镇青乡社区建立省供销社、潍坊市政府“渤海湾棉花全程机械化试验示范园区”，从良种供应、节水灌溉、机械播种、配方施肥、农药喷洒、机械采摘等环节逐步推进机采棉全方位、系列化服务，在全国除新疆以外的产棉区率先探索棉花生产全程机械化新模式，取得较好的经济和社会效益，得到上级高度认可。潍坊市在昌邑市召开现场观摩会议，总结推广棉花生产全程机械化经验做法，全国供销合作总社、省供销社领导多次到昌邑市专题调研棉花生产全程机械化示范推广工作。建成机采棉良种繁育推广技术中心1处。建成机采棉良种繁育基地333.33公顷；机采棉种植示范园区0.08万公顷；机采棉滴灌高效节水试验示范园200公顷；提升改造5万立方米水库2座。申报实施的“机采棉种植和高效节水灌溉示范项目”，获得上级专项扶持资金140万元。

粮 食

2016 年，市粮食局在市委、市政府的领导下，坚持以中共十八大和十八届三中、四中、五中全会精神为指针，切实按照年初工作部署和要求，坚持以规范管理为总抓手，以加快和谐创业发展步伐为主线，通过强抓地储粮油管理、重点项目建设、农户科学储粮；稳步推进粮食执法工作和维稳工作力度，经干部职工的共同努力，粮食工作呈现出良好局面，取得较好成绩。

【抓收购保供应管库存】 利用夏粮收购有利时机，市地方粮食储备库圆满完成年度 4844 吨储备小麦、240 吨大豆油的轮换任务。同时，依托储备库的仓储优势，按照抢抓机遇、开拓市场、寻求发展、搞活经营的经营思路，努力开展粮食经营购销工作，增强企业运营水平和创利能力，共计收购粮食 410 吨。

对市地储库粮油库存进行检查，共计检查粮食 3 万吨，所储粮油数量真实、质量良好，达到“一符、三专、四落实”的仓储管理标准。

积极响应山东省人民政府关于粮食应急加工和应急配送能力建设，积极开展粮食应急体系建设工作，在全市初步建立 10 处粮食加工和销售应急网点。

【粮安工程建设】 积极推进“粮安工程”建设，切实提高粮食储备库的现代化储备粮油管理水平，在市地方储备粮食储备库圆满完成“粮安工程”危仓老库维修改造工作。项目总投资 246 万元，其中省财政补助资金 148 万元，昌邑市财政配套资金 49 万元，企业自筹资金 49 万元。

● 科学储粮，制作加工的“小粮仓”

【产业发展】 争取中央和省财政扶持资金 250 万元，支持帮助粮食企业扩大生产规模，进行技术改造。潍坊金浩面业有限公司总投资 553.2 万元的粮食应急加工项目，其中省财政扶持资金 150 万元，企业自筹 403.2 万元。主要包括应急面粉加工、储备、配送和供应设施提升项目；昌邑乐春老面大饽饽有限公司总投资 130.5 万元的主食产业化项目，其中省财政扶持资金 100 万元，企业自筹 30.5 万元。主要是对面食设备和车间进行改造和提升。

针对原东冢、龙池两处粮管所历史包袱沉重、经营相对困难的实际情况，根据市金融办不良贷款一次性集中处置工作要求，积极协调两处改制企业开展陈贷处理工作，摔掉历史包袱 660 多万元，有效地化解粮食风险，为企业注入生机和活力。

【依法管粮】 以开展《粮食流通管理条例》颁布实施丨二周年宣传月活动为契机，对纳入全市 74 家粮食流通统计范围的部分重点非国有粮食企业及转化用粮企业执行统计制度进行检查。进一步完善粮食市场准入制度，严把粮食收购资格审核关，加强对粮食收购市场和价格的跟踪监测，配合市工商局对1家无粮食收购资格证企业进行查处。

2016年，抓好全市涉粮企业检化验、保管及统计人员的学习培训工作，提高粮食从业人员队伍的整体素质，共计培训210人次。

【科学储粮】 2016年，科学储粮对象主要针对农村贫困户，经潍坊市粮食局、财政局联合行文，分配昌邑市农户科学储粮任务500户。市粮食局选择在围子街道部分村庄完成500个“小粮仓”的生产加工、发放以及与农户协议的签订工作，得到农户的欢迎。

烟 草

【概述】 2016年，销售卷烟22801箱，同比减少2056箱；实现销售额5.7亿元，同比减少1159万元；实现利税1.36亿元，同比增幅11.34%；全年共查获各类案件225起，同比增长127.27%，查获各类卷烟378.69万支，同比增长17.16%，总案值100.89万元，同比增长11.59%。被潍坊市委授予“优秀职工思想政治工作研究会”“先进基层党组织”荣誉称号。

【培育品牌】 以市场化取向改革为引领，加大“泰山”品牌和细支烟品牌培育力度，经济运行质量平稳增长；以客户经理职能转型为突破口，开展“经营能力提升大比武”活动，建立“一口清”模型和业务技能学习知识库，有效提升营销人员服务水平；大力开展“两个状态提升”活动，以“提升落后指标”为突破口，以“融洽客我关系”为切入点，积极调整市场状态、激发队伍活力。打造“靓丽终端一条街”，开展“领导示范、一站一线、一村一店”终端提升活动，网建基础进一步夯实；深挖市场消费潜力，根据集团、高端、婚庆、农村不同特点，制定四个市场开发策略，大力引导消费，共组织集团推介会36场，市场开发成效明显；积极推进大物流建设转型升级，积极发展网络终端客户，实现大物流建设工作上水平。注重深挖市场潜力，大力推进婚庆市场开发。建立组织机构。成立领导小组和开发办公室，分片区召开婚庆公司、大企业工会座谈会，进一步扩大覆盖面；联合婚庆协会，共同组建“1532”婚庆旗舰店。同时，在全市建立30家婚庆特色终端展示店，在服务站设立喜烟、喜酒展示点，直观有效的宣传推介；与企业工会联合，开展“员工结婚送礼”活动，与婚庆公司深度合作，发挥其引导作用，每名员工包靠一家婚庆公司，逐步带动婚庆回礼用烟消费习俗。

【市场监管】 立足净化本地市场，转变监管方式、突出破网追刑和内部监管，维护良好市场秩序，深入开展“网络案件突破月”活动，进一步加大联合执法力度；推进市场检查“APCD”工作法，落实错时检查制度，收到良好监控效果；开展“齐鲁之盾”专项行动，突出打击“真品卷烟异常流通”和“互联网涉烟违法犯罪”行为，定期开展“串码烟”清理行动，严厉打击大户非法收购、倒卖卷烟行为；通过“3·15”“6·29”“12·4”宣传日，加强普法宣传阵地建设，依法行政水平不断提高；开展“精益管理年”“重学习、提素质、争一流”、专卖基础工作提升活动，建立每周理论学习与技能培训制度，举办法律法规知识竞赛，加强日常督导检查，专卖基础管理水平明显提升。全面推广市场管理服务站建设。积极推进职能优化，采取“分线管理、集中检查”的方式，在终端建设、到货确认、亮证经营、信息共享等方面加强专销协作，完善专销协作机制，形成专销齐抓共管的格局。

【企业管理】 深入开展精益管理，通过精益宣传、氛围营造和精益工具应用，推行7S现场管理，企业管理水平有整体提升。围绕“增收节支，降本增效”的目标。通过修订费用定额标准、办公用品集中采购、车辆当地维修、降低固话套餐、严控招待标准、减少会议次数等措施，可控费用明显下降，同比减少34.72万元，降低17.88%。三项费用同比减少275.55万元，降低9.61%。深化全面预算管理和审计整改，严格落实绩效考核，保障预算管理有效落实；开展“实物资产规范提升年”活动，对固定资产和低值易耗品进行重新编码，进一步规范国有资产管理和处置；完善绩效考核办法，建立“评审问责”制度，构建起“工作有计划、绩效有考评、过失必问责”的运行体系，最大程度调动员工的工作积极性、主动性和创造性。

【活动开展】 严格落实安全稳定和信息保密要求，开展“安全生产月”活动，全面进行安全生产大检查，完善防范措施，实现“五零一控”目标；积极开展“文体养老”活动，通过召开座谈会、组织外出郊游、开展志愿服务、举办趣味活动等形式，进一步提升为离退休人员服务的层次和水平；大力开展志愿服务活动，开展“包村驻点”工作，为王家扶宁村帮扶5万元建设道路，改善村容村貌，为当地群众排忧解难。为2户受灾零售户解决资金3000元，为63名困难零售客户筹集捐款9800元，积极开展慈心一日捐活动，全员捐款7200元；组织青、老年志愿者开展“清洁城市 美化环境”“护学岗”“尊老·爱老·助老”“学雷锋·树新风”“送法下乡，维护消费者合法权益”等多项公益志愿服务活动。注重政风行风建设，开展“全员联系企业”等活动，社会满意度持续提升。

【队伍建设】 落实全面从严治党主体责任，严格执行中央八项规定，把党建工作与经营指标紧密结合，以开展“两学一做”学习教育为契机，扎实推进“全员改进作风”活动，干部职工工作作风不断转变、能力不断提升。在全体党员中开展“三亮一示范”活动，落实“四评一清单”制度，进一步提高党员责任意识、担当意识和大局观念，不断凝聚干事创业、奋发有为的新风气和正能量；高度重视队伍培养，合理配备中层干部，选拔敢于担当的人走上重要岗位，初步形成风清气正的选人用人机制。全年共有6名优秀员工通过公开选拔方式获得晋升，进一步拓宽人才成长渠道，激活全员干事创业的积极性；通过组织开展“全员四包一挂”“线路竞标”“劳动竞赛”等活动，逐渐形成争先创优的良好氛围；完善考核机制，探索推行“日考核”“黄红牌”“重点指标考核”“落后指标提升”等考核办法，最大程度调动员工的工作积极性和主动性，工作成效显著提高；加强客户经理工作计划、政策宣传情况调度，组织外出学习先进经验、先进做法，开展服务站工作质量观摩点评，增强干事创业的后劲；建立健全约谈机制，针对工作中存在的问题，通过领导成员面对面谈心、组织约谈、诫勉谈话等方式，建立工作信心，扭转被动局面。注重企业文化建设，通过走访困难职工、建立服务站亲情角、职工家访等方式，进一步增强干部职工的归属感、荣誉感；改进教育培训模式，通过服务站班后会、中层上讲台、交叉学习、跟班学习等方式，不断交流工作经验。针对应知应会理论、拜访情景模拟演练及“一口清”等内容，制定营销人员“培训菜单”，营销人员业务能力和服务水平不断提高。组织拓展训练、演讲比赛、联欢晚会等活动，提升综合素质，增强凝聚力。队伍素质不断提升，发展后劲不断增强。

盐 业

【综述】 昌邑市盐务局为昌邑市政府授权的昌

邑市盐行业行政主管部门。2016年，在昌邑市委、市政府统一领导和上级业务主管部门正确指导下，依法开展了行业管理、盐政执法、食盐专营工作，使昌邑盐业各项工作走在了全省同行业前列。全市盐业认真贯彻实施国家、省市盐业有关法规政策，认真贯彻执行全市经济和社会发展“十三五”规划，加快制盐体制改革及产业产品调转步伐，推动全市盐业走上了科学发展集约经营的轨道。全市盐业加快了转型调整工作步伐，一些大项目、新项目、高新技术项目不断落户项目区。昌邑盐业公司积极充当北部开发的主力军，率先引进澳洲海盐战略合作协议，开创了项目引进新模式，填补了国内市场空白。截至2016年年底，全市盐业有制盐企业10家，盐田面积90万公亩，年产原盐400万吨；制溴企业16家，提溴机组34套（一次提溴机组32套、二次提溴机组2套），年产溴素3.5万吨；其他盐化工产品有染料中间体、医药中间体、空气熏蒸剂等溴素深加工产品，加工能力1.5万吨；国家食盐定点企业山东昌邑盐化精盐厂，生产加工粉精盐、颗粒盐、小包装食盐、精制海盐、日晒盐18个品种，年产能力10万吨。

【盐业生产】 主要产品实现可控发展，盐业资源得到有效保护。地下卤水是盐业赖以生存发展的重要资源。针对过度开采、浪费资源、导致卤水日益枯竭的状况，市委市政府采取了多条政策和措施保护资源，维护开发秩序。实施“三不一无”和冬季休产限产及盐溴配套联产制度，使盐业实现有序开发，可控增长。从2006年到2016年，全市盐田面积维持在9000公顷左右，原盐产量保持在350万吨的水平；溴素产量2005年为3.1万吨，2016年为3.13万吨。

• 机械化收盐

产品结构不断优化，产品品种大幅增加。全市盐业已形成以盐、溴为主导，以精制盐、燃料中间体、医药中间体、空气熏蒸剂、k酸、钙粉和纯碱等七大系列40多个品种。

经济总量不断扩大，骨干企业快速发展。全市盐业营业收入17亿元，同比增长17%。为国家和昌邑市财政作出贡献。一批骨干企业迅速发展壮大，有11家盐业企业获得昌邑市委市政府在经济工作会议上表彰奖励。

技术进步日新月异，装备水平明显提高。经过不断努力，盐田技术装备水平不断提高，盐田全部采用塑膜防渗、结晶池塑苫和坨存盐塑苫技术，有利于“新、深、长”工艺推广，提高防雨抗灾能力，盐工实物劳动生产率显著提高。市盐务局充分利用各种信息平台，为盐业生产提供最新气象信息，最新市场价格，为生产决策提供科学依据。二次提溴技术提高了卤水资源的利用率和综合价值。

昌邑盐化精盐厂投资6000万元的澳洲海盐加工包装战略合作项目成功落地，加快了昌邑盐业转型发展、多元化发展步伐，为昌邑盐业多品种盐的开发奠定基础。

盐业产销秩序逐步规范，市场逐步净化。昌邑市盐务局依据国家和省市有关盐规盐法，发挥盐政执法主体作用，在盐业资源、生产、运销、市场管理、查处盐业违法案件中发挥巨大作用，建立和完善“源头治理、辖区管理、产销区结合部重点稽查”的三位一体的执法保证体系，与公安、卫生等部门建立联合执法机制，为全市盐业产销创造有序的环境。

【盐、溴企业】 2016年，全市制盐企业10家，产盐385万吨；制溴企业16家，共产溴素3.13万吨。

昌邑市盐、溴企业产量统计表

表—3　　单位：万吨

制盐企业		制溴企业	
企业名称	产量	企业名称	产量
山东昌邑灶户盐化有限公司	40	山东昌邑廒里盐化有限责任公司	0.4
昌邑恒联盐场	35	昌邑市滨海盐化股份有限公司	0.15
山东裕源集团有限公司昌邑化工厂	40	山东昌邑灶户盐化有限公司	0.4
昌邑市光大盐化股份有限公司	40	山东裕源集团昌邑化工厂	0.4
山东昌邑华盛盐业股份有限公司	40	昌邑市潍昌盐场	0.2
山东省昌邑市玉海盐化有限公司	30	昌邑市青阜盐化有限公司	0.08
山东省昌邑市龙池盐化有限公司	55	山东省龙池盐化有限公司	0.05
昌邑青碱制盐有限公司	30	山东省潍北盐场	0.05
山东昌邑廒里盐化有限公司	30	昌邑民康制溴有限公司	0.4
昌邑市滨海盐化有限公司	45	山东鸿昌化工有限公司	0.6
		昌邑市鲁东化工有限公司	0.1
		昌邑市廒丰盐化有限公司	0.1
		昌邑市利源溴素厂	0.05
		昌邑市天龙盐化有限公司	0.05
		昌邑市大海溴业有限公司	0.05
		昌邑市昊龙盐化有限公司	0.05

【行业管理】 2016年，原盐价格持续走低，盐业资源衰退严重，制盐企业普遍经营困难。针对行业发展困境，昌邑市盐务局与潍坊市盐务局、潍坊市盐业协会联合召开制盐企业产销座谈会，分析市场情况，研究解困措施。建议市政府加快制盐企业组织结构调整，得到市政府高度重视并付诸实施。大力进行安全生产集中检查整治，督促各企业加强安全生产，确保生命财产安全。

坚持围绕中心，服务大局，协调推进昌邑市人民政府《关于加强涉盐税收征管工作的通知》落实，与财政、税务等部门在北部盐区设立涉盐税收征管联合服务大厅，坚持全天候24小时服务，做好盐产品统一计量工作，为依法征税提供可靠依据。

发挥行业管理和盐政管理主体作用，加强原盐生产和调运秩序的日常监管，与税务、公安、沿海执法、市场监管等部门密切协作配合，强化巡查巡管，有效防止私运原盐、偷漏税款行为。在市委市政府组织的2016年度市直部门单位述职评议工作中，以总分92.8分高居驻昌垂管部门第二位，取得优秀等级，在全市所有部门单位中排名进入前十。

【食盐经营】 2016年，生产原盐30万吨，完成计划的85.7%，同比降低25%（降雨增加所致）；销售两碱工业盐140.2万吨，完成计划的107.8%，同比降低9.7%；市内销售小包装食盐1198吨，完成市局计划的88%，同比持平；市内销售小工业盐9717吨，完成计划的117%，同比增长14.6%。

市内食盐经营　2016年，食盐专营（经营）体制改革速度加快，专营政策逐步放开，市场环境趋于复杂，制售假盐日益抬头。面对复杂的形势变化和艰巨的专营任务，专营队伍创造性开展工作。从团队思想、作风、素质入手，加强使命教育，提高责任意识，保持团队的精气神，工作紧抓不放松。指标任务落实到人，严肃强调守土有责，完不成任务严肃追责。全市划分18个区域，每个区域客户经理全面负责，积极主动开展工作，经常走访用户开展亲情化服务，走访过程发现问题及时处理，铺货不足及时补货。薄弱区域分队长重点包靠，查找原因，制定对策，迎头赶上。积极做好宣传引导，消除误解和模糊认识，严防私盐趁机而入，始终掌握市场主动权。完成食盐专营指标进入潍坊市前4名。

精盐厂食盐生产经营　精盐生产面对调拨计划不足、产销矛盾突出、同质化竞争严重的不利局面，立足自身优势，坚持特色生产，大力开拓市场。投入795万元配套完善基础设施，完成1700平方米的办公楼、质检中心接建和2100平方米的新库房建设，新建高标准化验室在省质检部门验收中全省排名第二，新建库房安装小包装生产线，划分成品、半成品存放区，使产品存放更加合理；对办公区域进行绿化，为定点企业验收创造良好环境；投资新上色选机1台，与原有色选机并联使用，增强色选效果，提高产品质量。瞄准市场调整产品结构，调整食品加工海盐规格，研发新的一级自然食用盐和二级食用盐，按照省局安排添加两款新的小包装海晶盐产品，根据用户需要开展三批代加工业务，不同规格种类产品达到21种。加强自有品牌创建，完成《精选海盐》《精制海盐》企业标准备案登记，有8个产品条形码在中国物品编码中心备案，取得颗粒盐、洗涤盐两种中国绿色食品证书，形成4个系列18个产品标准。注重抓好外宣工作，在11月份参加浙江杭州盐产品展销会，参展品种11个，以新颖的包装、优异的品质、齐全的品种赢得用户一致好评，吸引众多用户询问洽谈。积极创新经营模式，与澳大利亚澳洲索特盛斯盐业公司、鲁盐经贸公司达成澳洲海盐加工销售战略合作协议，将进一步提高经营产品档次，显著增加企业效益和竞争实力。截至2016年12月底，生产各品种食盐（含小工业盐、日晒盐）16.3万吨，完成计划的185.2%，同比增长24%，销售各品种盐（含小工业盐、日晒盐）16.3万吨，完成计划的185.2%，同比增长20%。

【食盐宣传】 2016年5月15日，是国际第23届“防治碘缺乏病日”，围绕“坚持食用碘盐，预防出生缺陷”宣传主题，昌邑市盐务局与昌邑市市场管理、昌邑市疾控中心、昌邑市电视台等部门，积极做好宣传引导，消除误解和模糊认识，严防私盐趁机而入，始终掌握市场主动权。

在昌邑市佳乐家超市、全福元超市门前开展联合宣传活动，现场设立宣传展板、悬挂宣传横幅，向广大市民发放宣传资料，宣传人员与广大市民开展互动活动，讲解正确食用碘盐防病知识，传授鉴别真假碘盐的方法，开展食盐碘含量现场检测。装饰宣传彩车，巡回乡镇、社区，进村入户、深入集贸市场宣传，让广大消费者提高主动食用合格碘盐、自觉抵制假劣碘盐的意识。在昌邑市电视台360栏目，制作防治碘缺乏病宣传专题片，在黄金时段连续播放，使食用合格碘盐防治碘缺乏病，提高人口素质家喻户晓。

【盐政执法】 2016年，国务院出台《盐业体制改革方案》，放开市场，取消食盐国家定价，食盐市场经营主体不再单一，市场食盐经营出现多元竞争的局面，一些制售假盐分子趁机扰乱市场，制售假盐活动猖獗，市场面临失控局面。昌邑市盐务局盐政执法大队主动调整思路，充分利用国务院几个关于加强食盐市场监管的政策性文件，积极向市政府分管领导反映有关情况，引起政府重视，协调公安、市场监管等部门，与昌邑市盐务局联合下发关于加强市场监管保障食盐安全的通知，使执法有依据，工作有效果，尤其公安局食药环大队的成立，为盐政执法提供更大的助力，两个部门建立食盐安全联席会议，经常会商市场稽查情况，研究下步执法措施。执法过程注重实施阶段性目标和重点打击相结合，2016年每个季度确定一个执法主题，一季度抓网点普查，二季度以市场专项整治为目标，三季度重点抽查人群集中区域合格食盐使用情况，四季度重点抓好源头治理。每次行动目标明确，针对性强，声势大、效果好。注重抓好规范执法，做到“不缺位、不越位、不错位”，在12月份一起恶意抹黑案件中，由于规范执法、文明执法，处理公正，使其告无可告，最后道歉接受处罚。查获涉盐案件345起，同比增加249起，查获假冒小包装和大包精盐98吨，同比增加79吨，罚没收入13.9万元，同比增加10.9万元；移交法院12人，强制执行6起，起诉8人，刑事拘留2人，有力打击制售假盐嚣张气焰，使形势向着好的方面转化。

【溴素生产与经营】 全市溴素生产企业重点围绕“保安全、提产量、降消耗、增效益、控资源、稳增长”方针开展生产活动。突出“严细”管理，向管理要降耗、要效益。全市溴素生产企业加大小改小革和废物利用措施，全年技术革新73项，废物利用、变废为宝措施23条，其中山东鸿昌化工有限公司将原来的氯气储存装置（钢瓶）改造为储罐装置，共投入改造资金48万元，既节省运

• 盐田

输费用，又提高安全效能，半年收回全部投资。管控卤水资源。针对卤水含溴量下降、开采成本增加的问题，从稳定卤水质量的角度考虑，大力拓展卤水资源，全市新打和补打机井610眼，有效保证生产用卤水质量，确保生产的长期稳定。抓好错峰用电。很多溴素生产企业根据电力峰平谷运行时段电力价格分段计费的条件，多在电费最低时加大卤水开采量，使吨溴耗电不同程度下降，仅此一项，全市溴素生产企业比上年节约电费1700万元。创新经营模式，开展溴素经营。灶户盐化、鸿昌化工、廒里盐化等企业根据市场价格变动趋势，在确保正常生产经营的同时，主动开展外购溴素经营业务，赚取利润差价，增加经营效益。盘活利用资产，开展加工溴素业务。针对资源下降、开工不足的现实，鸿昌化工主动走出去，与外地客商达成合作加工溴素协议，充分利用溴素设施，利用溴化物加工提取溴素，提高溴素总产量，成为实现效益的有益补充。

【原盐生产与经营】 2016年，原盐价格低位徘徊，最低价格到60元/吨（出场不含税），企业发展意愿不强，有很多小的制盐业户停止生产，全市停产面积达到2000公顷，加之天气低温，蒸发不强，原盐产量不高，全市年度总产310万吨，同比降低23%。市政府采取积极的扶持政策，鼓励企业自存原盐，降低竞争趋势；动员金融企业对原盐生产过桥续贷，确保生产资金；改革盐资源税征收办法，由原来的从量计征改为从价稽征，有效减轻企业负担。通过一系列行之有效的措施，促使盐价业逐步回升。

2016年，原盐市场持续低迷，海盐、进口盐、井矿盐纷争造成市场竞争加剧。各制盐企业潜心研究市场，认真分析市场变化，从每一次变化中寻找商机，及时作出最有力的经营决策，最大限度地保住市场份额。昌邑盐业公司工业盐经营团队，发挥“昌邑原盐”销售主渠道作用，利用微信平台，把每天市场变化动态反映到各制盐企业，让企业做出正确的销售计划。注重客户关系管理，始终保持与用户高层沟通联系，平时加强工作对接和服务工作，加深在客户中的印象。努力提高发运能力和水平，认真把控选盐、调运、发货各环节效率和质量，确保整个流程不出问题，如在供应荣成腌制盐业务中，无论原盐质量、发运时间和接货数量，都严格按照用户要求做精做细，以服务、实力确保第一供货商位置不动摇，维护工业盐经营在全省同行业的优势地位。全市全年销售原盐330万吨，其中昌邑盐业公司供销公司经营原盐160万吨，接近全市原盐总销量的50%。

金　融

Jin Rong

金融工作

2016年，全市共有银行机构11家，营业网点116处，金融从业人员1400余人，证券公司1家，各类保险机构30余家，小额贷款公司1家，融资性担保公司2家，民间资本管理公司2家。2012年12月，昌邑农信联社成功改制为农村商业银行。潍坊银行、民生银行、兴业银行、昌邑北海村镇银行分别于2009年10月、2013年7月、2016年6月、2016年8月在昌邑市设立分支机构。中信银行、交通银行到昌邑市设立分支机构工作正在积极推进。特别是由市财政出资注册资本3亿元的昌邑北海融资担保有限公司的设立，将在替代企业互保联保方面发挥重要作用，缓解昌邑市部分中小企业担保圈风险问题。

加强金融创新，不断完善金融服务，助推经济转型发展。昌邑市各金融机构创新开发了各具特色的金融产品，昌邑农村商业银行率先创新推出了土地承包经营权抵押贷款业务，共办理农村土地承包经营权抵押贷款累计110宗，面积1266亩，贷款总额1050万元；8月1日，市金融办同市财政局、市国土局、昌邑农商行联合印发了《关于印发〈土地使用权抵押贷款创新业务实施方案〉的通知》（昌金发〔2016〕3号），土地使用权抵押贷款创新业务由昌邑农村商业银行与市金融办、市财政局、市国土局、担保机构（或担保企业）合作，向先期已履行完土地招、拍、挂手续，但因资金问题未办理土地使用权的企业发放的“过渡性”办证资金支持的信贷业务，简称“准地贷”。已开展4笔业务，共办理贷款2566万元。邮储银行开展了再就业小额担保贷款、铸造设备抵押贷款等业务，进一步提高了金融服务的针对性和实效性。同时，加快农村地区ATM机、POS机、农民金融自助服务终端等金融基础设施建设，实现了行政村金融基础设施100%全覆盖，农村金融公共服务体系日益完善。

改善金融生态环境　市委、市政府高度重视金融生态建设，先后制定了《关于进一步支持金融产业发展的意见》《关于进一步推进企业上市工作的指导意见》等文件，不断加大政策扶持力度，为金融业发展提供良好的政策环境。昌邑市还注重做好金融风险防控工作，依法严肃查处逃废金融债务行为和贷款诈骗行为，充分保障金融资产安全。

银行业

【综述】　2016年，人民银行昌邑市支行认真贯彻国家宏观调控政策，在宏观经济形势复杂多变，经济下行压力加大的背景下，昌邑市银行业发展总体稳健，经济运行平稳。截至12月底，辖内共有金融机构 11 家，营业网点 116 处。其中，新成立 2 家金融机构，分别是兴业银行昌邑支行和北海村镇银行昌邑支行。金融服务体系逐步发展壮大，农村金融产品和服务方式创新全面推广，林权、农村土地承包经营权抵押贷款等业务取得良好成果。

12 月底，人民币各项贷款余额 214.8 亿元，较年初减少 5.5 亿元，同比多增 5.5 亿元；外币贷款余额 2.1 亿元，较年初减少 4.2 亿元，同比多增 7.3 亿元。从全年贷款运行的整体情况看，贷款月度运行前高后低。从年初开始贷款增速连续 10 个月保持潍坊 8 个县市第 1 位，贷款增量连续 9 个月位居第 1 位。全市境内存款余额 404.5 亿元，较年初增加 45.5 亿元，同比多增 26.5 亿元；境外存款余额 900 万元，较年初减少 452 万元。其中，住户存款余额 288.6 亿元，较年初增加 21.6 亿元，同比少增 2.4 亿元；境内存款中非金融企业存款余额 68.5 亿元，较年初增加 15.8 亿元，同比多增 22.2 亿元。境内存款中广义政府存款余额 42.4 亿元，较年初增加 3.2 亿元，同比多增 1.7 亿元；非银行业金融机构存款余额 5.0 亿元，较年初增加 4.9 亿元，同比多增 4.9 亿元。昌邑市涉外收支达 37.6 亿美元，去年同期为 29.9 亿美元，同比增长 26.3%。跨境人民币结算业务快速发展。昌邑市中行、农行、工行、建行、农商行和潍坊银行等 6 家分支机构为 30 多家企业办理跨境人民币结算业务，金额达 6.93 亿元。

【中国农业发展银行昌邑支行】 农业发展银行昌邑支行是一家政策性银行，在国家政策允许的范围内，积极支持昌邑市农村经济发展，支持粮棉油政策性购销储，加大支持信贷力度，积极执行中储粮轮换，支持符合条件的粮棉购销企业进行市场化收购，提供信贷资金，解决农民卖粮卖棉难问题，并对涉农企业提供信贷支持。2016 年，新增贷款 41.87 亿元，有效支持农业基础建设，农村路网建设，昌邑潍河综合治理工程。潍河（昌邑北部）水利枢纽工程等。帮助涉农企业做大做强，可持续发展，为昌邑市荣源印染有限公司发放贷款 0.4 亿元。昌邑市丽晶纺织有限公司发放贷款 0.13 亿元。昌邑市杨金华纺织有限公司发放贷款 0.5 亿元。昌邑市福佑富饲料有限公司发放贷款 0.1 亿元。对上述企业贷款坚持到期续贷。提供信贷资金支持粮棉油收购，昌邑市地方储备库轮换小麦收储 484.4 万公斤，储备油轮换 24 万公斤。

【中国工商银行股份有限公司昌邑支行】 2016 年年底，本外币各项存款（含同业）余额 349618 万元，其中，储蓄存款余额 171242 万元，对公存款余额 177772 万元，各项存款较年初增加 33417 万元，其中，储蓄存款较年初增加 7353 万元，对公存款较年初增加 25495 万元。各项贷款余额 203367 万元，较年初减少 50949 万元，其中公司贷款余额 162245 万元，较年初减少 55328 万元，个人贷款余额 41122 万元，较年初增加 4378 万元。全年实现账面中间业务收入 3565 万元，较同期增加 1131 万元，增幅 46.47%；

中国农业发展银行昌邑支行"喜迎十九大 党旗万里行"活动动员大会

实现账面利润11235万元，较同期增加637万元，增幅6.01%。在2016年度潍坊工行系统17个一级支行经营绩效考核中名列第4。全年累计办理表内融资业务162笔，金额14.88亿元。表外业务324笔，金额4.22亿元。办理银行承兑汇票贴现54笔，金额3.29亿元。根据昌邑市经济发展情况及产业发展规划，加大对辖内优质项目贷款和技术改造项目贷款投放。深挖优质客户潜力，对优质客户实行“一户一策”，用足用活存量授信，结合企业经营特点调整优化融资结构。搞好小微客户金融服务。累计办理小企业客户贴现47笔，金额2.47亿元。资产池客户17户，累计质押融资6485万元，完成全年计划的162%，潍坊市排名第一。及时掌握客户需求信息，抢抓机遇，在进出口持续低迷的不利形势下，国际业务各项指标较同期取得较大进步。实现国际结算量24621万美元，较同期增长22%；跨境人民币业务量24729万元，较同期增长103%；结售汇业务量9092万美元，单证业务量800万美元。

抓好信贷基础管理工作，对经营遇到暂时困难的企业，充分利用展期政策，帮助企业渡过难关。加大担保圈化解处置力度，尽最大可能追加企业抵押财产，全年置换或追加抵押物压降担保圈担保贷款2390万元。紧紧抓住智能化银行改革建设的有利时机，聚焦“智能化、一体化”两大举措，通过夯实人员基础、实行精细化管理模式、推进智能化银行进程、变坐商为行商等措施，激发网点经营活力，提高运营效率与服务能力，进一步巩固线上线下一体化的优势，加快提升整体服务水平与市场综合竞争力。

【中国银行昌邑支行】 中国银行股份有限公司昌邑支行，1990年12月在昌邑市成立。昌邑中行含营业部在内共四个网点，分别为昌邑营业部、昌邑富昌街支行、昌邑北海路支行、昌邑开发区支行。2016年，昌邑中行有员工61人，其中对公客户经理5人，对私客户经理5人，理财客户经理5人。截至2016年12月31日，昌邑中行各项存款余额19亿元，其中人民币存款余额18.7亿元，外币存款1000万美元；人民币企业存款余额6.65亿元，储蓄存款余额10.75亿元；昌邑中行对私表内理财余额1026万元；对私表外理财余额1.18亿元。同业机构存款余额3300万元。人民币贷款余额15.4亿元，其中公司贷款余额12.2亿元，消费贷款余额3.18亿元；外币贷款343万美元，承兑汇票余额5.43亿元。个人贷款余额2.0718亿元，其中房屋按揭贷款1.5688亿元，经营贷款0.5030亿元。新增楼盘项目批复12个，累计投放按揭贷款4387万元。2016年，全年中收（中间业务收入也称作非利息收入）完成1009万元，实现拨备前利润5109万元。

积极发展当地优质民营制造业、依托产业链核心企业发展，主推应收账款质押贷款、保理等多样化的产业链金融产品，使当地融资渠道相对狭窄的民营企业可借力上下游大客户信用取得融资。新增信贷投放3户，累计8500万元。中国银行昌邑支行成功批复PPP项目贷款1.05亿元，储备上报政府购买服务融资项目5亿元，为下一年度信贷投放及利润增长打下基础。昌邑中行为响应李克强总理在人大会上提出的惠民生相关政策，大力推广助农网点发展，将中国银行的服务做成老百姓家门口的社区、门口金融，让老百姓感受到实实在在的获得感。昌邑支行发展助农服务点10个，涉及昌邑市多个街道、乡镇。

2016年开始，昌邑市棚户区改造项目获得省级批复，昌邑中行积极联系相关街道、乡镇，上门服务为其办理开卡、代发存单，并开通网络金融等相关业务，让老百姓在自己家里获得一次新型化金融服务体验。以助农租金分期为基础，进一步对当地的种植大户、养殖集群等开展营销服务，引入保险，积极向上级行申请政策支持，为涉农行业提供稳定、优质的金融服务和授信支持。

【中国建设银行昌邑支行】 2016年，建设银行昌邑支行以“两学一做”为保障，以“转型、发展、风控”为目标，以“夯基础、促发展、补短板”为抓手，向管理要效益，从同业抢份额，对资产求质量；深化优质服务，创新产品体系，全行的核心竞争力得到加强，规模、质量、速度同步推进，市场地位进一步提升，推动了各项工作的持续、健康、快速发展。截至12月31日，一般性存款余额31.06亿元，贷款余额18.44亿元。国内信用证累计新开5.95亿元，进口信用证累计新开折合人民币60.64亿元。持续开展了“客户推荐客户”活动，加大对优质高端客户的营销拓展力度。狠抓代工业务，促进基础客户数量提升。发挥理财产品特色，深度挖掘存量高端客户潜力，做大做强理财产品。认真落实“一三二工程”要求，继续提升电子银行替代率。强化服务过程管理。采取服务展示演练、组织考试、观摩录像等多种形式，强化违规积分和绩效挂钩机制，服务质量、效率进一步提升，服务品牌已经形成，社会知名度不断提高。通过多种形式对按揭贷款、助业贷款等业务进行大力宣传，优质服务和快捷的效率赢得了开发商和客户的信赖，个贷业务实现增长。全年发放个人贷款2.6亿元，新增贷款1.9亿元；积极依托房贷资源联动营销，大力开展专项分期业务，专项分期成功刷卡1400万元。

2016年，昌邑支行累计实现中间业务收入3976万元，实现利润7367万元。创新产品，突出客户贡献度。在认真分析客户结构，合理优选产品的基础上，以大户为中心，以产品为载体，以联动为抓手，开源节流，挖潜增效。加强银政合作，积极发展代理业务。通过与人民医院、潍水中学、交通局等进行深度合作，为客户拓展打下了良好基础。公积金代理业务取得新突破。昌邑支行全年发放公积金贷款545笔、金额1.52亿元，占当年全部贷款发放笔数的91.75%、金额的93.00%，进一步密切了合作关系，扩大了中收来源。为小微企业贷款余额5367万元，涉农贷款余额5828万元，较年初新增1358万元。对公贷款不良率为零，资产质量真实。大额授信风险管理有效控制，无异地授信移交。现场检查和信访投诉核查未发现问题。案防能力持续增强，通过狠抓基础管理，加强全程追踪，落实责任追究，做好日常警示教育、员工行为排查、案件专项治理等各项工作，有效提升案防体系运行质量，确保全年安全运营无事故。

【中国农业银行昌邑支行】 农行昌邑支行紧紧围绕市委、市政府战略重点，积极向上争取政策资源，加大信贷投放力度，加快金融服务创新，为推动富裕文明新昌邑建设提供坚实的金融支撑。截至2016年底，本外币各项贷款及表外资产余额达24.24亿元，其中，各项贷款余额22.19亿元；各项存款余额达62.29亿元，比上年增加2.23亿元；上缴利税1053万元。社会形象持续提升，连续6年被评为省级先进单位，辖内都昌分理处被中华全国总工会授予“全国五一巾帼标兵岗”荣誉称号。

围绕市委、市政府现代产业转型升级，重点支持石油化工、机械装备、盐及盐化工等产业的升级壮大，促进战略性新兴产业规模化，推动现代农业发展方式转变，加大对基础设施建设、民生工程、水利项目、重点技改项目的信贷支持力度。为重点企业开立国内信用证4.4亿元，开立涉外信用证4.2亿美元，办理贸易融资2.1亿美元，办理流动资金贷款15.5亿元。针对当前小微企业的经营与发展特点，不断完善服务机制，进一步理顺和完善贷款调查、审查、审批等各环节工作机制。推行“一次调查、一次审查、一次审批”，缩短企业融资链条，提高贷款审批和发放效率。在拓宽小微企业融资渠道方面，创新推出小企业简式贷、钢结构抵押、动产质押以及多户联保等小微企业特色金融产品。创新推广跨境结汇、期权组合、网银开证等外汇新产品，累计办理国际结算7亿美元、结售汇2017万美元；外币贷款增加2.85亿美元；办理银行承兑、信用证、保函等表外业务余额达到31.7亿元。

该行持续加大“三农”投入，大力支持现代农业、新型城镇化和农村金融基础建设。年末，涉农贷款余额达19.99亿元，占到全行的90.1%。为支持现代农业发展，农行昌邑支行创新产业链金融服务模式，推出农业产业链（特色产业集群）服务方案，累计发放农业产业链农户贷款5500万元；农户贷款余额达到1.05亿元、发行惠农卡22.5万张。在农行系统率先开展林权抵押贷款试点，累计发放林权抵押贷款799万元，累计支持专业大户132户、发放贷款7500万元，专业大户、家庭农场贷款余额8700万元。为打通农村金融服务“最后一公里”，该行扎实推进“惠农通”工程，构建起了物理网点、电子渠道、“惠农通”服务点、助农取款服务点“四位一体”的农村金融服务平台。累计布放自助设备132台，投放转账电话、POS机1620部，电子银行客户达到4.46万户，建立“惠农通”服务点188个。

【山东昌邑农村商业银行股份有限公司】 2016年，昌邑农商银行围绕支持实体经济主线，认真贯彻落实国家宏观调控政策和监管要求，紧密结合昌邑全市经济金融实际，总体实现平稳健康发展。本外币存款余额156.9亿元，其中，人民币存款余额156.8亿元，比基数增加6.6亿元，存款市场占有率40.7%；本外币贷款余额83.3亿元，其中，本外币实体贷款76亿元，贷款市场占有率38.4%，存贷款市场占有率稳居昌邑市金融机构首位；实现考核利润3.3亿元，上缴税金8412万元。2012—2016年，连续五年被省精神文明委授予“省级文明单位”称号。

坚持“面向‘三农’、面向社区、面向中小企业、面向县域经济”的市场定位，按照“有扶有控”的信贷政策，以农户贷款和中小微企业贷款为投放重点，以制造业、批发零售业、服务业、农林牧渔业、高科技产业和绿色行业为主要目标，采取多项措施加快贷款投放，小微企业贷款余额33.18亿元，较年初增加0.51亿元，增速1.55%，高于各项贷款增速7.17个百分点，小微企业贷款户数2485户，高于上年同期户数10户，全面完成“三个不低于”监管指标。涉农贷款余额73.98亿元，较年初增加1.12亿元，增速1.54%，高于各项贷款增速7.16个百分点。持续做好支农营销网络建设工作，通过进一步优化信用评定工作流程，提高审批效率，拓宽信用评定覆盖面，全年在639个村庄开展信用评定，农户授信总户数5.9万户，授信总金额达58亿元。

按照银监部门和市联社部署，行班子带队对昌邑的主要企业、创新项目、产业园区进行逐一走访对接，认真了解各项目、企业经营情况，融资方式、服务需求和意见建议，加强沟通，真正走出实效、访出成绩，并作为一项长期工作进行下去，有效推动业务发展。与金融办、财政局、

• 昌邑农村商业银行外汇政策暨业务培训会召开

国土资源局联合下发《土地使用权抵押贷款创新业务实施方案》，推行“准地贷”业务，向先期已履行完土地招、拍、挂手续，但因资金问题未办理土地使用权的企业，发放“过渡性”办证信贷资金。已发放1866万元。与昌邑市国税局合作，为出口企业办理“税贷通”流动资金贷款，解决出口企业因出口退税未能及时到账而出现的短期资金困难，已经与国税局签订合作协议，后续工作正有序推进。为符合条件的企业提供“续贷通”信贷服务，进一步提高企业续贷效率，保护资金链安全。已有19家企业纳入“续贷通”服务名单，已累计发放“续贷通”2笔3000万元。

严格执行银监会“七不准”“四公开”等规定，规范服务收费行为，优化客户服务体验，并将最新的收费价目表在各营业厅进行公示，提高金融服务收费透明度。推行阳光信贷，让客户明明白白贷款。将信贷产品、基本申报条件、办理流程等九项内容，通过多种载体全部公开，为客户提供公开透明、规范高效的信贷绿色通道。扎实开展“金融知识进万家”“小微企业金融服务宣传月”“防范、打击非法集资”宣传等活动，共组织集中宣传9场，发放宣传材料5000余份，持续增强公众金融素质。

【潍坊银行昌邑支行】 潍坊银行昌邑支行下设昌邑支行营业部、昌邑北海路支行、昌邑围子支行三家营业网点，有在职职工60名。2016年，潍坊银行各项指标实现新突破：全行总资产达300887万元，各项存款余额285711万元，各项贷款余额258785万元，实现经营利润10921万元，上缴税金1020万元。昌邑北海路支行、昌邑支行行长原宏丽分别获得“巾帼文明岗”“巾帼建功明星”荣誉称号，昌邑北海路支行、昌邑围子支行被授予“星级服务网点”的荣誉称号。

企业文化 围绕小微客户与市民群体，积极开展形式多样、贴近实际的营销活动。加强自身修养，落实党风廉政建设，始终坚持“定位专注、服务贴心的小微银行；方便快捷、百姓身边的市民银行；特色鲜明、运营高效的精品银行”的企业愿景，坚定不移地推进企业文化建设，建立起一套体系完善、特色鲜明的企业文化体系。

履行社会责任 在助力昌邑经济发展的同时，潍坊银行昌邑支行全体员工不忘履行社会责任，加入义工组织，倡导微爱行动，半个工作日拿出一元钱做公益；以实际行动关爱环卫工人，在三家营业网点均设置了环卫工人休息站，免费为环卫工人提供热水等贴心服务。积极与贫困村结对子，实施精准扶贫。昌邑支行被授予“昌邑市2016年度先进企业”荣誉称号；北海路支行成为“昌邑市义工联合会爱心共建单位”。

提升品牌影响力与服务水平 潍坊银行昌邑支行始终坚持“立足中小企业、立足当地经济、立足广大市民的”市场定位，按照“求实效、接地气”的要求，立足本区域的特点，2016年，独家冠名“潍坊银行昌邑支行杯广场舞大赛”，为广大市民提供展现自我的舞台，精彩纷呈地赛事极大的丰富昌邑人民精神文化生活，受到社会各界的赞许，提高昌邑人民对潍坊银行的认同感，增强潍坊银行的品牌影响力。潍坊银行总行始终注重对县域机构的支持与发展，将全行的人力资源、财务资源、授信资源及机构设置等指标给予优先支持，各类资源结构达到最优的配置。为企业减免收费。降利率，办续贷，极大减轻了企业负担。提高放贷效率，精简放贷流程，创新贷款方式，努力为昌邑提供最优质的金融服务。2016年6月，昌邑市首笔PPP项目在昌邑支行成功办理，为企业解决了融资和担保难题，开创企业融资的新形式，迈出银政企合作新跨越。

【中国邮政储蓄银行昌邑支行】

业务发展 2016年，邮储银行昌邑市支行紧紧围绕昌邑市委、市政府及上级行的各项工作部

署和工作目标，全力开展工作，致力于服务“三农”、服务中小企业、服务社区。有自营网点4个，邮政代理网点22个，业务范围实现城乡全覆盖。截至12月31日，个人储蓄余额10.07亿元，较年初增长1.09亿元，余额及年增均居潍坊各县市区行第一位。贷款结余2750笔，金额49506万元，年增6049万元，增幅13.92%，居潍坊各县市区行第二位。不良贷款金额209.16万元，不良率0.47%，不良金额、不良率均低于潍坊市分行系统内平均水平。实现地方税收157万元。

邮储银行昌邑市支行获“山东省青年文明号”“潍坊市精神文明单位”“昌邑市优秀职工小家”等称号。

服务地方 邮储银行昌邑市支行争取上级行1.13亿元资金用于济青高铁昌邑段项目拆迁补偿款的发放。积极承担城乡居民养老保险发放工作，月均发放金额2200万元，月均服务客户1万多名。不断加强支付结算体系建设，大力推进银行卡发卡工作，2016年，累计发放各类结算卡6275张，布放结算工具149台，并加大布放助农取款点。在交警大队布放POS机，实现现场、电子银行及柜面缴纳交通罚没款。

合作平台 邮政储蓄昌邑支行与昌邑市创业贷款担保中心合作小额再就业担保贷款项目，重点扶持下岗职工、退伍军人、失地农民及支持大学生自主创业等客户群体，累计投放资金1.1亿元，达671人次。与昌邑市团委合作开展青年创业贷款“昌青贷”项目，解决青年在创业、守业、发展事业过程中面临的资金短缺、金融知识不足等问题。

支持三农与小微 邮储银行昌邑市支行始终坚持服务“三农”的理念，持续加大、加快农村地区信贷投放力度，积极支持农村市场发展，根植农村、扶持农户。截至2016年年底。发放涉农贷款4.13亿元，较上年年底增长2963万元，增幅7.72%。积极推进农民合作社及专业大户的合作，通过与农业局、经管局、畜牧局等有关涉农部门联系，筛选出有一定规模的农业合作化龙头社、专业大户，进行产品对接，加大涉农贷款领域的支持力度，通过专业合作社渠道，累计投放种植户、养殖户及农资销售户资金3312万元，涉及198户。逐步做大做强项目贷，支持当地小微企业的良性发展，小微企业贷款（注：统计口径为再就业、个商及小企业）结余1.75亿元，较上年底增长1649万元，增幅为10.43%。昌邑石化已获邮储总行审批流动资金贷款2亿元。

【兴业银行潍坊昌邑支行】 2016年6月16日，兴业银行潍坊昌邑支行开业，位于昌邑市利民街366号，隶属于兴业银行股份有限公司潍坊分行。设有公司拓展部、零售拓展部、营业部、综合部等职能部门，共有员工25人。主要业务范围是：吸收公众存款；发放短期、中期和长期贷款；办理国内外结算；办理票据承兑与贴现；代理发行、代理兑付、承销政府债券；从事同业拆借；买卖、代理买卖外汇；从事银行卡业务；提供信用证服务；

• 兴业银行开业

代理收付款项等。兴业银行昌邑支行以科学发展为统领，深入实施科学发展战略，坚持稳中求进、进中求好，坚持一手抓有效发展，一手抓风险防控，坚持“以客为尊”的服务理念，以金融科技为引领，客户需求为导向，创新机制为保障，致力于广大客户提供便利、快捷、贴心、全面、安全的电子化金融服务。

创新推出“兴业管家”，各项贷款余额16164万元，存款43921万元。兴业银行潍坊昌邑支行重点推进的互联网金融产品收付、融资、财资“三大直通车”应用场景日渐丰富，交易笔数和规模快速上升。创新推出的“兴业管家”“兴e付”“钱e付”等多种移动支付结算产品，市场反响良好，推出的首款企业移动支付创新产品“兴业管家”，上市半年就广受当地企业好评。“安愉金融”根植养老金融响应总行提出“让金融更有温度”的口号，率先将养老金融列入主推业务，面向老年客群的养老金融服务方案“安愉人生”，集“产品定制、健康管理、法律顾问、财产保障”四项专属服务为一体，致力于为老年人群提供高品质、专属化的金融服务。“安愉金融”的规模已经达到数亿元。

【中国民生银行潍坊昌邑支行】 中国民生银行股份有限公司潍坊昌邑支行是中国民生银行股份有限公司在山东省昌邑市的分支机构，隶属于中国民生银行股份有限公司潍坊分行。内设营业部、业务部、社区营销团队等3个部门，共有员工21名。其中，正式员工12名，派遣制员工3名，外包制员工3名，实习员工3人。民生银行潍坊昌邑支行认真贯彻落实中共十八大精神和上级行年度会议精神，以科学发展为统领，深入实施科学发展战略，坚持稳中求进、进中求好，坚持一手抓有效发展，一手抓风险防控，更新理念，转型发展，夯实基础，实干兴行，各项工作取得新成绩。2016年年末，民生银行潍坊昌邑支行各项存款余额32459万元，较上年增加2845万元。各项贷款余额35301万元，较上年增加20887万元。其中：小微企业贷款余额1247万元，较上年减少309万元。

竞赛考核　提升对公业务贡献度。统筹运用好增量规模和存量规模，对客户进行分类，提升贡献度，尤其机构类客户，重点拓展财政、机关团体、事业法人等财政客户，还有民生、医疗、教育等发展潜力大的客户，提升财政资金、社保资金、预算外资金客户的贡献度。加强与招商、工商、经贸局的沟通和联系，及时获取客户源头信息，积极营销预登记企业、注册企业的验资账户、基本账户。加快发展个人业务。充分抓住旺季营销竞赛的重要性和机遇，利用春节、元旦期间业务发展的高峰期，将旺季营销方案仔细研讨，认真分析，领会精神，并做出明确分工；大力拓展大众富裕以上等级的优质客户，做好中高端客户的管理和服务工作，构建中高端客户标准化、专业化、差别化的服务体系，把存款和理财产品结合起来，达到个人客户全部金融资产在本行封闭管理的目的。

规范服务　民生银行潍坊昌邑支行狠抓规范服务，加大检查力度。根据自身特点，制定《民生银行潍坊昌邑支行优质文明服务标准化管理实施细则》，明确检查责任和纪律约束，做到规范化、统一化、制度化。建立营业网点服务标准，发挥现场管理价值，同时邀请省行培训师为干部员工进行培训。加大检查频率和力度。采取现场检查与抽调录像相结合的方式，对全行各部门进行全面细致检查，有效调动员工重视和加强文明服务的积极性和主动性，员工的服务质量明显提高。

风险控制　牢固树立“安全第一”的经营理念，将案件防范关口前移，自上而下层层签订案防工作责任状，责任落实到部门、到岗位，以“抓制度学习、抓业务培训、抓核算检查、抓安全核算、抓反洗钱工作、抓岗位轮换、抓案件防范、抓安全保卫”为切入点，提高全行整体案防能力，开展以“三个一”工程点的员工行为动态考核，组织全员收看总行编制的警示教育视频，邀请检察院资深检察员为干部员工上法制教育课，编发系列《党风廉政与案件防范工作》简报，刊发以制度学习警示教育板报橱窗等项活动，为全行各项经营活动稳健运行提供有力保障。

【昌邑北海村镇银行】 昌邑北海村镇银行在监管部门和人民银行的正确指导下，在昌邑市委市政府的大力支持下，于2016年8月30日正式开业。坚持“立足‘三农’，服务小微”的市场定位，坚持以服务昌邑经济为己任，紧紧响应市委市政府的工作重心，严格按照山东银监局的统一工作部署，引领辖区新型农村金融机构不断夯实发展根基，加强内部控制，完善县域金融服务体系，提高“三农”服务水平。年底，实现人民币存款余额3176万元，贷款余额190万元。

宣传企业文化，提升金融服务 加强与媒体、广告公司合作，通过昌邑电视台、昌邑日报等媒体，对昌邑北海村镇银行开业典礼、签约仪式、金融知识进万家等活动进行持续报道。通过播放宣传片、滚动广告以及专题报道等形式，进一步提升知名度；在社区、村庄宣传栏上分别悬挂广告牌，提升群众的认知度；制作符合昌邑北海村镇银行企业文化的微信公众号，通过“移动营销”的方式，宣传企业文化，并以“金融知识进万家”活动为契机，普及金融知识，提升了社会公众度和品牌价值。安排员工积极开展走访宣传。客户经理为宣传主力，柜员协助宣传。每3个人为一个小组，共同协作，开展挨家挨户、无缝式扫街宣传。通过发放宣传册、介绍该行基本情况、金融服务范围及民众关心的各项金融知识。累计发放宣传资料22000余份，惠及当地居民20000余人。

履行社会责任 深入老年公寓，为孤寡老人们送去温暖；参加中国北方绿化苗木博览会、昌邑家装会，通过摊位展览，分发宣传手册等形式，进一步加强宣传；参加姜王大赛，昌邑是大姜之乡，大姜品牌声名远播，借此活动加强与姜农交流互动，将该行的品牌和企业文化深入三农、小微企业和个体工商户；举办“送贷下乡，服务上门”活动，以棉纺城和都昌街道西永安村为试点，挨家挨户进门走访，走进农户、商户来到田间地头，与农户、商户交谈，发放宣传折页以及调查问卷，了解农户、商户的资金需求和建议，以便为农户及商户提供资金支持，打造适合他们的金融产品，并对有贷款意向的农户、商户进行信用评定，方便他们以后的贷款业务；开展“进万家民营企业、走千个重点项目、访百处创业园区活动”，进一步增强银企互信，推动该行更加深入了解昌邑市重点企业、项目、园区生产经营状况和实际融资需求，充分发挥该行优势，进一步创新金融产品、改进金融服务，满足企业合理融资需求，缓解企业融资难融资贵问题，支持和服务全市经济供给侧结构性改革。

创新贷款业务，增加信贷品种 实体经济申请贷款的，如果采用房地产抵押的，该行均可以向客户提供最高额抵押登记业务办理贷款，一次性评估和登记，可以连续使用3～5年信用额度，保证客户在到期归还后，可以迅速续贷，减少客户在续贷时评估和登记的麻烦，帮助客户解决评估和抵押贷款中的一些难题，支持实体经济的房地产抵押贷款均已采用最高额循环贷款方式。积极对接当地创贷中心，鼓励当地失业人员、退役军人、返乡农民工、毕业大学生等社会群体自主创业，同时吸收失业人员、退役军人、返乡农民工、毕业大学生等社会群体的符合条件的劳动密集型小微企业可向该行申请创业贴息贷款。利用互联网平台覆盖面广、传播速度快、便捷及时的特点，运营我行微信公众号，设立一键在线申请贷款模块，安排专人做好统计，实现与客户的无缝对接。通过网上办税平台功能实现贷款客户需求信息获取等功能，积极做好与客户对接，落实情况。该行在支持实体经济贷款业务上减少一些不必要的中间程序，对贷款流程进行细化与优化。在贷前调查、贷中审查、审批、贷后检查等各环节设定时效管理，要求每名客户经理在收到实体经济贷款户申请时，要及时完成初审，对初审通过的贷款给予客户贷款材料清单，让客户尽量一次性准备齐全材料，减少客户来回周折。对于资料提供齐全的客户，限审批通过后2日内办结，缩短客户等待时间。

【中国人民银行昌邑支行】 2016年，中国人民银行昌邑支行以抓好党建工作为统领，促进支行各项工作协调发展。支持供给侧结构性改革，有效传导落实稳健货币政策；支持地方经济发展，突出支行工作亮点；推进金融管理，维护辖区金融稳定，保持全市金融工作的平稳运行。截至2016年12月末，全市各项存款余额404.6亿元，较年初增加45.5亿元；各项贷款余额216.9亿元，较年初减少9.3亿元。

加强非现金结算 中国人民银行昌邑支行大力推广非现金支付工具的应用，积极组织引导辖区银行机构不断创新、扩大非现金支付工具应用领域，各银行机构积极行动，取得较好成效。潍坊银行昌邑支行成功为昌邑南玉联运公司提供申请配置100台移动式POS，为每辆运输车配置移动POS机后，收到客户代收款直接划入企业账户，物流业务员与现金零接触，可保障代收款的安全，缓解公司的现金收款压力，规避长途保管代收款带来的风险。对加强企业非现金支付结算，推进物流行业跨越发展，起到很好的推动作用。

宣传金融知识 为进一步普及金融知识，不断提升公众金融素质，9月21日，在“2016年中国（昌邑）北方绿化苗木博览会”召开之际，人民银行昌邑支行联合昌邑北海村镇银行，开展以“普及金融知识，提升金融素养，共建和谐金融”为主题的宣传活动。活动通过设立咨询台、摆放展板、悬挂宣传横幅、发放宣传材料、现场讲解等方式向参加苗木博览会的客商及市民，讲解与商户及居民生活密切相关的存贷款知识、银行卡支付、个人征信以及人民币反假知识和技能，特别是向往来展区的商户详细讲解了第五套新版人民币防伪特征，对周围居民耐心讲解个人金融信息安全方面知识和针对性解答。

解决企业融资难题 昌邑康洁环卫集团是国内首家走出国门的大型环卫企业，其城乡一体化建设“昌邑模式”被住建部作为典型案例在全国进行推广，企业总资产3.53亿，因其机械设备占据其主要部分，土地、房屋等传统银行抵押物缺少，使该企业银行贷款只有4000万元，资金筹措困难，

• 中国人民银行昌邑支行金融知识宣传活动

严重阻碍企业的发展，对此，昌邑支行引导金融部门创新“项目收费许可权抵押贷款＋特许经营权抵押贷款＋合同抵质押贷款”模式，有效解决企业抵押和担保严重不足的难题。全市金融机构共帮助康洁环卫集团协调新增贷款1.6亿元。人行昌邑支行上报的《昌邑金融部门支持康洁环卫发展助推企业“走出去”成效明显》政务信息被济南分行《专报省委省府信息》采用；金丝达集团公司是一家符合创

新绿色的新型垃圾处理企业，针对金丝达集团公司的存在的流动资金不足的情况，制定专门计划，协调各金融机构为该公司解决贷款 38462 万元，有效缓解企业资金周转困难的问题。

促进涉外收支增长　为促进辖内涉外收支快速，国家外汇管理局昌邑支局主动作为，按照潍坊市中心支行“创新工作”的指导思想，深入现场，积极协调引导辖内外汇指定银行向上级行争取业务权限，协调昌邑建行争取上级行业务权限下放的基础上，又协调昌邑农行将上级行的业务权限下放，便于昌邑农行直接为中国化工油气股份有限公司办理贸易融资业务。帮助企业和银行解决外汇政策遇到的实际问题，理顺业务操作，促进辖内外汇收支的快速增长，截至 2016 年 12 月底，昌邑市涉外收支达 37.4 亿美元，去年同期为 30.5 亿美元，同比增长 22.6%。涉外收支总量和涉外收支增幅，位列 8 个县支局两个第一名。

【银行监管】　昌邑监管办事处是中国银监会潍坊银监分局的派出机构，承担昌邑辖区银行业金融机构的监督管理工作。2016 年，昌邑银监办认真贯彻落实认真贯彻落实全市经济工作会议精神和市委、市政府决策部署，紧紧围绕服务实体经济的本源使命，稳增长、优服务、防风险，持续保持稳健发展的良好态势。

坚持稳中有进，信贷投放力度进一步加大　昌邑监管办事处积极贯彻落实国家支持实体经济发展的要求。落实分类施策，助力全市供给侧结构性改革，战略性新兴产业、绿色信贷、重大基础设施建设等优先、鼓励、支持类企业贷款。2016 年在实体经济有效需求不足、不良贷款处置压力加大的复杂形势下，监督指导全市银行业积极应对，确保信贷投放力度持续增强。积极支持了水利、环境和公共设施，批发和零售业等重点领域，表内信贷业务规模持续增加。资金端助力产融合作成效初显。根据山东银监局统一部署，银行监管部门深入推动银行机构开展为期 3 个月的“进万家民营企业、走千个重点项目、访百处创业园区”活动，推促银企良性互动。

着力防化风险，不良贷款实现“双降”　昌邑监管办事处督促全市银行业按照“积极应对、防化并重、多措并举、加快处置”的原则，着力压降不良贷款，主动防范化解风险。在全面摸清风险底数基础上，落实农商银行 2016 年信用风险防控工作意见，明确大额授信联合管理、担保圈风险防控措施。深入推进债权银行委员会组建工作，授信风险得到初步控制和缓释。至 2016 年末，全市银行业不良贷款余额 3.03 亿元，较年初减少 0.45 亿元；不良贷款率 1.22%，较年初减少 0.45 个百分点，低于全市平均水平 0.89 个百分点，全面完成市委市政府确定的年度不良贷款防控目标。

普惠金融力度进一步加大　2016 年，新设立银行业金融机构 2 家，全国股份制银行进驻昌邑市设立兴业银行昌邑支行，莱州农商银行在昌邑市发起设立昌邑北海村镇银行。昌邑市银行业金融机构达到 11 家，经济薄弱领域金融服务进一步改善。辖区 10 个镇街区实现扶贫信贷“包干服务”全覆盖；11 家银行机构 113 个网点完成专区“双录”建设并投入使用。深入开展“金融知识进万家”“送金融知识下乡”等宣传服务活动，累计为 2 万余名金融消费者提供宣传教育。

昌邑境内银行机构情况一览表

表—4

序号		2016 年末机构情况			2016 年业绩情况					
		机构名称	地址	员工数量（人）	贷款余额（万元）				存款（万元）	
					贷款余额	较年初+、−	不良贷款余额	较年初+、−	各项存款	较年初+、−
工行	1	中国工商银行股份有限公司昌邑支行	昌邑市富昌街 161 号	37						
工行	2	中国工商银行股份有限公司昌邑支行营业室	昌邑市富昌街 161 号	25	203363	-50934	92	60	235811	31141
工行	3	中国工商银行股份有限公司昌邑支行工人新村分理处	昌邑市利民街 611 号	6	0	-7	0	0	30085	-607
工行	4	中国工商银行股份有限公司昌邑支行城中分理处	昌邑市利民街 303 号	6	4	1	0	0	55166	25202
工行	5	中国工商银行股份有限公司昌邑柳疃支行	柳疃镇昌灶路东侧 2 幢 131 号	8	0	0	0	0	12366	955
工行	6	中国工商银行股份有限公司昌邑文山支行	昌邑市解放路 374、376 号	6	0	0	0	0	15585	1741
工行	7	中国工商银行股份有限公司昌邑北海路支行（2016.9 已撤并）	昌邑市北海路 395 号		0	-9	0	0	0	-25583
工行	合计			88	203367	-50949	92	60	349014	32849
农行	1	农行昌邑支行营业部	昌邑市新村街 211 号	22	190566	-94514	476	-1647	161028	-15256
农行	2	农行文昌支行	昌邑市利民街与文昌南路交叉路口（西南角）三合苑 A 区沿街楼	13	0	0			18623	3706
农行	3	农行奎聚支行	昌邑市交通街 78 号	12	795	-48			33098	1373
农行	4	农行富昌分理处	昌邑市富昌街与北海路交叉路口（西南角）沿街楼	10	6932	3642		-55	22970	-465
农行	5	农行都昌分理处	昌邑市富昌街 107 号	10	3950	-410	15	15	35850	4060
农行	6	农行南逄分理处	山东省昌邑市北海路南首	10	168	-15	9	-2	26817	-638
农行	7	农行宋庄分理处	山东省昌邑市围子街道办事处宋庄社区办对面	7	2115	-74			21265	1426
农行	8	农行石埠分理处	昌邑市石埠经济发展区政府街东首	7	82	12	22	-14	28037	5350
农行	9	农行饮马分理处	山东省昌邑市饮马镇饮马邮政储蓄银行南邻	8	83	-69		9	40096	5012
农行	10	农行北孟分理处	山东省昌邑市北孟镇花生厂东邻	7	92	-73	4	-6	34538	3500
农行	11	农行岞山分理处	潍坊市峡山生态经济发展区岞山街道办事处幸福街 4 号	8	2253	-261			37578	4649

续表一4

序号		2016 年末机构情况			2016 年业绩情况					
		机构名称	地址	员工数量（人）	贷款余额（万元）				存款（万元）	
					贷款余额	较年初+、−	不良贷款余额	较年初+、−	各项存款	较年初+、−
	12	农行卜庄分理处	山东省昌邑市卜庄镇政府东100米	6	330	51	5	1	18606	1630
	13	农行围子分理处	昌邑市围子街道办事处政府东200米	10	8969	-67	20	10	47087	2948
	14	农行夏店分理处	山东省昌邑市卜庄镇夏店社区办对面	8	221	-305	3	-31	26721	1421
	15	农行柳疃支行	昌邑市柳疃镇昌灶路东华达公司办公楼一楼	14	4148	-263	29	8	36762	1903
	16	农行龙池分理处	山东省昌邑市龙池镇政府西100米	9	127	-3		-3	15542	681
	17	农行汇金分理处	昌邑市交通街西段中百大厦入口东邻沿街房	9	306	268	15	-3	18292	985
	合计			170	221137	-92129	598	-1736	622910	22285
中行	1	中国银行股份有限公司昌邑支行	昌邑市交通街451号	15	87676	-81307			89554	-4011
	2	中国银行股份有限公司昌邑开发区支行	昌邑市石化路中段（昌邑华晨纺织印染有限公司东沿街楼）	10	12527	-4238			25091	-3107
	3	中国银行股份有限公司昌邑北海路支行	昌邑北海路辛置海之郡小区北侧沿街楼	10	9877	1757			29918	-496
	4	中国银行股份有限公司昌邑富昌街支行	昌邑市富昌街49-14、49-15、49-16号	10	7654	-3192			30341	-1671
	合计			45	117734	-86980	0	0	174904	-9285
建行	1	中国建设银行股份有限公司昌邑支行	昌邑市北海路169号	29	184393	5415	12	0	309565	28054
	2	中国建设银行股份有限公司昌邑支行新村分理处	昌邑市利民街649号	7	0	0	0	0	42522	3840
	3	中国建设银行股份有限公司昌邑支行新府分理处	昌邑市交通街与奎聚路交叉路口东30米路北	6	0	0	0	0	14038	35
	4	中国建设银行股份有限公司昌邑支行西关分理处	昌邑市天水路与新兴街交叉路口东南角	8	0	0	0	0	37528	3061
	5	中国建设银行股份有限公司昌邑支行营业室	昌邑市富昌街219号	25	184393	5415	12	0	215477	21118
	合计			75	184393	5415	12	0	309565	28054
	1	中国邮政储蓄银行昌邑市支行营业部	昌邑市利民街413号	22	39450	5553	170	-226	66645	12834

续表—4

序号		2016年末机构情况			2016年业绩情况					
		机构名称	地址	员工数量（人）	贷款余额（万元）				存款（万元）	
					贷款余额	较年初+、−	不良贷款余额	较年初+、−	各项存款	较年初+、−
邮储银行	2	中国邮政储蓄银行昌邑市奎聚支行	昌邑市富昌街107号	23	5411	−131	9	−101	24037	2199
邮储银行	3	中国邮政储蓄银行昌邑市城东支行	昌邑市围子街道下小路201号	5	2843	85	20	1	6151	692
邮储银行	合计			50	47704	5507	199	−326	96834	15725
邮政局	1	中国邮政储蓄银行股份有限公司昌邑市南逄营业所	昌邑市北海路808号都昌联通公司北邻	5					10339	2378
邮政局	2	中国邮政储蓄银行股份有限公司昌邑市柳疃营业所	昌邑市柳疃镇政府驻地昌灶路32号	4					12749	3336
邮政局	3	中国邮政储蓄银行股份有限公司昌邑市青乡营业所	昌邑市青乡联通公司对面	4					13387	2582
邮政局	4	中国邮政储蓄银行股份有限公司昌邑市龙池营业所	昌邑市龙池镇委西邻	5					12155	2935
邮政局	5	中国邮政储蓄银行股份有限公司昌邑市双台营业所	昌邑市农村商业银行双台营业所西邻	5					10891	2650
邮政局	6	中国邮政储蓄银行股份有限公司昌邑市围子营业所	昌邑市围子派出所东邻	5					12785	1650
邮政局	7	中国邮政储蓄银行股份有限公司昌邑市仓街营业所	昌邑仓街联通公司东邻	5					14633	1923
邮政局	8	中国邮政储蓄银行股份有限公司昌邑市夏店营业所	昌邑市卜庄镇夏店供销社北邻	5					12321	2299
邮政局	9	中国邮政储蓄银行股份有限公司昌邑市东冢营业所	昌邑市国税局夏店分局北邻	5					9192	2929
邮政局	10	中国邮政储蓄银行股份有限公司昌邑市下营营业所	昌邑市下营镇东营村中心街中段路北	5					7761	1468
邮政局	11	中国邮政储蓄银行股份有限公司昌邑市卜庄营业所	昌邑市卜庄镇兴卜路与206国道交叉路口路西联通公司处	5					7407	2453
邮政局	12	中国邮政储蓄银行股份有限公司昌邑市宋庄营业所	昌邑市围子街道办事处宋庄东村	4					12460	2065
邮政局	13	中国邮政储蓄银行股份有限公司昌邑市石埠营业所	昌邑市石埠镇派出所东100米	6					26221	3161
邮政局	14	中国邮政储蓄银行股份有限公司昌邑市流河营业所	昌邑市流河联通公司对面	5					14995	1888
邮政局	15	中国邮政储蓄银行股份有限公司昌邑市饮马营业所	昌邑市饮马网通公司北邻	5					24047	4727
邮政局	16	中国邮政储蓄银行股份有限公司昌邑市北孟营业所	昌邑市北孟镇地税局东邻	5					15503	3842

续表—4

	序号	2016 年末机构情况			2016 年业绩情况					
		机构名称	地址	员工数量（人）	贷款余额（万元）				存款（万元）	
					贷款余额	较年初 +、-	不良贷款余额	较年初 +、-	各项存款	较年初 +、-
	17	中国邮政储蓄银行股份有限公司潍坊市丈岭营业所	潍坊市峡山生态经济发展区太保庄街道丈岭社区联通公司南邻	4					8241	1886
	18	中国邮政储蓄银行股份有限公司昌邑市塔耳埠营业所	昌邑市北孟镇塔尔埠初级中学东邻	4					11342	1755
	19	中国邮政储蓄银行股份有限公司昌邑市宏大营业所	昌邑市南逄奎聚路南首	4					8572	2104
	20	中国邮政储蓄银行股份有限公司潍坊市太保庄营业所	潍坊市峡山生态经济发展区太保庄街道建委西邻	5					6785	1747
	21	中国邮政储蓄银行股份有限公司昌邑市李家埠营业所	昌邑市北海路与双十路交叉口联通公司处	4					7414	1594
	22	中国邮政储蓄银行股份有限公司昌邑市都昌路营业所	昌邑市利民街 728 号	7					73305	4842
	合计			106					332505	56212
农商行	1	营业部	昌邑市北海路 136 号	23	239814	14085	49	49	139666	-14321
农商行	2	天水路支行	昌邑市天水路中央商务区商贸城二期一、二连层 1-001 号	12	44085	-890	331	288	28668	-1178
农商行	3	利民街支行	昌邑市利民街 265 号	14	31825	-5699	40	40	65123	8382
农商行	4	奎聚支行	昌邑市昌灶路 134 号	13	39198	1872	0	-26	28346	890
农商行	5	石湾支行	昌邑市奎聚街办石湾店南村 154 号	4	3351	-902	348	-76	14489	604
农商行	6	道照支行	昌邑市院校西街南侧都昌街道办事处高家道照村综合楼	4	3480	-606	190	-102	25995	615
农商行	7	都昌支行	昌邑市北海路 753 号	14	13897	-1237	142	-7	22793	-19
农商行	8	南逄街支行	昌邑市都昌街办南逄街村东首	4	1303	-863	0	0	16838	-1037
农商行	9	伍塔支行	昌邑市都昌街办中伍塔村 117 号	4	972	170	0	-12	14331	-1156
农商行	10	王耨支行	昌邑市都昌街办王耨村 579 号	4	924	-33	0	0	11969	-16
农商行	11	双台支行	昌邑市都昌街办昌双路 6 号	12	6651	159	446	214	28016	2599
农商行	12	兴福支行	昌邑市都昌街办双台社区北兴福村 274 号	4	2461	-108	15	-90	16587	340
农商行	13	永安支行	昌邑市都昌街办双台社区西永安村 726 号	4	2449	-139	88	-114	19029	1181
农商行	14	龙池支行	昌邑市龙池镇龙海路 24 号	10	17587	-3556	4451	3969	41376	1131
农商行	15	瓦城支行	昌邑市龙池镇瓦北村	4	2923	-351	271	-13	22809	1590
农商行	16	马渠支行	昌邑市龙池镇马渠村	4	1976	-76	115	90	21079	1356

续表—4

序号	2016年末机构情况			2016年业绩情况					
	机构名称	地址	员工数量（人）	贷款余额（万元）				存款（万元）	
				贷款余额	较年初+、－	不良贷款余额	较年初+、－	各项存款	较年初+、－
17	柳疃支行	昌邑市柳疃镇昌灶路33号	13	68570	4651	1440	455	40224	5222
18	龙河支行	昌邑市柳疃镇文化路26号	4	6681	-1545	363	-844	13533	-617
19	金河支行	昌邑市柳疃镇河崖村75号	4	8405	-822	458	-1156	26936	795
20	青乡支行	昌邑市昌灶路与青乡社区中心街交叉点西南侧沿街商铺	9	10667	-1482	519	213	30696	1665
21	潮海支行	昌邑市柳疃镇青郭路、郭渔路交叉口东南角	4	4089	-1481	404	-339	30281	1436
22	夏店支行	昌邑市下小路卜庄段217号	10	18940	-1649	123	-623	38493	1186
23	下营支行	昌邑市下营镇东营村（原下营小学院内）	8	2435	608	0	-7	26477	1326
24	滨海支行	昌邑滨海（下营）经济开发区华昌未来城金晶大道35号A幢02－06	4	12280	-5152	27	-167	33017	5296
25	火道支行	昌邑市下营镇火道村	4	3387	722	0	-32	18736	1635
26	卜庄支行	昌邑市卜庄镇206国道与政府街路路口北	12	17918	4641	0	-18	67759	5003
27	围子支行	昌邑市围子街道昌盛街10号	14	42296	-8293	3628	-1713	42616	-1215
28	陶埠支行	昌邑市围子街道北陶村140号	4	4280	-1450	275	-908	26645	-46
29	密城支行	昌邑市围子街道北密村401号	4	7203	-885	1712	363	16784	618
30	宋庄支行	昌邑市下小路宋庄段32号	11	10521	-3767	135	-897	35058	1052
31	辛赵支行	昌邑市围子街道辛赵村1—3号	4	2454	-179	228	-31	24658	74
32	石埠支行	昌邑市石埠经济发展区政府街86号	12	20071	-5646	264	-534	34528	505
33	葛庄支行	昌邑市石埠经济发展区下小路164号	4	6194	-1280	73	-440	13126	587
34	金台支行	昌邑市石埠经济发展区西金台东北村111号	4	3108	-950	107	-735	17634	1379
35	饮马支行	昌邑市饮马镇下小路364号	12	26898	-7550	2335	1612	45307	3093
36	北孟支行	昌邑市北孟镇利民街78号	14	20838	-2674	1372	-106	67627	7009
37	塔耳堡支行	昌邑市北孟镇塔耳堡社区十字路口东30米	11	15562	2094	268	-1131	27883	4151
38	高阳支行	昌邑市北孟镇高阳东村	4	2083	-616	149	-205	25493	-195
39	昌盛支行	昌邑市奎聚路56号	6	10067	790	0	0	25792	3881
40	审批中心支行	昌邑市奎聚路与交通街交叉口西南角市会议中心一楼大厅	5	9833	861	0	-371	18837	2975

续表—4

序号		2016 年末机构情况			2016 年业绩情况					
		机构名称	地址	员工数量（人）	贷款余额（万元）				存款（万元）	
					贷款余额	较年初+、−	不良贷款余额	较年初+、−	各项存款	较年初+、−
	41	华海支行	昌邑市都昌路 389 号华海贸易广场 3 号楼沿街商铺 8-11 号	7	14255	-203	34	-77	20587	316
	42	东城支行	昌邑市新兴街 46 号	5	7683	-402	174	165	19066	-550
	43	西城支行	昌邑市利民街 666 号 22 幢门店 664 — 1	6	5609	-753	11	11	31705	989
	44	城南支行	昌邑市交通街佳乐家中央商务区 01-02 号	6	6508	-4632	15	-59	23070	4173
	45	行政区支行	昌邑市交通街与奎聚路交叉口三生大厦裙楼东侧	6	24919	-8026	124	124	22720	1829
	46	仓街支行	昌邑市围子街道围仓路 37 号	8	7120	387	356	194	43032	1050
	47	东冢支行	昌邑市卜庄镇东冢街 50 号	6	3273	-790	149	-85	29774	1804
	48	棉纺城支行	昌邑市柳疃镇棉纺城中心大门南侧 8 号楼	7	7030	-478	116	-164	20861	2388
	49	流河支行	昌邑市石埠经济发展区刘二村 389 号	7	4340	-620	88	-6	21667	1050
	50	山阳支行	昌邑市饮马镇山阳村 586 号	7	4697	-420	117	-227	20801	1984
	合计			380	833109	-45169	21551	-3526	1518538	62809
农发行		昌邑农发行	富昌街 11 号	25	248034	99750	0	0	190853	97195
潍坊银行	1	潍坊银行昌邑支行	昌邑市奎聚路 138 号	39	157942	-28425	687	172	196596	6246
	2	潍坊银行昌邑北海路支行	昌邑市交通街 506 号	12	73909	48570	108	72	75223	32847
	3	潍坊银行昌邑围子支行	昌邑市 206 国道 300 号	10	26915	17497		-137	20092	4458
	合计			61	258766	37642	795	107	291911	43551
民生银行		中国民生银行潍坊昌邑支行	山东省昌邑市交通街 457 号富润国际商业综合楼	20	35301	21384	1138	778	32459	2845
兴业银行		兴业银行股份有限公司潍坊昌邑支行	山东省昌邑是利民街 366 号三和苑小区北门	13	16164	16164	0	0	43921	43921
村镇银行		昌邑北海村镇银行股份有限公司	昌邑市天水路 108 号恒鼎新都汇南首	26	190	190	0	0	3176	3176
埠外					313300	187300	5900	100	79300	55700
总计				1059	2479197	98124	30286	-4543	4045890	455038

保险业

【综述】 2016年，全市主要保险机构4家，保险业整体呈现出稳中向好的态势。中国人民财产保险股份有限公司昌邑支公司主要经营机动车、企业财产、家庭财产、货物运输等各类财产保险、短期健康险和人身意外险业务。公司不断提高服务质量和水平，率先在同行业开通24小时保险服务专线电话“95518”，积极推出个性化、差异化新产品。截至12月底，公司累计保费收入达到11345.7万元，全险种市场份额55.82%，同比增长1%，其中车险8149.6万元，车险市场份额53.07%，同比提升2.4%，增速高于市场4.7%。各项业务呈现稳健的发展态势。理赔方面，截至年底赔款支出7380.7万元，全险种精算未决案件672件，同比减少86件，亿元保费占比591件，同比减少33件，全险种立案结案率100.12%，其中车险立案结案率为99.88%，各项理赔指标均列全市前列。2016年，纳税1735.44万元。中国人寿保险股份有限公司昌邑市支公司，各项关键指标实现快速增长，荣获中国人寿系统全国“成长百强”“实力百强”双百强最高荣誉奖项，保持着潍坊地区县域前三名的位次。截至12月29日共计实现总保费收入2.4亿元，同比增长8.7%；提供社会风险保障保额400亿元，年缴纳各项税金351万元，为地方经济发展作出贡献。受理理赔案件3000余件，赔付金额达752万元，满期件数5311件，满期给付金额11022万元。该公司总体市场份额为57%，市场竞争处于领先。太平洋财产保险有限公司潍坊市昌邑支公司，2016年太平洋财产保险公司昌邑支公司完成保费2026.5万元，其中车险完成1606万元，非车险完成420.5万元（含农业险211.9万元）。中国太平洋人寿保险股份有限公司昌邑支公司，2016年度共完成保费2123.46万元，其中长期人身保险2123.46万元，团体业务渠道367万元（学生意外伤害保险43万元）。

【中国人民财产保险股份有限公司昌邑支公司】 2016年，中国人民财产保险有限公司昌邑支公司（简称昌邑公司）累计保费收入达到11345.7万元，全险种市场份额55.82%，同比增长1%，其中车险8149.6万元，车险市场份额53.07%，同比提升2.4%，增速高于市场4.7%。各项业务呈现稳健的发展态势。理赔方面，截至年底赔款支出7380.7万元，全险种精算未决案件672件，同比减少86件，亿元保费占比591件，同比减少33件，全险种立案结案率100.12%，其中车险立案结案率为99.88%，各项理赔指标均列全市前列。2016年纳税1735.44万元。2016年，被授予潍坊市“诚信经营五星级单位”称号。

昌邑支公司始终把握短期有效，长期有利的原则，把“三农”保险服务体系摆在一号工程的位置，在建设上要保证当期见效，在发展上要保证长期有利。2016年，“三农”服务体系建设成绩显著，柳疃、围子、石埠3个农村营销服务部，实际保费收入均超过昌邑支公司平均增幅。

【中国人寿保险股份有限公司昌邑支公司】 2016年，中国人寿保险股份有限公司昌邑支公司（以下简称昌邑支公司）各项关键指标实现快速增长，荣获中国人寿系统全国“成长百强”“实力百强”双百强最高荣誉奖项，保持着潍坊地区县域前三名的位次。截至12月29日共计实现总保费收入2.4亿元，同比增长8.7%；提供社会风险保障保额400亿元，年缴纳各项税金351万元，为地方经济发展作出贡献。全年受理理赔案件3000余件，赔付金额达752万元，满期件数5311件，满期给付金额11022万元。昌邑支公司总体市场份额为57%，市场竞争处于领先。

做好城乡居民大病保险补偿服务　昌邑支公司始终把“保障和改善民生”作为企业重要使命，

自2013年城镇居民大病保险开办以来均由昌邑支公司承保。大病保险已经覆盖城乡居民43万人，昌邑公司为5万人次群众提供理赔、支付等服务，支付补偿款累计6282余万元，其中政府拨款5828万元，昌邑支公司额外调拨454万资金作为赔款，确保该项工作顺利进行。

为方便广大群众，公司成立专业服务队伍负责提供大病保险咨询、受理、审核、报销等服务，并在营业柜面专门设立大病保险服务窗口，以方便参保群众及时掌握相关政策及业务情况。

关注民生　认真落实“新国十条”和市委市政府发展改革意见，不断加大保险服务保障民生领域拓展与延伸。银龄安康工程（老年人人身意外伤害保险），共为全市73435位60岁以上老年人，提供110亿元风险保障，截至12月底，全市共有522人次获得理赔款98万元；学生安全保险，为全市3.2万名在校学生提供169.6亿元风险保障，截至12月底已支付500人次累计67万元赔款；计划生育保险，为全市独生子女家庭意外险承保30621人，为全市10207户独生子女家庭提供风险保障36.74亿元；警察协会会员综合保险，为全市480名公安干警提供高达23.42亿元的风险保障。重点行业保障保险，为落实昌邑市政府《转发关于金融支持工业稳增长调结构增效益的若干意见的通知》（昌银发〔2016〕15号文），与昌邑康洁环卫集团公司签订战略承保协议，为5万名环卫工人提供累计175亿元的人身保险保障。

助力就业　昌邑支公司发挥行业优势，充分吸纳昌邑地区创业、就业人力，为应届往届毕业生、待岗择业人员等各层级人员提供就业岗位，缓解社会就业压力。2016年昌邑支公司销售队伍实现快速扩充，新增就业人力882人，现架构内营销人员共1642人。

【中国太平洋财产保险股份有限公司昌邑支公司】　2016年，中国太平洋财产保险股份有限公司昌邑支公司（以下简称昌邑支公司）以贯彻落实党的及省、市保险工作会议精神，以贯彻中共十八大精神和保险业“新国十条”为契机，开展“创先争优活动”，努力加强党员干部队伍建设，严格以按照机关效能建设的标准抓好业务经营管理，为昌邑经济建设和社会稳定做出积极贡献。共完成保费2026.5万元，其中车险完成1606万元，非车险完成420.5万元（含农业险211.9万元）。

2016年太平洋人寿保险公司年终总结报告会

思想政治建设　2016年，昌邑支公司，从思想、组织和作风建设入手，强化了党组织建设；通过签署《党风廉政建设责任书》《合规责任状》，加强监督和完善制度建设等形式加强党风廉政建设。公司牢牢抓住促进公司可持续稳健增长的大局，充分发挥党组织的战斗堡垒作用，广泛凝聚党员干部的创造力，并推进内控自查自纠工作，始终坚持合规经营和风险管控，确保公司稳健经营发展。

业务建设　昌邑支公司开展围子街道，石埠开发区两个乡镇的玉米小麦承保工作，收缴保费211.9万元，其中农户自缴42.38万元，为农户解决因雹灾旱灾造成的减产损失78万元。有效的解决农户的实际困难，为平衡昌邑经济的发展起到杠杆作用。昌邑公司在汽车延保保险、新能源电动车保险、信用险等方面开展了工作取得了成绩。持续攻关政府扎口业务。由公司经理室牵头，通过积极与政府部门进行接洽，为养老机构责任保险、火灾公众责任险、蔬菜价格指数保险、安责险、食责险等险种下一步的发展做好铺垫。2016年，太保产险积极参与市级各项税收工作，全年上缴营业税，印花税，增值税等各项税收272万元，其中车船税179万。

完善服务体系　推进“以德经营，诚信为民”的进程，认真贯彻执行《营业人员服务规范和管理规定》，制定一系列文明服务、廉政服务的规范措施，无论是谁，触犯保户利益，年终对本人的业绩实行“一票否决”，使全司业务和理赔人员都能严格按照保险原则办事；想保户所想，一切以方便保户为宗旨，成立理赔小组，上门收取理赔材料，节假日期间在高速路口设立便民站，耐心解答上门客户提出的理赔问题。定期进行客户回访，不断调整理赔服务流程，以客户需求为工作导向；为接受全社会的监督，定期到群众中征求意见和建议；积极落实文明优质服务措施，坚持实行礼仪服务、文明用语、禁服务忌语，挂牌服务、持证展业、送赔款上门等活动，并对着装、仪表、环境卫生、内务做详细的标准规定，使全司的环境建设和人员的精神面貌焕然一新，为保户创造舒适的投保环境。

【中国太平洋人寿保险股份有限公司昌邑支公司】　太平洋人寿保险股份有限公司昌邑支公司（以下简称昌邑支公司）认真贯彻落实省、市保险工作会议精神，以贯彻中共十八大精神和保险业“新国十条”为契机，开展“创先争优活动”，努力加强党员干部队伍建设，严格以按照机关效能建设的标准抓好业务经营管理，为昌邑经济建设和社会稳定做出积极贡献。共完成保费2123.46万元，其中长期人身保险2123.46万元，团体业务渠道367万元（学生意外伤害保险43万元）。

思想政治建设　2016年，昌邑支公司从思想、组织和作风建设入手，强化党组织建设；通过签署《党风廉政建设责任书》《合规责任状》及加强监督和完善制度建设等形式加强党风廉政建设。公司牢牢抓住促进公司可持续稳健增长的大局，充分发挥党组织的战斗堡垒作用，广泛凝聚党员干部的创造力，并推进内控自查自纠工作，始终坚持合规经营和风险管控，确保公司稳健经营发展。

业务经营　发展学平险。潍坊市公司已在四个乡镇区开展涉及16处学校的学生人身保险业务，昌邑支公司开展了昌邑公共汽车站人身乘客意外保险的承保工作以及昌邑市农村信用社贷款保险服务，2016年收缴保费372.3万元，其中安贷保业务313万元。有效的解决乡镇贷款客户的人身安全保障。积极推广新险种。积极响应“保险姓保”宗旨，为客户人身意外保障，疾病保障做出合理规划。优化人身保险理赔服务，2016年太平洋人寿共计赔付人身保险保费2360万元，积极响应客户理赔服务需求，平均理赔服务时效为1.23天，客户对昌邑支公司服务满意度高达97%，全年无有效投诉事件。

完善服务体系　服务是企业生存之本。昌邑支公司推进“以德经营，诚信为民”的进程，认真贯彻执行《营业人员服务规范和管理规定》，制定一系列文明服务、廉政服务的规范措施，无论是谁，触犯保户利益，年终对本人的业绩实行“一票否决”，使全司业务和理赔人员都能严格按照保险原则办事；想保户所想，一切以方便保户为宗旨，成立理赔小组，上门收取理赔材料，耐心解答上门客户提出的理赔问题，对每笔理赔案件进行客户回访，不断调整理赔服务流程，以客户需求为工作导向；为接受全社会的监督，定期到群众中征求意见和建议；积极落实文明优质服务措施，坚持实行礼仪服务、文明用语、禁服务忌语，挂牌服务、持证展业、送赔款上门等活动，并对着装、仪表、环境卫生、内务做了详细的标准规定，使全司的环境建设和人员的精神面貌焕然一新，为保户创造舒适的投保环境。

2016年昌邑境内保险公司情况一览表

表—5 单位：万元

名称	地址	负责人	年度业绩
中国人民财产保险股份有限公司昌邑支公司	昌邑市富昌街16号	王　飞	11345.7
中国人寿保险股份有限公司昌邑市支公司	昌邑市新昌路99号	付宏伟	24000
中国太平洋财产保险股份有限公司昌邑支公司	昌邑市富昌街107号	于明山	2026.5
中国太平洋人寿保险股份有限公司昌邑支公司	昌邑市利民街627号	杨　建	2490.46

【中泰证券股份有限公司昌邑营业部】 中泰证券股份有限公司原名为齐鲁证券有限公司，是山东省属国有企业，是中国证监会批准设立的大型综合类创新试点证券公司，注册资本62.7亿元。

中泰证券股份有限公司昌邑天水路证券营业部成立于2010年2月，是昌邑地区唯一一家合法的证券经营机构，昌邑营业部依法开展证券经纪、证券投资咨询、融资融券、证券投资基金代销、代销金融产品、期货IB等业务，营业部自开业以来一直以服务好昌邑当地资本市场为己任，为昌邑经济发展贡献应有的力量。

2016年，昌邑营业部新开证券账户1178户，股票全年交易量81.40亿元，期货IB年交易量18.68亿元，托管证券资产21.38亿元；昌邑营业部在经营好日常经纪业务的基础上，加强机构业务开发，深度服务昌邑资本市场，营业部加强与当地政府、企业、银行等机构的合作力度，尤其是加强与当地上市企业同大集团的业务关系，不断拓宽企业的融资渠道，与民生银行昌邑支行合作完成一单同大集团股票远程质押业务，为同大集团融资1亿元。

中泰证券昌邑营业部现服务昌邑资本市场客户10000余人，服务机构客户20余户，缴纳利税40余万元，昌邑营业部将继续依托集团公司强大的综合金融服务能力，为昌邑当地政府和企业提供更加宽广的融资渠道和融资途径，为政府在资本市场发债融资方面提供更加专业的帮助，为当地企业在海外资本市场、主板、新三板、齐鲁股权交易中心等资本市场挂牌提供更加专业和优质的服务，将为昌邑的经济发展做出贡献。

财政 税务

Cai Zheng Shui Wu

财　政

2016年，昌邑市一般公共预算收入完成299085万元，同比增长5.8%。其中：税收收入完成204004万元，占一般公共预算收入的比重为68.2%。

【保障和改善民生】 2016年，安排县级配套资金48578万元，比2015年增长48.4%。以城乡最低生活保障制度为基础，五保供养、城乡居民社会养老保险、居民基本医疗保险、城乡医疗救助相配套，慈善救助和专项救助相结合，程序规范、城乡互动的社会保障体系进一步完善，社会保障的覆盖面越来越广，保障能力进一步增强。

城乡困难群体保障水平进一步提高　从10月开始，提高城乡低保保障标准，城市低保标准由每人每月480元提高到每人每月500元；农村低保标准由每人每年3300元提高到每人每年3700元。2016年，共拨付保障资金1728万元，其中：农村低保资金1540万元，城镇低保资金188万元。

做好城乡低保、农村五保免费电量款发放工作。按照每户每月15度电的标准，共计拨付电量款56.3万元。提高困难残疾人生活补贴和重度残疾人护理补贴标准。1月1日起，残疾人两项补贴标准由每人每月80元提高到每人每月85元。共计拨付496.5万元。做好孤儿及事实无人抚养儿童、困境儿童生活保障工作。拨付保障资金50.3万元。做好计划生育家庭特别扶助和失独家庭一次性抚慰工作。共拨付资金627.5万元，其中：计划生育家庭特别扶助金589.5万元，失独家庭一次性抚慰金38万元。

积极落实优抚对象政策　积极落实义务兵家属优待金、农村优抚对象抚恤和生活补助、农村籍部分退役士兵老年生活补助、烈士子女生活补助及退役士兵自主就业、自谋职业一次性经济补助政策。拨付义务兵家属优待金908万元。其中：市直发放54万元，镇（街道）发放854万元；拨付农村优抚对象抚恤和生活补助1924万元；拨付老兵生活补助资金409万元，补助3097人；拨付烈士子女生活补助金72万元，补助184人；拨付退役士兵自主就业一次性经济补助428.4万元，其中：市直20人，32.85万元，镇（街道）163人，395.55万元；拨付自谋职业一次性经济补助47万元，补助6人。

提高一至四级残疾军人护理费标准。因战、因公一至二级残疾军人护理费每人每月为1938元，比原来基础上每月增加240元，因战、因公三至四级残疾军人护理费每人每月1550元，比原来基础上每月增加192元，因病一至四级残疾军人护理费每人每月1163元，比原来上每月增加144元。

加大财政投入，完善医疗保障体系　提高

居民基本医疗保险财政补助标准。财政补助标准由每人每年380元提高到420元，县级预算安排9650万元。筹资163.3万元，为全市12567名农村五保对象、城乡低保对象、农村优抚对象（不含二等乙级以上伤残军人）、计划生育特困家庭、农村持有市聋哑学校学籍的在校生等，缴纳居民基本医疗保险个人参保资金。

药品“零差价”。积极完善对基层医疗卫生机构和村卫生室实行零差率销售后的补偿机制，并足额安排补偿资金，2016年，共投入资金2779.7万元。继续深化公立医院改革。积极支持昌邑市公立医院改革，落实补助资金。拨付资金1066.5万元。

积极支持城乡卫生服务体系建设　做好基本公共卫生服务和重大公共卫生服务工作。提高政府购买基本公共卫生服务补助标准，由每人每年40元提高到每人每年45元。在基本公共卫生服务、重大公共卫生服务、专业公共卫生机构人员经费、公用经费和业务经费等方面投入5185万元。

完善就业服务体系，推动社会的充分就业　不断加大财政资金投入，积极落实创业带动就业财政补助政策，完善促进就业的税收优惠和小额担保贷款贴息、职业培训补贴、职业技能鉴定补贴等扶持政策。实施针对就业困难人员的社会保险补贴、公益性岗位补贴等就业援助政策。2016年，拨付各类就业资金1713万元。

积极做好城乡养老保障体系建设工作　加大城乡居民社会养老保险财政补助力度。从7月1日起，基础养老金由每人每月85元提高到100元，县级预算安排7560万元。及时足额拨付资金，确保养老政策得到有效落实。共计拨付资金423.5万元，其中：城乡低保高龄津贴92万元，农村五保157万元，90～99周岁老人高龄津贴155万元，百岁老人长寿补贴、失能老人护理补贴19.5万元。

创新保障机制，保障基本民生　加快建立科学有效的政府灾害救助保险保障体系，落实全市民生综合保险政策，标准为：每人每年保费2元，每户每年保费2元，所需资金由财政负担，共拨付资金160.04万元。落实建档立卡贫困人口医疗商业补充保险政策，财政拨付资金50.3万元，惠及4298人。

开展有线电视养老扶贫工作。财政拨付补助资金21.2万元，为公办养老院、农村分散供养五保户、困难优抚对象和城乡低保户等共计790户安装有线电视。

联合民政、人社、卫计部门印发《昌邑市城乡居民重特大疾病医疗救助办法（试行）》（昌民字〔2016〕24号），进一步完善医疗救助制度。

加快推动殡葬改革，扩大殡葬惠民政策覆盖范围，与民政部门修订印发《昌邑市减免基本殡葬服务费用实施细则》（昌民字〔2016〕19号），最高减免标准为每具1210元。

【助推经济转型】　2016年，积极创新财政投入方式，重点支持传统产业改造升级、战略性新兴产业培育和中小企业发展，促进经济持续平稳增长。

● 全市全民参保登记试点暨2016年度居民基本医疗保险参保筹资工作会现场

认真落实“三去一降一补”各项财税政策，大力支持供给侧结构性改革，积极推进发展动力转换和发展方式转变。认真落实结构性减税、出口退税等推动企业发展的优惠激励政策。共落实结构性减税、出口退税等优惠政策资金64825万元；充分发挥财政融资功能。直接融资到位资金22.19亿元，政府与社会资本合作融资10.5亿元。上级为昌邑市发行地方政府债券134571万元，其中新增政府债券9900万元，存量债务置换债券124671万元。

【支持提升城市品质】 为加快推进昌邑公益设施建设，改善人居环境，加强公共服务项目建设，通过与建设局、交通局、卫生局、教育局、水利局等相关部门沟通协调，对全市拟建项目、储备项目等进行收录入库、汇总分析、优化整合、策划包装，PPP项目库已储备项目10个，总投资额70.93亿元，覆盖文化、水利、教育、卫生、市政道路建设等多个领域。

昌邑市妇幼保健院病房楼改建项目　项目建设总用地面积46104平方米，总建筑面积32719平方米，地上27890平方米，地下4794平方米，地上二十二层，地下一层。项目概算投资2亿元。项目建成后，将提供病床床位280余张，日接诊840余人次。由昌邑市国有资产经营投资有限公司和山东兴昌建设工程有限公司合作，注册成立昌邑市坤成建设管理有限公司，全权负责项目的投资、建设、运营等事宜。项目建设期1年，合作期10年。

昌邑市实验中学改建项目　项目建设总用地面积57862平方米，新建总建筑面积（含地下通道）29687.46平方米。项目预计投资2亿元。该项目改造建成后，可容纳60个班级，3000名学生就读。由昌邑市国有资产经营投资有限公司和山东兴昌建设工程有限公司合作，注册成立昌邑市启德建设管理有限公司，全权负责项目的投资、建设、运营等事宜。建设期1年，合作期10年。

潍河清淤、堤顶路建设项目　工程包括潍河清淤、潍河左岸工程和潍河右岸工程。路线全长66千米。路基填方694.95万立方米，挖方22.69万立方米；沥青混凝土路面66.3万平方米。项目预计投资3.5亿元。由昌邑市市政工程建设有限责任公司和昌邑市鑫宝水利建安工程有限公司合作，注册成立昌邑市畅通建设管理有限公司，全权负责项目的投资、建设、运营等事宜。建设期1年，合作期10年。

昌邑市基础设施建设提升项目　新建或改建滨河东路（平安东街—交通东街）、城里东街（文昌中路—奎聚路）等8块市政道路路段和市政道路排水工程及附属工程、改造看守所（规划路—北海路）配套污水管道工程，以及城区主排污管道清淤工程、灶朱路挖补维修工程、靶杨路挖补维修工程、东环路挖补维修工程、城区旧人行道增设盲道、城区出入口零星维修工程、城区人行道、路侧石、限宽墩、石渠栏杆等市政设施提升及维修工程，突发应急工程等。项目预计投资1.5亿元。由昌邑市市政工程建设有限责任公司和昌邑市鑫宝水利建安工程有限公司合作，注册成立昌邑市程晖市政工程管理有限公司，全权负责项目的投资、建设、运营等事宜。建设期1年，合作期10年。

昌邑围子街道热源厂项目　本工程的主要建设内容包括热源厂、高温热水管网、热力站的建设。占地约2.07公顷，热源建设和管网建设根据供热需求增长情况分期进行，供热半径约7千米。中、远期建设计划根据供热区域内实际供热需求，由政府按照城市总体发展规划确定。配套热水管网根据实际用户供热需求适当超前建设，热力站根据实际用户供热需求同步建设。工程建设完成后，达到社会效益、环境效益、经济效益的最佳统一。由昌邑市市政工程建设有限责任公司和昌邑明河水业有限公司合作，注册成立昌邑市畅达热力有限公司，全权负责项目的投资、建设、运营等事宜。

项目特许经营期30年。

处于识别阶段项目（已入库待实施）共5个，分别是潍河（昌邑北部）水利枢纽工程、昌邑文山中学改扩建、昌邑技师学院改扩建、昌邑市下营港及临港物流园区建设项目和广电大厦、文化中心和会议中心项目。

【现代财政制度】

建立常态化预算公开机制 依法全面公开政府预决算、部门预决算、专项资金、财税制度、民生政策等信息。除涉密信息外，所有使用财政资金的部门和单位都依法公开部门预决算，细化公开到经济分类科目，并详细说明“三公”经费安排使用情况。

完善政府预算体系 将政府所有收支纳入预算管理，健全“全口径”政府预算体系。加大一般公共预算与政府性基金预算、国有资本经营预算、社会保险基金预算的统筹衔接，增强政府预算综合调控能力。强化政府性基金统筹力度，将政府性基金与一般公共预算投向类似的资金统筹安排，提高政府性基金使用效益。按照国家部署和省政府要求，2016年城市维护建设税以及矿产资源专项收入、海域使用金、排污费等统筹安排使用。深化部门预算编制改革，推进部门综合预算管理，统筹部门各项收入安排支出。

强化财政资金统筹使用 在推进财政资金统筹使用方面，从整合重大项目资金、重点科目资金、转移支付资金、财政存量资金、政府债务资金入手，将支持方向相同、扶持领域相关的财政资金整合使用，全方位优化公共资源配置，盘活各领域财政沉淀资金，提高财政资金整体使用效益。开展涉农资金管理改革试点，统筹整合涉农专项资金，支持农林水重点项目建设。

依法加强收入征管 建立健全税收保障机制，深化税收支出管理改革，强化涉税信息共享，增强税源管控能力；推进国税地税联合办税，强化协税护税措施，提高税收征管效率。坚持依法征税管费，切实提高财政收入质量。按照中央统一部署，全面推进“营改增”改革试点，积极落实各项结构性减税政策。全面落实省、潍坊市及昌邑市减轻企业税费负担、降低财务支出成本的政策措施，支持实体经济发展。

深化支出管理改革 硬化预算约束，规范政府行为，预算未安排的事项一律不得支出，从严控制预算调整事项，减少支出随意性。调整和优化财政支出结构，压减一般性支出，集中财力保障工资及重点民生支出。完善转移支付制度，增强乡镇财政保障能力，全面落实乡镇机关事业单位人员津补贴政策，逐步提高村级经费保障水平。加强财政管理基础工作，推进依法科学理财，提高财政支出管理水平。

强化预算绩效管理 全面推进绩效目标管理，扩大重点项目绩效评价范围和规模。大力推行第三方独立评价，加强第三方评价质量监控，提高评价结果的权威性和公正性。

加强政府债务管理 严格政府债务限额管理，杜绝政府及其部门违规或变相举借政府债务。区分存量债务性质，妥善化解债务风险，属于政府债务的，全部纳入政府债券置换发行计划，有效释放偿债压力；属于企业债务的，加快政府融资平台市场化转型，阻断风险传导转嫁。加强新增政府债权项目管理，严格按规定使用债券资金；建立债务信息基础管理工作，提高政府债务信息真实性、完整性；强化政府债务风险评估预警，有效防范财政风险。

建立政府综合财务报告制度 2016年，开展政府综合财务报告编制工作，全面反映政府整体财务状况、运行情况及财政中长期可持续性。

深化财政投融资改革 大力推广政府和社会资本合作（PPP）模式。在财政可承受、风险可控制的前提下，采取政府购买服务形式，支持重点项目建设。

政府采购和招投标管理

【概况】 2016年7月，根据昌邑市人民政府办公室关于印发《昌邑市公共资源交易平台建设实施意见》（昌政办发〔2015〕34号）要求，昌邑市将政府采购、建设工程招投标、土地交易及矿产资源交易、产权交易、公立医院大型医疗器械采购以及市政府确定的其他应当划转的交易管理职责和相关机构人员进行整合，成立昌邑市公共资源交易中心。累计完成各类交易事项153宗，共约有830家企业参与进场交易。其中，政府采购类项目149宗，预算金额约2.92亿元，成交额约2.64亿元，节约财政资金约2752.73万元，节支率为9.43%。完成出让类项目4宗，出让底价约1419.39万元，成交底价约1886.53万元，溢价约467.14万元，溢价率为32.91%。

【夯实硬件完善设施】 投资近100万元，建设了1000余平方米的交易场所。并将其划分为开标区、封闭评标区和档案管理区等6个功能区，建成了10个功能室，购置16台电脑，安装22个摄像头、9个拾音器、1个监控屏，切实达到了公共资源交易中心监控无盲区，实现了对项目交易全过程、交易全范围的实时监控。

【健全制度规范流程】 修订《潍坊市公共资源交易中心昌邑分中心进场交易项目规范流程》《潍坊市公共资源交易中心昌邑分中心评审专家抽取制度》等18个制度，制定《潍坊市公共资源交易中心昌邑分中心政府采购项目进场交易申请登记表》《潍坊市公共资源交易中心昌邑分中心专家抽取登记表》等近10个表格，重点加强制度化、规范化建设，切实做到步步有登记、环环有监督。

【高效联动强化监管】 积极与财政、检察、公证等有关部门对接，积极打造“共建共享，共监共管”的工作模式，各相关部门单位按照公开、公平、公正的原则，对招投标的全过程实施监督管理，在招投标的过程中实行“事前核准、事中监督、事后备案”，加强对招投标重点环节的日常监督，进一步规范项目招投标方式、公告发布、资格审查、开标、评标、中标公示以及招标文件和中标通知书备案等重要工作环节，使招投标活动有序、高效进行。

【敢为人先勇创佳绩】 2016年，昌邑公共资源体系建设有序推进，率先启用了潍坊统一的公共资源电子交易平台，实现了网上交易；推出了“三同步工作法”，潍坊市政府办公室给予全市推广；创办了潍坊市公共资源交易系统第一个“中心大讲堂”；编印了《公共资源交易简报》，为员工成长提供了良好的成长载体；推出了《关于邀请参加公共资源交易项目现场监督的函》制度。分中心的创新、规范运行情况在2016年潍坊市政务服务工作总结表彰中，成为受到表扬的5个中心之一，潍坊市政府办公室、昌邑市委办公室、昌邑市政府办公室、潍坊日报社昌邑分社分别作为典型经验多次给予刊发，昌邑电视台、昌邑广播电台先后4次给予专题报道。

住房资金管理

【概况】 2016年，共归集住房公积金21044万元，比上年增长18.7%，新增公积金缴存单位22家，新增缴存职工1345人，各类提取合计10781万元。与18家房地产开发商新签订了销售方保证合同，为广大住房公积金贷款职工提供了便利条件。截至12月底，共发放贷款594笔，其中：公积金贷款526笔，商转公贷款33笔，组合贷款35笔，比去年同期增加224笔。发放贷款额16384.2万元，比去年同期增加 8312.3 万元，增长 102.98%，发放户数与发放额均创历史新高且无任何逾期贷款。

【落实公积金新政】 为加强住房公积金归集管理，维护住房公积金所有者合法权益，根据《住房公积金管理条例》（国务院令第 350 号）和《关于住房公积金管理若干具体问题的指导意见》（建金管〔2005〕5 号）等有关规定，结合本市实际，通过落实《潍坊市住房公积金归集管理办法》，归集额从 2015 年的 17723 万元增加到 2016 年的 21044 万元。

为了做好新政策的宣传发动及贯彻落实，新准入了昌邑农行、昌邑邮储银行，为快速便捷办理公积金贷款业务提供了保障。对住房公积金贷款业务集中、办理批次多的楼盘，像天水家园、金域华府、金域官邸等楼盘，进行现场宣传政策、解答疑惑。借款人材料受理成功以后，让开发商派人到营业厅协助受托银行办理贷款相关事宜，提高了办事效率。

保障住房公积金缴存职工合法权益，改进住房公积金提取机制，提高住房公积金制度的有效性和公平性，促进住房租赁市场发展，放宽提取住房公积金支付房租条件。2016 年，办理租房提取业务 126 笔，共计 97.50 万元。

为进一步简化住房公积金提取业务流程、提高办事效率，自 7 月 1 日起，职工本人提取住房公积金业务取消单位盖章环节。截至 2016 年底，办理提取住房公积金业务 4324 笔，共计 5789.87 万元。

【提升服务水平】 开展住房公积金提取网上银行支付业务，实现住房公积金提取可直接支付到个人。缩短资金到账时间，解决长期以来提取公积金到账周期长的问题。2016 年，办理提取住房公积金支付到个人业务 4774 笔，共计 9846 万元。

全面推行服务承诺、首问负责、一次告知、

● 潍坊市住房公积金管理中心昌邑分中心被授予 2016 年度“先进单位”

限时办结等服务制度，优化业务受理、查询等业务流程，减少审批环节，缩短办理时限，加快业务流速，全面提升服务管理。对业务办理过程中确有困难的贷款职工，积极创造条件，开展预约和上门服务。对于贷款业务集中的楼盘实行材料现场受理、现场办公。

加强业务大厅建设，服务人员着装整齐，仪表整洁，服务热情，配备休息座椅、书写台和意见箱等服务设施，张贴和放置住房公积金政策规定的宣传，实现“一门办理、一口告知、一站服务、一次办结”，进一步完善上门服务、预约服务、专场服务，合理设置柜台，科学调配人员，营造整洁美观、秩序良好、安全舒适、高效便捷的服务行业人文环境。为扩大政策宣传覆盖面，在昌邑市电视台重要时段连续 20 天滚动播放《住房公积金，圆你住房梦》专题栏目。

与邮政部门进行沟通、协调，向全市 29831 名住房公积金缴存职工发放了住房公积金对账单，在对账单的附面印制公积金业务知识，让广大职工“手握对账单，心有明白账”。对辖区内规模以上企业及小微企业进行详细的了解和调查，统计规模以上企业 261 家，小微企业 741 家，共计 1002 家企业，循序渐进、以点带面的不断深入宣传公积金政策。向全市未缴存住房公积金的 479 家限额以上企业以挂号信形式寄发催缴函。

国 税

【综述】 2016年，国税工作紧紧围绕上级工作部署，把握稳中求进，统筹推进的工作基调，主动适应新常态，凝心聚力，积极作为，各项工作不断取得新进展。年内，国税局团支部荣获“潍坊市五四红旗团支部”称号，饮马分局被潍坊市局评为“法制分局示范点”。全市税收总量在潍坊12县市区排列第四名。

【组织收入】 昌邑市国税局组织收入稳中求进，收入总量实现新增长。面对原盐、铁矿石、原油开采等资源类产品价格下降、收入减收较大的实际情况，通过强化数据分析应用，不断加强税收征管等措施，保持了税收收入的持续增长。共完成各项税收收入240159万元，较上年增收23297万元，同比增长10.7%。其中，完成地方级收入82455万元，比去年增收30513万元，增长58.7%，为地方经济发展提供了坚实的财力支持。

【依法治税】 2016年，市国税局坚持依法治税原则，治税方面取得明显成效。全面落实各项税收政策。全年共兑现落实各项税收优惠7343万元，其中，落实节能环保项目税收优惠3132万元，小微企业税收优惠2683万元，高新技术企业税收优惠740万元，支持金融资本市场税收优惠788万元，为帮助企业应对市场萧条、支持县域经济发展做出应有的贡献。此外，认真落实国家出口退税政策，持续优化退税服务，为企业办理出口退税32845万元，进一步扶持外贸经济发展。积极开展法治分局建设。根据省局法治国税示范点和市局法治分局示范点的创建工作要求，坚持依法行政、廉洁从税、依法治局，不断提高科学精准的税源管控能力、坚不可摧的预防腐败能力，努力提高依法治税水平。饮马分局被潍坊市局评为“法治分局示范点”，在依法治税方面起到较好的示范和带头作用。加大稽查工作力度。积极开展税收专项检查工作，规范进户执法，深入开展打击发票违法犯罪活动，较好地发挥了稽查震慑作用。全年共完成查补入库14340万元，完成计划任务的478%，给组织收入带来有效补充。

• 4月8日，市国税局、地税联合税收宣传小组借势梨花节开展税收宣传

【纳税服务】 2016年，市国税局发挥标准化建设在纳税服务工作方面的优势，持续优化纳税服务。国地税共建联合办税大厅。为贯彻中办56号文件要求和国家税务总局关于深化税制改革、加强国地税合作工作部署，5月1日，昌邑国地税联合办税服务厅在市民之家正式成立，真正实现了“服务一个标准、征管一个流程、执法一把尺子”。联合办税服务厅共设28个综合服务窗口，实行“一人一机双系统”操作模式，真正实现“一窗办两税”。无论纳税人办理国税或者地税业务，只需取一个号、排一次队、在一个窗口、由一位前台人员即可办理完毕，大大方便纳税人。持续开展“便民办税春风行动”，不断提

• 8月26日，市国税局举办“涉税热点问题在线答疑”活动

高服务质效。认真落实首问责任制，有效开展咨询辅导，为纳税人提供预约服务、限时服务和延时服务。增配自助办税终端，积极开展二维码一次性告知，实现了纳税人基础办税资料、报送资料和办理时限等一次性电子化告知。加大邮政代征代开网点建设。为最大限度方便纳税人代开发票，同时减轻办税服务厅的工作压力，逐渐拓展全市所有邮政网点开展代开普通发票业务。截至2016年底，全市开设代开邮政网点12个，基本遍布昌邑各个乡镇街道，极大地方便了纳税人办理发票代开业务。

【税收征管】 2016年，市国税局税收征管建设扎实推进。税源专业化管理进一步规范。对中小企业进一步规范分类分行业管理。除南北保留饮马、夏店两个分局之外，将其他分局全部收缩至城区集中办公，税源专业化管理新格局逐步形成。信息化管税力度和税收风险防控能力得到有效提升。成立专门的风险管理部门进行风险应对。以风险管理为主线，以数据分析为抓手，强化纳税评估、税务稽查、增值税风险应对，重拳打击偷逃骗税和专用发票虚开虚抵，挽回了国家损失，起到较好的震慑作用。配合开展15个批次发票风险应对工作，进行3次风险防控专项讲评。通过组织专业团队对13户风险点集中的企业开展解剖式评估，组织入库税款753万元。通过风险应对，全年合计增加税收17222万元。成立了税警联合办公室，向公安局移交一起增值税专用发票虚开案件，税警协作联络机制向实体化迈进。加强综合治税。坚持以强化税源控管为核心，主动争取当地政府的支持，到地税、财政、建设、水利等12个职能部门进行了信息采集，营改增全面推开以来，共比对外部信息463条，为综合治税打下基础。

【改革试点】 2016年，市国税局稳扎稳打，改革试点任务圆满完成。建筑安装等四大行业营改增试点工作进展顺利。四大行业营改增试点工作是贯穿2016年始终的一项重点工作。在市委、市政府各部门大力支持下，按照潍坊市局的统一部署，全局上下密切配合，顺利完成了四大行业各个阶段、各个节点的营改增试点任务。在做好各项常规工作之外，着手加强营改增后续管理。金税三期换版工作有序运行。金税三期工程应用软件换版工作是继营改增之后的又一项重点工作。在征管科牵头组织下，相关业务科室按照上级工作精神和总体部署，认真扎实做好全岗全业务功能测试、双轨试运行、单轨切换等重要节点的各项任务，确保换版工作高效率推进、高标准完成。金税三期优化版自10月1日上线运行以来，成功受理业务4万余笔，系统运行平稳。

【文化建设】 市国税局坚持从严从实抓好基层党建工作和干部队伍建设。围绕“两学一做”学习教育抓党建。邀请专家教授开展专题教育讲座，通过落实“三会一课”、建立学习专栏组织党员干部集中学习。组织干部赴当地党员教育基地和抗日战争纪念馆开展党史党性教育，组织开展无偿献血，动员开展“慈心一日捐”“春蕾女童救助”

等各种公益活动，促学做结合。深入开展数字人事工作。在已有基础上深化提升，拓展数据应用，将积累的数字人事数据与公务员年度考核、干部选拔任用和人才库选拔挂钩，增强数字人事生命力。系统上下全员参与，认真执行数字人事制度办法，各项数字人事指标均居全市前列。加强干部教育培训。开展“走出去”培训，组织干部到扬州、威海开展集中培训3期，培训干部125人，到上海、济南、枣庄、税校等接受各项专业培训30余人。特别加大青年干部培养力度，加大中青年干部提拔任用比例。选拔的6名正股级干部和12名副股级干部中，大学生青年干部7名，占比达38.9%。党风廉政建设不断深入。开展形式多样的廉政警示教育活动。邀请总局党校教授作廉政专题讲座；组织党员干部赴昌邑党员教育培训基地开展党史党性教育；持续开展作风整顿，每月至少开展2次突击检查，将明察暗访常态化。配合市局完成巡视工作“回头看”，进一步规范各项工作。

地　税

2016年，昌邑市地税局认真贯彻中共十八届五中、六中全会精神，深入落实市委、市政府和省、市地税局决策部署，紧紧围绕组织收入中心工作，以绩效管理为抓手，结合全面推进“营改增”改革、金税三期换版契机，强化税收征管，优化税收服务，推动地税各项工作取得了新的成绩。

【组织收入】 2016年，昌邑市地税局严格落实组织收入原则不动摇，立足昌邑市税源实际，准确把握经济发展态势和税收工作方向，强化征管，深入挖潜，全力组织税收收入。加强税收测算调度。定期召开收入调度会议，认真研判经济税收形势，深入分析增减收因素，及时汇报沟通，为党委政府决策当好参谋助手。加强重点税源控管。按税种、行业及纳税规模做好税源分类分级管理，准确掌握税源变化情况，认真开展所得税汇算清缴和年所得12万元以上个税申报，抓好对石油化工、建筑、金融、盐及盐化工等重点行业税收征管。加强欠税清理。强化部门联动，加大营业税清欠力度，开展土地使用税、房产税清理清查，结合资源税改革，做好盐资源税征管。深挖地方税源潜力。主动对接招商引资、项目落地情况，做好重大项目、重点工程税收管理，促进应收尽收。全年共入库地税总收入159865万元。其中，地方级收入139429万元，为促进经济社会发展提供了有力的财力保障。

【征管建设】 “营改增”全面推进，金税三期优化版平稳上线运行。认真落实上级关于深化国税、地税征管体制改革部署，圆满完成全面推开“营改增”试点和金税三期优化版上线任务。推行“营改增”期间，局班子成员轮流带领业务骨干包靠联合办税厅，现场指导调度；纳税服务部门牵头积极做好业务培训、流程验证、模拟练习及对纳税人宣传答疑，确保顺利平稳过渡。金税三期优化版上线期间，扎实做好系统运行的信息收集、应用监测和运维管理，确保新旧系统实现顺利切换。

税收征管规范化水平进一步提高。依托税收执法360系统、征纳税收风险防控服务平台，定期提取税收疑点数据，抓好对预警信息梳理分析、分类推送和提醒调度，做好税收风险疑点处理整改。加强与盐务、国税、公安等部门合作，开展资源税与增值税比对分析，认真落实从价计征政策，扎实推进资源税改革。联合第三方评估公司开展存量房调查摸底，对全市445个住宅区、57180套住宅进行登记，并根据市场价格变动情况及时做好存量房交易评估基准价格更新维护，为二手房税收管理提供了准确数据支持。

认真开展纳税评估和税收执法督察。对照省地税局下发的疑点数据，对小微企业营业税税收优惠落实、土地增值税、企业股权变更、企业所得税等方面存在疑点逐户进行核对，逐项整改落实。加强对大企业进行信息采集比对和动态信息维护，运用人机结合税源管理系统，分批次对房地产、建筑安装、金融保险及服务业重点纳税人开展团队化税收评估。共评估企业 49 户，入库税款 3892 万元。

【税收服务】 巩固深化国家税务总局“便民办税春风行动”成果。开展“问需求、优服务、促发展”活动，采取网络调查、发放问卷及实地走访等方式，认真开展纳税人涉税需求调查，及时汇总梳理意见建议，研究落实整改提高措施。抓好税收优惠政策落实，加强跟踪服务和后续管理，对 212 户小微企业减免税费 216 万元；减免高新技术企业税款 1464.2 万元。加大税收宣传力度，充分利用纳税人学堂、节会展台及 LED 公告屏、微信公众号等载体和方式，开展税收政策宣传辅导。先后围绕“营改增”、金税三期、税收优惠等内容举办纳税人税收培训 40 余场（次），培训 8000 余人（次）。

联合共建国地税办税服务厅。进一步健全完善国地税合作机制，在市委、市政府支持下通过市人力资源中心公开选拔录用 30 名前台窗口工作人员，并组织国地税业务集中培训和“以师带徒”一对一指导。5 月 1 日，国地税联合办税服务厅整体进驻市民之家，国地税双方统一政策口径、服务标准和业务流程，在税务登记、申报征收、代开发票等方面开展务实合作，通过“一人一机双系统”，每单国地税业务可“一键切换”，实现“一窗通办”，办税服务质效进一步提升。

创新优化纳税服务方式。加强纳税信用体系建设，做好纳税人信用等级评定和动态管理，建立纳税信用“红黑名单”，定期发布欠税公告，对 9 户失信企业在《今日昌邑》予以公告。开展税银合作，推进“纳税信用贷”，进一步精准做好税收服务，协助企业贷款 43 户（次），金额 4000 余万元，有效缓解了中小企业融资困难。推广应用“E 动办税厅”，依托手机微信公众号，纳税人可自主办理涉税查询、资料预审和申报纳税等业务，促进办税服务更加便捷化、智能化。

【队伍建设】 扎实推进全面从严治党。抓好“两个责任”落实，健全党风廉政建设“两个责任”落实工作机制，印发《党风廉政建设工作实施意见》，进一步明确党风廉政建设主体和监督责任。局班子成员带头履行“一岗双责”，将党风廉政与税收业务工作同部署、同落实、同考核，促进各项工作规范和制度落实到位。抓好中央“八项规定”精神落实，坚持不懈纠正“四风”问题，对照上级要求认真做好办公用房整改调整和公务用车改革，并严格管理监督。

规范开展党内生活。进一步梳理完善党建工作机制，细化工作计划、工作清单，认真落实“三会一课”、党建工作联系点等制度。扎实开展“两

开展“牵手关爱”志愿服务活动，“一对一”结对帮扶贫困学生

学一做”学习教育，印发活动方案及配档表，以党章党规、习近平总书记重要论述及廉政法规为重点，认真组织“集中学习日”“支部生活日”集中学习，抓紧抓牢党员干部党性党风党纪学习教育。进一步理顺规范各基层党支部隶属关系，开展党员党组织关系排查，建立党费收缴管理工作台账，并配齐配强党支部书记、委员及纪律检查委员，切实加强党支部建设，夯实党建工作根基。

加强干部队伍教育培训。开展“岗位大练兵、业务大比武”活动，组织党员干部参加省局全员业务抽考、“纪律行动”知识测试及市纪委德廉知识测试，并组织干部职工分2批到山东大学威海校区举办干部素质提升培训班，促进干部职工知识更新和综合能力提升。优化人力资源配置，科学合理做好选人用人工作，选拔调整了部分中层和中层副职干部，并组织符合条件的基层一线地税工作人员进行双向选择和优化组合，共调整交流79人，比例达51.29%。

开展廉政警示教育。依托省局廉政风险防控平台，采用正面引领和反面警示相结合的方式，通过转发学习上级违法违纪案例通报、收听收看廉政教育专题讲座、《潍水镜鉴》警示教育片及参观市廉政教育基地、市党史馆等方式，持续抓好党员干部廉政教育。认真开展“纪律行动”基础建设年活动，开展内部管理制度“清、改、废、立”，对照党的六大纪律全面梳理查找纪律风险点，并建立工作台账，做好整改反馈。严肃工作纪律，强化纪律约束，部署应用人脸识别考勤系统，严格请销假、外出报告制度，严抓日常考勤管理，加大明察暗访力度，进一步夯实工作基础，打造廉洁、高效的地税干部队伍。

【文明创建】 2016年，深入开展“四德”教育、文明交通志愿服务等活动，积极发掘培育身边先进典型，发挥党员模范带头作用。以干部职工的切身利益作为出发点和落脚点，加强人文关怀，全局实现集中办公，并对部分办公场所进行了调整改造，为广大干部职工提供了良好的工作环境。情系民生公益，发动党员干部积极参与贫困儿童爱心帮扶、“牵手关爱”志愿服务、包村帮扶等活动，组织对贫困群众进行“一对一”精准扶贫，帮扶资金、物资累计达38000余元，推动文明创建工作抓具体、抓深入。2016年，先后荣获潍坊地税系统“绩效管理优秀单位”和昌邑市“先进基层党组织”“驻昌垂直管理单位考核先进单位”“先进职工之家”等称号，其中收入核算和财务科荣获昌邑市“巾帼文明岗”称号。

交通 邮政 通信

Jiao Tong You Zheng Tong Xin

交 通

【概况】 2016年，全市农村公路建设成绩斐然，潍河堤顶路硬化工程项目全线全面开工，一期工程主体部分提前完工；农村公路改造工程顺利完工；实施重点县乡公路挖补维修工程，农村公路养护水平不断提升。安全生命防护工程全面启动，隐患整治成效显著。下营港一期建设实现突破，蒲东沿海防潮堤大坝胜利合龙。中国北方绿色物流园被列为山东省重点项目，工程进展顺利。圆满完成济青高铁拆迁工作，得到上级充分肯定。绿色交通发展成绩显著，走在潍坊县市区前列。“智慧交通”建设加速，服务行业管理优势凸显。昌邑市交通运输局荣获“省级文明单位”称号，被市委市政府授予“市直部门绩效考核先进单位”、“全国文明城市创建工作先进单位”“依法行政工作先进单位”“安全生产工作先进单位”。局党委被潍坊市委授予“先进基层党组织”。

【公路建设】

农村公路建设持续推进 根据市委、市政府年初确定的“计划投资9000万元，新建改造农村公路150千米”的任务目标，进一步优化农村路网络，逐步消灭“断头路”，完善农村公路服务、连通功能。截至2016年底，完成新建、改造村级道路199.1公里，改造项目126个，完成投资11946万元，切实改善了农村居民出行环境。

潍河堤顶路工程顺利启动 工程全长78.9千米（含城区已建成路段15.3千米），新建路段63.6千米，其中西堤长26.9千米，东堤长36.7千米，项目途径饮马、石埠、围子、都昌、奎聚、卜庄、柳疃、下营8个镇街区，涉及47个行政村，估算总投资约3.8亿元。路面设计为沥青混凝土路面，宽6～7.5米，结构为17厘米石灰稳定土+17厘米二灰碎石+17厘米二灰碎石+8厘米沥青混凝土。设置彩色自行车道、停车港湾及观景平台，全线实施亮化工程。工程分为两期，同时进行，采用边清障、边拆迁、边备土、边施工”模式施工。其中一期工程主要建设地形条件较好的西堤寒亭界至新海路段，全长18.5千米，截至2016年12月底主体工程全线完工。二期工程为东堤峡山界至新海路段（不含城区滨河东路已硬化的6.7千米）及西堤新海路至渔尔堡段，全长45.1千米，完成征地拆迁工作，各段施工有序推进。5月，潍坊市委市政府在昌邑市召开现场会，对工程建设情况予以肯定。

获批全省第三批村级公路网化工程示范县 10月14日，山东省交通运输厅和山东省财政厅联合下发《关于实施全省第三批村级公路网化示范县的通知》（鲁交建管〔2016〕103号）文件，确定昌邑市为省第三批村级公路网化示范县，获

得省补资金7788万元。

交通精准扶贫工作　全市10个省定贫困村（围子街办6个，北孟镇4个）道路硬化任务圆满完成，建设里程7.2千米，完成投资360万元，切实改善了贫困村出行面貌。

截至2016年底，全市农村公路总里程达到1788.2千米，其中县道167千米，乡道292.4千米，专用公路34.3千米，村道1294.5千米。

青银高速公路改扩建工程　济青高速公路改扩建工程，昌邑段全长26.044千米，总投资约25亿元，途经北孟镇、饮马镇，共计32个村，征地拆迁面积47.53公顷。2016年8月，路基开始施工。

【公路养护】　2016年全市农村公路实施挖补、灌缝、封面及整修路肩边沟等小修保养投入770万元，日常养护投入102万元，整治路肩边沟23千米，挖补33000平方米，农村公路养护质量和路况水平稳步提升。优等路面达到718.6千米，其中县道95.5千米，乡道132.6千米，村道475.9千米，专用路14.6千米；农村公路综合优良路率达到83.6%，其中县道达到86.8%，乡道达到84.3%，村道达到81%，专用路达到82.2%；公路绿化里程1563.4千米，其中县道167千米，乡道292.4千米，村道1070千米，专用路34.3千米，可绿化路段绿化率达到100%。

G309改建工程施工现场

【路政管理】　路政巡查16万多千米，拆除非公路标志538块，清理集市贸易12处，清理四大堆3960余立方米，处理路政案件40起，路赔回收率、结案率均达100%，有力地保护了路产路权，促进了经济社会的全面协调持续发展。

继续坚持“政府主导、部门联动、社会参与、齐抓共管”的工作机制，以创建“全国森林城市”“全国卫生城市”为契机，全面落实年度路域环境综合整治工作任务目标。国省道沿线各乡镇根据各自经济、文化特点，将自身特色与公路绿化、美化工程相结合，形成如新海路“红色文化广场”“炮兵靶场绿化长廊”“产业园绿化长廊”及下小路“苗木展示绿化长廊”等主题鲜明的路域环境示范区，展示了昌邑的地方文化、经济特色，大大提升了路域环境综合水平。持续路域治理整治高压态势。根据集市的形成特点继续采取早出动、早发现、早治理的“三早”执法模式，并协调沿线镇街设置市场管理员，对集市贸易无缝隙式管控；协同镇街、公安、交通、城管等部门联合执法，清理打场晒粮、占道经营，采用集中、蹲点治理相结合方法，保证道路的安全畅通；协调政府对“四大堆”进行专项清理并对国省道沿线镇街治理情况立项督查，形成了公路牵头、属地治理、政府督导的新型治理模式，有效提升了路域环境。组建专业的应急抢险队伍，落实24小时应急值班制度，不断完善以公路养护应急保障中心为依托，四个公路站南北相呼应的应急保障体系。

【安全生命防护工程】　生命安全防护工程全面启动，整治农村公路安全隐患429.48千米，其中县道158.9千米，乡道270.6千米，总投资2523.7万元。

对灶朱路、靶杨路、昌寿路、柳龙路、东环路、廒卜路、昌平路、北周路、北井路、高坊路10条县道进行安保工程建设。完成加装波形防撞护栏24970.6米，施划道路标线148.5千米，整治边坡、边沟及综合路域治理103.8千米，交叉口综合设置126处，设置各类警示标志669块，安装道口标柱2987根。同时，对县道上的校车途径路段安全隐患进行了全面整治。安全生命防护工程的实施有力提升了农村公路的安全保障水平，有效保障了人民群众的生命财产安全。

● 蒲东沿海防潮大坝合龙

【铁路建设】 济青高铁昌邑段途径饮马镇、北孟镇，全长22.9千米，2016年开工建设。自2015年12月31日进场，顺利完成场地障碍物拆迁清场工作。完成征地45.83公顷，拆迁户42户，拆迁企业5个，拆迁工作得到上级充分肯定，济青高铁公司向省、潍坊市、昌邑市政府发出了贺电。

【港航建设】 下营港作为潍坊港的东港区，被列入了潍坊港的统一规划，为今后的发展描绘了蓝图。2015年3月，昌邑市政府与山东浩信集团为代表的开发商达成下营港及临港物流园区项目开发建设协议，标志着下营新港进入了实质性的开发建设阶段。下营港项目采用规划调控、市场运作的建设理念，政府不出资，不参股，只负责协调、服务、监管。由企业自筹资金建设，独立经营管理。下营港定位为依据潍坊港总体规划，坚持错位发展，避免同质化竞争。该项目计划总投资36.6亿元，设计年货物吞吐量2000万吨，建设周期5年，分三期工程实施。一期工程：投资6.6亿元，主要建设蒲东沿海防潮堤（兼做港口引堤），建设工期1年，并做好港口建设前期工作，围海圈坝可形成面积2000公顷陆域，将用于建设临港物流园区；二期工程：投资20亿元，主要建设东西两条防波挡沙堤、5000吨级泊位码头、航道及港池，设计年货物吞吐量800万吨，建设工期2年；三期工程：建设万吨级以上泊位码头及万吨级航道，并完成临港物流园区建设，设计年货物吞吐量2000万吨，建设工期2年。预计建成后，除了能够提升与天津、大连、烟台等国内20多个港口的通航水平外，还将实现与韩国、朝鲜、日本等国家的通航。9月27日，一期工程蒲东沿海防潮大坝胜利实现合龙。

【智慧交通】 信息化建设迈出新步伐。截至2016年年底，昌邑“智慧交通”整体工程基本完成。5月，完成对一线执法人员执法终端的应用，做到人手一台执法记录仪，一车一台执法平板，利用执法终端进行执法人员签到、执法过程记录、执法数据分析等，在后台进行大数据分析，为决策提供科学依据。自主研发了全省首个营运车辆驾驶员诚信考核系统。制定了客运企业驾驶员考核管理办法，在客运企业管理的基础上，系统及时录入营运车辆及驾驶员的违规信息，经核实后，按照相关标准扣除相应分值，并把考核结果作为客运车辆驾驶员星级服务考核的重要依据。对诚信考核被列入黑名单的车辆及驾驶员实施重点监控。6月，正式开通“智慧交通”微信公众号，可提供自行车站点查询、公交车查询、火车查询、航班查询、长途客车查询等便民出行服务，可进行网上审批、投诉建议、出租电召、司机签到等交通互动，还能推送政策法规、政务公告、交通动态等宣传信息。12月，昌邑“智慧交通”初步形成以智慧交通信息中心为主体，以监控、管理、服务三大体系建设为重点，以重点交通基础设施监控平台、运输企业及营运车辆监管平台、执法监督平台、自动化网上办公平台、安全生产监督平台、营运驾驶员诚信考核体系平台、投诉举报处理平台、交通安全应急指挥平台“八大平台”为支撑的智能化服务监督管理体系。

【行业管理】

深化行政审批改革　2016年，完成《行政审批事项》的确认、填报工作，并与昌邑市审改办和政务服务中心对接完成行政审批系统升级工作；扎实做好潍坊运管处部分许可权力下放安排，并严格把关实施，对7家普货运输企业的申请成立进行严格审核、实地勘察和审批许可。完成3家驾校的资质信誉考核和网上报名、约考的升级改造工作。完成4家危险品运输企业、36家普货运输企业、2家货运站场、2家客运企业的年度审验和资质信誉考核工作（华昌公交公司原66辆城市公交车因更新为160辆新能源纯电动公交车未参加2016年年度审验）。昌邑汽车总站顺利通过2016年潍坊市运管处对道路客运企业及客运站的年度审验工作。全市机动车维修企业达220家，其中一、二类维修企业17家，机动车综合性能检测站2家。截至2016年年底，昌邑市公共行政审批服务中心交通审批窗口年审营运车辆5269辆，处理审批业务5394件，按时办结率100%，群众满意率100%。

加强行业安全监管　全年共召开安全例会和安全工作会议15次，下发和转发安全生产文件100余份。实行安全生产网格化实名制，多次组织系统内客运应急和危险品运输应急处置演练。组织开展交通运输安全生产大检查24次，整改隐患253起。全面推进安全生产标准化达标建设，全市4家客运企业、3家危险品运输企业、1家航运企业已全部通过考评验收；30家普通货运企业全部验收合格，17家二类以上车辆维修企业也都全部达标。加强道路运输驾驶员培训，共组织安排经营性道路运输从业人员培训54期，道路货运驾驶员继续教育培训共计1226人。有效地遏制重大安全生产责任事故的发生。

严厉打击超载超限行为及其他违规行为　开展“平安行·你我他”专项整治行动、“黑加油车”集中整治行动、道路运输违法违规行为集中治理行动、“9·21”六部委出台治超新规定以后加强与公安交警部门联合执法开展整治公路货车违法超限超载行为专项行动。加大对危化品车辆和从业人员的各类违章行为进行严厉打击，保障人民群众的生命财产安全。严厉打击客运市场存在的超员、倒客、不按规定线路行驶等违章行为，打击出租市场的“黑车”、不打表等违章行为，做好客运、出租市场的服务、监管工作。强化对驾训市场的监管，对全市存在的黑教练车、无教练员培训等违规行为进行严厉打击，维护驾训市场的有序发展。共检查车辆12万辆次，查处违法车辆1391辆次，其中查处超限车辆415辆次，卸货10362吨，查处危险品违法运输车辆609辆次，其他违章车辆124辆次，对21辆非法客运车进行严厉处罚；对36辆客运班车的违章行为进行处罚；对49辆未取得从业资格证的货运车辆进行处罚。道路运输市场秩序明显好转。

运　输

【道路客运】　截至2016年年底，全市投入客运车辆总数为608标台，其中班线客车237标台，城市公交车160标台，出租汽车211标台。全市运行客运线路总数67条，其中班线客车线路47条，城市公交线路20条。圆满完成了2016年春运期间的旅客运输任务。春运期间，全市共发送客车14134辆次，发送加班客车13辆次，包车16辆次，完成客运量15.1019万人次，比上年同期同比减少11.3%；发送公交22000辆次，加班16辆次，完成客运量20.40万人次，比上年同期同比下降32.2%；上路出租车8440辆次，运输旅客59.42万人次，比上年同期同比增加8.96%。春运期间没有发生重特大交通事故，实现全市春运无事故。圆满完成了中秋节和“十一”国庆节黄金周期间的旅客运输任务。中秋节和“十一”黄金周期间，全市共发送客运班车2891班次，加班20班次，完成客运量4.2707万人次，客运量较去年下降19.7%；发送公交车8915辆次，累计加班190辆次，共计运送旅客12.5万人次。投放运营出租车211辆，共计运送旅客11.8万人次。节日期间未发生任何安全责任事故。2016年累计组织客运包车26辆次，组织加班163辆次，对所有参与包车和加班车辆的各项手续和驾驶员资质进行了严格的审查，保障包车和加班车辆的安全运营。

昌邑市长途运输有限责任公司共计投入运行客运班车237标台，客运线路47条。对所辖部分客运线路进行了城乡公交化改造，对客运资源重新进行优化配置，使其更加的科学合理，极大地满足群众的出行需求，成功改造城乡公交线路8条（001路：昌邑—下营、002路：昌邑—石埠、003路：昌邑—碱厂、005路：昌邑—青乡项目区、006路：昌邑—龙池项目区、007路：昌邑—辛安庄、008：昌邑—仓街、009路：昌邑—密埠店）；新增纯电动公交车80辆，共计拥有清洁能源（CNG）客运车辆12辆，新能源（纯电动）客运车辆107辆。昌邑市华昌公交公司共计投入运行城市公交车160标台，城市公交线路20条，新增新能源（纯电动）公交车160辆并全部投入运行，城区公交已全部更新为纯电动公交车，超额完成了省、市下达的新能源公交车推广应用任务。昌邑市方舟出租车公司共计投入运行出租车数量211辆，全部更新为双燃料（天然气／油）动力汽车。

【道路货运】 积极引导优化运力结构，发展集装箱、厢式等专用运输车辆和多轴重载大型货运汽车，引导营运车辆向专业化、标准化、清洁化方向发展。截至2016年年底，营运性载货汽车达到5269辆（大型货车996辆，重型货车1108辆，小型货车3165辆），总吨位达到5.05万吨，分别比2015年减少108辆、吨位增加0.89万吨。2016年，完成公路运输货运量1492万吨，公路运输货物周转量447273万吨千米。

● 新能源纯电动公交车

2016 昌邑市交通运输货运情况表

表—6

指　标	计量单位	数　量
公路运输货运量	万吨	1492
公路运输货物周转量	万吨千米	447273

2016 昌邑市公路运输货物情况统计表

表—7

序号	指标	货运量（万吨）	货物周转量（万吨千米）
1	石油、天然气及制品	118.22	49661.18
2	钢铁	51.35	22485.05
3	水泥	35.54	19430.22
4	木材	122.33	48235.49
5	化学肥料及农药	129.28	49358.11
6	盐	157.98	50198.47
7	粮食	146.14	40926.32
8	机械、设备、电器	186.50	33865.28
9	化工原料及制品	94.53	31598.64
10	轻工、医药产品	122.65	38658.24
11	农林牧副渔产品	327.48	62856.00
12	合计	1492.00	447273

【货运市场】 现有三辉物流、太亮运输、南玉联运、鸿博顺达、伟创物流、急速寄公司、润达公司、东方运输、源通运输、昊洋运输、盛宏运输、好运来运输等 42 家运输企业，运输车辆 1098 辆。其中东方、盛宏、源通、昊洋四家公司为危险品运输企业，共有运输车辆 154 辆。为进一步强化货运市场管理，按照省厅统一部署积极开展道路运输企业安全生产标准化建设，引导道路运输企业向标准化、规范化发展。积极督导各企业规范建立《车辆维护、检测管理制度》（指定专人管理、明确各车辆的维护周期）、车辆实行一车一档管理（档案内容：车辆基本情况、车辆技术等级评定、客车类型等级评定或年度类型等级评定复核、车辆变更登记记录、车辆维护维修记录台账等）。把车辆维护检测管理制度和车辆档案作为日常安全生产检查和企业年度考核的重要内容。对全市危险品运输车辆实行逐车登记备案，并安装视频实时监控系统接入局监控中心实施全方位监控。全市 42 家货运企业已通过省安全生产标准化考评组审核验收，企业标准化建设达标率 100%。

2016 年全市危险品企业信息统计表

表—8

序号	企业名称	地　点	规　模（注册资本）	业务范围	运输路线	车辆数量
1	昌邑市源通汽车运输有限公司	昌邑市富昌街西首	300 万元	汽油、柴油、工业溴、涂料及相关材料	青岛，莱州，江苏，内蒙古	65（22 挂）
2	昌邑市盛宏运输有限公司	昌邑市西环路路西	500 万元	汽油、柴油	东营，莱州，寿光	160（80 挂）
3	昌邑市昊阳物流有限公司	昌邑市利民街西首	50 万元	汽油、柴油、液化石油气	东营，日照	58（29 挂）
4	昌邑市东方汽车运输有限公司	昌邑市西环路与昌双路口	840 万元	汽油、柴油、液化石油气	东营	52（26 挂）

大力发展绿色交通积极完成上级部署的重点工作，积极落实市政府布置的“三八六”十大工程工作任务，在交通窗口工作中审查淘汰高污染、高能耗的陈旧营运车辆，圆满完成上级布置的工作任务；在油改气工作中，积极督导交通运输企业淘汰老旧车辆，引进新能源环保车型，推动车辆换代升级。协同、配合昌邑市华昌公交公司对原有 66 辆燃气、燃油公交车进行了更新、优化、升级，将原来的 54 辆清洁能源（CNG）公交车和 12 辆燃油动力公交车全部升级为新能源(纯电动）公交车且数量增加到了 160 辆，并于 5 月全部投入运行，建成充电站 1 处，安装充电桩 40 个。协同昌邑汽车站、昌邑长运公司新增新能源（纯电动）客运车辆 80 台，并全部投入运营，建成充电站 3 处，安装充电桩 16 个，配备便携式充电桩 15 个。加快公共自行车二期工程建设，新增公共自行车站点 70 处，自行车 1500 辆，包括 250 辆带儿童座椅的公共自行车。在潍河湿地公园安装 25 辆高档自行车，方便了市民游玩。截至 2016 年底，全市公共自行车保有量达到 3500 辆，站点 155 处，累计办卡 11000 余张，日均骑行突破 4000 辆次，基本解决群众出行最后 300 米的问题。大幅提升昌邑市绿色交通量化指数。

【运输服务】 2016 年，推进“重点营运车辆公共服务平台”升级，将重点车辆监控、视频监管、远程故障诊断、报警、车辆运行技术状况监控、电子围栏、车辆监听、切断油电及恢复油电、遥控熄火、运行轨迹回放、车辆追踪、车辆分布查询等功能进行全面升级改造。认真落实交通部、国家安监总局、公安部联合法规，严格把关督导，对昌邑市总质量 12 吨以上货运车辆开展北斗车载终端安装工作，全年共计安装 181 台。建成智能化公共交通指挥中心，全市所有客运车辆全部纳入 GPS 监控安装覆盖和系统。城市公交车全部安装车载 3G 视频同步传输和智能公交调度系统。11 月，华昌公交公司启用公交车车载语音自动报站系统，该系统通过设备自主定位方式实现自动预报站功能，报站站点覆盖率 100%，极大地方便市民出行，特别是老年乘客的出行。加强运输服务的监督管理，累计受理各项投诉 766 件，对受理的各项投诉均进行认真的调查核实，对确认存在错误行为的车辆和个人按照相关规定给予相应的处理，绝不姑息包庇，回复满意率达到 100%。加强运输站场的环境整治，积极响应创建全国文明城市、省级卫生城市的号召并为群众提供更加方便、优美的候车环境。对全市范围内的公交站点、站亭、站牌进行多次维修、保养、清洗工作，极大地提升了乘车环境舒适度。认真对所有客运班线车辆、公交车、出租车的车容车貌进行多次全面的规范、修整，并指导客运车辆对创城宣传条幅进行张贴。市长途运输有限责任公司先后投入资金16万余元，加大卫生整治力度，在候车厅门外悬挂创全国文明城市标语1幅，设置卫生宣传版面4个，在候车厅内led显示屏滚动播出创全国卫生城市标语，在候车厅北门外设立2个旅客吸烟区，候车厅北门设置2幅大型无烟候车厅标志，投资6万余元对车站厕所进行改造，购买大型自动地面清洗机、高压水枪及一批卫生清理设备，彻底解决脏乱差问题。

邮　政

【概况】 2016年，昌邑邮政公司以“一体两翼”和“三大增长极”战略为引领，大力弘扬井冈山精神和山东战邮精神，坚定推进振兴昌邑邮政“三步走”战略，坚持加快发展不动摇，坚持依法合规治企不放松，企业经济效益、运行质量、管理水平明显提升。企业规模位居潍坊邮政系统第二位，全省邮政三十强县局，国家邮政县区局一类局。被潍坊市公司评为“先进单位”，被市委授予“先进基层党组织”称号，并被评为潍坊市级文明单位。

【行业发展】 2016年，“十三五”规划的开局之年，也是推进结构性改革的攻坚之年。公司认真贯彻落实中共十八大和十八届三中、四中、五中、六中全会以及中央经济工作会议精神，贯彻省、市公司和市委市政府的工作部署，以“一体两翼”和“三大增长极”战略为引领，牢固树立新理念，按照稳中求进工作总基调，以推进供给侧结构性改革为主线，坚持创新引领，坚持服务民生，主动适应经济发展新常态，行业实现了持续快速发展。实现邮政业务收入6919.88万元，完成市公司计划的101.55%，同比增长1006.3万元，达到近年最好水平。全年目标利润完成1731.23万元，完成市公司计划的100.07%。人均劳动生产率达到24.14万，同比增长17%。

【行业安全监督】 落实安全责任制，大力开展安全教育，严格依法合规经营，以屡查屡犯违规行为整治和风险等级评价活动为抓手，加强风险防控，确保各项经营活动安全。全力做好邮件收寄安全检查工作，对邮件收寄、窗口服务及封闭作业等环节进行深入检查，确保邮件寄递安全；抓好安防设施建设和消防安全管理，组织防抢劫演练和消防演练以及110报警测试，进一步增强员工安全防范意识和处置突发事件的应变能力。

【邮政业务】

邮政业务改革创新取得新进展　坚持以创新思维推动邮政业务发展。函件专业积极推动“传统媒体＋互联网”转型模式，着力打造户外媒体、纸质媒体、数字媒体新平台，实现收入248.68万元，其中广告媒体实现收入188.1万元。完成设计制作并安装邮政编码牌263块。成功举办2016年春季车展，并与参展商形成良好合作关系，为2017年车展举办奠定坚实基础。报刊专业以三送活动、报刊试读等推动专业客户整合开发，拉动报刊日常收订。实现收入325.87万元，占比100.27%，同比增长12.59%，其中报刊零售实现收入36.2万元。投递队伍管理和职工营销积分水平实现了很大提升。集邮专业整合邮政客户资源，紧紧抓住邮票热点题材，积极推广网厅、微信、微店等新形式，拓展新的销售渠道。实现收入336.12万元，同比增长7.78%，其中，一季度重点推介生肖系列产品，销售生肖邮品及金银制品形成收入87.54万元。

邮政服务质量稳步提高　加快服务质量制度

体系建设，开展“加强邮政基础，提升邮政服务质量”专项整治活动，员工服务水平得到明显提高，建立投诉责任追究制，及时处理客户投诉，服务质量得到较大提升。加强业务检查体系建设，重点针对金融风险点和信访多发点，强化管控，及时处置，化解矛盾。邮政服务综合满意度得分达到90分以上。

认真履行普遍服务和特殊服务义务　积极履行社会责任，主动落实普遍服务要求，积极与邮政管理局、当地银监局做好沟通协调。加强网点基础管理，提高投递、营业人员素质，履行普遍服务能力进一步增强。全市网络运营质量得分100分，邮件全程时限达标率98.4分。

【硬件能力建设】　2016年，投入资金560万元，改造、装修网点8处。投入35.10万元用于仓储中心项目建设。网点监控等安防设备投入37.85万元，新改造网点均更换为32路监控。营业前台使用设备投入翻番，支局新增CRS（存取款一体机）、ATM等金融机具8台，A类点钞机44台，点均2台。新增电脑31台，点均1.5台。采取“带车加盟”形式更新投递工具，投资135万元完成带车加盟25辆。

【工会工作】

关心关爱员工取得新成效，员工满意度明显提升 2015年员工平均收入增长16.21%的基础上，2016年人均收入又增长25.58%。稳步推进员工带薪休假。投资160万，在新装修网点同步建设职工小家，彻底改善员工生产生活条件。关心员工身体健康，组织所有在职员工进行健康查体，确保员工身心健康。职工文体活动常态化开展，先后组织参加市公司篮球赛、乒乓球比赛等活动，均获得“优秀组织奖”。

文明创建工作成果丰硕　经过全体员工共同努力，2016获得“潍坊市级文明单位”称号，还被普法办授予“全市普法依法治理工作先进单位”称号。

【党建工作】　2016年，邮政公司深入学习贯彻十八届六中全会精神、习近平总书记系列重要讲话精神和全国国有企业党的建设工作会议精神，落实全面从严治党的主体责任，牢固树立政治意识、大局意识、核心意识、看齐意识，自觉在思想上、政治上、行动上同以习近平总书记为核心的党中央保持高度一致，同集团党组、省公司党组和市公司党委保持高度一致。把加强党的领导和企业发展统一起来，把党的领导融入生产管理各个环节，切实做到落实党的建设和企业改革发展同步谋划、同步发展，真正实现机制对接、制度对接和工作对接，把党的政治优势、组织优势和群众工作优势，转化为企业竞争优势、创新优势和科学发展优势，全力打造“以党建促发展，以党建统揽工作全局”的良好局面。

加强党的建设　坚持“抓党建、促发展”的总体思路，抓好党内政治生活制度执行，重点落实好党支部“三会一课”制度。以“两学一做”学习教育为抓手，厉行节约渐成风气，定期组织政治理论学习，认真做好补缴党费、党员排查等工作。抓好省巡视组巡视问题的整改工作。进一步加强制度建设，全年下发各类规范性文件10余个，强化执纪问责，及时对违规违纪行为进行党纪政纪处理。坚持党要管党从严治党，将党建工作向基层延伸，进一步完善党建工作体系，落实好党建人员配备，加大各级党组织领导和党务干部培训力度。严抓党建制度落实，确保基层党组织工作规范化常态化，逐步减少支局党员“空白点”。围绕深度融合，创新思维，找准基层党建与生产经营结合的切入点和着力点。被中共昌邑市委评为“先进基层党组织”称号。

加强党风廉洁建设　认真落实党委主体责任和纪委监督责任，全面落实中央“八项规定”精神，深入开展“党风廉政宣传教育月”活动。严格执行中央“八项规定”和“三重一大”制度，加强监督检查和作风建设。开展办公用房、公务用车、违规豪华装修专项清理检查活动，清退办公用房122.68平方米。

昌邑移动

【概况】 2016年，昌邑移动4G客户超过18万户，宽带用户超过4万户，辖区内移动用户数超过42万，移动市场占有率73.73%，实现营业收入1.98亿元，上缴利税358.9万元。4G业务的发展，为智慧昌邑和无线城市的发展提供高速、高质的传输，截至2016年年底，完成智慧奎聚项目、昌邑妇幼保健院掌上医院项目等大型智慧项目、平安消防项目。

【持续打造两张精品网络】 新建GSM站23处，LTE四期站开通103处，LTE四期室分新建33处，完成县镇汇聚环路光缆，改造了中心局与奎聚路两处主干节点。完成城区56处二级分线点建设、3处乡镇综合业务区建设。集客项目共计建成70余处。调整载频一百多次，优化搬迁基站3处。圆满完成梨花节、绿博会等重大活动的通信保障工作。4G驻留比达到98.97%，4G日均流量达到2.78TB。完成济青高速拓宽迁改、济青高铁北线沿途线路迁改、潍河堤顶路沿途线路迁改等重点工程。

【发展农村宽带】 2016年，FTTH（光纤宽带）共新建扩容完成232个热点，城区及其他热点类型小区71个热点，乡镇村庄覆盖FTTH161个热点，开通端口3万余个累计端口超过11万个。在光纤宽带发展的同时，着力打造“和”品牌，实现光纤宽带、“魔百和”优质机顶盒以及“和视频”家庭安全监控的协同发展，为千家万户提供了基于光线线宽带的新的家庭服务支撑。以信息化发展为核心，发展集团信息化项目。建成围子街道的云视讯会议系统、智慧奎聚项目，昌邑妇幼保健院掌上医院项目以及平安消防项目。

【客户服务继续改善】 2016年，通过落实“服务考核”“责任追究”机制、建立健全预警通报及联席会等措施，规范各项经营发展，促进客户问题的快速解决，不断提升客户的满意度和忠诚度。营业厅满意度，营业厅综合检查成绩等均有了提升。基本扭转了代理商管理薄弱、规范意识淡薄的局面，服务质量稳步提升。聚焦4G和宽带发展两个重点，围绕“4G客户规模提升”和“4G客户流量提升”持续打造4G领先工程，强化渠道管理工作，促进市场快速发展，移动市场份额、行业市场份额、中高端客户份额教年初提升明显。昌邑移动在4G建设和光纤宽带方面顺利开展建设和施工，全年共计完成投资1203万余元，完成全年计划的109.36%。

【落实廉洁防控的嵌入式管理】 推动“两个责任”落实：落实公司制定的《潍坊分公司党风廉政建设主体责任实施方案》，根据六个方面的职责，25个细项，落实好各项工作。开展廉洁从业教育：通过每月的经分会、两会一课加强学习。加强对重点领域的监督，对选人用人情况进行监督，对执行民主集中制情况进行监督，对党员干部作风情况进行监督，对物资采购管理、直营店建设等进行监督。

昌邑联通

【概况】 中国联合网络通信有限公司昌邑市分公司（昌邑联通）隶属于中国联合网络通信有限公司潍坊市分公司，是在原昌邑联通、原昌邑网通的基础上融合组建而成，拥有覆盖全市、结构合理、技术先进、功能强大的现代通信网络。作为昌邑市信息化建设主力军，昌邑联通在网络容量、资产规模、用户数量等方面实力雄厚，能够为全市用户提供高效、优质、内容丰富的信息通信服务。公司大力拓展新型服务领域，服务范围从传统的语音通信、电路出租等基础通信拓展至大数据、云计算、移动互联网等新型领域，成为名副其实的全业务运营商。

【移动城乡服务】 2016 年，坚持积极推动城乡信息一体化建设，开展了“千村万乡，农村营销”专项行动，共计完成专项 191 场现场推介活动，参加人数达到 2865 人次，覆盖昌邑全部乡镇及绝大部分乡村，推出“美丽乡村”APP，极大丰富农村居民的日常生活。

【打造精品移动网络】 2016 年，公司不断深化移动网络建设，推动网络覆盖不断优化，形成 2G/3G/4G 全网络覆盖，特别是 4G 网络采用的 FDD 制式为国际通用标准，已全面升级为 4G+ 网络，4G+ 网络全网支持 150M 下载速率，最高可达 300M。

【移动合作服务】 公司联合昌邑市人民检察院率先在昌邑市进行智慧党建平台建设，用“互联网+党建”的创新理念，以“全面从严治党”为核心，从党风、党务、党纪三个方面着手，打造集宣传教育、两个责任、纪律巡视、效能监察、组织管理、党务督办于一体的全面党建信息化管理平台，助力企业构建“阳光明亮、活力充沛、效能优异、廉洁自律”的党建新格局。

【市场经营】 公司坚持贯彻落实聚焦战略，坚持真实发展、效益优先的原则，4G 用户保持了高速增长。宽带业务发展坚持品质与服务并重，综合竞争能力大幅提升。完成宽带提速，对全市名单制用户进行提速，有效提升用户体验，充分发挥传统固网业务优势，以融合促发展，拉动 4G 和宽带业务增长。以信息化应用为着力点带动规模发展。

【客户服务】 公司深化大服务工作机制建设，建立了“窗口服务树形象、内部支撑强保障”的大服务体系，促进了公司的健康发展。通过建立全员服务意识，将服务工作融入各专业线的基础管理中，做到各专业线的精细化管理。建立“1+0”纠错机制，促进服务问题从源头上解决。按照“降投诉—控越级—提感知”的三步走战略，创新服务举措，提升客户感知。关注服务热点，加强基础管理。以客户反映的热点问题为抓手，分析问题根源，从源头抓好治理工作是降低投诉的根本途径。客户服务部会同市场、运行等专业线牵头部门对 9 类热点服务问题进行梳理，制定了解决方案，从源头入手解决问题。开展优质服务活动，提升服务评价。本着“以客户为中心，用服务促发展”的服务理念，在客户投诉处理、渠道销售服务、固网线路装维、移动网络通信质量四个专业线开展优质服务服务竞赛活动，提高全员服务意识。

【网络支撑】 2016 年，公司率先完成“光网城市”建设工作，继续深入推进固网建设，全市出口带宽达到 142G，具有核心汇聚机房一个，各类中小机房 50 处，各类传输、数据、电源、基站设备 790 余台，可以为党政、企业、公众用户提供优质的宽带服务。

【运营管理】 2016 年，公司不断深入完善激励分配机制和优化运营机制，基础管理进一步规范。修订效绩考核办法，合理拉开收入差距，体现多劳多得，各单位积极性得到有效激发。注重员工综合素质提升，制定《年度员工学习培训计划》，组织员工参加市公司和自行组织培训学习 4017 人次。出台企业降本节能措施，系统全部应用电子办公网络，即无纸化办公，有效地压缩非生产性开支。同时出台和修订《接待办法》《卫生制度》《考勤制度》《车辆管理办法》等管理制度。坚持不懈地抓好安全生产和安全保卫工作，杜绝安全隐患，与各单位签订了安全责任书，并定期组织检查和调研，在省市公司检查中得到较高评价。

【党风廉政建设】 深入学习贯彻中共十八大、十九大等相关会议精神，扎实开展“两学一做”系列学习教育活动，围绕“严以修身、严以用权、严以律己、谋事要实、创业要实、做人要实”的要求，联系实际，落实完善“三会一课”制度，积极开展支部生活日等活动。充分发挥党员先锋模范带头作用。在党风廉政建设方面，坚守纪律红线不动摇，强化领导人员纪律意识，认真落实主体和监督两个责任，通过专项治理、内部约谈等多种方式加强监督执纪问责。加强作风建设，自查自纠“四风”问题，突出制度建设、执行等5个重点，有效杜绝了违规违纪问题的发生。

昌邑电信

2016年，主要经营移动通信、宽带、固话、卫星通信、互联网接入及应用等综合信息服务，拥有国内70%的互联网国际出口带宽。2011年3月31日，中国电信天翼移动用户破亿成为全球最大CDMA网络运营商，网络率先覆盖所有城市、乡村、CDMA用户达到1.2亿。是国内最大的综合信息服务提供商，国内唯一天上有卫星、空中有移动通信、地面有宽带互联网“天地一体化”运营商。

【市场经营】 公司按照科学发展观要求，适应国民经济和社会发展需要，深刻实践中国电信集团企业转型战略，努力从传统基础电信网络运营商向综合信息服务供应商转变，精确管理、优化资源配置，开展品牌统领下的全业务运营，推出了“天翼”移动业务品牌，全面开启了移动互联网新时代。坚持全面创新，全力推动4G信息化融合业务，在持续健康发展的同时有力的拉动地方，再就业工程和相关产业的繁荣，得到了社会的认可。公司本着以客户满意为目标，以外树形象内强素质为原则，所有服务窗口实行“文明服务窗口”“青年文明岗”“今日之星”评比窗口，让每一位真正感受到了中国电信的差异化服务。

【运营管理】 中国电信2014年获得经营第四代移动通信业务牌照，经过周密规划精心准备，实时向社会推出全新体验的4G网络业务，提供更加丰富多彩的增值业务服务，不断地提高服务质量，满足用户日益增长的多样化信息需求。高质量的4G网络上网速度快，通话质量高，应用丰富，保密性好，网络覆盖完善，使人民群众的生活更加丰富多彩。中国电信昌邑分公司一直履行“开放、创新、奉献”的企业精神，公司秉承“以支局为核心，以个人发展为目标”的原则，加强公司内部管理制度，实行各门店与支局同发展。

城乡交通线路

昌邑市公交线路站点一览表

表—9

线路名称及起止点	途经站点
1 路：西马村—石湾店北村	西马村—北马村—白玉村—榆林村—孟洼路口—史洼西路口—南逄村—史洼北路口—南逄劳务市场—大姜市场—南逄邮局—刘逄路口—交通局—麻纺宿舍—南店社区—中百大厦—海美塑品—人民医院—维客利—百货大楼—文昌路口—质监站—东苑市场—公园东门—北苑小区南门—车管所—工业学校东—硕昌集团—凤鸣学校—单家村——中北门—建设村—黑埠村—初曲村—石湾店南村—石湾店北村
2 路：棉纺城—万通驾校	棉纺城—沟北村—沟南村—草庵村—杨家洼—张辛路口—李家埠—轻纺城—大有公司—二实小—建设银行—实验中学—西关广场—人民医院—海美塑品—中百大厦—东利商城—市民之家—工商局—文山中学西门—君悦花园—金域华府—南庄—东大营路口—宏大市场西门—后伍—中伍—前伍—万通驾校
3 路：北褚村—围子医院	北褚村—污水处理厂—同大海岛—海天纺织—华海广场—城建开发—人民医院北门—维客利—百货大楼—文昌路口—眼科中心—东方家园—建筑公司—潍水蓝湾—邑城水岸—妇幼保健院—二甲村—南宫路口—围子医院（单向线）—围子街办—石马路口—围子农信—围子路口—天宝村—汽车总站—石马北路口—围子医院（恢复双向线）
5 路：虫埠村—管斜村	虫埠村—东逄路口—东逄村—西逄村—西逄路口—徐鄑路口—十字路北站—十字路南站—南鄑亭—刘家庄—张家村路口—高道社区—西埠社区—二实小—建设银行—实验中学—西关广场—人民医院—海美塑品—中百大厦—公路局—翰林大厦—文化广场—文山中学西门—君悦花园—金域华府—南庄—东大营路口—宏大市场北门 金家口—军屯村—前陶村—营斜村
6 路：公交公司—绿博园	公交公司—吴家庙—新村中学—旺族家园—西苑小区—建设银行——实小—昌邑宾馆—佳乐家超市—全福元超市—维客利—人民医院—海美塑品—中百大厦—东利商城—市民之家—三得利—潍水蓝湾—邑城水岸—妇幼保健院—二甲村—南宫路口—围子医院—石马北路口—汽车总站—天宝村—围子路口—马家村—杨家村—昌平路口—张家路口—西王村—邢家六股路口—昌宁机械厂—花木城—植物馆—绿博园
7 路：佳家福—岞埠站	佳家福—公园北门—工商银行—昌邑宾馆—佳乐家超市—全福元超市—喜盈门酒店 三联家电—中百大厦—豫园小区南门—沁园春南门—华晨东分厂—石化东门—华晨南门—石化消防—华晨悦胜—万方家具—后埠路口—后埠村—前埠村—王耨路口—双台工业园—岞埠村
8 路：汽车总站—城区西站	汽车总站—石马北路口—围子医院—四甲村—王隅村—董隅村—院校街桥东——中北门—单家村—凤鸣学校—硕昌集团—工业学校—城后花园—郝家菜馆—工商银行—昌邑宾馆—佳乐家超市—全福元超市—维客利—人民医院北门—城建开发—都昌小学—沁园春西门—世纪华城—城区西站

续表—9

线路名称及起止点	途经站点
10 路：建筑公司—官靶路口	建筑公司—东方家园—眼科中心—文昌路口—百货大楼—维客利商场—人民医院北门—城建开发—新村中学—吴家庙社区—公交公司—电商运营中心—同大海岛—污水处理厂—北褚村—百家埠—徐林南路口—家庄村—官靶路口（单向线）—徐林西路口—远东庄路口—远东庄村—东永安村—西永安东站—西永安西站—渔洞埠—肖家埠—北兴福路口—渔埠村—角埠村—西侯村—中侯村—东侯村—官靶路口（恢复双向线）
11 路：北兴福（北站）—工业学校	北兴福（北站）—北兴福（南站）—南兴福—申明亭—南侯村—王侯路口—双台小学—长流埠村—活埠路口—双台社区—中裴村—北裴西路口—北裴东路口—殡仪馆—南褚村—武术学校—华晨悦胜—石化消防—华晨南门—石化东门—华晨东分厂—沁园春南门—豫园小区南门—海美塑品—人民医院—维客利商场—全福元超市—佳乐家超市—昌邑宾馆—工商银行—郝家菜馆—城后花园—工业学校

昌邑市城乡客运公交化线路一览表

表—10

线路名称及起止点	途经站点
001 路：汽车站—下营	汽车站、邑城水岸、房管中心、北苑小区、潍水中学、夏店、东冢、李刘、下营
002 路：汽车站—青山秀水	汽车站、潍水中学、奎聚路、金家口、前陶埠、晴埠、青山秀水
003 路：汽车站—海天化工	汽车站、邑城水岸、房管中心、北苑小区、潍水中学、卜庄、孙家、北赵、廒里盐场、海天化工
005 路：汽车站—海美塑品	汽车站、电业路口、李家埠、柳疃、史家庄、青乡、海美塑品
006 路：汽车站—瓦北	汽车站、电业路口、李家埠、柳疃、龙池、瓦北
007 路：汽车站—辛安庄	汽车站、北海路、李家埠、柳疃、史家庄、S320、张家车道、郭家庄、辛安庄
008 路：汽车站—平安街	汽车站、围子、仓街中心路口、于部、206 国道、平安街、新昌路、奎聚路、平安街
009 路：汽车站—平安街	汽车站、围子、仓街中心路口、辛立、民丰、密埠店、李家、唐家、陈家、平安街、新昌路、奎聚路、平安街

城乡建设

Cheng Xiang Jian She

规　划

【概况】　2016年，紧紧围绕建设富强文明和谐幸福新昌邑这一宏伟目标，以优化行政服务环境为重点，不断创新服务机制、提升服务水平，全面加强城乡规划的编制与实施，城乡规划事业取得了长足发展，为昌邑经济社会的快速发展起到了积极的推动作用。获得省级文明单位、省优秀城市规划设计二等奖、潍坊市优秀村镇规划设计组织奖、一等奖及三等奖、昌邑市市直部门绩效考核先进单位等荣誉称号共计10余项。

【重要规划编制】

加快修编城市总体规划，不断拓展城市发展空间　昌邑市在总体规划的指导下，产业结构不断升级，城乡综合实力不断增强，城乡服务水平持续提高，城市承载力和吸引力不断增强，城镇化水平快速提升，对促进昌邑市经济社会发展和城市建设起到了十分重要的引领作用。

随着“山东半岛蓝色经济区”上升为国家战略、黄河三角洲高效生态经济区的发展，昌邑的区域发展大环境发生了重大变化。同时，昌邑市域经过行政区划调整，南部规划市域副中心存在的必要性减弱。中心城区的城市用地规模快速增加，用地布局方面，围子街道被纳入中心城区；城市生活重心逐步东移跨河发展；存量建设用地已满足不了城市快速发展的需要，现行总规划难以承载更多的城市功能；在引黄济青工程、引黄济烟、潍莱高铁、济青高铁、下营港等重大基础设施和交通设施方面，已经难以进一步指导建设。

为解决新形势下产生的新问题，适时启动城市总体规划的新一轮修编工作，投资548万元对《昌邑市城市总体规划2016年—2030年》进行修编，并委托国内顶尖规划科研院所承担此次编制任务。先后对接40余个部门镇街，召开4次市级专题会议，与规划科研院所论证30余次，经过多轮汇报修改，与潍坊市局、省厅对接20余次。顺利通过省级专家评审，已经提报山东省住建厅进行审查。

此次城市总体规划对昌邑市整个市域1627.5平方公里范围内进行全域规划，统筹规划未来的远景发展，合理安排建设时序，确定的城市性质是潍坊市域次中心，山东半岛北部现代制造业基地，生态型园林城市。在规划编制市域层面中采用“全域规划”的理念，进一步拓展城市空间，并以此为契机，构建“一核一带， 轴三区”（“一核”指中心城区，整合城市发展功能、做精做强特色产业、提升空间品质和环境质量、提高土地使用效率、增强空间承载力，建设宜居宜业城市；“一带”指滨海产业带，依托下营、龙池、卜庄和柳疃，重点发展石化、盐化等各类精细化工、海洋科技、滨海旅游、机械装备、新型医药、清洁能源等产业；

“一轴”指市域南北发展轴，依托南北向交通干道，构建联系市域南北各镇的城镇发展轴；“三区”指中部主城区、北部沿海产业发展区和南部商贸农林发展区。中部主城区以中心城区为核心，包括都昌、奎聚和围子街道；北部沿海产业发展区以柳疃、下营为核心，包括龙池和卜庄，形成以重工业为主的经济片区，重点发展精细化工、机械装备、纺织服装等；南部商贸农林发展区包括石埠、饮马和北孟，结合市域主要对外交通联系通道和峡山水库等生态资源联合发展，形成以特色商贸、生态农林、纺织、机械、旅游主的经济片区）的城镇空间结构，全市统筹“产业与城镇化、生态与环境保护、空间管制、防灾减灾、基础设施、公共设施、公共交通、社区布局，并明确了各镇区的发展规模、用地拓展方向、民生保障设施布局。中心城区层面规划至 2030 年，中心城区总人口为40万，城市建设用地规模为46平方千米。城市用地拓展方向以向东、向南为主，优化整合城西产业园，控制城区向北发展。在功能组织和用地布局上，规划形成“一带缝合，双城支撑，两核引领，三轴带动”（“一带”是指潍河绿色发展带；“双城”是指河西老城区、河东围子新城区；“两核”是指依托天水路与平安街形成的“L”型河西综合中心和以永大东路、永富街为轴心的河东现代中心；“三轴”是指依托主要交通干道形成的三条城市功能拓展轴，分别为依托平安街、永富街等东西交通干道形成的中心城区东西联动发展的主要轴线，依托天水路形成的河东老城区城市生活功能拓展的主体轴线，围子新城区内部沿永大路的新兴功能拓展轴）的空间形态。对居住用地、商业服务业设施用地、工业与物流仓储用地、绿地与广场用地、道路交通系统、市政公用设施、公共服务设施等进行了科学规划。规划为完善城市治理体系，解决城市病等突出问题以及提升城市环境质量、人民生活质量、城市竞争力，建设和谐宜居、富有活力、具有特色的现代化城市提供了科学的规划依据。11 月 17 日，省住房和城乡建设厅组织召开了《昌邑市城市总体规划（2015—2030 年）》纲要专家审查会，对上海同济城市规划设计研究院编制的城市总体规划纲要进行了论证。专家组认为，规划体现了中央和全省城市工作会议精神，指导思想明确，技术路线正确，基础资料翔实，对产业发展、生态环境保护等进行了较为深入的研究，提出的发展策略符合昌邑实际，规划成果内容全面，达到了国家和省有关技术规范的要求，原则通过该纲要。

加快排水（雨水）防涝综合规划等相关专业规划的修编工作 为实现城乡统筹一体化发展，统一布局城乡基础设施和公共服务设施，在充分开展前期资料收集、调研的基础上，多次召开规划方案分析论证会进行论证，组织编制了《昌邑市城市排水（雨水）防涝综合规划》《昌邑市地下管线综合规划》《昌邑市城市地下综合管廊建设规划》《昌邑市城区供热专项规划》《昌邑市海绵城市专项规划》《昌邑市都昌工业园区规划》《昌邑市农村新型社区布局规划》《昌邑市消防专项规划》等十余个专项规划，为打破城乡二元结构，强化城乡基础设施配套一体化，推动城乡共建提供强有力的规划支撑。

省住房和城乡建设厅组织专家在昌邑对城市总体规划进行审查

【测绘与地理信息工作】 为《昌邑市地下空间开发利用规划》、棚户区改造和《昌邑市农村新型社区布局规划》等规划的修编提供1：1000地形图600余幅，确保规划编制的现实性和准确性。继续为建设项目做好测量测绘、勘测定界、拨地定桩和定点放线等规划服务工作，特别针对滨海区落户项目优先安排，确保以最快的速度交付各类测绘成果图，加快项目推进步伐，为提高全市规划建设水平提供有力的技术支持。累计完成了实验中学、龙池镇初级中学、第一实验小学、第二实验小学、新村中学等单位共130余幢建筑物的定点放线验线工作，完成潍水中学教师公寓、济贤养老中心、琨福大姜蔬菜批发市场等50余宗地块的测绘工作，完成石埠供销社隆达家园、潍坊殡仪馆等单位共90余幢建筑物的竣工测量工作，绘制完成35幅竣工测量图。

【规划实施督察情况】 积极为项目建设提供优质的规划服务，建立健全"一站式"审批制度，定期召开规划业务会议，集中研究、审查所有报建项目。2016年，勘查现场700余次，提供建设用地规划设计条件70余件，办理建设项目选址意见书、建设用地规划许可证、建设工程规划许可证共计195件。合并优化规划管理服务流程，将验线、规划公示、日常管理、竣工验收等环节采取一次性告知和跟踪服务，变建设单位登门到主动上门管理，变多科室牵头为一个科室主办，减少建设单位跑腿的次数，加强审批后的现场管理。在优化审批后管理服务的同时，加强规划巡查密度和力度，做到规划监管全覆盖，发现问题及时制止、依法处理，确保规划指标落到实处。累计下达限期整改通知40余件，对85栋建筑物进行验线核实，共核发《建设工程规划竣工验收合格证》170余件，面积达86万平方米。

【重大基础设施策划】 加强城市道路、各类管线等市政公用设施的审批与管理。对城区内进行新建道路及各类管线工程严格审批的同时，按照先地下、后地上的要求审核各类市政公用设施规划，并严格按照规划要求规范城市道路挖掘、占用绿化建设的行为，保障市政公用设施按照审批的规划有序进行。年内共受理并报批70余件市政工程规划方案，办理济青高速公路扩建、新建潍莱高速铁路、济青高铁、利民街、文昌中路、城西路、同大街等项目的规划选址和审批，共计7条道路全长约75.92千米，受理青岛港集团有限公司、山东联合能源管道输送有限公司、市供电公司、东城热力有限公司、畅达热力有限公司等各类管线工程共计18件，全长约112.82千米。受理五洲电器股份有限公司电动汽车快充站、汇昌置业导向牌等在主要道路两侧设置市政服务设施4处。新增开设小区出入口7处，沿街商业铺装及小区配套管线接市政主管网16件，出具市政类规划竣工验收通知书15件，整改意见书2件。

【阳光规划】 充分利用政府门户网站、政务公开栏、规划展示馆、规划局网站、报纸等媒体进行规划方案批前、审批后公示，广泛征求意见，进一步提高工作透明度，确保规划工作提速增效。在施工现场醒目位置树立规划公示牌30余处，在网站对规划进行审批前和审批后公示300余条，增强市民参与解和监督实施城乡规划、自觉遵守城乡规划的意识，促进城乡规划的决策和管理更加科学民主。

城市建设

【概况】 全市完成城市基础设施建设投资3.5亿元。人均道路面积22.86平方米，建成区绿化覆盖面积1061.22公顷，比上年分别增长4%、0.44%。

【市政工程建设】 根据城市统一规划，组织实施新昌路（富昌街—院校中街）、院校中街（天水路—新昌路）、建设路（富昌街—山前街）、城里东街（文昌中路—奎聚路）、平安中街（北海路—天水路）、天水副路（平安街—交通街）、利民街（天水副路—文昌中路）、滨河东路南延（206国道—北金村）、南苑东街（奎聚路—新昌路西）道路与雨污分流改造工程，新改建道路长度 7.2 千米，铺设排水管道 9 千米，雨污分流比例达到 82%。上述工程的投入使用，进一步完善全市城市道路排水体系，提高了城市道路通行能力，城市功能和品位得到显著提升。

【海绵城市建设】 根据城市建设规划，对新改建 11 条道路同步实施“海绵城市”建设，通过采取铺设透水人行道、设置下凹树池、实行雨污分流、收集雨水进水系湾塘等措施，最大限度地实现雨水在城市区域的积存、渗透和净化，建成海绵城市面积约 0.43 平方千米。通过对部分路段进行绿化和各公园的苗木补植建成海绵城市面积约 0.18 平方千米。通过老旧小区改造、棚户区改造、城乡危房改造、新建小区等项目建成海绵城市面积约 0.02 平方千米。全市共新增海绵城市面积约 0.63 平方千米，圆满完成省级下达的建设任务。通过实施“海绵城市”建设，促进雨水资源利用和生态环境保护，逐步实现城区小雨不积水、大雨不内涝、水体不黑臭、热岛有缓解的目标。

【房屋征迁】 三得利片区 3 家企业、58 户住宅及西侧农机市场完成调查摸底和价格评估。卫生局片区北区完成 247 户评估。姜家大湾片区完成 126 套多层楼房的回迁工作。原供销学校职工宿舍区拆迁工作基本完成。共计完成 208 户回迁安置，发放房屋补偿资金 418 万元，拨付各片区拆迁补偿款 1.5 亿元。

住宅与房地产

全年房地产开发完成投资 10 亿元，同比下降 16%；新开工 34 万平方米，同比下降 15%；竣工 38 万平方米，同比下降 50%。全市新建商品房网签 6928 套，同比增长 16.5%；网签面积 64.5 万平方米，同比下降 17.4%。

【房地产业转型升级】 提请市政府出台《昌邑市人民政府关于促进房地产业转型升级健康发展的意见》。全面推行绿色建筑，着力提升规划设计水平，严格绿色建筑规划控制与实施，大力发展绿色建材，加快低碳生态城市建设。全市规划区范围内新建绿色建筑面积 11.25 万平方米，中国北方绿色物流园项目获绿色建筑二星级设计标识，申报省级绿色建筑示范工程并通过评审。

● 精密施工

【房地产市场管理】 2016 年，完成房地产开发企业信用评价，对 58 家开发企业信用等级进行评定。对资质证书有效期满未申请延续、连续两年无开发业绩和新项目、存在违法违规行为的开发企业进行全面排查，注销 1 家，降级 2 家，限售 5 家。对全市23个开发企业开发建设的24个在建项目进行专项排查，对6个未及时办理开发经营手续的项目下达了整改通知书，责令限期整改，对5个停工项目建立重点监管台账，进一步规范房地产市场秩序。

【商品房预售监管】 全市批准商品房预售4525套、58.83万平方米，其中商品住房3949套、51.31万平方米。办理预售资金监管备案34件，涉及商品房4525套、58.83万平方米。

全年计办理商品房网上签约6928套、64.57万平方米，其中商品住房5024套、52.01万平方米。

【物业管理】 全市物业服务企业达到43家，从业人员2500余人，实施物业管理面积618.41万平方米，新建小区物业管理覆盖率达到100%。全面落实住宅专项维修资金制度，全市累计归集专项维修资金2.47亿元，拨付使用337.5万元。开展了物业服务市场秩序专项整治年活动，6家企业被降低资质或限期整改。实施物业服务经理持证上岗制度，培训物业服务项目经理39人。

建筑业

全市建筑业完成总产值16亿元，同比增长12%；实缴税金0.46亿元，同比增长8.9%。房屋建筑施工面积112.8万平方米，同比增长0.2%，竣工面积41.8万平方米，同比降低6.3%；对外施工产值1.86亿元，同比增长135.3%；代收养老保障金0.36亿元；建筑业劳动生产率35万元／人，同比增长1.86%。全年创出“鸢都杯”工程1项。

【建筑市场管理】 全市共有建筑业企业45家，其中总承包企业19家，专业承包企业20家，劳务分包企业6家；其中一级企业1家，二级企业5家，结构进一步优化。从严查处不良行为企业，优化全市建筑市场环境，撤回企业资质5家，更换资质证书38家。强化建筑市场管理，完善建筑市场包靠督导和考核通报制度，共包靠督导在建项目55个，提出整改建议20余条，下达建筑市场不良行为通知书12份，有效规范了建筑市场秩序。

【质量安全监管】 严格落实质量终身责任制和“两书一牌一档案”制度，深入开展工程质量治理两年行动，持续治理渗漏、管线不通等4大类、12项住宅质量常见问题。加强安全监管力度，共监督建筑工程项目64项，单体工程344个，总面积236万平方米，调查处理安全隐患380余条。

【渣土扬尘治理】 狠抓建筑工地扬尘防控，全市18个在建工程全部按规定落实扬尘防控措施。实行中心城区建筑垃圾特许经营制度，33辆特许经营车辆全部按要求进行密闭化改装。此外，中心城区周边9家商品混凝土企业密闭改造全部完成。

【招投标管理】 在依法规范国有投资项目招投标活动的同时，积极推行建设工程招投标差别化监管，对全部使用社会资金的建设工程，全面实行发包后置备案制度，由建设单位自行选择具有相应资质的施工、监理企业，并到招标办进行备案，将过去的“事前核准、事中监管”转变为“事后备案”。全市按程序实行备案发包的非国有资金投资项目17个，建筑面积27.54万平方米，造价4.57亿元。同时，按照“宽进严管”的原则，对因质量、安全或拖欠农民工工资等原因被责令暂停投标资格的相关企业，严禁其承揽工程项目，杜绝违法违规企业进入建筑市场。对工程合同中涉及企业资质、造价、工期、工程质量方面的条款，实行严格把关，确保企业不降低企业资质标准、不低于成本价承揽工程。

【农民工工资清欠】 强化内外联动，形成强大清欠合力，维护农民工合法权益。加大处罚力度，全年共约谈企业11家，依法处罚企业7家。重大节假日严格值班制度，增强一线接访力量，提高案件处结率。共受理直接来访案件110起，接待来访务工人员670人，受理市长公开电话转办案件107件，处结率98%以上。

建设科技与建筑节能

【低碳生态试点】 根据《潍坊市绿色低碳生态城市建设“1396”行动实施方案》要求，积极推广应用绿色低碳建筑工程、建筑产业现代化工程、商品住宅精装修等工程。

【可再生能源建筑应用】 全力推进可再生能源建筑应用工作，全市太阳能光热建筑一体化应用面积累计达到36.5万平方米。

【绿色建筑】 根据《潍坊市绿色建筑发展实施细则》和《潍坊市绿色建筑设计指南（试行）》，要求城市规划区内所有新建建筑全部执行绿色建筑标准。深入开展“211绿色建筑行动”，全市绿色建筑示范面积4.85万平方米。

【既有建筑节能改造】 根据国家、省统一安排，从2015年10月1日起，公共建筑节能执行标准由50%提高到65%；从2016年1月1日起，居住建筑节能执行标准由65%提高至75%，新建建筑节能水平不断提高。年内竣工的1项新建公共建筑项目已安装能耗监测系统。

村镇建设

【小城镇建设】 以城镇化为核心，着力在规划布局、基础设施、公共服务等方面，突出重点、抓住关键，统筹协调、加快推进。所有小城镇的主要街道都铺设了柏油或水泥路，硬化率达100%，并修建了排污管道，进行了绿化、美化，安装了高标准路灯。小城镇建成区自来水普及率达到100%。7个镇区污水全部实现集中处理，总设计日处理污水能力达到18.52万立方米，出水水质均为一级A标准。全市城镇化达到50.36%。全市完成小城镇建设投资20.78亿元。实施两河流域开发项目12个，累计完成投资3.73亿元。柳疃镇、饮马镇为国家重点镇、省级示范镇；下营镇为潍坊市特色镇、示范镇。

【美丽乡村建设】 以城乡环卫一体化为突破口，分类推进村容村貌整治。全市10个镇街（区）驻地及691个行政村全部纳入环卫托管，构建起城

• 棚户区改造建设现场

• 农村新貌

乡一体的大环卫格局，实现长效化、常态化管理。城乡环卫一体化建设“昌邑模式”被国家住建部列为农村生活垃圾治理模式典型案例，在全国进行推广。出台《昌邑市推进农村改厕工作实施方案》，利用三年时间完成全市6个镇、1个经济发展区39353农户无害化卫生厕所改造任务，其中2016年改厕22345户（含2015年试点882户）。完成农村危房改造70户，其中建档立卡贫困户22户。全面启动农村社区服务中心建设3年行动，按照“一五五”（明确一个目标：自2016年起，到2018年底，全市农村社区全面建成“面积达标、功能完善、运转正常”的社区服务中心；突出五个重点：科学选址、突出建设特色，提升标准、强化综合功能，完善布局、优化生活服务，搞好配套、改进基础设施，健全机制、加强综合治理；强化五项保障：加强组织领导、明确职责分工、设立融资平台、加大政策支持、强化督导考核）标准，提升建设20个农村社区服务中心。按照城乡社区“四全一特”（按照功能配套齐全、生活服务周全、基础设施安全、治理机制健全的标准，打造各具特色的品牌社区）建设标准，首批11个城乡社区打造成功能配套齐全、生活服务周全、基础设施安全、治理机制健全和特色优势鲜明的宜居家园，推动全市社区建设再上新水平。龙池镇齐西村入选国家级历史文化名村、国家级传统村落；饮马镇山阳村入选全国宜居村庄示范村，柳疃镇西付村、北孟镇小南孟村、饮马镇常屯村入选山东省宜居村庄示范村；石埠社区入选山东省农村新型示范社区。

城市管理

【创建全国文明城市】 按照创建全国文明城市的总体要求，以“美化、亮化、有序、整洁”为重点，强化措施，科学部署，加大力度，深入开展创建文明城市工作。加强对流动摊点占道、店外经营占道的管控，组织80余名执法队员，每月开展两次市容环境集中整治活动。对落地灯箱进行集中取缔，对城里东街、育新街、建设路、文昌南路等处的摊点群进行规范管理，逢集凌晨五点半对昌邑大集、围子集、董隅集、五里集、李家埠集等集市占主要道路摊点进行清理，取缔与疏导相结合，最大限度地改善交通环境。

【深化“三八六”环保行动】 按照全市“三八六”（围绕三个目标、打响八大战役、强化六项保障，确保到“十二五”末实现环境质量进一步好转，把潍坊建设成为全省、全国流域治理示范区和大气污染防治先行区。①“三个目标”：总量减排确保完成省政府下达的目标任务，主要污染物减排指标力争进入全省先进位次；市域河流水质全面消除劣Ⅴ类，消灭污水直排，实现污水“全收集治理、全湿地净化、全循环回用”；空气环境质量比“十一五”末改善20%以上，优良天数全年达到300天以上，“蓝天白云、繁星闪烁”天数全年达到180天以上，明显优于周边内陆城市，力争赶超青岛、烟台、威海等东部沿海城市。②打响“八大战役”：打响消灭污水直排、自备井整治、河道生态修复、推行“煤改气”、整治空气异味污染、淘汰黄标车、防控城市扬尘污染、治理农业面源污染战役。③强化六项保障：强化组织协调、执法监管、倒逼机制、市场作用、自身建设、督查考核）环保行动的部署，在中心城区开展了整治露天烧烤专项行动，出动执法人员5600余人次，出动执法车辆1300次，规范露天占道摊点830余个。在整治的同时加强日常管理，每天晚上组织值班中队规范露天烧烤，烧烤炉具均安装了油烟处理设备，露天烧烤污染空气和扰民现象明显减少，整治行动成效显著。

【参与创建及重大活动保障】 积极参与国家森林城市、国家食品安全城市等创建活动，顺利

乡村绿化一角

北孟、围子、奎聚、都昌等10处镇街区实现小城镇城管执法全面托管的基础上，进一步提高小城镇的管理标准和水平，根据小城镇的不同特点，打造亮点，镇容镇貌明显改观。

通过省级卫生城市复核和国家三类语言文字工作验收。做好绿博会、政府工作点评等全市重大活动和上级检查线路的沿途环境保障。

【城管工作科技化】 “智慧城管”与“智慧昌邑”共享817个摄像头。执法车辆全部安装GPS定位系统，执法队员配备了45部对讲机、39部执法记录仪。通过“智慧城管”平台共查处38起车辆泄露遗撒、超重案件，规范覆盖不严、混凝土滴露车辆200余辆，5处占道摊点群在形成初期及时取缔。

【市容管理科学化】 对全市3600个占道摊点分类管理。实现管理方式新突破，在6条路段实行聘保安为市场监督员，包靠路段协助管理。认真落实市容管理措施，延伸管理区域，对重点地段、重点地区实行有效的管控，维护了良好的市容秩序。开展错时无缝隙管理，合理安排执法人员和执法时间，加大中午、傍晚、夜间、周末空档时间城区管理，对流动摊点实行全覆盖、无缝隙监管。

【城乡格局一体化】 大力实施城乡一体化战略，在下营、龙池、柳疃、卜庄、石埠、饮马、

【广告牌匾高档化】 按照市容市貌规范管理的要求，完善门头招牌等户外广告的设置标准，加强源头治理力度，美化亮化市容环境。严格广告审批程序，强化广告巡查监督治理，严格取缔陈旧破损的广告，成立专门的违法小广告清理中队。年内，按规定审批户外广告820余块；取缔未经审批擅自设置的横幅、标语2800余条，取缔陈旧破损、字迹模糊的户外广告牌600余块，取缔落地灯箱、落地广告牌3100余个，清理城市违法小广告1.8万余处，城区小广告乱贴现象基本遏制，城市管理软环境得到明显改善。

【受理投诉专业化】 完善投诉受理机制，全年共接到电话、信件、市长热线等投诉2700余起，噪音扰民投诉1800余起。特别是在中高考期间，开展“静音”行动，规范噪音扰民230余起，为学生创造良好的休息和考试环境。

【渣土运输及噪音扰民】 开展市容市貌专项整治活动，严肃查处违章建筑、噪声扰民等违法行为，有效提升城市管理的水平。强化对乱搭乱建、乱倒建筑垃圾等现象的治理力度，不间断加强巡查，严控噪声污染。共查处噪声污染案件20余起，制止噪声污染行为2600余起，城区乱搭乱建、乱倒建筑垃圾、噪音扰民等现象得到了有效治理。

【园林绿化工作】 不断提升养管水平，对城区549万平方米绿地实行精细化管理，对1.63万株

树木、9.8万平方米模纹进行艺术造型修剪，同时全面整理沿街门店绿化带卫生，清理绿地边界、补植缺苗死苗、维修整理绿化带和公园景区内人行道等设施，伐除死亡苗木和病枝、枯枝。通过建立健全管护制度、推行精细化管理、加大病虫害防治力度、强化园林绿化监察执法等一系列有力措施，不断提高城市绿地养护管理水平，绿地景观效果明显提高。社会绿化有序开展。全民参与城市绿化，大搞植树造林的积极性逐步提高。单位、小区绿化档次不断提升。共有8个单位获得省级花园式单位称号、1个小区被评为省级花园式小区、24个单位获得潍坊市级花园式单位称号，带动全市单位小区绿化水平的提高。

【市政设施养护管理】 实施市区公共自行车系统优化项目，新增70个站点、1500辆自行车，满足新建路域、开发小区、城乡结合部群众需求。市区公共自行车系统达到155个站点、3500辆自行车的建设规模，办卡用户1.1万余张，日均骑行量达到5千人次以上。组织维修主路面缺陷1.88万平方米，城区沥青灌缝1.7万米，修补破损人行道3.3万平方米，整修出入口1.8万平方米，人行道铺装硬化2.3万平方米，完成中百巷、外贸巷、大水副路（平安街南）等5条背街小巷改造，对同大街（北海路以西）、新兴街（新昌路以东）、东隅小学路、城里街东首等6处砂石路面进行维修，面积达1.5万平方米，解决群众反映强烈的道路坑洼不平问题。

【城市照明】 对城市照明集中监控系统和维修车辆GPS定位系统进行升级改造，专线接入了“智慧昌邑”数据监控平台系统，对城区路灯设施、地下管网、各类井盖、供排水、污水处理、建筑节能等各类城市设施进行联网登记，采集录入信息1.4万余条。对城里东街、利民街、滨河东路、建设路等路段路灯设施进行改造，市府街改造安装LED灯具、单灯控制系统，试点进行路灯单灯控制和节能光源改造。

【城市防汛和污水处理】 加强汛期城区井盖管理和维护工作，更换维修检查井、雨水井5429座，疏通主管道860米。纳入市政管理的井盖全部安装防坠网，保障人民群众的生命财产安全。不断加大城区排水管网雨污分流改造力度，强化管网维护和污水收集，加强污水处理厂监督管理，每月对城西、城北两家污水处理厂进水量、处理量、水质指标等数据定期掌控调度。汛期24小时值守联络，实时掌握降雨量和排水量，动态调控排水流量，确保城区防汛和设施运营双安全。城西、城北两家污水处理厂全年达标排放污水近4000万吨，处理率达到99%。由潍坊市政局和昌邑市人民政府合作建设的潍坊市污水处理厂污泥无害化处理处置项目顺利完工。该项目位于龙池镇工业园区内，投资约2亿元，占地面积约11公顷。采用板框脱水+好氧发酵+资源化利用工艺，建设规模为日处理污泥700吨，可同时处理潍坊市中心城区、昌邑、寒亭、坊子和滨海等区域内的市政污水厂污泥，其工艺科学性、规模效益性、环

5月11日，市人大常委会组织对水污染防治工作情况进行调研

保持续性等在华东乃至全国同类项目中处于领先地位，实现污泥的减量化、稳定化、无害化和资源化目标。

【公用事业】 城市供水。为缓解水源严重不足现状，应对供水高峰季节北部沿海镇、开发区工业生产和居民生活供水服务压力不足的问题，在潍河东岸拱桥以北800米处，投资579万元新建应急水源地一处，增加日供水量1.92万立方米，大大缓解了北部沿海供水紧张的局面。投资661万元铺设改造管网1.04千米，主要包括城里街、利民街（无名路至文昌路）、南金水源地、辛安庄大桥、新昌路（富昌街至院校街）、鹏昊大道、都昌供水站、滨海开发区六干渠等。自4月1日起，调整了供水价格，制定出台城区居民用水阶梯水价制度。进一步完善水质保障措施和质量管理体系，初步建立起快速水质突发事件应急预警监测处置能力。对2个水厂出厂水、水源水安装在线检测设备，纳入“智慧昌邑”管理平台，实行24小时动态检测。及时通过公开栏、户外显示屏等渠道向社会公布水质检测数据，让人民群众喝上放心水、洁净水。顺利通过省住建厅水质检测C级实验室认证。城市供热。供热能力得到新突破。新建围子热源厂1座，一期投资约8000万元，新上20吨/小时热水锅炉1台，敷设供热管线1万米，为围子街办宿舍、围子计生医院等小区（单位）供暖，结束围子街道无集中供热的历史。加快老旧小区供热专项改造，为实验小区、鲁泓经贸宿舍楼、奎聚开发公司宿舍楼等小区（单位）供热，全市老旧建筑逐步享受到集中供热的便捷。年内全市集中供热面积达579.81万平方米，集中供热普及率达87.9%。城市供气。加快燃气基础设施建设，美澳天然气公司投资850万元，新建燃气管网4800米，改造天然气老旧管网9500米。供气量达8600万立方米，同比增长8%。

【城乡环卫一体化】

促进城乡环卫一体化健康发展　调整完善运行机制，明确工作责任，研究出台《关于进一步加强城乡环卫一体化工作的通知》，进一步明确各镇街区及相关部门、单位的职责和任务；加强管理考核，提高农村环卫质量；加强环卫工人权益保障，提高农村保洁员工资；加大对“环卫托管全覆盖”指标的考核力度，督促各镇街区全面完成辖区内厂矿企业、机关事业单位、学校医院、居民小区、个体经商业户、工业小区及养殖小区的环卫托管工作，实现城乡环卫一体化管理无盲区、全覆盖；做好陈积垃圾的清理工作。对各镇街区陈积垃圾的清理进行每月督查，督查情况全部以通报形式印发至各镇街区，并上报市政府主要领导及分管领导。要求各镇街区合理布置垃圾桶，并引导村民将垃圾入桶，坚决杜绝垃圾乱扔乱倒污染环境问题。

• 大型洒水车环卫作业

全面提升城区环卫水平　进一步提升精细化作业标准。在城区道路保洁过程中，实行精细化作业并加大洒水、除尘、降温、增湿作业的频次和密度，控制城市扬尘；及时清理晒粮打场余留、残渣，通过人机联合作业，提高城市环卫作业水平；着力解决重点区域突出问题。对背街小巷、城区老街、夜市摊点、未纳入托管的卫生盲点、死角及因责任不清导致卫生脏乱差的区域逐一登记备案，并配合相关部门进行清理，逐步解决环境卫生"顽固问题"；加强对城区保洁质量的检查考核。由业务科每天对城区保洁质量进行检查考核，发现的问题立即通知保洁公司予以整改和落实；积极开展"以克论净"环卫深度保洁示范路创建工作，将平安街、天水路纳入深度保洁路段范围。按照"以克论净"的标准，深度保洁路段主干道地面尘土不超过 5 克 / 平方米，人行道不超过 10 克 / 平方米，道路可见垃圾（不包括树叶）停留时间不超过 5 分钟，确保达到"以克论净"保洁工作效果。

城乡环卫一体化实行全日制保洁，城乡垃圾实现日产日清

切实提高环卫设施建设使用水平　全面做好全市现有公共厕所的维修、开放使用及改造提升工作。先后为 5 座公厕重新安装残疾人辅助设施，为 5 座公厕更换照明设施，对城区 14 座公厕存在的管道堵塞、设备老化损坏等问题进行全面维修整理，对城区所有公厕安装灭鼠防蝇设施，做到标识齐全、设施完整、无异味、专人管理，按时开放，方便广大市民及外来人员如厕；投入 70 余万元，重新采购安装东市场移动公厕、西市场移动公厕，并新建市民之家水冲式固定公共厕所，解决人流密集区市民如厕问题；根据卫生城市创建标准，对城区名园商城旱厕、建筑公司旱厕进行拆除改建，进一步提升环卫设施标准化建设水平；不定期对全市街道垃圾桶及果皮箱进行普查，对破损垃圾桶等及时进行更新更换；结合昌邑市城乡环境卫生规划，采购 6 套地上式垃圾压缩中转站，进一步提高垃圾中转站使用效率，提升城区垃圾转运能力；加强垃圾处理设施建设，提升垃圾处理能力。国家一级标准的昌邑市第二（新建）生活垃圾处理场选址在昌邑市奎聚街道办事处陶埠村以北约 1.6 千米处，距离市城区约 12 千米。采用卫生填埋工艺，垃圾收集范围为昌邑市整个市域范围（包括城区、乡镇及农村）。该项目占地 9.2 公顷，设计处理规模每天 300 吨，使用年限为 10 年（2015 年—2025 年），库容量约 85 万立方米，总投资 5999 万元，该工程于 2014 年 6 月开工建设，于 2015 年 10 月底完成建设任务。

联合执法、统管统运　联合执法，提升城市环境卫生管理水平。2016 年，根据"三八六"环保行动，督察科与交警、城管三方联合执法，对城区各建设、拆迁等施工工地及一些违规运输车辆进行了管理执法，加强市容市貌管理，提升了城市环卫水平；统管统运。加强对城市建筑垃圾、弃土的管理，切实践行"一线工作法"，每有新的工程，都做到仔细到现场勘查，并按层次区分渣土的利用价值并归类清运，根据所需，运往不同的处置场地，克服建筑垃圾处置场地有限的实际困难。

坚持外向型拓展、产业化运营　全面实施"走出去"战略，提升"自我造血"功能，不仅将环卫作为社会事业来运作，更作为新兴产业"生力军"进行培育、打造，构建涵盖环卫保洁、设备生产、教育培训、电子商务、服装制造等多个领域的优质产业链。注册成立了昌邑康洁环卫集团，下设康洁环卫、康洁设备、康洁制衣、康洁物业4个子公司，“昌邑模式”已拓展到国内12个省（自治区）100余个县市区，成立400余处托管项目部，带动了1.7万余名群众就业，年营业额7亿元。

抢抓“一带一路”开拓国际市场 承接巴基斯坦卡拉奇市服务期10年、合同额100亿元的保洁业务，同时，积极与巴基斯坦旁遮普省古吉兰瓦拉、费萨尔巴德、木尔坦、锡亚尔科特、巴哈瓦尔布尔5个城市沟通对接，顺利通过上述五市的环卫保洁项目资格预审。并于2016年9月16日与Redco International（力高集团）在卡塔尔的多哈签订保洁业务托管备忘录，打开中东环卫保洁市场的大门。随后与委内瑞拉、柬埔寨、缅甸、巴西、新加坡等国家达成合作意向，集团国际知名度不断增强，打造了新的品牌产业。

打造环卫产业创新发展新优势 规划建设山东城乡环境管理学院，打造全国环卫专业教育龙头基地；连续举办了四届中国（昌邑）环卫设备科技博览会，年交易额4.5亿元，建设占地6.67公顷的环卫设施设备展示场馆，打造全国最大的环卫设施设备交易场所；建成运营国内首家国家级环卫网站——中国城乡环卫网，会员8000多家，每年创收100多万元，与环卫设备科技博览会相结合，打造了全国环卫行业展示、交流、交易、合作平台，极大促进了环卫产业链条延伸、集群发展；将互联网+等先进科技手段运用到环卫日常管理，使环卫行业的管理、服务和运作逐步走上信息化、数据化、网络化的道路。

昌邑环卫标准化工作再上新台阶 随着“昌邑模式”在全省、全国的深入推广，昌邑城乡环卫工作引起了全国环卫同行和媒体的高度关注，有50余家省内外环卫单位组团莅临昌邑观摩交流，成为同行单位学习和借鉴的“样板”。随着“昌邑模式”的不断完善，城乡环卫一体化标准化水平越来越高，由昌邑市环卫局、昌邑市康洁环卫工程有限公司制定的《城乡环卫一体化服务规范》《村镇环卫保洁服务规范》《村镇生活垃圾收集、运输服务规范》和《村镇建筑垃圾收集、运输和处置服务规范》，于8月15日被山东省质监局以2016年第11号“关于批准发布〈城乡环卫一体化服务规范〉等6项山东省地方标准的公告”正式发布，并于2016年9月1日起实施，山东省四项地方环卫标准的发布，填补了“城乡环卫一体化服务”标准的国内空白，也标志着昌邑环卫标准化工作再上新台阶。

资源 环保

Zi Yuan Huan Bao

国土资源管理

【概况】 截至2016年年底，昌邑市耕地保有量和基本农田保护面积分别为7.27万公顷和6.04万公顷，超出省政府下达保护任务0.07万公顷和0.03万公顷。全市落实新增建设用地指标51.23公顷，16个重大项目用地实现应保尽保。全市土地总面积162746.98公顷，其中农用地99516.01公顷（耕地73379.7公顷，基本农田62487.51公顷）。占总面积61.15%；建设用地33997.01公顷，占总面积20.89%；未利用地29233.96公顷，占总面积17.96%；人均耕地0.1195公顷。

【耕地保护和土地利用】 2016年—2018年，潍坊市给昌邑市下达的耕地保有量任务指标为72754.53公顷，基本农田保护面积60444.33公顷，市政府已将任务目标分解到各镇街，并签订《耕地保护目标责任书》。

进一步完善建设项目用地保证金和土地利用动态巡查等制度，强化企业开、竣工申报，督促用地单位按照土地出让合同约定依法依规用地。全面摸清批而未供土地底数，分类造册，明确责任单位，提出免、缓、转等政策支持，前五年平均供地率由65.77%提升到78.09%。科学编制了2016年度国有建设用地供应计划，并于3月31日前上报部系统备案；进行了全市范围内土地级别及基准地价调整更新，完善基准地价修正体系，并开展了土地增值收益率测算，待省厅验收通过后报市政府公布实施；严把土地供应关，进一步加大供地力度。出让、划拨土地62宗，面积171.53公顷，出让价款61850万元，完善供地手续44宗；积极开展城镇空闲土地核实工作。联系分局对督察局提取的98宗593.33公顷疑似空闲土地逐图斑、逐地块、逐批文进行内业及外业核查，通过审核认定65宗，面积292.09公顷，二次核查上报待审核22宗，面积120.52公顷。盘活低效工业用地4宗，面积42.53公顷；积极配合各分局进行土地利用动态巡查工作，共上报巡查信息处理网上系统预警174宗；按时高质量完成了2015年度耕地质量等别调查评价与监测、2016年度开发区土地节约集约利用评价、2016年度城市区域建设用地节约集约利用评价及昌邑市中心城区建设用地集约利用初始评价工作，为节约集约用地提供数据支撑。2016年，昌邑市在全省国土资源工作会议上被授予山东省国土资源节约集约模范县。

【地籍管理与不动产登记】

完成2015年土地利用现状变更调查工作 昌邑市共下发疑问图斑453个，监测总面积174.71公顷，耕地面积77.23公顷（基本农田面积9.91

公顷）。变更情况：变更为设施农用地图斑115个，面积30.39公顷；变更为临时用地图斑个数12个，面积10.02公顷；变更为违法用地图斑82个，面积22.41公顷，其中占用耕地面积1.81公顷；变更为合法用地图斑48个，面积43.55公顷。2016年12月26日，昌邑市的2016年度变更调查工作全面展开，78%的影像资料，图斑数422个，面积536.25公顷，地籍科会同其他科室进行了梳理，保证1月9日前报到潍坊市局。跟各分局密切配合，整理好“月清季结”台账及上图工作，即摸清土地利用现状又为2016年年底的土地利用现状变更调查工作做好准备。积极推进集体土地登记档案的整理工作，为不动产登记信息管理平台建设中的数据整合打好基础。协同其他科室办理好有关业务，为建设用地报批、预审、土地监察等提供图件400多幅。完成耕地后备资源调查评价及不稳定耕地调查的验收工作。2016年5月14日，山东省国土资源厅组织有关专家组成验收组对昌邑市的“耕地后备资源调查评价”成果进行了检查，并通过验收。经过调查昌邑市共有耕地后备资源1267.23公顷，不稳定耕地274.41公顷，该面积中有66.67公顷属于通过申请追加，为下一步分析昌邑市耕地后备资源利用潜力和发展方向，探讨不稳定耕地的后续开发利用条件与对策建议打好了基础。

依法规范做好不动产登记日常业务 共办理各类房屋登记8104件次，其中，办理抵押登记1870件、商品房预告登记1706件；首次登记155件；商品房转移登记2909件、房屋注销登记124件；司法查封（套）485件、解封12件；林权90宗、海域68宗，其他类登记685件。拟定了关于对不动产登记发证疑难问题的处理意见（试行），已上报市政府审批。不动产登记中心入驻市民之家受理业务一年以来，根据登记业务办理合理调整受理窗口人员配置，制定各登记业务申请材料明白清单，方便市民办理。规范不动产登记流程，印制纸质的办事指南和手册，同时在国土局门户网站及微信平台上予以公布，并在大厅制作了17个二维码办事服务指南，多途径宣传、指导办理各种不动产登记业务，方便群众，提高办事效率。房管中心纸质档案按照档案移交程序全部移交到位，共计12万余宗。电子数据档案已经移交完成，臻善公司进行数据分析整合工作。林业局纸质档案2000多份，由档案局按照档案标准化整理准备移交，电子数据移交国土局，由臻善公司进行数据整合，海洋渔业局纸质档案较少共11份。根据昌邑市原房产、土地登记业务历史登记流程的实际情况，对不动产登记业务的流程进行了梳理再造，系统涵盖国有建设用地使用权、集体建设用地使用权、宅基地、集体土地所有权、林权、海域、土地承包经营权等种类的登记，登记流程类型基本上有首次登记、转移登记、变更登记、更正登记、补换证、注销登记等8大类，86个登记事项。流程设置为收件、权籍调查、受理（初审）、审核、核定登簿、缮证、收费、发证、归档环节。对昌邑市房屋、土地、林业等电子登记数据进行分析疏理，制定工作计划，全面启动数据迁移和平

● 1月召开的全省国土资源工作会议上，昌邑市作为全省国土资源节约集约模范县（市）受到表彰

台建设，已有部分土地数据迁移入库，基本完成存量数据的整合建库工作应用于登记发证工作，提高发证效率。正式推出昌邑市不动产登记网上预受理平台，通过网上预受理达到“足不出户”，就可以办理业务的要求，提高服务效率、水平。

● 10月21日，省政府研究室社会处处长苏勋团、省测绘地理信息局副局长袁振林等到昌邑市调研地理信息公共平台建设情况

【地质环境与矿产资源】 全面开展全市探矿权、采矿权年报、年检工作。严格按照2015年度年报、年检相关要求，及时对全市40家矿山企业、7个探矿权人下发通知部署相关工作，并邀请潍坊地质专家就矿产资源开采管理及年报年检注意问题进行了详细讲解；同时，深入实地开展检查工作，实地检查率100%，对检查发现的违法行为及时制止并下达整改通知。加强对采矿权登记审批的管理力度，规范了审批资料和程序。将矿业权登记发证的审批依据、审批条件、申报材料、审批结果及缴费标准等予以公开，接受社会监督，并对采矿许可证即将到期的矿山企业，提前三个月告知采矿权人，及时做好办理延续采矿权的各项准备工作，并督促指导采矿权人依法办理采矿权登记手续，做到全市采矿、探矿持证率为100%。2016年，共计办理矿业权审批业务18宗。根据省厅《关于开展第三轮矿产资源规划编制工作通知》及潍坊市局要求，昌邑市兼顾当前与长远、局部与全局利益，以优势资源为基础，坚持统筹规划、合理利用、依法保护的原则，扎实开展了第三轮矿产资源规划修编工作，多次到地科院进行对接和数据核实，并向有关单位部门进行了意见征求，并通过专家初审，正在等待市局组织专家进行评审。全面推进科技管矿工作。充分应用现有的科技管矿的先进成果，进一步推进科技管矿，全力配合潍坊市局对科技管矿系统进行的优化升级，切实运用科技手段，及时发现并查处违法开采矿产资源行为，重点加大对地下开采矿山的监管力度，做到早发现，早制止，把安全隐患消灭在萌芽之中。提高矿产资源综合利用水平，维护良好的矿业秩序，实现对矿山开采活动的有效监督。做好矿山安全生产督查和矿产勘查开采秩序整顿集中行动工作。昌邑市共有各类持证矿山企业40家，其中铁矿8家，石英矿3家，溴盐化工企业28家，矿泉水矿1家。为做好矿山安全生产督查和矿产勘查开采秩序整顿集中行动工作，昌邑局多次组织检查人员或邀请潍坊市有关专家组成工作组到矿山企业进行检查，自活动开展至今共督查67次，提出整改意见11项，并及时督促问题整改的落实。积极推进矿山复绿和切块资金项目实施。昌邑市重点项目有三个。石埠经济发展区前史家村矿山复绿项目已完成工程审计和财务审计工作，并通过潍坊市局成果验收初验；博陆山废弃矿坑地质环境治理项目共申请省级矿产资源专项收入转移支付资金610万元，完成项目施工招投标；山东省昌邑市史家庄地区金矿普查项目已通过公开招标，处于项目勘察施工阶段。

【测绘管理】 编制《昌邑市“十三五”基础测绘规划》。规划期限为2016年—2020年，明确8大重点项目：现代化测绘基准体系建设与运维

• 12月23日，第五届“地科杯”“珍惜资源 爱我国土”有奖征文颁奖典礼在昌邑市实验中学举行

工程、遥感影像获取工程、基础地理信息数据库建设与更新工程、地名/地址数据库实时更新工程、“智慧昌邑”时空信息云平台建设工程、地理市情监测工程、地图服务保障工程、测绘应急保障工程。规划已通过专家评审，由市政府办公室印发。更新大比例尺基础地理信息数据及地名地址数据。其中地形图更新：1∶500城区+乡镇114.9平方公里，1∶500全市域集体建设用地28.4平方公里，1∶500全市域村庄117.2平方公里，1∶2000城市规划区110平方公里；地名地址更新：主城区79.6平方公里+乡镇驻地，实时更新被列为潍坊市试点项目。坚持测绘依法行政，加强测绘行业管理。先后开展了地图市场检查、测绘资质检查、测绘成果保密检查、测绘地理信息市场检查等专项检查，配合省厅及潍坊市局完成了测绘地理信息成果质量检查；上传测量标志巡查照片，累计1872张。按照山东省档案工作科学化管理示范单位的标准为昌邑市的测绘资质单位整理档案，使其分类明确、井然有序，便于以后查阅及进行检查。加强与“智慧昌邑”项目对接，拓展地理信息服务平台应用深度和广度，进一步满足城市运行、管理、服务对地理信息的需求。在潍坊市局组织的年度考评中，测绘与信息化建设工作被评为潍坊市第三名。

【执法监察】 2015年度土地矿产卫片经过整改，拆除面积2.55公顷（耕地2.4公顷），纠错2.07公顷（耕地0.91公顷），补办手续14宗，面积5.28公顷（耕地4.03公顷），剩余违法用地面积19.55公顷（耕地1.09公顷），全部立案查处，对人对事全部处理到位；2016年督察卫片拆除面积0.51公顷，认定不实违法面积0.43公顷（耕地0.43公顷），补办手续4宗，面积1.77公顷（耕地0.87公顷），剩余违法用地面积2.01公顷（耕地0.09公顷），已全部立案查处，对人对事全部处理到位；2016年度潍坊市级卫片通过整改，拆除面积0.43公顷（耕地0.43公顷）；认定不实违法面积1.45公顷（耕地0.60公顷）；补办手续28宗，面积36.07公顷（耕地24.02公顷）；最终剩余违法用地66宗，面积13.31公顷（耕地0.75公顷），已全部立案查处，对人对事全部处理到位；2016年度上级挂牌督办案件13起，通过整改批回2宗，面积1.11公顷（耕地0.53公顷），拆除1宗，1.79公顷（耕地1.75公顷），补办手续10宗，面积50.09公顷（耕地28.99公顷）；借助违法用地整改消除信访难题。协同围子街道办事处，联合公安、执法、规划、供电等部门组成70余人的联合执法队伍，对姜一村违法建设的庙宇进行清理拆除；高度重视案卷审理评查工作。对照评查过程中发现的问题认真梳理分析，不断促进办案执法水平的全面提升；严格落实信访登记制度和“12336”举报电话受理制度，全年共受理各类国土资源信访案件356件次（包括不动产登记方面），告知率、回访率、答复率、结案率均达到100%。落实国土资源执法监管共同责任机制，出台了《关于建立国土资源执法监管共同责任机制的实施意见》；各镇街区层层签订土地使用管理责任状，从源头上遏制违法；创新法律法规的宣传模式，编制形象生动的宣传画2000余份，在广场、学校及村镇主要街道进行张贴，利用电子显示大屏二十四小时滚动播出土地法律法规知识，全面提升群众的法律法规意识；落实大信访工作模式，出台印发《昌邑市国土资源局关于实行大信访制度的通知》，优化信访工作流程，进一步提升信访工作的效率。

水资源管理

【计划用水】

落实最严格的水资源管理制度　全面落实《国务院关于实行最严格水资源管理制度的意见》（国发〔2012〕3号）、《山东省人民政府关于贯彻落实国发〔2012〕3号文件实行最严格水资源管理制度的实施意见》（鲁政发〔2012〕25号）精神，加快落实最严格的水资源管理制度，实施水资源管理保护行动，加快实施自备井整治、污水治理、雨污分流改造、城市节水等23项重点水资源管理保护行动，建立自备井动态管理档案，实行一户一档，纳入正规管理。建立健全水资源管理考核制度、社会监督机制，进一步完善水资源管理投入机制，为全市经济社会发展提供支撑和保障。

加强用水总量控制　严格执行《山东省建设项目水资源论证实施细则》，严把论证审查、取水工程验收、取水许可审批三个“关口”，严格取水许可审批，对取水量达到或超过年度控制指标的，暂停审批该区域内的新建、改建、扩建项目取水许可；对取水量达到规划期取水控制指标的，停止审批该区域内新建、改建、扩建项目取水许可。对龙池镇、柳疃镇两个地下水禁采区和奎聚街道、都昌街道两个限采区，严控用水总量，限批新增取水许可，逐步涵养水源。2016年度新批取水许可1份，延续取水许可24份。

加强用水效率控制　强化计划用水制度，加大用水计划执行情况考核，强化取用水大户的用水总量控制和定额管理。全市万元工业增加值用水量11.79立方米，比上年度降低2.14%，万元GDP用水量34.08立方米，比上年度降低2.2%。

加大水资源费的征收力度　按照定目标、定区域、定时间的原则，严格落实国务院460号令和省政府135号令，落实票款分离，严格按征收标准和程序征收，按照《关于调整昌邑市水资源费征收标准的通知》（潍发改物价〔2015〕131号）执行新的征收标准，征收水资源费2810余万元。比上年度增加776万元，创历史新高。

【水利依法行政】　昌邑市水政监察大队下设五个中队，划分各中队执法、巡查区域，各中队对所管辖河流、河段严格巡查，认真履行执法职能，及时发现并制止水事违法案件的发生。建立水事违法案件报告制度和执法巡查制度，形成区域内水政执法网络体系。对流经昌邑境内河流每月巡查2～3次，汛期每周巡查一次，对各镇街和村级水政执法日常巡查记录进行检查和督导。年内，昌邑市水政监察大队共处理群众拨打市长热线举报电话9起，其他各类举报电话20余起，做到迅

调水后潍河蓄水情况

速反应、及时调查、果断处理，使许多有可能酿成矛盾冲突的问题在萌芽状态就得到较好解决。同时，对全市261家取用水企业进行水行政许可稽查，有效预防各类水事违法案件的发生。

【海洋环境监测预报和海域动态监管】 2016年3月，昌邑市海洋环境监测站通过省计量认证。初步形成覆盖全市海洋环境监测预报网络。投资304万元，建成海域动态监视监测管理系统，基本实现海域监管全覆盖。11月，省海洋与渔业厅配备价值136万元的海域动态监管车到位。全年出海监测4次，采集样品380个，出具监测数据260个，并根据检测数据和标准规范完成水质评价报告，圆满完成年度任务。

环境保护

【总量减排】 按照上级环保部门要求积极与污水处理厂、各热电企业对接，深入挖掘减排项目，上报昌邑市2016年重点减排工程项目有昌邑柳疃热电有限公司、昌邑石化热电有限责任公司、山东海天生物化工有限公司等3家企业的电力脱硫脱硝项目；昌邑市小强养殖场等9家规模化养殖场废弃物资源化项目；李明杰养猪场等6家规模化养殖场关停取缔项目等重点减排工程，顺利完成减排任务。按时高质量地完成2015年度环境统计工作。按照上级环保部门部署，及时组织有关的53个排污企业、6家污水处理厂、91家规模化养殖场填报环境统计基础报表。对报表中企业基本情况、废水、废气、工业固废等主要污染物的产生、处理、排放等内容进行严格审查，并根据2015年的减排情况进行修改完善，确保环境统计报表数据的真实性和准确性。按照省厅的有关规定，按时高质量地完成了环境统计国控源直报及各类临时性报表的上报工作。认真审核新建项目资料，严把总量确认关对新建项目的总量确认工作，认真把关，分析相关的环评资料，坚持对不符合国家产业政策的，没有污染防治能力的，不符合规划项目的，不达标的一律不给予确认。通过采取强有力的措施，确保建设项目落户不受污染物总量控制指标制约，全年共计审批总量75个。对全市排污单位污染物排放情况调查摸底，为“十三五”时期排污许可证发放打好基础。按照潍坊市环境保护下发的《关于做好排污单位主要污染物排放情况调查统计工作的通知》（潍环函〔2016〕125号）的要求，切实做好排污许可证核发工作的衔接，对全市排污单位水、气主要污染物排放情况进行调查统计。

【水污染防治】 2016年，全面贯彻落实《水污染防治行动计划》工作的要求，以贯彻落实“水十条”为主线，以水环境质量持续改善为核心，坚持科学治污体系，开展全链条水污染防治。始终把水污染防治作为科学发展必须严守的底线，以实施深化“三八六”环保行动，实施“十大工程”为总抓手，以壮士断腕的决心魄力下重拳、出实招，努力打造“碧水工程”，打响水污染防治提升攻坚战，水污染防治工作取得了一定的成效。

严把环境准入关。按照“标准领先、强化监管、倒逼转型、淘汰污染”的原则，从严审批高耗水、高污染物排放、产生有毒有害污染物的建设项目，对化工、印染等重点行业实行新（改、扩）建项目主要污染物排放倍量替代。全面提高工业企业污染治理水平。落实国家、省和市相关要求，对化工、印染等十大重点行业实施清洁化改造。推进工业集聚区水污染集中治理。各类工业集聚区全面实现污水集中处理并安装自动在线监控装置。推动重金属污染防治。开展全市重金属污染排放状况基础调查，新建、搬迁化工、电镀等涉重金属排放项目必须入园管理，现有企业全面实现园区化。强化流域生态保护与修复。投资1300万元的潍河城区段河底整治工程，极大地改善了河道

及周边的生态环境。加强水环境管理工作。按照国家、省和市进度安排，昌邑市已完成热电行业排污许可证核发工作，将企业污染物排放种类、浓度、总量、排放去向等纳入许可证管理范围。加大执法力度，严厉打击涉水环境违法行为。采取一系列水环境监管措施，加大水污染违法行为查处力度，确保全市水环境质量的持续改善。强化环境风险防控建设。年内，按要求开展了环境安全隐患大排查快整治严执法集中行动，执法人员根据企业自查落实情况及日常检查掌握情况，对可能存在的环境安全隐患再次进行全面细致的排查，并建立环境风险台账。6月，在山东金典化工有限公司开展突发环境事故应急演练。

【环境执法工作】

加强环境监管，严厉打击环境违法行为 认真开展组织开展大练兵环保专项执法行动。制定《昌邑市2016年重点行业环境保护专项执法检查工作方案》《昌邑市制溴行业环境保护专项执法检查实施方案》《昌邑市环境执法大练兵实施方案》《2016—2017年冬季供暖期大气环保专项行动工作方案》等方案，认真组织系列环境大练兵专项行动，在潍坊市局组织的大比武中，取得了优异成绩。

认真落实污染源“双随机”抽查制度。制定了《昌邑市污染源日常环境监管随机抽查制度实施方案》，不断完善编码动态数据库，形成了175家企业统一编码的数据库。按照实施方案，采取抽签方式，认真开展了随机抽查工作，抽查企业170家次，查处环境违法企业10家。

认真开展夜查工作。制定《昌邑市环保夜间检查工作实施方案》，成6个夜间检查小组，对重点流域企业进行夜间巡查，重点敏感企业进行夜查，对一般企业结合抽查制度进行夜间抽查，共夜查企业80多家，有效地震慑夜间违法排污行为。

加大行政处罚力度，确保环境安全 2016年，共立案查处各类环境违法案件108起，共处罚款300多万元，其中对3家企业实施停产治理，对13家企业移送公安，实施行政拘留；对3起涉嫌环境犯罪的案件移送公安，追究刑事责任。同时，对行政处罚情况进行公开公示，对案卷进行整理归档。在环保部、省厅组织的行政处罚案卷评比中，被环保部评为一等奖，被省厅评为“优秀案卷”。

加强环境信访投诉处理，确保社会稳定 及时受理并妥善处理各类环境信访投诉案件，共受理环境信访案件620起，办结620起，办结率100%，信访投诉案件较上年度下降17%。所有案件得到查处和办结，有效地保障公众的环境权益，维护了社会稳定。

依法开展规费征收工作 按照《排污费征收使用管理条例》和《昌邑市污水处理费征收使用管理办法》规定的范围、权限、时限和程序征收排污费和污水处理费。2016年，共征收排污费1224.8万元，污水处理费895.5万元，较上年度分别增长57%和37%。昌邑市环保局2015年度被评为“排污申报、排污收费先进单位”。

【环境监测工作】 全年共取得各类有效监测数据11300个，出具监测报告213份，编制完成项目竣工环境保护验收监测报告（表）19份，较好的为环境管理和执法提供技术保障。

开展例行监测 根据年度监测计划，严格落实监测频次和监测项目等要求，对全市地表水、地下水水源地、功能区噪声、区域噪声、道路交通噪声、环境安全预警监测等进行例行性监测。对潍河、堤河、丰产河和胶莱河开展了地表水水质监测，取得监测数据252个。对辛置水源地、金口水源地开展了地下水采样监测，共取得监测数据120个。对昌邑市区4个功能区8个噪声监测点位、8条道路38个道路交通噪声监测点位、201个城市区域噪声监测点位开展了监测，取得监测数据6040个。对山东同大印制系统有限公司废水车间出口和总排口、昌邑市海洋水业有限公司废水入口、丰产河新沙路断面重金属镍开展环境安全预警监测，取得监测数据208个。

开展污染源监督性监测 加大对重点河流、城镇污水处理厂及重点污染源的监督性监测力度，并将监测结果按程序报送潍坊市站、局监察执法部门作为执法依据，对环境违法行为依法进行处理。对10家国控、5家省控重点污染源企业进行每季度监测一次，全市重点污染源污染排放达标率为100%。对国、省控重点污染源在线监测设备每季度开展了在线仪器比对监测工作。对5家城镇污水处理厂每旬监测一次。对进污水处理厂的废水重点企业每半年监测一次。完成环境监察大队、各环保所的送样监测任务。配合公安食药环大队对涉嫌环境污染的4个企业和个人进行采样监测，对不具备分析化验资质的项目及时送有关检测单位进行检测。

开展总量减排监测 积极与总量办配合，按确定的总量减排项目制定监测计划，切实开展监测，共对3家企业进行了监测，出具监测报告24份，提供废水、废气等各类监测数据501个。

开展环境应急监测 为确保环境安全，按照《昌邑市突发环境事件应急预案》要求，制定完善了《昌邑市突发环境事件应急监测预案》，加强应急监测队伍建设，及时对突发环境污染事件进行应急监测，为污染源头的查找和事件的处置决策提供了科学依据。重点做好水源地保护区水质监测工作，定期监测分析，确保全市饮水安全。年内，参加潍坊市组织的废水、废气和辐射应急监测演练3次，在10月份潍坊市环境应急演练暨监察监测技术比武活动中被授予“2016年潍坊市环境应急演练暨监察监测技术比武先进集体”。

开展项目验收等委托监测 积极开展建设项目竣工环境保护验收监测工作，严格把关项目是否具备验收条件，对具备条件的及时开展验收监测，已开展建设项目验收监测项目25个，完成验收监测的项目19个。开展对企业ISO 14000验证监测、企业进口资质环境检测等委托性监测，出具监测报告7份，提供各类监测数据210个。

推进国控重点污染源自行监测和信息公开 按照潍坊市环保局的要求，组织、督促9家国控重点污染源企业、4家污水处理厂制定《2016年度自行监测方案》，开展自行监测，完善了监测档案，在环保局网站上公开了有关信息及监测数据。同时，安排专人负责该项工作，督促企业按要求进度进行自行监测和信息公开，通过定期和不定期的检查和抽查，保证自行监测和信息公开工作的顺利开展。

认真进行土壤污染采样和行业企业空间核查 按照环保部和省厅、潍坊市局的工作安排，对全市的土壤环境质量和场地土壤污染状况进行现场采集样品、土壤污染行业企业空间位置核查等，较好地完成该项工作。2月，配合省和潍坊市监测站对山东同大印制系统有限公司周边按规范进行场地土壤污染监测9个点位的土壤样品采集。10月份配合省监测站对后官村西北方向进行土壤环境质量例行监测4个点位的土壤样品采集。12

月份按省监厅的要求，对全市 235 家企业进行土壤污染重点行业企业空间位置遥感核实，逐企业进行基本信息核实完善，对企业空间点位进行核查并登录遥感核实系统上报。

及时进行生态遥感监测野外核查 按照《2016年潍坊市生态环境遥感监测野外核查实施方案》的要求，对生态遥感野外核查工作进行细致安排，明确任务目标，明确了核查内容、核查的步骤和程序，并于 7 月 21 日对全市的 3 个典型地物野外核查点和 1 个边界核查点位进行实地核查，按要求完成 GPS 定点、拍照等任务。

积极加强环境监测文化建设 结合“两学一做”教育活动，组织全体党员干部围绕“学习系列讲话，增强四个意识”开展大讨论。党员代表们聚焦“四个意识是什么”“为什么要树立四个意识”“怎样强化四个意识”“工作中如何贯彻四个意识”等方面，紧密联系个人思想与具体工作，讲事例、谈认识、诉感受，使全体党员形成了深刻的思想认识，增强大监测、大服务意识，形成“团结拼搏、凝聚人心、扎实务实、争先创优”的工作作风，牢固树立环境监测系统的团队精神和服务意识。积极参加各种考核、比武、比赛等活动，取得比较好的成绩。在 3 月份举办的潍坊市环境监测站首届全市环境监测站系统演讲比赛中，昌邑市监测站获得优秀组织奖。在 10 月份潍坊市组织的“全市环境应急演练暨监察监测技术比武”活动中，昌邑市监测站被潍坊市环保局授予发“2016 潍坊市环境应急演练暨监察监测技术比武先进集体”，葛安生被授予“先进个人”的称号。在 12 月潍坊市辐射事故应急演练活动中，刘维盛被潍坊市环保局授予辐射应急“先进个人”。

【大气环境治理】 2016 年，通过实施工业点源深度治理力度、重点完成化工企业燃煤机组（锅炉）超低排放改造、挥发性有机物治理、泄漏检测与修复等重点工作，空气质量得到明显改善。环境空气质量在潍坊市 16 个县市区中排名第三，PM2.5、PM10、NOx 等三项指标均完成年度控制目标。

加快化工企业燃煤机组（锅炉）超低排放改造 按照昌邑市燃煤机组（锅炉）超低排放改造实施方案，第一批山东昌邑石化有限公司、山东海天生物化工有限公司、昌邑海能化学有限公司热电锅炉及昌邑龙之源热力有限公司、昌邑新源热力有限公司、昌邑灶户盐化有限公司蒸汽锅炉实施超排放低改造工程。除灶户盐化公司锅炉已停止使用，改用新源热力的蒸汽外，其他 5 家单位已全部完成改造。

继续加大重点区域化工企业挥发性有机物治理工作 加大对城区、滨海（下营）经济开发区、交通干线两侧、异味信访重点区域以及化工、医药等重点区域异味污染的治理工作，全面开展有机化工行业装卸、废水废液废渣等挥发性有机物实施收集处理。山东昌邑石化有限公司装卸区域挥发性有机物治理、山东昌邑石化有限公司污水处理厂加盖密闭工程、山东新家园精细化学品有限公司完成污水处理站挥发性气体治理、山东本元功能材料有限公司挥发性有机物治理已全部完成。

中央电视台《经济半小时》栏目报道金典化工生产项目

开展化工企业泄漏检测与修复工作　有14家化工企业具备开展泄漏检测与修复的条件，已与有资质的单位签订协议，并已陆续开展泄漏检测与修复工作，对厂区内的管道、阀门等泄漏点进行检测、排查并建立档案，对存在的泄漏点位进行修复，从而减少或避免挥发性有机污染物的排放。

【建设项目审批】　2016年，严格建设项目环境管理，采取切实措施严把建设项目环境准入关。高质量、高效率，从严管理项目审批。认真落实《中华人民共和国行政许可法》《建设项目环境保护管理条例》《中华人民共和国环境影响评价法》等法律法规，项目审批工作以注重效率、快捷便民服务为宗旨，以争取早日落户，早日投产达效为目的。办事大厅窗口共受理各类审批事项410件，办结410件，办结率为100%。共受理审批（备案）建设项目193个，验收建设项目63个。积极开展违规建设项目清理整顿工作。按照省环保厅、潍坊市环保局的要求，协助各所对全市未批先建、批建不一、未验先投等环保违规建设项目进行了清查，并将清查结果、整改方案等进行了上报。对100余个环保违规建设项目进行清理整顿。大厅窗口工作坚持以科学发展观为指导，以提高行政审批服务、服务全市建设为重点，严格遵守各项规章制度，全心全意为企业和群众服务，树立环保部门的良好形象。

教育 科技

Jiao Yu Ke Ji

教　育

【综述】 2016年，全市有义务教育学校76处，其中小学53处，初中17处，特殊教育学校1处，九年一贯制学校4处，青少年综合实践活动基地1处。小学、初中入学率均达100%，小学巩固率100%，初中巩固率99.6%。生均公用经费基准定额统一，小学每生每年710元，初中每生每年910元。

教师队伍“县管校聘”改革　制定出台《昌邑市教育局关于深化县管校聘改革加强教师交流轮岗的通知》（昌教字〔2016〕41号），组织跨校竞聘47人，支教竞聘16人。4月13日，在全省基础教育综合改革专题研讨会作“县管校聘”经验介绍；5月10日，潍坊市中小学教师队伍管理体制改革推进会议在昌邑市召开，全面推广昌邑市改革经验。

办学体制改革　推进民办学校开展混合所有制办学改革，吸引社会资金3993.9万元对2所民办学校进行改扩建。按照“院企合作、产教融合、合作共建”模式，规划投资6亿元建设山东环境工程职业学院。

智慧教育　投资1400多万元，建成智慧教育综合应用平台。建成县、校两级监控平台，共接入监控设备223台，监控摄像头1870个，实现校园视频全覆盖。投入30多万元，对全市中小学92辆校车进行实时监控。投资1500多万元，对创客工作室、机器人实验室等功能教室进行升级改造。

教育保障水平　大力实施破解中小学大班额工程，投资1.6亿元，完成9处学校项目建设，新增校舍面积6万多平方米，优质学位3850个。投资3080万元，新建改扩建普惠性标准化幼儿园16处。生均公用经费基准定额统一，小学每生每年710元，初中每生每年910元。引进教师230名，有效缓解城乡学校师资不足、教师老龄化等问题。

现代教育治理体系　6月份，潍坊市推进依法自主办学专题培训班暨第六届“北海论坛”在昌邑一中举行；7月12日，育秀学校在山东省法人治理结构试点建设工作座谈会上作典型发言；10月，《昌邑市镇域推进自主办学促进学校创新发展》荣获潍坊市第十四届市政府教学成果奖。

【学前教育】

基础设施建设　投资3080万元，新建、改扩建普惠性幼儿园16处，新增园舍面积14215平方米，优质学位900个。10处镇街区中心幼儿园通过省级认定，8处镇街被评为潍坊市普及学前教育工作先进镇街。

幼儿园办园秩序　市政府与各镇街区签订《全

市集中清理整顿无证幼儿园责任书》，成立非法幼儿园清理工作小组，对非法幼儿园发现一处查处一处。对全市131处幼儿园进行年检，并将结果向社会公示。

幼儿教师队伍建设 现有幼儿园教职工1344人，其中在编教职工182人，具有幼教学历1020人。积极组织参加国培、省培及潍坊市级、县级各类培训，不断提升教职工的保教能力和专业素质。

昌邑市实验幼儿园 现有实验幼儿园市直分园、实验幼儿园新园、实验幼儿园北苑分园、豫园幼儿园等4所分园。全园共有教职工248名，56个教学班，在园幼儿1800名。

【基础教育】

中小学办学条件 大力实施破解中小学大班额工程，投资1.6亿元，完成9处学校项目建设，新增校舍面积6万多平方米，优质学位3850个。同时，启动了奎聚小学教学楼、南隅小学北教学楼、新村中学小学部教学楼和实验中学小学部教学楼扩建工程。

基础教育综合改革 开齐开足开好课程，健全综合素质评价制度。建立高中阶段学校招生录取工作平台，实行初中学生网上报名、高中学校网上录取的工作模式。落实义务教育免试就近入学制度，保障适龄儿童、少年平等接受义务教育。做好特殊群体学生入学工作，确保特殊群体享受同等入学待遇。

教学领域改革 年内，有13项省、市课题顺利结题，有24项优秀成果获潍坊市第十四届政府教学成果奖；市教研室被评为全国“十二五”教育部规划课题先进地区指导中心。2016年高考重点本科上线再次突破千人大关，6名学生升入北大、清华。

考试评价制度 根据教育部和省市教育主管部门对教育质量综合评价改革工作的要求部署，从品德发展水平、学业发展水平、身心发展水平、兴趣特长养成、学业负担状况等五个方面，研究制定了具体的评价办法、评价标准和评价流程，开发了丰富实用的测评工具。

教育人事制度改革 在全市范围内进行“县管校聘”改革，落实岗位聘用管理，建立符合教育特点的选人用人新秩序、新常态。严格教师绩效考核，制定《学校教职工绩效考核指导意见》，建立以岗位为核心、绩效为取向的评价和薪酬制度。创新等级竞聘办法，建立“优胜劣汰、能上能下”的竞争激励机制，充分发挥了绩效考核的导向作用。

• 学校运动会

体育艺术教育 在全国第五届中小学生艺术展演活动中，昌邑市教育局荣获优秀组织奖；市教育局荣获全国青少年“未来之星”阳光体育大会优秀组织奖；外国语学校荣获山东省体育联赛排球比赛初中男子组第一名。

家校融合育人　市教育局在潍坊市教育局组织的“我说我们的家风家训”活动和“书香之家”评选活动中均获得优秀组织单位；有6所学校被评为潍坊市家庭教育示范校；《实施“四点突破”创新家庭教育》荣获2016年度潍坊市十大教育改革创新项目优秀奖。

育人育才质量　积极推进学校心理辅导室建设，全市有72所学校通过“潍坊市合格心理辅导室”验收，3所学校创建为潍坊市心理健康教育特色学校，3处心理辅导室被评为潍坊市示范性心理辅导室。

昌邑一中　学校始建于1946年，2010年搬迁新校。新校投资4.4亿元，占地40公顷，建筑面积15万平方米。现有117个教学班，教职工535人，在校学生5700人。建有实验室、仪器室、准备室、图书馆、阅览室、微机室、电子阅览室、网管中心等功能用房。先后荣获中国新样态联盟实验学校、中国百强学校、中国素质教育先进示范校、全国基础教育内涵式发展示范学校、中国当代特色学校、全国百所德育科研名校、全国百所最具特色中学、全国中学生奥林匹克竞赛“金牌学校”等称号。2005年以来，有63名学生考入北大清华，83名学生获中学生数理化、信息学奥赛全国一等奖，学校男女排球队多次荣获全国中学生排球比赛冠军。

文山中学　学校始建于1945年，2001年迁入新校，占地33.33公顷，建筑面积15万平方米，建有教学楼、图书楼、实验楼、艺体馆等教学设施。现有教职工680人，在校学生近6000人。先后荣获全国特色建设先进学校、全国德育工作先进实验学校、山东省规范化学校、山东省文明卫生单位、山东省绿色学校等荣誉称号。2005年以来，共有50多名学生考入清华、北大、剑桥、哈佛等世界一流大学；手球社团4次夺得全国冠军。

实验中学　学校始建于1958年，2016年8月完成原址改建。学校规划用地面积58265平方米，班级60个，学位3000个，运动场地面积30147平方米，校园绿化率达35%。现有学生1836人，39个教学班，教职工210人。高标准配备云教室、计算机室、舞蹈教室、音乐教室、美术室、学校广播录播教室、报告厅等功能用房。先后荣获全国青少年信息学奥赛金牌学校、全国中华传统文化课题实验学校、潍坊市科普教育基地、潍坊市“互联网+教育”示范校等荣誉称号。

• 昌邑一中

第一实验小学　学校始建于1979年，2010年9月乔迁现址，占地30816平方米，校舍建筑面积23381平方米，绿化面积4345平方米。现有45个教学班，在校生1860名，教职工186人，教师学历达标率100%。配备高科学实验室、综合实践活动室、计算机教室、舞蹈室、科技活动室、心理咨询室等功能用房。先后荣获全国目标教学先进单位、全国德育重点课题研究学校、全国语文主题学习优秀学校、全国青少年足球特色学校、山东省教育科学规划重点课题实验基地、山东省重大课题创新教育实验基地、山东省青少年模联峰会先进单位等荣誉称号。

第二实验小学　学校始建于1997年，是一所集小学、幼儿园于一体的市直重点小学。小学部有27个教学班，1395名学生，教职工82人；附属幼儿园有7个教学班，380余名幼儿，教职工21人。先后荣获全国德育科研先进实验学校、全国教育科研先进单位、全国校园文化先进单位、山东省艺术教育示范校、山东省教学示范校、山东省教学实验先进单位等荣誉称号。

昌邑市外国语学校　学校创办于2004年7月，占地17.33公顷，总建筑面积58000平方米。现有小学、初中两个学部，学生3600人，教职员工241人。先后荣获全国教学改革先进学校、全国百所德育名校、全国中小学外籍教师英语口语合作教学实验学校、山东省教学工作先进单位，山东省学校民主管理先进单位，山东省科普示范校，山东省未成年人思想道德建设先进单位，山东省依法治校示范学校，山东省语言文字示范学校，山东省体育传统项目学校，山东省绿化美化先进学校等荣誉称号。

昌邑市特殊教育学校　学校始建于1984年，2013年迁入新址，占地1.57公顷，建筑面积6324平方米，绿化面积5346平方米。现有学生71名，教职工36名，学历达标率100%。学校配备家政训练室、卫生保健室、智力检测室、心理咨询室、感统训练室等24个功能教室，400米环形塑胶跑道田径场1个，篮球场2个，学校餐厅，学生宿舍，浴室等。先后被评为“山东省特教学校分类教学先进实验学校”“昌邑市教育教学工作先进单位”等荣誉称号。

【职业教育】　2016年，有中等职业学校2处（潍坊市工业学校、昌邑市文华学校），在校生2817人，教职工410人；技工类学校3处（潍坊技师学院昌邑分院、昌邑市技工学校、潍坊北海技工学校）；准备筹建高等职业院校1处（山东环境工程职业学院）。

现代职业教育人才培养体系　不断加强专业建设，逐步形成了机电技术、信息技术、财经、学前教育、汽车维修、公共服务六大专业群。重视校企合作，先后与歌尔集团、北汽福田集团、共达电声公司、浩信集团、同大集团、康洁环卫集团等企业建立了校内外实训基地。

职业教育质量提升　2016年，在全国职业院校文明风采比赛中，共荣获一等奖4项、二等奖18项、三等奖26项；潍坊市工业学校被授予潍坊市职业技能大赛“十强学校”称号；2013年—2016年，毕业生就业率达95%以上，对口就业率达70%。

【潍坊工业学校】　学校始建于1956年，1990年经山东省人民政府批准成立，是首批国家级重点职业学校、省部级重点普通中专、山东省规范化学校。2008年8月，依托潍坊市工业学校，将全市8处职业学校合并成立昌邑市职教中心。2010年规划建设新校；2014年9月搬迁至新校区，一期工程占地17.33余公顷，投资3.4亿元，校舍面积近11万平方米，建成综合教学楼4幢、科技实训楼3幢、图书办公楼1幢、公寓楼4幢，实验室、实训车间、实习基地55个，理实一体化教室10个，多媒体教室100个，设备总值2200

潍坊工业学校

多万元，拥有图书12万册，可容纳在校生5000人。为山东省规范化中等职业学校。

潍坊市技师学院昌邑分院　2010年6月17日成立，并在昌邑市职教中心落户，与潍坊市工业学校合署。“潍坊市区域职业教育集团化建设的研究”课题，被评为山东省重大教科研课题。有30余项省级课题结题，20余项发明获国家专利。“环境工程专业”被评为潍坊市特色品牌专业。先后荣获全国职业院校技能大赛中职组“艺术插花”项目三等奖；荣获山东省职业院校信息化教学大赛“信息化教学设计”二等奖；荣获全国机械行业职业院校技能大赛工业机器人焊接应用技术类一等奖。

校企合作　2016年7月19日，山东畜牧兽医职业学院昌邑教学区在潍坊市工业学校设立。学校与昌邑市康洁环卫工程有限公司紧密合作，自主开发环境工程校本教材，填补了国内同领域空白。与山东职业学院、山东科技职业学院联合开办“三二连读”大专班，与中国煤矿文工团山东分校、中国民航管理干部学院联合开办艺术专业和航空地铁专业。

招生就业　2016年，春季招生800多人，秋季招生200多人，完成既定招生计划。与北京、深圳、青岛、潍坊等十几个省市建立通畅的就业安置渠道，通过“校企联合”“校校联合”等方式建立“订单式”人才培养模式，成为海尔集团、北汽福田集团、澳柯玛集团、浩信集团、同大集团、全福元商业集团等36家企业集团的“绿色人才培养基地”和“校外实训基地”。年内，有500多名学生实现就业，就业率达98%以上，对口就业达85%以上。

创新创业教育和素质教育　2016年9月，潍坊市创业大学昌邑分校挂牌成立，并建立大学生人才创业孵化基地，积极筹建昌邑市创客中心。2016年10月，潍坊市工业学校（潍坊电大昌邑分校）承担了昌邑市农村和城市社区“两委”成员专科学历教育工作。

科　技

【概述】　2016年，全市共有国家火炬计划重点高新技术企业1家，国家备案高新技术企业13家，山东省院士工作站 3 处，产业技术创新战略联盟 7 处（其中省级 2 处），潍坊市级以上工程技术研究中心 52 处（其中省级 5 处），潍坊市级企业重点实验室 11 处，潍坊市级科技企业孵化器 2 处，引进联合建立科研院所 18 处。成功申报潍坊市级以上科技计划项目 10 项，完成到期项目验收 5 项；获省科技进步奖 2 项，潍坊市级科技进步奖 11 项；2 家企业被认定为高新技术企业；新建院士工作站 1 处，产业技术创新战略联盟 1 处；4 处潍坊市级众创空间、3 处潍坊市级工程技术研究中心、2 处潍坊市级企业重点实验室和 1 处潍坊市级科技企业孵化器获批；引进联合建立科研院所 2 处。

【高新技术及其产业】 加大支持和引导力度，全力加快战略性新兴产业发展，以同大海岛、汉兴医药等高新技术企业为基础，不断加大新技术、新产品研发力度，加快培育全市经济发展的先导性、支柱性产业。全市高新技术产业产值占规模以上工业总产值的比重达到 25.57%。昌邑市龙港无机硅有限公司和山东和田旺生物科技有限公司 2 家企业被认定为高新技术企业。同大海岛、中云机器等 4 家企业成为国家或行业标准的主要起草单位。

【科技创新平台建设】 依托潍坊浩信康迈机械制件有限公司、昌邑市成泰化工有限公司和潍坊绿元生物科技有限公司 3 家企业成立的“潍坊市重卡高性能制动系统工程技术研究中心”“潍坊市异戊烯醇合成工程技术研究中心”和“潍坊市元宝枫工程技术研究中心”获批潍坊市级工程技术研究中心；依托昌邑富润纺织科技有限公司、山东润鹏种苗有限公司 2 家企业成立的“潍坊市活性染料免汽蒸印花新技术企业重点实验室”“潍坊市砧木企业重点实验室”获批潍坊市级企业重点实验室。依托昌邑市精细化工产业园、下营镇服务大厅，整合开发区现有精细化工企业研发平台，建设昌邑市第二处科技企业孵化器“昌邑市精细化工产业园综合服务中心”，并获潍坊批复；组织山东棉纺城电子商务有限公司运营管理的“中国棉纺城众创空间”、潍坊创佳创业服务有限公司运营管理的“东方创业谷”、山东淘苑互联网科技有限公司运营管理的“淘苑互联网众创空间”、山东微创客创业服务有限公司运营管理的“微创客”4 处众创空间通过了潍坊市众创空间备案。

【科技合作与交流】 鼓励企业与高等院校、科研院所深化产学研合作，联合建立研发机构，弥补自身创新能力的不足，重点发展新材料、新能源、新医药等产业，促进昌邑市产业结构不断优化。山东奥友生物科技股份有限公司引进中国工程院管华诗院士，建设院士工作站，依托中国海洋大学、青岛海洋科学与技术国家实验室、国家海洋药物工程技术研究中心等研发平台的条件和技术进行柽柳的产业化开发，实现对昌邑特色柽柳等耐盐碱植物药用资源的深度挖掘和充分开发利用；市政府与中国地震局地壳应力研究所联合成立“中国地震局地壳动力学重点实验室野外科研观测基地”，山东成泰化工有限公司与华东理工大学联合成立“华东理工大学—成泰新材联合创新实验室”；由山东浩信集团牵头，联合潍坊学院、山东交通职业学院、枣庄职业学院等省内院校和 11 家相关企业组建“潍坊市铸造产业技术创新战略联盟”。

【农业与社会发展】 普及农业新技术、新品种的试验、示范、推广，加大成套实用技术的推广普及力度，以高新实用技术促进农业发展，引导农民群众依靠科技增收致富，同时加强科学技术在环境保护、医疗卫生、地震监测、气象预报等方面的研究与应用。由潍坊金丝达实业有限公司牵头申报的“昌邑省级农业科技园”获省科技厅批复建设，争取财政扶持资金100万元；潍坊丰瑞农业科技有限公司申报的2016年度省“渤海粮仓”项目获批，建设面积4.387平方千米，争取财政扶持资金30万元；山东和田旺生物科技有限公司的“新型微生物肥料的研发与产业化”项目获批潍坊市级科技发展计划（第一批）；昌邑市人民医院的“动态血糖监测研究2型糖尿病患者强化治疗中的血糖波动”、昌邑市妇幼保健院的“中药膏方芪正膏对儿童咳嗽变异性哮喘免疫功能影响及临床意义研究”“功能性构音障碍儿童语言能力和社交能力分析”获潍坊市科技发展计划（卫生类）立项；昌邑市人民医院承担的“醋酸甲羟孕酮联合行气逐瘀止痛方治疗气滞血瘀型子宫内膜异位症的临床研究”“健康管理在糖尿病患者中的应用”2个项目获潍坊市科技进步二等奖，“6-西格玛管理模式在供应室器械管理中的应用”“微波组织凝固改良牙龈瘤术式的临床研究与评价”2个项目获潍坊市科技进步三等奖。

• 铸造产业技术创新战略联盟揭牌

【科技成果】 山东润鹏种苗有限公司承担的“蔬菜集约化高效育苗关键技术研究与应用”项目获2015年度山东省科技进步二等奖；山东同大海岛新材料有限公司承担的“绿色低耗高仿真超纤人工皮革的关键技术创制及产业化”项目获2016年度山东省科技进步三等奖；山东同大海岛新材料股份有限公司的“防水透湿聚氨酯超纤劳保革”等4项成果获潍坊市科学技术奖二等奖，昌邑凯特新材料有限公司的“KC-202蜂窝式烟道气脱硝催化剂的研制与应用”等7项成果获潍坊市科学技术奖三等奖。

【科技计划】 加强与国家、省及潍坊市科技计划和“十三五”科技发展规划的衔接，最大限度争取和承担国家、省和潍坊市重大科技项目。组织潍坊丰瑞农业科技有限公司在2015年的基础上继续申报2016年度省“渤海粮仓”项目并获立项；组织潍坊金丝达实业有限公司牵头创建昌邑市首个省级农业科技园区“昌邑省级农业科技园”，获批建设；山东浩信机械有限公司、昌邑市人民医院等6家企业申报的“公路牵引车一体式耐久轮毂单元研究与开发”“动态血糖监测研究2型糖尿病患者强化治疗中的血糖波动”等7个项目列入潍坊市级科技发展计划，汉兴医药成功申报了2016年潍坊市技术市场补助资金项目；潍坊金丝达实业有限公司承担的山东省科技特派员创业链项目“北美海棠扩繁及种植示范”和省科技发展计划“城乡生活垃圾汽化项目”通过验收；潍坊市级科技发展计划3项，通过项目验收。

知识产权

【概况】 2016年，围绕市委、市政府的决策部署，市知识产权局克服人手少，工作量多的不利因素，认真贯彻实施知识产权战略，加大工作力度，提升知识产权创造、运用、保护和管理能力。

2016年，全市申请专利596件，授权304件。收集申报2015年度昌邑市专利补助158项，发放专利资助金19.34万元，申报潍坊市专利补助166项、维持五年以上专利13项，发放资助金共计13.74万元。2016年，荣获2015年度政务信息与新闻宣传工作先进工作单位。

【企业创新主体地位不断显现】 2016年，全市发明专利拥有量117件，每万人发明专利拥有量1.91件，年发明专利申请量231件，占总发明量的38.8%，较2015年增长18.46%。市4家特大型企业均拥有自己的发明专利。全市3家企业进入省"贯标"工作试运行阶段。浩信机械、成泰化工、康洁环卫入选山东省优势企业培育名单，这些入选企业有较为规范的管理制度，有相对固定负责知识产权的机构和人员，已着手准备"贯标"工作。推荐参与潍坊市专利奖评选的金丝达环境工程有限公司的"可燃物料资源化转换炉"和山东同大镍网有限公司的"一种高目数印刷圆网制作方法"专利分别获得"一等奖"和"三等奖"。

【知识产权行政执法】 建立专利台账。联合市商务局、市场监管局等，对佳乐家、全福元等商流企业和仁和、金通等医药连锁企业建立专利管理台账，一季一更新，根据台账检索、监控专利产品状态，既保护商家利益，又维护消费者权益。2016年查处假冒专利60件；配合上级调解专利纠纷，协调解了2家企业的专利侵权问题。先后开展"护航"执法、"打击侵犯知识产权和制售假冒伪劣商品"等专项行动，针对商品流通领域，以家电、食品、药品、农产品、工业设计产品等为重点进行查处，尤其注重对集贸市场、商场、超市等场所的巡查。

【知识产权运用】 与潍坊市知识产权运营中心、齐鲁产权交易平台等第三方机构的合作、交流，引导企业利用专利技术进行转移交易许可、投资入股、融资、资本经营运作等，促进专利技术的应用和转化，实现专利技术价值。4月28日，软银中国创业投资有限公司常务副总裁邸灵到潍坊金丝达实业有限公司进行对接，着力协调解决该公司的融资难题。贯彻《山东省科技型小微企业知识产权质押融资暂行办法》和《潍坊市专利权质押贷款贴息管理办法》，加强政策引导，提高服务水平，拓宽企业融资渠道。立辉重工利用专利质押贷款300万元，并获得省11.08万元财政贴息。推进开展重大经济科技活动知识产权分析评议、专利导航产业发展工作。按照省、市项目合同管理要求，帮助山东棉纺城电子商务有限公司和金丝达实业有限公司申报专利导航项目，争取上级扶持，打造知识产权密集型产业。

【宣传和人才培育】 昌邑市电视台·360节目专题对创新（专利）人才进行过集中宣传报道；《潍坊日报·今日昌邑》4月26日以文字、图片、政策问答等形式专版宣传知识产权政策；知识产权宣传周期间，沿市区天水路等繁华路段悬挂系列宣传横幅；邀请山东智汇专利运营有限公司到滨海（下营）开发区企业开展专利知识专题培训；集中到10处镇街区开展专利政策普及。4月21日，推荐拟"贯标"企业成泰化工、康洁等参加潍坊市知识产权局举办的贯标培训班；6月，推荐金丝达环境工程有限公司王佳鑫参加由国家知识产权局专利局专利审查协作天津中心举办的第八期专利事务培训班；9月份推荐各企事业单位知识产权专员参加专利代理人资格考试考前培训，共有2名学员考取专利代理人资格。

防震减灾

【概况】 2016年，在市委、市政府的正确领导下，在省及潍坊市地震局帮助指导下，坚持以中共十八大和十八届三中、四中、五中、六中全会精神为指导，认真贯彻落实省及潍坊市地震局长会议精神，针对新的震情形势进一步理清思路，落实责任，以开展“融合发展年”活动为抓手，积极推进全市防震减灾工作健康发展，昌邑市地震局被山东省地震局评为2016年度全省县级防震减灾工作“先进单位”。同时，围绕中心，服务大局，认真贯彻市委、市政府各项决策部署，圆满完成各项工作任务，被市委、市政府评为招商引资工作先进部门，荣获全市经济工作创新奖。

【地震应急救援】 贯彻鲁震发〔2016〕21号文件和潍震发〔2016〕10号文件要求，在全市中小学校组织开展地震应急疏散演练活动，并将潍坊市局编印的《地震模拟演练手册》发到全市中小学校，提高广大师生的防震减灾意识和自救互救能力。按照市局统一部署要求，在5月中旬组织开展社区地震应急疏散演练活动，全市20多个社区先后组织不同规模的演练活动，推动了防震减灾进社区活动的深入开展。按照市局部署开展远程地震应急拉动演练。规范完善地震应急避难场所建设。以开展创建全国卫生城市活动迎接全省年度检查活动为契机，对城区地震应急避难场所进行了检查维修，对照《山东省地震应急避难场所管理办法》进一步完善，配置功能标示牌、应急疏散通道等。完善昌邑市地震快速反应系统。在上报省局科研成果的同时，积极争取相关部门的支持，完善功能布局，充实相关资料数据，系统反应能力得到的提升，为地震应急工作奠定基础。在地震系统内部开展经常性的应急演练活动，积极搞好地震应急应对工作，利用“5•12”“7•28”在机关开展地震应急演练，熟悉各种应急装备使用。到高密市观摩潍坊市统一组织的地震应急演练活动，到潍城区参加了全市地震应急演练活动，参加新装备使用业务培训，锻炼队伍，提高应急救援能力。

【防震减灾宣教】 开展防震减灾宣传月活动，制定详细的活动方案，充分利用广播、电视、报纸等多种媒体，扎实组织开展一系列地震科普知识进校园、进机关、进企业、进社区、进农村、进家庭活动，收到了明显成效。5月12日，《潍坊日报•今日昌邑》制作专版，让防震减灾知识以报纸的形式走进学校、机关、社区、农村、企业和千家万户。同时制作防震减灾知识宣传版面进行展览，组织机关工作人员参观学习。在“5•12”“7•28”等重要时段与市政府应急办、民政局等一起在昌邑中百大厦广场和利民街分别设立宣传站，发放地震科普知识，解答群众咨询。市政府分管领导及有关部门负责人亲临现场参加宣传活动。在全市组织开展以“平安中国 梦舟起航 防灾文化电影季”为主题的“平安中国”防灾宣导系列公益活动。活动以纪念“7•28”唐山大地震40周年活动为契机，利用7月27日—29日三个晚上，在昌邑市新嘉创业园广场播放《5.12汶川不相信眼泪》《大海啸》《惊天动地》等防震减灾科普宣传影片，以进一步加强全民防灾教育，持续提升广大群众主动防灾、科学避灾、依法治灾、有效减灾的意识和能力，不断扩大“平安中国”防灾宣导系列公益活动的影响力和覆盖面，为全市经济和社会发展做出积极贡献。以纪念唐山大地震40周年为契机，在全市中小学校组织开展“移动杯”网上防震减灾知识竞答活动和“学

● 昌邑市地震局被山东省地震局评为2016年度“先进单位”

防震知识、强科学素质、做文明市民”主题征文活动，广大学生积极参加，进一步提高了防震减灾意识。对社会开放市地震局、地震台、潍河地震台、青山测震台，通过零距离的接触和面对面的交流，让公众走进地震部门，了解防震减灾工作，让大家亲身体验和感受地震监测原理和过程。活动现场，工作人员向参观人员发放地震科普图书，取得良好宣传效果。组织地震安全示范社区、地震科普示范学校及有关企业利用防震减灾宣传周开展防震减灾宣传活动和应急疏散演练。

【震害综合防御】 加强审批管理，健全完善各项规章制度，提高服务意识，缩短审批时限。地震局窗口工作人员多次被评为先进个人。先后制定《建设工程抗震设防要求确定》《地震观测环境保护范围内新建、改建、扩建建设工程项目审批》等服务指南及业务手册，进一步规范了行政审批服务流程，实行抗震设防审核网上办理，缩短审批时限，提高服务效率。重视行政执法与队伍建设，组织行政执法人员培训学习，不断提高执法人员整体素质。积极推进各类示范工程创建工作。开展地震安全示范社会、地震安全示范企业和地震科普示范学校建设，有2处学校被评为省级地震科普示范学校，2处学校被评为潍坊市地震科普示范学校。在东店社区积极搞好潍坊市地震安全示范社区创建活动，通过潍坊市地震局的检查验收。山东昌邑石化有限公司被省地震局命名为山东省地震安全示范企业。

【地震监测】 召开专题会议，学习山东省、潍坊市地震局关于强化地震监测工作的会议和通知，结合本地实际，研究制定了具体的地震短临预报和震情跟踪方案等措施；加强震情值班工作；坚持震情会商，发现异常及时上报；组织人员对各观测台、站的设备进行一次全面的检查，发现问题及时解决，保证设备运转正常；做好局机关震情应对工作。制定印发《昌邑市破坏性地震灾害应急处置工作要点》，进一步修订《地震应急预案》，保持地震现场应急工作队处于备震待命状态。做好地震异常排除工作。对围子街道古城村等反应的异常现象进行调查，排除了异常，解答群众疑惑，维护社会稳定。加强地震监测台网中心管理工作，实时监控各项监测数据，加强值班和日常管理，确保各项监测设施正常有效运行。投资3万元对青山综合监测台站进行高标准的绿化和环境整治工程。进一步加强GNSS基准站建设，保证其高质量运行。青山GNSS观测资料综合评比中，获得全省2015年第二名并参加全国的资料评比，获全国评比第三名的好成绩。加强台站建设。经上级业务部门协调，由中国兵器集团北方信息控制中心北斗部到昌邑青山建设北斗基准站，先期设备安装及联网测试工作已完成，组织参加潍坊市地震局组织的全市群测群防工作培训班，提高全市防震减灾助理员的业务能力。

气象测报

【气象服务】 2016年，昌邑市气象局共发布重要天气气象预报21份，覆盖全市1月到12月份出现的各大天气过程，例如2月10日发布的大风降水降温重要预报、6月10日发布的麦收期间雷雨强对流预报、7月18日发布的强对流降雨天气预报及秋收秋种期间发布的大范围降雨预报等。根据时间节点，昌邑市气象局还向公众提供专项天气服务，主要涵盖春运、高考、中考、绿博会、重要节日等。专项天气服务共发布32期。

农业气象服务 农业气象服务工作主要涵盖设施农业气象服务、特色农业气象服务、大田常规农业气象服务、重要预警发布等工作。农业天气预报作为气象工作的重要组成部分，对指导农民开展农业生产、合理安排农事日程具有很强的指导意义。昌邑市降水偏少，总体偏旱，但仍有

• 气象科普

部分地区遭受强对流天气的袭扰，农业生产受到一定程度的干扰。昌邑市气象局共发布春耕春播农事建议 1 期，春耕天气预报 3 期；夏收夏种预报 7 期；秋收秋种农事建议 1 期，秋收秋种预报 5 期。同时，昌邑市气象局还提供特色农业气象服务，主要涵盖昌邑市特色产品——大姜。主要根据大姜的不同生长期，发布生长期内的前期气象资料分析及后期天气情况。昌邑市气象局为北部盐业生产提供全年气象服务，主要预报产品涵盖短期天气预报及短时临近预报，减轻降水对盐业生产的影响。

预警信息发布　2016 年，昌邑市气象局共发布各类灾害预警信号 75 期，分别为霾橙色预警 1 期，黄色预警 4 期，大风蓝色预警 22 期、黄色预警 1 期，暴雨橙色、黄色、蓝色预警各 1 期，雷电黄色预警期、橙色预警 13 期，大雾黄色预警 6 期、橙色预警 3 期，道路结冰黄色预警 5 期，寒潮蓝色预警 5 期，高温橙色预警 4 期、黄色预警 2 期。预警信号主要通过昌邑市气象局短信平台发布，部分预警信号通过电子显示屏、邮件、“12121”天气应答系统发布。

【人工增雨防雹】　2016 年，昌邑市年降雨量为 469.5 毫米，较常年 553.7 毫米的降雨量偏少 15% 左右。昌邑市人工影响天气领导小组办公室（简称人影办）根据天气情况，适时开展人工影响天气工作。据统计，2016 年，昌邑市人影办共组织开展人工影响天气作业 7 次，其中人工增雨作业 6 次，人工防雹作业 1 次，取得了显著效果。尤其是 10 月 2 日的增雨作业，全市普降大雨，改善了全市土壤墒情，对秋种十分有利。

开展人工影响天气安全工作　昌邑市人影办高度重视人工影响天气安全作业工作，每年在汛期到来前，均组织人影作业人员培训及高炮年检工作。3 月下旬，昌邑市人影办针对所有人影作业人员开展技能培训工作，培训采取理论与实操相结合的方式，有效提高人员素质。同时根据山东省及潍坊市人影办要求，按时完成高炮年检、火箭发射车年检及弹药柜维修工作，有力地保障了作业安全。

【雷电防护与防雷审批】

执行上级文件情况　按照《国务院关于第二批清理规范 192 项国务院部门行政审批中介服务事项的决定》（国发〔2016〕11 号）和《中国气象局关于贯彻落实国务院第二批清理规范 192 项国务院部门行政审批中介服务事项的决定的通知》（气发〔2016〕20 号）文件要求，昌邑市气象局自 3 月 14 日起在开展“新建、改建、扩建建（构）筑物防雷装置检测”行政审批时，不再要求申请人提供相应的检测报告，改由审批部门委托有关机构开展相应的技术性服务。同时，参照省局颁发的《防雷装置设计技术评价委托书(参考模板)》，为服务机构出具“新建、改建、扩建建（构）筑物防雷装置检测”技术服务委托书。

防雷审批工作　2016年．昌邑市气象局共办理行政审批事项88件，其中防雷装置设计审核46件，防雷装置竣工验收42件．所有审批业务均在承诺时限内完成，且无违规办理，取得零投诉的完美成绩。

【依法行政】

法治宣传　昌邑市气象局利用“3·23”世界气象日、“5·12”防灾减灾日及安全生产月等时间节点，积极开展气象法治宣传工作，普及《中华人民共和国气象法》、防灾减灾及雷电防护知识。特别是“3·23”世界气象日”，昌邑市气象局分组分工开展法制宣传，走上街头回应民众关切的问题。邀请峻青中学、文山中学师生来局参观，切实提高中小学生的防灾减灾能力。

防雷安全监管　2016年，昌邑市安全生产委员会办公室下发《昌邑市人民政府安全生产委员会办公室关于做好全市雷电灾害排查整治工作的通知》，根据通知要求，昌邑市气象局积极开展全市雷电灾害排查整治工作，着力加强对涉氨制冷行业、危化品企业、液化气站、加油站等防雷监管敏感行业、企业的防雷安全检查工作。昌邑市气象局共检查涉氨制冷企业41家，液化气站10家，危险化学品生产、储存企业22家，加油站30家，针对防雷行业规范，对不达标的企业下发了整改通知书，要求其限期完成整改，保证了全市防雷安全工作的稳定开展。

升空气球监管　随着社会经济的发展，庆典服务行业日渐繁荣，升空气球的使用频率也越来越高。升空气球带来的各类事故也频繁发生，昌邑市气象局对此高度重视。不断强化对升空气球的监管工作，利用节假日等庆典气球使用的高发时间节点开展巡查执法工作。昌邑市气象局共开展升空气球专项巡查6次，共发现并纠正违法行为3起，有效地规范了升空气球的安全管理工作。

文化 旅游

Wen Hua Lv You

文化事业

【概述】 2016年，昌邑市以建设文化强市、打造文化昌邑为目标，以满足基层群众文化需求为宗旨，坚持科学投入，不断开拓创新，以高度的文化自觉和文化自信，努力构建多层次、均等化的公共文化服务体系，大力发展公益性文化事业，深入推动文化基础设施建设，加快构建以市、镇、村三级文化设施体系，形成以市级文化设施为龙头，以镇街综合文化站为枢纽，以村（社区）基层综合性文化服务中心为基础，以城乡群众文化团队为补充的多层次、均等化的城乡特色文化服务新体系，全市公共文化服务体系建设取得显著成效，公共文化服务能力显著提升。

【公共文化服务体系建设】

协调机制　2016年7月，建立以宣传文化部门牵头，教育、体育、科技、党建、团委、妇联等部门参与的部门协调机制，成立昌邑市文化建设领导小组，定期召开联席会议，加强基层文化建设的协调指导。协调发改、宣传、财政等相关部门分工协作，研究并制定昌邑市现代公共文化服务体系建设工作实施方案——《关于印发〈昌邑市加快构建现代公共文化服务体系实施方案〉的通知》，明确工作目标和推进措施。

设施建设　市文化馆、图书馆已搬迁至文化中心，投资1200余万元进行招标采购，设施设备已经安装调试完毕，两馆均顺利通过文化部国家一级馆验收，组织开展文化辅导、人才培训等服务和全民阅读活动。圆满完成村（社区）基层综合性文化服务中心建设任务，并代表潍坊市迎接省评估组的验收。

人才培养　全面落实潍坊市“百千万”公共文化人才培训工程，与市图书馆尼山书院“国学讲堂”共建共享，定期邀请相关领域的资深人士、专家学者围绕传统文化、儒学经典、文化技能等开展授课培训。同时，向基层延伸教学和培训，在6处镇级图书馆设立“乡村儒学讲堂”，开展经典诵读、国学讲座、群众文艺等培训活动。先后创办了昌邑文化大讲堂，举办了摄影、广场舞、戏曲、文学艺术等培训班20余期、培训基层公共文化人才300余人（次），文艺骨干32人，致力为基层培养造就一支德才兼备、素质优良的公共文化人才队伍，推动全市公共文化服务水平的整体提升。

服务均等化　在2016年度群众满意度测评中，文化生活项昌邑市得分90.10分，在县市区中名列前茅。在潍坊市率先完成镇级图书馆建设并代表潍坊昌邑市文化广电新闻出版局迎接市政府验收的基础上，围绕服务机制创新，积极推进图书馆“总分馆制”，完成全市6个镇级图书馆与市图书馆的联网，实现市、镇两级图书借阅“一卡通”联网服务，在实现城乡文化服务均等化方面迈出了坚实的一步。文化精准扶贫工作进展顺利，到10个省定贫困村举行“精准扶贫·文化惠民”演出20场，受益群众达到1800人。争取财政资金为10个省定贫困村配备电脑、电视、阅览桌椅、书架等设施设备，提前完成省定贫困村文化活动室提升任务。昌邑剧院以政府购买服务的形式加入山东省区域剧院管理院线，贯通高层次、高品位的艺术直接连接基层的渠道，《中国文化报·艺彩山东》栏目6月23日专门就此进行报道。

【群众性文化活动】

搭建群文活动载体 2016年，全市各级以春节、元宵节、国庆节等重大节日为契机，积极组织开展多层次、多形式的群众文化活动，在活动内容和形式上立足传统与现代相结合，先后举办“文化下基层·欢乐送百姓”“文化年货带回家”“春节民间文艺展演”“第四届京剧票友擂台赛昌邑赛区选拔赛”“第四届著名作家走进昌邑·二月兰笔会”等活动10余场，参与演出文艺队伍达到100余支2000余人，受益群众达到10万余人次，丰富节日期间群众的精神文化生活。立足传统与现代相结合，积极搭建活动载体，先后举办“水墨行吟”——高立峰迎新春山水画作品展、“翰墨飘香”迎春美术作品展、“问道经典”魏云飞中国画作品展等大型书画展7场，展出作品1500余幅，近万人参观展品。

开展文化下乡活动 “文化下乡”活动由点到线、由线到面，蓬勃发展。通过文艺演出、发放各类图书、放映科技影片、文化年货带回家、举办知识讲座等形式，丰富基层群众的精神文化生活。全市具备一定规模的文艺演出队伍达到100多支，年放映电影7788场，送图书2万余册，文艺辅导1500人次。

【非遗工作】

潍水文化生态保护实验区建设 孙膑崇拜——烧大牛、昌邑砖雕两个项目入选第四批省级非物质文化遗产代表性项目名录，省级非遗项目增加至6项，潍坊市级19项、县级非遗项目79项。共有各级非遗代表性传承人省级2人、市级13人、昌邑市级30人。2016年6月，市文化馆被评为潍坊市非遗“六个一”建设先进单位、昌邑剪纸传承教育基地被评为潍水文化生态保护实验区2015年度优秀传习所。郭景来等7名传承人入选潍坊市级非遗项目代表性传承人。李洪修《迎亲图》荣获2016中国·潍坊首届传统工艺创意设计大赛金奖。

• 孙膑崇拜——烧大牛

【文物保护工作】 成功申报董家庄遗址、史家庄大屋、李福泽故居等3处文物点为省级重点文物保护单位。姜氏祠堂等重点文物保护单位的修缮工作全面完成。龙池镇齐西村入选山东省第三批省级历史文化名村、第一批省级传统村落、第一批“乡村

● 送戏下乡演出现场

记忆”工程试点单位，卜庄镇姜泊村民居入选山东省海上丝绸之路非遗名录、山东省“乡村记忆”工程。向省文物局申请昌邑县抗日殉国烈士祠保护修缮资金200余万元，上报《昌邑齐西民居群保护规划》《齐氏家庙、菩萨庙维修保护方案》。积极推动非国有博物馆建设，昌邑市首家非国有博物馆——“昌邑市华裕茧绸文化博物馆”已通过省文物局备案，在民营专题博物馆建设方面实现新突破。

【文化体制改革】 市图书馆是法人治理结构试点单位，图书馆法人治理结构试点是创新事业单位管理体制和运行机制、关系全市图书工作未来发展的一项重要工作，在市编办的具体指导和帮助下，顺利完成法人治理结构试点的改革工作。2016年7月和11月，召开图书馆法人治理结构理事会第二次、第三次会议，法人治理结构作为一种全新的管理模式固化下来。图书馆法人治理结构的建立，理顺新时期事业单位与服务对象、与社会的关系，初步形成政府依法宏观管理、图书馆自主管理、社会广泛有序参与的发展格局，促进图书事业更好地服务社会，实现自身更快地发展。

【公共文化设施网络】 2016年，稳步推进公共文化设施建设，构建公共文化服务网络。在重大文化设施建设方面，市文化馆、图书馆已搬迁至文化中心，两馆均顺利通过文化部国家一级馆验收，并已组织开展文化辅导、人才培训等服务和全民阅读活动。加快构建以市、镇、村三级文化设施体系，形成以市级文化设施为龙头，以镇街综合文化站为枢纽，以村（社区）基层综合性文化服务中心为基础，以城乡群众文化团队为补充的多层次、均等化的城乡特色文化服务新体系，全方位传承弘扬优秀传统文化，全市建成镇级图书馆6个，乡镇文化站10个，村（社区）基层综合性文化服务中心538个。覆盖城乡的公共文化设施网络基本形成。昌邑市文化广电新闻出版局围绕服务机制创新，积极推进图书馆“总分馆制”，完成了全市6个镇级图书馆与市图书馆的联网，实现了市、镇两级图书借阅“一卡通”联网服务，在实现城乡文化服务均等化方面迈出坚实的一步。

【重大文化惠民工程】

文化精准扶贫　制定详细规划，明确精准扶贫方法步骤。安排专人深入到10个省定贫困村走访摸底，调查贫困村文化基础设施、文化人才队伍建设、文化活动开展等情况，掌握贫困村实际情况，根据调查摸底情况，结合文化扶贫工作特点，制定《昌邑市文化广电新闻出版局精准扶贫三年规划（2016—2018）》，确定任务目标，明确主要措施和方法步骤，为文化精准扶贫工作开展提供有力保障。结合实施基层综合性文化服务中心提升工程，统一制作各类制度版面、宣传标语，置购了电脑、电视、阅览桌椅、文件橱，配备部分锣鼓、广场舞服装、移动音响、固定电影放映架等设施设配，10个贫困村建成综合性文化活动室达100%，提前一年完成省里规定的建设任务。全年共举办广场舞、戏曲、音乐等各类文艺骨干培训班25期，培训贫困村文艺骨干180人。

基层文化中心建设和惠民工程　2016年，大力加强城乡文化基础设施和服务网络建设，不断提高公共文化服务能力和水平，丰富和活跃城乡人民群众的精神文化生活，不断提高人民群众的幸福指数。争取上级财政资金，为村（社区）争取设施设备提升、农家书屋出版物补充更新和数字化升级工作。

开展全民阅读活动　以昌邑图书馆为阵地，先后开展“昌邑市读书朗诵大赛”等具有地方特色的阅读活动，旨在打造“阅读之城”“书香之城”文化品牌。4月，卜庄镇大陆村被省新闻出版广电局授予“书香之村”称号，柳疃镇被授予山东省首届“书乡之镇”，宫明莹被授予“山东省首届全民阅读活动阅读推广人”，孙风海家庭入选第二届全国“书香之家”。

积极启动“海疆文化驿站”工程建设　山东省于2016年全面启动“海疆文化驿站”工程建设，昌邑率先在下营边防派出所设立潍坊市首批“海疆文化驿站”和“市级公共文化基层服务点”，积极向上级部门争取并赠送价值3万元的图书和数字播放设备，旨在提升公共文化服务效能，构建广覆盖、高效能公共文化服务网络。

农村公益电影标准化放映　2016年，完成年农村公益电影放映7788场。积极探索公益电影放映影企合作新模式，采用有奖观影、上门服务等形式，有效提高群众观影积极性，扩大公益电影的影响力，昌邑市公益电影推行影企合作提高公益电影上座率的典型做法，得到省广电新闻出版局肯定，山东电视台农业频道4月23日做专题报道。

开展“送戏下乡”工程　“一年一村一场戏”是昌邑市政府文化惠民活动的民生实事之一，组织文化馆、庄户剧团等送文化到农村，开展文化服务，并形成常态。全年完成送戏下乡演出241场，惠及群众达10多万人次。

文化执法

【娱乐场所经营专项整治】　针对娱乐场所无证照、证照不全经营现状突出，违法违规经营行为时有发生的实际，联合公安局、市场监管局在全市娱乐场所集中开展以取缔娱乐场所无证照、证照不全经营、消除娱乐经营场所消防安全等为重点的专项整治行动。为提升活动成效，开展深入广泛的宣传发动工作，组织镇、街（区）对全市娱乐场所经营状况进行翔实的调查摸底，组织举办全市娱乐场所经营业主培训班，联合下发《致全市娱乐场所经营业主的一封信》。全年共开展联合执法6次，出动执法车辆65辆次，出动执法人员227人次，检查娱乐场所192家次，警告22家次，对52家无证照经营场所下达停业整改通知书。

【查处侵权盗版】　以保护知识产权，打击侵权盗版为重点，大力规范和整顿版权市场经营秩序，严厉打击侵权盗版违法违规经营行为，办结的5起“复制或部分复制著作权人软件”案件得到上级业务部门的首肯和推广，并荣获“全国查处侵权盗版案件有功个人三等奖”。

【卫星电视传播秩序整治】　联合公安、市场监管、市网络公司等部门，抽调12名执法人员和4部执法用车，组成专门联合执法队，对全市范围内非法卫星地面接收设施进行专项整治活动。对非法销售卫星电视接收设施商户开展“拉网式”全面清查。为强化活动成效，加大宣传引导力度，在全市印发张贴《关于专项治理违规IPTV业务和

● 市文化市场综合执法局工作人员检查娱乐场所

非法卫星地面接收行为的通告》1万份，通过《潍坊日报·今日昌邑》印发8000余份公告，在市电视台设置专门栏目，多渠道广泛宣传，为开展专项整治活动营造了良好的社会氛围。联合执法队共出动312人次、执法车辆41辆次，没收非法地面卫星接收设施800余套。

【“扫黄打非”行动】 组织开展“固边”“清源”“秋风”“护苗”“净网”专项行动8次，共出动执法人员200余人次，检查经营单位110余家次，查缴非法出版物200余册，取缔非法流动摊点8个。境内未发现制售政治性非法出版物。组织开展侵权盗版及非法出版物集中销毁活动，对收缴侵权盗版及非法出版物进行销毁，销毁非法书籍及宣传品203册，非法音像制品39盘。

【网吧治理整顿】 加强对网吧的监管力度，积极采取错时检查、节假日检查、交叉检查、突击检查、联合检查和明察暗访等多种检查方法，重点做好节假日、双休日、学生放学后等重点时段的网吧巡查，对在检查过程中发现接纳未成年人的违法违规行为，依法严肃处理。全年，出动执法车辆128辆次、出动执法人员1418人次，检查网吧经营场所246家次，受理举报21件，责令改正26家次、立案查处25件，责令停业整顿3家次，劝离未成年人129人次。

新闻出版

【出版工作】 2016年，昌邑市有新闻出版经营单位81家，其中出版物印刷企业5家、包装装潢印刷品印刷企业21家、其他印刷品印刷企业9家、专项包装1家、出版物零售单位13家、打字复印单位32家。规范简化了新闻出版行政审批流程，梳理编制部门权力清单、责任清单、制定部门职责边界，建立事前、事中、事后监管制度。认真落实安全生产行业监管责任，开展行业安全生产大检查三次，行业安全生产培训两次，在市永顺包装有限公司成功举行新闻出版行业消防安全演练，编制印发新闻出版经营单位“网络化、实名制”监管手册，新闻出版行业安全生产形势稳定。进一步规范行政许可、行政执法程序。按照行政许可的程序，逐项对昌邑市文化广电新闻出版局许可的事项进行对照，清理不规范程序，所有行政许可项目都在政府信息网公示，提高办事透明度。

昌邑市文化广电新闻出版局坚持从乡村实际和群众文化需求出发，采取有力措施，全力做好农家书屋的建设管理和使用工作。2016年，落实农家书屋更新出版物专项资金58万元，更新农家书屋120个，其中包括10个贫困村（昌邑共有省定贫困村10个，严格按照市局的规定，每个贫困村农家书屋投入4800元），每个书屋更新图书370册，其中总局目录190本，省局目录180本，分别占总局目录的51%和省局目录的49%，最大限度的满足群众就近看书学习和文化生活的需求，使其成为促进农村文化和谐发展的服务平台。

● 市文化市场综合执法局工作人员检查印刷企业现场

【潍坊日报·今日昌邑】《潍坊日报·今日昌邑》开设“开局‘十三五’引领新常态”“推进潍河开发 优化协调发展”“推进生态文明 共建美丽昌邑”“创建国家食品安全城市 打造绿色诚信食安昌邑”“建设节水型城市”“创建国家森林城市”等栏目，围绕产业转型、突破滨海、潍河开发、加快推进新型城镇化等重点工作，集中采写稿件，反映昌邑市政治稳定、经济发展、人民幸福安康的大好形势，起到了鼓舞士气、增强信心、开拓奋进的积极作用。把宣传文明城市创建工作作为一项重要任务，精心策划，周密部署，连续开设“移风易俗树新风”“践行社会主义核心价值观 凝聚崇德向善正能量”“树立‘四德’新风 弘扬社会正气”等栏目，刊发稿件20余篇。围绕昌邑市实施就业促进、社会保障、医疗卫生、百姓安居、生态环境等民生工程的有力举措、特色经验和工作成效，及时刊发稿件，营造了昌邑市着力保障和改善民生、社会事业实现新发展的良好舆论氛围。

创新思路，优化采编，报纸影响力得到提升　在策划组织上下功夫，1月，出版“十三五”规划开局之年特刊《精彩昌邑》；9月，出版《今日昌邑·绿博会特刊》，对昌邑市亮点部门单位、模范行业采用专题报道的形式，充分展示了昌邑市经济社会发展新成就。与市委组织部合办《今日昌邑·党建特刊》，及时传达贯彻市委有关基层党建工作的重要决定，积极推介各单位基层党建的好经验、好做法，为昌邑党建工作营造了良好的舆论氛围。紧跟新时代媒体的发展趋势，推出《潍坊日报·今日昌邑》微信公众号，让关注的受众随时随地掌握第一手权威资讯，粉丝数已达5700人。开通新闻热线“7118110”，创建民生服务快捷通道，第一时间反映读者的疑难事、困惑事，搭建政府与百姓之间沟通的桥梁，在社会上引起广泛好评。

科学定位，注入活力，品牌栏目精彩纷呈　2016年，《潍坊日报·今日昌邑》在服务大局、唱响主旋律的工作中，除做好时政报道及一般性动态报道外，在栏目设置上科学定位，为报纸注入新的活力。开设“潍河论坛”，宣传党和政府方针政策，弘扬正气、针砭时弊，引领社会舆论。开设“村支书在行动”“创业人物”“昌邑作协风采”“中国梦·劳动美”“聚集民间艺术”等栏目，积极宣传昌邑市各行各业的领军人才和模范人物，全面提高报纸弘扬正能量及可读性水平。

广播电视

【广播影视中心】　2016年，昌邑广播影视中心始终做到新闻立台，新闻强台，认真落实意识形态工作责任制，准确定位，时刻站在市委、市政府舆论宣传最前沿，及时宣传市委、市政府的重大决策部署，当好党委政府的宣传喉舌，利用专栏、专题、评论、访谈等多种形式，跟紧跟准重点工作、重大项目等开展全面、深入地宣传报道工作。以做好对内宣传为基本。围绕市委战略部署开展全方位的宣传报道，开设了人大、政协“两会”专题报道、文明城市创建进行时、新常态新举措新跨越、绿博会、加强安全生产构建和谐社会、先锋风采、昌邑好人等专栏，不断创新改进，营造了思发展、谋发展、促发展的浓厚舆论氛围。《昌邑新闻》播出1800余条，《昌邑360》播出1500余条。以搞好对外宣传为提升。围绕昌邑发展大局，通过精心组织绿博会、山阳梨花节等重大主题活动，在潍坊、山东等广电新闻媒体积极推介昌邑市经济社会成就。鼓励干部职工在业务上创先争优，共获得省级集体及个人一等奖4个，潍坊市级集体及个人奖项19个，昌邑市级集体及个人奖项8个。

产业经营　强化主业，多元发展，实现广电经营新进展。积极推进经营创新，充分利用电视、广播、网站等知名栏目多年培养起来的公信力、美誉度和公众形象，进行栏目品牌资源的开发、运作和经营，丰富媒体经营产品，拉长媒体经营产业链；不断拓展经营领域，加强与客户和消费者沟通，培育新的增长点。立足服务，开创性地开展各类活动，先后成功承办绿博会“人机比武”大赛、“龙乡文化节”、潍坊银行杯广场舞大赛、春秋季车展、山阳大梨采摘节等系列活动60场次；农科频道开播打造姜王大赛、薯王大赛等服务“三农”的科技平台。发挥优势，为市直部门单位、相关企业和镇街区铺下身子搞好服务，走出一条新的发展之路。建立广播电视节目安全播出预警系统，加强广播电视设备的管护，确保节目安全播出。实施农村公益电影放映工程，争取省、潍坊市财政资金71.4万元，按期完成全市649个村庄7788场公益电影放映任务，丰富广大农民业余文化生活。

事业技术装备　昌邑电视台有综合频道、生活频道、远教频道、影视频道、农科频道、图文频道六套自办节目。两台主备自动化播出服务器，每台服务器可同时播出多套电视节目，两台模拟发射机，发射转播昌邑综合和央视七电视节目。

新媒体建设　加快新媒体融合发展。充分认识媒体融合发展的紧迫性和重要性，优化媒体资源配置，建立“资源通融、内容兼融、宣传互融”的新型融合媒体样态，实现资源利用、传播效果和影响力的最大化。加快县级广播电台、电视台数字化、网络化改造，努力拓展新闻移动客户端、网络视听等新媒体新业务，开展立体化、互动式宣传，抢占舆论宣传新阵地。

队伍建设　遵循团结稳定鼓劲、正面宣传为主的党的新闻舆论工作基本方针，加强党对新闻宣传的领导，坚持正确办台方向，切实增强政治意识、大局意识和责任意识，锻造一流新闻宣传队伍，唱响主旋律，打好主动仗。紧紧围绕市委、市政府中心工作，在全社会营造干事创业、争先创优的浓厚舆论氛围。积极推进节目创新创优，重点加强新闻宣传、栏目改版及文体节目创新，优化广播电视节目内容格局，进一步丰富活跃群众文化生活。发挥县级广电贴近基层、贴近群众、贴近生活的优势，坚持节目本土化、品牌化战略，

● 唱响绿博

大力培育和打造品牌节目方阵，扩大节目品质影响，建设节目人才队伍，不断增强主流媒体核心竞争力。

【有线电视】 山东广电网络有限公司昌邑分公司主要担负着全市广播电视节目的安全传输；有线广播电视网络的规划、建设、改造、经营和管理；广播电视节目编辑、采集；计算机软件开发、销售；计算机网络工程及综合布线；互联网接入及传输工程；安防监控工程设计、施工与维护。内设综合部、市场部、技术运维部和15个营业部，在编正式职工131人。全市共架设光缆主干线2500千米，实现城区至10个镇街区和691个行政村（居）的主干联网，全部实现光纤到村、到户，通村率达100%，2016年有数字电视用户10万户，入户率达到83%，宽带用户2万户，占有线电视用户的20%。

旅　游

【综述】 昌邑是“中国最佳绿色生态旅游城市”“中国北方林木养生名城”。昌邑市不断叫响“渤海绿都·潍水风情”旅游品牌，走旅游产业化、产业旅游化的路子，挖文化潜力，下生态功夫，做休闲文章，创特色品牌，大力发展全域旅游，着力提升城市的竞争力和旅游的爆发力。已建成1个国家AAAA级景区、3个国家AAA级景区和2个国家AA级景区、4个省级旅游强乡镇、3个省级旅游特色村、1处全国农业旅游示范点、6处省级工农业旅游示范点、3个山东省精品采摘园。2016年，共接待游客331.6万人，同比增长8.8%；实现旅游消费总额36.1亿元，同比增长13.6%。

【乡村旅游发展】 昌邑市乡村旅游起步较晚，经过近几年发展，崛起了以山阳千年梨园、青山秀水旅游度假区、绿博园、龙乡水韵·千年古村文化旅游区、姜泊古村文化旅游区、青山庄园等为主的乡村旅游点，全市乡村旅游初具规模，已成为潍坊市及周边地区游客周末和节假日出游、休闲的重要目的地。

加强旅游资源的开发建设。加快潍河旅游绿道建设步伐，不断延伸潍河堤顶路，设置彩色骑行道等旅游设施。博陆山风景区完善旅游标识系统，提升梨园精品区，新建梨花仙子雕塑、携英池、麻姑洞、生态游乐园等景点和设施，新上真人CS对抗项目，开工建设环山漂流项目，设置游船码头。青山秀水旅游度假区继续搞好绿化美化，新引进长颈鹿、节尾狐猴等动物，建设旅游服务综合体、房车基地、游艇码头等配套设施。青山庄园已投资3000万元，建成5个钢架采摘春秋棚和12个冬暖式大棚，新建旅游厕所等服务设施，吸引2万多名游客前来采摘观光。绿博园新引进河马等动物，设立地藏王菩萨塑像，开设旱冰场，与一汽合作举行新车试乘试驾活动，举办庆“五一”“十一”车展，11月举办稻草人·亚马逊巨型昆虫王国展览，并对民俗园进行了修整。龙乡水韵·千年古村文化旅游区新建龙文化观光园、儿童乐园、故村花田、红色文化展览中心等景点，并成功举办昌邑市首届乡村旅游节暨第一届龙乡文化节，王全武私人收藏博物馆作为省内最大最全的红色收藏博物馆正式接待游客。姜泊村深入挖掘，精心打造了村史馆、西海军分区后方医院旧址等景观，西董村初步建成胶北特委会旧址，成为新兴乡村旅游点和红色旅游点。

举办好旅游节会、推介会。元旦、春节期间，举行春节民间文艺会演，列入全省47项民俗节会活动的三大活动——下营祭海节、东永安烧大牛、小章竹马表演火爆举行，同时，郭家庄大秧歌、东永安“烧大马”和东金台“玉皇演驾”等节会活动也热闹非凡。4月8日，第七届山阳梨花节隆重开幕，一直持续到中旬，吸引游客10多万人次。6月29日，举办2016昌邑夏季旅游推介会，邀请青岛市40多家自驾游、亲子游俱乐部和旅行社前来踏线考察，有效拓展潜在客源市场。7月2日，昌邑市首届乡村旅游节暨第一届龙乡文化节盛大开幕，当天就吸引游客3万多人次，著名表演艺术家牛群也应邀出席了开幕式，10多家旅游企业参会进行展览展销。成功举办2016中国北方绿化苗木博览会，绿博园梦幻灯光节于中秋节至国庆节期间举行。举办山阳绿博园梦幻灯光节、大梨采摘节、天福园葡萄采摘节、潍水农庄葡萄采摘节、西郭西瓜节等节庆活动。

多种方式加强宣传。2016年及早制定宣传推介方案，持续加大宣传推介力度。通过昌邑旅游局官方微信推出八期赏花季；抓住清明节小长假和山阳梨花节两大重点旅游节点，通过山东省旅发委、潍坊市旅发委、昌邑市旅游局官方微信和多种网络媒体、电视媒体、纸质媒体在节前就进行预热，在节中跟上报道，开展持续宣传，为游客及时提供大量资讯，方便游人出行游玩，并编印《昌邑旅游交通图》等宣传资料。

创新景区营销方式。市旅游局创新机制，主动作为，协调绿博园、青山秀水旅游度假区、博陆山风景区、潍水风情湿地公园和龙乡水韵．千年古村文化旅游区五大景区联合起来，抱团经营，整体营销，本着让利于游客的原则，于清明节前制定推出昌邑旅游通票，受到广大游客欢迎。

【旅游项目建设】

绿博园　国家AAAA级旅游景区、全国农业旅游示范点、全国休闲农业与乡村旅游示范点，位于昌邑市城区东南10千米、西依潍河、东临221省道。该园自2003年4月开始建设以来，完成总投资3亿多元，占地面积1333.33公顷，建有苗木交易大厅、品种展示园、桩景园、民俗园、国际展馆、热带植物馆、青铜器博物馆、伽蓝殿、崇圣塔、华情园、基督教堂、动物园、游乐园等景点。该园是昌邑苗木产业发展的核心区，也是历届“中国北方绿化苗木博览会”的举办地、主会场。绿博园将中国北方古建筑风格和古建筑艺术、国内外景观树珍品和优质苗木、花卉皆揽怀中；把潍水文化、青铜文化、丝绸文化、华侨文化和武状元文化融入其身。

潍水风情湿地公园　国家AAA级旅游景区、国家城市湿地公园、国家级水利风景区，位于昌邑市城区东部，东南与绿博园相连，西北与文山风景区相接，总面积546.6公顷，包括苗木观光区、湿地保护区、中心活动区、水上活动区、野营烧烤区、森林浴场等特色景区。潍水风情湿地公园按照“保持生态特色、回归自然风貌”的设计理念，充分发挥湿地资源优势，通过理水造绿、亲水近绿、水绿结合，努力打造“天朗气清，地绿水净”的生态环境。景区规划建设苗木业观光区、湿地保护区、中心活动区、水上活动区，并配套建设车行路、人行道以及亲水平台、栈桥、广场、观鸟亭、木质桥等。随着潍河生态环境的明显改善，每年有白鹭、苍鹭、池鹭、灰鹤等60多种、3000多只珍稀候鸟在潍水风情湿地公园繁衍生息，已发现鸟巢400多个。

博陆山风景区　国家AAA级景区、省级农业旅游示范点。拥有占地133.33多公顷、3万多株老梨树的千年梨园，是整个潍坊市树龄最长、规模最大的古梨树群。博陆山风景区已建成朝花台、平步青云、八卦碾塔、红峡湖、红石峡瀑布、玫瑰园、芍药园、牡丹园、石榴园、油菜花梯田等景点，是一个春可游园观花，夏可避暑休闲，秋可赏景品梨，冬可登山观景的生态旅游风景区。

流青园　国家AA级景区省级农业旅游示范点位于柳疃镇潍河西岸、省道新海公路与大莱龙铁路之间，是一处集旅游观光、休闲娱乐、苗木水果生产于一体的生态农业观光园、园林绿化示范观摩园，占地面积1333.33公顷。建设了“草原牧歌”“渔光帆影”“芦荡飞雪”“阡陌如织”“清流图卷”“潍水荡舟”等十大景点和四大水陆景观。

瑜伽节

山东昌邑国家海洋生态特别保护区　是全国唯一的以柽柳林生态系统为主要保护和管理对象的国家级海洋特别保护区，也是山东省首个国家级海洋特别保护区。保护区位于昌邑市渤海莱州湾南岸，总面积2929.28公顷，包括柽柳林、滩涂湿地、海洋和海岸等多种生态类型，天然柽柳林面积达2070公顷。每年5月柽柳开始抽生新的花序，直到9月的几个月内，保护区内一片花海，老花谢了，新花又开，三起三落，绵延不绝。

滨海休闲旅游度假区　总投资30亿元，拥有月牙湖景区、月亮湾景区、风车风景区、滩涂拾贝风景区、海水养殖观光体验区等景区，建设有海鲜美食一条街、群众文化广场、星级农家乐等配套服务设施，建设十七层星级接待中心；度假区内的下营渔港为省级休闲渔业示范点。2016年，吸引游客60多万人次，实现旅游总收入1.8亿元。

青山秀水旅游度假区　国家AAA级景区，位于昌邑市石埠经济发展区，西傍潍河、东临221省道，南临潍莱高速公路和309国道，占地133.33公顷，该景区结合竹文化和青山独特的地貌景观、文化资源，打造集生态观光、休闲度假、保健养生、娱乐体验于一体的观光旅游度假区，是远离喧嚣都市的“世外桃源”和潍坊市首例矿坑改造景观。景区于2015年7月8日正式对外营业，建成非洲动物园、天鹅湖、秀水河、伊甸园、竹海、鸟语花香、桃花源、儿童乐园、太阳岛等十多个景点和房车露营地等配套服务设施。

乾隆杯酒业酿酒文化博览园　位于昌邑市食品工业园区，新昌路以东，北二环路以南，东临潍水风情湿地公园，总投资1.72亿元，占地面积8.8公顷，建筑面积4万平方米，为国家AA级旅游景区、省级工业旅游示范点。乾隆杯酒文化生态博览园按七分园林、三分建筑的设计原则，划分为酒文化静态展播区域、动态演示展播区域、商务洽谈及业务交流区域、观摩休闲观光区域、教学培训实验研发区域五大板块，以酿酒文化传播为手段，以多功能酒文化园为载体，以中西酒文化历史为时空，紧紧围绕涉酒酿造文化、人文景观及现代科技三大内容，以不断创新旅游传播形式为驱动，通过静态、动态、立体、个性化互动、对外交流等形式全方位展播涉酒文化，创建一处在全国业内独树一帜的大型酒文化园林。

龙乡水韵·千年古村旅游区　以齐西村清朝民居群为核心，整合周边陈干墓、陈氏家庙、抗日战争纪念馆、红色文化展览中心、龙文化观光园、梦幻花海生态园、齐氏家庙、齐氏家风家训馆等10余处旅游文化景点，发挥“水、人、文、绿”四大优势，凸显龙池的非遗文化、红色文化、名人文化、水文化等特色文化，是一处集休闲度假、农家体验、摄影写生、文化旅游于一体的大型旅游景区。

【重大节庆活动】　联合市工会、市直机关工委、市文化局下发观看教育影片《勇士》的通知，通过观看影片激发了广大党员干部的爱党爱国情感，振奋民族精神。统筹文化部门、文艺协会和民间文化团体力量，组织举办了以魅力昌邑·浓情四季、我们的中国梦——文化进社区、唱响昌邑电视大奖赛、首届古村旅游大会暨首届龙乡文化节、第七届山阳梨花节暨第四届山阳群众文化艺术节、第四届著名作家走进昌邑——二月兰笔会和山东省文艺志愿服务行——艺术点亮希望精准助学工程文艺精准扶贫活动以及纪念中国共产党成立 95 周年暨红军长征胜利 80 周年等为主题的系列文化活动。把文化送到老百姓家门口，共享文化发展成果，全年举办文化活动 120 余场次。

【绿博会园林花木信息交流会】 中国（昌邑）北方绿化苗木博览会是中国北方绿化苗木及园林行业全面展示最新发展成果。研讨苗木业发展趋势，交流生产信息，推动苗木交易的高端峰会，具有综合性、权威性等特点，以苗木园艺企业信息交流、产品交易为重点，广泛开展国内外苗木业合作、搭建产需平台，推动文化旅游、招商引资等快速发展，举办专家讲座、企业论坛、招商引资推介签约、书画展和园林摄影艺术展等一系列绿色活动。中国（昌邑）北方绿化苗木博览会、第二十二届中国园林花木信息交流会如期举行，园林局为园艺资材现场采购活动、园林绿化设计单位现场考察及专题研讨会内项活动责任单位，同时承担绿博会期间环境治理事项的绿地管理养护工作。

● 绿博会交易会大厅

园林局对日常养护工作过程中园林机械、园艺资材、机械设备、农药、化肥使用情况进行汇总、排查存在问题，调查市场行情，收集有关厂家的资料等，在分析、权衡、综合评价质量、价格、交货时间、售后服务等因素的基础上与供应商议定最终的价格，最后达到质量高，价格低的目的，结合自身工作实际，为园艺资材现场采购活动做好准备；全面分析园林设计规划与苗木生产标准脱节问题，进一步细化分工，责任到人，结合日常工作，找出存在问题，狠抓落实。

以园林绿化环境综合整治为重点，按照“美化、净化、优化”环境的要求，加强工程建设管理，集中开展园林绿化管理“集中提升月”和城区摆花活动，进一步优化了城市环境。在工程建设方面，以市委、市政府确定的重点绿化工程为突破口，对院校街、滨河路、西环路、同大街等新建各项绿化工程进行严格管理，能完工的尽快完工，不能完工的施工现场保持整洁有序。同时对潍水风情湿地公园、北海公园、城区水系等处的铺装、景观灯、防腐木廊架等进行维修改造，对各处道路、广场、公园、游园的缺失苗木进行补植，力争“无破损、无缺失”，使城区园林设施面貌明显提升，城市绿化环境进一步改善。

全面提升昌邑市园林绿化管理水平，实现“规范标准化、管理精细化、造型个性化、整体艺术化”。8 月份开展了以“核面积、清陈积、除杂草、去垃圾、伐枯死、理边界、防虫害、剪造型”为重点的园林绿化管理“集中提升月”活动。对绿化带内枯枝败叶、尘土杂物等陈积物进行了清理，消除日常养护管理的盲点；清除绿化带内各类杂草，实施全日制保洁，不留卫生死角；伐除已经死亡苗木，清理正常生长树木上的枯枝、病枝、死枝，以保证良好的景观效果；加强各类绿篱（模纹）修剪，提高景观效果；加强病虫害防治，做到绿地内无明显病虫害。在城区主要道路、广场等公共场所摆放鲜花，为鲜花摆放的品种、数量、图案、造型等搞好业务指导。重点在文化广场、老一中广场、潍水风情湿地公园广场等处设计了大型鲜花摆放造型，为绿博会的召开，营造节日氛围。

自2008年，绿博会升格为由国家林业局、山东省人民政府主办的国家级会展，会展规模、层次和影响力提升到了一个新水平。据统计，每届绿博会都有来自国内20多个省市的企业参展，涵盖了苗木生产、园林施工、园艺资材等多个门类。同时举办的中国园林苗木行业领袖年会、信息交流会、专业高端论坛等吸引众多全国业内人士参与，全省全国生态影展、美展等一系列高层次文化活动使绿博会增添浓厚的绿化文化底蕴。绿博会共吸引来自全国各地的参展单位近5000多家，国外参展企业65家，参展参会客商近50万人次，签订购销合同5000多项，合同交易额20多亿元。绿博会促进全国范围内苗木产业的信息交流、技术合作和产品交易，成为全国最具影响力的苗木会展，对推动苗木产业的科学发展起着至关重要的引领作用。

昌邑市花木场建立全国最大的地被植物超市，成立宿根地被植物研究所、园林机械研究所，先后获得三项国家专利和一个国家植物新品种认证保护。同时立足于促进科技与生产紧密结合，引导苗木企业加强与山东社科院、北京林业大学、山东农业大学等科技院所、高等院校合作，建立三个院企校企名优基地，提高科研开发应用能力。先后被全国绿委办、国家林业局命名为“中国北方绿化苗木基地”“国家级苗木交易市场”。

【潍河风光带】 潍水风情湿地公园始建于2006年，总投资3.2亿元，分东岸、西岸两部分建设，南至金家口水库，北至橡胶坝，南北全长10千米，总面积666.67公顷，其中水域面积400公顷，湿地及园林面积266.67公顷。先后荣获“国家城市湿地公园”“AAA级风景区”“国家级水利风景区”等荣誉称号，同时还是“全国科普教育基地”“国家级户外运动基地”“中华建筑报社联络站”“山东文学创作基地”和“潍坊市青年摄影家创作基地”。

潍水风情湿地公园的建设是在确保潍河行洪安全的前提下，按照“以水为脉、以绿为衣、以文为蕴、以人为本”的规划思路，贯穿“保持生态特色、回归自然风貌”的设计理念，充分发挥湿地资源优势，积极做好“水·绿”文章，突出湿地生态特色，通过理水造绿、亲水近绿、水绿结合，创造“天朗气清，地绿水净”的最佳生态环境，达到人与自然和谐相处的最佳境界。工程充分利用拦水、蓄水、保水功能，合理调节自然泄洪、滞洪能力；河滩区域利用沿河原有植被，以粗犷、质朴、野趣为特色，把握塑造风格景点、节点设计，保持水岸交接部分湿地浅滩的完整性和有景有形结合；同时建设了各种景观小品，使游人在游乐休闲的同时，达到认识自然、亲近自然、回归自然、增进健康、陶冶情操、与自然互生共荣的目的。

潍水风情湿地公园已完成种植树木140余万株，150多个品种。根据中心广场周边条件和物种的多样性分别种植了琼花园、海棠苑、丁香园、碧桃园、秋景园、冬景园等特色小景区。开展科普活动，东岸景区规划建设苗木业种植区、湿地保护区、中心活动区、水上活动区、森林浴场等独具特色的科普教育场所，并配套建设车行路、人行道以及亲水平台、栈桥、广场、木质桥等。科普教育基地设有观鸟台、科普展厅、湿地植物园、标本室等科普教育设施。其中观鸟台采用视频观鸟、望远镜观鸟、视听观鸟三种观鸟方式，可以让观鸟者充分体验野外观鸟的乐趣。科普展厅设有展板展示及风光片放映两种形式，有湿地景色、有动植物生存状态的再现，可让观众短时间内感受湿地动植物资源的美丽。科普设备设施有放映设备1套、高倍望远镜1架、便携望远镜10架，植物标本500份、动物标本20种，展板400平方米。专业科普人员9人。本科普教育基地全年开放。

西岸景区规划建设主入口广场、音乐喷泉、沙滩活动区等景观。主广场方案以潍河文化为宗旨，着力凸显以人为本，聚集人气，突出特色，创造未来的理念。广场的配置绿化小品等，突出城市的特色，为城市增添魅力。广场采用海马喷泉，文化石跌水槽以及中央半圆舞台等多元化空间设计，创造出一个具有个性的城市广场。增加城市客厅的吸引力和包容性，与周围的区域形成一个有机的整体。广场的设计走出“外圆内方”和“内圆外方”的传统广场设计理念，具有创新性。在空间的设计上，西部处理上，交通组织及区域划分上注重与周围的自然环境协调统一。音乐喷泉工程采用喷泉LED专用光源，主喷泉高达60米，直径36米，成为潍水风情湿地公园的一道靓丽的风景线。

随着潍河生态环境的明显改善，每年有白鹭、苍鹭、池鹭、灰鹤等60多种、3000多只珍稀候鸟在潍水风情湿地公园繁衍生息，已发现鸟巢400多个。湿地公园范围内有天然的河流湿地、河漫滩，也有人工的池塘、沟渠等。其地域广阔，基本未受干扰，保持了已有的独特自然风貌，且拥有高度生态多样性。是集生物多样性、保护、科研、宣传、教育、培训、生态旅游和资源可持续利用为一体的生态系统自然保护区。潍河湿地属于河流湿地，由其形成的湿地生态系统，生境独特，生物多样性丰富，是珍稀濒危鸟类的理想栖息地。据调查，保护区内共有野生动物10门，26纲，100目，420科，1551种（含亚种）。其中国家一级重点保护动物6种，国家二级重点保护动物37种，山东省重点保护动物55种。有15公顷成龄林成为白鹭和其他鸟类的主要栖息场所。多样的湿地类型，为各种生物营造了安全的觅食、栖息、繁殖场所，同时也为开展湿地公园的科普、科研活动创作了良好的条件。

潍河靠近市区的10千米流域，人文景观与生态环境相协调，曲径平川与人造山丘相呼应，成为昌邑市的绿色动脉，市民的休闲观光乐园。

潍河风光

卫生计生 体育

Wei Sheng Ji Sheng Ti Yu

卫　生

【概况】 全面落实政府办医责任，统筹做好医改、公共卫生、计生服务等工作，不断增加健康服务供给，使群众得到更多健康实惠。2016年，共有医疗卫生机构547家、床位1898张，医疗机构年诊疗315.5万人次，为群众提供全方位、全周期健康保障。医疗卫生体制不断完善，基层医疗机构服务能力大幅提升，加快推进农村社区卫生室建设，疾病预防控制工作形势良好。

【卫生计生机构改革】 昌邑市卫生、计生部门于2015年2月合并成立昌邑市卫生和计划生育局。合并以后，坚持“三严三实”的标准要求，坚持以实为本、以干为先，快速整合、加快融合，全力推进各项工作。2015年3月6日，昌邑市妇幼保健院、计划生育服务站、计生医院、生殖保健中心完成合并，正式成立昌邑市妇幼保健计划生育服务中心。人员、财务、物资、设备集中办公使用。4月15日，昌邑市编办下发文件，整合镇街区计划生育服务中心和镇街区卫生院。在确保职称、工资待遇不变的前提下，将卫生院妇幼保健人员与计生服务中心人员整合在一起，实行单独管理，以进一步强化基层计生队伍。

【医药卫生体制改革】

继续深化县级公立医院综合改革　扎实推动落实市政府办公室《昌邑市关于推进县级公立医院综合改革实施方案》，全面深化县级公立医院管理体制、补偿机制、价格机制、收入分配、药品采购、医保制度、监管机制、人事编制等综合改革，积极建立维护公益性、调动积极性、保障可持续的运行新机制。按照市委组织部、市编办、财政局、人社局四部门联合下发的《昌邑市推进事业单位法人治理结构试点工作实施方案》，制定了《昌邑市人民医院法人治理结构试点工作实施方案》，在市人民医院实行事业单位法人治理结构试点工作，深入推进事业单位分类改革。

稳步推进基本药物制度　全市18家政府办基层医疗机构全部率先实施国家基本药物制度，按规定全部配备使用基本药物，药品全部实行零差率销售。进一步落实基本药物全部配备使用和新农合支付政策，同步落实对乡村医生的各项补助和支持政策。全市实施基本药物制度的基层医疗单位和村卫生室使用的基本药物品规共计377个，同时为满足基层群众用药需求，潍坊市新增补充药品100个品种共计127个品规。

【医疗卫生服务体系建设】

强化县级医疗机构基础建设　新建人民医院门诊病房综合楼目建设，不断提升公立医院服务能力。该项目总投资3.2亿元，占地面积1.73公顷，建筑面积8万平方米。新建17层门诊病房综合楼1栋及地下停车场等附属设施。将新增床位560张，新设急救中心、影像中心、重症监护中心等，有力改善群众就医环境。新建妇幼保健计划生育服务中心。该项目位于昌邑市行政东区地块内，东临规划路，西临滨河东路沿河绿化带。该项目总用地面积46104平方米，总建筑面积43875平方米。2016年，门诊病房楼进行内部装修及附属设备安装，2016年底门诊病房楼内部装修及附属设备安装基本完成。

继续巩固基层运行新机制 巩固农村医疗卫生服务专项整治成果，按照《山东省乡镇卫生院建设与管理标准（试行）》，组织开展“建设群众满意的乡镇卫生院”活动，饮马中心卫生院被国家卫生计生委列为“2015年度群众满意的乡镇卫生院候选医院”。转变基层医疗卫生服务模式，大力推进家庭医生签约服务，辖区服务人口签约率达60%以上。继续推进实施基层中医药服务能力提升工程。

加强农村新型社区卫生室规范化建设 根据《加强农村社区卫生室规范化建设提升基层医疗卫生服务能力三年行动实施方案》安排，2016年开始，用3年时间，在全市规划建设25处标准统一、功能完备能够满足农村社区居民基本医疗卫生需求的规范化农村社区卫生室。2016年，建成8处规范化农村社区卫生室，全部验收合格。

狠抓分级诊疗制度落实，确保惠及群众 进一步完善分级诊疗工作方案，建立分级诊疗工作考核评价机制，将分级诊疗工作落实情况纳入综合考核、医疗机构综合目标管理考核及国家基本公共卫生服务绩效考核中，指导医疗机构健全落实双向转诊率工作责任考核奖惩机制，激发、调动医务人员的积极性，形成“小病在基层、大病进医院、康复回基层”的就医格局，使更多的居民“得实惠于基层”。2016年昌邑市选择30种慢性病、常见病为突破口，完善政策措施，优化分级诊疗流程，力争县域内就诊率达到90%以上。

加强医疗卫生人才队伍建设，营造良好的人才政策环境 注重医疗、公共卫生、中医药，以及卫生管理人才的培养，制定有利于卫生人才培养使用的政策措施。建立住院医师和专科医师规范化培训制度，开展全科医生培训，推动完善毕业后医学教育体系，培养合格临床医师。

全面开展健康扶贫“八个一”工程 印发《昌邑市健康扶贫实施方案》《昌邑市2016年健康扶贫“八个一”工程实施方案》以及《昌邑市2016年患病贫困人口分类救治方案》，全面落实“八个一”（确定一所定点医疗机构、明确一个家庭医生团队、签订一份服务协议书、制定一张健康卡、进行一次健康查体、建立一个健康档案、组织一次健康会诊、发放一张健康明白纸）工程。确定昌邑市人民医院、妇幼保健院、皮防站、精神卫生中心、各乡镇卫生院和各社区卫生服务中心等23处公立医疗机构为昌邑市定点医疗机构。全市共成立家庭医生服务团队23个，为2029名贫困人口发放扶贫健康卡，提供基本医疗和基本

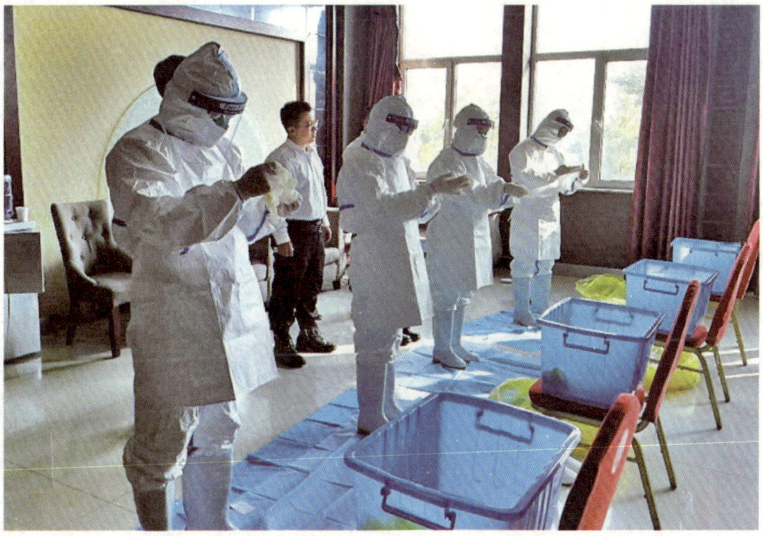

● 卫生应急预演

公共卫生、转诊、健康状况评估及健康教育等服务。为1932名患病贫困人口建立准确、科学、完整的健康档案，其中集中对37个病种、514名患病贫困人口，按照“分类救治、统筹推进、属地为主、上下联动”的原则进行治疗。

【公共卫生服务】 国家基本公共卫生服务项目自2009年实施，人均经费从15元提高到50元，服务内容从九类扩展到十二类。2016年，按要求认真组织开展“基本公共卫生服务项目宣传年”活动，以宣传活动为载体，大力提升服务的精细化水平。与市总工会联合组织全市基本公共卫生服务技能竞赛活动，共有20个单位的80名工作人员参加竞赛。选派人员参加潍坊市基本公共卫生服务技能竞赛，获得团体二等奖。全市共建立规范化电子居民健康档案464917份，建档率79.67%。0～6岁儿童系统化管理率为93.44%，其中对7823名0～3岁儿童进行中医保健指导，指导率为71.54%。老年人健康管理工作进一步推进，共管理51160人，管理率71.49%，按要求增加65岁及以上老年人免费查体项目。

持续推进公共卫生妇幼保健项目均等化，提高妇幼健康服务能力。开展免费婚前医学检查和出生缺陷干预工程，加强高危妊娠管理，降低孕产妇、儿童死亡率，提高出生人口素质。2016年以来，新生儿访视率为98%以上，3岁以下儿童系统管理率为97.4%，0～6个月婴儿母乳喂养率为98.5%以上，孕产妇系统管理率为96.93%，产前检查率为100%，产后访视率为97%以上。免费婚检4728人、艾滋病筛查4666人；免费唐氏筛查5337人，其中高危人员337名；开展免费孕前优生健康检查项目42861人，覆盖率为96.8%；叶酸发放2748人，16488瓶；农村孕产妇住院分娩补助4585人，合计补助229.25万元。

【中医药工作】 持续提高基层中医药服务能力。大力发展中医药适宜技术，不断提高中医药服务的可及性和可得性。加快基层中医药事业发展，加大对基层医疗单位特别是卫生室技术人员中医药适宜技术培训力度。进一步完善“国医堂”建设，已建立14处“国医堂”，为周围百姓提供方便、快捷、放心的中医药服务。

【传染病综合防治】 建立健全了传染病防控相关规章制度和防控措施，全市各医疗卫生单位均成立传染病防控工作领导小组，每月对各医疗卫生单位的传染病防控工作进行督导检查，针对检查发现的问题向主要负责人进行反馈，及时提出整改建议和措施。人间布病、埃博拉出血热、艾滋病工作得到较大提升，结核病防治三级防治网络日益完善，全市传染病防控工作质量得到进一步提高。

【完善卫生应急机制】 进一步完善了应急预案，形成了“横向到边、纵向到底”的卫生应急预案体系，成立了由中心主要领导任组长的卫生应急领导小组，下设三支卫生应急处置机动队，明确相应职责，实行中心领导带班制度和24小时值班，调整充实了卫生应急处置物资。另外，针对地域和行业特点，制定了14个有针对性和可操作性的本级应急预案，加强了对应急队员业务知识培训和对机动队、流调队员每年2次以上的模拟演练，确保突发疫情能够得到及时高效处理。

人口计生

【计生宣传教育】 下发了《昌邑市卫计局关于做好2016年卫生计生宣传工作的通知》，将宣传工作列入各镇街（区）计划生育年度考核，列入基层卫生单位年度考核。改变过去以文字宣传为主的做法，提高了图片新闻的创作水平。发挥手机微信传播快、群众易接受的优势，对局机关、昌邑市人民医院、市妇幼保健院的手机微信平台进行优化完善，设立了政策问答、科普知识、健康在线、工作动态、微信咨询、投诉举报等宣传窗口。

开展计划生育春季宣传月活动。对所有村（居）中与现行政策不符、破损残缺的计划生育宣传标语进行一次彻底清理，重新粉刷全面两孩政策等新标语，每个村（居）新粉刷的标语不少于5条，并在人口密集的广场、公园、街道等显眼位置悬挂宣传横幅。在潍坊日报·今日昌邑上全文刊发《〈关于实施全面两孩政策改革完善计划生育服务管理的决定〉政策解读》，解答了群众普遍关注的一系列问题。开展出生人口性别比综合治理专题宣传活动。印制《昌邑市打击“两非”有奖举报公告》，由昌邑电视台对打击“两非”活动进行全程报道，对查处的“两非”案件进行了全面曝光。

【对接政策调整】 进一步完善落实出生动态监测制度，加强目标人群的服务管理。重新对育龄人群两孩生育目标及再生育情况进行调查。全市符合全面两孩政策的育龄妇女近6.6万人，其中40岁以上的为2.9万人。进一步规范生育服务工作，生育登记及再生育审批制度全面落实。制定印发《昌邑市卫生和计划生育局关于进一步做好生育服务证制度改革工作的通知》，规范办理程序，健全完善基层计生工作人员岗位责任制、服务承诺制、首接负责制、责任追究制等服务管理制度，简化办事程序，提高了办事效率和群众满意度。

【妇幼计生服务】 重新对育龄人群二孩生育目标及再生育情况进行调查。全市符合全面两孩政策的育龄妇女近6.6万人，其中40岁以上的为2.9万人。对镇街区计生工作人员进行业务培训，重点掌握新修订的《山东省人口与计划生育条例》《山东省生育登记服务工作规范》《山东省生育证管理办法》等政策法规。进一步规范生育服务工作。加强和完善生育过程服务管理，规范、办理程序，健全完善各级计生工作人员岗位目标责任制、服务承诺制、首接负责制、政务公示制、责任追究制等服务管理制度。对全省育龄妇女信息管理系统进行升级，全面实现生育登记、再生育审批网上办理，极大地方便了群众。

【落实计生奖励帮扶政策】 完善以农村奖励扶助、特别扶助、失独家庭一次性抚慰金、企业退休一次性养补助为主体的计划生育奖励扶助体系。按照“老人老办法、新人新办法”的原则，做好“全面两孩”政策实施前后计划生育家庭奖励和扶助政策的衔接，认真落实政策调整前的独生子女家庭和农村计划生育双女家庭的扶助、补助。以落实奖励扶助和特别扶助政策为重点，加强计生家庭帮扶工作。

2016年，为379户失独家庭提供一对一服务，发放一次性抚慰金215万元；对136个计生特殊困难家庭进行了资金救助；办理计生特别扶助

• 2016年10月21日，全市计划生育工作会议召开

151 人，办理计生奖励扶助 4586 人，办理及时率 96%，比省、潍坊市指标高 1 个百分点。建立计划生育特殊家庭信息库，为 967 户计划生育特殊家庭制作方便就医卡，开通就医“绿色通道”。

【出生人口性别比治理】 进一步加大打击非法行医力度，整顿医疗秩序，依法严厉打击非医学需要的胎儿性别鉴定和选择性别人工终止妊娠行为。强化社区、村居的孕情随访、统计监测和医疗机构终止妊娠手术监管，加强有关执法部门的工作联动。层层分解工作任务，签订落实责任书将责任落实到每一个主体，形成部门协调、区域协作、上下联动务求实效的工作机制。2016 年，出生人口性别比为 105.3，完成潍坊市下达的任务指标。

【流动人口服务管理】 全市共有流动人口 13450 人，其中流出 9934 人（男性 4648 人、女性 5245 人），流入 3516 人（男性 1603 人、女性 1913 人），流动人口数量继续呈上升趋势。

落实潍坊市推行的以网格化、均等化、区域化、信息化“四化”和一整套综合保障机制为内容的“4+1”工作模式，建立健全流动人口属地管理服务体系，使流动人口清理清查活动常态化，及时指导和督查各镇街区对社区、村（居）、市直单位流动人口基础信息进行清理核查。进一步提高了省流动人口信息系统管理和应用水平，2016 年，流动人口信息系统信息交换及时率、准确率均达到 100%。

扎实开展流动人口基本公共卫生计生服务项目各项工作。全市建立流动人口健康档案 2443 份，建档率 69.4%，其中规范化电子健康档案 2443 人，电子建档率 69.4%；开展计生政策宣讲及咨询 7855 人次、健康知识讲座 64 次，健康咨询活动 32 次，发放健康教育宣传材料 2664 份，营造了关注、关怀流动人口的浓厚舆论氛围；流动人口计生技术服务、优生优育、卫生防疫、传染病防控服务均等化。免费为流动人口提供环情孕情检查达 4513 人次，累计发放免费避孕药具 6929 人次，开展免费孕前优生检查 305 人，落实计划生育技术服务 88 例。把流动人口已婚育龄妇女纳入本地生殖保健范围，为其提供免费环情孕情检查，向她们免费发放避孕药具。对符合条件的流动群众提供免费孕前优生健康检查、免费唐氏筛查、对高危人群发放叶酸或复合营养素等免费生殖健康服务项目。及时为流动人口适龄儿童接种疫苗，入学入托儿童接种证建证率 100%。

【幸福家庭创建】 深化创建幸福家庭活动系列品牌项目。打造市级“生育关怀—计生助福行动”“手牵手家连家结对帮扶计生家庭大行动”和“阳光家庭幸福工程”等 11 个规定性项目和阳光大姐家政服务、关爱失独家庭、幸福养老工程、生态农业园、爱心助学等十大自主品牌工程项目。继续推进“手牵手家连家结对帮扶计生家庭大行动”“计生特殊家庭帮扶模式探索”“计生家庭系列保险”“退出育龄期妇女节育器”“齐鲁圆梦孕育工程”“优生促进工程”“青春期健康”“婴幼儿早期教育”等项目。进一步完善创建幸福家庭活动项目库，发挥市级项目示范点的引领、示范作用。指导全市十个镇街区建立起了纸质和电子项目库。帮助围子街道建立起幸福家庭创建活动项目室，得到省和潍坊市计生协领导的高度赞赏。下营镇计划生育服务中心被评为潍坊市幸福家庭创建活动第三批示范单位。柳疃镇“情系夕阳，爱在河滩”项目被评为潍坊市幸福家庭创建活动第三批示范项目。围子街道西黄埠村被潍坊市确认为计生家庭养老照护试点先进单位。

【昌邑人民医院】 昌邑市人民医院始建于 1948 年，是一所集医疗、教学、科研、预防保健、急诊急救、社区卫生服务于一体的集团化综合医疗机构、潍坊医学院教学医院、齐鲁医药学院临床教学基地、潍坊护理职业学院联合培养单位。设临床、医技等科室81个，设城东分院、下营分院、皮肤病防治站、卫生学校以及奎聚、都昌、李家埠、双台4个社区卫生服务中心。医院本部固定资产5亿元，开放床位1460张。医院先后获得“国际爱婴医院”“全国诚信示范医院”“中国质量万里行委员单位”“糖尿病综合管理项目基层医生培训先进单位”“基层医院慢性疾病标准宣贯试验基地”“引进外国智力先进单位”；山东省“医疗保险定点医院目标规范化管理先进单位”“省级卫生先进单位”“惠民医疗先进单位”“卫生系统行业作风建设先进集体”；潍坊市“和谐创建示范单位”“十佳医院”“卫生系统先进集体”“文明单位”“消费者满意单位”等荣誉称号。2011年—2016年连续6年进入“中国县级医院竞争力排行榜100强”。

医院设有潍坊市级医学重点专科6个：普外科、内分泌科、泌尿外科、关节外科、麻醉科、医学检验科。医院现有职工1516人，高级职称93人，中级职称530人，潍坊名医7人，潍坊名护21人，潍坊市专业技术拔尖人才2人，潍坊市“金牌医生”7人，潍坊市“金牌护士”7名，昌邑市专业技术拔尖人才10人，博士、硕士97人。医院配备万元以上医疗设备1500台件，其中，美国瓦里安直线加速器（肿瘤放疗）、美国GE128层全身螺旋CT、德国西门子64层全身螺旋CT、美国GE超导型1.5T磁共振、美国贝克曼全自动生化免疫分析流水线等大型医疗设备500余台件。

医院分别与上海康盈医疗远程网络会诊中心和解放军总医院医学影像会诊中心协作成立昌邑会诊分中心，通过网络可直接与上海、北京等上级各科专家会诊、阅片、医学培训。与白求恩医科大学北京校友会建立协作关系，成为白求恩医科大学北京专家临床基地，每月最后一个星期六、星期日邀请北京各大医院各专业专家来院坐诊、会诊、手术。同时，与上海东方肝胆外科医院、解放军总医院第一附属医院、解放军火箭军总医院、上海市胸科医院、山东大学齐鲁儿童医院、山东省立医院耳鼻喉医院、济南军区总医院、山东大学第二医院、齐鲁医学检验所建立技术协作关系，可随时邀请国内知名专家来院开展疑难病例会诊、手术。先后邀请以色列普外科专家、妇产科专家，德国神经外科专家、妇产科专家、普外科专家，美国骨科专家来院进行学术交流。通过加强协作交流，让百姓不出昌邑便可享受到国家级医疗专家的服务，带动医院技术水平的全方位提升。

体　育

【群众体育】 市政府组织编制印发《昌邑市全民健身实施计划（2016—2020年）》，对全市未来五年全民健身体育的发展做总体规划，就公共体育设施建设、全民健身活动项目开展、健全全

● 欢迎孟强、杨曼奥运健儿荣归母校

民健身网络组织、完善国民体质监测平台、切实加强青少年体育等方面做详细的部署。争取省市级体彩公益金，扶持10个社区和40个行政村全民健身工程配套设施，使用本级体彩公益金对50个村和20个居民小区配套健身设施，全市新增体育健身广场41000平方米，公共体育设施综合覆盖率超过85%。全市《公共体育设施布局长期规划》编制工作获突破性进展，体育惠民工程发展脉络更加清晰。全年组织大型体育赛事活动、展演40余场次，组织开展健身科普、志愿服务活动10场次，“健康徒步行”“潍河湿地生态骑行”“潍坊市第二届宿将杯篮球赛”“第五届庆五一全市职工羽毛球比赛”等活动，参与人数达万人。气排球项目成为有一定影响力的群众体育赛事项目，夺得2016年全省冠军，代表山东省组队参加“2016年全国气排球联赛”，一举夺得金奖。全市体育行业协会增加到10个，俱乐部7个，在会总人数突破5000人。培养、发展各级社会体育指导员1420名，推动群众体育的长效发展。持续保持全省“群众体育先进单位”的优势地位。

【竞技体育】 全年组织和参加潍坊市以上级比赛18项，130个个人和7支代表队在各类比赛中分获冠、亚、季军。20余名昌邑籍运动员进入国家队、国青队及省运动队。昌邑市手球队（文山中学）在2016年8月全国中学生手球比赛中再次获得冠军。女子足球新秀杨曼、男子古典摔跤名将孟强2名运动员同时踏上里约奥运会赛场，特别是女足运动员杨曼在多次国际比赛上的出色表现，在里约奥运会上帮助中国女足挺进八强，获国际组织的盛赞，为家乡争得荣誉。

【昌邑市第七届全民运动会】 全运会开赛之前在全国范围内发出会徽征集公告，收到了来自全国17各省市的稿件，扩大了社会影响力。本次全运会的口号是“活力昌邑 健身全民”，共设置青少年组、行业组和镇街区组三个组别参赛，在城区设主赛区，龙池镇、石埠经济开发区设分赛区，比赛项目为23个大项，78个小项，共有10个镇街区和11个市直系统代表队6860名运动员参赛，年龄最大的79岁，最小的9岁。13人次在11个项目比赛中破纪录。

【体育产业】 深入贯彻落实国务院《关于加快发展体育产业促进体育消费若干意见》、国务院办公厅《关于加快发展健身休闲产业的指导意见》，挖掘体育产业潜力，发挥政策优势，争取国家和省级资金扶持，引导和鼓励社会资本投资体育产业，培养体育产业品牌，推动引如佳健身俱乐部等新兴体育产业跨越发展，带动体育产品和健身服务企业发展，全年新增体育产业有限公司1家，各类健身俱乐部、体育休闲会所11处，体育产品零售门店9家。体育产业总产值达到全市GDP的0.7%，同比增加11%，为体育事业特别是全民健身事业发展提供有力保障。

• 老年体协文体展演

【老年体协】 从全民健身、健康中国的战略高度出发，积极贯彻落实《山东省全民健身实施计划（2016—2020年）》，广泛动员、引导和组织中老年群体坚持开展体育健身和文化娱乐活动。2016年，全市老年体育活动站点达到78个；常年坚持开展文体活动的老年文体队伍达100余支。2016年，被授予省级先进站点12个；被授予潍坊市级先进站点24个；被授予省和潍坊市级体育健身明星带头人36名；昌邑市表彰的先进站点28个、先进个人28名。2016年，昌邑市老年体协组织若干支代表队参加了省和潍坊市体育局、老年体协组织的乒乓球、台球、太极拳剑、健身气功、广场舞、气排球、钓鱼等13个老年体育项目的比赛，均取得比较好的成绩，其中台球、乒乓球、广场舞、太极拳剑等比赛项目分别获得第一、二名。成功承办潍坊市老年乒乓球比赛项目和气排球裁判员培训活动，受到上级和兄弟县市的好评。

社会民生

She Hui Min Sheng

居民生活

【居民收入】 2016年，昌邑市居民人均可支配收入23171元，增长8.7%。其中，城镇居民人均可支配收入31168元，增长8.1%；农村居民人均可支配收入16304元，增长8.1%。城乡居民收入差距逐步缩小。

【居民支出】 2016年，昌邑市居民人均生活性消费支出14302元，增长9.8%。其中，城镇居民人均消费支出18995元，增长8.5%；农村居民人均生活性消费支出10272元，增长10.3%。

劳动就业

【搭建供需平台】 精心组织举办“春季人才交流暨春风行动大型招聘会”“庆三八——女性人才就业暨妇女创业项目展示会”“民营企业招聘周”“高校毕业生就业服务周”等洽谈活动，搭建企业招聘和劳动者求职供需见面双选平台，提供信息发布、职业指导、职业介绍、就失业登记、岗位援助等高效精准就业服务，促进城乡人力资源科学管理和有序配置。2016年，共举办各类主题性、专业性、综合性就业招聘会93场次，吸引204家企业入场招聘，提供就业岗位6593个，介绍成功就业5502人。实现参加城镇职工基本养老保险的新就业人员5500人，完成潍坊市目标值101.9%。2月15日—18日，市人社部门带领浩信、硕昌、同大三家岗位缺口较大、用工规范的企业，赴菏泽、河南省周口、濮阳等市开展跨区域招聘活动。通过采取参加现场招聘会、委托招工、以工招工等形式，累计引进外来务工就业人员近150人，较好缓解企业招工难题。

【实施就业精准扶贫行动】 与扶贫开发部门搞好联系对接，全面掌握有劳动能力和就业愿望的建档立卡贫困人口基本情况，建立动态调整管理台账。依托就业信息村村通活动，多渠道挖掘适合贫困人口就近就业和外出就业的岗位，加大岗位信息精准推送和“点对点”对接力度，帮助贫困人口通过就业实现稳定脱贫。同时，利用昌邑产业基础好、就业容量大、职业培训优势明显的条件，加强贫困人口就业技能培训，支持企业开展订单式、定向式培训，提高贫困家庭劳动力转移就业能力。年内为233名贫困户提供劳动技能培训，有208人通过转移就业实现脱贫。

【实施农民工三项行动计划】 2016年，市人社部门以有序推进农民工市民化为着力点，发挥市农民工议事协调机构各成员部门作用，建立沟通反馈和调度评估制度，抓住实施新一轮就业培训五年规划有利时机，整合社会教育培训资源，广泛开展了面向农民工的就业技能培训、岗位技能提升和转岗培训、创业培训以及特色培训等，按规定落实好培训补贴，提高培训效果，新型职业农民和产业工人培养迈出坚实步伐。深入实施旨在提高农民工劳动合同签订率的“春暖行动”，加强劳动用工执法监察，构建和谐劳动关系；全面施行全民参保登记计划，扩大农民工社会保险参保率和覆盖面；规范劳务派遣行为，落实同工同酬准则，基本实现在城镇稳定就业的农民工同工同酬权利落到实处；组织开展多次农民工工资支付专项检查行动，依法维护农民工劳动报酬权益。完善和落实农民工鼓励创业促进就业的政策措施，稳定和扩大农民工就业创业；构筑农民工随迁子女接受义务教育“绿色通道”，提高农民工随迁子女教育均等化水平；实施农民工住房保障制度，多举措保障农民工住房安全，有效改善农民工居住条件；加强农民工计划生育和公共医疗卫生服务，农民工适龄子女免疫规划疫苗接种率达90%以上，育龄农民工计划生育技术指导咨询覆盖率达85%以上，农民工社会治理和公共服务水平进一步提升。

【就业培训】 以服务产业转型升级、增强企业竞争力为主线，大力实施新一轮就业培训五年规划，整合利用社会教育培训资源，将有培训意愿的城乡劳动者全面纳入职业培训范围，构建完善劳动者终身职业培训体系。同时依托定点培训机构，大力推行企业订单、劳动者选单、培训机构列单、政府买单的“四单式”培训模式，有针对性地组织开展了电脑、财务会计、电子商务、居民服务、特色种养殖等就业技能培训、岗位技能提升培训和创业培训，加强培训师资队伍建设，落实培训补贴，提高培训质量，为推动实现更加充分更高质量就业提供了强大动力和技术储备。2016年，全市落实职业培训补贴428万元，职业技能鉴定补贴50.51万元，培训后取得“双证率”达100%。

【支持全民创业创新】 落实创业扶持政策。加强一次性创业补贴、创业岗位开发补贴、创业担保贷款贴息等扶持政策宣传解读，打好创业政策组合拳，优化业务流程，提高服务质量，加快创业扶持政策落地。2016年，共落实创业担保贷款财政贴息325.72万元，发放一次性创业补贴3.4万元，创业岗位开发补贴0.5万元。扶持发展创业载体。以实施“创业载体提升年”活动为契机，全力打造优质创业孵化平台，提升创业载体的专业化、标准化、规模化水平。2016年，昌邑市纺织产业创业园顺利被评定为潍坊市级创业示范园。促进重点群体创业。借助大学生创业园、中小企业电子商务孵化中心等平台，突出大学生科技创业、农民工返乡创业、企业家二次创业，大力发展众创空间，激发和释放全社会创业创新活力，提升创业参与率。2016年，全市创业参与率达0.8%。借助赛事展现风采。在2016年潍坊市组织

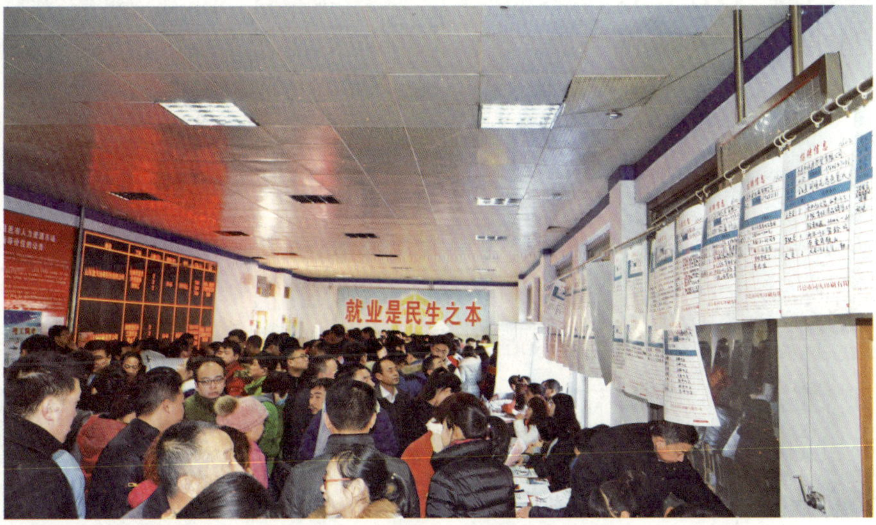

• 春季人才交流暨春风行动大型招聘会现场

举办的第四届创业大赛中，昌邑市两名选手最终进入决赛，取得前十名的好成绩，昌邑赛区获得了优秀组织奖荣号。

【预防和应对失业风险】 2016年，为招用就业困难人员企业支出社会保险补贴342万元。全面落实降低失业保险费率和失业保险支持企业稳定岗位政策，对全市化解产能过剩、淘汰落后产能、节能减排、主辅分离、兼并重组5类困难企业和所有采取有效措施不裁员、少裁员，稳定就业岗位，依法足额缴纳失业保险费的企业实施稳岗补贴，提高稳岗补贴政策的精准度和普惠度。2016年，为120家企业发放稳岗补贴241.49万元，减轻了企业负担，稳定就业岗位。为13078人次发放失业保险金1277万元。

社会保障

【落实惠民政策】 企业养老金调整共惠及全市25558名退休人员，月人均增加养老金165元。调整后，昌邑市企业退休人员的月平均养老金达到1901元，新增加的养老金从2016年1月1日起执行，共计补发3793万元；2016年，昌邑市第一次机关事业退休人员和企业退休人员同时调整养老金，符合条件的机关事业退休人员6228人，月增资164万元，平均增长养老金263元，增发的养老金于2016年9月底前已全部足额发放到位；同时根据上级规定和昌邑市经济发展、物价变动等实际情况，自2016年7月1号起，居民基础养老金发放标准由原来的每人每月85元提高到每人每月100元，惠及60岁以上的农村居民11万人，同时对缴费500元及以上档次的，每人每月补贴60元，惠及农村居民19万人。充分用足用活政策，主动上门，与相关部门、企业建立联动机制，达成并落实社保基金清欠“约法三章”。全市已有12家欠费企业为622名职工补缴了历年社保欠费，清理欠费850余万元，充实了社保基金，维护了参保职工的合法权益。截至2016年12月，昌邑市10个镇街（区）16989名需要入户调查登记人员已经全部完成，失联率在3%以下，已经全面完成了市下达的任务目标。长期护理在床26人（其中居家护理22人，医疗专护3人，机构护理1人）；结算78人次，发生总费用101862.64元，医院垫付91676.37元，个人自付10186.27元。

【工伤预防宣传培训】 贯彻落实《潍坊市工伤预防试点工作实施方案》，按照潍坊市社保中心的安排部署，经过对全市工伤参保企业的深入调研和计划安排，自11月起，在全市范围内开展了为期一个月的工伤预防宣传培训月活动，充分发挥网络、微信、展板、宣传材料等媒介，深入企业一线和生产基层，广泛宣传普及工伤保险政策和工伤预防知识。在广泛宣传的基础上，结合各企业的工伤保险运行情况和风险类别，选择浩信机械和荣源印染两家企业，聘请潍坊信德利职业培训学校的专业讲师，为企业生产一线的工人开展工伤预防专项培训，并于11月30日，组织全市近200家企业的安全生产管理员、劳资管理人员、特殊岗位工作人员，在会议中心举办一次工伤预防知识集中培训班，重点培训工伤保险政策和工伤事故预防教育、特殊岗位安全防护知识等内容。本次宣传培训月活动，累计培训企业职工2200多人次，取得了预期的培训效果，在全市初步形成全社会支持、全员参与的工伤预防社会氛围，为下一步积极探索建立科学规范的工伤预防模式，降低工伤事故发生率，保障职工健康和生命安全，维护基金安全发挥重要作用。除通过常规的媒体、网站等宣传方式外，居民医疗保险中心积极探索宣传方法，创新宣传形式，丰富宣传内容，制定宣传计划，借助居民医保微信公众号等平台，大力宣传居民医保参保及报销政策，并在筹资缴费期内印制宣传海报4500多份，张贴到市内各镇街区村委、各级定点医疗机构；发放宣传单40余万份，确保每个家庭一份；制作横幅100余条，悬挂到商场超市、居民小区等人流密集区，确保群众及时了解居民医疗保险的最新政策变动，切实增强群众的参保意识，扩大居民医疗保险政策的知晓率。此次宣传尤为突出的是印制《致全市学生家长的一封信》，介绍居民医保相关政策，并在宣传单页下方设置“回执单”，引导学生家长了解居民医保政策，确保通过学生带动整户参保，提高参保覆盖率。

【精准扶贫】 开展居民医保对口精准扶贫工作，查找调取贫困人员数据信息，进行系统比对登记，建档立卡精准扶贫。2016年，精准扶贫的人员共有4302人，建档立卡贫困人口全部纳入居民基本医疗保险保障范围，由政府按一档标准给予补助。按潍坊市要求对精准扶贫人员在居民医保政策上予以倾斜，居民大病保险待遇政策中，建档立卡贫困人员大病保险起付标准减半，医疗费用每段补偿比例提高5%，年度大病保险报销最高支付限额提高到50万元。

【退休审批】 2016年，办理企业正常退休审批1729人，组织审查上报提前退休人员97人（其中：特殊工种66人，女干部13人，部分部队人员18人）。协助潍坊市组织好企业职工因病或非因工致残劳动能力鉴定70人（其中，退职3人）。认真办理好认定企业单位退休人员遗属补助待遇申领资格。2016年，办理认定企业单位退休人员遗属补助待遇申领资格102人。积极推行企业特殊工种岗位设置、特殊工种人员的备案工作，办理特殊工种企业30家、设置特殊工种岗位49个、特殊工种人员1200人。

民政工作

【概况】 2016年，昌邑市民政局深入贯彻落实党的十八大精神，坚持“以民为本、为民解困、为民服务”的民政工作宗旨，积极探索为民服务新举措，狠抓各项工作落实，推动全市民政事业持续健康发展。年内，昌邑市被全国双拥工作领导小组、民政部、中央军委政治工作部授予“双拥模范城”荣誉称号；昌邑市民政局被潍坊市委、市政府授予“爱国拥军模范单位”荣誉称号；昌邑市委、市政府为民政局荣记“集体三等功”；昌邑市军队离休退休干部休养所被昌邑市委、市政府、市武装部授予“拥政爱民模范单位”荣誉称号。

【养老服务】 2016年，全市养老床位数达到3402张，每千名老年人拥有床位24.3张。昌邑济贤养老中心项目一期工程五栋楼已完工。龙池镇规划建设一处医养结合养老机构，占地1.875公顷，床位300张，项目总投资1500万元。围子镇新建敬老院投资300万元，占地0.283公顷，床位100张。根据《山东省养老服务项目建设用

• 围子街道辛城村产业扶贫项目

地管理办法》，为卜庄老年公寓建设项目申请到省级养老服务项目建设用地0.229公顷。加强养老机构安全检查。4月、6月，先后两次协调安委会下发通知，组织公安消防大队及市场监管局的工作人员对全市民政服务机构安全检查，指出各养老机构在食品安全、消防安全方面存在的问题、隐患，督促各镇街区在规定时间内整改到位。

【社会救助】 2016年，共计发放各类救助款项1944.8万元。4月份，通过潍坊市民政局对全市在保的8874名城乡低保对象进行信息比对，根据查询结果决定低保对象是否继续享受低保待遇。全市每个村（居）设1处低保公示栏，对低保对象户主的姓名、住址、保障人口数、每月低保金数额等内容进行长期公示，接受群众监督。从2016年10月1日起将城市居民最低生活保障标准由每人每月480元提高到每人每月500元；农村居民最低生活保障标准由每人每年3300元提高到每人每年3700元。从2016年12月1日起将农村居民最低生活保障标准由每人每年3700元提高到每人每年3800元；农村特困人员集中和分散供养标准由每人每年5600元和4200元分别提高到6100元和4500元。

【防灾减灾工作】

防灾减灾宣传　昌邑市减灾委员会下发《关于做好2016年防灾减灾日有关工作的通知》（昌减电〔2016〕1号），对“防灾减灾”宣传周活动进行安排部署。5月12日，全国第八个“防灾减灾日”当天，在昌邑市佳乐家超市广场开展以“减少灾害风险　建设安全城市”为主题的宣传咨询活动。市政府副市长，市民政局、市地震局等主要负责人参加宣传活动，共发放宣传材料8500余份。在全市中小学校开展防震减灾知识普及周活动，为全市71所中小学校发放防震减灾科普书籍《地震模拟演练》，在学校开展防震减灾科普讲座、防震减灾应急疏散演练、防震减灾科普征文等活动。同时，组织开展了防震减灾科普知识“进学校、进机关、进社区、进农村、进企业、进家庭”活动，市地震局到东店社区、市政务服务中心、石化公司、消防大队、前伍塔村等发放科普书籍，宣传防震减灾知识。

灾民冬春救助　昌邑市先后发生旱灾、风雹灾害共4次，8个镇街（区）受灾。为缓解冬春期间受灾群众口粮、衣被取暖等困难，减轻自然灾害给群众造成的损失，全市先后及时发放自然灾害救助金39.92万元。

• 走访贫困户

民生综合保险　为减少因暴风、暴雨、地震等自然灾害造成的居民人身伤亡及家庭财产损失，根据潍坊市要求，由市政府出资160.04万元为全市全体居民统一购买民生综合保险。7月，市政府召开由各镇街区及相关部门分管负责人参加的专题会议，对该工作宣传、具体落实进行了安排部署，同时对工作流程进行培训，确保在出现保险责任事故时能及时、快速地得到经济补偿，保证各方面对重大问题快速反应、及时解决，使损失降低至最低，维护正常的社会秩序，最大限度地发挥民生综合保险的作用。7月1日至12月31日，江泰理赔服务中心接到民政部门及居民报案咨询电话172次，符合承保条件立案31起，已全部结案，总赔款共计61.85万元。

【社会组织】

社会组织登记备案 稳妥推进行业协会商会类、科技类、公益慈善类、城乡社区服务类四类社会组织依法实行直接登记。年内，新增社会组织28家，2016年年底全市社会组织总数达到181家，其中社会团体76家，民办非企业单位105家。对社区社会组织实行登记备案双轨制，备案社区社会组织243家。

社会组织年检 采取网上申报和现场办理相结合，注重服务与加强监管相结合，2016年3月至6月，对应检社会组织进行年检，年检率94%。

社会组织优化服务 开展社会组织分类评估工作，委托第三方社会服务机构对社会组织进行等级评估，2016年对6家社会组织进行评估。推进政府购买服务工作，出台《关于印发〈2016年度具备承接政府职能转移和购买服务资格的社会组织名录〉的通知》。优化社会组织发展环境，登记注册2家社会组织孵化培育机构，扶持社会组织发展。落实社会组织统一社会信用代码。自2016年1月1日起，对新登记的社会组织全部启用统一社会信用代码；对存量的164家社会组织于2016年底全部完成换证赋码工作，赋码率100%。

社会组织党建 为切实加强党对社会组织的领导，促进社会组织健康有序发展，认真落实党建相关政策，推进社会组织建组织扩覆盖。2016年，新增党组织25个，社会组织党组织总数达到143个。

【优抚安置工作】 全市共有各类抚恤定补优抚对象5055人，其中：伤残军人544人，三属（烈士遗属、因公牺牲军人遗属、病故军人遗属）124人，在乡老复员军人519人，带病回乡退伍军人427人，参战涉核退役人员160人，60周岁以上农村籍退役老兵3097人，部分烈士子女184人。

抚恤优待 及时提高抚恤定补优抚对象的抚恤补助标准，相关抚恤补助资金全部及时足额发放到位，共计发放资金2760多万元。

优抚对象医疗保障待遇 按照《昌邑市抚恤定补优抚对象医疗保障实施办法》规定，2016年为全市重点优抚对象落实各项医疗保障待遇。为166名1级～6级残疾军人缴纳城镇职工基本医疗保险，并同步参加大额医疗救助。为1516名7级～10级残疾军人、“三属”、老复员军人、带病回乡退伍军人、参战涉核退役人员缴纳城镇居民医疗保险，所有优抚对象均享受定期门诊补助，其中60岁以上的1级～6级残疾军人有96人，门诊补助1500元/年，60岁以下的1级～6级残疾军人有86人，门诊补助1200元/年，7级～10级残疾军人、“三属”、老复员军人每人每年补助200元，带病回乡退伍军人、参战涉核退役人员每人每年补助100元，共计补助24.5万元。7级～10级残疾军人、“三属”、老复员军人住院补助比例提高至75%，带病回乡退伍军人、参战涉核退役人员住院补助比例提高至65%。全年共发放住院补助65.2万元。

义务兵家庭优待金发放 全市义务兵家庭优待金按照上年度农村居民人均可支配收入15082元的标准发放，其中对进藏、进疆等高原艰苦地区的按2倍标准发放，达到30164元。年内，优待义务兵554人，共发放家庭优待金907.94万元。

立功受奖军人家庭慰问 向全市2016年度立功受奖的62名现役军人和军人家属发放慰问金6.6万元。

农村籍退役士兵老年生活补助 为部分1954年11月1日试行义务兵役制至《退役士兵安置条例》实施前入伍，年龄在60周岁以上（含60周岁）、

未享受到国家定期抚恤补助待遇的农村籍退役士兵，按每服役一年义务兵（不满一年的按一年计算）每人每月发给20元的标准发放老年生活补助。全市符合条件的农村籍退役老兵共有3097人，全年发放生活补助费共409.3万元。

烈士子女定期生活补助　为居住在农村和城镇无工作单位、18周岁以前没有享受过定期抚恤金待遇且年满60周岁的烈士子女和中华人民共和国成立前错杀后被平反人员子女，按照每人每月300元的标准发放定期生活补助。全市共有符合条件的烈士子女184人，全年共发放定期生活补助费72.6万元。

退役士兵职业技能培训　2016年退役士兵职业教育和技能培训工作4月23日开班，按照自愿报名、自选专业、免费培训的要求，为2015年度的98名退役士兵进行为期三个月的自主创业、电子商务、市场营销、机电一体化、财务会计、汽车驾驶和烹饪等专业技能培训。

自主就业退役士兵补助金发放　2015年度共接收自主就业退役士兵183人，按照《山东省人民政府办公厅关于做好自主就业退役士兵一次性经济补助工作的通知》（鲁民〔2012〕34号）文件要求，对自主就业的退役士兵，按照每服役一年4500元的标准给予一次性经济补助。2016年，发放自主就业一次性经济补助428.4万元。

退役士兵政府安置工作　2016年，共安置事业单位3人、国有企业2人，选择自谋职业6人。按照上年度城镇职工平均工资额的2.5倍和1.5倍的标准，落实自谋职业补助费47.4万元。发放待安置期间生活补助费4.8万元。

【福利慈善事业】

齐鲁福彩助残行动　按照上级有关要求，配合省假肢矫形康复中心工作人员为全市11名低保、五保、孤儿中需要安装或更换假肢矫形器具的人员进行了前期采样、试样工作，并全部配备安装（更换）了假肢或矫形器。

落实弱势群体各项福利政策　民政局与财政局、残疾人联合会联合出台《关于做好困难残疾人生活补贴和重度残疾人护理补贴发放工作的通知》（昌民字〔2016〕9号），截至2016年底，享受困难生活补贴残疾人1798人，享受护理补贴的残疾人3157人，每人每月发放补贴85元，共发放资金496.26万元。继续做好孤儿、事实无人抚养儿童及困境儿童工作，及时足额社会化发放基本生活费。孤儿和事实无人抚养儿童58人，发放孤儿基本生活费48.82万元；困境儿童9人，发放资金1.44万元。继续落实失能老年人护理补贴及低保高龄津贴制度。失能老年人6人，发放护理补贴0.79万元；80周岁以上低保老年人699人，发放高龄津贴69.53万元。

提升慈善救助质量　开展“慈心一日捐”活动。2016年共收到各镇街区、市直部门、单位、企业和个人捐款327.02万元，接收定向捐款201.06万元（其中企业捐赠基金5万元），接收捐物2.19万元，共计接收款物530.27万元。实施“情暖万家”工程，救助特困家庭193户，发放救助资金38.6万元；救助贫困学生40名，发放救助资金38.6万元；救助孤儿55名，发放救助金额5.5万元；救助农村五保老人357名，发放救助金额35.7万元；救助城市“三无”人员1名，发放救助金额0.1万元；为全市敬老院和五保老人配套28.5万元的面、油、大米及棉被褥等物资，用于改善老人生活；共计支出善款112.6万元。开展“阳光助残——白内障复明工程”救助活动。联合市残联、市民政局、市卫计局、市人力资源和社会保障局救助患者100名，救助患者医疗费10万元。开展“特困救助”活动，救助特困家庭59户，发放救助资金11.8万元。联合团市委、市关工委、市文明办及市扶贫办实施昌邑市“牵手关爱志愿服务行动”活动，拨付善款5万元，共为186名特殊青少年提供帮扶。开展贫困大学生救助，救助贫困大学生6名，发放救助资金2.4万元。开展临时救助。救助特困家庭10户，救助金额2.7万元。

扎实开展扶贫救助工作　根据潍坊市委、市政府《关于精准扶贫精准脱贫坚决打赢脱贫攻坚战的实施意见》《潍发〔2016〕2号》《潍坊市农村建档立卡贫困人口基本医疗保障暂行办法》（潍办发〔2016〕26号）文件要求，脱贫攻坚期内，拨付“慈心一日捐”善款55.3万元为4298名建档立卡贫困人口交纳医疗商业补充保险。联合市扶贫办开展建档立卡贫困家庭医疗救助活动。救助贫困家庭12户，发放救助资金3.6万元。实施产业扶贫计划。为解决插花式贫困户问题，联合市扶贫办，从“慈心一日捐”资金中拨付150万元，用于脱贫攻坚。

【殡葬公益化改革】

公益性公墓搬迁　至2016年底，城区共计完成搬迁24处，腾出土地16.87公顷，发放补偿款436.37万元。城区公墓全部搬迁完成后，可节约土地30.67公顷。腾出的土地按照城区总体规划用于基础建设。

殡葬惠民政策落实　2016年11月，重新修订印发《昌邑市减免基本殡葬服务费用实施细则》，自2017年1月1日起，基本殡葬服务费用最高可减免1210元。2016年，有4898名逝者的家庭享受到政策优惠，共减免殡葬服务费用427.9万元。

【专项社会事务管理】　严格按照《中华人民共和国婚姻法》《中华人民共和国收养法》等法律法规，做好婚姻登记工作和收养登记工作。全年共办理结婚登记2846对，离婚登记847对，补发结婚登记2058对，补发离婚登记证90本，共办结收养登记24例。做好流浪乞讨人员救助管理工作。全年救助流浪乞讨人员62人，通过护送、接回及给予资金或购买车票等方式帮助22人返家，全年共拨付救助资金47万余元。

【基层民主政治建设】　督导镇街区在各村（居）积极开展民主协商活动，不断加强村级治理创新基层民主协商形式，通过开展“村（居）民议事会”“民主听证会”“民情恳谈会”等基层民主协商活动，建立由党组织领导、自治组织主导、群众广泛参与的基层民主协商制度，进一步保障群众的知情权、参与权、表达权、监督权，促进群众依法自我管理、自我服务、自我教育和自我监督。

督导镇街区推动各村（居）进一步规范村规民约与民主自治章程，树立社会主义核心价值观　通过对昌邑市村（居）务公开修订、村（居）级自治组织建设、村（居）务公开民主管理等情况进行督查，督导镇街区推动全市村（居）严格按照相关法律规定，结合各自实际情况，由全体村（居）民集体讨论，进一步规范村（居）规民约与民主自治章程，把居民的权利和义务，村（居）级各类组织之间的关系、职责、工作程序以及经济管理、社会治安、村风民俗、计划生育、社会主义核心价值观等方面要求进行梳理，保障群众的合法权益，加强村（居）民的自我管理、自我教育、自我服务。

抓好村（居）务公开，加强民主管理　督导镇街区推动各村(居)委会严格进行村(居)务公开，把每月的8日作为集中统一的村（居）务公开日，各行政村于当日公开上月党务、政务、事务、财务、服务等有关情况，公开的内容保留10日以上。同时，对临时发生的村（居）务及时向居民公开，涉及居民群众利益的重大问题以及群众关心的事项随时发生随时公开，进一步提高民主管理水平。全市村（居）务公开已达到100%。

【区划地名工作】

第二次全国地名普查（补查）　及时调整普查工作领导小组成员，制定地名补查《实施方案》，落实各级补查专项经费65.04万元，聘请5名文史专家担任质量监理员，组建市、镇（街）、村三级补查队伍共775人，分级分批培训各级补查员811人次。在市地名普查办及全市50个成员单位的共同努力下，地名补查资料初稿上报工作顺利完成。共采集11个大类30个子类的地名信息4360条，收集图录典志资料100余册，形成各类音像资料80G，圆满完成阶段性工作任务。

地名文化建设 按照“边普查、边保护、边清理”的原则，定期进行调度督促，基本摸清全市地名文化建设及不规范地名现状。工作中共搜集地名相关图录典志100余册，撰写地名论文1篇，建立昌邑市地名文化保护清单和不规范地名清单，登记具有本地文化内涵、具有保护意义的地名115个，筛查出需要重点整治的不规范地名8个，制定相应处理措施。

社区建设

【概况】 按照“一厅一校十室”标准完成38个农村社区服务中心改造建设。积极推进“四全一特”城乡社区建设，按照功能齐全、生活服务周全、基础设施安全、治理机制健全的标准，打造各具特色的品牌社区。通过层层筛选、实地查看等程序，最终确定了1个市级示范社区潍水社区和10个乡镇级示范社区，作为“四全一特”示范社区重点打造。加快农村新型社区建设，将农村新型社区建设作为统筹城乡发展、推进乡村文明行动进程的重要载体，以“优化土地资源配置、强化集约节约用地、提高农民生活质量”为目标，因地制宜、创新思路，汇聚民智、统筹推进，成效显著，农村生活居住条件明显改善，农民生活质量水平明显提高，有效助推了城乡一体发展、和谐发展。昌邑市农村新型社区24个，2016年续建提升4个，完成社区道路绿化、市民活动广场铺装等工作。农村新型社区纳入一体化管理，配套建设了健身场所和活动器材，营造环境优美、功能完善、服务便捷的居住环境。石埠社区已纳入乡村文明行动管理，成功入选山东省农村新型示范社区。

【优化社区布局规划】 按照坚持以人为本、遵循地域相近、便于资源要素整合，特别是有利生产、方便生活的原则，对城乡社区布局规划进行合理调整，下发《昌邑市人民政府关于公布全市城乡社区布局规划调整方案的通知》（昌政发〔2016〕4号），规划到2018年提升完善14个城市社区和84个农村社区。制定出台《中共昌邑市委办公室 昌邑市人民政府办公室关于印发〈昌邑市农村社区服务中心建设三年行动实施方案〉的通知》（昌办发〔2016〕17号），明确昌邑市农村社区服务中心建设的目标、任务、建设标准及保障措施。制定出台《昌邑市农村社区服务中心建设考核办法（试行）》（昌社办字〔2016〕1号），文件规定考核方式、内容和标准，把社区服务体系

• 马埠社区服务中心

建设纳入年度经济和社会事业发展综合考核，为全面贯彻落实昌办文件奠定基础。

【城乡社区服务中心建设】 推进奎聚、围子街道制定新规划的城市社区服务中心建设计划。指导镇街区制定农村社区服务中心建设三年行动计划，并按照文件要求，全力推动2016年的38个农村社区提升改造工程。

加强社区服务体系建设，充实社区工作人员。将村“两委”干部中享受财政补贴的人员全部纳入社区管理，提升了社区融合度和凝聚力，健全社区服务制度，规范社区运行。指导社区培育发展社区志愿者（社工）队伍及各类协会等社会组织，不断完善社区服务体系。积极推行“四社联动”（社区、社区社会组织、社会工作者、社区志愿者）服务机制，在结合2015年“四社联动”试点社区经验的基础上，在城市社区全面推行“四社联动”服务机制，并选取两个农村社区作为新的“四社联动”试点社区，积极建立以社区为平台、社区社会组织为载体、社区工作专业人才为支撑、社区志愿者为依托的“四社联动”服务机制。运用“互联网+”管理服务模式，实现管理服务水平双提升。指导镇街区制定“互联网+”进社区三年行动计划，运用“互联网+”思维管理模式，拓宽社区信息交流渠道，积极建立“视频互动平台”“工作交流微信群”“政务信息公众号”等信息交流平台，为群众提供便捷高效的服务。加强社区协商制度建设。督导城乡社区开展形式多样的社区协商活动，鼓励群众积极参与，切实尊重群众在协商活动中的主体地位。并选取了3个城乡社区，推进建设潍坊市级社区协商示范点，建立社区协商台账。加强社区工作人员培训，与组织部门配合开展社区“两委”干部及工作人员培训约700人次。协调市、街道落实城市社区工作经费和社区建设补助经费475.9万元。

老龄工作

【概况】 截至2016年第4季度，昌邑市总人口586394人，60周岁以上老年人口141463人，占全市总人口的24.12%。65周岁以上老年人口91980人，70周岁以上老年人口57570人，80岁以上高龄老年人口19816人，90周岁以上老年人口2430人，百岁以上老年人口36人。全市老龄化程度较高，居潍坊市首位。

【老年人权益保障】 认真落实《关于开展老年人法律服务和法律援助工作的通知》精神，积极把民生领域与老年人权益维护纳入法律援助范畴，进一步降低老年人法律援助门槛，使法律援助惠及更多老年人。龙池镇民政综合服务中心申报成功“山东省老年人公益维权服务示范站”。截至2016年，昌邑市共有“山东省老年人公益维权服务示范站”三所。分别是“昌邑市法律援助中心”“围子街道法律服务所”和“龙池镇民政综合服务中心”，同时围绕省级老年人维权服务站，昌邑市各镇街区都建立了老年人维权服务站。

【高龄津贴政策】 90～99周岁老年人享受高龄津贴，标准为：每人每月60元。此政策自2013年7月，正式开始实行，截至2016年，昌邑市有2430人（数据随时变动）左右享受该项津贴。此项津贴，每年由昌邑市财政拨款150万左右。共发放154.68万元。

100周岁以上老年人享受长寿补贴，标准为：每人每月600元。截至2016年年底，昌邑有51人（数据随时变动）左右享受该项补贴，每年补贴总额约20万元左右，由山东省、潍坊市、昌邑市财政各承担1/3。共发放23.64万元。

【“银龄安康”工程】 2016年5月11日，昌

● 老年文化活动

邑市老龄工作暨“银龄安康工程”工作会议在市会议中心第五会议室召开。市政府副市长、市老龄委主任刘煜做专题讲话。2016年，昌邑市共为老年人投保269.29万元，完成60周岁以上老年人全覆盖，其中潍坊市财政为昌邑市80周岁以上老年人每人赠送一份，总额193190元。老龄办获得《2016年度潍坊市实施银龄安康工程先进单位》一等奖，有25人受到省、潍坊市的表彰。

【孝德文化建设】 昌邑市老龄委2016年5月11日下发《关于组织创评“潍坊市孝德文化教育基地（示范点）”的通知》，要求在各地创建孝德文化教育基地，推广孝德文化，弘扬孝德精神。昌邑绿博园孝德文化教育基地、石埠经济发展区李范村孝德文化教育基地、下营镇军营村孝德文化教育基地、卜庄镇卜庄小学、都昌街道新村中学、围子街道滨河社区、柳疃镇初级中学等七处单位参与孝德文化教育基地创建工作。

【老年文化建设】 2016年10月，组织开展“老人节”“敬老月”系列庆祝活动，市委、市政府下发《关于认真开展敬老月和庆祝老年节活动》通知，市领导班子走访慰问昌邑市5名百岁老人。联合老年大学、老年体协开展一系列文体活动。2016年9月，参与“潍坊市十大孝星”评选活动，围子街道敬老院马文华院长成功当选。由老龄办主办、邮政局承办，以各邮政支局为单位组织为期两个月的“银龄杯”中老年广场舞大赛，共有两千余位中老年人参与。组织参加山东省第五届老年健康与长寿理论研讨会、中国（山东）国际老龄产业博览会、第五届山东省老年书法美术大赛、第四届潍坊市老年文艺会演大赛等活动，丰富老年人的精神文化生活。

民族宗教

【综述】 2016年，昌邑市民族宗教局（简称民宗局）在市委、市政府的正确领导和上级民宗部门的精心指导下，紧紧围绕全市改革发展大局，坚持管理和服务两条主线，创新工作思路，转变工作方式，依法履行职责，全面完成了各项任务目标，维护全市民族宗教领域的和谐稳定。被潍坊市民宗局评为“2016年度全市民族宗教信息调研工作先进单位”“2016年度全市民族团结进步创建工作先进单位”。

【民族工作】 组织开展“民族团结进步宣传月”活动，多种形式宣传党的民族政策和民族知识。都昌街道北海社区、围子街道仓街社区、柳疃镇柳疃小学3个创建点，均圆满完成潍坊市民宗局验收。在已创建的南逄社区、潍水社区、滨河社区、文山社区、宋庄社区、北海社区等6个民族团结进步示范社区设立少数民族服务窗口。及时为14户穆斯林农户发放春节前牛羊肉价格一次性补贴，为3名少数民族高考生进行身份认定。采取实地调研、召开座谈会、到相关部门查阅数据等方式，对全市少数民族常住人口和流动人口进行全面调研，摸清少数民族常住人口和流动人口的底数，并分析影响民族团结的主要问题、处理民族关系的主要经验及教训、当前民族关系的分析研判、处理好民族关系的建议等4个方面进行全面调研，撰写调研报告。

【宗教工作】 扎实推进宗教教职人员备案和主要教职任职备案工作常态化，加强后续管理，健全完善宗教教职人员年度考核制度，已协助潍坊市基督教两会完成了对昌邑市8名基督教教职人员的民主评议。夏店慈云院念佛堂、基督教三自爱国委员会均申领组织机构代码证，开设单位银行账户，配备具有会计从业资格的会计人员。深化以“规范年”为主题的和谐宗教活动场所创建活动，建立健全了宗教团体民主议事制度、评议制度、考核制度和约谈制度，引导宗教界人士爱国爱教，遵纪守法，内强素质，外树形象。扎实开展“宗教政策法规宣传月”活动，举办“发挥正能量，共筑中国梦”法律知识培训班，市民宗局、市司法局的有关负责人为宗教团体、宗教活动场所班子成员和信众骨干37人进行宗教政策、有关法律法规方面的系统培训。开展“宗教慈善周”活动。基督教、佛教教职人员和信教群众分2次走访慰问了3家敬老院，为老人们送去米、面、油等生活用品和现金，总价值达1万余元，慈云院还募集4000元，资助了10名“春蕾女童”。梳理行政审批事项，审批事项全部进驻市政务服务中心。制定和完善权力清单制度和“双随机一公示”（在监管过程中随机抽取检查对象，随机选派执法检查人员，抽查情况及查处结果及时向社会公开）制度，加强行政审批事项的事中事后监管，对宗教活动场所、教职人员、清真食品企业等进行不定期抽查，对可能存在的问题，确定专人负责，确保及时解决到位。

3月，对全市16家清真拉面馆进行调研，全面了解其业主、从业人员、经营等情况；5月，开展民间信仰情况调研，初步摸清了全市28项民间信仰活动、25处民间信仰活动场所的场所或活动分布、历史沿革、建筑年代、建筑规模、崇拜对象、活动和管理等情况。7月，开展全市宗教情况调研，形成调研报告。9月，开展清真食品管理调研，深入到5处清真食品企业全面了解其清真食品认定时间、少数民族职工、生产规模和能力、生产流程和进货、贮存、运输等方面的情况，组织有关人员对清真食品的管理进行认真的探讨，提出下步工作的意见和建议。

镇（街）园区

Zhen Jie Yuan Qu

奎聚街道

【概况】 奎聚街道位于昌邑市中部，面积67.8平方千米。2016年，辖区59个行政村，常住户数13855户，人口8.7万，耕地面积2580公顷。全街道地方财政收入13240万元；工业实现销售收入24.8亿元，利税2.2亿元，分别增长7.2和0.2%。规模以上工业主营业务收入23.8亿元、利润1.6亿元、利税2.2亿元。农民人均纯收入27310元。获得昌邑市先进集体荣誉称号。

【经济发展】 工业发展势头强劲，以纺织印染、机械制造、电动机车等行业为主导，限额以上工业企业18家；金丝达集团自主研发的城乡生活垃圾资源化利用技术得到省市领导高度重视，省委主要领导现场调研，省政府主要领导作出专门批示，潍坊市政府出台专项支持政策，省环保厅到企业座谈调研，一致认为该项目前景广阔，意义重大，生活垃圾资源化利用技术走出国门、走向世界。大力发展特色农业，拥有昌邑市最大的林果、花卉和苗木生产基地。2016年，新认证岔河玫瑰香葡萄园为农产品地理标志，新注册家庭农场7个。加强农业农村基础设施建设，投资100余万元，新打机井85眼，维修机井71眼，新建变压器7台，改造农灌线路13千米。新建生态示范村22个，新建农田林网133.33公顷，完善林网200公顷，新建苗木基地33.33公顷，新建片林26.67公顷，造林绿化150万株，建立“绿色奎聚、生态奎聚”的大绿化格局。以全福元商业圈、中百大厦商业圈为中心的服务业快速发展；金鑫商务会所、引如佳家居广场服务能力不断增强；翰林大酒店、新嘉国际大酒店等星级酒店设施完善、服务周到；郝家城后商务楼、相隅精宿等总部经济、楼宇经济蓬勃发展；城市社区整合阳光大嫂、“12343”家政服务等社会服务资源，为其免费提供办公场所，促使社会化民生服务业转型发展，不断培强做大；东店社区推进“互联网+”项目，开设e城便利商店，为电商产业注入新的活力。

【城乡建设】 奎聚街道区位优势明显，交通便利，南接潍莱、济青高速，206国道横穿东西，距潍坊市区、下营港仅30千米，至青岛仅1小时车程。街道城市建设日新月异，环境优美、设施完善，建有东方家园、金域华府、城市金典等优质小区；街道面对困境抢抓机遇，主动作为孕育生机，积极回应群众关切，从最薄弱处做起，从维护回迁户利益抓起，拿出强硬手段和铁的手腕，整治回迁房、烂尾楼问题，推进烂尾楼盘复工，在建楼盘提升，竣工楼盘完善，打响城镇建设攻坚战。停工5年的阳光嘉园重新复工，开工6年之久的公园道壹号完成回迁；金域华府、泰和华府、城市金典、书香苑等小区快速推进；三得利片区改造、同心家园老旧小区改造等新一批民心工程进展顺利；美澳嘉苑等精品小区于2016年下半年开工建设。

【创城活动】 推进创城工作向智慧化、网络化、精细化延伸，构建起“监控系统网上督查、社区属地条块管理、党员义工动态巡逻”的“天网、地网、人网”三位一体推进体系。按照“硬化道路不留断点，绿化全线不留空点，净化环境不留污点，美化家园不留盲点”的整治标准，推动美丽乡村建设及城乡环卫一体化行动，实现农民生活新提高，村容村貌新变化，美丽乡村建设取得显著成效，从群众身边实事做起，坚持用好负面清单法，条块结合、多级联动，做到横到边、纵到沿，无缝隙、全覆盖。共投入资金900多万元，出动劳力3万人次，清运垃圾1.20多万立方米，完成路域治理190千米，切实改善广大群众的生产生活环境。

【民生事业】 下大力气解决学校大班额问题，新开工一批教学楼工程，其中，奎聚小学现有学生1281人，最大班额达66人。2016年，街道投资1900万元，新建设奎聚小学教学楼2栋，总建筑面积9611平方米，明年4月底建成投入使用，可容纳个48个教学班、2160名学生。南隅小学现有27个班、1393人，教学楼1715平方米，最大班额56人，教学楼建于1985年，系C级危房。7月4日，启动教学楼扩建工程，改建后建筑面积达4866平方米，可容纳33个班级。街道投资3000余万元，新建党性教育基地、“东方·创业谷”及善德教育基地，形成融“红色文化+创业文化+善德文化”为一体的综合文化阵地。昌邑党史馆、俊青党支部坐落于奎聚街道党性教育基地，面向全市党员免费开放，共接待1000余名党员参观考察。奎聚街道与昌邑市委组织部、昌邑义工联合建设善德教育基地，弘扬扶危济困、乐善好施的传统文化，推动善德基因代代传承。2016年下半年筹建的“昌邑籍名人名家书画展示馆”，成为昌邑市首家公益性文化传播交流基地。

【便民服务】 推行“101”服务理念，全方位贴心民生服务，服务大厅设立7个服务区、18个办事窗口，将街道部门站所服务事项统一集中到窗口办理，实现服务中心与部门站所融合一体，工作人员全程跟靠，实现“一站式”服务；吸纳文化、创业、家政、卫生、义工、金融、电商等惠民单元纳入整个服务体系，让群众来到社区就能享受到“保姆式”优质服务；建设“智慧奎聚”平台，全天候监控辖区安全生产、社会治安，突发事件实时视频通话，第一时间现场解决问题；开发“奎聚社管通”APP，社区干部、村级干部和党员义工担任信息员高密度巡查大街小巷，发现问题及时拍照上传，指挥中心调度转办，对群众所急所盼第一时间受理、高效率办结。

奎聚街道－城北社区服务中心

【党建工作】 构建"街道党工委＋社区联合党委＋基层党支部"党建责任体系，形成区域统筹、条块结合的党建工作新格局。成立5个城市社区"大党委"，将隶属不同系统、掌握不同资源的党组织联系成为紧密的党建共同体，并从驻区单位选聘25名社区党委兼职委员，充分发挥其在社区党建、项目建设、社会稳定等问题上的积极作用，形成多方协同、资源统筹的区域化服务合力。引导90余家非公企业建立联合党支部29个、4家幼儿园成立党支部，配备党建指导员，积极推进"两学一做"学习教育，分层制定学习教育责任、问题、整改"三张清单"，选派57名联系指导员全程跟踪指导，确保了学习教育实效。全面推行村级"支部生活日·阳光议事日"活动，强化村级"三务"公开力度，59个村全部通过核查验收。对6个后进村和7个年集体经济收入3万元以下村，逐村制定整改方案，带头包靠整顿，全部完成转化。组织落实基层党建7项工作任务，55个未按期换届的基层党组织均已换届，补交党费13.7万元。推行村支部书记、村主任绩效考核制度，严格按照标准，按月发放绩效工资。建立村干部履职情况档案，为在职村支部书记、村主任购买人身意外保险，发放一次性补助，解除农村干部后顾之忧。

都昌街道

【概况】 都昌街道位于昌邑市西部，面积191平方千米。2016年，辖12个社区（5个城市社区、7个农村社区），82个村居，2.83万户，人口8.8万，耕地1.19万公顷。全街道完成地区生产总值71.2亿元，比上年增长9.2%；一般公共预算收入0.893万元，比上年增长8.9%；工业实现主营业务收入44.48亿元，利税2.97亿元，分别增长12.6%和增长8.3%；第三产业增加值达3.8亿元；农民人均纯收入17565元。后埠村获得山东省人民政府安全生产委员会颁发的"2015年度全省消防安全'责任落实年'活动先进单位"称号；利民社区获得山东省精神文明建设委员会颁发的"2015年度省级文明社区"称号。

【工业高端化】 积极顺应供给侧结构性改革趋势，瞄准高端高质高效，引导荣源印染投资2600万元对生产线进行升级改造，新上设备17台/套，新增2400万米/年高档产品加工能力，淘汰落后产能4400万米/年。全力抓好石化集团、同大集团、华晨集团的服务工作，促进企业进一步延伸产业链条，提升企业核心竞争力。抓好医药、节能环保等新兴产业的建设推进工作。协调有关部门，加快海欣药业环评进度，力争二期项目尽快开工建设。推进昌邑恒泰环保科技有限公司年产500吨溴七氟丙烷项目，不断深化技术攻关，强化质量管理。加快发展绿色新能源产业，积极与中煤科工清洁能源股份有限公司对接，全力促成项目落户。2016年，走访企业20家，收集企业发展过程中用工、资金、销售等方面的困难和问题25条，帮助提出解决措施28条并逐条进行落实，全面保障企业持续健康发展。

【农业现代化】 积极培育农业龙头企业、农民专业合作社、家庭农场等新型经营主体，新注册家庭农场80个，发展专业合作社100家，整村建制的专业合作社2个；现代农业产业园和葡萄种植基地建设，北裴庄村新发展薄皮核桃26.67公顷，东侯富庄葡萄园新发展露天葡萄53.33公顷，总体规模达到80公顷。加快推进双台、南逄高标准农田项目施工，完成硬化道路14.1千米，建设桥涵2座，整理土地66公顷，开挖、疏浚排水沟29千米。不断加强高效节水灌溉及小农水工程两个项目设施管护，均已顺利通过验收。街道农产品质量安全管理办公室配备专职工作人员4人，对大姜、草莓、蔬菜等农产品的种植、储存、销售环节进行全程指导监督，发放违禁农药明白纸

1 万余份；先后开展 7 次全面抽样检测，抽检样品 1600 余种，并建立了详细的监管台账，做到全程可追溯，进一步提升农产品质量安全水平。加快美丽乡村建设。82 个村居持续清理垃圾 4800 余立方米，通过定期巡查，发现问题立即整改。配合市水利局做好丰产河生态湿地修复、泥河清淤、南水北调、堤顶路硬化等市级重点工程的民事协调工作，确保工程顺利推进，促进生态环境有效改善。硬化后埠、岞埠、陈洼、角埠等村道路 28 千米，安装路灯 400 盏，修建健身活动广场 6300 平方米，安装各类健身器材 56 套，建设农家书屋 7 个，农村群众的生产生活水平进一步提升。

【现代服务业】 引导做强以都昌路、利民街、新村街、山前街为框架的“一路三街”服务业组团。以餐饮农贸、汽车服务、日用百货等为主的特色服务业集群规模膨胀快速。加大华海贸易广场、城西汽车交易市场、宏大、琨福等重点服务业项目的宣传、扶持、服务力度，积极推动现代服务业品牌化、专业化、协同化发展。2016 年，龙港物流园和二手车交易市场已完成规划设计；琨福新建大姜市场项目和宏大市场二期改扩建项目主体基本完成。将“互联网 +”作为推动服务业跨越发展的助推器，投资 800 万元引进潍坊麦村公司“淘村购”项目，建设线上购物平台和创客孵化基地，已建成市级运营中心 1 处、镇村服务网点 20 家。华海云商平台充分发挥实体基地资源和信息管理优势，带动华海贸易广场的销售额实现新突破。

【新型城镇化】 坚持把旧村改造作为加快城市建设、构建和谐社会的重要举措，科学规划，因村制宜，不断提高安置率，切实保障群众权益。西安家埠旧村改造工程投资 6500 万元、建筑面积 2.8 万平方米的 3 栋高层住宅楼现已全部封顶。贵和嘉园项目，2016 年 3 月开工建设，规划建设多层住宅楼 6 栋、2.8 万平方米，主体工程已完工，准备进行内外装饰。世纪华城 1500 平方米商务楼已完工。投资 7 亿元的刘辛社区旧村改造工程已全部建成投用，共建设居民楼 78 栋，总建筑面积 36.9 万平方米，168 处商业门头房已部分营业。刘埠社区整体搬迁工程已顺利完成，实现 108 户居民的整体搬迁工作目标。

【社会综合治理】 街道 85 名机关干部到社区工作，为社区居民提供计划生育、社会保障、人民调解等服务。紧抓精准扶贫工作，完成脱贫人数 364 人。为 76 名残疾人申请了专项补贴，办理低保 23 人，为 11 户贫困户进行了危房改造。在补偿款未发放到位的情况下，群众自愿签订协议，共迁坟 46 个，姜井 63 个，树木 2800 余棵，保证施工任务按规定时间顺利推进。为维护胶东调水秩序，2016 年安排 1200 余人次，24 小时轮流值班 70 天，确保不发生问题。全面推进平安街道建设，投资 130 万元，安装高清摄像头 169 个，实现辖区主要路口视频监控全覆盖。

• 都昌街道建成的整洁优美居民小区

【党建工作】 深入开展“两学一做”学习教育，坚持从实际出发，整合利用各种资源要素，扎实推进基层服务型党组织建设，服务群众的能力大大提高。按照上级组织部门要求，对原有社区服务中心打造升级，先后投入资金470多万元，在王耨、马埠、双台3个社区新建服务大厅1700多平方米，对化埠、永安、褚庄3个社区进行硬件升级，并投入100多万元，在全部社区搭建视频会议系统，极大提升社区工作硬件水平和为民服务效率。按照体制健全、制度完善、运行规范、管理高效的基本要求，积极为群众提供“一门式”办公、“一站式”服务。2016年6月，利民社区获“省级文明社区”荣誉称号。积极探索创新，借鉴“互联网+”思维打造线下线上两大载体。线下，印制了“党群服务卡”，将社区书记姓名、职务、电话等信息向群众公开，24小时接听群众来电。共发放服务卡2.2万张，接处群众来电1700余次，征集意见建议930多条。线上，充分利用“昌邑党建云平台”等现有平台，并建立都昌街道党群服务微信公众平台及党员交流群，将街道工作安排及群众诉求解决情况第一时间发送到街道党员干部手中，大大提升工作效率，缩短了干群距离。充分利用每月20日的村级“阳光议事日”工作，通过民主议事、社区协商等方式，对群众反映集中的问题进行专题研究，提出有效的解决对策，最大限度的满足群众所需所盼。“两学一做”学习教育开展以来，共解决群众反映热点问题620余件，切实维护群众的切身利益。

【党风廉政建设】 严格落实党风廉政建设，强化党工委主体责任和纪工委监督责任，严格落实纪工委坚持深化转职能、转方式、转作风的要求，深入推进党风廉政建设和反腐败工作。坚持把纪律和规矩挺在前面，认真落实中央八项规定，严格执行公车改革、清退办公用房标准要求；贯彻落实领导干部个人重大事项报告制度，督促全体干部深入认真的向组织述职述廉；不断强化集中学习、舆论引导、警示教育，全面开展廉政教育；不断强化执纪问责，严厉查处违纪违法案件。积极转变纪工委监督检查方式，对各重大事项进行优先监督，对工作执行情况进行日常监督，对工作结果的有效性和操作过程的廉洁性进行追踪监督，实现对主抓者、主责者、监督者的再监督，满足新常态下的工作要求。共查办违法违纪案件8起，给予6名党员党纪处分，批评教育14人，诫勉谈话2人，通报批评31人。

围子街道

【概况】 围子街道位于昌邑市东部，面积161.88平方千米。2016年，辖18个社区、127个行政村，28861户，人口10.04万人，耕地面积9840公顷。全街道完成地区生产总值80.06亿元，比上年增长8.1%；一般公共预算收入8690万元，比上年增长14.9%；工业实现主营业务收入260.2亿元、利税17.6亿元、分别增长18.2%、增长14.7%；第三产业增加值达26.5亿元；农民人均纯收入16000元。2016年，被山东省评为“省级文明乡镇”“省级特色产业镇”称号。

【新城建设】 围绕“注重宜居、强化统筹、突出特色”新型城镇化建设理念，梯次推动城区、社区、乡村协调发展。完成土地储备的义气镇片区、东西丁片区、董隅片区、王隅片区、围子片区、亿润片区、金口片区等全部按全市大规划统一实施。南环路、院校东街、滨河东路融会贯通，形成22平方千米的东城发展框架。完成下小路、平安街、昌平路3条城区道路及宋庄社区全长18千米的排污管网工程。丁庄路、宫甲路、育新街等城区道路陆续开工建设。济贤养老中心、城东热源厂、昌邑市妇幼保健院、公共服务中心东区、潍水学校等陆续投入使用，潍水生态居住区、院校东街片区、祥龙御园片区等集中居住区加快推进，按照打造江北花彩小镇的要求，确立了以“三园八区”为中心点，以花彩大道为线，以花木示范区、多彩社区和出彩乡村为面的发展思路，精心打造花彩围子特色小镇，实现由普通的乡村整洁到靓丽多姿花彩乡村的美丽转变。已打造“两园一城一长廊”示范园区官道、辛隅花木示范区3处、966.67公顷，花彩大道6条18千米，多彩社区6处，出彩乡村62个。

【社区建设】 围绕“服务偏远群众，强化服务实效”建设宗旨，按照“四全一特”建设标准，三年内建成面积达标、功能完善、运转正常的18处社区服务中心。在东部区域新建了于郜社区、姚郜社区和仓街社区，总投资1000万元，规划建筑面积3500平方米。改造了李家社区，完善了宋庄社区、毓秀社区、滨河社区和邢家社区等服务中心。

【工业转型】 结合城市建设新区规划，逐步淘汰小微企业及技术落后项目，先后搬迁永富弹簧、磁力坞电机、万华弹簧、昌荣机械等成长型企业到滨海工业园区培强做大，淘汰规划区内昌华机械、新立铸业等24家小微企业，同时不再安排落户项目建设用地。积极发掘新的增长点，增强经济发展后劲。海澳电器投资5000万元，新上台湾亿鸿环保节能生产线7条，其中电镀车4月份试生产。永富弹簧继续保持良好发展态势，一季度年销售收入同比增长22%。浩信集团年产200万套免维护轮毂单元生产项目、200万件涡轮增压壳生产项目正在试生产。通达弹簧投资1.5亿元年产60亿万支精密油封弹簧生产项目。华信纺织投资2700万元新上国际领先水平的喷气纺机264台。浩信集团投资1.2亿元的5万吨覆膜沙循环经济项目正在试生产。华信纺织投资1000万元的1兆瓦太阳能光伏项目正在建设。潍坊保利智通太阳能光伏有限公司投资8400万元占地66.67公顷的高标准冬暖式种植大棚项目、昌邑市辉腾贸易有限公司投资3000万元年产20万吨姜苗秸秆有机生物肥生产项目以及投资2.5亿元的雅迪瓷砖生产项目正在筹划。

逐步引导企业由汽车、供暖部件生产向多元机械化方向迈进。广通机械向城市环卫配套设施制造转型。新型机械加工中心替代单一加工模式，现已组建280台套，生产数量和质量大幅提高。机械模具规模化生产渐成体系，已发展600多个品种，年生产能力达20万台套。中铸集团紧抓“一带一路、海绵城市”等国家建设政策，转型发展城市地下管廊配套部件生产，自主研发生产的中国及亚洲品牌“中铸井盖”在中央电视台地理频道广泛宣传，并积极开拓国际市场，已销往德国、韩国、澳大利亚、东南亚等20多个国家和地区。自主研发的高铁部件制造项目已进入铁科院论证阶段，申请专利后投产。

依托“山东省汽车零部件产业园、山东省机械铸造业基地、潍坊市机械制造产业集群、潍坊市首批新型工业化产业示范基地”等区域品牌效应，投资2000万元，新建互联网+机械协同制造产业平台，打造高端专业机械装备市场，为优秀企业提供优质服务，促进大众创新、万众创业。亿润暖通参与国家行业标准制定，国内十大品牌之一“亿润”品牌散热器成为国家行业标准制定的重要参照。

依托潍坊保利智通光伏能源有限公司、山东广通机械有限公司、第三棉纺厂，已引进泰山学者3人、中科院“百人计划”1人。浩信集团、昌宁集团、诚发机械、中铸铸业已创建省级技术中心、市级技术中心8处，永富弹簧、诗梦车饰计划申报市级技术中心各1处。已申请专利58项，其中实用新型专利23项、发明专利2项。3月27日浩信集团举办山东省铸造协会六届六次理事会，研讨的覆膜沙和消失模工艺已列世界领先水平。改造提升以汽车精密件、精密弹簧、家电为重点的机械装备制造业核心竞争力，引导企业外移初加工产品，增多深加工、精密生产项目。正大机械数控自动化中心项目投产达效。中铸铸业、浩源机械各新建新型流水线1条。浩信集团建成年产200万套涡轮增压壳项目、自主研发的年产200万件免维护轮轮毂单元生产项目和100万套高端发动机缸体精加工项目。精密弹簧、通达弹簧进口油封弹簧缠绕机项目均已投入使用。

【产业融合】 昌邑益嘉高端新型养殖示范园区总占地4公顷，总投资1亿元，规模化养殖蛋鸡20万只。6月份开工建设，全部投产后，每年可提供新鲜、安全、优质绿色蛋品1.6万吨。引进新希望六和养禽大学的基础上，建立全国首家集科研、养殖、示范、推广为一体的综合性养殖示范园区。依托山东省机械工业协会命名的山东省机械铸造业基地和围子机械制造众筹商会，引进万户赢长商用车配件交易平台，创建了互联网+机械协同制造产业平台项目。互联网+机械协同制造产业平台专门为服务汽车后市场和机械制造精密件销售，而打造的集汽车精密部件、个性化供暖套装件等产品展示、网络推广、网上交易、第三方物流为一体的专业化平台。

● 围子街道法治文化广场

【民生事业】 围子街道针对各村实际情况，因村制宜，在村村都有硬化路的基础上，全面启动“百村联网”路硬化工程。投资2000余万元，对40多条连村路进行高标准硬化，总里程达50多千米。截至2016年年底，已经完成14条总长18千米的连村路硬化。

总投资2000万元，建立完善养老服务体系，因地制宜，合理布局。初步建立起街道养老中心、社区敬老院、村幸福院中高低三级养老服务机构，涵盖集中养老、居家养老、日间照料等多种服务模式，有效解决了农村老人对养老机构的需求。济贤养老中心正在进行内部装修；滨河社区养老院、邢家社区养老院正在紧张施工，黄埠社区养老院正在加紧完善；两处中心村互助院已经建成；覆盖全街道、面向全市及周边县市的养老产业正在加快形成。

2016年，累计投入资金4200万元用于学校提升建设，按照“初中提升、小学整合，服务群众、优质办学”理念和校舍标准化要求，高起点规划，高标准建设，对全街道3处初中、9处小学、23处幼儿园进行全面改建和提升，学校面貌和教职工精神风貌焕然一新，全街道所有学校实现优质、均衡发展的跨越。其中，新建大章小学、宋庄初中等校舍1.8万平方米，改扩建校舍1.4万平方米；改扩建仓街初中、民丰幼儿园等11处标准化餐厅1400 平方米；为所有中小学配备空调180余台，实现取暖降温空调化。其中幼儿园、小学、宋庄初中是潍坊市一流的一体化新建工程。

【美丽乡村建设】 结合全国文明城市创建和美丽乡村建设，采取“三管并举”，对城乡主干道实行高标准绿化，新植朴树、榉树、思棉木、胶州卫茅等北方优质花木3万株，二月兰等地被植物2万平方米，极大提升了路域治理和城乡环卫一体化水平。全街办127个村全部实现环卫托管，建立日清理、周保持、月集中行动工作机制，纳入社区、村级班子考核。出台奖补政策，投入900多万元，整治清理所有村庄道路300多千米、安装更换LED路灯600多盏，硬化道路18千米。辉腾贸易有限公司新建20万吨姜苗秸秆处理项目，拟回收姜苗、玉米秆等，变废料为肥料，从源头上解决秸秆处理难问题。推行“共赢管护”的绿化美化模式。按照“街办+村庄+基地”的思路，街办定方案，村庄供土地，基地搞绿化，把主干道两侧集体土地提供给苗木公司无偿使用种植花木，花木公司按街办方案进行道路绿化和管护，共同参与、产权明晰，实现乡村环境改善、花木产业拓展的共赢。

龙池镇

【概况】 龙池镇位于昌邑市西北部，面积182平方千米。2016年，辖4个社区，8286户，人口2.49万，耕地面积4000公顷。全镇完成地区生产总值14.37亿元，比上年增长7.1%；一般公共预算收入6068.9万元，比上年增长-29%；工业实现主营业务收入83.63亿元，利税7.41亿元，分别增长9.7%和-0.1%。第三产业增加值达2.37亿元，农民人均纯收入1.67万元。

【滨海开发】 龙池工业园是潍坊市循环经济示范园区，园区已完成供水、供电、道路、绿化等基础设施配套4平方千米，建成两纵两横道路5.2千米，日可供电1.6万伏、供水1.2万立方米、供汽1000吨、污水处理10000吨，项目承载力日趋增强。重视“三招三引”工作。园区共落户海能化学、三力本诺、东元连海等16个项目，总投资60多亿元。2016年新引进了潍坊市污泥无害化项目、聚砜新材料项目、直链醇醛项目、鸢华“双钠”项目、海能化学蒽醌和环丙烷项目等6个总投资过20亿元的项目。10月，龙池工业园区获批潍坊市首批发展类化工园区。潍坊三力本诺化学工业有限公司与四川大学共建研发平台，“羰基合成及催化氢技术联合研究中心”成功挂牌，引进的高层次人才陈华博士担任研发中心主任。与四川大学达成合作意向，建立校企结合的高性能聚合物研发中心。投资100万元实施了园区南入口改造提升工程。同时开展光缆入地工程，将显露在外的光缆整体入地，提升园区整体档次。

【农田水利基本建设】 成立专门的涉水涉地项目工作领导小组，全面推进落实龙池镇土地整理项目、高标准农田建设项目等生态农业项目，东利渔基本农田整理项目和国土资源局万亩高标准农田建设项目开工建设。“百塘治理生态修复工程”全面启动。依托村容村貌整治、城乡环卫一体化、百塘治理和精神文明创建工作等镇级行动计划，对全镇103处湾塘进行了全面综合治理，开挖土方8000立方米，打通断头河，配套节制闸、进水闸、桥涵等建筑物，种植了柳树等树苗2万多棵，实现了百塘串联、水系贯通。新建完善农田林网1733.33公顷，更新完善防护林带100公顷，绿化丰产河等河流水系18千米，园区建成区道路两侧全部完成绿化，植树12万株。投资8000万元在东利渔村南，大莱龙铁路以东，新沙路以北，利用废弃河道，开工建设46.67公顷的小型水库，用以增加地表水蓄水量，增加区域内工农业用水，改善生态环境以及发展旅游业，提高供水保障能力。发展绿色生态旅游。注重“文化”“生态”“旅游”三者的有机结合，建设故村花田、龙文化主题观光园、梦幻花海农业生态观光园，凸显“文化”与“养生”双重魅力和功效。

【小城镇建设】 加快圣福苑、富龙花园、君逸家园等农村集中居住区的建设进度，配套完善生活服务设施，引导镇区周边居民搬迁入住，实现农村人口向楼区的集中连片居住。以两个“千万工程”为抓手，重点打造昌邑一流的龙池初级中学，投资1120万元、建筑面积5600平方米的教学楼主体建设工程全部完成，总投资1200万元的学术交流中心、“桃李园”广场、体育场、高标准塑胶跑道、体育场看台等基础设施正在建设中。由山东鸢华集团投资7000万元建设山东颐爱养老康复中心，设床位300余个，建筑面积1.7万平方米，打造全市一流的医养结合型养老品牌。与杭州入荷电子商务有限公司和青岛富昕豪商贸有限公司合作，建成中国电商（龙池）渤海产业园龙池电商创业孵化基地，主打电商教育培训，带动农民致富。拥军工作从不缺位。投资60多万元，拆掉原址11间平房，建设面积2000多平方米的红旗广场，完成雕塑安装、广场铺装和绿化，安装了高杆路灯。8月13日，由山东龙乡文化旅游发展有限公司主办了综艺大篷车走进龙池拥军文艺会演，丰富拥军载体，促进了军民鱼水情。积极争取上级大中型水库后期移民扶持项目，硬化三瓦路、楼子出村路等镇级道路10千米。投资700万元加大了对4个社区的规范化建设，重点打造了白塔社区，将白塔社区打造成了红色文化鲜明的特色示范社区。深入推进“平安龙池”建设。投资80余万元，安装监控摄像头1600多个，建成了全时段、无死角的监控网络。投资15万元，新购警用、城管用巡逻车三辆，为日常巡逻和事故处理提供了设施保障。

【文化旅游】 龙池白塔烈士祠、孙膑庙、陈干墓、齐西故居群等6处历史文化遗迹被评为省级文物保护单位。依托红色文化，以龙池抗战历史为题材，建设龙池抗日战争纪念馆，成为全国首家由乡镇承建的抗战纪念馆，是省级爱国主义教育基地。齐西村凭借着保存完好的清朝故居群，获批国家级传统村落，龙池年俗、剪纸、制盐被列为潍坊市非物质遗产保护名录。大力发展文化旅游，充分挖掘龙池特有的古迹文化、红色文化、非遗文化、军旅文化、龙文化、水文化等资源优势，建成了以齐西古村落、故村花田、龙文化主题观光园、抗日战争纪念馆、王海伟民间艺术馆、龙池文化展览中心为核心的“龙乡水韵·千年古村”文化旅游项目，配套古村大舞台、公共自行车、

• 龙池镇乡村建设

自行车骑行专道、休憩设施、观光旅游车、景区巡逻车等基础设施，增强文化旅游项目承载能力。7月2日，成功举办“昌邑市首届乡村旅游节暨第一届龙乡文化节”，日接待旅客量达到2万人次。创新运行“政府引导、社会参与、企业投资、市场运作”的新兴模式，与山东龙乡文化旅游发展有限公司签署项目合作协议，将“龙乡水韵·千年古村”文化旅游项目推上市场化运营轨道。

【党建工作】 利用龙池镇历史文化资源，打造涵盖齐西古村齐氏家训、抗日战争纪念馆红色文化、龙文化主题观光园龙文化精髓、陈干墓爱国主义教育、龙池文化展览中心党性教育、家风家训传统文化等的6个教学点，找到传统文化在当代的植根点和落脚点。投资40余万元建设龙池镇智能综合指挥系统。系统共设33个站点，涵盖视频会议、直播频道、党建资料、安全生产监控、天网工程等多项内容，有效实现上下两级双向沟通、镇村两级的实时对话，提高全镇工作效率。昌邑市义工联合会龙池分会及其党支部和昌邑市老年大学龙池分校、龙池镇老年学校挂牌成立。组建一支由全镇机关干部、村党支部书记、村主任、镇直部门负责人、企业义工代表组成的200人党员义工服务队，开创将“党员义工”活动作为“两学一做”学习教育重要实践方式的党建亮点。

柳疃镇

【概况】 柳疃镇位于昌邑市北部10千米，面积324.7平方千米。2016年，辖10个社区，13889户，人口4.8万，耕地面积4600公顷。全镇完成地区生产总值92.3亿元，比上年增长10.3%；一般公共预算收入1.37亿元；工业实现主营业务收入397亿元、利税30.4亿元，分别增长9.5%和10.1%；第三产业增加值达37.8亿元；农民人均纯收入17995元。获“全国重点镇”“山东省重点示范镇”称号。

【产业发展】 全镇各类企业近400家，规模以上企业79家，年产丝绸、纯棉、化纤等各类布匹13.3亿米，年印花、印染生产能力15亿米，产品品种230余个，柳疃已成为江北最大的装饰布生产基地，打造了江北最大的棉纺织品交易市场。全镇盐化工企业17家，共有盐田52万公亩，全部实现溴盐联产，年产原盐225万吨，占全省海盐产量的1/5，年产溴素2.3万吨，占全国溴素产量的18%。围绕昌灶路打造全省最大的纺织产业带，长6千米，聚集大中型企业18家，带动中小企业100多家，年销售收入超过300亿元。在镇区以北10千米建设柳疃工业园区，规划面积50平方千米，落户企业35家，总投资96.2亿元。投产项目29个，在建项目6个，年产值超过127亿元。

投入技改资金11亿元，更新改造落后生产设备13台（套），高新技术产值占规模以上工业总产值的比重达到45%。富润纺织科技与上海纺织科学院、北京纺织学院合作建立了独立的制版研发中心。华宝公司投资10亿元新上异形纤维项目。润德生态纤维公司投资6000万元研发的秸秆清洁综合利用项目，创造了全国唯一。坚持以优质品牌引领行业转型，柳疃牌印花棉布被评为中国驰名商标。“潍柳”牌丝绸及丝绸产品是山东名牌。“雅风”牌丝绸及丝绸产品是山东名牌、山东省著名商标，产品95%以上用于出口，供应LV、爱马仕、阿玛尼等国际知名品牌。“昌飞”牌工业盐、工业溴是山东省著名商标。

第三产业产值达到30.32亿元。中国棉纺城占地100公顷，建筑面积30万平方米，仓储物流面积18万平方米，建成展销门店977套，2016年市场交易额将达到100亿元。依托中国棉纺城，打造了“易商平台、微商创业园、保税仓库”三大模块，建成了集产、供、销、学、研五位一体的综合型、专业化的纺织产业集群服务平台。经济南海关批转建设的 1 万平方米的保税仓库已投入使用，结束了昌邑市无海关特殊监管场所的历史。

以农田项目建设为中心，先后实施小型农田水利重点县高效节水灌溉项目、千亿斤粮食项目、千亿斤粮食田间工程结余资金项目、高标准农田项目等 13 个农田建设项目，建设灌溉沟渠、管道 14.1 万米，配套扬水站 16 座，打井 286 眼，全镇 5000 公顷农田实现抗旱排涝保丰收，农业总产值达到 9.3 亿元，改善农业靠天吃饭的局面。积极推进农业产业化发展，流转农村土地 2533.33 公顷，成立农业合作社 117 个，家庭农场 60 家，发展高效观光农业和优质苗木种植业。

【新型城镇建设】 2016 年，对全镇总体规划与控制性规划进行修编，详细性规划覆盖率达到 100%，并编制完成农村新型社区布局、基础设施、产业发展、生态景观四个专项规划，确立“一体两翼，南接北扩”的发展思路，镇区建成面积达到 6.75 平方千米。累计投资 12.5 亿元，打造“六纵十横”的路网框架，建成华裕公寓、政亨园、龙苑新区等十余个集中居住区，建筑面积 20 万平方米，入住人口超过 8000 人，初步形成小城市规模。建成柳疃热电和新源热力两处热电厂，全部取消燃煤锅炉，镇域内实现集中供热，粉尘实现零排放。建成济青天然气门八分输站，镇区天然气普及率 100%。铺设污水管网 94.3 千米，企业污水、生活污水全部纳入污水管道，镇域内所有排污实现集中处理、达标排放。投资 1000 多万元建设龙河公园、朝阳广场等 7 处绿地公园，新增绿地面积 58.3 万平方米，对龙河路进行改造提升，打造十里龙河景观带，人均绿地面积达到 18.39 平方米，镇区绿化、环卫托管率 100%，道路实现 24 小时保洁。

累计投资 6.7 亿元，完成工业园区基础设施配套 8.7 平方千米。修建道路 27 千米，形成“五纵五横”的路网框架。架设高压供电线路 43.5 千米，建设 110 千伏变电站一座，安装 80 千伏变压器 5 台，路灯 600 盏，园区所有道路全部亮化。

实施乡村文明工程　全镇 72 个村均完成硬化、净化、绿化、美化、亮化“五化”提升，出村路、连村路、村内主干道硬化率 100%，绿化率 100%，村内次干道硬化率超过 67%，并配套建设健身广场和文化书屋，12 个村建设乡村幸福苑，让群众享受到发展的实惠。

• 中国（柳疃）棉纺城

【绿色柳疃】 构筑“一面三线”的大生态格局。东部，以潍河为纵轴，建设长达20千米的万亩潍河林场。其中，占地100公顷的流青园被评为山东省农业示范园区。南线建设153.33公顷太马林场。中线打造小龙河湿地公园，配套昌灶路两侧绿化7千米。北线，西面建设2666.67公顷柽柳林，东面建设86.67公顷辛安林场，中间穿插2000亩新海林场和1号、2号、3号防护林带，在镇域以北构筑起一道坚实的绿色屏障。全镇生态林面积超过4666.67公顷，主要道路绿化普及率100%，规划区林木覆盖率达到45%。

【民生事业】 累计投资10亿元，建设政务服务中心、卫生院、学校和敬老院等民生项目。社会保险综合覆盖率达到100%。扎实开展精准扶贫，完成151户240人脱贫任务。双拥工作成效显著，被潍坊市和潍坊军分区评为“征兵工作先进单位”，发放义务兵优抚金87万多元。关爱弱势群体，累计办理老年人优待证3千余人，每年投保银龄安康30多万元，发放五保供养金、低保重残金、残疾人护理补贴、低保高龄津贴等各项补贴200多万元。投资1900万元建设青乡为农服务中心，新海路以北2666.67公顷农田的规模化经营由规划变为现实。建设柳疃公交客运站，公交车直达园区，群众出行更加方便。投资500万元实施农村公路安全隐患治理工程，完成5条道路217处隐患整治，道路交通事故率明显降低。

下营镇

【概况】 2016年，下营镇位于昌邑市北部，面积220平方千米。辖5个社区，35个行政村，8601户，人口2.3万，耕地面积3720公顷。全镇完成地区生产总值16.7亿元，比上年增长8.1%；实现地方财政收入2.4亿元，比上年增长9.1%；工业实现主营业务收入41.7亿元，利税7.8亿元，分别增长9.9%和10.2%；第三产业增加值达0.1亿元，农民人均纯收入1.7万元，年内获得“省级文明镇”等荣誉称号。

【转方式调结构】 加快推进“僵尸企业”并购重组或退出进程。利用企业原有厂房和土地进行二次招商，力促企业兼并重组，激发企业活力。抓好廒里盐化研发中心、滨海创业服务中心建设，支持奥友生物、通润化工、成泰化工、华普医药等7家企业进行技术改造，为滨海下营发展提供强劲动力。营造良好的环境平台。加大新能源利用力度，发展绿色能源产业，推行清洁生产，从源头上争创绿色园区。简化企业审批程序，建立和完善企业信息共享平台，力促银企对接，真正实现“政策更优、审批更快、服务更好”。

【产业集群】 重点围绕石油化工产业，依托成泰化工、金典化工等龙头企业，大力引进相关项目入园建设发展，实现链条式发展。对于下营港的建设，抓紧开展专题招商，引进有实力、有港口建设管理经验的投资方，争取尽快实现质的突破。争取大项目。坚持招大招强，积极参加江浙地带、长三角、京津地区的招商活动，将世界500强、国内百强、大型企业集团、上市公司作为重点目标对象，积极寻求项目信息。做好新引进投资180亿元的三峡集团100万千瓦海上风电、12万千瓦路上风电等新能源项目的启动工作。继续加强推动中国化工集团山东化工原料基地升级改造工程项目洽谈工作。着力推进海天生产系统工艺优化升级项目、奥通药业年产500吨那韦中间体和900吨巴坦中间体项目、东泽化工搬迁项目、百极新材料5000吨感光胶项目建设进度，实时督促天恩能源光伏电二期项目、新澳化工二期项目、中安橡胶二期项目、东江环保蓝海环境保护有限公司工业废物处理及再生利用项目等9个重点项目工期进程，以项目进度激活园区活力。

• 今日下营

【基础设施建设】 加强基础配套设施建设，强化园区生产性、生活性水网、电网、天然气、蒸汽管网建设，对园区道路破损、毁坏情况进行勘察统计，对路灯进行 LED 灯更换；加快投资 6180 万元的鹏昊 50000t/d 净水工程和配水管网建设，新建 110KV（千伏）变电站一座，结合海水淡化项目，采用水电联产方式，实现海水淡化水和电力联产供应；推进亿兴公司供热项目，设计规划园区至镇区的供热、天然气管线，争取将园区的热能、天然气供应到镇区。抓好下营工业园污水处理“一企一管”运营管理及在线监控工作，加快中信环境污水厂二期工程建设及蒲河屠宰废水治理及管道更换工作，将屠宰废水全部纳入污水厂处理，彻底解决蒲河污染问题。加快投资 6 亿元东江蓝海环保危险废弃物的无害化处置及资源化利用项目的建设，提高园区固废处理水平。重点对异味企业进行实时监控，根治工业园异味污染问题。

【滨海宜居城镇建设】 继续沿东西两线突出渔盐文化、现代社区、传统孝道等元素，打造盐渔特色乡村。着力提高镇区绿化水平，突出抓好滨海休闲度假区、沿海旅游景观带等项目建设，打造生态文化旅游基地。全力推进下营港工程，加快建设与港口规模相配套的临港物流园区，完成万吨级航道、防波挡沙堤等基础设施建设。继续推进潍河东堤顶路及下小路北延工程，打造市区到北海“渔港观光、海滩拾贝、渔家品鲜”海湾体验“半小时”直通车道。集聚镇区人气。继续推进镇区月亮岛·御庭和福海豪庭等商业楼项目建设进度，盘活楼盘剩余土地。重点推进占地 20 公顷的中国水产科学研究院下营增殖实验站、遗传育种实验室建设，加快迁村并点进度，继续推动商业银行、超市等生活配套服务机构进驻，聚集镇区人气。

【农业农村现代化】 加强农田水利等农业基础设施建设，加快推进投资 500 万元的五干渠、六干渠串联工程，做好蒲河下营段的清淤工作，解决蒲河以东农田灌溉难题。大力发展现代农业。着力推进占地千亩的鼎力薄壳核桃种植和海蜇、基围虾、底播贝类等海产品养殖，加快品牌化发展步伐，加快构建新型农业经营体系，促农业增效、农民增收。切实加强建设农村社区便民服务大厅及警务室、卫生室等配套设施，完善村级组织活动场所建设，开展“一站式受理、一条龙服务”，打造下营社区服务新亮点。

【公共服务体系建设】 以镇区政务服务中心

大厅为核心，进一步完善医院、图书馆、文化馆和商业银行等镇区公共服务机构，对19处卫生室规范化管理建设，做好二甲村、冯家村、大院村三所幼儿园修缮改造工作，全面辐射各农村社区的综合服务体系。认真落实各项惠民政策。做好小麦、玉米和棉花良种补贴、农机推广补助、农村道公路交通工程低息贷款等各种惠农政策补贴发放工作，全面推行“村民福利款、村民土地补偿费”等大额资金发放通过农商行“惠农一卡通”代发制度，真正惠及群众。

卜庄镇

【概况】 卜庄镇位于昌邑市东北部，面积115平方千米。2016年，辖10个社区，16170户，人口5.2万人，耕地面积7866.71公顷。全镇完成地区生产总值26.83亿元；实现地方财政收入4338.5万元；限额以上企业销售收入309448万元、利税47064万元；第三产业增加值达到95642万元，增长9.3%；农民人均可支配收入16315元，增长8.9%。获得全市城乡环卫工作先进镇街区，全力宣传文化工作、政务公开工作、土地管理工作、旅游业发展先进单位等荣誉称号。

【旅游强镇建设】 卜庄镇有丰富的文化旅游资源，峻青旧居、夏店街古民居群、王滨故居、慈云院、省级重点文物保护单位姜泊五大功民国建筑群；拥有胶东军区副司令、昌邑首个“农民协会”创办者、革命烈士陆升勋，中共昌邑县委第一任书记、革命烈士张智忠，新中国第一代电影导演王滨，以卢守同、韩其宽、徐洪亭、卢清波等为代表的有影响力的侨胞等历史名人；拥有省级非物质文化遗产大窑土陶砖雕技艺、流传千年的手工草编等文化遗产。还是著名的侨乡、胶北特委所在地、拥有久远的丝绸文化等文化资源。镇政府紧紧抓住市政府建设堤顶路这一有利契机，借势发展，深度挖掘潍河沿线村庄的历史文化、红色文化资源，着力打造红色文化历史文化旅游路线，带动全镇经济社会发展。为打造红色文化历史文化旅游线路，抽调精干力量成立了工作组，聘请有关专业人士具体指导，将与卜庄有关的古建筑群、名人、传记、传统产业进行精心挖掘。年内，胶北特委旧址暨卜庄抗战纪念馆、姜泊五大功复原陈列暨姜泊村史馆、西海军分区后方医院几个景点已打造完毕，并对外开放。

【生态卜庄建设】 树立和坚持绿色发展理念，发挥地处潍河、胶莱河两河之间的地理位置优势，突出区域绿化、特色种植、环境保护，把绿色生态与富民强镇有机结合起来，加快生态卜庄建设。区域绿化方面，通过开展村庄空闲地和湾塘绿化，提升村庄绿化数量，年内新增绿化达标村庄22个，绿化出村路55千米，植树11万株。重点打造顺达金叶榆苗木基地、金丝达元宝枫种植基地和华彤高档苗木繁育基地，总面积突破1333.33公顷，形成具有卜庄特色的苗木品牌。做好大陆梨枣

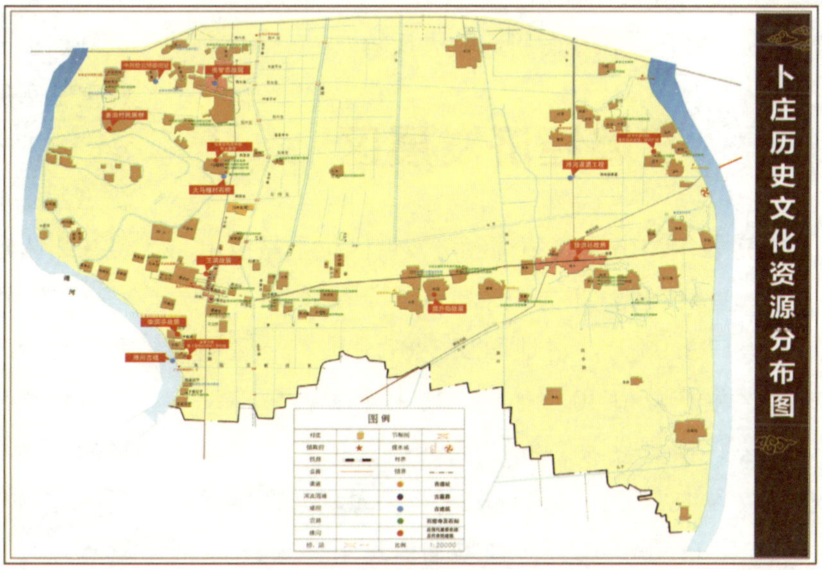

卜庄镇历史文化资源分布图

一二三产业融合发展。加快推进大陆梨枣科技示范园项目建设，开工建设6900平方米梨枣交易市场，建成300吨梨枣保鲜恒温库，建设1800平方米集展示、储存、实验为一体的为农服务中心。在环境保护方面，为36家食品加工企业实施“一企一管”工程，交由中信联合环境水务有限公司管理，卜庄食品加工企业的排污难题彻底解决，生态环境明显改善。

引进凯特新材料、三鑫、恒信达、润安化学等多家企业。明兴生物有限公司新上的海洋红酵母菌发酵生产虾青素项目为企业发展注入了新的活力。通过重视科研成果转化，依据家庭农场，引进青岛农业大学水肥一体化项目，小麦亩产达到1360斤，增产30%以上。积极争取到耕地地力保护项目，为镇域内7333.33公顷耕地免费实施“土地深翻+整地镇压”，提高蓄水和抗旱能力，主动保护地力。2016年年底，全镇共流转土地3200公顷，发展市级以上农业龙头企业12家，注册农业专业合作社96家，家庭农场20个。同时，积极争取千亿斤粮食结余资金项目、白衣庙土地整理和高标准农田建设项目，为农业专业化发展奠定了良好基础。通过挖掘培植传统优势产业，充分发挥草编产业优势，助力扶贫攻坚。省轻工联社主要领导前来调研，省委政研室、省政府研究室刊发报告，在全省引起较大反响。

石埠经济发展区

【概况】 2016年，石埠经济发展区位于昌邑市中部，面积100.5平方千米。辖8个社区，14026户，人口4.98万，耕地面积5467公顷。全区完成地区生产总值40.1亿元，比上年增长9.3%；一般公共预算收入1486.3万元；工业实现主营业务收入18.1亿元、利税2.26亿元，分别增长10.3%和11.5%；第三产业增加值达16.1亿元；农民人均纯收入17142元。现全区拥有工业企业89家，新引进6家。

【文化旅游】 总投资3.5亿元的青山秀水旅游度假区，已完成投资2.2亿元，建设完成天鹅湖、鸟语花香、太阳岛等30多个景点；围绕旅游创新，将西方的房车和东方的庭院文化相结合，打造了房车营地和生态花海景观，投资1500万元的旅游房车营地和占地8公顷的薰衣草花海已完成建设；占地2.67公顷的黑弹朴古树群景观，已完成设计规划。依托青山秀水旅游度假区，规划建设占地40公顷的青山采摘园。一期大棚采摘体验区21个春秋棚和13个冬暖棚已投入使用，露天采摘体验区已完成种植桃树、大樱桃、杏、葡萄等24公顷，被山东省旅发委评为“山东省精品采摘园”和“山东省生态休闲农业示范园区”。青山景区和青山采摘园，已累计接待游客23万多人次，新增就业岗位400余个，实现经济收入2500余万元。

【工业经济】 华玉塑机新投资建设的4000平方米研发大楼和7000平方米生产车间已投入使用，拥有6项发明专利和8项实用新型专利，生产的大型全自动中空吹塑机械，在产品技术、规格等方面填补国内吹塑行业的多项空白。全区形成以华玉、华东、鲁宏、新恒达等企业为代表的塑料机械产业集群，成为石埠经济增长的新引擎。立辉重工军民融合产业园建设迅速推进，5月，与长沙南方机床厂签订战略收购协议；6月，与山东能源重装签署海军舰船装备再制造合作协议；总投资3.2亿元的爱菲特机械，三个车间已建成投产。3月，公司跟世界上最大的农机制造公司凯斯纽荷兰签订全球供应商采购协议，承担51个品种的产品批量供应，交易额达1亿元人民币。总投资18亿元的山东城矿环保产业园项目建设顺利，一期餐厨垃圾资源化处理设备研发制造、废旧轮胎裂解等项目已建成投产，成功列入首批“山东省城市矿产示范园区”。

【现代农业】 全镇已形成2000公顷土豆、1333.33公顷大姜、333.33公顷草莓、66.67公顷果蔬休闲采摘、400公顷高档苗木等现代农业示范基地，打造"西郭"牌土豆、"潍荷"牌莲藕、"青山红岫"牌瓜菜等一批绿色品牌。有农业龙头企业12家，农民专业合作社70多家，新增家庭农场15家。河东社区600公顷小农水高效节水灌溉项目已经完成，投资1680万元的2466.67公顷高标准农田改造建设项目及投资1500万元的666.67公顷千亿斤粮食增产项目已完工。奥孚苗木示范园完成扩大种植66.67公顷，苗木存圃总量160万株，实现标准化生产和智能化管理，已成功申报山东省省级苗木繁育标准化项目。

● 2月18日，石埠经济发展区党员集中培训现场

【商贸服务业】 形成副食品、服装、汽车、家具、竹木、建材、农机农资、农产品八大专业市场。共有个体工商户2200余家，其中，餐饮类业户216家，副食品批发业户262家，多集中在商业街；服装类业户207家，多集中在鑫盛服装城和艾森商贸城；家具市场经营业户29家；建材市场经营业户54家；较大的物流经营业户2家；汽车销售及维修经营业户16家；农机农资市场经营业户42家；农产品专业市场2处，分别为前村农产品市场和西郭农产品市场；超市2家；电商运营中心3家。

【村镇建设】 突出生态，扎实推进美丽乡村建设。坚持把生态文明乡村建设作为三农发展的重要载体。投资1625万元实施了村容村貌改造提升工程。完成农村改厕4306户，占全年改厕任务的80%。完成9个村庄硬化道路12条，总长11.5千米。硬化七支路总长2.3千米，与下小路和永大路相连；硬化前屯至贾家庄乡环路3.6千米，打通了石埠东西相连的"中脉"。整修乡环路6.7千米，维修镇村砂石路150千米，清理排水沟18千米，清淤排污管道3500米。完成村内保洁全监管、全覆盖，新增农村垃圾清运点35个，有效提升了村庄环境整洁度。深化新型农村社区建设，持续加大社区建设基础设施投入，建成田家、流河、石埠、葛西、东金、旗元6个农村社区示范点，其中石埠社区被评为山东省"农村新型示范社区"。建设社区服务中心5处，新建成群众图书馆4处。

【社会事业】 投资3000万元建设青山社区，配套完善医疗卫生、养老托幼、群众文娱活动和便民利民等专项服务设施；投资360万元，对石埠中心社区和流河社区进行改造提升，8个社区党群服务中心、67个村党群服务站全部建成投用，41名机关干部下沉社区实行一线服务，组织开展法律法规、惠民政策宣讲58场次，解决群众实际困难和问题178个。加大后进村整顿转化力度，对倒排确定的7个后进村党组织实行班子成员直接包靠，集中帮助解决村级治理难题，7个后进村已全部完成转化。完善党员干部联系服务群众机制，组织机关干部和村干部结对帮扶贫困户，已完成脱贫 431 户、826 人。强化扶贫资金保障，设立 200 万元扶贫专项资金，扶持松元、史家屯、代家屯、后谢等贫困村发展土豆、大姜种植 200 公顷、蔬菜大棚 40 公顷。引导葛东、葛西成功流转土地 666.67 公顷，用于苗木基地扩建扩植，年增加村集体和村民收入 190 万元。

【党建工作】 坚持每月召开 1 次基层党建工作专题会，部署推动基层党建重点任务落实。全面推行党建目标责任制管理，与社区、部门、村负责人分别签订党建工作目标责任书，压实党建工作责任，已全部完成年度目标任务。坚持率先垂范，先后 32 次到联系点、包靠村和企业调查研究，现场办公 18 次，“面对面”解决企业、村级发展难题 39 个。带头开展“连心大走访”活动，带动 66 名机关干部实地走访党员群众 3352 户，征集意见建议 369 条，办理为民服务事项 277 件。坚持强基础、扩覆盖，成立“两新”组织综合党委，对全区 37 家“两新”组织进行分类管理，新建联合党支部 17 个，选派党建指导员 26 名。

严格落实村党组织书记“四诺履职”管理，建立村干部“月考核”制度，以村干部月工资的 10% 作为奖优罚劣浮动工资，细化量化指标，加大动态考核，全年共有 66 人次因履职不到位被扣发工资，有效地解决了部分村干部“庸、懒、散”问题。扎实推进“两学一做”学习教育，带头给全区党员干部上党课，先后举办村“两委”干部培训班 3 期、农村党员培训班 4 期，并分两批组织 90 名村“两委”主职干部赴外地考察学习，帮助开阔眼界、解放思想。全年共培训党支部书记 210 人次、党员 2230 人次，提升了党员干部的服务意识和服务能力。扎实推进党员积分制管理，全区共有 45 个村、1500 余名党员纳入党员积分制管理，共评选产生“六星党员”159 名，党员先锋模范作用得到了有效发挥。

饮马镇

【概况】 饮马镇位于昌邑市中南部，面积 71 平方千米。2016 年，辖 6 个社区，34 个行政村，10387 户，人口 3.6 万人，耕地面积 4053.3 公顷。全镇完成地区生产总值 39.3 亿元，比上年增长 8.3%；实现地方财政收入 4728 万元，比上年增长 10.4%；工业实现主营业务收入 86.6 亿元、利税 10.4 亿元，分别增长 8.8% 和 9.2%；第三产业增加值达 13.9 亿元，增长 10%；农民人均纯收入 16500 元。年内获得“全国综合实力千强镇”“省级文明镇”等称号。

【现代产业】 工业园区内高新技术、高端装备制造、纺纱织布等特色优势产业聚集，共落户 36 家企业，总投资 32 亿元，过亿元项目达到 8 个。龙港无机硅、国虹农科等重点项目落户滨海，共吸引外资 4.3 亿元。山东瑞其能电气有限公司具备国际业务对外工程总承包 EPC 资质，投资 8.4 亿元的华电胶莱河一期、二期风电场实现并网发电。华电瑞其能浦东沿海防潮堤风电场和华电瑞其能昌邑潍河风电场已完成测风工作，完成初步选址工作。投资 3.1 亿美元的巴基斯坦 75 台 2 兆瓦高效风机生产项目，已取得当地信德省政府在塔达地区吉姆普尔划拨的项目用地、发电许可，并完成环评，正在办理投议标许可证申请等后续手续。同大新能源公司风光互补锂电路灯照明系统和锂电汽车等延伸应用系列产品全面推广。派康塑料科技有限公司实现了向高效节水灌溉等公共及农用设施领域转型，新建高效节水灌溉管网以及自来水管道产品生产车间 1 个，投资 1000 多万元，建筑面积 1 万平方米，新上生产线 2 条；新建高效节水灌溉系统产品研发中心 1 座，投资 400 万元，建筑面积 2800 平方米，并积极申报潍坊市级企业技术中心。围绕地暖、节水两大系列产品，凯德塑机与派康管业形成了比较完善的产业链条。潍坊金浩面业有限公司公司投资1.8亿元建设绿色有机食品项目，研发小麦系列高附加值产品。项目占地5.33公顷，主要建设科技实验楼和生产车间，生产有机面粉面条以及小麦胚芽油、谷朊粉、麦麸膳食纤维等产品。一期1.5万平方米的有机食品生产车间以及5000平方米的成品仓库已建成，设备全部安装调试完毕，进入试生产阶段。杨金华纺织、鸿阳石英砂、中云机器等企业连续多年入选“昌邑市百强企业名单”。

【现代农业】 投资0.9亿元实施了8个基础设施建设项目，通过铺设低压管道、沟渠疏浚等方式对全镇4000公顷大田内的沟、渠、路、林、桥以及井、电、灌溉管道全部进行配套建设，全镇百亩以上地块全部落实项目，建立长效管护机制。投资1500余万元实施了昌邑市2016年度粮食高产全程社会化服务项目、农田水利项目县项目、高标准农田建设项目等5个基础设施建设项目。共计新建维修桥涵90余座、新打配套机井120多眼，安装高低压变电线路3万米，铺设低压灌溉管道50余千米、配套维修出水口900套，整修沟渠27千米、生产路60千米。突出绿色生态发展，全面搭建农业示范平台。农业规模发展实现新跨越，重点打造了总投资2亿元的200公顷现代农业产业园，已落户天福园生态农场、隆达育种等5个设施农业项目，发展了种苗培育、无公害蔬菜、瓜果种植、食用菌等高效设施农业，成为引领全市现代农业、品牌农业发展的示范带动区。农业科技项目实现新突破，隆达育种利用30年种子繁育推广的经验与北京大森林研究所等国内外多家机构合作，从品种的选育、组合再到杂交、审定，全程自主培育，专门培育具有自主知识产权的优良品种，实现了各类蔬菜、玉米原种以及杂交种子的胚体及原种繁育。农业品牌效应日益增强，重点培育推广了“山阳大梨”“大岭西瓜”“天福园”葡萄以及“千祥牌”面粉等一大批农业特色品牌，“山阳大梨”被评为国家地理标志产品，并取得国家绿色食品认证；金浩面业“千祥”牌面粉被评为“山东省著名商标”，“天福园西瓜”

• 饮马镇景观

通过拜尔检测机构有机检验合格。全镇拥有农业龙头企业省级1家、潍坊市级2家、昌邑市级4家。

【旅游经济】 发展乡村旅游与休闲观光农业，累计投资7000万元加快国家AAA级旅游景区博陆山风景区生态开发，成功举办第七届梨花节、第四届群众文化艺术节和第二届山阳大梨采摘节。梨花节期间，景区累计接待游客10万余人次，山阳村、博陆山风景区的旅游总收入突破1000万元。天福园生态农场立足“绿色生产经营”，建设成为集观光旅游、休闲娱乐、现场采摘于一体的现代农业采摘观光园。建成高档钢管智能特色蔬菜、西瓜、樱桃种植大棚35个，占地7公顷；建成两个韩国引进的高档全自动观光采摘葡萄大棚，占地3.33公顷。农场葡萄园采用立体化种养殖模式，葡萄园内养殖大鹅，让葡萄架下的青草喂养大鹅，所产生的粪便作为肥料反哺葡萄，真正做到绿色无公害。另外在葡萄架下种植有机西瓜，同时进行葡萄、西瓜间作种植。农场内引进种植的葡萄品种全部都是国际、国内新优特品种，引进摩尔多瓦、金手指、东方之星等15个品种。8月20日，成功举办饮马镇天福园第一届葡萄采摘节。

【新型城镇化】 累计投入1.2亿元实施下小路拓宽改造工程，对道路、强弱电、供排水、供热等基础设施全部完成配套。投资1600万元完成“三纵六横”主要道路柏油硬化及改造维修，硬化面积近14万平方米；投资1200万元完成下小路铺装绿化工程，绿化面积40万平方米；投资150万元安装太阳能等各类路灯近400盏，实现了镇区照明全覆盖。镇区环卫、绿化、城管全部实行专业化管理。实施“天网工程”，安装视频监控实现镇区全覆盖，全面提升镇区应急处置能力和安全防控水平。民生社会事业全面发展，饮马中心卫生院、中心学校、中心幼儿园等民生事业全部建成投用，采用PPP模式建成大拇指幼儿园、敬老院二期以及东海污水处理厂，群众满意度和幸福感持续增强。

【美丽乡村建设】 投资1216万元实施“乡村连片治理”试点项目，在杨楼、常屯等8个村实施道路硬化、排水渠系修建、村内绿化美化、文化活动广场建设和村容村貌提升。实施“村级公路网化”工程，累计完成130多千米道路硬化、80多万平方米道路绿化，安装路灯2600多盏，34个村全部实现了“村村连”“村村通”“村村绿”“村村亮”。山阳村被评为全国第二批和山东省第一批“宜居村庄”，常屯村被评为“省级文明村”、省级第三批“美丽宜居村庄”。加快推进新型农村社区建设，作为潍坊市委、市政府确定的首批示范社区，山阳社区完成投资2000万元，社区综合服务中心及基础设施配套完善。

【社会治理工作】 实施“天网工程”，利用“物联网+智慧饮马”手段加强城镇管理，投资100万元建设以视频监控和联网报警系统为主体的安全技术防范系统，设33处站点，全部采用200万高清枪式摄像机及200万高清红外360度旋转高速球机，共涉及枪式摄像机70台，球式摄像机4台及高空瞭望球1台。在镇派出所建立平台，并与市公安局实现联网，所有视频信号均汇集到机房中，在机房中安装了9块5.5毫米窄缝拼接大屏、1台12路解码器分配视频源到视频墙。全部视频可同时显示，视频信号可自由切割、分配，也可实现轮巡，实现了镇区监控时时全覆盖，全面提升镇区应急处置能力和安全防控水平，有效预防犯罪活动。

北孟镇

【概况】 北孟镇位于昌邑市最南部，面积178平方千米。2016年，辖15个社区，21963户，人口 7.23 万人，耕地面积 10520 公顷。全镇完成地区生产总值 40 亿元，比上年增长 12.4%；一般公共预算收入 3652.8 万元，比上年增长 64.1%；工业实现主营业务收入 40 亿元、利税 28700 万元，分别增长 11.5% 和 11.6%；第三产业增加值达 9433 万元；农民人均纯收入 14580 元。荣获“山东省品质城镇、山东省卫生先进单位、潍坊市全民参保登记试点工作先进单位、潍坊市学习型党组织建设示范点”等荣誉称号。

【工业经济】 把滨海作为工业经济的主战场，先后引进奥利通机械、德润石油机械，正润纺织、康绿森油脂、百利合药业、孚美新能源等项目。以培强做大现有企业为重点，围绕镇纺纱织造、纸箱包装、饲料加工、油脂生产等传统产业进行重点培育，源泰纺织新建包装、生产车间 2 个，吉祥包装、信诚包装分别新上先进生产线 1 条；开展锦泰纺织、元宏纺织扩大生产项目建设。扶持引导纺织、包装、食品加工等传统产业进行设备升级改造，增强竞争优势。培育新的产业园项目。重点打造昌荣机械产业园和农机装备物流园项目，借助潍胶路、下小路、济青高速公路便利的交通条件，沿潍胶路规划建设集农机展销、维修及农机物流配送为主要功能的园区。推行以富彬家居文化品牌为重点的电子商务运行模式，推动限额企业参与网上交易，提升企业创新发展能力。

【城镇建设】 先后实施朱家屯、范家、东屯等 3 个村的迁村并点工程，新增镇区人口 3000 多人。聘请北京大学北达规划设计院对整个城镇板块进行规划论证，委托潍坊市规划设计院反复修编总体规划、控制性详规、商业片区、工业片区详细性规划以及绿地、交通、工业园区等专项规划，对塔耳堡社区进行整体规划，努力形成产业成熟、优美宜居、商贸繁荣、特色鲜明的现代化“小城镇”蓝图。抓好重点工程实施。重点实施沿潍胶路开发、花生厂片区改造、中百佳乐家北孟镇区店、消防站等工程，进一步加快镇区由东向西的规模扩张，打造设施完善、环境优美、功能齐全、辐射明显、产业发展的活力城镇。加强污水处理厂运营管理和污水管网的建设，疏通整修排水管道，确保镇区干净、整洁、有序；协助规范电力、通讯、电视线路等，加强对路灯等照明设施的改造升级，实施了 EMC 节能路灯改造项目，将原有的 596 盏 300 瓦高压钠灯全部更换为亮度不减、电能降低 60% 的节能环保高效的 LED 灯头。对景宏明苑、民悦家园、丰元社区、孟苑小区、孟育新区、圣泽苑小区、福临文府七个集中型居住小区实行大物业管理，成立业主委员会，由住户公开投票选出自己小区的业主委员会成员，维护小区业主的合法权益。

• 北孟镇凤凰大街

【新型农业】 先后发展鑫浩家庭农场、众鑫源专业合作社、莱贝通蔬菜示范园、赋裕兴果示范园、新河果蔬示范园等家庭农场 90 个、专业合作社 173 个。支持现有专业合作社、家庭农场等引进“无人机”等新设备、新技术，增强研发能力，不断提高农产品加工的科技含量和增值水平。在产业链扩展上，构建从田间到餐桌、从原料到成品、从生产加工到消费，产加销一体化经验、一二三产业融合发展的完整产业链条。鼓励兴办家庭农场、专业合作社，引导和鼓励农业龙头企业、农民专业合作社、专业农户参与规模化经营。鼓励有条件有基础的村组建服务队伍服务规模化经营。扶持农户参与连片种植并达到面积标准的规模化经营，让农民变成“职业化农民”，提高收入，减少风险。坚持“一社区一品”思路，培育了三翔食品、旭日面粉等农业龙头企业品牌以及九龙屯大蒜、北孟花生、石磨面粉等新型农产品品牌，注册“北孟大蒜”国家地理标志商标。搭建“互联网+农业”平台。做好农业与电商结合的文章，以“掌上农资”项目为重点，为农民与企业搭建集交易、信息、创业于一体的一站式服务平台，形成市场引领与品牌推进相结合的农业发展新格局。实施了投资 2400 万元的 1066.67 公顷小农水项目、投资 3000 万元的 1333.33 公顷千亿斤粮食工程、投资 2900 万元的土地整理项目，改善农业生产条件。实施“1333.33 公顷新建农田林网、133.33 公顷苗圃和沿潍胶路绿色长廊、青银高速绿化带、村庄绿化”等五项重点工程，争取各项惠农资金的落实，改善农业生产条件。

【社会事业】 加大教育投入力度，多渠道筹措资金 6000 多万元，完成 2 所初中、6 所小学、17 所幼儿园的校舍改造工程。2016 年作为道路建设提升年，抓好镇级道路和连村路建设。投资 4000 多万元，新硬化道路 41 条、95 千米，维修道路 4 条、20 千米，基本实现道路“村村通”，彻底改善群众的出行条件。投资 500 万元，新建敬老院，建筑面积 3500 平方米，可容纳 60 张床位。投资 2200 万元，铺设管道 156.7 千米，全面完成饮水安全工程。以美丽乡村建设和环卫一体化为重点，深入开展村容村貌集中整治活动，实现文化墙建设、四德榜建设全覆盖。大力推进“五化工程”建设，新硬化道路 41 条、95 千米，维修道路 4 条、20 千米，改善群众的出行条件。实施农村改厕工程，按计划完成 596 户的改造任务。

【基层组织建设】

抓好村“两委”班子、党员队伍的管理和培训工作。认真抓好党务、政务、村务公开，提供基层工作的民主化、制度化水平。加强农村社区建设。理顺社区运行架构，规范社区运行管理，增强社区运行实效，推进社区组织、服务、治理、经济、意识转型。深化“平安北孟”建设。新建了塔耳堡警区，加快完善覆盖全域的“天网工程”，推广“防火防盗、一点报警、多点联动”的预警平台，提高应急和突发事件处置能力。推行便民服务卡以及矛盾调解机制，拓宽了群众诉求渠道，严格按照“科学发展、安全生产”的理念和“党政同责，一岗双责”的要求，突出领导干部带头，严格落实企业主体责任，认真组织开展安全生产、食品安全、舆论安全以及防范邪教工作，维护社会持续稳定。

滨海（下营）经济开发区

【概况】 2016 年，昌邑市高度重视滨海昌邑的发展，实施“滨海昌邑”的战略决策，充分依托北部沿海的空间容量和资源优势，大力加快海滨新城建设。市政府相继出台《关于推进山东昌邑经济开发区转型升级创新发展的实施意见》《山东昌邑经济开发区项目管理暂行办法》《2016 年昌邑经济开发区转型升级创新发展工作的实施方案》等相关文件，滨海（下营）经济开发区（简称开发区），新引进项目11个，投资额51亿元，开发区完成主营业务收入310亿元，固定资产投资128亿元，实现地方财政收入3.5亿元。龙池工业园、下营工业园首批认定为潍坊市化工园区。

• 滨海（下营）经济开发区大坝合龙仪式

【科学规划】 按照大产业共同推进，特色产业“一区一品”的发展思路，制定园区发展规划，强化每个工业园的功能分区、产业布局、服务配套与环境保障。重新修订《昌邑经济开发区空间功能布局规划（2015—2030）》《昌邑经济开发区主导产业规划》，明确各园区的产业定位及发展方向，做到园区规划与经济社会发展、土地利用、城乡规划相衔接。2016年，委托专业咨询机构对《主导产业规划》进行了专业诊断。推动集群布局，延伸产业链条。强化招商引资“首位”意识，营造浓厚的招商氛围，推进海滨新城建设。坚持以龙头企业引进带动上下游关联产业配套跟进，拓展园区产业链条，进一步补链、强链、壮链，共打造了盐及盐化工、新型药及原料药、新型染料、石油天气低碳及海洋精细化工5个产业园。

【基础配套建设】 开发区基础平台不断夯实，园区配套设施趋于完善，在做好路、水、电、热、气等配套的基础上，加快补齐短板，烟淄输油管道昌邑分输站、污泥无害化处理、联合环境水务二期污水处理等重点配套工程项目快速推进，开发区产业发展所需的淡水、电、热、气以及污水、污泥、危废处理设施已基本配套齐全，总投资10亿元、占地333.33公顷的天恩能源光伏发电项目已并网发电，强化了载体支撑功能，提升基础设施保障水平，增强了开发区吸聚优质项目的能力。同时，抓好总投资46.6亿元的“一港、一坝、一闸”重大基础设施建设，强化载体支撑功能。其中下营港口建设计划一期工程从东防波堤起步建设5000吨级泊位码头，设计年吞吐量800万吨；完成万吨级航道、防波挡沙堤等基础设施建设，从而大幅提高开发区承载能力。投资6.6亿元，完成蒲东沿海防潮堤工程圈坝合拢，拓展发展空间2000公顷，将为开发区发展形成更为有力的空间支撑，为下营港及临港物流园区建设奠定基础；投资10亿元的潍河（下营）防潮蓄水闸前期准备工作加快推进，下营滨海新城投资11.4亿元，园区承载聚集能力增强；抢抓“一带一路”战略和中韩自贸区建设机遇，申请设立占地1.33公顷、1万平方米的中国棉纺城保税仓库，带动开发区棉纺织等相关产业国际化发展步伐。

【转型升级】 坚持以龙头企业引进带动上下游关联产业配套跟进，拓展园区产业链条，打造盐及盐化工、石油天然气低碳等特色产业集群，推动集群布局。利用海天生物纯碱项目，引进韩国世京集团世京（衡水）新型材料有限公司，形成上下游联动。依托金典化工有限公司二硫化碳及其深加工项目，延伸产业链条，推动集群布局。围绕金典化工二硫化碳项目已落户大耀特种材料、中安橡胶、嘉鸿化工和晨宏化工等项目。新引进华电、中信水务、东江环保、富祥股份等上市企业，其中中国华电集团公司昌邑二期48兆瓦风电场项目，进行承台浇筑工作；完成处理规模为每天1万立方米的中信环境技术有限公司污水处理项目的土建项目，并进行池体试压。梳理出僵尸企业12家，土地266.67公顷，通过资产重组、产权转让等形式进行清理改造，促成华利达收购博恒化工，永宁化工收购晨旺化学等，奥通药业、廒鑫化工、晨旺化工、德翔医药等10多家企业完成并购重组，共盘活土地113.33公顷，着力优化园区资源配置。积极引导园区企业向产业链下游、高附加值方向发展，加快对高端产品和新兴产业等项目的引进力度，先后引进富祥股份、新希望六和、东江环保等6家企业，推动优质项目和高端产业向园区聚集。

【人才引进】　金晶生物科技公司与美国华盛顿州立大学进行战略合作，“微藻色素开发”项目列入国家“863”计划；潍坊三力本诺化学工业有限公司与四川大学共建研发平台，“羰基合成及催化氢技术联合研究中心”成功挂牌；海天生物化工与中国科学院过程工程研究所联合成立了纯碱工业节能减排实验室，提出采用新工艺制备碳酸钠溶液技术生产小苏打项目；金丝达城乡生活垃圾资源化利用技术获得127项专利授权和日本发明专利；山东潍坊奥友生物科技有限公司与青岛海洋生物医药研究院管华诗院士合作建立奥友生物科技院士工作站已经完成签约。成功引进中科院海洋所，合作组建昌邑海洋生物资源开发与持续利用工程技术研究中心；鼎基工贸小企业创业基地被认定为省级创业基地，滨海化工新材料企业孵化中心引进20家科技型初创企业入驻孵化。坚持“人才强市”战略，实行“潍水英才”聚集计划、职业技能提升3年行动计划以及领导干部联系专家人才制度，引进培养千人计划专家等潍坊市级以上高端人才70人。

【绿色产业】　总投资29亿元的节能环保产业项目加快推进，形成以城矿环保产业园和金丝达环境工程为代表的垃圾资源化利用、以东江环保为代表的工业危险废物无害化处理、以中信环保为代表的污水资源化利用以及污泥无害化处理等多领域协同发展格局，加快建设环保产业城市。总投资11.3亿元的渔光互补光伏电项目已并网发电；瑞其能公司在发展高端装备制造同时，加快风电场建设，投资8.4亿元的华电胶莱河一期风电场运转正常、二期稳步推进，投资1亿元的柳疃分布式风电场列入国家能源局和省发改委2016年项目建设计划，投资5.25亿美元的巴基斯坦风机生产项目取得当地用地、发电许可，整体建成后可实现主营业务收入85亿元，为绿色发展增添强劲引擎；下一步突出抓好三峡集团投资200亿元的海上风电项目。

人 物

Ren Wu

【全国人大代表】

刘国田　潍坊金丝达实业有限公司董事长

【山东省党代表】

吕珊珊（女）　中共昌邑市委书记

孙晓燕（女）　昌邑潍水中学教师

【山东省人大代表】

吕珊珊（女）　昌邑市委书记

王元莱　昌邑市奎聚街道东店社区党支部书记

高志伟　中国化工新材料有限公司总经理、山东蓝星化工有限公司董事长

【山东省政协委员】

孙正凯　昌邑市人民医院党委书记、院长

【山东省富民兴鲁劳动奖章】

徐立国　山东昌邑灶户盐化有限公司副总经理

【潍坊市级劳动模范】

穆洪伟　昌邑市园林局养护工

蔺当伟（女）　昌邑市华晨悦胜纺织有限公司操作员

刘凯凯　山东浩信浩德精密机械有限公司铸造一厂清理工部主任

韩占京　山东同大海岛新材料有限公司一车间半成品线班长

刘宇鹏　国网山东省电力公司昌邑市供电公司柳疃供电所所长

王秀芹（女）　昌邑市人民医院普外二科护士长

徐国栋　山东昌邑石化有限公司纪委书记、工会主席

李振威　昌邑市实验中学校长

魏汝山　潍坊富丽华纺织有限公司总经理

王元江　昌邑市奎聚街道东店社区居委会主任

黄言强　昌邑市苗木协会秘书长

张国琪　昌邑市柳疃镇北闫村养殖专业户

王廷奎　昌邑市山阳特色茌梨农民专业合作社理事长

李治国　昌邑市鼎力薄壳核桃种植专业合作社理事长

【山东好人】

姜玉雪（女）　人民财产保险公司昌邑支公司客服部经理

陈红昌　昌邑市个体工商户

【潍坊市级道德模范】

付忠东　山东昌邑灶户盐化有限公司董事长、党委书记

【昌邑好人】

伊西娟（女）　昌邑市供电公司党群专工

齐金华　昌邑市龙池镇离退休干部党支部书记

邓克俭　昌邑市地方税务局直属征收局科员
王成敬　昌邑市饮马镇山阳村党支部书记
姜晓敏（女）　昌邑市龙池镇龙池小学教师
刘宇鹏　昌邑市供电公司营销部主任
王万国　昌邑市文化馆演出队队长
魏其波　昌邑市龙池镇龙池初中教师
陈红昌　昌邑市丁氏修脚店业主
宋培明　昌邑市北孟镇东屯村支部书记
闫肖霞（女）　昌邑市卜庄镇卜庄小学副校长
张丽霞（女）　昌邑市龙池镇龙池小学教师
孙　胜　昌邑市北孟镇中心学校校长
梁　峰　昌邑市广播影视中心主持人、团委书记
刘国敬　昌邑市北孟镇后刘村村民
王锡芝　昌邑市龙池镇瓦东村村民
王贯红（女）　潍坊市工业学校机电专业副主任
徐光亮　昌邑市龙池镇计划生育服务中心主任
朱保家　昌邑市吉祥包装有限公司总经理
王亚丽（女）　昌邑市第一中学教师
范　梅（女）　昌邑市柳疃镇潮海小学教师
张德强　昌邑宾馆有限责任公司餐饮部厨师
寇玉湘　昌邑市龙池镇农业综合服务中心主任
于　坤（女）　昌邑市北孟一中教师
王阿娜（女）　昌邑市下营镇九年一贯制学校教师
张树生　山东昌邑石化有限公司党委书记、总经理
齐百勤　昌邑市龙池镇二甲村村民
姜少华（女）　昌邑市第一中学教师
李志兵　昌邑市百家埠陵园工作人员
李其华　昌邑市饮马镇后赶仙庄村村民
胡玉林　昌邑市文山中学教师
郝英丽（女）　昌邑市龙池镇龙池小学教师
王效珍（女）　昌邑市柳疃镇南西高村村委委员
王亚莉（女）　昌邑市围子街道办事处围子初级中学教师
张述亮　潍坊金丝达实业有限公司副总经理
迟晓辉（女）　昌邑市潍水学校教师
魏铁良　昌邑市龙池烈士祠守祠人
王亚丽（女）　中共昌邑市委党校讲师
高俊光　昌邑市瑞邑面业有限公司总经理
卢洪进　昌邑市市场监管局饮马监管所所长助理
姜其宏　昌邑市柳疃镇河崖村支部书记、村主任
方艳梅（女）　昌邑市园林局公园管理科科长
曹述行　昌邑市司法局龙池司法所所长
赵岩峰（女）　昌邑市图书馆管理员
魏晓波　昌邑宾馆有限责任公司客房部服务员
林永成　昌邑市石埠经济发展区前柳卫生室卫生员
张东海　昌邑市国土资源局饮马分局职工
徐晓宁　昌邑市博物馆办公室主任
张建勋　昌邑市劳动保障监察大队副大队长
冯海忠　昌邑市围子街道东冯村党支部书记
李国栋　昌邑市城管执法大队围子中队中队长
姜在东　昌邑市疾控中心科长
齐武涛　昌邑市城管执法大队办公室主任
薛卫伟　昌邑市场监管局特种设备安全监管科科长
齐玉英（女）　昌邑市龙池镇老年艺术团负责人
王乃刚　昌邑市围子街道店二村党支部书记
周光军　昌邑市北孟镇后周村党支部书记
邢胜辉　昌邑市围子街道于家郜村党支部书记、村主任
刘述松　昌邑市龙池镇果园村村民
马高建　昌邑市第一中学教师

附 录

Fu Lu

2016年市委重要文件目录

表—11

序号	发布文号	文 件 名 称
1	昌发〔2016〕3号	关于加快推进精准扶贫精准脱贫坚决打赢脱贫攻坚战的实施意见
2	昌发〔2016〕4号	关于对村级“两委”班子及成员进行年度考察考核的实施意见
3	昌发〔2016〕5号	印发《关于搞好“回头看”深化省委巡视反馈问题整改工作方案》的通知
4	昌发〔2016〕6号	关于表彰全市“三八六”环保行动先进单位和先进个人的通报
5	昌发〔2016〕7号	关于印发《2015年度市委常委班子民主生活会整改工作方案》的通知
6	昌发〔2016〕9号	关于对市水利局进行表彰的通报
7	昌发〔2016〕11号	关于加强党员群众服务体系建设的实施意见（试行）
8	昌发〔2016〕12号	关于加强和改进机关党建工作的意见
9	昌发〔2016〕13号	关于表彰先进基层党组织优秀共产党员和优秀党务工作者的决定
10	昌发〔2016〕14号	印发《关于中央巡视组巡视“回头看”反馈意见持续整改落实工作方案》的通知
11	昌发〔2016〕15号	关于公布庞胜明工作分工的通知
12	昌发〔2016〕16号	关于表彰2015年度先进单位的通报
13	昌发〔2016〕17号	关于贯彻《中国共产党地方委员会工作条例》进一步加强市委常委会自身建设提高工作效能和领导水平的意见
14	昌发〔2016〕18号	关于加强和改进新形势下党校工作的实施意见
15	昌发〔2016〕19号	关于进一步加强禁毒工作的意见
16	昌发〔2016〕20号	关于表彰2015—2016学年度全市教育工作和尊师重教先进典型的决定
17	昌发〔2016〕23号	转发《市委宣传部、市司法局关于在全市公民中开展法治宣传教育的第七个五年规划（2016—2020年）》的通知
18	昌发〔2016〕25号	关于加快构建和谐劳动关系的实施意见
19	昌发〔2016〕26号	关于印发《2016年度镇街区科学发展综合考核办法》和《2016年度市直部门（单位）绩效考核办法》的通知

2016 年市政府重要文件目录

表—12

序号	发布文号	文 件 名 称
1	昌政发〔2016〕1 号	关于印发《昌邑市重大行政决策程序规定（试行）》的通知
2	昌政发〔2016〕2 号	关于申请创建省级食品安全先进县的报告
3	昌政发〔2016〕3 号	关于印发《政府工作报告》的通知
4	昌政发〔2016〕4 号	关于公布全市城乡社区布局规划调整方案的通知
5	昌政发〔2016〕5 号	关于表彰 2015 年度全市民兵预备役工作先进单位和先进个人的决定
6	昌政发〔2016〕6 号	关于对新建潍坊至莱西铁路客运专线占用昌邑第二水场水源地进行水源置换的报告
7	昌政发〔2016〕7 号	关于公布第四批市级非物质文化遗产名录和第二批市级非物质文化遗产项目代表性传承人的通知
8	昌政发〔2016〕8 号	关于转发《潍坊市人民政府关于印发〈潍坊市社会信用体系建设规划（2016—2020 年〉的通知》的通知
9	昌政发〔2016〕9 号	关于 2016 中国（昌邑）北方绿化苗木博览会第二十一届中国园林花木信息交流会筹备情况的报告
10	昌政发〔2016〕10 号	关于印发《昌邑市降低企业成本促进实体经济健康发展的若干政策措施》的通知
11	昌政发〔2016〕11 号	关于转发《山东省人民政府关于印发山东省行政权力清单动态管理办法的通知》的通知
12	昌政发〔2016〕12 号	关于印发《昌邑市国有土地上房屋征收与补偿意见》的通知
13	昌政发〔2016〕13 号	关于表彰 2016 年度全市环卫工作先进集体和先进个人的决定
14	昌政发〔2016〕14 号	关于加强涉盐税收征管工作的通知
15	昌政发〔2016〕15 号	关于印发《昌邑市不动产非诉行政执行案件“裁执分离”实施办法的通知
16	昌政发〔2016〕16 号	关于申请创建省级食品安全先进县的报告
17	昌政发〔2016〕17 号	关于印发《昌邑市全面健身实施计划（2016—2020 年）的通知
18	昌政发〔2016〕18 号	关于开展排查政治“地条钢”和违法违规新增产能等行为专项行动的报告

2016 年昌邑市规范性文件目录

表—13

序号	发布文号	文 件 名 称
1	昌政发〔2016〕1 号	昌邑市人民政府关于印发《昌邑市重大行政决策程序规定（试行）》的通知
2	昌政发〔2016〕12 号	昌邑市人民政府关于印发《昌邑市国有土地上房屋征收与补偿意见》的通知
3	昌政办发〔2016〕1 号	昌邑市人民政府办公室关于印发《市政府重大行政决策合法性审查办法（试行）》的通知
4	昌政办发〔2016〕21 号	昌邑市人民政府办公室关于印发《昌邑市溴素管理办法（试行）》的通知

索　引

Suo Yin

D

F

G

H

J

K

L

M

S

T

W

X

Y

Z